中国社会科学院近代史研究所中华民国史研究室

总编 李 新

中华民国史

大事记

第四卷

（1925—1927）

韩信夫　姜克夫　主编

中 华 书 局

编著者名录

1905—1910 年　韩信夫　刘明逵

1911 年　郭永才　王明湘　齐福霖　范明礼

1912 年　张允侯　张友坤　章伯锋　胡柏立
　　　　　耿来金　刘寿林　钟碧容

1913 年　胡柏立　耿来金

1914 年　章伯锋　张允侯

1915 年　钟碧容

1916 年　郭永才　王明湘

1917 年　韩信夫　范明礼

1918 年　刘寿林　钟卓安　章伯锋

1919 年　张允侯　张友坤

1920 年　钟碧容

1921 年　齐福霖

1922 年　陈　崧　王好立

1923 年　朱信泉　任泽全

1924 年　蔡静仪

1925 年　韩信夫　丁启予　陈永福

1926 年　严如平　柏宏文

1927 年　吴以群　罗文起

1928 年　查建瑜　韩信夫

1929 年　娄献阁　白吉庵

1930 年　李静之　张小曼

1931 年　任泽全

1932 年　石芳勤　徐玉珍

1933 年　江绍贞

1934 年　熊尚厚

1935 年　吴以群　刘一凡

1936 年　郭　光

1937 年　郭大钧　王文瑞　李起民
　　　　　李隆基　常丕军　刘敬坤

1938 年　陈道真　韩信夫

1939 年　李振民　张振德

1940 年　梁星亮

1941 年　陈仁庚　梁星亮

1942 年　董国芳

1943 年　李振民　张守宪

1944 年　梁星亮　张振德

1945 年　齐福霖　王荣斌

1946 年　查建瑜　任泽全

1947 年　陈　敏　章笑明　汪朝光

1948 年　卞修跃　贾　维　陈　民

1949 年　江绍贞　朱宗震

审　订　李　新　韩信夫　姜克夫　齐福霖　吴以群
　　　　（以下按姓氏笔划为序）
　　　　王学庄　江绍贞　刘敬坤　朱宗震　朱信泉
　　　　孙思白　汪朝光　李振民　严如平　杨天石

杨光辉　邱权政　张允侯　陈铁健　郑则民

尚明轩　周天度　查建瑜　贾　维　梁星亮

章伯锋　曾业英

校　阅　王述曾

修　订　韩信夫　江绍贞　齐福霖　孙思源

目　录

第四卷

1925 年(民国十四年)

1 月

1月1日 临时执政段祺瑞发布"大赦令",规定除曹锟与贿选议员两案,以及强盗、匪徒、强奸、放火、决水等案情节较重者外,其余不论轻罪重罪,已判决未判决,悉予赦免。

　　△　段祺瑞令废除将军府;派米振标帮办河南军务善后事宜。

　　△　段祺瑞电邀孙中山、黎元洪出席善后会议,并电邀唐绍仪、章太炎、岑春煊、王士珍、汪精卫、黄郛、熊希龄、赵尔巽、胡适、李根源、汤漪、林长民、梁启超、虞洽卿、梁士诒等30人,列席善后会议。

　　△　中国国民党中央执行委员会发表宣言,指出:"废除不平等条约运动,为今日民族求独立解放之唯一途径,乃实行本党政策之第一步,与以党建国之第一步。故必以此提出国民会议,任何污蔑、威胁,皆不暇顾,愿同志及国民矢诚拥护。"

　　△　段祺瑞派其子宏业及执政府秘书长梁鸿志为代表到北京饭店向孙中山表示慰问并恭贺新年。孙中山与段、梁作简单交谈,谓自己身体未愈,俟再过些时间才能与段晤谈,解决时局问题。段、梁辞出后,孙中山即派汪精卫往谢段祺瑞问候之意,并恭贺新年。段派侍从武官接待。

　　△　安徽各群众团体开会成立国民会议促成会。宁波（2 日）、北京（4 日）、济南（5 日）、南京（6 日）、山东（7 日）、福建（11 日）、青岛（17 日）等地国民会议促成会亦相继宣告成立。

　　△　广州学界三万人举行提灯大会预祝国民会议成功。国民党中央执行委员会为大会制定旗帜、标语，其中有"解放中华民族！""全民自觉打倒帝国主义！""全民自觉打倒军阀！""拥护国民党主张之国民会议！""反对分赃式的善后会议！""主张取消不平等条约！""实现和平统一！"等十余种。同日，上海、济南、梧州等地亦分别举行集会游行和讲演，宣传国民会议。

　　△　苏皖宣抚使卢永祥率奉军南下，抵济南，郑士琦、龚积柄等率军政人员赴车站欢迎。

　　△　驻宁军队官兵通电反对奉军南下。次日，江苏省长兼督办军务善后事宜韩国钧召集驻宁军警长官开军事会议，议决省垣内外军队一律调开，让奉军入城。6 日，驻宁第二、六两师及补充旅奉令分别开拔离省，分驻镇江、常州、江阴等地。

　　△　孙传芳所部第二师与驻松江陆军第四师陈乐山军队在石湖荡、李塔江等地激战。

　　△　吴佩孚率残部自鸡公山到汉口。鄂督萧耀南派军解除吴之武装，并派员护送吴赴鄂城西山"休养"。吴到汉后，驻汉法领事曾往晤。段祺瑞电萧耀南，令吴安心休养，俟政局大定，即予重要位置。武汉商会、教育会等开紧急会议，吁请萧耀南三日之内送吴出境，否则罢工、罢市。5 日，吴乘军舰抵西山。萧于是日将吴来鄂情形电告段祺瑞。

　　△　驻鄂西之北军王汝勤所部第八师第十六旅第三十二团在川黔边防督办袁祖铭策动下，该团长与前第十六旅旅长密谋倒王，是日在秭归宣布独立，改所部为鄂军，旋即被王派兵镇压平息。驻宜都黔军张膺方旅因参与倒王，被王派兵勒令缴械，给资遣散。

　　△　非基督教同盟杭州支部致电长沙雅礼大学罢课退学同学表示声援，指出："帝国主义利用中国不发达，任意在中国广设学校，强迫信

教,禁止爱国,种种压迫已达极点。诸同志奋起反抗,为民族争自由,为青年求解放,希奋斗到底,敝会愿为后盾。"

△　四川数十法团于成都集会,成立四川反帝国主义大同盟。

1 月 2 日　孙传芳所部第二师占领松江,陈乐山败逃上海,第四师分路退却。松江战事结束。

△　卢永祥派参谋长陈启祥先行到宁晤韩国钧,声明奉军决不驻苏。3 日,卢又派徐州镇守使陈调元抵宁接洽。

△　驻京各国公使访晤段祺瑞,询问善后会议及国民会议召集日期,希望正式政府早日成立,以便"从旁援助"。

△　萧耀南撤回驻岳州之第二十五师军队,以岳还湘。是日,赵恒惕派南华镇守使邹序彬为岳阳镇守使,率队前往接防。湘北问题,至此告一段落。

△　豫、晋、秦、陇四省协会在西安开成立大会。该会简章规定:"以促进四省文化、实业、交通及其他各种公益事业为宗旨。"按:该会曾于清末由四省留日学生在东京发起成立,后因故中辍。今以国内多故,决定恢复。

1 月 3 日　广西建国军总司令沈鸿英抵平乐,决以四师兵力分三路东下攻梧州。广西绥靖督办李宗仁、会办黄绍竑,联合粤军第一师李济深部、第三师郑润琦部组成粤桂联军,调兵赴梧,堵截沈军东下。

1 月 4 日　段祺瑞为冯玉祥请裁陆军检阅使及开去本兼各职事,令准裁检阅使,仍着督办西北边防事宜,即日销假任事。是日,并指令准陆军第十一师师长由宋哲元暂行代理。

△　段祺瑞派马福祥为西北边防会办;李鸣钟署绥远都统。

△　段祺瑞特派徐树铮为考察欧、美、日本各国政治专使。

△　奉军第一军军长张宗昌率队抵蚌埠。奉军原编定三军随卢永祥南下苏、皖,现齐燮元既去,故南下者仅张之第一军,有步兵五旅两梯团,骑兵一团,工兵二团,辎重一团。4 日,张作霖以奉军南下情形电告段祺瑞,并称:"苏局底定,指日可待。"6 日,奉军抵宁。

△ 汪精卫电告广州大本营，孙中山虽入京，但决不出席善后会议。

△ 上海总商会致电孙传芳，谓陈乐山第四师已由第五混成旅收容，"无再派兵来沪之必要"，"请俯顺舆情，停止进行"。越二日，孙复电称，"决不派遣军队向前再进"。同日，孙派所部第二师自松江进驻闵行。

△ 暂署江西督办方本仁所部赣军占赣州。北伐湘军向湘、粤边境撤退。

△ 广西龙州镇守使韩采凤收集滇、黔溃军 3000 人投沈鸿英，由古宣攻庆远。是日庆远宣抚使通电告急。

1 月 5 日 孙传芳致电段祺瑞质问奉军因何南下，并电冯玉祥等，请向张作霖呼吁："先止南下之兵，一切留善后会议、国民会议解决。"

△ 旅京苏人庄蕴宽等 20 余人具书向段祺瑞请愿，力阻奉军到宁，要求苏人治苏；并致电苏省各公团请一致主张，务将苏省军民两政完全交诸苏人。

△ 是日章太炎，8 日黎元洪，9 日唐绍仪，分别电复段祺瑞，表示不参加善后会议。

△ 唐继尧电令驻黔滇军克日开拔，直趋武汉，"所有黔省内政，概由黔人自理"。2 月 8 日，鄂督萧耀南为此发出通电，声明："果有野心家侵及鄂疆，吾鄂为自卫计，为大局计，不得不执鞭弭以与周旋。"

△ 依附陈炯明之广东省议会议长钟声与议员 78 人在汕头通电粤军将领，促助陈攻省。

△ 班禅额尔德尼晋京，是日抵太原。

1 月 6 日 北京临时政府举行国务会议，外交次长沈瑞麟报告，北京外交团以浙、沪迭次发生战事，影响外人商业，希望中国政府速将兵工厂及护军使衙门移往他处。议决由沈瑞麟向使团口头答复，政府对此一"善意"建议表示容纳，一俟时局平定，决当办理。

△ 苏皖宣抚使卢永祥致电江苏军界各长官，宣称"奉令南下，专

为宣布中央德意"，要求各长官"推诚相与，共济时艰"。

△ 孙岳所部军队占据直隶保定、大名两属，要求长直，为在直之奉军李景林所拒。段祺瑞拟任孙为直鲁豫浚河督办，是日，孙赴京见段，以部下四万余难安顿为由，不受浚河督办。

△ 唐继尧所部军长龙云率部万余人由阿迷（今开远）出发，向南宁进发。驻粤滇军第二军军长范石生通电指责唐"命将远出，陈师桂边，名曰北伐，实行兼并"。

△ 桂军总司令刘震寰在广州可园召沈鸿英代表钱秀斋、杨贞、邓士瞻、陈墨西及所部高级将领韦冠英、严兆丰等商讨桂省局势。

△ 湘军四师长贺耀组、刘铏、叶开鑫、唐生智及岳阳镇守使邹序彬等联电北京临时政府，表示拥护湘省宪法。

△ 北京临时政府教育部令免国立东南大学校长郭秉文职，以胡敦复继任。

1 月 7 日　段祺瑞特任张作霖督办东北边防屯垦事宜。

△ 段祺瑞令准免皖北镇守使兼安徽陆军第五混成旅旅长、苏皖鲁豫四省剿匪副司令史俊玉本兼各职，任高世读为皖北镇守使，李传业为安徽陆军第二混成旅旅长兼苏皖鲁豫四省剿匪副司令，华鐏章为安徽陆军第五混成旅旅长。

△ 段祺瑞电复孙传芳，说明齐燮元在沪"尚有密谋"，卢永祥出于自卫，不得不酌带奉军南下，并无攻浙之意。

△ 上海商界联合会以齐燮元下野来沪，又有暗中运动军队再图夺地盘之谋，特致函各路商界总联合会，要求设法劝齐离沪，以维治安，而安商业。

△ 泗泾、七宝、虹桥各镇士绅杨心正等致函卢永祥、韩国钧沥陈四师溃兵糜烂地方情形。略谓"此次孙陈之战，陈失守松江，退至泗泾、七宝、虹桥各镇，将领失踪，士卒溃散，自本月二日起，沿途焚掠，挨户搜抄，人民雪夜逃亡，哭声震野，至今已历一星期，集中市镇，散布乡村，约有万余之多，其被灾区域跨松江、上海、青浦三县，辖境达五千方里，所

过成墟,较前次战线内之南翔、安定、黄渡等处受害尤烈",要求速派员收编溃兵,抚辑难民。

△ "救粤军总司令"陈炯明分兵三路会同林虎、洪兆麟及江西方本仁部进兵广州,是日下达总动员令,着驻潮汕之洪兆麟军队克日出发,集惠州待命。

△ 江西省 81 县代表赴京,要求段祺瑞任李烈钧为省长,收束军务,又至陆军部请阻止方本仁军事行动。

1 月 8 日 全浙公会致电段祺瑞,揭露孙传芳联合齐燮元"占松窥沪",请明令罢免,饬其率队离浙。

△ 段祺瑞令准免筹办胶济铁路赎路事宜谷钟秀本职。

△ 方梦超为金法郎案向京师地方检审厅告发颜惠庆、董康、王克敏,略谓:1921 年政府派外交总长颜惠庆等三人为专员签订中法协定,颜等勾通法国,串通舞弊,要求中国政府将 1905 年换文规定用电汇票交付之庚子赔款余款 5000 余万元,改用金法郎支付,致损国库达 8000余万银元之巨,酿成金法郎交涉案,要求即日拘捕颜、董、王等到案,依法治罪。

△ 东南大学全体学生发表宣言,反对国务会议罢免校长郭秉文。2 月 9 日,校董会议决请郭出洋考察教育,校务由临时委员会维持。

1 月 9 日 "中华民国国民会议湖南后援会"致电段祺瑞,反对《善后会议条例》,要求立即"撤废该条例,任人民自动的召集国民会议预备会,而以政权交还人民,由国民会议预备会暂行掌握政治大权"。

△ 孙传芳、齐燮元分别于是日及次日在杭、沪召集军事会议,决定组织江浙联军总司令部,以齐为第一路总司令,孙为第二路总司令,联合出兵驱逐张允明,拒奉军南下。

1 月 10 日 段祺瑞令湖北督军一缺着即裁撤,特任萧耀南督办湖北军务善后事宜,暂行兼署湖北省长。

△ 北京临时政府举行国务会议,决定电卢永祥克日到宁,措置善后,并分电陈调元、张允明、何丰林、宫邦铎各将领,请其助卢"促沪和平"。

△ 卢永祥抵南京。是日,卢之随员答记者问奉军南下原因,谓:"此事在京时,几经磋商,在段执政方面,主张和平,在张氏(作霖)方面,主张用兵。令韩省长兼督办,与段执政之宗旨相符,令卢使带兵,与张氏之主张适合,双方兼顾,乃系折衷办法。"

△ 驻上海宫邦铎所部军官受齐燮元运动,拒受宫命,并逼令宫去职。是日,宫致电段祺瑞、卢永祥等,辞去淞沪镇守使、陆军第六师师长及江苏陆军第十九师师长职。

△ 段祺瑞接见前陆军部次长蒋作宾,表示对西南意见"愿善意容纳";长江方面,萧耀南对中央"极力表示服从",并对吴佩孚亦"措置得当"。又谓对北方党派,"取调停办法,无论他方如何挑剔,决不为所惑"。

△ 北京临时政府财政总长李思浩在国务会议上报告,阴历年关各项开支至少需 1200 万元,财政部张罗借款无着。段祺瑞通电关系省份,务于年内酌解款项,后仅山西汇来 30 万元。

△ 山东国民会议促成会致电各地国民会议促成会,响应上海倡议,主速由各省区国民会议促成会选派代表在北京组织全国国民会议促成总会。九江、保定、徐州、南京、北京等地国民会议促成会,均通电表示赞同。

△ 沈鸿英部前锋已抵马江,是日沈鸿英致电李宗仁、李济深,谓:"东下讨伐目标在黄绍竑,余皆袍泽,断不侵犯,前线请撤二十里,免致误会。"

△ 驻赣东之蔡成勋旧部江西暂编第三旅旅长张庆昶,自称"西南北伐军总司令",由乐平进占进贤,向南昌进攻。是日,在武阳渡(距南昌 40 里)与方本仁部接战,旋即退走。方闻报率部自樟树回省镇压,11 日抵南昌。

1 月 11 日 凌晨,齐燮元联合孙传芳军队对上海张允明部驻军发起攻击,双方在徐家汇、龙华、闵行等地激战至正午,张军不支退却,张允明逃入租界。孙、齐组成浙沪联军,联衔宣布占领上海,拒奉军南下。

△ 孙传芳、齐燮元派联军水陆两路进攻苏州。13日,苏常镇守使秦洸由地方士绅出面以筹饷五万元为条件,允让出苏城。至此,上海苏军与集中镇江之齐氏旧部联成一气。

△ 韩国钧致电段祺瑞,以"卢永祥已抵省垣,军政主持有人",请辞本兼各职。

△ 卢永祥由浦口致电段祺瑞,谓齐燮元与孙传芳联合,由某某二强国资本家援助,宣言攻南京,请与张作霖协议调奉军第八旅向沪出动。同日,上海交涉员陈世光致电外交部,报告某国警察署对齐援助,而齐之幕中有某国人数名,段旋着外交部调查外人资助联军军费真相,俾向使团提出抗议。

△ 上海总商会致电段祺瑞,要求弭战。并声明:"无论何方,凡有军事饷糈等项,无为再为代筹。"

△ 张作霖离津回奉。行前,请梁鸿志转达段祺瑞"对国事放胆进行,遇有为难,奉当随时协助"。

△ 上海国民会议促成会发出通电,揭露善后会议对于中国前途之危害。指出:"段欲扩张己派之势力,遂假借善后会议之名,联络各派小军阀,以谋组成一己派势力之新结合","必将酿成与他派军阀攘夺势力之战争,而又予帝国主义者以侵略中国之机会"。呼吁全国同胞一致奋起反抗。

△ 川军第十师师长刘眷藩(斌)移兵驻梓潼,督理四川军务善后事宜,杨森即令所部从三台驰梓潼填防,为刘所拒。杨又调刘任西川道尹,亦为刘所拒。

△ 是日至22日,中国共产党在上海召开第四次全国代表大会,出席大会代表20人,代表党员950人。大会讨论的中心问题是党如何加强对日益高涨的革命运动的领导,以及为了加强领导,党在组织上和群众工作上如何进行准备的问题。大会通过了关于中央委员会报告的决议,以及民族革命运动、职工运动、农民运动、青年运动、组织问题、宣传工作等决议案。

1 月 12 日　　段祺瑞接曾毓隽自上海电告上海事变后,于是晚召开紧急会议商平定沪事方案,除电卢永祥速平沪乱外,又电安徽省长兼督办军务善后事宜王揖唐,嘱助卢处理东南大局,并令何丰林收编溃散之第四师军队。

△　陈乐山通电陈述松嘉战事经过,宣布辞第四师师长职,并委所部第七旅旅长方先聪以代。同日,第二师第三旅旅长、浙军前敌总司令谢鸿勋亦发出布告,称奉孙传芳委任代理第四师师长,收抚该师残部。

△　驻沪英、美、德、日、意各国领事以奉军南下,沪局骤变,分电本国政府,要求速调军舰来沪及长江各要口。是日至 31 日,计有外舰 27 艘驶抵上海及长江一带。

△　"建国攻鄂军总司令"程潜为配合北伐军攻赣,进图湘南,为湘南督办唐生智部击败,退出汝城。

1 月 13 日　　段祺瑞召集特别紧急会议,讨论苏、沪问题,发表四令:一、奖励孙传芳撤兵回浙;二、派陈调元帮办江苏军务善后事宜;三、任白宝山为海州护军使;四、任马玉仁为淮扬护军使。

△　孙传芳、齐燮元以张宗昌率兵抵浦口,联衔通电反对。

△　上海五马路商界联合会致电段祺瑞,呼吁和平。略谓:"上海一隅,有苏、浙、闽、鄂四省大军压境,沪宁、沪杭两路断绝交通,华界居民,流离迁徙,城内市面,寂若荒村,兵士公然抢劫,视人命如儿戏……事危时迫,务乞迅予设法制止,责孙、齐从速罢兵,令各军离开淞沪,并即调回奉军,免延战祸。"

△　冯玉祥离京赴张家口巡视。

△　福建省议会公布省制宪法。执政府秘书厅旋即去电,告以国宪问题尚未解决,省宪应暂缓办。20 日,湖南省议会以"缓办"之说,实与段祺瑞入都之马(21 日)电大相刺谬,致电各省议会促速制省宪。

△　湖南学生会致电北京临时政府教育部,请明令取消教会学校。略谓:教会学校以"办学"、"传教"等方式,"实行帝国主义者文化侵略","实为洋奴养成所","毕业学生除充当洋奴买办外,别无他种技能","为

教育前途、国家存亡计,望明令取缔一切教会学校"。次日,该会又电请各方一致进行。

1月14日　卢永祥为应付上海事变,连日召集张宗昌、臧致平、郑俊彦等开紧急军事会议,决以奉军第一军及郑部第十师组织"宣抚军",任张宗昌为总司令,臧致平为参谋长。

　△　北京外交团以北京临时政府要求各国驻沪领事驱逐齐燮元及其党徒在租界活动,并屏绝勿与往来一事,复照外交部,略谓:领事团"为保安宁计",对于在租界附近握有实力之军事长官,不能不有往有来或接洽。

1月15日　段祺瑞发布处置上海事变三项决定:一、裁撤松沪护军使;二、停办兵工厂,移交上海总商会,改名商业制造厂,着陆军部派员到沪会同总商会办理接收事宜;三、上海永远不得驻扎军队及设置军事机关。

　△　孙传芳、齐燮元迫于形势,联名通电宣布撤退上海地域内所有两省之驻军,废除护军使及镇守使等名目,且反对以后再设置此类军职,兵工厂亦即日择地迁徙。

　△　段祺瑞特派孙岳为豫陕甘剿匪总司令。

　△　广州大本营决定将所辖许崇智之建国粤军、杨希闵之建国滇军、刘震寰之建国桂军及谭延闿之建国湘军等部组成东征联军,以杨希闵为联军总司令。是日,杨以联军总司令名义颁布动员东征命令。

　△　湖南省长赵恒惕电复陈炯明所部第三军军长尹骥,谓:"承示攻广州计划,同仇敌忾",谭延闿、程潜所部入湘军队业已击败,"自当乘机进攻,与贵军遥相策应,以收夹攻之效"。

　△　北京绅商联合会等53团体通电拥护善后会议,宣称"非先开善后会议,国民代表会议决无由实现",并谓段记"国民代表会议",与孙中山所主张之国民会议,"根本完全相同",要求各省长官"速派代表莅会"。

　△　广东省议会议长钟声及议员78人自汕头致电段祺瑞及各省

议会,要求各省议会加入善后会议,并希各省"一致主张"。

　　△　山东曹县公民孔宪杰等 16 人为供给浩繁,不堪负担,上书段祺瑞,略谓:"国民军成立,骤行增兵万余,所有新旧军饷,均供自民间,即曹县一处,两月之间,已摊至四万余元",且随加随征,层层递剥,"壮士之腹未饱,而小民之膏已竭,茕茕下邑,何堪负此?"请速发明令,迅行解决曹县军事,"以释负担,而苏民命"。

1 月 16 日　段祺瑞令:"此次苏、浙军队发生冲突,闻齐燮元有从中煽惑情事","除应派员查办外,嗣后各该省军事长官务各严饬所部恪守疆界,不得轻信谣诼,致启衅端,如再有前项情事,定惟各该长官是问。"

　　△　段祺瑞令准暂兼督办江苏军务善后事宜韩国钧请辞兼职,特任苏皖宣抚使卢永祥兼督办江苏军务善后事宜;特任方本仁督办江西军务善后事宜;任长江上游总司令王汝勤兼任帮办湖北军务善后事宜。

　　△　段祺瑞令裁撤山东、浙江、福建督理员缺;特任郑士琦督办山东军务善后事宜,孙传芳督办浙江军务善后事宜,周荫人督办福建军务善后事宜;派卢金山为长江上游副司令。

1 月 17 日　段祺瑞特任李景林督办直隶军务善后事宜;裁撤山西、陕西、甘肃、新疆督军各缺,特任阎锡山督办山西军务善后事宜,刘镇华督办陕西军务善后事宜,陆洪涛督办甘肃军务善后事宜,杨增新兼督办新疆军务善后事宜;特派张宗昌为苏皖鲁剿匪总司令。

　　△　孙中山复段祺瑞东(1 日)电,反对包办善后会议。指出:"善后会议于诞生国民会议之外,当兼及于财政、军事之整理,其权限自较预备会议为宽,而构成分子,则预备会议所列人民团体无一得与。"要求善后会议作以下的改变:第一,"容纳人民团体代表,如现代实业团体、商会、教育会、大学、各省学生联合会、工商农会等";第二,"会议事项虽可涉及军政财政,而最后决定之权,不能不让之国民会议"。声明:如段氏"改弦更张","令人民回复主人之地位",则"对于善后会议及善后会议条例,当表赞同"。

△　北京临时政府陆军总长吴光新奉段命南下查办齐燮元,并与卢永祥协同处置上海事变。

△　晨5时,卢永祥下进攻令,卢、齐两军在镇江一带正式开火。正午奉军攻克镇江车站,3时克复镇江,齐军节节败退。18日,奉军占领丹阳。19日凌晨抵横林。齐亲率各部赴无锡布防。

△　北京临时政府外交部以日苏协定即将签字,分别照会该两国驻京公使,声明:"如该约所订各款有涉及中国领土主权及权利利益之处,中国政府概不承认。"

△　法国新任驻华公使玛太尔到京。

1月18日　段祺瑞据外交部呈请,公布《中国玻利维亚通好条约》。

△　段祺瑞派憨玉琨为豫陕甘剿匪副司令。

△　上海租界当局所收容之张允明、陈乐山溃兵1.23万余人,由总商会筹款雇外轮运往青岛遣散。是日,首批5000余人离沪,租界当局派英、印军队60人随轮监护。

1月19日　段祺瑞任李爽垲为天津镇守使;裁撤"行政研究会"。

1月20日　北京临时政府举行国务会议讨论江苏问题,决定容纳上海各法团电陈之善后办法,以上海作为商埠,派员督办其事,责成孙传芳与上海总商会妥商办理龙华兵工厂改建工厂事宜。

△　段祺瑞令褫夺齐燮元官勋,缉拿解京讯办,所有私产概行抄没。

△　孙传芳撤回开赴无锡、苏州助齐之军队,孙部师长卢香亭发出布告,班师回防。按:此次孙、齐合作,本为开拓地盘,孙原拟驱张后掌握沪埠,另以兵为助齐进展,不意齐先行下手,尽委其部属分据各机关,孙大为不满,乃借口免"中央之挞伐",停止出兵助齐,故有此举。

1月21日　段祺瑞任冯绍闵为江西陆军第三师师长。

△　天津外商所设之"总商业会议所"开临时总会,英、日、美、法各国商业会所代表均出席,议决请领事团警告中国政府,严重抗议军人扣车,并谓"于必要时,得用外兵为助"。23日,该项决议经天津首席领事交由外交团牒送北京临时政府外交部。

1 月 22 日 段祺瑞任命邓如琢为陆军第一师师长,李鸿程为陆军第九混成旅旅长。

△ 段祺瑞任命郑金声为暂编陆军第三师师长,何遂为暂编陆军第四师师长,徐永昌为暂编陆军第一混成旅旅长,庞炳勋为暂编陆军第二混成旅旅长,刘廷森为暂编陆军第三混成旅旅长,王允恭为陆军第十五混成旅旅长。同日,并令:暂编陆军第四师、暂编陆军第一、二、三混成旅及第十五混成旅交陆军部直辖。

△ 中国共产党第四次全国代表大会发表宣言,指出"中国的解放运动现在已日渐澎涨起来。全国各城市里面的群众现正努力达到召集国民会议的要求,差不多都组织了国民会议促成会",揭露"善后会议是段祺瑞要用军阀制度而借着帝国主义者的帮助,以统治中国人民的工具",号召"全中国的劳动群众,起来制止段氏这种恶劣的计划",并"极力赞助国民会议促成会,要求国民会议之召集"。

△ 卢永祥对日本东方通讯社记者发表谈话,谓:"前日有美国牧师某斡旋与齐氏停战讲和……因是于二十一日派人赴沪,与齐氏会见,对于上海之将来,已决定照政府所发表,不驻军队。"

1 月 23 日 胡景翼、憨玉琨两部军队在禹县开火。憨玉琨唆使禹县地方土匪、民团收缴胡景翼所部曹世英旅枪械,双方在县城开战数小时,曹军驻禹部队王祥生团败退许昌,旋由驻许之胡军前来应援,击溃土匪、民团,夺回禹城。胡之援军到后,在禹城纵兵烧杀,死者千数,损失达千万元以上。事后,胡景翼以曹、王纵兵扰民,将王祥生枪毙,并布告缉拿在逃之曹世英。

△ 段祺瑞任命唐福山为江西陆军第一师师长,蒋镇臣为江西陆军第二师师长。

△ 川黔边防督办兼黔军总司令袁祖铭所部抵贵阳,接收贵州政权,由卢焘任贵州省行政委员长,彭汉章为清乡总司令。滇军全部撤退完毕。

△ 国立北京女子师范大学学生代表四人至临时政府教育部陈述

校长杨荫榆罪状,要求即日撤换。旋该校学生自治会发表宣言,历数杨荫榆罪状九条,表示"誓将此摧残教育之徒,驱逐出校"。

1 月 24 日　孙岳致电憨玉琨,请"严令前方停止作战行动,稍示退让,以留调解余地"。次日,憨玉琨电陕西军务督办刘镇华,报称禹县事件系胡景翼所部陕军第二混成旅旅长曹世英与地方民团为收缴枪械所致。26 日,刘镇华电执政府否认憨部参与禹县事变。

△　晨 5 时,奉军先锋队由横林方面进攻,齐军节节败退。26 日,奉军攻克无锡,27 日抵苏州。

1 月 25 日　黄埔军校中国青年军人联合会成立。该会由周恩来等人发起,以共产党员和社会主义青年团员为骨干组成。2 月 1 日于广州举行成立大会,到万余人。会后游行示威,并发表宣言。2 月 20 日,该会所编《中国军人》创刊号出版。

△　"上海反共产主义同盟会"成立,到会员 200 余人,总干事为邝宣扬。该会发表宣言,谓今日救国"惟有坚持三民主义之信仰";"共产之在中国,犹疠疫之在身,防其蔓延,惟有扑灭殆尽而后快"。

1 月 26 日　陈炯明部入侵联军驻地虎门、石滩,东江战事开始。上午 10 时,陈军练演雄部 5000 人由东莞、宝安二路向虎门进袭,与驻下岗桂军谭启秀旅接战数小时,陈军败退。同日,陈军向石滩滇军范石生部防线进攻,被击退。

△　孙中山病情恶化,午后 3 时移入协和医院施行手术,确诊为肝癌后期。

△　蒋介石致函谭延闿促湘军加入东征行列。

1 月 27 日　段祺瑞令设新疆沿边俄属伊尔库茨克、庙街等处总领事及领事。

△　胡汉民任林俊廷为粤桂边防督办。

△　段祺瑞令参谋次长刘汝贤暂行代理部务。

△　北京外交团领袖公使欧登科以上海附近战事"危及"外侨生命财产,"破坏"对于租界中立之保证为由,向北京临时政府外交部发出通

牒,要求务使交战各方,不得侵入外国租界及租界之外人居住处。

1 月 28 日　孙中山谕汪精卫、陈友仁将国民党中央执行委员会政治会议由广州迁至北京,并派吴稚晖、李石曾、汪精卫、于右任、陈友仁、李大钊、邵元冲为委员,鲍罗廷为顾问。

　△　齐燮元自上海逃往日本。按:此次对卢作战,三日之内,齐部连战皆败,被俘三四千人,毙伤千余人,其残部纷向沪上溃散。27 日,齐由苏州前线败逃上海。是日,乘日轮东遁。

　△　韩国钧以齐燮元所部第六、第十九两师溃兵退沪,急应办理收抚事宜,令前松沪镇守使宫邦铎复职;孙传芳则令浙军第二师第三混成旅第五团团长李俊义为上海防守司令。是日,宫、李分别赴任。同日,韩国钧并令闸北保卫团总王栋、副团总尹鹏与松沪保安团总、副司令,会同宫邦铎设法收抚溃兵。

　△　奉军先锋部队白俄兵 500 余人,乘装甲炮车于午后 5 时抵上海车站。

　△　上海总商会以齐燮元所部溃兵纷集上海闸北达数千人,主持无人,给养无着,于是日召开紧急会议,讨论应付办法,并电请段祺瑞速派大员携款来沪收拾散兵,以保治安。

　△　中国社会党更名为中国社会民主党,在京设总部,省设本部,县设支部,江亢虎为总理。是日,该党发表宣言,并发表组织大纲13 条。

　△　旅英互助工团通电,要求将海外同胞加入国民会议。

1 月 29 日　段祺瑞电复孙中山,拒绝孙筱(17 日)电所提两项要求,仅允省议会、教育、商、农四会及京、津、沪、汉总商会代表加入善后会议为专门委员。同日,段并电邀上述团体各会长速赴京与会。

　△　段祺瑞令准免督办京都市政事宜龚心湛兼职,以吴炳湘继任;任李寿金会办京都市政事宜;任朱深为京师警察总监。

　△　段祺瑞特派鲍贵卿督办东省铁路公司事宜,原任王遒斌及署理之王景春免职。

　　△　奉军第一军军长张宗昌率所部 1.5 万人抵沪,即分派军队收缴齐部溃军枪械。孙传芳部驻龙华军队退守松江、莘庄,以防奉军再进。

　　△　沈鸿英部左中右三路向粤桂联军防地发起攻击,广西战事爆发。沈军中路陆志高部由蒙山进攻藤县之太平黄绍竑部防地,次日被击退。右翼邓右文部进攻武宣,与黄部激战竟日,邓不支,退石龙。联军乘胜追击,于 2 月 3 日占石龙,又占象州。左翼与李济深部战于沙头墟附近。沈军三路均败退。

　　△　韩国钧任上海市公所总董李平书等 11 人为上海特别市筹备委员。

　　△　上海各公团以奉军大队调沪,孙军加防,恐双方再战,是日开会议决致电北京临时政府,请令两方撤兵。

　　△　湖南省议会开会欢迎四川省议会议长熊晓岩。湘议长欧阳振声致词,宣扬联省自治,谓:"今正其时,愿由两省结合,进谋二十二省区大结合。"

　　△　吉林著名女匪驼龙伏诛。驼龙(原名张素贞)随其夫大龙("仁义军"匪首)、九龙及"一枝花"(双城女匪首)在宾江道属五常、榆树、双城等县,前后为匪六年,手下有匪众 2000 人,展转攻入长春县内小合隆、万宝山等处,声势甚大。本月 8 日,其部为长春警备队击溃,驼龙只身潜逃,在公主岭被捕,是日解至长春枪毙。

　　1 月 30 日　段祺瑞令善后会议于 2 月 1 日开会。

　　△　段祺瑞特派汪大燮为全国防灾委员会会长。

　　△　北京临时政府为解决财政困难,由外交次长沈瑞麟派员分访驻京英、美、日、荷、葡、比、意各使,请履行华会条约,召集关税会议。

　　△　张宗昌派代表童好古赴杭州与孙传芳谈判上海问题。孙提出两项退兵条件:一、奉、浙两军同时撤出上海;二、奉军不攻浙,否则浙军将准备再战。旋协定双方军队同时撤防。奉军退至昆山,浙军退回松江,并将上海兵工厂封存,即日停止工作。

△ 东征联军总司令部召开军事会议,决定三路进兵,先发制敌。杨希闵之滇军为左路,由河源、老隆(今龙川县)以趋兴宁、五华,当林虎防地;许崇智之粤军为右路,由淡水、平山、海陆丰直趋潮汕,当洪兆麟防地;刘震寰之桂军为中路,围攻惠州城。

△ 上海总商会公请张宗昌面商治安办法。适吴光新抵沪,亦与会。张、吴演说,宣布将移苏军于昆山,洽请浙军退离松江,改兵工厂为工厂,实现上海永不驻兵、以符民意之旨。

△ 北京临时政府教育部以北京美术专门学校学生反对该部所委新任校长到校,是日派军警将该校强行解散。

△ 天津妇女国民会议促成会通函各地女界国民会议促成会,声明加入全国国民会议促成总会;越二日,派代表二人赴京参加总会筹备会,并吁请各地亦派代表赴京,一致进行。

1 月 31 日 段祺瑞特派许世英为善后会议秘书长。

△ 段祺瑞宴请善后会议会员,到 120 余人。段演说承认处境艰危,声称:"惟当奉公道以周旋,非徒受群情之推挽。"熊希龄致答辞,声称段"为现时和平统一之适当人物",表示"当同心赞助,达到统一"。

△ 国民党向全党发出抵制善后会议通告,略谓:"因临时政府于善后会议不容纳人民团体代表正式参加,故本党决议亦不参与该会议。"

△ 黄埔军校学生队两教导团官兵及入伍生队,在军校操场举行东征誓师典礼。

△ 上海国民会议促成会开第三次代表大会,俞秀松主席,讨论对善后会议之主张。咸以为善后会议之召集已成事实,所争之点不在名称,而在构成分子,故主力争人民代表参加该会。议决如下:一、拥护孙中山筱电主张,力争人民代表参加;二、人民代表人数应占全体代表三分之二以上;三、人民代表须由人民团体直接选派;四、各地国民会议促成会亦应选派代表参加。会议并推定恽代英等三人为代表,赴京筹办全国促成总会。

　　△　甘肃省议会致电北京临时政府国务院、陆军部,反对任孙岳、憨玉琨为豫陕甘剿匪总、副司令,要求将甘、陕"划出该总、副司令剿匪范围",并指出:"今者督军虽已易为督办,而军事繁要之官,如边防督办,如宣抚使,如剿匪司令,迭见命令,拔茅连茹,大者拥据数省区,小者控缩数万人,此其流弊所及,岂复稍异于前? 多日谋戢兵,其效殊寡。今易其名而存其实,谓可长治,谁则信之? 尤愿我执政毅然决然废此厉阶,使我国家前途日入于宁静安谧。"

　　△　北京临时政府外交部电令驻英、美、法、葡、意、比、日、荷各使向各驻在国政府正式提出召集关税会议之要求。

　　△　上海领事团由领袖领事出面,通知张宗昌,请其根据执政府命令,早日退出沪埠,以符明令。

　　是月　全国教育联合会庚款委员会经段祺瑞批准,宣告成立。

2　月

　　2月1日　善后会议在北京开幕。应出席会员 166 人,实到 96 人,不足法定人数。中外宾到 200 余人,使团除美使亲到外,余派参赞。赵尔巽主席,段祺瑞致词。同日,段祺瑞发表《建设宣言》。《宣言》列举政纲六项,以补充其在津就任临时执政时马(11 月 21 日)电内容之不足。政纲六项为:一、辛亥革命之意义;二、革命延长之危机;三、制定国宪速成省宪;四、善后会议与统一;五、国民代表会议与制宪;六、建设前途之责任。

　　△　东征联军右路许崇智部张明达师(第二师)许济旅(第七旅)由广九路向石龙前进,3 日抵石滩。黄埔军校教导第一、第二两团加入右路作战,是日从黄埔军校出发,集中虎门,3 日抵太平圩。

　　△　吉林国民会议促成会致电北京国民会议促成会,赞成在京组织全国国民会议促成会联合会总会。

　　△　孙传芳以奉军仍纷赴上海,致电段祺瑞、卢永祥及全国各省区

军民长官表示反对,并称:"若云讨齐爕元,则齐已自退","若云与传芳对敌,则为正当防卫计,势不得不饬部严防,相与周旋。"

△　上海特别市筹备委员李平书等开会,议决以上海、宝山两县有关系之 22 乡为区域,定名为"淞沪特别市"。是日,并电韩国钧请添委虞洽卿等四人为筹备委员。

△　青岛、佐世保间海底电线,由日本移交中国接收,即日起按新订协定实行。

2 月 2 日　段祺瑞令导准督办、会办各职一并裁撤。

△　段祺瑞令张宗昌加陆军上将衔。

△　北京临时政府司法部训令京外各机关,凡查获宣传共产,依刑律"内乱"罪从严办理;"如有以政党为护符者,亦一律依法办理"。

△　杨森以"移兵潜踞,闭门抗命,犯上作乱"罪名,解散驻绵属新都之川军第十师武装,免该师刘眷藩(斌)师长职。是日杨部对驻梓潼第十师实行攻击,刘师退绵阳,杨部遂占梓潼。越二日,又占绵阳,刘师向江油、安县退去。

△　驻京苏使加拉罕照会北京临时政府外交部,略谓:"俄国政府现极尊重中俄协定,凡有碍中国在蒙古主权之处,俄国尤愿加以注意,务贯彻不侵犯之本旨。俄蒙联防一事,俄国政府实未与闻,当望中国政府勿轻信谣传。"

△　张作霖电复上海总商会,告以:"现在军事已告结束,一俟布置就绪,所有奉军,均即一律退出","至兵工厂改办商厂一事,应候中央与苏省决定,敝处悉不与闻。"

△　上海国民会议促成会电段祺瑞,声明善后会议须有人民团体代表占出席代表三分之二以上,方有讨论国事之权,如擅自议决国家大事,人民誓不承认。

△　是日,福建省国民会议促成会成立。江西九江(6 日)、吉安(7 日)、山东陵县(8 日)、陕西三原(9 日)、南京(15 日)、长沙(19 日)、浙江象山(28 日)等地,亦先后成立国民会议促成会。

△　国民党中央执行委员会通电,略谓:"本党总理一月十七日复电,为本党总理对善后会议相当让步之精神,然犹未得临时政府之容纳,故中央执行委员会仰体本党总理意旨,议决对于善后会议不能赞同。"

2月3日　孙传芳由杭州到上海与张宗昌会晤,经吴光新主持,双方签订合约,规定:孙将兵工厂交出,于三日之内撤退上海附近之军队,孙军退至松江,奉军退至昆山。即日孙、张会衔电令前敌一律停止军事行动,所有宜兴、长兴一带驻军,着克日向后方适中地点撤退。至此,第二次江浙战争宣告结束。

△　善后会议开谈话会。浙江省长夏超代表邵章提出停止全国军事行动之议案,结果议决由出席之74名会员以赵尔巽领衔签名,改为意见书,请段祺瑞明令全国,"所有各方一切军事行动,及其他敌对行动,均须完全停止"。次日,段祺瑞电令各省军民长官及将领,停止军事行动。

△　东征联军中路桂军林树巍师进袭宝安,是日占云霖后继续追击前进。右路粤军张明达师许济旅、王若周旅进攻石龙、东莞。4日,王旅克东莞,许旅占石龙。陈炯明军沿广九线退却。5日,蒋介石率黄埔军校教导一、二团抵东莞。

△　北京外交团领袖公使欧登科致函北京临时政府外交次长沈瑞麟,以近来上海情势日益险恶,危及外人生命财产,并有中国兵士"窜入租界"、"破坏中立"情事,要求严令在苏各军事当局,无论何方军队,"断不准其侵入租界或外人居住地"。

△　北京《京报》刊载"侨港工团总会"代表香港20余万工人所发通电,对于孙中山召集国民会议主张,表示竭力拥护。

2月4日　上海总商会接收上海兵工厂,并电告段祺瑞。

△　上海《民国日报》刊载广东东莞第二区农民协会通电,指出帝国主义所主张之"和平会议"与段祺瑞召开之"善后会议",纯为分赃式之会议;声明拥护孙中山主张之国民会议及其预备会;提出特赦政治

犯,人民选举自由等五项先决条件,以及取消一切不平等条约等七项对国民会议之最低要求。

△　袁祖铭致电段祺瑞,报告滇、黔和平解决,贵州军民两政官吏业已委派,并接收完竣。

△　粤桂联军黄绍竑部占蒙山,次日又占荔浦,7 日三路围攻柳州。沈鸿英部见大势已去,弃柳州率队向桂林退去,黄部遂占柳州。

△　法国新任驻京公使玛太尔照会北京临时政府外交部,庚子赔款按照中法协定,请暂照纸法郎折算,拨付东方汇理银行,但声明并无以此解决金法郎问题之意。

△　"国语统一筹备会"以近年来初级小学(旧制为国民学校)出现"倒行逆施,复其故辙"现象,函请北京政府教育部,重行申明民国九年(1920)国民学校改国文为国语之法令,并禁用初级小学国文教科书。23 日,教育部准其所请,明令规定:"凡初级小学一律用国语教科书。"

2 月 5 日　孙传芳军队即日起开始向松江一带撤退,至 8 日撤尽。

△　孙中山电胡汉民、许崇智、杨希闵、刘震寰、范石生、廖仲恺等,略谓:"大病方苏,闻东江将战,望努力破敌以安内而威外。"

△　加拉罕致函北京临时政府外交部,声明:"一俟中国与外蒙关系恢复后,当即将驻蒙军队撤退",并谓:"苏俄政府当即饬外蒙代表离去莫斯科,并切实禁止俄国人民之援助外蒙,反对中国。"

△　北京临时政府外交部接阿富汗外交部来函,要求派代表来中国谈判议约,互派大使,正式建立外交关系。

△　北京临时政府司法总长章士钊呈请段祺瑞同意,令饬京师总检察厅将安徽省凤阳关监督倪道烺被控教唆杀人案移京办理。28 日,北京大学皖籍教授高一涵等联名具呈章士钊,反对倪案移京,并举发倪"辇金入都,与司法各界上下其手,希图敷衍了事"。3 月 5 日,章士钊在执政府会议上要求法庭予以追究,并传讯高一涵。

△　段祺瑞派代表周渤抵长沙访晤赵恒惕。12 日,周对报界声称此次来湘,"纯系报聘",并谓:段对赵省长甚倚重,对湘宪甚尊崇。后赵

恒惕以周来湘事致函段祺瑞,再倡联治主义,谓:"欲图永久统一,联治以外,实无他径。"

△　上海女界国民会议促成会根据执行委员向警予提议,致电段祺瑞,要求人民团体和妇女团体参加善后会议,并通电全国各地促成会一致主张,同时选派代表三人赴京参加全国国民会议促成会联合会。

2月6日　段祺瑞令准免张謇督办江苏运河工程事宜兼督办吴淞商埠事宜、督办江北沿海五县新运河事宜本兼备职。

△　段祺瑞特派孙宝琦为淞沪商埠督办,派虞洽卿为会办。

△　段祺瑞令免海军总司令杜锡珪本职,特派杨树庄继任。

△　张宗昌以"宣抚第一军军长"名义发布《紧要启事》,声称将参加此次江浙战争之苏属各军一律资遣回籍,不留一兵一卒遗害苏民。

△　张作霖召集军政大会,吉、黑两省军务督办等出席,决定:一、派张学良赴宁详细调查,与卢永祥、张宗昌商议奉军之去留;二、东省共移民 10 万人,各省设屯垦会办一人专司屯垦;三、东省官吏任命需经东省长官推荐或事先征求同意方可发表,并即电赴京之东省善后会议代表与段祺瑞接洽。

△　日内瓦国际禁烟会议因英、法反对于 15 年内禁绝吸烟及鸦片产额应以医药与科学上需用为限之两项提议,会议未有禁止远东境内吸食鸦片之担保,是日我国代表施肇基为此声明退出会议。11 日,鸦片第一次会议闭幕,通过禁烟草约十五节,中国未参加签字。北京临时政府密令施肇基,"如与主权体面无碍,仍参与禁烟会"。

△　上海《申报》等各报载文报道江浙战争之损失情况:上年 9 月至本月份止,东南数次战争,各地被害损失总额,至少当在 20 亿元以上;其中沪宁、沪杭及淞沪等各铁路损失最巨,轮船局、招商局等,亦不下数十万元,至于人民田地、物产、财产、生命之损失,则更难以确定数字。

△　全国国民会议促成会总会筹备处通电,劝阻各省之省议会、农会、教育会、商会等四法团出席善后会议之专门委员会,并请力争于善

后会议内加入 19 种人民代表。

2 月 7 日 段祺瑞特任杨森督办四川军务善后事宜,派刘文辉为帮办;邓锡侯着免四川省长本职,特任赖心辉继任;特任刘湘为川康边务督办,所有该省区军队均归节制。

△ 段祺瑞令:四川川边道所属地方暂行改为西康特别行政区域;特派刘成勋为西康屯垦使兼管民政事宜。

△ 全国铁路总工会第二次代表大会在郑州开幕,到十二路代表共 45 人。上午,首先举行追悼"二七"烈士大会,郑州工人、市民二万余人到会。下午大会正式开幕。大会通过恢复所有工会组织、力谋工会之统一、救济失业、要求实行罢工所争得之条件、争集会言论罢工之自由、赞助国民革命、并参加国民会议等 10 项决议。越三日,大会闭幕并发表宣言。

△ 京汉铁路在长辛店开劳工纪念大会,到 1.5 万人,各省均有代表出席。

△ 粤军总司令许崇智亲赴东江前线督战,是日抵横沥。次日,蒋介石会同许崇智商议进攻计划。许令张明达师、王若周旅、张我东团铁甲车队统归蒋指挥。

△ 福建国民会议促成会自厦门致电北京全国国民会议促成会联合会,以段祺瑞违反公意,召集善后会议,声明绝不承认。

△ 张作霖接见日本新闻记者团,发表对时局谈话,表示东三省"仍拟对日亲交,俾期益求治理";并谓:"合肥(指段祺瑞)出而执政,纯系予之提线,合肥成功,直是予之成功;合肥失败,亦不啻予之失败。"

△ 段祺瑞令:发行新债票,赎回秦豫陇海铁路 2000 万法郎短期债票。

2 月 8 日 段祺瑞令四川督理一缺着即裁撤。

△ 黎元洪电复段祺瑞,表示不出席善后会议。

△ 奉军将领张学良、韩麟春抵沪视察军队。

△ 胶济铁路商民、职工为请驱逐该路正副局长阚铎、朱庭祺,爆

发罢运、罢工运动。次日,暂行兼护山东省长龚积柄召集济南胶济路各团体代表开会,龚以督办郑士琦派李钟岳为代理局长以为解决条件,征询众意。各团体代表提出三项条件:一、驱逐阚、朱;二、收回阚、朱以前之任免令;三、惩办阚、朱以下之罪魁。

　　△　上海市民举行纪念列宁逝世一周年大会,苏联驻沪领事出席,恽代英等在会上发表演说。最后唱国际歌,并高呼:"列宁主义万岁!""全世界被压迫民族解放万岁!"

　　2月9日　善后会议开预备会,讨论"善后会议议事细则"。

　　△　冯玉祥致电段祺瑞,称病六辞西北督办职,实则要求将内外蒙及三特区划归西北边防督办范围,方允就职。越三日,段电冯,务请其正式就任。

　　△　冯玉祥自张家口致电刘镇华、胡景翼、憨玉琨、岳维峻,劝解陕、豫两军互换渭北、豫西地盘,主张"以政权论,渭北应归陕,豫西应归豫;以驻军论,渭北之师应归豫,豫西之师应归陕";并谓宜由刘镇华、胡景翼各派全权代表,"彻底规划,先清军匪之限,再定去留之额"。越二日,冯将该电转呈执政府。

　　△　刘湘、赖心辉、邓锡侯联名致电杨森,请停止进攻刘眷藩师,并允刘师移驻南江、通江。

　　△　上海日商内外棉八厂等11个纱厂二万余人,因抗议日厂主无故开除工人,举行同盟罢工。16日,日华、丰田等纱厂加入罢工,罢工人数已逾三万人。

　　2月10日　段祺瑞令川黔边防督办袁祖铭节制贵州全省军队,仍兼管驻川黔军。

　　△　段祺瑞令川滇边防督办、川边督办、川边镇守使等缺均着裁撤。又令:田颂尧着开去帮办四川军务,专任陆军第二十一师师长。

　　△　段祺瑞任吕秀文为山东陆军第三混成旅旅长,孔昭同为陆军第二十九混成旅旅长,苏琏为陆军第三十混成旅旅长。

　　△　段祺瑞令准免陆军大学校长贾宾卿本职,以师景云继任。

△　国民党根据孙中山关于国民会议的主张,发出通电,反对善后会议制定国民会议组织法,号召人民团体自行制定会议组织法,"盖唯人民团体所制定之组织法,乃能产生真正之国民会议也"。

△　陈炯明军驻守广九线者多为收编之土匪,无战斗力,闻东征军进逼,沿广九线节节败退,张明达师许济旅及黄埔军校教导团,是日进占平湖。次日占领深圳。陈军向淡水逃遁。至是广九路线完全由联军控制。

△　胡景翼前曾致电段祺瑞,以憨玉琨纵匪殃民,请免憨职,为段所拒。是日,胡因驱憨未成,愤而电请辞河南军务督办职。

△　山东督办、省长派济南镇守使施从滨及胶济路前局长李钟岳偕各界代表抵青岛,青岛站职工千人开会,向施、李提出四项条件:一、撤换阚、朱;二、李维持现状,须有期限,不得蝉联;三、推翻阚、朱所委人员;四、惩办阚、朱私党。施、李完全承认。次日,工人复工。

2 月 11 日　段祺瑞特任龚积柄为山东省长。

△　段祺瑞派唐启尧为安徽抚慰使,是日,唐到安庆在宣慰驻省皖军大会上宣读段祺瑞"训词",并演说要求皖省军政统一。

△　段祺瑞令陆军第六师、第十九师及江苏陆军第二师队号均着即行撤销。

△　北京临时政府外交部以日俄协定中有苏联承认朴资茅斯条约之条文,妨碍中国主权及利益,分别向驻京苏、日两使提出抗议。

△　张作霖令准中东铁路护路总司令兼特别区行政长官朱庆澜辞职,任吉林军务督办张作相兼代总司令,吉林省长王树翰兼特别区行政长官。

△　北京外交团接沪领事团电,要求以步枪所及之地,扩充租界。27 日,上海各团体组织"国民保土会",奋起反对。

△　《民国日报》报道西藏人民驱逐亲英内奸斗争情况,略谓:拉萨最近发生排英运动,反对英人侵藏,声势日益壮大。西藏内阁总理兼藏军总司令索龙格郎向与英人勾结,近复谋阻碍潘辛喇嘛出奔,尤使各喇

嘛及藏人忿恨,藏人在达赖喇嘛宫前集会,举代表要求达赖逮捕索龙格郎,予以惩戒。此事拉萨军队及索卫队亦有参与者,现内阁已重行组织。

2月12日 胡汉民令裁撤驻韶州北伐军大本营。

△ 胡汉民任命余际唐为建国川军第一军军长;汤子模为建国川军第二军军长。

△ 胡汉民任命林支宇为建国联军湘军第一军总司令。

△ 张作霖为订立《奉俄协定》事呈报段祺瑞,略称:《中俄协定》对中东路及松、黑航线权各部分,尚有遗漏,当由东省另订《奉俄协定》,并将换文抄呈执政府备查。段批交外交、交通两部会同考虑。是日,外交、交通两部呈请将《奉俄协定》核准追认,作为《中俄协定》附件,并由外交部照会加拉罕,请其转报苏联政府。

△ 萧耀南电令全省军警长官,缉拿在汉口谋乱之吴佩孚部下、前第二十四师师长杨清臣及前第十四混成旅旅长时全胜。

△ 北京外交团领袖公使欧登科照会北京临时政府外交部,以军阀把持铁路为借口,干涉中国路政。略谓:"外人利益与铁路有密切关系,各铁路不特于外商所供给及实用之装备负债数千万元,而对于各国所持中国铁路债券数万万元,亦负有责任。"照会"警告中国中央政府,迅将中国之铁路全部恢复通常状态","凡铁路收入经营等事,概移交合法管理机关"。

△ 哈尔滨青年学校、平民周报社、平民学社致电国民会议促成会总会及全国各法团,声明善后会议无人民代表参加,擅行开会,与贿选无异,故不承认其存在及其一切决议。

2月13日 善后会议开第一次大会,到132人。通过《善后会议议事细则》,选举赵尔巽、汤漪为正副议长。

△ 张作霖在盛京(今沈阳)成立镇威上将军公署,是日,段祺瑞指令照准。

△ 孙岳自保定致电刘镇华、胡景翼、憨玉琨、岳维峻,劝解胡、刘

互换地盘,主张留陕余军调至河南,驻豫陕军全数开回关内。

△ 桂林守军沈鸿英部邓瑞澂通电解除师长职务,将部下交邓右文指挥。次日,邓右文发出通电,与沈鸿英脱离关系。李宗仁、黄绍竑,委邓右文为第一师师长。

△ 美国著名教育家克拉伯来沪,将在中国逗留数月,管理开设假期圣经学校事宜。据教会估计,将于今夏在 15 省内设暑假圣经学校 3000 所,其中上海一埠将设 100 所,招收华童 12.5 万人,授以耶稣教之《圣经》。

2 月 14 日 东征联军右路分兵三路围攻淡水,张明达师攻城之西北,许济旅攻城之东北,教导团攻城之东南。是日,三路直逼淡水城下,陈军闭城困守待援,相持至夜。此时洪兆麟部由潮汕开来已达惠州,闻淡水被围,急移兵来援,形势急迫。黄埔教导团遂组织奋勇队百余人,于次晨在炮火掩护下猛攻城池,克之。旋张师许旅对洪部援兵苦战,入夜陈军向平山退去。

△ 段祺瑞令免江苏省长韩国钧本职,以郑谦继任。

△ 段祺瑞任命张凤岐为陆军第九混成旅旅长。

△ 北京临时政府举行国务会议,就孙传芳来电所提请饬驻淞沪奉军完全撤退;请卢永祥离宁北上;请以张宗昌督办江西军务善后事宜,吴光新为江苏省长三事进行讨论,议决卢永祥仍为宣抚使;奉军撤退办法,责成卢办理;苏督一席,此时决不更动;韩国钧辞职应予照准。

△ 上海奉军将领张学良、韩麟春、张宗昌北回磋商军事,奉军亦撤退至昆山一带。

△ 刘镇华致电执政府军务厅,要求制止胡景翼开衅。

△ 北京临时政府军务厅、陆军部致电刘镇华、胡景翼,转达冯玉祥、孙岳关于陕、豫两军调整地盘办法。旋因憨玉琨、刘镇华反对,调停失败。

△ 萧耀南召集长江上游副总司令兼第十八师师长卢金山、第十八混成旅旅长于学忠及第二十五师师长陈嘉谟、襄郧镇守使张联陞、汉

黄镇守使杜锡钧、第一混成旅旅长孙建业、第四混成旅旅长刘佐龙等开军事会议,部署鄂西防务,以防川、滇、黔图鄂。

△　北京临时政府外交部为英人包办西藏邮务事致函驻京英使,请查明前次照会,严行查禁。

2月15日　湖南全省工团联合会、安源路矿工人俱乐部、粤汉铁路总工会、长沙人力车工会等12团体联名致电段祺瑞,要求容纳人民公意,准许各省教、农、商、工、学各会及妇女联合会等人民团体之代表参加善后会议为正式会员,指出段祺瑞召集善后会议"竟以军阀官僚为组织分子,置人民于不顾……此人民之所以共起反对也"。

△　中华妇女协会在北京开成立大会,通过宣言及简章。宣言提出女子应参加打倒帝国主义和军阀的民族独立的国民革命运动等八条纲领。简章规定该会"以团结妇女,力争经济上、政治上及社会上之平等地位为宗旨"。

△　吴佩孚在黄州派人四出联络,以冀卷土重来。其部下在汉擅发委任状,招纳流亡。鄂人恐吴谋乱影响鄂局,故日来驱吴之声甚炽。是日,湖北公民联合会开驱吴大会,推代表晤萧耀南,并电段祺瑞,请驱吴出鄂境。

2月16日　陆军总长吴光新抵京,次日面见段祺瑞,陈述沪兵工厂接收经过及江、浙最近形势。

△　蒋介石驰电北京,向孙中山告捷。18日,由汪精卫代表孙中山复电嘉勉。

△　豫省议会电段祺瑞,谓胡景翼、憨玉琨两军移防,日益紧逼,一触即发,请速制止。

2月17日　段祺瑞特任王天培督办贵州军务善后事宜,派周西成为会办;特任彭汉章为贵州省长。

△　段祺瑞通令慎选县知事,严禁军人干预。

△　北京协和医院代理院长刘瑞恒通知孙中山家属及国民党党员,告以孙中山所患为肝癌末期,为不治之症。

△　唐山新华纱厂工人千余名,为抗议资本家罚打工人,举行罢工。该厂经理令厂警武装镇压,并声言将全体开除,另募新工。越二日,罢工工人发表宣言,痛斥资本家之罪行,要求国人支援,并向厂方提出取缔工头员司打骂工人、急速放回被捕工友,并赔偿损失及加薪等六条要求。

2 月 18 日　孙中山因在北京协和医院医治无效,移居铁狮子胡同行馆。

△　粤桂联军李宗仁、黄绍竑部进占广西全州。沈鸿英残部向湘粤边境退走。

△　北京临时政府驻法公使陈箓,在巴黎与驻法比使签订陇海路新借款条约,债额 2300 万法郎,赎回 1919 年 2000 万法郎旧债票。

2 月 19 日　善后会议开第二次大会,讨论段祺瑞提出之整理军事大纲草案及国民代表会议条例草案。段到会致词,承认:"环顾宇内,乱于兵,困于财。"林长民等就第一项提案提出质问,指出政府未提出具体方案,无从讨论。陆军总长吴光新出席解答,声明:政府提出此案,"时间甚为匆忙",军队编制详细办法当提交下次大会讨论,请对此案"暂行保留"。

△　上海奉军大部已撤,其补充旅改为清乡军留沪。是日,闸北公团联合会等各团体致电卢永祥、张宗昌等,指出"该补充旅查系前苏军第六师、第十九师溃兵所改编,纪律之坏,人所共悉",表示反对。

△　唐继尧通电主张贯彻联治主义。声称:"进则共谋共和联邦之统一,退则保留联邦之省治,为国家为西南,无有切于此者。"

△　广西梧州团务会议通电请唐继尧撤回桂境滇军。越二日,梧州县各团体代表会议开会,议决组织统一机关,拒滇军入桂。

△　刘镇华致电北京临时政府,略谓:豫人治豫,理所当然,胡景翼所部,尽系陕军,而竟占领全豫,应请速饬胡部开驻关西,让出陇海铁路全线,交憨玉琨接防,以解纠纷,而符民意。

△　北京临时政府财政、外交两部,宴请法新使玛太尔,双方交换

对于金法郎案相互让步办法之意见。

△　驻京日使派员访北京临时政府外交次长沈瑞麟,要求电令沪官厅从速解决上海日纱厂工潮,并保护日侨生命财产。

2月20日　晨,东征联军右路各军向平山合击。洪兆麟、叶举等陈军是时出平山,占白芒花,分三路反攻淡水,两军在淡水北羊塘围遭遇,战二小时,陈军向平山退却,联军乘胜追击至白芒花,21日进占平山。

△　粤桂联军第二军指挥白崇禧进占桂林,嗣因邓右文通电解除李宗仁、黄绍竑所委第一师师长职,白部于3月5日退出桂林警戒。

△　李景林为争夺保定、大名两道地盘,曾与孙岳发生火并,经段祺瑞及各方调解,是日双方签订妥协条件十余条,要点为:一、孙将保、大两属交还直隶管辖;二、保、大两属之道尹、县知事,悉由直隶委人充任;三、孙军饷项按月由直省财政厅协济24万元。

△　中国国民党东京支部、横滨支部及华侨联合会、留日学生废除不平等条约同盟会、留日安徽学生醒民社等十余团体,在东京成立"中华留日国民会议促成会"。次日,发表宣言,支持孙中山首倡国民会议之救国主张,揭露段祺瑞拂逆民意召集之善后会议"实不啻军阀官僚会议",表示誓死反对。

2月21日　北京临时政府国务会议讨论补充内阁问题。外长唐绍仪一时不能来京,决定由沈瑞麟次长暂时署理。教、农二长由段分别函电敦促即日就职。

△　段祺瑞令准免外交总长唐绍仪本职,特任沈瑞麟继任。

△　段祺瑞特派豫陕甘剿匪总司令孙岳赴河南检查驻豫军队。

△　豫省旅沪商界联合会电北京临时政府,请迅予制止胡景翼、憨玉琨战争,以重民命,而顺舆情。

△　香港英国汇丰银行开年会,主席毕登顿演说,认为段祺瑞召开之善后会议,"为统一国家之初步,吾人当认为满意",表示对该会给予"恳切及同情的注意",并"盼其成功"。

2 月 22 日　联军右路粤军在白芒花开军事会议,决定分二路进攻海陆丰,直捣潮汕。许崇智率张明达师、许济旅由三多祝进攻海丰,蒋介石率教导二团由梅陇进攻海丰,24 日上午二路开始出发。

△　胡、憨两军又在禹县开战。是日;憨部张治公之一师率同镇嵩军第一路柴云陞之一部,收编王老五之匪军,向白沙镇胡景翼部猛攻。胡调李虎臣、蒋朗亭两旅前往助战,双方军队均在二万上下。

△　国民党中央执行委员会发表宣言,反对北京临时政府与法使拟互相让步解决金法郎案,并声明凡国家重大问题之足以增加人民负担者,非经国民会议与正式政府决定,国民概不承认。

△　北京临时政府派王彭年为赣鄂宣慰使。是日王抵汉口,并晤萧耀南。

2 月 23 日　段祺瑞致电各省区军民长官,侈谈建设大计,主张移民垦拓边僻荒地,"以行屯田、卫民、拓地、建省之实"。

△　孙岳离京赴豫,调停胡、憨战争。26 日,孙电告抵豫,并谓:"已电请两军遵照中央命令,停止军事动作,严守防线,组织和平会议,各派代表来京。"乃孙行抵新乡,忽称病不进。

△　北京临时政府教育部申令各省教育厅,为推广国语统一运动,凡初级小学应一律用国语教科书。

2 月 24 日　孙中山病危,是日口授遗嘱及家事遗嘱,由汪精卫当场笔录成稿。致苏联遗书则以英语口授,鲍罗廷等人笔记。遗嘱全文为:"余致力国民革命凡四十年,其目的在求中国之自由平等。积四十年之经验,深知欲达到此目的,必须唤起民众及联合世界上以平等待我之民族共同奋斗。""现在革命尚未成功,凡我同志,务须依照余所著《建国方略》、《建国大纲》、《三民主义》及《第一次全国代表大会宣言》,继续努力,以求贯彻。最近主张开国民会议及废除不平等条约,尤须于最短期间促其实现。是所至嘱!"在《致苏联遗书》中,表示"当此与你们诀别之际,我愿意表示热烈的希望,希望不久即将破晓,斯时苏联以良友及盟国而欣迎强盛独立之中国;两国在争世界被压迫民族自由之大战中,携手并进,以取得胜利!"

　　△　善后会议举行第三次大会。议案共五项:一、续议国民代表会议条例草案;二、移民计划消纳裁兵案;三、提议收束及安插军队案;四、提议编制警备队案;五、禁烟案。第一案议决交由法制专门委员会审查。第二至第四案自行撤回,保留第五案。

　　△　段祺瑞令:河南胡景翼、憨玉琨两军按现驻地点各退50里,脱离接触,停止军事行动。

　　△　段祺瑞任命赖世璜为江西陆军第四师师长。

　　△　憨玉琨所部军队由吴赵河方面出动向苇渠(距郏县70里)包围并袭击胡景翼部左翼。胡军迎战。此部憨军因多系新收编土匪,战斗力弱,当即被胡军击散。次日,憨军由白沙、童池镇、银河镇派大队来援,胡军由苇渠进至吴赵河,旋占禹店、白沙西镇。

　　△　上海县商会、上海市议会等法团,就苏皖宣慰使、第一军司令部征募淞沪公债200万元一事,致电段祺瑞、张作霖、卢永祥等,略谓:"今值军事收束,淞沪已奉令永不驻兵,宣抚使率领奉军南来时,声明不支苏饷,况值善后会议开议,决无任令军事机关发行一隅公债之理",要求张作霖等电令阻止。

　　△　王揖唐奉段祺瑞命往鄂,谋与萧耀南联络长江各省拥段及劝吴佩孚离鄂,于是日抵汉口。

　　△　天津国民会议促成会致函直隶各县促成会,请自动组织人民团体,加入或发起国民会议促成会,并选派代表参加全国促成总会,以便组织国民会议预备会,实行国民自动解决国是。

　　△　江浙皖丝茧总公所致电奉、皖、苏、浙四省军民长官,略谓现值时届春节,正农民从事蚕桑,而"常、锡、嘉、湖等处,谣言蜂起,草木皆兵",若再有军事发生,则人民流徙,丝蚕一业将受极大打击,"七千万大宗土产,无以出口,数百万捐税,从何征取?"恳请收束军事,俾农民得从事蚕桑。

　　△　溥仪在日使策划下,由日使馆潜逃至天津日租界。是晚,日使

馆发表声明。谓已将此事通知段祺瑞及北京临时政府外交部,并声称:"政府亦熟知之,且无何等干涉之意。"

△　江西九江东门内美基督教会所设圣约翰大学代校长美国人葛若然,对学生有意寻衅,学生群起反抗。葛竟动武,美国教员更以尖刀刺伤学生八人。全校学生遂全体退学,以示抗议,并一面通电全国各教会学校学生,请一致退学,一面电请北京临时政府教育部明令收回教育权。

2 月 25 日　段祺瑞特派林长民充国际联合会事宜讨论会会长。特派熊希龄督办永定河决口堵筑工程事宜,薛笃弼、鹿钟麟为会办。

△　班禅额尔德尼抵北京,由临时政府迎至中南海瀛台居住。

△　段祺瑞接见善后会议各省专门委员,声称:"解决时局,惟善后会议是赖";"国民会议,国民程度尚谈不到";"国民会议议决,能否强制军阀遵从,尚属疑问。"

△　晨,胡景翼下令向憨军总攻击。岳维峻为前敌总司令,率部自郑州向铁炉、荥阳前进。27 日夜,驻沁阳之陕军一团,又奉命暗渡黄河,夺取孟津,与由登封绕道攻偃师之邓宝珊旅合击汜水憨军后路。胡又亲率所部,由荥阳正面猛攻。憨军三面受敌,力不能支。28 日,胡军占荥阳、汜水、巩县等地。

△　唐继尧部龙云乘虚入南宁。省长张一气偕机关人员撤离南宁。卫戍司令蔡振云率部退横州。

△　刘镇华率镇嵩军离陕赴豫,27 日抵洛阳。陕省军民两政交帮办吴新田暂代。26 日,刘抵潼关后,即在各处张贴告示,声称:此次率师出关,完全在统一中原,解决时局。

△　王揖唐抵湖北黄州"慰问"吴佩孚。

△　北京临时政府财政部发行民国十四年八厘公债,债额 1500 万元,以德国发行之津浦债票息券 90 万镑为基金,民国十八年(1929)起还本。

△　北京临时政府财政总长李思浩与汇丰银行签订借款银元 34

万元合同,作行政费用,年息 8％,期限一年,以总税务司所存金法郎 25 万两利息作担保。

2 月 26 日　胡景翼、憨玉琨两军在登封县激战。胡军约四旅,由李虎臣统率,包围憨军,憨部不支而退,死伤千余人。是日,胡景翼由开封专车来郑州督战。次晨,胡军进占登封县。

△　段祺瑞派施从滨帮办山东军务善后事宜。

△　反对优待清室大同盟致电段祺瑞,要求临时政府向日使馆交涉引渡溥仪,依法惩办,明令废除清室条件,通缉严惩殷顽遗老;次日,向日使馆提出质问。

△　加拉罕就日俄协定中承认《朴资茅斯条约》问题,复照北京临时政府外交部,认为中国在 1905 年及 1915 年两次与日本订约已承认《朴资茅斯条约》有效,并声明苏联承认《朴资茅斯条约》有效“绝不抵触中国权利”。

△　陈炯明由汕尾败逃香港。

2 月 27 日　善后会议举行第四次大会,讨论段祺瑞所提整理财政案。周作民等发言,谓此案与军费标准及整理军事案“甚有关系”,议决延会,俟下次开会时与军事大纲案一并列入议事日程。熊希龄临时动议,请执政府代表出席,质问关于河南军事问题。段祺瑞代表、政府军务厅厅长张树元答称:政府已派员前往检查,设法消弭战事,使双方不致有重大战事发生。

△　卢永祥致电段祺瑞,重倡废督,并主张“定军制”、“划军区”。其办法则暂以徐州一带为江苏国防军区域,大江以南不再驻国军,凡驻苏国军,一律调赴国军区域,悉听中央指挥,饷由部给,不干省政;苏省固有师旅,酌量苏之财力,另行改编,归省长节制;江苏军务善后督办一职,即请迅颁明令永远废除。同时提议浙省亦将国军调赴国防规定区域,不得仍驻江、浙毗连境址,并将军务善后悉听中央主持。

△　东征联军右路张明达师破敌于三多祝,在海丰农民协会配合下,是日占领海丰。黄埔军校教导一、二团亦于是日会师海丰。旋分兵

三路直趋潮汕。

　△　中国沿海渔业协会、沿海七省渔民保卫团等团体,以"渔业人民有 40 万户之众,每年海产物价额达 2.1 亿之多",合乎国民会议代表组织条例关于选举国民代表之规定,要求善后会议于提议国民会议组织条例时,将沿海渔民之选举权、被选举权及选举名额明白订定。是日,保卫渔业监督刘昌言函请善后会议对于上述要求"查照议办"。

　△　天津农民协会成立,并发表宣言,提出"打倒帝国主义!""打倒军阀!",要求减轻田赋。

2 月 28 日　刘镇华致电北京临时政府,称胡景翼所部"乘我退避,猛烈进攻",违背政府撤兵之令。3 月 4 日,胡景翼亦电京指刘电所称各节"均系淆乱是非",已电请善后会议派员赴豫西彻查,辨明是非。

　△　广州大本营外交部长伍朝枢宴请驻粤各国领事,解释中国"取消不平等条约"的真意,略谓:"中国要取消一切不平等条约,是排除帝国主义,并不是排除外国人;要自拔于半殖民地之中,并不是要驱逐外国人。"并谓:"中国人今天只求脱奴隶而为朋友,不取消不平等条约,是无法做朋友的。一切猜忌废约运动者,你们敢说中国人只配做奴隶不配做朋友吗?"

　△　孙岳抵郑州。

2 月下旬　驻京苏联大使加拉罕就中国政府雇用俄兵一事,照会北京临时政府外交部,略谓"据确实报告,中国军队中有第一俄兵混成旅之军队组织,由前俄帝国军官尼查伊夫氏带领,内有白党千名驻扎沪宁一带,并招揽留居上海白党组织成军,直接受张宗昌指挥,由卢永祥管辖"。照会指出:此项反苏联之白党军队,影响中苏两国人民之友谊,助长中国内乱,应即停止招募白党,从速解除白俄军队武装,立予遣散,以符中俄协定。

是月　日商日华纱织喜和工厂在上海创立,资金 1100 万元。

　△　日本在东三省铁路沿线中等学校实行军事教育。

3　月

3月1日　国民会议促成会全国代表大会在北京举行开幕典礼，到各省区代表 80 余人，来宾数百人。大会宣布三项宗旨：一、人民之自由与权力，应由人民力争；二、人民应有打倒军阀与打倒帝国主义之坚强信念；三、国民会议为团结全国人民进行战斗与夺取权力之机关。

△　国民党中央执行委员会以唐继尧勾结杨希闵、刘震寰觊觎粤政，特调建国滇军第二军军长范石生率部赴广西，协同桂军李宗仁、黄绍竑阻唐军由南宁东下。是日，范军总指挥杨榛率部出发，4 日抵肇庆，7 日抵梧州。

△　驻黔滇军唐继虞自称建国联军第一路总指挥，是日通电宣称奉唐继尧命令，"克日出师率兵东下……合湘川之贤豪……扫除联治障碍"。

△　段祺瑞特派王正廷督办中俄会议事宜，郑谦为会办；任吴金彪为赣东镇守使仍兼军务帮办，邓如琢为赣北镇守使仍兼陆军第一师师长。

△　蒋介石令粤军第一师第一旅旅长陈铭枢部及吴铁城之警卫军集中淡水，即日向海陆丰前进。

△　杨森令第一混成旅郭汝栋部、第三混成旅白驹部及吴行光三部由成都经仁寿、威远前往自流井屯驻。次日，杨通电称出兵仁威，定实行北京统提统拨盐款命令，并保井灶各商及运道交通。

△　北京新闻界百余人在中央公园集会，要求取消《出版法》。9 日，青岛报界致电北京报界及临时政府司法部，提出同样要求。

△　蒙古旅京同乡会集会，讨论国民会议组织法关于蒙古国民代表名额等规定，作出三项议决案。其要者为：请将蒙古代表名额修订为：内蒙每盟五人，外蒙每部五人，唐努乌梁海、科布多、阿尔太新旧土尔扈特、呼伦贝尔、察哈尔各五人，阿拉善、额尔额西土默特、伊克明安、

明安特场、商都牧场、两翼牧场各二人,青海七人。会议发出宣言,反对少数王公贩卖蒙、藏议员,主张就地选举代表,并一致议决于次日赴临时政府及善后会议请愿。

3 月 2 日　胡汉民颁令嘉奖东征联军将士,并饬乘胜前进,"务于最短期内,肃清残寇"。

△　北京临时政府农商部在京召集全国实业行政会议,各省实业厅长出席。至本日止,会议历时 20 余日,开议 16 次,议决案 160 余件,未议案数十件。22 日,段祺瑞传见各会员,发表"实业救国"意见。

△　吴佩孚带卫队千余人乘"决川"、"浚蜀"两舰,启程赴岳阳。当日,吴之随员对《自由西报》记者谈话,声称"果时局非吴某出即不能收拾,吴亦未始不可出山"。

△　桂粤联军为抵御唐继尧军东下,连日布防,以横州(今横县)为第一防线,贵县为第二防线,浔州(今桂平)为第三防线。是日,李济深、黄绍竑在梧州联衔发布讨唐布告。

3 月 3 日　善后会议举行第五次大会。广西代表动议,要求临时政府依卢永祥请废督电,实行废督。旋开议,第一案为《整理财政案》,议决请政府将原案撤回修正,并先征求各省代表同意,然后续向善后会议提出修正案。次议《收束军事大纲案》,以本案修正之案甚多,且散会时间已届,议决下次开会时合并讨论。

△　孙中山致电联军总司令杨希闵:"卧病兼旬,得闻捷音,胜于良药。右翼深入,击破洪兆麟、叶举,须中左两路并进,乘胜击林虎,潮梅可定。"

△　联军右路许济旅及黄埔军校教导一、二团追击前进,至鲤湖附近与洪兆麟部李云复师遭遇,激战甚烈。当地农民持土枪土炮助战,遂大败洪军。次日,许旅入普宁城,5 日占揭阳。

△　海丰召开全县农民欢迎国民革命军大会,到会三万余人。革命军宣布没收逆产,半数归农会,十分之三归工会,十分之二归学生会,并主张取消苛捐杂税。

　　△　段祺瑞令改呼伦善后督办为道尹。

　　△　孙岳自郑州通电,主张胡景翼、憨玉琨双方派遣全权代表至偃师开会,协商解决办法,定于 5 日各自撤兵,第一步憨军退新安、渑池,胡军退汜水。

　　△　安徽省长兼督办军务善后事宜王揖唐抵京,当日对记者发表谈话,略谓:本人赴任之际,本带有接洽长江各省之任务……此次赴京述职,经行赣、鄂、豫、晋等省,于各当局感情固极融洽,闻见亦极翔实,各省拥护中央之诚意及诸种实况,亦应为之通达。

　　△　汉口英租界人力车夫为徐典案派代表赴交涉署请愿,被英巡捕捕去六人,激成罢工。汉冶萍总工会、汉阳钢铁厂工会及汉口学生联合会等工会、团体纷起援助。车夫工会代表提出释放被捕者;严办凶首;抚恤徐典家属等要求。英租界当局被迫承认工人所提条件。越二日,斗争胜利结束,车夫一律复业。

　　3 月 4 日　滇军将领杨希闵、范石生、胡思舜、廖行超等在广州谢庐开会,研究对唐继尧作战计划。

　　△　四川军务帮办刘文辉亲率九师全部由叙永赴自流井布防。6 日,刘通电指责杨森独占兵币两厂,睥睨一切,日事挤防锄异,添兵自流井,更图一逞,破坏和平。

　　△　驻京日使芳泽答复北京临时政府上月 11 日关于日俄协定承认《朴资茅斯条约》之抗议,声称日在满洲所得之权利,业经中国于 1905 年中日条约承认,"不受中俄两国间任何协定或争议而蒙受影响"。

　　3 月 5 日　段祺瑞令蒙藏院副总裁沈学范辞职,以莫德惠继任。

　　△　胡汉民特派大本营参议廖仲恺驰赴东江前线劳军,并勉饬东征联军"务各努力前进,扫清余孽"。

　　△　胡景翼致电北京临时政府称,此次河南战事,憨玉琨首先开衅,请处刘镇华以擅离职守罪,治憨以拥兵犯顺罪。同日,憨玉琨亦电京指责胡景翼进占其撤退地区,要求下令讨伐。

　　△　刘镇华电告北京临时政府,孙岳所部两团业已加入战线,祈迅电制止。

　　△　唐继尧通电称,已令黔境滇军全部开拔,克日直趋武汉。

　　△　上海总商会致电善后会议,以全国现时兵多财匮,四民失业,请该会一致督促卢永祥废督裁兵通电,立予施行。

　　△　湖南省议会开会,议员查询吴佩孚抵岳阳真相。次日,议长欧阳振声向大会转达省长赵恒惕答复:一、吴若个人来湘,似宜不加干涉;二、吴若带有武装兵舰,须一律解除。7 日,长沙学生联合会通函各处,请解除吴之武装,共同驱吴。

　　△　北京《民国日报》创刊。该报系国民党主办,邵元冲主编。18日京师警察总监朱深突派警察多人到社,以该报对当局举措有指摘处,勒令停版。次日,该报被封禁,编辑三人并被羁押警厅。

　　3 月 6 日　段祺瑞任命石敬亭为暂编陆军第四混成旅旅长,蒋鸿遇为暂编陆军第五混成旅旅长。

　　△　孙岳致电段祺瑞,指责刘镇华弁髦中央命令,助憨攻胡,妨碍偃师和平会议,有意破坏大局。刘亦电政府,攻讦孙以所部助胡作战,要求制止。

　　△　苏联大使加拉罕照会北京临时政府外交部,略谓苏俄曾于1921 年派兵入蒙,以平白匪,现"业得蒙古当局之同意,开始由外蒙撤兵,目前业已撤尽",并望中国乘此时机,解决中蒙关系问题。

　　3 月 7 日　段祺瑞令安徽陆军第二混成旅旅长兼苏皖鲁豫四省剿匪副司令李传业调京另候任用,该旅部着即裁撤,所属两团派新任淮泗道尹唐启垚切实编练。又令安徽陆军五旅减额二成,着即择地屯垦,实行兵工,派新任淮泗道尹唐启垚总办其事。

　　△　建国军潮梅第一路司令周潜在潮阳附近举义,截击陈炯明、洪兆麟败军,配合东征右路军进攻汕头。是日,张明达师占领汕头,许济旅占潮安。10 日,汕商会开会欢迎东征军,许崇智莅会演说,声称:此次东江战事有俄人参加,非行共产,共产实不适于中国;吾人所为系民

族革命,非社会革命。

　　△　胡景翼军攻占黑石关及偃师。

　　△　张作霖宴请中央暨各省赴奉为其祝寿之代表,并发表演说,略谓:段公(祺瑞)为予拥护出山,此后当负完全保护责任,使中央政府威信日重,一切政治,日即整饬;其有破坏大局,扰乱治安,为南北统一前途之梗者,誓必以全力铲除之。此予区区之忱,夙夜耿耿在心,堪为诸公告者也。

　　3月8日　冯自由、张继、乔义生、于右任、张知竞、卢师谛、邓家彦、徐谦、褚辅成、刘成禺、梅光培、黄大伟、朱卓文、彭养光、于洪起、李书城、吕复、贺之才、郭泰祺等发起组织"中华民国国民党同志俱乐部",是日在北京大学第三院开成立大会,通过简章七章29条。旋国民党中央执行委员会议决开除冯自由出党。4月,国民党中央执行委员会通告各省,否认北京俱乐部,宣布"与本党毫无关系"。

　　△　胡景翼所部岳维峻军樊钟秀、邓宝珊两旅攻入洛阳,刘镇华、憨玉琨军弃城溃逃,岳维峻到洛阳维持秩序。

　　△　陈炯明副官邓达材在沪对记者发表谈话,略谓:此次东江之战失败原因,在于内部不协,行动迟缓,军心涣散,且有蒋介石之教导团军纪极佳,作战勇敢,对敌作战先演说共产主义如何好,克服的地方即宣传共产,设立农民协会等。

　　△　驻粤滇军将领杨希闵、范石生、胡思舜联名通电声讨唐继尧"压迫邕宁,阴图两粤"。

　　△　刘湘电令杨森、刘文辉饬各部谨守原防,不得驻兵自流井,关于盐款分配即拟适当办法。杨、刘双方遵令撤兵。

　　△　北京妇女国民会议促成会、中华妇女协会等20余团体开会纪念国际妇女劳动节,到1300余人。会议提出"争回人格"、"同等教育"等口号,指出妇女同胞最迫切的奋斗工作为力争妇女参加国民会议。同日,广州工人万余人,女学生千余人亦集会庆祝,并发表通电。

　　△　甘肃"陇南国民会议促成会"在天水开成立大会,陇南镇守使

代表及各校师生共 1500 人到会。

3 月 9 日　新任东南大学校长胡敦复到校就职,遭该校学生、教授拒绝,胡及其弟刚复均被殴。14 日,东大学生维持学校委员会成立,声明拒绝胡任校长。24 日,北京临时政府教育部派王家驹、洪逵前往查办,27 日到达南京。

△　重庆木工二万余人罢工示威,反对联合办事处抽木工注册及手续等费,至 18 日,市公所被迫撤销联合办事处和征费。

3 月 10 日　善后会议举行第六次大会,出席会员不足法定人数,改开预备会,亦未按原议程开议。任可澄以开会将近一月,河南战事仍未制止,动议休会。旋由陆军次长贾德耀到会报告河南战事可望和平解决,任案遂自请取消。江亢虎等提出善后会议职权问题。赵恒惕代表钟才宏发言,阐述联治案之五项纲要。

△　全国国民会议促成会代表大会在北京开第一次正式大会,通过《国民会议促成会全国代表大会组织法》。

△　广州大本营发表政府对于农民运动第二次宣言,略谓:"本党目的在实现三民主义,而三民主义之实现在有群众力量以拥护之,故本党主义实建在群众基础之上。"并表示"本政府为实行历史上之使命,谋最大多数人民之最大幸福起见,对于农民利益自当竭力拥护"。

△　是日,滇军第二军军长范石生从广州乘广九路车出发,12 日抵达梧州。临行致电孙中山、胡汉民称,此行旨在固粤援桂除奸。

△　湘省议会开会,议员周荫棠等就熊克武部川军进驻湘西事提出质问。

△　倪道烺教唆杀人案,经司法总长章士钊呈请将倪免职,是日段祺瑞指令着倪道烺暂行停职,凤阳关监督职务由安徽省长遴员代理。

3 月 11 日　孙中山午后召见汪精卫、邵元冲、戴季陶、宋子文、孙科、邹鲁、吴稚晖、何香凝、孔祥熙等国民党要人嘱咐后事,并在遗嘱上亲笔签字。

△　班禅额尔德尼赴执政府晤段祺瑞谈蒙事,略谓:外蒙为中国领

土,现在驻蒙俄军自动撤退,此正我国收复外蒙之机会,请速与驻京俄使加拉罕交涉一切,俾我国对于外蒙得完全行使其统治权。对于藏事,亦有所商议。

3月12日　孙中山于是日上午9时30分在北京铁狮子胡同行辕逝世。国民党中央执行委员会决定以南京紫金山为安葬地,在未安葬前,先将灵榇暂行安置中央公园社稷坛。北京临时政府通令全国下半旗志哀三日,派柏文蔚、王枣为治丧代表,"所有饰终典礼,并着内务部详加拟议,务极优隆,用符国家崇德报功之意"。

△　孙中山北京治丧处成立,由于右任、吴敬恒、宋子文、孔祥熙、李石曾、汪精卫、邹鲁、孙科、林森九人组成。同日,胡汉民发出通电,宣布广州组织孙中山哀典筹备委员会,推胡汉民、伍朝枢、廖仲恺、古应芬、杨希闵、谭延闿、许崇智、刘震寰、程潜、邓泽如、吴铁城11人为委员。

△　善后会议发出通告,以孙中山逝世,13日例会停开,用志哀悼。

△　廖仲恺奉命赴东征前线劳军,是日抵汕头。

△　段芝贵在天津病死。22日段祺瑞令陆军部给予治丧费5000元,并派员前往致祭。

△　龙济光病死。14日段祺瑞令以上将例优恤,给银5000元治丧,并派卫兴武前往致祭。

3月13日　俄国共产党中央委员会致国民党中央执行委员会唁电,哀悼孙中山逝世。略谓:"孙中山的伟大事业是不会和孙中山一同死去的,孙中山的事业将活在中国的工人和农民的心里,而使中国人民的敌人发抖……孙中山的遗训永垂不朽!"

△　各国驻京公使前往行馆吊唁孙中山逝世。驻上海、广州各国领事亦往灵堂吊唁。

△　驻河源、老隆(属龙川县)之林虎部刘志陆、黄任寰、王定华等股约8000人,由五华、河婆分鲤湖、棉湖二路进击联军右路之背。蒋介

石令张明达师守潮汕,许济旅及教导一、二团回师揭阳迎敌。是日晨9时半,教导一团遇敌于棉湖一带,激战至正午,渐不支,许济旅、教导二团赶至,战局始转稳定。此时陈铭枢旅及警卫军已达河田,蒋令速攻林军之背。林部前后受敌,不敢再进,战至午后3时遂向五华、兴宁退去。此役东征军死伤千人以上,教导一团伤亡尤重。

　　△　河南省 108 县公民代表张干臣等向北京临时政府呈控前省长李济臣及督理张福来在豫祸国殃民,私吞肥己,"去年直奉作战共勒款三千余万元,征收十四年钱粮七百余万",直系失败后,携款潜逃,隐匿汉口租界,逍遥法外,要求政府派员赴汉将李济臣、张福来在豫勒捐各款及家产查抄或作公款或还民间。

　　△　桂林 48 个法团通电声讨唐继尧率兵犯省,呼吁李宗仁"厚集兵力,实行驱逐"。

3 月 14 日　中共中央总书记陈独秀发表《悼孙中山先生》,号召"全国的革命分子,应该因中山先生之死,加速的集合到中山先生创造的国民党,团结成伟大的集合体,来继续中山先生革命事业"。

　　△　驻沪苏联领事馆召集旅沪侨民及家属 200 余人追悼孙中山,国民党上海执行部派代表出席。

　　△　段祺瑞召见四川刘湘、刘成勋、邓锡侯所派参加善后会议代表,嘱转告川省当局停止军事行动。

　　△　胡汉民电告东江前线各军,勉以"墨从戎,乘胜长驱,力翦凶仇,以报孙大元帅"。

　　△　唐继尧以联帅名义委林俊廷为粤桂边防督办,是日林在南宁通电就职。

　　△　张作霖为胡、憨战争致电段祺瑞,责段袒胡。次日,段特派王揖唐赴奉向张解说。

　　△　刘镇华电告北京临时政府,已遵令退至陕州,请制止胡景翼军追踪。同日,刘在陕州召集军事会议,决编残部为六个联队,分三路再图夺取洛阳。孙岳遵政府令派代表赴陕州与刘再商量和解办法。

3月15日　孙中山遗体由协和医院施行手术，以便永远保存。是日，手术完毕，上午10时在医院大殓。

△　中国共产党电唁国民党哀悼孙中山逝世。同日，中共中央发出《中国共产党为孙中山之死告中国民众书》，号召全国民众加倍努力，继续国民会议及废除不平等条约运动。

△　江苏省长韩国钧致电段祺瑞，以上海高昌庙、龙华两兵工厂原由苏省拨款创办，现既已奉命停止军事工作，听候改组工厂，请将两厂准由苏省处分。

3月16日　善后会议举行第七次大会，因会期已满，决定延会20日并休会两星期，以便将重要各案开诚协商。法制专门委员会委员长江庸报告审查《国民代表会议条例草案》，因人数不足，时常流会，未有成绩，议决改由各专门委员联合审查，限两星期报告大会。最后讨论政府所提出之《拟依法团委员请求修改条例案》时，奉天代表与西南代表发生冲突，由会员调停结果，请政府酌量自决。

△　全国省议会联合会在京正式成立，暂设事务所于京兆区省议会。该会由湖南省议会议长欧阳振声发起，有17省议会参加，通过简章八条。

△　北京临时政府教育总长王九龄赴部就职。北京国立八校教职员及公立中小学教职员代表百余人，至教部阻王到任。段祺瑞闻讯大怒，面谕教部次长马叙伦查明严办，并由警察总监朱深率武装警察护王到任。

△　香港全体华工工团总会开追悼孙中山大会，参加团体工会100余个，15万人，是日工人停工一天，商店停业一天志哀。

△　闽督办周荫人派员与陈炯明、洪兆麟接洽，指定云霄、诏安为粤军驻地，并电告段祺瑞。

△　云南大理一带大地震。15至17日，大理、下关、凤仪、宾川、祥云、弥度等地房屋倒塌无数，灾民露宿，土匪乘机抢劫，损失惨重。4月11日发生第二次强烈地震。

△ 北京临时政府公布十四年八厘公债条例,总额为 1500 万元,以停付德国赔款之余款为担保,期限十年,每百元实收 90 元,周息八厘,第四年起开始偿还。4 月 1 日起发行,作为支付中央紧急政费及领使经费之用。

△ 胡汉民令:建国滇军第二军军长范石生呈称奉令率部赴桂讨贼,派该部总参谋长李宗黄留守后方代行军长职权。

△ 北京公民通信社于 13 日所发《刘镇华助憨之原原本本》通信稿中,揭露某大公子受刘贿 30 万元。段祺瑞之子宏业以"影射本人"、"妨害名誉"之罪名,向警察总监指控该社。是日,该社社长陈爱尘被捕。

3 月 17 日 广州各界举行追悼孙中山先生大会,是日至 19 日,各界分别前往致祭,前后共有 20 余万人参加。

△ 善后会议开休会后第一次谈话会,商订分组办法,结果分法制、军事、财政三组。18 日至 26 日,又开五次谈话会,就军事、财政等案分别交换意见。

3 月 18 日 唐继尧乘孙中山逝世之机,图谋进据广东,是日在滇就副元帅职。次日并通电宣布就职理由,略谓:"……尔时军国大事,凤赖大元帅主持,未便遽膺崇秩;今不幸大元帅在京逝世,一切未竟之主张,皆吾辈应负之责任,用遵咨电,于三月十八日在滇就副元帅职……"

△ 滇军总司令杨希闵致函许崇智驻省司令部,声称:"现值军事时期,本部有卫戍之责,所有各军后方留守部队,均应由本部检查,贵军亦应援案检查。"次日,又令饬前线各军不许回广州,否则缴械,并令赵成梁师在白云山架大炮控制,近郊要隘均驻滇军。

3 月 19 日 11 时,孙中山灵柩由协和医院移殡中央公园社稷坛,送丧者达 10 万人。

△ 北京临时政府内务部议定孙中山饰终典礼,并拟举行国葬。是日,段祺瑞指令准如所拟办理。

△ 越南河内华侨午后 1 时在粤东会馆举行追悼孙中山逝世大

会,各界停业一天并下半旗志哀。

　　△ 东征联军黄埔军校教导一团击败五华城守军林虎部王得庆师,于是日上午9时占五华城。教导二团及陈铭枢旅冒雨进攻兴宁,次晚8时攻克。林虎部受重创,向东退走。联军乘胜向梅县追击。23日,梅县林军弃城而逃,遂占领之。

　　△ 刘镇华、憨玉琨、张治公等分三路在新安、洛阳间向国民军发动反攻,张治公部一度占领龙门和洛阳车站。国民军第三军加入战斗,孙岳、岳维峻、樊钟秀等在前线指挥,张治公等不支败走。

　　△ 岳维峻师攻占渑池、观音堂。21日,胡军李虎臣部抵陕州。

　　△ 冯玉祥代胡景翼致电北京临时政府,请任命孙岳、岳维峻分任陕西军务善后督办、帮办。旋由府复电拒绝。

　　△ 唐绍仪对远东通信社记者发表谈话,鼓吹联省自治。略谓:"余以为中国区域之大,省分又多……除实行联治外,无好方法",并认为五权宪法之作用不及联省自治。

　　3月20日 北京临时政府教育部据密报称,北京大学共产党密议在京师中学以上各校发展学生入党,是日训令各大学及京师学务局严行防范。

　　△ 国民党中央执行委员会第六十次会议,以唐继尧入侵广西,通告国民党军人一致声讨。

　　△ 唐继尧、赵恒惕以西南代表所提联治各案善后会议未予重视,是日联名致电段祺瑞及善后会议代表,略谓:"为拨乱反正,救亡立国,以求真正和平,永久统一,舍联省自治外,实无第二途径",要求会议"一致主张,促成大计"。

　　3月21日 胡汉民、杨希闵、谭延闿、许崇智、刘震寰、程潜、伍朝枢、古应芬发表宣言,哀悼孙中山逝世,并声明在国民会议未实现,中华民国合法政府未成立以前,所有一切制度设施,"仍敬谨赓续孙大元帅成规,戮力同心,并期有以发扬光大,以完成国民革命工作"。

　　△ 北京临时政府举行国务会议,农商部报告:浙江省长夏超电称

长兴煤矿公司前因江浙战事,损失 500 万,要求政府完全赔偿,并请从速拨给,以便恢复营业。议决以中央财政万分竭蹶,电复夏省长请其自行解决。

　　△　国民党中央执行委员会开第六十九次会议,廖仲恺主席,通过《本党对联治派决议案》,声明联治主义与本党根本不相容,应予防范,并揭露联治派军阀受帝国主义者利用,"阳假联治之名,阴行割据之实"。

　　△　段祺瑞派陆徵祥为国际保工大会第一委员,严庄为第二委员。

　　△　北京临时政府财政总长李思浩与驻京法使玛太尔面商拟定解决金法郎案办法草约。

3 月 22 日　刘镇华反攻失败,陕西吴新田、井岳秀等在潼关断刘后路,刘退入山西运城。是日,致电北京临时政府引咎辞职,次日通电下野,并电府保吴新田督办陕西军务善后事宜,孔繁锦为省长,柴云陞为帮办。

　　△　美国纽约中国留学生及华商在万国学生会组织孙中山国际大追悼会,各国人士前来致祭者 1000 余人。4 月 12 日,美国芝加哥、旧金山等地华侨亦分别举行追悼活动。

　　△　上海女界各团体、学校代表百余人开女国民大会,向警予主席。会议宗旨为争取女权,反对现时公布之《国民代表会议条例》不赋予女子选举权之规定。

　　△　哈尔滨戊通公司开股东会议,以历年赔累,万难支持,宣告破产,但因国家航权关系,议决三种结束办法:一、招商接收;二、政府接收;三、省政府接收,由总经理王渭生等全权办理。

3 月 23 日　上午 11 时,国民党北京市全体党员 1500 余人,齐集中央公园社稷坛致祭孙中山。

　　△　广州各团体开孙中山追悼会筹备会,廖仲恺出席,报告中央党部议决三项:一、改香山县为中山县;二、通告海外各党部购飞机 20 架;三、在西瓜园建中山纪念堂及图书馆,募集建筑费 50 万。中央执行委

员会通告：定下月 12 日在第一公园举行追悼大会。

　　△　北京临时政府财政总长李思浩、永定河工督办熊希龄与外商汇理、汇丰、正金、花旗四银行签订借银元 28 万元合同作永定河修浚借款用款。年息 10％，期限半年，以汇理银行所存盐税担保（合同借款额为 70 万元，其中有五家华商银行参加，以上数额为外国银行承借之款额）。

　　△　陈炯明率北京临时政府海军总司令杨树庄援助之"海筹"、"永绩"、"楚安"三舰由东山岛出发，是日抵汕头港外，配合林虎部反攻。25 日晨，"海筹"舰截获东征军之"永福"舰，舰上所载人员连同枪支弹药等军用物资均被俘往东山。26 日，许崇智致电杨树庄严词诘问，请饬"海筹"舰立即交回"永福"舰，并派代表赴厦与海军当局交涉。4 月 10 日厦门海军将"永福"舰及舰载人员释回。

　　△　张作霖召集军事会议，决定东三省国防军共编 18 个师，李景林、张宗昌、阚朝玺、张学良、赵恩臻、郭松龄、高维岳、蔡平本、汲金纯、齐恩铭、汤玉麟、裴春生、张九卿、张作相、于深澄、万福麟、吴俊陞、穆春分任第一至第十八各师师长。

　　△　北京印刷工人要求增加工资举行大罢工，27 家报纸停刊。

　　3 月 24 日　北京临时政府全体阁员及政府文武官员百余人齐集中央公园往祭孙中山，内务总长龚心湛代表段祺瑞主祭。

　　△　台湾各界在台北开会追悼孙中山。大会由台北有志社发起，台北青年读书会等团体共 5000 人到会。大会冲破了日本当局施加的种种压迫，情绪悲壮感人。

　　△　段祺瑞令：胡思义因公来京，江西省长着李定魁暂行兼护。

　　△　胡汉民任命贺龙为建国川军第一师师长，刘棱为建国川军第三混成旅旅长，周朝武为建国川军第五混成旅旅长，周燮卿为建国川军第六混成旅旅长，田义卿为建国川军第七混成旅旅长，张义卿为建国川军第八混成旅旅长。

　　△　胡汉民致电杨希闵，促进兵河源、老隆，肃清残敌，并令韦寇英军速攻惠州。

△ 孙岳以陕、豫两军冲突可告结束,电北京临时政府陈述河南善后办法,主张将溃兵散匪运送边地屯垦畜牧。

3 月 25 日 段祺瑞据外交部报告,法、比两国公使要求设法恢复陇海铁路原状,是日,电令河南督军胡景翼制止军人阻碍路政,一面派陇秦豫海铁路会办章祜赴河南会同办理。

△ 北京外交团及政府各机关、学校前往中央公园致祭孙中山者达两万余人。

3 月 26 日 福州惨案。福州学生界为抵制美国进口鱼倾销市场,与鱼商发生纠纷,省长萨镇冰下令惩办为首者。31 日,警方捕闽江中学学生两人。4 月 2 日,男女生 900 余人往警厅要求释放被捕学生。6 日,警方又拘捕学生四人。7 日学生往省署请愿,遭军警驱散。8 日,各校学生数千人,往省署,萨镇冰下令开枪,打死七人,伤数十人,造成"福州惨案"。同日,福州学生联合会发出急电求援。

△ 汉口英国烟厂硚口新厂工人因反对工头虐待并无故开除工人,举行罢工,发表罢工宣言,要求开除为首之监工,以后不得打骂工人和重罚工人,在罢工期间工资照发等。

△ 北京临时政府外交部复照驻京苏联大使加拉罕,略谓:张宗昌部下有俄兵一队,数约三四百人,皆已加入中国籍,但无在沪补充白党入伍情事;并谓:中国陆军有此一队,查与中俄条约无甚抵触,一俟大局平定,立即遣散。

△ 云南省昆明市各界召开追悼孙中山大会,全市下半旗志哀。

△ 北京临时政府总税务司安格联请假启程回国。

3 月 27 日 北京各界市民前往中央公园致祭孙中山,各方人士前往瞻仰孙中山遗容者络绎不绝。自 24 日至本月 31 日止,签名来宾达746823 人。

△ 段祺瑞派苏皖宣抚使卢永祥兼办江苏军务善后事宜。对于卢电请定军制、划军区及先废苏督一节,许以容后"再当参酌办法厘定推行"。

△　国民党中央执行委员会开第七十次会议,议决反对唐继尧就副元帅职。

△　是日,沈鸿英军沈荣光部又占桂林,粤桂联军分二路进攻桂林,沈军不支,向义宁(今五通)、龙胜溃退,遂将桂林收复。15日又占龙胜。

△　段祺瑞派韩建铎赴豫与胡景翼、孙岳交换解决豫、陕善后问题意见。是日,韩电告执政府军务厅,报告达成五项办法:一、请准刘镇华辞职;二、由胡景翼禁止豫军西进;三、胡景翼通电全国停止军事行动,服从中央;四、请以吴新田督陕,孙岳为省长;五、大军过后,河南土匪由胡、孙负责剿抚。

△　胡景翼部收复灵宝。

△　湖南省议会通过主张宣布武力驱逐川军出湘西议案。28日,又议决致电唐继尧劝阻滇军唐继虞部假道北伐。

3月28日　全国省议会联合会宣言,宣布成立理由四端:一、督促各省制定省宪;二、代国会纠正中央行政之流弊;三、调处各省争执;四、辅助政府从事和平运动,力劝各区实行自治。

3月29日　胡景翼下令班师,潼关、陕州各留驻一旅,余均撤回洛阳。胡憨战事结束。

△　国民党中央执行委员会议决以阳历3月29日为黄花岗烈士殉国纪念日。是日,广州各界10万人往祭黄花岗七十二烈士。

△　淮阴西坝盐工一万余人,为要求增加搬运盐斤工资举行罢工。4月3日,罢工取得相当胜利复工。

3月30日　东征联军在兴宁县北门召开追悼孙中山大会,各军将士及地方各工农学商团体5000余人参加。

△　段祺瑞派王景春代表政府暨京汉路出席万国铁路协会第十次会议,并参与英国铁路百年纪念典礼;另派黄赞熙代表陇海路出席。

△　段祺瑞令督办浦口商埠事宜吴鸿昌免职,以李国筠继任。

△　段祺瑞令准免江南造船所所长刘寇南本职,以王齐辰继任。

△　国民党中央执行委员会开第七十一次会议,决定将香山县翠亨乡孙中山故居,永久保存。

3 月 31 日　胡汉民派蒋介石兼理陆丰、海丰事宜,任命许济为建国粤军第四师师长。

△　善后会议开第八次会议,讨论军事案。议决将政府《收束军事大纲案》承认其大体,以原案与修正各案共 17 起并交军事专门委员会审查,限五日提出审查报告。

△　浙江督理军务善后事宜孙传芳通电发表废督裁兵意见,并提出将各省军务督办及师、旅长同调邻省,三年任满,必再更调;军队由陆军部订定检阅兵械条例,由各省派军官会同法团代表检阅,核定各省军额,分别遣留。

是月　东征联军占汕头后,广州大本营即接管当地盐政,另委盐务稽核员。有关各国领事提出"抗议",并派兵一队登陆。嗣胡汉民所派稽核所长唐三省前往接事,为原任外籍所长卢列所拒。汕头领事团函许崇智,声称原任所长系奉京都命令而来,如无京令,除以兵力外,该所长不能交卸,汕政府应派兵保护,否则领事等将替汕政府执行此项任务。

4　月

4 月 1 日　河南省议会在开封举行追悼孙中山大会,胡景翼主持大会,军、政、学、商、工、农各界五万余人参加。

△　国民会议促成会全国代表大会开第八次大会,出席 50 余地区代表。

△　安徽陆军第一旅旅长倪朝荣以督办王揖唐将第二旅旅长李传业免职,并惩办凤阳关监督倪道烺,拒绝王氏回任,是日电请北京临时政府将安徽督办一职明令废除,皖省军队暂归苏皖宣抚使卢永祥节制。后卢永祥致电段祺瑞,谓已电皖军人安其本分,至废督之事,应听政府

计划,彼等未便干预。

　　△　王揖唐离京赴皖,3日自徐州南下,得皖军拒返通电,复回徐商准奉军派两连随行,一面派人向皖军疏通,谓彼来不问军政。4日,王始抵蚌埠。

　　△　苏皖宣抚使卢永祥奉令兼办江苏军务善后事宜,是日在宁接印视事。

　　△　段祺瑞派唐在复为意大利万国农会大会全权代表。11日,复派为国防保工大会第一委员,陆徵祥因病开去国际保工大会第一委员职。

　　△　段祺瑞任命张克瑶为山东陆军第一混成旅旅长。

　　△　驻京英、美、日、意、葡、比、西七国公使照会法使,对金法郎案提出质问,略谓:庚子赔款用纸用金,各国均有关系,向来交涉由八国联衔,反对法国单独与中国政府解决金法郎案。

　　△　国会非常会议议员在参院开会,通过反对金法郎案。宣言声明:在此民意机关不能行使监督职权期间,无论何人当国,对法政府无理之要求,苟不断然拒绝,甚或悍然承认,其所决定之契约,绝对无效。

　　△　京师警察总监朱深制定《管理新闻营业规则》,凡12条。其中规定:凡开办报馆须具两家铺保;学校学生不得充报纸、通讯社经理人、编辑人、发行人、印局人;凡核准之报纸、杂志、通讯社登载新闻、言论,须遵照出版法。

　　4月2日　午前11时,孙中山灵柩由中央公园社稷坛移厝西山碧云寺。市民30万人步送至西直门,万人送至西山。午后4时25分,灵柩到达碧云寺,5时30分举行公祭。是日,北京各机关一律下半旗志哀。

　　△　北京临时政府举行国务会议,决定以金法郎案卷宗交司法部审查有无损害国库、触犯刑章之处,以便进行。6日,司法总长章士钊呈段祺瑞称,修正条文审查完竣,"均于我国有利,视原协定确有进步",新协定全文"稳妥无疵"。

△　憨玉琨因战败仰药自杀。

△　胡汉民令裁撤梧州善后处。

△　安徽陆军第五旅全体军官通电声明支持倪朝荣废督主张。同日,宪兵司令程文源亦通电声明:"自今日起,谨率全体官兵随倪旅长归卢宣抚使节制。"

△　沈鸿英残部因李宗仁、黄绍竑部东下与唐继尧接战,乘虚入桂林。12 日,李宗仁部克复桂林,沈军向义宁退去。

△　唐继虞以滇军北伐有协助邻省自治之作用为由,致电湘省议会为其假道湘境行为辩解。7 日,湘省议会驳复唐电,催其出境。

△　北京全国省议会联合会通电要求各省区速制省宪,实行自治。

△　驻京法使玛太尔照会北京临时政府外交部,告以法国政府对中国施行海关附加税以赈水灾之事,予以赞同。

4 月 3 日　善后会议开第九次大会,讨论财政案,议决:一、段祺瑞所提整理财政大纲案、财政整理委员会条例草案及会员修正案共九案,一并交付财政专门委员会审查,限五日内报告大会;二、咨达执政府请电各省区军民长官及各军将领限期报告最近财政军政情形。及至开议《宣布历年所欠内外债确数及其用途为整理财政之先决问题案》时,以在场会员多退席,人数不足,宣告延会。

△　北京临时政府秘书厅致电王揖唐,申斥皖省陆军第一混成旅旅长倪朝荣等通电"越级妄言",令其"传谕申诫","查询真相"。

△　段祺瑞指派驻西班牙公使刘崇杰为与委内瑞拉国签订通好条约全权代表。

△　冯玉祥致电驻京日使芳泽,指出:本月 2 日《顺天时报》"所载张冯不协","奉军增驻廊房,敝军移驻丰台",显系"挑拨各方意见,致中国于危亡",要求转饬该报馆,关于军国大事"不宜捉风捕影,致淆视听"。

△　熊克武致电湖南省议会、各工团,请顾念大局,解释疑虑,协助联军取道湘西移防。

4月4日　日政府派外务省事务官朝冈来华签订中日文化协定，是日，北京临时政府教育总长王九龄宴请朝冈，协商支配庚款办法。7日，阁议中日文化协定问题由教育部与朝冈协议，组中日协商总委员会，交外交部核议。

△　"皖事改革促成会"、"安徽青年自治会"通电历数王揖唐五大罪状，要求皖省3000万父老兄弟共驱"此洪宪帝孽，安福罪魁，民国蟊贼"。

△　国民会议促成会代表陈柏年等发表致世界国民革命同志书，说明促成会之目的在于督促国民会议之早日实现，希作援助之鼓吹，相资提携。

△　湖南外交后援会为金法郎案召集各公团联席大会，通过致段祺瑞电，敦促向法政府严重交涉，拒绝签字，否则湘民"誓死与祸国殃民者作最后周旋"。

△　胡汉民任命蔡巨猷为建国联军湘军第六军军长。

△　许崇智部第二师师长张明达自松口（属梅县）搭民船赴汕。次日，抵潮安城，船行至湘子桥下，因江水湍急，船覆，张遇难。

△　北京临时政府教育部聘马君武为国立北京工业大学校长，张明伦为国立北京农业大学校长。

△　赵恒惕通电主张裁兵，以联治建国。

△　北京临时政府交通部为据全国商会联合评议会主席安迪先呈，以湖北蒲圻羊楼洞采办茶砖销行蒙、俄、回、藏，运输停滞，茶砖壅积沿途已半年之久，请设法疏运一事，训令京汉、京绥两铁路管理局局长，务于最短期内陆续运竣。

△　上海书报联合会、日报公会、书业商会、书业公所为响应北京新闻界废止出版法运动，特开联席会议，议决分电执政府、法制、司法、内务各院部，请即废止出版法。9日江苏教育会，14日南昌新闻界及汉口新闻界，亦先后响应。

4月5日　黄埔军校召开追悼孙中山大会，到会官兵及农民协会会员共 4000 余人。校长蒋介石、党代表廖仲恺主持会议。蒋介石发表演说。

△ 皖省反王揖唐军人秘密开会,决定:一、派代表向卢永祥请愿,皖军始终拥护卢宣抚;二、派员向京、沪同乡要求,请一致主张废督。

4 月 6 日 善后会议开第十一次大会。续议《请宣布内外债确数及用途案》,经修正为《咨达政府请宣布历年所欠内外债及其用途并偿付各国庚子赔款之年限及方法问题案》。提案要求"务使历年举债之内幕,和盘托出","以为将来承认与否之标准";否则"今侈言整理财政,而不注重财政之先决问题,无论如何提案,决不能引起人民之信仰"。《规复外蒙案》、《整理江苏财政案》,均可决。末议《中华民国临时政府制草案》,由提案人褚辅成作长时间之说明,会员多退席,人数不足散会。

△ 国民党中央执行委员会开第七十三次会议,根据廖仲恺提议,通过建立党军案:以黄埔军校教导团为基础成立党军,教导第一、第二两团编为党军第一旅,第一团团长何应钦兼任旅长,第二团团长为沈应时。全旅仍归蒋介石节制调遣。13 日,国民党中央执行委员会公布此议决案。

△ 国民党中央执行委员会农民部长廖仲恺,以潮、梅各县已克复,是日致电汕头许崇智、蒋介石,指示:应乘此时机,组织农民协会及农民自卫军,"以拥护农民之利益,而增进国民革命运动之实力"。

△ 前广西督军谭浩明在上海寓所为其仆人枪击身死。

△ 湖南省议会开会,经议员临时动议,议决致电段祺瑞反对金法郎案签字。

4 月 7 日 善后会议开第十二次大会,讨论《国民代表会议条例草案》,由审查会代表报告审议经过,议决即以审查报告交付二读。

△ 湖北全省各团体在武昌首义公园举行追悼孙中山大会。大会进行三天,参加者达 10 余万人。

△ 北京临时政府国务会议,通过设立临时参政院,以辅佐执政。

又以据香港电传,杨希闵与胡汉民交哄,胡有避居沙面之说,决定分电沪、港随时查报实情,一面并与各方协商应付方针,以便相机处理。

△　天津国民会议促成会通电全国反对金法郎案,略谓北京政府当局,"不顾国家重大损失,竟欲变相承认,此案关系全国民众利益⋯⋯必须留待国民会议,依人民公意以为解决",吁请共同主张,监督政府;同日并致电段祺瑞要求执政府停止进行此案。

△　梁士诒由京抵奉,与张作霖密商组阁事宜。

△　全国私立大学联合会假北京民国大学召开成立大会,到文化大学等 10 余校代表 30 余人,决议:一、通函京外各大学,请速加入;二、通知在京各私立大学速推代表一人组织委员会。

△　驻京英代办白拉瑞照会北京临时政府外交部,谓云南、缅甸边界土匪迭次扰乱,英人所受损失约数十万,驻滇英领曾向唐继尧要求赔偿,迄无回复,现奉伦敦训令,须请中央政府赔偿,附抄英领所开损失清单,希查照见复。

4 月 8 日　北京因金法郎案解决已有头绪,是日由外交部照会驻京法使玛太尔,要求法国政府早日批准华盛顿协定,以便克期召集关税特别会议。次日,法使复照称:法国政府允即将该协定速交议会通过,并设法使关税会议速行召集。

△　唐继尧委桂军刘震寰部第三师师长黎鼎鉴为援桂联军前敌指挥官,是日黎在桂林布告就职。

△　刘震寰与唐继尧结合,准备回桂,所部发表宣言,指责国民党中央执行委员会通电讨唐之不当。

△　"皖民自觉会筹备处"通电,指出皖军人倪朝荣等通电,"显系本省失意无耻政客欲扇万恶倪氏死灰而扬其焰,以自绝于皖人",要求皖人一致声请执政府将皖系余孽倪朝荣等免职严惩,并将其所辖军队全体裁汰。

△　山西人景定成通电全国,宣布已受同志委托任国民军第六军军长,建军宗旨,"意在扫除障碍,扶持平民自治"。并已于本月 3 日刊

布关防就职,设办公处于洛阳。

4 月 9 日　善后会议开第十三次大会。续议《中华民国临时政府制草案》,众以此案非本会应行议决事项,议决搁置。次议会员顾螯所提《中华民国临时政府制修正案》,未有结果。

△　杨森委所部第十六师王缵绪、郭汝栋、何金鳌、白驹、王正鋆、朱宗憼等六旅长为师长,并提吴行光等四人为混成旅长,黄毓成、李树勋为前敌总、副司令。11 日,下令分路出发,对赖心辉、刘文辉、刘成勋三军防地采取攻势。

4 月 10 日　善后会议第十四次大会,二读讨论《国民代表会议条例草案》。主席以“第一章总纲”标题五字付表决,多数可决。又以第一条全文付讨论,无结果,即宣告散会。褚辅成等代表因所提《中华民国临时政府制草案》被搁置,是日愤而退席。

△　河南督军胡景翼在开封病故,临终前致电段祺瑞,请明令河南军民两政职务由岳维峻继任。

△　东征联军右路粤军入诏安。吴铁城之警卫军克老隆。林虎残部全退赣境。

△　国民党湖南省党部发出通电,反对唐继尧就任副元帅,并历数其罪状,吁请全国各地同志一致声讨。

△　湘省议会开会质问赵恒惕对湘西川军办法,赵答称:“现政府已定办法,如熊(克武)部一周内出境,即不用武力;否则,政府为保全湘境治安起见,决不能再事容忍。”

△　赵恒惕委第三师师长叶开鑫为湘西前敌总指挥,是日叶在马迹塘行营通电就职。

△　段祺瑞电令杨森将兵工、制币两厂及盐款交川康督办刘湘平均分配。12 日,杨森电复遵办。

△　段祺瑞特派王瑚为包宁铁路督办。

△　胡汉民任命罗翼群为东江剿匪督办。次日,又令罗翼群统率原有潮梅军各部队,克日开赴老隆、河源、龙川、和平等处肃清匪患,仍

听粤军总司令节制调遣。

　　△　上海《民国日报》报道：日人冈本理治发起在大连成立"满洲币制研究会"。

　　△　王揖唐通电赞同滇、湘两省联省自治主张。

　　△　中国华洋义赈救灾总会贵州分会以全省三分之二县份受灾，"灾区广袤三千余里，饥民多至二百余万，草根树皮掘食殆尽"，通电乞赈。

　　4月11日　善后会议开第十五次大会，奉代表未出席，人数不足，改开预备会。开议《中华民国临时政府制修正案》及《确立联治政策为改革财军各政之标本，以解纠纷而谋统一案》，提案人顾鳌、钟才宏分别说明理由，会员发表意见，主席宣布已届散会时间，尚有会员报号未发言，不能为预备会之结果，不能据以报告下次大会。

　　△　北京临时政府国务会议通过金法郎案。段祺瑞据财政部呈请，指令外交部办理签字及换文事宜。同日，阁议散后，沈瑞麟、李思浩邀法使玛太尔面商换文事宜。双方约定，俟法政府复电后，中、法同时发表。

　　△　国民会议促成会开第十五次大会，赵士炎主席，讨论增加促成会组织大纲条文案及议决总会章程等项事宜。

　　△　段祺瑞令驻闽海军陆战队第一混成旅旅长杨砥中免职，并褫夺官勋交海军部依法讯办。杨已先于9日在上海因拒捕被击毙命。

　　△　驻湘省常德、桃源之川军蔡巨猷、林支宇部向省军防地发起攻击，叶开鑫下令还击。

　　△　前陆军第十三师王怀庆旧部下级军官女眷约300余人，扶老携幼，手执白旗，群集执政府求见段祺瑞，请发欠饷，与守卫军警发生冲突，彼此混打，哭喊之声，不绝于耳。阁员见此情形，纷纷从后门溜走，执政府派员面见请愿代表，允于日内商议救济办法，请愿者始各散去。

　　△　上海书报联合会、日报公会、书业商会、书业公所联电北京临时政府外交部，谓上海公共租界工部局公报载称，4月15日纳税外人

年会特别会议将再次提出印刷物附律，此事关系主权，一经通过，必起纠纷，要求外交部主持。次日，又致函交涉署请劝告领事团勿表决印刷附律案。

△ 驻京美国公使代表使团为收回上海会审公廨事复照北京临时政府外交部称，已通知各使饬令驻沪领事团按照实地情形，逐条详密研究，各陈意见，俟复电到京，再由使团根据讨论为此案采取适当之措置。

△ 加拉罕为张宗昌部下白俄军队迄未解散一事，复照北京临时政府外交部，严重抗议中国 3 月 26 日之照会，要求将遣散期限在中俄会议开幕前答复。

4 月 12 日　中法金法郎案协定在北京签字，并正式换文。其要点为：一、法国政府承认将部分庚子赔款余额退还中国，自 1924 年 12 月 1 日起算。其 1922 年 12 月 1 日后 24 个月作为展缓期内所存过期未付之款，悉数交与中国政府。二、上项应付而已退还之赔款余额，按 1905 年所采用之中汇方法计算，并加以汇兑，一并折合美金，自 1924 年 12 月 1 日起至 1947 年止，逐年继续垫借中法实业银行，作为该行发行五厘美金公债之担保。中法实业银行将收回远东债权人应得之债券，全数一次交与中国政府，作为偿还前次垫款之担保。三、中法实业银行发行五厘美金债票用途分配如下：1. 发给远东借债人以票面换回此次债权人所存之债券；2. 办理中法间教育及慈善事业；3. 代付中国应交中法实业银行股本余额；4. 拨还中国所欠中法实业银行之各款。四、作为担保品之债券，应以银行自身之所得等项收入拨还。五、远东债权人所存之债券交与中国政府后，应与其他债权人享有同等利益。六、美金债票上所载文字及发行数目、票面金额，应照中国政府核定格式办理。七、中国政府以中法实业银行股东资格，派员检查该行帐目。八、关于 1923 年 2 月 8 日法国法律施行条件之规定，仍以 1922 年 6 月 24 日、7 月 5 日、9 日及 27 日两国政府之各项换文为有效。

△ 广州举行追悼孙中山大会，共到 30 万人。廖仲恺主席，胡汉民主祭。苏联加伦将军及廖仲恺均发表演说，激励群众继承遗志。正

午全市停止工作,默哀五分钟。

　　△　上海举行追悼孙中山大会,到 400 余团体,共 10 万人左右。唐绍仪主祭。宋庆龄、孙科等到会。何香凝演说,会后游行。国民党上海执行部散发传单,发起以每年 3 月 12 日所属一周为"纪念周",各学校设"纪念课",各地发起"中山主义研究社"。

　　△　浙江杭州各界追悼孙中山,到会六万人,孙传芳、夏超等参加,会后游行。

　　△　福建各界追悼孙中山,到会约 500 团体,20 万人。学生宣传反帝及三民主义,并散发反对周荫人传单。

　　△　旅英华侨各界在伦敦举行追悼孙中山大会,到中外人士 400 余人,其中有孙中山老师康德黎,康氏在会上讲述当年孙中山在伦敦蒙难情形。

　　△　国民党驻法支部在巴黎组织东方民族追悼孙中山大会,到 800 余人。15 日,旅法华侨在巴黎工人戏院举行追悼孙中山大会。会上通过致广州国民党中央执行委员会电,鼓励国人速起革命,推翻军阀,打倒帝国主义,完成中山事业。

　　△　日本东京华侨团体及国民党东京支部在青山会馆组织孙中山追悼会,日本政府犬养毅大臣、保守党头山满、海军中将森山庆三郎、陆军少将嘉悦敏等出席,驻日各国公使馆、华侨联合会、朝鲜人协会等团体送花圈。同日,日本横滨等地亦举行追悼会。

　　△　国民党临时浙江省执行委员会致电中央执行委员会广州执行部,以唐继尧勾结陈炯明等,企图破坏广东革命政府,请声罪致讨。

　　△　北京临时政府财政总长李思浩与中法工商银行签订借款美金 4389.39 万元合同,作换发中法实业银行所发无利息证券,及办理中法间教育慈善事业,代缴中国未缴清之该行股本及中国政府所欠该行各债款,月息 5%,期限为 23 年,以法国退还庚子赔款为担保。

　　△　杨森部何金鳌、白驹、范绍增等师分路向刘成勋军驻地进攻。14 日,杨军占双流、温江、彭山等县。

△ 全国女界各团体在北京女子师范大学召开联席会议,到者250余人,推上海代表钟复光为临时主席,一致决议改本日各团体联席会议为"中国女界联合会筹备会",推石道潘、夏之栩等30人为筹备员,分总务、文书等五股,以女师大为办事处。

△ 成都商会总会、农会、教育会、国民协进会、警务协进会等团体发通电谴责川省军阀混战,川省迄无宁日。

△ 湖北全省工团联合会恢复,并发表宣言。

△ 孙岳派兵包围景定成在洛阳所设建立国民军第六军办事处,逮捕景定成以下60余人,解送郑州。章太炎、冯玉祥、于右任、李烈钧等人闻讯,均电孙请速释景。次日,岳维峻在开封会见孙岳,请其将景送汴,旋又随孙赴郑,偕景到汴。

△ 北京尚贤堂中外各教联合会约同各教代表及中外名流约五六百人在瀛台参谒班禅,并由李佳白、赵尔巽致词欢迎。班禅向基督教徒演说因果报应。

△ 广东水灾。粤省东、北两江大雨阅月,遂成水灾。东江惠州一带灾情更重,龙川、五华等地,因山潦骤发,平地水深三四尺,惠阳、平山等处附近数百乡村,尽成泽国。北江韶州城外村落悉被水患,庐舍田畴,淹没将尽。

△ 段祺瑞派杨穆生慰劳林虎部队,是日杨抵港。

4月13日 善后会议开第十六次大会,续议《国民代表会议条例草案》,通过第一条修正案后,奉、苏代表因反对该条例中规定宪法起草员由临时执政选聘退席,人数不足散会。西南代表因《改组临时政府》及《联省自治》两案失败,本日起不出席,并声言即将全体离京。次日,第十七次大会,续议《国民代表会议条例草案》,除组织、审查、选举三项保留待会外协商外,其余各条均二读通过。

△ 国民党驻京中央执行委员不顾广州中央执行委员会之决议,擅自在帅府园开会讨论召集第二次全国代表大会地点问题,丁惟汾主席。于树德发言力排众议,说明北京处帝国主义及军阀势力之下,无集

会自由,应在粤开会,遭受阻止。丁为居正等威势所迫,唱付表决。石瑛、居正、石青阳、李烈钧、覃振、邓家彦六人赞成在京开会及否决广州中央委员会之议决案,王法勤、于树德、戴季陶、邹鲁四人反对。结果,在京开会案竟获通过。复次讨论不许共产党跨党问题,于树德愤而退席,众主下次续议。

　　△　国民党中央执行委员会决定将"永丰"舰改为"中山"舰,是日举行改名开幕礼。

　　△　国民党上海市全体党员追悼孙中山,到会 6000 人。叶楚伧领读宣誓,何香凝、恽代英等发表演说。

　　△　国民党上海执行部致电广州各军总司令,请讨伐唐继尧。

　　△　湘军第三师蒋锄欧旅击退蔡巨猷部,是日占据桃源。15 日,一师贺耀组部郑鸿海旅占领常德县城。蔡(巨猷)、林(支宇)残部向慈利、辰州(今沅陵)退却。

　　△　杨森发出通电,称刘文辉、刘成勋"犯上作乱",宣布"出师讨伐",并请中央褫夺刘等官勋。

　　△　杨森部王缵绪、朱宗悫、王正鋆、郭汝栋等师分别向赖心辉部驻地资阳、资中等地攻击,赖部沿东道撤退,16 日退内江,18 日又撤至榫木镇。

　　△　杨树庄、卢永祥等电政府称,金法郎案已解决,请拨款发饷,偿还旧债。

　　△　上海书业商会、日报公会、书业公所、书报联合会发表抗议工部局印刷物附律宣言,指出附律超出工部局洋泾浜章程权分之外,中国人民言论自由权载在约法,不容限制。

　　△　旅京江西同乡会开全体同乡大会,到 1000 余人,发出快邮代电,指责省长文群自请增加军费 1176 万元,因年入税收不及千万元,乃擅发流通券 160 万,银行借款钞票 500 万,公债 1200 万,及南浔铁路、牛行商埠之抵押,盐斤加价,统税附税之带征横征,置 3000 万同胞于永劫不回之地,请政府明令罢免文群,任徐元诰长省。

△ 段祺瑞公布《临时参政院条例》，凡九条。

4 月 14 日 国民党中央执行委员会任廖仲恺为党军党代表。

△ 段祺瑞以王九龄因事请假，着章士钊暂行兼署教育总长。

△ 段祺瑞令寿明阿晋封辅国公。

△ 段祺瑞令给陆军上将河南督办胡景翼治丧费一万元，并派员前往致祭。

△ 岳维峻与孙岳在郑州开军事会议，议决：一、各军防区照议定办法分别驻守，财权、政权俟省长就职日一律收归省署；二、团结二、三军团体；三、豫西二军全部移驻京汉铁路沿线，开封三军一律移驻陇海路沿线；四、二、三军协同出兵三万，肃清刘、憨残部。

△ 韩建铎衔段祺瑞命到鄂，与萧耀南晤谈。韩此行目的在请鄂省维持政府之现有地位，以谋对付联治派。

△ 上海市民反对印刷附律协会组织演讲队，于公共租界、法租界、闸北、南市、西门等处向市民宣传反对工部局印刷附律及增加码头捐，听众达五万人之多，散发传单六万余份。

4 月 15 日 善后会议开第十八次大会。开议：一、《收束军事大纲》；二、《军事整理委员会条例草案》，议决将第一案并于第二案内讨论，并将本案标题修改为《军事善后委员会条例》，全文共 16 条，连续二、三读通过。

△ 四川省重庆市工农商学各界四万余人举行哀悼孙中山大游行，并组织 57 个讲演队到各街道宣传讲说。

△ 陕西省西安市由国民会议促进会等 17 个团体发起召开追悼孙中山大会，到三万余人，会后游行。陕西省其他地方亦举行悼念活动。

△ 上海公共租界纳税西人会议在南京路市政厅举行大会，唐纳爵士主席。通过工部局上年度报告帐略等，议毕后，继续开特别会议，讨论增加码头捐、印刷附律、童工条律诸案，以不足法定人数，未能开议。

△　段祺瑞令呢玛扎布封为辅国公,毕勒格图加辅国公衔。

△　段祺瑞令严禁兵匪滋扰商业,并着各省区军民长官切实整顿,从严查处。

△　胡汉民派杨希闵、谭延闿、许崇智、刘震寰为财政委员会委员。

△　胡汉民任命欧阳琳为"中山"舰舰长。

△　李景林致电段祺瑞,要求任命刘岳为督办河南军务善后事宜。

△　北京全国教联会、庚款委员会一致反对日本利用庚款对我国进行文化侵略,议决发起组织反对日本文化侵略大同盟。

△　滇东自昭通至马龙一带,突降大霜,田中豆麦伤残大半,宣威、昭通、鲁甸等属尤重。灾区之广较震灾 10 倍,以致豆麦一升售四元余。树叶尽脱,民无物可食。每日饿死者不下三五百人。四乡食人肉者,亦时有所闻。

4 月 16 日　国民会议促成会全国代表大会举行闭幕式。到 200 余人。会议在高呼"打倒帝国主义"、"打倒军阀"等口号声中闭幕。执委会即开始办公。

△　湘省常澧镇守使唐荣阳(林支宇之建国军副司令)通电宣布解职,所部交第十三旅旅长唐生明接收。

△　上海各路商界总联合会举行临时董事会,议决致电段祺瑞,以金法郎案损失国家财产,促成武人内乱,请即毅然撤废。

△　许崇智致电质问周荫人,对于分窜平和、永定、龙岩等地之洪兆麟残部,是否派兵缴械,抑系收容,请明白答复。

△　胡汉民根据国民党中央执行委员会第六十九次会议决议,以广东省长名义正式公告将香山县改名为中山县。

△　京师警察总监朱深令各警察官署,取缔秘密结社与私行集会。

△　北京临时政府财政部与中华汇业银行签订 265.993208 万日元借款合同,作拨付电信、林矿借款利息之用,月息为 1.2%,期限二年,以关税余款担保。

4 月 17 日　全国国民会议促成会联合总会委员会,在北京举行第一次会议。推举顾孟馀、苏兆征、刘清扬、王乐平等七人为常务委员,议决出版会刊《国民会议》周刊,推刘鹤鸣起草办事细则,整理大会各种决议案等。

△ 广东粤汉铁路工程、机车、车务三处工人为反对无故开除工人举行罢工,提出起用去年 12 月以后开除之工人,裁撤不熟悉路务之私人冗员,机器厂实行八小时工作制度,工人加薪等 11 项条件。次日,政府派员解决,工人要求得全部承认,于 19 日全体复工。

△ 汉口教职员要求加薪未准,是日一律停课,教职员千余人举行游行示威。次日,汉口各校教职员宣布不负教管责任,并发表宣言,指出省财政厅长杨令康紊乱金融、摧残教育罪状。同日,萧耀南接见教职员代表,会商解决办法,并令财政厅按原拟拨发增加经费条件办理,欠薪分六个月支给,加薪由 4 月起拨付,教职员工取得斗争胜利。

△ 段祺瑞以迭据赖心辉、刘文辉、刘成勋电控杨森独占兵工、造币两厂,派兵袭踞自流井,独提盐款,三路出兵等情,令刘湘秉公查办,严行制止。

4 月 18 日 善后会议经 16 日第十九次、17 日第二十次大会续议《国民代表会议条例草案》后,是日开第二十一次大会,《国民代表会议草案》全文凡六章 39 条,均二、三读通过,宣告全文成立,咨达政府。

△ 杨森军三面包围新津,刘成勋部困守无援,于次日向邛州退却,杨军何畴部进入新津。

△ 滇军第一军第一师师长赵成栋宴请广州报界,声明反对唐继尧就任副元帅,宣布三事:一、对革命政府誓死拥护;二、对广州治安,完全负责;三、请勿轻信谣言。

△ 段祺瑞指令批准《督办中俄会议公署组织大纲》。

△ 驻福建泉州孔昭同所部军队借筹军饷,增设苛税达 40 余种。是日,因勒迫捐款与乡团之乡民发生冲突。该军洗劫数十乡,屠戮百余人。22 日,泉州、晋江、南安、惠安、同安各县 2578 乡乡团会及公民代表陈乃元等致电闽省旅沪同乡会,揭露兵燹惨状,吁请援救。

4 月 19 日　青岛日商太康纱厂工人罢工。25 日,日商内外纱厂、隆兴纱厂万余工人,亦罢工响应。经政府调解,日人让步,同意工人提出条件 14 项,于 5 月 7 日复工。

△　杨森部郭汝栋、白驹两旅进攻荣县第八师陈洪范部,双方激战半日,陈部不支,向铁场铺、文昌宫方向退却,郭、白两旅遂占荣县。

△　段祺瑞令财政部发给银元一万元,赈济贵州兵灾。

4 月 20 日　陈炯明部困守惠州之杨坤如与滇军胡思舜妥协,是日让滇军进驻惠城。杨之部下改编为滇军八、九两师,任命骆凤翔、钟子廷为该两师师长。第一次东征之役胜利结束。

△　善后会议开第二十二次大会,开议:一、《整理财政大纲案》,二、《财政整理委员会条例草案》。议决将第一案并入第二案讨论。并将本案标题修改为《财政善后委员会条例》。条例全文凡 16 条,均二、三读通过。顾鳌自请将《中华民国临时政府制修正案》改为建议案,咨达政府。

△　段祺瑞派代表涂凤书、黄之鹏由渝电杨森,谓:"川战循环不定,原因虽多,饷械分配实为一大问题,除盐款已明令刘督主持外,其竞争焦点之兵工厂,拟请仿照淞沪办法交商会接收,改为普通铁工厂或交刘督办管理,另设一军事委员会,平均分配,以示大公。善后问题,由刘督办召集会议实行。"杨复电愿将兵工厂交刘湘接收,以息纷争。

△　广州大本营议决,通电反对北京临时政府解决金法郎案。

△　段祺瑞令驻闽海军陆战队旅、团长各职,着即一律裁撤,规复旧制,暂归海军部总务厅直接管辖,其派驻京、外海军各机关局所者,即由该机关局所长官管辖,并着该部迅拟善后办法,呈准施行。

4 月 21 日　善后会议举行闭会式,段祺瑞出席致颂词。

△　段祺瑞通电全国,解释金法郎案。宣称此次解决本案,"首在保全华会精神",与法使磋商尽速批准华会条约,促开关税会议,一面另行考虑金法郎问题,商妥新协定,交财政、司法两部所派专门委员,悉心计议,认为"妥慎无疵"。新协定较之原协定"改善良多"。末谓,本案之

解决,关税会议之召开,中国财政借此措之于稳固之基础,"理财本策,由是而施"。

△ 北京临时政府外交部正式公布金法郎案文件:中法换文四件(内中法协定八条两件;中法实业银行两件),财政、司法两部呈文三件,指令一件,府秘书厅函一件,共计九件。

△ 江苏省南京市各界人士举行追悼孙中山大会。卢永祥、韩国钧、陈调元、冷遹、郑俊彦等均到会。何香凝在会上报告孙中山历史及革命事迹。第二天继续进行,参加致祭者达 10 万人。

△ 湖南省长沙市各界军民举行追悼孙中山大会。军政机关致祭人数达 12 万。次日,各学校及 240 个公团举行游行,人数逾 16 万。悼念活动共进行三天,总人数达 50 万。

△ 刘湘通令川康将领,务就原地停止静候查办,毋得擅开衅端。

△ 北京外交团议决苏联大使加拉罕为使团领袖。28 日,加拉罕正式接任。

4 月 22 日 金法郎案收回款项,北京临时政府财政部与汇丰银行商定分三期交款,5 月 10 日交 400 万,20 日交 300 万,30 日交 304 万。

△ 广州市珠宝、玉石、首饰各行业工人数万人,向省署及财政厅请愿取消奢侈捐,次日,胡汉民指示财政部暂缓执行。

△ 李景林以直隶大名各属人民呈控前直系要人王毓芝、高凌霨、陆锦、王承斌、吴毓麟、张志潭、刘梦庚、赵玉珂等假借大选,搜刮民财,经电请张作霖核准,是日派人查抄该八人财产,赔偿去年奉天战费,并电执政府报告查抄情形。

△ 中国共产党中央委员会机关刊物《新青年》改为不定期刊,本日出版第一号列宁专号。

4 月 23 日 北京临时政府财政部公布金法郎案说明书,将中法协定与新协定比较,共列 13 项要点。

△ 国民党中央执行委员会通告各级党部开展征求党员运动,期限为 4 月 13 日至 5 月 31 日,预定一万人。

△　唐继尧电复湘省议会称,已令绕道湘西之黔、滇军即日离湘。

△　上海《民国日报》揭露段祺瑞勾结唐继尧内幕,略谓王九龄此次请假回滇,"确挟有段唐合作之条件,以征求唐之同意"。"其最要条件有四:(一)段接济滇军饷械;(二)唐以武力助段;(三)援杨希闵督粤;(四)援熊克武攻鄂"。

4月24日　段祺瑞特任岳维峻署理督办河南军务善后事宜;郑士琦督办安徽军务善后事宜;张宗昌督办山东军务善后事宜;特派姜登选为苏皖鲁剿匪总司令;准免安徽省长王揖唐军务督办兼职;并令河南省长孙岳着速就职。

△　段祺瑞令公布善后会议议决之《国民代表会条例》、《军事善后委员会条例》、《财政善后委员会条例》。

△　段祺瑞下令取消法统,略谓:国民代表会议条例,业经善后会议一致议决,咨由本执政公布在案。国是既定,众纷可理,主权还诸国民,法统已成陈迹。所望制宪大业,早日观成,民国议会,依法产生,长治久安,实多利赖。至未参加贿选之前国会议员,首倡正义,志切匡时,仍当与本执政共济艰难,力图建设,应如何特设机关,俾抒抱负之处,着临时法制院妥订条例,呈准施行。

△　西班牙新任驻中国特命全权公使嘎利德向段祺瑞递交国书。

△　意、比两国以金法郎案解决,援例提出用金法郎偿付庚款。北京临时政府外、财两部各司长开联席会议,商讨对付方法,议决以意、比并未退还赔款,不得与法国同样待遇,仍按1905年电汇办法,用纸法郎拨付。

△　黄埔军校"孙文主义学会"成立。该会由陈诚、贺衷寒等人发起,最初取名为"中山主义研究社"。该会于12月29日始行成立典礼,其组织亦由黄埔扩展至全国各地及海外地区。

4月25日　北京临时政府外交、财政、教育三部拟定《中法教育基金委员会组织大纲》,规定中国方面外、财、教三部及国立北京、东南、广东、中法四大学各派代表一人为委员,与法国委员一人,根据中法协定管理中法教育事业基金并决定其用途。该委员会设于北京。同日,段祺瑞指令照办。

△ 非常国会议员原定下午 2 时在参议院开会讨论反对金法郎案,因警厅派警察阻止入内,未能成会。5 月 1 日,非常国会自天津通电反对金法郎案。

△ 蒋介石赴汕头就潮汕善后督办职。

△ 北京临时政府国务会议,就对外、财、教三部所提日本退还庚子赔款办理中日文化事业一事,议决由中日两国合组总务委员会,与朝冈事务官协商办理。

△ 刘成勋致电段祺瑞,指责杨森"无故兴兵,攻我部属,节节进逼,忍无可忍,乃督饬各部向前方痛惩"。又谓:"杨森月来分兵四出,川中各军靡不被其攻击,请执政褫职声讨。"

△ "中华图书馆协会"在上海成立。各省代表推举蔡元培、梁启超、胡适等 14 人为协会董事,推戴志骞为执行部部长。该会创刊《中华图书馆协会会报》,刊发 20 余年。1926 年又创刊《图书馆学季刊》,1937 年停刊。

4 月 26 日 北京"反对日本文化侵略大同盟会"开会,到工大、师大、东大、民大等高校,以及教育改进社各团体。会议指出,日本在中国境内办理文化事业,其实质乃使中国为其附庸,议决推代表赴交、教两部表示反对。

△ 建国滇军杨希闵部数百人包围广州石井兵工厂,是晚攻占该厂。

△ 杨森军攻占邛崃县。

4 月 27 日 山东省各界在济南追悼孙中山,大会进行三天,参加致祭者达 10 余万人。全省下半旗三天,停止娱乐三天,以志哀悼。

△ 段祺瑞特任邓本殷督办高雷、罗阳、钦廉、琼崖八属善后事宜,申葆藩、黄志垣为会办。

△ 旅京广东高雷八属同乡会赴京请愿团赴执政府请愿,反对分

割粤境。呈文略谓"高雷八属隶广东省治,并非特区,邓本殷败走琼崖,割裂版图,誓不承认,请收回成命"。

△　刘湘电告段祺瑞,杨森违令不交出盐税,继续进攻各军,请段将杨调京,另拣贤员接任川督。

△　北京临时政府外交部关税筹备处开会,决由外部通知华会各国派员参列中国关税会议。

△　班禅喇嘛离京赴杭州,30日抵沪,5月1日到杭,孙传芳、夏超前往车站欢迎。

△　全国商会联合会在北京开会,到25省区代表,举奉天商会长张志良、吉林代表王文典、安迪生为正副会长。上海总商会因争副会长不得,对选举表示反对。

△　京师警察厅训令城郊警署,查禁北京国民会议促成会等五团体。

4月28日　是日至30日,江西省南昌市各界追悼孙中山,三天内共到三万余人。5月4日,又在顺外大校场露天举行追悼大会,五万群众冒雨参加,散会沿途高呼"打倒军阀!""中山主义万岁!""国民革命万岁!"等口号。

△　北京临时政府外交部照会驻京意使翟禄第,请使团转饬沪领事团撤销上海印刷附律及增加码头捐两案,并声明如果将来沪领事团仍旧实行,中国政府断不承认。

△　唐继虞部陈泽旅进抵溆浦属之大江口,省军第五旅刘重威部前往防堵,与滇军冲突,双方激战数小时,滇军不支,刘旅于5月1日占大江口。

△　段祺瑞令财政部发给银元一万元,赈云南省大理、凤仪等属震灾及大理一属火灾。

△　胡汉民令准免广东全省筹饷总局总办罗翼群、会办梅光培本职,派韦一新为广东全省筹饷总局总办。

△　驻京日使芳泽照会北京临时政府外交部,谓青岛日商纱厂华

工罢工风潮愈炽,请中国政府设法阻止,并使之不再扩大。

4 月 29 日 叶开鑫命令各路向辰州(即沅陵)进发,5 月 1 日进攻,蔡巨猷残部向乌宿方面退走。

△ 杨森军队攻占雅安、名山、丹棱、夹江等县,刘成勋部向犍为、叙府退却。

△ 驻奉天日本总领事向奉天当局提出八项无理要求,其大要为:满洲胡匪未肃清前,日军不能完全撤退;日本附属地学校招收华生,东省官宪不得干涉;日本在奉天、大连及其他各处设无线电台与日、朝通电,在奉天、安东间设长途电话;东省官宪应准日本资本家发展实业等。后因东三省学生提出抗议,日领始诡称"谣言",撤回要求。

△ 段祺瑞据李思浩呈,中国农工银行援案发行纸币,酌定限制办法,并取消发行债票特权,指令照办。

△ 孙科、张静江在上海《民国日报》发表启事,声明对国民党同志俱乐部"概未与闻"。

4 月 30 日 段祺瑞派石瑛为国立武昌大学校长;孔祥熙为督办中俄会议事宜公署坐办。

△ 长江上游总司令、第八师师长王汝勤,以所部内讧,是日宣布去职,并电段祺瑞自请下野。5 月 6 日,王即离宜昌乘轮到汉口。

△ 胡汉民在广州颐养园召集各总司令密议,杨希闵、刘震寰、程潜、方声涛均列席。一致劝刘震寰暂缓回桂,先扫灭唐军,并决调北伐军入桂。次议大本营问题,有谓为免被唐继尧利用,以改委员制为宜,因有人提出异议,未有结果。

△ 京师警察厅查封北京国民会议促成会及附设之全国联合会等五团体。

△ 广东琼崖 500 余万公民通电,以邓本殷私向美国银行团借款3000 万,出卖矿产资源,殃民祸国,琼民誓死反对,并望全国共同奋起,电请执政府制止。

是月 江苏常州通成纱织公司创立,资金 23 万两,有纱锭 5740 枚。

5 月

5月1日 北京临时政府公布《修正临时参政院条例》；派赵尔巽、汤漪、王家襄、徐绍桢、周学熙、江朝宗、屈映光、王印川、张广建、陆宗舆、吕公望、言敦源、彭养光、黄书霖、王伯群、杨士聪、治格、刘骥、刘传绶、凌毅、陈汉茅、邵瑞彭、乌泽声、邓汉祥、刘振生、金鼎勋、金兆棪、何葆华、李国凤、周肇祥为临时参政院参政；特派赵尔巽为议长，汤漪为副议长。

△ 段祺瑞令督办安徽军务善后事宜郑士琦未到任以前，责成省长王揖唐妥为办理；督办陕西军务善后事宜兼省长刘镇华准免本兼各职；特任吴新田督办陕西军务善后事宜，刘治洲为陕西省长；孔繁锦为陕甘边防督办；顾琢塘为陆军第七师师长；调任莫德惠为农商次长，代理部务；任刘锡宝为蒙藏院副总裁。

△ 第二次全国劳动代表大会在广州开幕。到工人代表280余人，代表166个工会，代表有组织的工人54万人。大会由全国铁路总工会、汉冶萍总工会、中华海员总工会和广东工人代表会共同发起，其主要内容为讨论今后中国工人运动的策略和目前进行的具体方针及谋全国工人阶级的大团结。

△ 中国共产党中央执行委员会致信祝贺第二次全国劳动大会胜利召开。贺信强调工农联合，谓："在国民运动中，能够加敌人以最后致命的打击者，只有工农联合的力量。"并指出："只要你们团结起来不断的奋斗，不但中国革命的胜利终属于你们，全世界工农专政的胜利也必然属于你们。"

△ 广东全省农民协会在广州开幕，到农民代表120余人，代表有组织农民20余万人，全省农会即日成立。

△ 全国劳动大会及广东全省农民协会全体代表在广东大学举行联欢会，广州工界代表、革命军人代表、学生代表约1000余人到会。苏

兆征、廖仲恺等到会发表演说。联欢会通过《工农兵联合决议案》,指出:"打倒军阀和国际帝国主义的革命,解放劳苦群众的革命,只有工农兵一致团结才能成功。"

△ 中国共产党中央执行委员会发表告工农阶级及平民书,号召扩大"五一"的意义,提出两种口号,实现两个事实:一、工农联合的"五一"运动;二、一切平民同情于工农的"五一"运动。

△ 北京各界在民国大学大礼堂举行"五一"纪念大会,到千余人。大会议决庆祝第二次全国劳动大会成功,要求各界援助各地纱厂罢工,及争取罢工、言论、出版、组织工会等自由权利等五项议案。

△ 唐山京奉铁路制造厂 3000 工人冒雨庆祝"五一"国际劳动节,提出"八小时工作"、"取消大包工制度"及"言论出版自由"等口号。厂中英人出动全体军警武装勒令解散,工人毫不为动。

△ 香港工人俱乐部发表"五一"宣言,提出"与国内工人大联合,参加中国民族革命运动"及"与各国工人联合战线,向资本帝国主义下总攻击"等 10 项主张。

△ 武汉学生联合会为纪念"五一"国际劳动节通电全国,要求:"世界被压迫民族及无产阶级携起手来,向帝国主义进攻";"打倒一切帝国主义及其工具——国内军阀,实行中国民众与一切被压迫民族及世界无产阶级的大联合。"

△ 京绥铁路工人代表数百人在张家口集会纪念五一国际劳动节,宣布恢复工会,高呼"全世界工人联合万岁!""国民革命万岁!"等口号。

△ 段祺瑞下令严禁军人入党,略谓:"军人入党,流弊滋多。……兹特重申严令,嗣后在军人员,务各恪遵迭令,不得再行列名党籍。倘有不遵,一经查出,在职者立予罢免,授官者开去军籍。"

△ 国民党湖南省党部通电反对驻京少数中央执行委员主张在京召开第二次全国代表大会,坚决主张在粤召开。

△ 胡汉民令:代理广东兵工厂厂长黄骚应即免职,派夏声为广东

兵工厂管理委员会委员长。

△　西北航空线郑(州)洛(阳)段正式开始通航。

5月2日　段祺瑞令胶澳商埠督办高恩洪着即免职,以朱庆澜继任;安徽省长王揖唐呈请辞职,下令慰留。

△　胡汉民亲赴沙面晤陈廉仲,解释去年对待商团之错误,请转告其兄廉伯释前怨,协助政府。陈答:彼兄弟无问题,唯团友不易解释。胡见商人助己无望,势成孤立,将大本营迁返士敏土厂,免生危险,并令谭延闿部回省镇慑。

△　琼崖革命同志大同盟通电全国,揭露邓本殷将会同段祺瑞、陈炯明代表,同美国银行团于海口签订借款3000万美元合同;指出此一借款"以发展实业之名,实欲以之作推翻广州革命政府之军费",吁请全国同胞"抵死力争,毋使琼崖十三县为爪哇、台湾之续,毋使琼崖三百万同胞沦为美利坚帝国主义之奴隶"。

△　杨森以刘成勋与刘文辉、赖心辉等袭攻成都,进取康定,经制止无效,是日致电段祺瑞,要求"明令通缉,尽法惩办"。

5月3日　段祺瑞公布《各省区法定团体会长互选参政程序》、《国宪起草委员会规则》;特派许世英筹备国民代表会议。

△　郑州工学各界2000余人举行追悼孙中山、胡景翼大会。

△　谭延闿、杨希闵、程潜、许崇智四总司令联名通电,反对唐继尧就副元帅职。

△　广州因杨希闵、刘震寰军队移防,引起恐慌,胡汉民允任命夏声为兵工厂委员长,而以杨列名谭延闿、许崇智、程潜讨唐通电为交换条件。

△　全国劳动大会听取赤色职工国际代表关于国际劳动运动报告,议决代表54万有组织工人加入赤色职工国际。

△　广东22县农民协会代表117人于广州致电美国农民,要求合众国农民兄弟援助琼崖农民反对邓本殷向美国银行团借款。

△　蔡和森在《向导》第一百十三期上发表《何谓国民党左派?》一

文。文章分析了孙中山逝世后国民党党员群众"左"倾的革命形势及其重大意义,指出左派必须与一切反革命右派分子决裂。文章驳斥了国民党右派的责难,申明:共产主义者即无赤化国民党的奢望,更无赤化国民党的妄想,假使不如此,我们便不成其为马克思列宁派了。所以我说,我还应再说:共产派不愿居国民党左派的美名,但愿一切革命的中山主义者成为国民党本身的左派;我们共产派是时时刻刻准备帮助国民党左派的,并且希望全体忠实的国民党员都是左派,成功无派别的整个的国民党,以完成中山主义和国民革命的伟大使命!

△ 上海《民国日报》刊载国民党江苏省党部宣言,主张在广州开第二次全国代表大会。

△ 杨森军王兆奎部攻占自流井。杨派重兵前往驻扎,并令白驹、吴行光两部分军队向富顺进发,于 7 日抵富顺城下,赖军即退至对江。

5 月 4 日 上海中华民国学生会总会及上海学生会两团体举行集会纪念五四运动六周年。上海各大中学校学生到会者千余人。恽代英等发表演说。全体高呼"打倒帝国主义!""打倒一切军阀!""中华民族解放万岁!"等口号。

△ 北京师范大学举行纪念五四运动六周年大会,遭段祺瑞制止。同日,执政府犹恐学生攻击近日外交内政各案件,指使警厅训令城郊警察署制止人民集会。

△ 武汉各校学生在武昌集会纪念五四运动六周年,到万余人,议决反对帝国主义及反对解决金法郎案。会后举行示威游行。

△ 第二次全国劳动大会开第三次会议,各地工会代表报告该地工作情况。次日,劳动大会第四次会议,通过政治问题、经济斗争等案。同日下午,劳动大会开第五次会议,主席宣布为无产阶级革命导师马克思诞辰一百零七周年纪念静默五分钟。会议听取并一致通过《关于工人阶级与政治问题》及《经济斗争问题》两个报告。

△ 罗翼群电告广州大本营,于本日在汕头就东江剿匪督办兼职,即日统率所部潮梅军出发东江上游一带,拟设剿匪督办公署于老隆,实

行肃清匪患。

　　△　方本仁致电北京临时政府,谓接洽杨希闵,杨已表示"内向"。

　　△　杨希闵在广州谢庐遍宴军政长官,商"巩固粤局团结西南方法"。

　　△　段祺瑞公布《建设会议条例》,凡10条。规定:"本会讨论建设大计,拟订方案,备临时政府之抉择。"

　　△　《中日文化协定》在北京换文。《协定》规定日本退还庚子赔款,办理文化事业,设中日文化事业总委员会。委员名额为中国10人,日本10人,委员会每年可支用经费200万元。总委员会之职权规定为:"不违反日本法令范围,有对于事业之计划、规定及管理三项权限,但将来如有计划,仍须经过日本帝国议会协商后始能发生效力。日本外务省之文化事业部,仍然有最后决定之实权。"

　　△　江苏省议员吴鸿璧等向全省60县各法团、北京同乡会等发出通函,揭露行将去职之省长韩国钧"附齐(燮元)主战"、"擅发公债"、"开放米禁"、"贿卖差缺"、"紊乱省政"、"组合私党"等罪行。

　　△　日本关东厅长官儿玉抵北京。

5月5日　"东北陆军校阅监"姜登选在徐州就苏皖鲁三省剿匪总司令职。

　　△　胡汉民任命胡思舜兼惠州善后督办。

　　△　广东省农民协会代表会议议决加入赤色农民国际。

　　△　袁祖铭通电宣布,从刘湘之请,派四旅开赴前线,武装调停川战。

5月6日　杨希闵乘夜轮潜赴香港,寓英皇后酒店60号,与段祺瑞密使共谋颠覆广州革命政府。

5月7日　北京各校学生在天安门集会游行纪念"五七"国耻,教育部曾有令劝阻,届时警察总监朱深令警队实行阻止。是晚,约3000人赴教育总长章士钊宅质问,章拒见。学生愤而捣毁门窗及用具。章宅急电话召大队武装警察驰至,打伤学生七人,捕去18人。

　　△　北京女师大学生举行"五七"演讲会,拒绝校长杨荫榆为主席,

杨乃开除学生六人。11 日,学生自治会一致议决逐杨出校,并封锁校长办公室,派人看守校门,禁其入校。

△ "北京各界'五七'被害学生后援会"通电全国,抗议北京临时政府摧残爱国学生运动。

△ 天津学生联合会等 60 团体召开"五七"国耻纪念大会,天津市工商学各界 50 万人参加。大会议决:一、否认"二十一条";二、取消一切不平等条约;三、收回租界及外人在我国一切特权;四、打倒国际帝国主义;五、收回政权归全国民众。

△ 广州军学工农各界 10 万人联合大巡行,纪念"五七"国耻。群众高呼"打倒帝国主义!""打倒军阀!""取消不平等条约!""誓雪国耻!"等口号。青年军人联合会散发传单,请各军与工农群众亲密携手,加入巡行。

△ 长沙市各工团学校 10 万人冒雨举行游街会,纪念"五七"国耻,散发传单 70 余种。当日,美、日领署工人退工,美教会所办湘雅、福湘两校学生退学,报刊亦停止出刊。

△ 汕头工商学各界数万人集会纪念"五七"国耻。全体议决:用全力反抗各国帝国主义者侵略中国,否认"二十一条",废除一切不平等条约,打倒为帝国主义走狗之军阀,促成国民会议。

△ "留日学生总会非常评议会"等团体在东京开"五七"国耻纪念大会,到会数百人,议决救国方案多件,旋即持国旗游行。日警察撕毁国旗一面,捕去学生 19 人。游行队伍至中国使馆要求严重交涉。经使馆与日警署交涉,日方表示歉意,交释放全部被捕学生。

△ 第二次全国劳动大会举行第六次会议,选举林伟民、苏兆征等 25 人为执行委员,成立全国总工会,通过大会宣言,即举行闭会式。大会宣言指出,"现在全国总工会组织起来了,从此全国工人须在中华全国总工会旗帜下,一致团结,提携着贫农,联络全世界无产阶级,共同奋斗"。同日,全国总工会开第一次执行委员会,选举林伟民为执行委员长。

　　△　国民党中央执行委员会开第七十九次会议,议决任命蒋介石为党军司令官。

　　△　赣南镇守使兼滇军第一师师长杨池生、第二师师长杨如轩通电声讨唐继尧种祸川黔、觊觎粤桂、出兵赣鄂及僭称副元帅等罪行。

　　△　安徽芜湖织布厂工人4000余人要求加薪不遂,全体罢工。9日,织布厂工人700余人参加芜湖学生"五九"国耻游行。

　　△　杨森部何金鳌、向树荣等四旅兵力围攻眉山陈洪范部。次日,攻克青神。陈洪范部撤出眉山,向犍为退走。杨军又紧迫嘉定、犍为,陈师向沐川、屏山败退。

　　5月8日　国民党中央执行委员会通电全国工农群众,祝贺第二次全国劳动大会及广东省农民协会召开,号召"全国工农加紧组织,扩大革命力量,以促国民革命之成功",并表示当训令党员,"扶助工人农民团体之发展,以付全国工农之望"。

　　△　汪精卫抵潮安面晤蒋介石谈党事,并谋个人行止,征询意见。次日,汪离潮抵汕。10日,蒋介石抵汕头,在桂园与汪长谈,汪劝蒋行使参谋长职权。

　　△　张宗昌就山东督办军务善后事宜职。

　　△　赵恒惕派黄钺为代表,与滇军唐继虞交涉出境事宜。黄于是日动身赴洪江。15日,黄电告赵,谓:"唐继虞部确已于13日率队完全离洪。"

　　△　报载黔省灾荒遍及60余县,一月以来,乡民食粮断绝,仅恃青草树叶为生,且有食人惨剧,老弱者死亡路畔,遍地皆是。

　　5月9日　北京各大学学生赴天安门拟集会抗议执政府禁止纪念国耻及逮捕学生,被警察阻禁,未成。旋分队游行,不期而集者万人,沿途高呼:"推翻执政府!""速免章士钊及朱深职!"抵执政府,推代表入内请愿,提出免章职、恢复言论集会自由、释放被捕学生、抚恤死伤学生等四项要求,并向群众演讲帝国主义与军阀勾结之罪恶。

　　△　福州学生集队游行,并沿途演说,纪念"五九"。各商店亦罢市。

△　广东省农民第一次代表大会讨论并通过农民自卫军组织大纲、政治问题提案、经济问题提案、合作运动提案、农民协会今后进行方针、拥护革命政府宣言、加入赤色农民国际、全省农民协会成立宣言等项提案和文件。

△　国民党湖北省党部致电中央执行委员会及上海执行部,对北京"国民党同志俱乐部"借名招摇、淆乱听闻等破坏党纪之行为,表示严重抗议。

△　北京临时政府国务会议讨论"五七"学生捣毁章士钊住宅一事,决明令告诫学生,潜心学业,勿问外事,并责成各校长严行约束,倘仍有越轨行动,惟有依法惩治。

△　李宗仁、黄绍竑、白崇禧、范石生、杨榛联名通电声讨唐继尧。

△　李宗仁率队由桂林赴南宁前线,与范石生、黄绍竑部合围南宁,15 日发起总攻击。南宁唐军资粮断绝,闭城待援。

△　全国教育会联合会庚款事宜委员会通电各省区教育会反对《中日文化协定》,要求"迅起抗争,予本会以充分之援助"。

△　东京日人开会追悼孙中山。由日本递信大臣犬养毅、子爵涩泽荣一、头山满等发起,内阁总理大臣加藤、司法大臣少川、陆军大臣宇垣及各界人士约 800 余人出席,中国各团体代表亦参加。会后举行茶话会招待中、日、朝人士。出席招待会之中国代表谓:"日本如果欲谋中日亲善,惟有自动归还旅大,取消'二十一条',不援助军阀武人,尊重民意,庶几亲善有望,否则徒托空言,决不能实现。"

5 月 10 日　青岛日本纱厂工人罢工胜利,是日举行纪念大会,到会万人左右。工人手持小旗,上书"罢工胜利!""打倒日本帝国主义!"演说者甚多,每人演说毕即大呼"工人团结万岁!"等口号。散会后结队游行并举行工会悬牌额典礼。工人高唱胜利纪念歌,爆声震天,欢声雷动。工会宣布是晚复工。

△　上海全国学生总会为北京"五七"流血事件特开紧急会议,讨论对付办法,并发出致段祺瑞及各地学生会等电,要求查办章士钊,释

放被捕学生。

△ 天津学生联合会议决援助北京学生办法四条：一、通电全国各界一致抵抗恶政府；二、要求惩办刑事犯章士钊、朱深，并释放被捕同学；三、派代表赴北京慰问；四、联络各界一致援助。同日，国民党天津市党部亦致函声援北京学生。

5月11日 北京临时政府教育部开会通过三项决议：一、修正中法基金委员会；二、考试学生办法：中学生之初试均由各校执行，其复试由教育厅专设之考试处执行；大学生之初试由各本校执行，其复试由教育部所设之考试处执行；三、美专9月恢复。

△ 武汉学生联合会为北京屠杀学生事件发表宣言，揭露段祺瑞自去岁上台以来，葬送金法郎案，招集军阀分赃之善后会议，暗助唐继尧、陈炯明颠覆革命政府，唆使刘镇华、憨玉琨屠杀陕、豫人民，颁布取缔共产党条例及暗派安福党人分据各省包办国民会议选举等十大罪状，提出罢免章士钊、朱深，释放被捕学生，废止出版及新闻事业条例等五项要求，吁请各界同胞发起声援，共同奋斗。

△ 北京警卫总司令鹿钟麟调停"五七"北京学潮，被捕学生准予取保释放。

△ 段祺瑞令驻瑞典国兼驻挪威、丹麦国特命全权公使戴陈霖聘为督办中俄会议事宜处顾问。

△ 湖南省议会开会议决，由各省一致反对金法郎案，并电各国公使表示否认，并议决反对《中日文化协定》。

△ 广州兵工厂工人反对滇军派夏声为该厂委员长，宣布罢工。16日，夏声因工厂工潮无法收拾，辞委员长职。

5月12日 北京临时政府司法总长兼代教育总长章士钊请辞本兼各职，并于18日携眷出京。

△ 唐继尧以副元帅名义任刘震寰为广西全省军务督办兼省长，刘部拟由北江回桂。各方恐影响对唐战事，竭力劝阻，均无效果。胡汉民令朱培德以实力截阻。

　　△　杨森部郭汝栋师与刘文辉部激战于双十堡。刘军向叙府退走。次日,杨军乘胜占富顺,截断刘与赖之联系。

　　△　驻沪各国领事团召集临时会议,英、美、意、日各国领事均到会。英领事巴力德报告本月 6 日、9 日两晚中国海军炮击海关巡轮及英商游船经过,议决向中国提出严重抗议,并于即日召集驻沪各国海军舰队司令会议,讨论应付办法。同日,北京临时政府海军总司令杨树庄亲赴驻沪英领署道歉。16 日,英领要求赔偿损失 2000 两,中国当局许诺,此事了结。

　　△　上海县议事会为本市鸦片公卖事致电段祺瑞,略谓:"近日沪南发现土行二十余家公然贩卖,官厅非但不加查禁,且有军警从中包庇","请饬淞沪陆海驻军一律退出沪境,以除禁烟之梗。"

　　5 月 13 日　段祺瑞通电宣布临时参政院定 6 月 5 日在北京开会,催促各省法团速将互选选出之一人电告。

　　△　廖仲恺到汕头,是晚在粤军总司令行营召开会议。许崇智、蒋介石、朱培德及顾问加伦将军参加,研究讨伐杨(希闵)、刘(震寰)策略,推蒋介石为总指挥。

　　△　北京临时政府驻滇专员黄云鹏电执政府报告,唐继尧因滇军在桂失败,被迫出走,滇事交大理镇守使李廷选代行。又谓:袁祖铭现任金汉鼎为援黔滇军前敌总司令,率队返滇,并令彭汉章、周西成分路会攻昆明。

　　△　湖南举行公布新宪法典礼。赵恒惕讲演,谓:"此后湘人有此良法,誓当极力遵守,及进而促成各省制宪,俾联治早日成功。"

　　△　上海书报联合会、书业商会、日报公会、书业公所四团体致电段祺瑞及北京临时政府法制院、司法部,要求废止出版法。

　　5 月 14 日　北京临时政府国务会议讨论章士钊辞职事,段祺瑞谓:不能因学潮而影响教育方针,决派员退还辞呈,挽章复本兼各职。29 日,段祺瑞明令再挽章士钊。

　　△　奉军为争北京政权及京畿旗产,开入关内,进驻近畿。是日,

由张学良统率两旅奉军到滦州。

　　△　段祺瑞令准外交部呈请加入《斯壁嵫浦条约》。

　　△　许崇智与蒋介石筹商回省兵力之调遣事宜,决以粤军一部留驻潮梅,大部参加讨逆。

　　△　黄埔军校政治部通电揭露邓本殷以全琼产业划归美国,借款3000万美元,并有段祺瑞代表杨志澄等与闻其谋,以发展实业为名,实欲以之作为推翻广州革命政府之军费,吁请全国同声共讨。

　　△　张宗昌派奉军武力解决曹州吕秀文部国民军。本月13日,奉军吴长植所部第二十旅、褚玉璞所部第三旅及毕庶澄部第三十二旅,分别自济宁攻郓城、巨野,由兖州攻城武、单县,及绕道徐州西攻考城、商丘一带。曹州吕秀文部国民军被奉军三面包围,知势不敌,旅长马士贵、团长张辅堂逃走。是日,吕随毕、褚两旅长赴济宁,协商遣散办法,决定每名士兵发两月饷糈,令其回家,军官入讲武堂习军事学识。旋张宗昌电告张作霖,吕部全体解散。

　　△　驻京英代办照会北京临时政府外交部,提出:中国迭次内争,各地土匪骚扰,英商损害甚巨,中国政府理应负责;并开具损害清单,要求予以赔偿。

　　△　新疆省议会议长李溶等晤苏使加拉罕,质问俄党援助外蒙入侵阿山事。加拉罕答称:此犯法事,俄决勿为,或旧党为之,俟电查再复。

5月15日　胡汉民以代理大元帅名义发表宣言,誓守大元帅遗嘱,与万恶势力奋斗,实现地方自治,一致反抗帝国主义之压迫侵略。

　　△　段祺瑞派卢耀前往欧美各国及日本考察财政事宜。

　　△　杨希闵致电北京临时政府请示处理粤事办法,次日,又以传闻所谓粤政府将移潮汕决计用兵一事,告以已函刘震寰派兵防阻,表示"万一他方(按:指广州革命政府)别有计划,最后必用武力,闵惟严饬部曲,即以武力贯彻主张"。

　　△　国民党广州市第十区一分部致函中央执行委员会,要求训令

党员孔庚通电服从本党主张,脱离唐继尧关系,并函请政府驱逐唐逆代表孔庚出境。旋经中央复函该分部,谓:"所请各节业经本会函致孔庚同志,令其即日通电服从本党主张,辞去唐氏职务,并声明与唐氏脱离一切关系。"

△　上海日商内外棉纱厂第七厂借口闭厂,不许工人上工。是晚,夜班工人数百人进厂与日人交涉,发生冲突,日人元木、川村二人开枪射击,工人代表顾正红身中四弹,受重伤,同时中弹受伤者十余人,捕房捕走 11 人。同日,淞沪警察厅恐事态扩大,通令所属各区署队,对于各该管辖区内工人聚众罢工及煽惑等事,务须特别注意,严行遏止。

5 月 16 日　段祺瑞特派林长民办理国宪起草委员会事宜;派王士珍、陈宧、田中玉、魏宗瀚、曲同丰、吴绂礼、林绍斐、黄慕松为军事善后委员;派梁士诒、黄郛、杨永泰、卢学溥、汪士元、张嘉璈、金兆蕃、杨德森、王章祜、叶景华、黄元蔚、陈同纪、梁敬镈、王其渊、万兆芝、费保彦为财政善后委员会委员;特派王士珍为军事善后委员会委员长,陈宧、田中玉为副委员长;梁士诒为财政善后委员会委员长,黄郛、杨永泰为副委员长。

△　段祺瑞令杨森为参谋总长,刘湘为四川军务善后督办,邓锡侯为四川清乡督办。

△　上海日商内外棉五东、西二厂及七、八、十二等五厂罢工工人约二万余人,为厂方惨杀工人事,在潭子口三德里工会开会,决定组织委员会,并提出开除并依法惩办肇祸之元木和川村、赔偿受伤工人损失、恢复开除工友之工作、承认工会有代表权、罢工期间工资照发等八项条件,由工会代表刘贯之等赴捕房,要求将此八项条件向纱厂代为转达。

△　胡汉民发表宣言,反对北京临时政府划琼崖八属为特区。

△　安徽倪道烺杀害学生姜高琦案,经京师地方审判厅裁决"应不予起诉",倪氏恢复自由。19 日,姜案代表胡宣旭(霁澄)于夜半在开封车站被刺身死。21 日,倪道烺晤段祺瑞。

△　孙岳以剿匪总司令名义饬所部入陕。

5月17日　顾正红医治无效,于晨7时身死。20日,公祭顾正红烈士筹备处发出通知:定于24日下午1时在浜北潭子口三德里空场举行公祭,请各团体派代表参加。

△　广州中国青年军人联合会召开大会声讨段、唐。次日通电全国,略谓:"日本东京政府既利用其驯服工具张作霖、段祺瑞,攫取中国北部之政权,今更使其侦探山县氏教唆唐继尧称兵入桂,图谋两广,危害为全国民众利益奋斗之革命政府,以图均分整个之中国",宣布"一致议决,声讨唐继尧、段祺瑞,以斩断日本帝国主义敲剥之双臂,愿我全国同胞其速奋起,以救危机"。

△　冯玉祥派张树声赴奉,与张作霖接洽冯军移防,决让出西、北两苑,由奉军填防,留南苑为冯军教练地点。是日,张树声回京,即赴张家口报告。21日,驻北苑之国民军移驻丰镇;31日,驻西苑之国民军开赴张家口。

△　日本东京《朝日新闻》社论认为冯、张两方之冲突势将不免,并虑奉张可能失败。22日,《朝日新闻》社论劝奉张将中央诸事悉任段氏主持,而己则专注全力于东三省之发展。并谓:徒然从事于扩张权力而不知足,其结果无非重起扰乱,循环不绝,望张氏反省与自重。

5月18日　国民党中央执行委员会第三次全体会议在广州开幕,会期七天,于25日闭幕。会议议决:一、接受总理遗嘱,以总理遗教为最高指导原则;二、重申民国十三年(1924)8月二中全会关于容纳共产党员之决议。

△　段祺瑞为安置第二届安福国会议员,设国政商榷会,会长定李盛铎。是日段公布《国政商榷会条例》。

△　段祺瑞派汪守珍充国民代表会议筹备处秘书长。

△　山西太原学生万余人,为反对阎锡山扩张军备,征收房税,举行示威游行。队伍行至省督署,学生代表向阎提出取消房税、流通券及保卫团三项要求。学生并在督署门前抛掷砖瓦,拆毁墙垣,迫使阎当即

签署命令,取消房税等三项苛政。

　　△　北京学生联合会开各校代表联席会议,议决:今后运动之根本主张分为二:一、争自由;二、保国权;要求执政府废除警察法,罢免朱(深)、章(士钊)。嗣各校学生拟在天安门开会罢章,被军警阻止未成。

　　△　杨森军攻占叙府(即宜宾),刘文辉、刘成勋军向永川、合江退去。

　　△　加拉罕向北京临时政府外交部抗议,东三省中国官宪容留胡匪及旧党,侵扰苏联人民生命财产,声明所有损失应由中国政府负责。

　　△　衡阳饥民因奸商藏米不售,群情激昂,晚集众捣毁米坊93家。唐生智竟逮捕市民代表何少青,诬指为地痞鼓动风潮,枭首示众。

　　△　北京临时政府外交部照会驻京日使芳泽,日本渔轮在长江口及烟台等处捕鱼,侵犯中国主权,特提抗议,并速禁阻。

　　5月19日　广州因驻粤、滇、桂军调驻大军,杨希闵、刘震寰又逗留香港,久不返省,形势骤然紧张,谣言复炽。是日,胡汉民将革命政府迁驻广州河南士敏土厂办公。连日特由朱培德、李福林集中军队4000余人,屯驻士敏土厂左右各要隘,施行特别戒严,水面一带则以"中山"舰率同海防缉私等舰沿河日夜梭巡。23日,帅府通令,谓现时谣言繁兴,人心未定,河南为政府暂时驻地,不论何项军队,非奉本帅府命令者,概不准渡河。

　　△　唐继尧所派之代表马为麟、杨耀光抵香港宴香港要人,请协助其颠覆广州政府阴谋。杨希闵亦在座。

　　△　段祺瑞派曾毓隽赴上海调查鸦片风潮,并下令从严查禁。次日,又特派苏皖宣抚使卢永祥、江苏省长郑谦彻查上海设行私售鸦片情事。

　　△　段祺瑞令准长江上游总司令王汝勤辞职,以卢金山继任。

　　△　驻京各国公使在意使馆开使团会议,讨论答复北京临时政府提议之收回沪公廨案。决先由意领使电驻沪领团从速查明情况,呈具说帖,再行答复。

　　△　上海交涉署接日本总领事馆函称:"近日有人假工友会及其他团体向日本人所办工厂征求会员,殊欠正当,应彻底取缔,以保障商业。"交涉署即据函分咨各机关查照办理。

　　△　中东铁路董事长鲍贵卿通告,宣布该路总理伊凡诺夫前所下自6月1日起,凡非注册为中国公民或苏俄公民之铁路雇员均予开除之命令,应作无效。次日,加拉罕照会北京临时政府外交部,谓鲍氏此举实属违背《中俄协定》、《奉天条约》、《中东铁路临时管理合同》。又谓:中国政府一再袒护白党及帝制派,苏俄不能容忍。照会要求取消鲍氏通告,立即开除非中国或苏俄公民之职员,禁止中东路华员袒护帝制派,并要求以新董事代鲍。

　　5月20日　上午11时,张学良以代父为段祺瑞夫人"祝寿"为名到京;当即晤段,陈述奉军移驻京畿等事。下午偕鹿钟麟赴西、北苑视察营房,并拟赴张家口与冯玉祥商驻兵问题。晚,张忽中止赴张家口,即出京返奉。

　　△　张作霖致段祺瑞号(20日)电,略谓:"迭与冯督协商,将奉军一部移驻京畿,业蒙同意。外间谣言此次奉军入关,对付某方,显系奸人挑拨者传布,作霖拟即日入关,面陈下悃,对于任何事项,不加干涉。"并谓:"如我公不以奉军入关为然,则将苏、皖、鲁奉军悉数出关,不再与闻时事。"

　　△　曹汝霖离京赴奉,携北京临时政府财政部帐籍送张作霖查阅。

　　△　胡汉民任命加伦、基美拉为大本营高等军事顾问。

　　△　胡汉民任命林树巍为大本营参谋团主任。

　　△　桂军韦冠英部抵新街驻防,占驻福军防地,发生冲突。福军向湘军、朱培德部滇军及北伐军求援。次晨开战,桂军约3000余,北伐军约五六千,桂军不敌,退军田。广州闻此讯,颇震动。

　　△　吴铁城到香港,连夕与魏邦平等宴港商,谋驱客军并反对共产党。

　　△　唐继尧逃抵香港。段祺瑞派代表张星浦至港与唐之随员联

系,谋求拥唐回滇。

△ 旅沪滇籍国民党员致电滇军将士,声讨唐继尧"僭窃副元帅名义,拥兵入桂,响应陈逆(炯明)图谋颠覆革命政府"等罪行。并谓:"唐氏既逃,倒悬已解,政权应还诸人民,无论我军回滇或留粤,当一本党政纲,保证人民利益,为云南人民废除唐氏治下之种种苛政,拯救故乡父老子弟于水深火热之中,是即吾人所厚望者。"

△ 上海《民国日报》刊载《新云南社第一次宣言草案》。《宣言草案》说明处于英、法等帝国主义侵略与军阀唐继尧暴力的双重压迫下云南人民所受痛苦,宣布"推翻国际帝国主义的压迫"、"打倒封建军阀及其工具——贪吏劣绅的一切暴力"及"谋求云南民众与全民族的解放"等四条社纲,并提出"进行收回片马与滇越铁路的运动"、"反对大云南主义、联治主义及任何军阀专政"等项工作任务。

5 月中旬 联唐(继尧)派在香港皇后酒店 60 号开会,杨希闵、刘震寰、马素、陈廉伯均出席,唐继尧、段祺瑞、林虎、陈炯明、邓本殷、香港当局均派有代表参加。议决马素担任外交,与香港政府接洽一切,军火由香港政府负责,谋攻广州。

△ 胡汉民派邹鲁赴香港迎杨希闵、刘震寰回省。

5 月 21 日 国民党中央执行委员会于广东大学召集广州市党员大会,到 7000 人。何香凝主持大会。大会通过《反对段祺瑞、唐继尧及一切反革命派》《拥护革命政府为人民谋普遍的利益奋斗,肃清一切破坏和平之民敌,实现最低限度之党纲政纲》等四项议案。

△ 党军司令官蒋介石率党军第一旅何应钦部、粤军第一师第一旅陈铭枢部、粤军第四师(原第七旅扩充)许济部、警卫军吴铁城部,由潮梅回师广州靖乱。

△ 北京临时政府国务会议决定,中法教育基金 1000 万元分两年支付,另给 150 万元分配京外国立各校。在京国立各校对分配问题意见不一致,教育部因财部提案手续不合,提出抗议。26 日,国务会议决定中法基金现款 150 万元暂停分配。

　　△　段祺瑞复张作霖号电,略谓:"入关奉军另谋驻地,让出民房,殊堪嘉尚","谣言岂可尽听,负气亦属不必","我弟如有事来京,正可借慰积愫"。

　　△　上海文治大学为救济死伤工人募捐,被巡捕捕去施文定、谢玉树二人。次日,又捕去上海大学学生韩步先、赵震寰、朱义权、江锦淮四人。25 日,施文定、韩步先等六人被解往分廨,定于 30 日以所谓"扰乱治安"罪开审。

　　△　段祺瑞令财政部拨给银元一万元赈济四川旱灾,并由省库酌拨巨款,由该省长遴委要员核实散放。

　　△　蔡巨猷所部旅长毛炳文,率其亲信部队及师部卫队营,一并投归湘军第一师贺耀组。贺委毛为第十旅旅长。毛于是日率队自辰州赴桃源听编。

　　5 月 22 日　胡汉民以广州形势紧迫,迭电许崇智、蒋介石、谭延闿、程潜等急速率师返省。截至本日止,由潮汕调回者,计有蒋介石之教导团 800 余人,吴铁城之警卫军 600 余人,从海道抵省,拟驻扎市内,为滇军所拒,驻于东校场一带。北路方面,谭延闿之湘军,程潜之攻鄂军,共 2000 余人,由韶关返省,至新街附近又为桂军所拒,被迫折回。

　　△　杨希闵、刘震寰返广州布置军事。

　　△　国民党广州市党员大会发表决议案:一、遵受总理遗训,继续革命;二、尊重中央执行委员会惩办违背党纲之党员的议决案;三、反对段(祺瑞)、唐(继尧)侵略粤、桂及反革命之活动,一致拥戴革命政府;四、为人民利益奋斗。

　　△　杨森部下黄毓成、王缵绪、何光烈、郭汝栋等将领联名电段祺瑞,责段 5 月 16 日政令为乱令。谓:刘湘不能制变,反优予事权;刘文辉、赖心辉、刘成勋乃川战戎首,反曲予优容。

　　5 月 23 日　国民党中央执行委员会公布《潮梅党治条例》,凡 12 条。又以许崇智、蒋介石、邵元冲等五人为委员,组织政治局及民政局。

　　△　广州工人代表会执行委员会通电全国,声讨唐继尧。

△ 汉口英美烟草公司工人2000余人,因要求增加工资改善待遇,一致罢工,当日发表罢工宣言,提出要求11项。

5月24日 国民党第三次中央执行委员会全体会议发表接受孙中山遗嘱宣言,略谓:吾人今日惟一之责任,在完全接受我总理之遗嘱,自今而后,同德同心,尽吾人之全力,牺牲一切自由及权力,努力为民族平等、国家独立而奋斗,以竟总理未竟之志。……凡接受总理之主义、政纲,从事于国民革命工作,皆为吾人所敬爱之同志;凡持反革命之行动,受帝国主义之唆使,以阻碍国民革命之进行者,皆为吾人之敌。

△ 下午11时"顾正红烈士追悼大会"在上海潭子湾广场举行,到会有工人、学生及各团体一万多人,会上各代表先后讲话,并散发传单。

△ 胡汉民任命招桂章为大本营暂编舰队正指挥,士米诺夫为暂编舰队顾问。

△ 湘西川军熊克武部分两路向乾州、凤凰攻击。边防守军陈渠珍部固守待援。

5月25日 国民党中央执行委员会为上海纱厂惨案通电全国,谓:本党对日人在中国境内无理由枪杀中国人民之暴举,表示严重抗议,对困苦之工人设法予以援助,外人枪杀华人之暴举须根本取缔,尤须人民一致奋起,废除外人以作恶之一切不平等条约。

△ 国民党中央执行部通告党员,有列名北京俱乐部者,速声明否认;与唐继尧有政治关系者,速行脱党;否则作破坏党律论,应即严惩。

△ 胡汉民任命邵元冲为潮、梅、陆丰行政长。

△ 国民党湖北省党部发表宣言,反对安福系制造国民会议,要求实现"本党所主张之职业的真正国民会议"。

5月26日 广州工人代表会执行委员会通电声讨唐继尧,指出唐"外受帝国主义之指挥,阴与陈炯明、陈廉伯相勾结,乘孙中山先生逝世后,窃副元帅之名,倚恃暴力,进兵侵桂,希图吞并两粤,推翻革命政府,此种反革命军阀,实我国民众之敌人",决心"誓率全体工人为革命政府之后盾",以除唐继尧。

5月27日　北京临时政府发行中法五厘美金公债,发行额为4389.39万美元。用途:一、收还倒闭之中法实业银行债权者所持之无利息证券;二、补缴中国政府之该行股本;三、偿还中国政府之该行借款;四、中法两国合作之教育慈善事业。以法国退还之庚子赔款作担保,年利五厘,以23年为期限,偿还期自1926年1月15日起至1948年1月15日止,每年还本一次,分23次还清。

△　广州大本营召集商民会议,胡汉民、汪精卫、廖仲恺等发表辟谣(所谓"共产"谣言)讨唐(唐继尧侵粤罪恶)谈话。越二日,广州市总商会等商会开联席会议,表示拥护革命政府反抗唐继尧,并提出八条要求,请革命政府协助商民。

△　杭州女界国民会议促成会通电揭露安福系包办国民会议,妄图弄出一个"由军阀所支配、为军阀而组织"的"国民代表会议","军阀政府不把国民当国民,更不把女国民当人","在国民代表会议条例里边明目张胆地不把女子当国民,连假意的片断的选举权都不规定"。通电要求全国同胞反抗军阀的假国民会议,自己起来促成真正的国民会议,"打倒军阀以建设国民政府,才是自救的正路"。

△　驻京日使芳泽因青岛日商纱厂罢工,是日访北京临时政府外交部提出抗议,要求中国政府速取适当处置,并声称:"如不能取缔不法之暴动,则日本出于自卫,实属势所当然。"次日,日本政府电令旅顺派遣驱逐舰二艘驶赴青岛。

△　北京临时政府内务部违禁药品管理局被沪公团控告发给鸦片印花,有保护售土嫌疑。是日,段祺瑞下令苏皖宣抚使、江苏省长饬淞沪警察厅将该局长施凤翔暂行监视,听候查办。

5月28日　张作霖通电入关,告以本日启程,亲往津、沽巡视奉军。

△　广州各军政要人在颐养园开会决定大本营采用委员制,以胡汉民、杨希闵、谭延闿、许崇智、刘震寰、程潜、伍朝枢、古应芬、林森为委员。委员长人选未决。

△ 广州市土木建设工会通电,拥护革命政府,并请讨伐唐继尧,惩办通唐诸人。

5 月 29 日 北京临时政府财政总长李思浩以政府财政困窘,呈请辞职,并于次日出席国务会议宣布辞职原因。段祺瑞表示慰留。

△ 张作霖致电段祺瑞,告以入关检阅京奉沿线驻军,并谓:倘承电召,便当入京一行。段复电表示欢迎,并请张早日来京,面谈一切。有人询段,张作霖来京,如何应付? 段答:"国事由国民会议解决;地盘问题,取协商,不尚侵略,苟违此旨,余即不干。"

△ 滇唐军吴学显部会合沈鸿英、韩采凤残部,对柳州发起攻击,与联军黄绍竑部接战后,吴部大败,退沙铺待援。6 月 5 日,黄部伍廷飏等分兵包围前来增援之唐继虞部王浩修等旅。王旅被迫缴械投降。唐率残部向黔边逃窜。是役毙唐军数百,俘 2000 余,缴枪炮数千。

△ 日人贿买中国官厅,用武力压迫青岛日商内外、大康、隆兴三厂罢工工人。是日晨 3 时许,张宗昌派陆军、保安队等 3000 余人包围工厂,驱逐工人,并与日本人一齐开火,击毙二人,重伤 10 余人,拘捕数十人。

△ 上海各团体向公共租界工部局提出书面抗议,强烈反对加征码头捐、印刷附律、交易所注册三项提案。

△ 杨希闵晤胡汉民,否认联唐(继尧)投段(祺瑞),并就许(崇智)、蒋(介石)大队水陆返省事,请胡表明用意。胡答称系援范(石生)讨唐(继尧)。

△ 段祺瑞重申奖券禁令:自奉令之日起,所有各项有奖债券证券,无论何种名称及已否核准,一律停止发行。

△ 广州大本营召集省港各记者谈话,胡汉民、汪精卫、廖仲恺发表讲话,宣布最近政况,请各报在诚信的责任上,辟除谣言,巩固政局。

5 月 30 日 "五卅惨案"。上海各校学生 2000 余人在公共租界各马路散发传单,进行演讲,揭露日人枪杀顾正红、拘捕学生真相,并宣传反对工部局提案,又被捕房拘捕数十人。午后 3 时许,学生及市民近万人聚集公共租界老闸捕房前,要求释放被捕学生。英捕为驱散学生,举棍殴打,无效,遂下令向群众开排枪射击,当场中弹死亡 11 人,重伤八人,轻伤 10 余人,造成震撼中外之五卅惨案。

△ 全国学生总会、上海学生会通电全国,报告五卅惨案经过,吁请援助。同日,上海各团体联合会开执行委员会,公决办法五项:一、致电外交部向驻京英使提出严重抗议;二、通电全国一致援助力争;三、通电世界请主张正义;四、通告工商界各团体速起援助;五、派员赴医院慰问受伤学生。

△ 晚,中国共产党中央决定将斗争扩大到各阶级,形成广泛的反帝统一战线,号召上海人民实行罢工、罢课、罢市,反抗帝国主义暴行。党组织行动委员会领导反帝的"三罢"运动。

△ 上海各校学生代表 20 余人为英捕屠杀学生案赴江苏交涉署,要求交涉员陈世光速向驻沪领事团严重交涉,提出释放被捕学生、惩凶、赔偿、道歉、罢工自由等项要求。

△ 段祺瑞公布《淞沪市区督办署官制》、《淞沪市自治制》,又修正《海道测量局条例》。

△ 张作霖抵天津。

△ 张作霖与南满铁道公司签订 100 万日元借款合同作军政费用,年息 9%,期限一年,以吉长铁路余利担保。

△ 胡汉民任命林树巍为建国军第一师师长。

5 月 31 日 上海工人、学生千余人冒大雨到南京路散发传单,进行演讲,南京路贴满"援助被捕学生"、"援助工人"、"反对码头捐"等标语,又有多人被租界当局逮捕。同日,上海男女各校推举代表集会,决定奋斗到底。上海闸北各纱厂工人一律停工,集会声援。

△ 上海各团体在总商会开联席会议,到者达万人。提出一、释放被捕学生;二、抚恤伤亡;三、外人道歉;四、取消印刷附律;五、取消码头捐;六、收回会审公廨等项要求,并推代表向警予等向商会要求罢市。各团体均表示支持并签字。

是月　国民党中央执行委员会发表《为滇唐祸粤告粤人书》,指出唐继尧与陈炯明勾结,意在东西并进,会师广州,号召粤人"与革命政府同心戮力,共驱除广东和平之敌人唐继尧"。

△　方本仁在江西省署财政会议上就陈炯明、林虎残部退入赣南事答复省议会副议长欧阳莘质问,略谓:陈、林此次在东江失败,被迫进入赣南,北京政府对陈、林等尚抱提携主义,允予以饷械上之接济,本省亦属北京政府统治下,自亦未便独异,现已决定让出赣南数县,准其驻兵休养,一面电请北京政府拨款协济。

△　旅京西藏同胞以英人侵藏、蔑我主权,特组织藏事促进会,并发表《敬告国人宣言》。

△　日商裕大纱厂第二厂在上海创立,资金 1000 万两,拥有纱锭8.5 万枚。

△　上海久太缫丝厂创立,资金三万两,工人 540 人。

6　月

6 月 1 日　上海总工会在中国共产党直接领导下宣告成立,李立三、刘华分任正副委员长。即日发表罢工宣言,提出惩办凶手,赔偿损失;承认工人有组织工会及罢工权力;禁止殴打工人;改良工厂卫生,禁止虐待童工及妇女;不许雇用外国巡捕;反对印刷附律等七项要求,宣布于 6 月 2 日起总同盟罢工,不达目的,决不上工。

△　上海公共租界各马路商店一律罢市。南京路工人、学生及市民聚集演讲,散发传单,上午 10 时西捕协同万国商团用排枪向罢市群众射击,打死行人三人,伤 18 人。

△　上海各马路商界总联合会,为上海西捕连日枪杀华人一事致电段祺瑞,要求速开交涉,并派专员来沪。同日,上海工商联合会、上海学生联合会、上海职工俱乐部、华侨团体联席会议等数十团体开紧急会议,一致要求北京临时政府进行交涉,提出严重抗议。

△　国民党上海执行部为"沪案"发表宣言,略谓:国民党愿助全中国之爱国爱平等自由之民众,对此惨无人道之行为及其所代表之武力侵略政策,以全力奋斗,伸张主义,恢复国威。

△　午后 6 时,广东大学学生会开"六一"纪念大会,汪精卫等出席演说。全体学生议决多种援助五卅惨案办法。次日下午 1 时,广州各校学生数千人及军队、工人、农民等万余人,集齐广大操场,联合举行示威大巡行。高呼口号:"打倒帝国主义!""援助上海工人、学生!""工学携手打倒军阀!"

△　苏州各校学生分组出发演讲,唤起民众对于"沪案"之注意,并予沪学生以相当之援助。次日,各校停课游行,分组演讲,到 2000 余人。南通(3 日)、扬州、嘉兴(4 日)、无锡(7 日)、清江浦(8 日)等地,亦先后集会、游行、演说,声援"沪案"。

△　章太炎、褚辅成、周震鳞、曾彦等 13 人为五卅惨案联名通电,要求政府收回租界市政,指出:"租界之名,在所必废;英人所设市政廨宇,在所必收。"

△　胡汉民为对付滇、桂军,发表整饬军队宣言。略谓:"军人身隶统一旗帜之下而迹类分封,名受革命政府指挥而形同割据,长此宽纵,是无政府,倘复姑息,是无革命。明知忍痛,而人命之疾苦不可不除;不下决心,则蟊贼之滋蔓将不可杀";并谓:"本政府自后于最短时间,力求军民财政之统一,对抗令者予以严厉制裁,对阳奉阴违者予以严厉惩罚,凡力所能至,决心以行。"

△　长沙市六万余人举行游街大会,纪念日本"伏见舰"水兵制造长沙惨案二周年。当即致电驻京日使芳泽,要求日政府承认中国对该案所提之条件,并撤销一切不平等条约。

△　日本劳工联合会代表至外务省,呈递公民大会赞助中国青岛罢工工人议决案,要求:一、停止武力干涉;二、力戒胁迫中国政府;三、惩罚妄图自利之日本资本家。政府答称:中国方面今无力应付工潮,故有日舰赴青岛之举。

6 月 2 日 北京临时政府国务会议讨论"沪案",段祺瑞主席。沈瑞麟报告上海学生被杀经过。阁员相继发言,咸谓英、日等国驻沪当局对于无辜学生,竟采用武力摧残手段,致发生此种不幸之事,实属有侮我国国体,政府应即时彻查,秉公交涉。当即通过先向北京外交团领袖意使严重抗议,并派曾宗鉴、蔡廷幹等赴沪查办,并急电该地军警长官镇抚商民,"切戒越轨行动,免贻外人口实"等四项决案。

△ 北京临时政府外交部照会北京外交团领袖意公使翟禄第,对上海公共租界捕房枪杀学生、工人事件,向公共租界各关系国提出正式抗议。略谓:"此不幸之事,实为人道及公理所不容,自应由租界官吏,完全负责";声明"保留俟查得详情后,再提相当要求",并请转达驻京有关系各国公使,迅饬上海领事团速将被捕之人全行释放。

△ 国民党中央执行委员会对上海五卅惨案发出通电,号召"全国人民一致抗议,要求惩罚暴行巡捕,抚恤死伤,表示谢罪,保证此后永无此等至无人道之行为。凡我党员应一致努力援助国民,以与英国帝国主义相搏"。

△ 上海总工会致电全国总工会,谓:"本会已于六月二日宣布上海各业工会一致罢工,商学界亦已一律罢市、罢课,抵抗外人屠杀同胞,誓死坚持,不达目的不止。望全国工界一致奋起,并予以援助。"

△ 上海公共租界各路口要道由万国义勇队及各国海军陆战队分兵把守。上午 9 时,日本巡捕又向小沙渡渡河工人开枪射击,打死三名,伤十几人。午后 6 时,义勇队开枪向南京路西段射击,打死行人一名,伤二名。是晚,新世界游艺场为义勇队占据。

△ 上海领事团分电香港、小吕宋、渤海、威海卫等地,调大队兵舰来沪"镇慑"。是日,意舰"兰乔治号"、法舰"亚尔古号"先后至沪。4 日,港督派英海防舰"卡律斯尔号"亦到。5 日,港督再派"大爱米特号"炮舰,载 1000 名陆海士兵驶抵上海。同日,日海防舰"安全号"载海军 300 名抵沪。3、4 两日,英、美、日等国加派来沪之海陆士兵,已达 4000 名之多。

　　△　浙江全省各界为上海英捕惨杀学生事,在省教育会开国民大会,组织杭州"上海惨案后援会"。次日,在湖滨公众运动场开露天大会,工商学界到五万余人。会后游行。群众高呼"反对帝国主义"、"实现国民革命"、"惩凶抚恤"、"收回租界"、"反对印刷附律"、"废除不平等条约"等口号。

　　△　长沙市工人、学生为援助上海五卅惨案举行大示威运动,到二万余人,并组织湖南后援会。决定4日实行全市"三罢"。赵恒惕宣布全市戒严,派兵搜捕工人、学生领袖,并发表布告宣称:"宣传过激者斩,煽惑军心者斩……"

　　△　江苏省长郑谦就五卅惨案复电上海南洋大学及各大学校长,"务望劝告各学生,在校静候解决,免滋别生意外"。

　　△　孙传芳为五卅惨案致电段祺瑞,要求特派专员赴沪视察,相机交涉,并饬主管外交官吏,严重抗议,"庶免酝酿因循,激成意外之变"。

　　△　杨希闵、胡思舜、赵成栋、廖行超、朱世贵等滇军将领联名通电"拥护"革命政府,并谓:"去年先帅亲政时,希闵曾以统一财政、移军郊外为请,不图军典之后,帅议未行,兹值东江肃清,正宜重申前议,究竟饷源如何筹划,部队如何整顿,应急起直追,从长计议,早图向外发展。"

　　△　刘震寰通电,诡称"始终服从三民主义","竭诚拥护吾党政府"。

　　△　广州革命政府令中央银行停止营业,市内各银行亦相继停市。

　　△　广九、广三、粤汉三铁路工人响应革命政府命令,一致罢工,拒绝运送滇、桂军队,省城东西北三江之交通,完全断绝。

　　△　下午1时,滇、桂军在大沙头缴朱培德部枪数十,战事随息。河北已入滇、桂军掌中。福军在河南架炮指向河北。李福林布告保护河南,如别军无理进入,必率同乡团迎头痛击。

　　△　何应钦率所部党军第一旅、陈铭枢之粤军第一旅、吴铁城之警卫军、粤军第四师许济部,是日抵平山,继续向广州进发。

　　△　滇军第三军长胡思舜由佛山调滇军千人入驻广州市,向河南方向架设大炮及机关枪,对准广州革命政府,并调所部滇军赴东江阻许

崇智部队回省。

　　△　冯玉祥所部国民军暂编陆军第二师撤出南苑。

　　△　张作霖在天津召开军事会议,4 日结束,议决令梁士诒组阁及京畿驻军、奉军军费等四项决定。

　　6 月 3 日　北京百余校学生共五万余人举行大示威游行,声援五卅惨案。游行队伍先赴执政府递交九项意见,请向阁议席上提出,以作外交部向英使抗议之条件。嗣赴外交部,沈瑞麟亲自出见,学生代表要求向英使严重抗议,不达目的不止。游行队伍至东交民巷受阻,使馆界口预备水龙向群众喷射,使馆卫兵举枪威胁群众。学生愤极,大呼“打倒帝国主义”、“收回租界”等口号。后游行队伍齐赴天安门开国民大会,议决条件:一、游行队伍即赴总商会,请即日罢市下半旗;二、请工界罢工;三、发起组织北京各界反对英、日惨杀同胞雪耻会;四、实行经济绝交,以及向北京外交团提出严重抗议等。

　　△　胡汉民发表《辟共产谣诼宣言》,略称:“依附本国军阀之走狗,奔走帝国主义之好汉,妄肆谣言,造作蜚语,不曰本政府已经赤化,即曰共产即将实行,浸且勾托外报,四出宣传,阴设机关,淆乱观听,揣其作用,无非欲破坏政府,遂其蝇苟捣乱之私。”《宣言》郑重声明:“本政府为造产之政府,而非共产之政府”,“本政府所知者三民主义,所行者民党党纲。言此以外,不知其他。”

　　△　胡汉民向杨希闵提出:一、服从政府;二、所占防地一律交出,由政府指驻;三、交还所占财政各机关。是晚,谢庐滇、桂军将领联席会议,对二、三两项拒绝接受。

　　△　杨希闵、胡思舜、赵成栋、廖行超等再次通电,谓:“粤政混乱,咎岂在滇军? 欲谋整理,滇军罔不乐从。政府方面应将军事行动停止,倘我滇军于此度宣言而后,政府犹不停止军事行动,则是别有用意,我滇军虽弱,岂能甘受? 彼时衅端一开,咎将谁属?”

　　△　上海杨树浦界内瑞熔造船厂、同兴纱厂、怡和纱厂、日商上海纱厂、裕丰纱厂、恒丰纱厂等中外各大工厂 1.5 万余工人罢工。当日,

浦东、西轮船码头小工,顺记、公和祥及招商北栈等码头小工,浦东各码头小工,共约万人,相继罢工,上海码头起卸完全停顿,中外商船19艘停开。

△　北京临时政府复电上海总商会,称:"沪案""已由外交部向使团提出严重抗议,即日派税务督办蔡廷幹、外交次长曾宗鉴驰沪查办,并饬交涉员许沅即赴沪妥为交涉。"

△　上海圣约翰大学学生向"五卅"死难烈士致哀,在该校图书馆前升半旗,遭校方阻扰,并宣布提前放假,学生一律离校。次日,该校中国教师宣布全体辞职,并通电全国教育界。

△　南京各界开市民外交大会,反对上海西捕惨杀同胞,到三万余人。各校一致罢课,游行示威,继以罢工罢市,并通电全国,吁请国人"努力奋起,破釜沉舟,义无反顾"。

△　杭州工农商学各界三万余人开国民大会。会上,演讲人指出:"五卅惨案,不仅是学生与工人的问题,而是我们中华民国的大局问题,应一致要求政府严重交涉。"会后举行示威游行,高呼"打倒帝国主义"、"收回租界"、"撤废领事裁判权"等口号。

△　湖北省议会讨论"沪案",议决致电北京临时政府外交部,请向各关系国严重交涉,并电各省议会一致援助。

△　湖南总商会通电各省,一致援助沪学生,并电段祺瑞饬外交部向英使抗议。

△　虞洽卿由京抵沪,向总商会副会长询问巡捕枪杀华人情状。虞主依段祺瑞令,向英领严重交涉,未交妥之前,劝各界"切勿暴动,致碍进行"。

△　赵恒惕为"沪案"致电段祺瑞及北京临时政府各院部,请主持正义,严重交涉,"否则国民积忿,屈莫能伸,一经触发,恐难遏制"。

△　加拉罕致牒北京临时政府外交部,对于上海工人、学生被枪杀,向中国人民表示"最深切同情与悲哀之情感"。

△　重庆各法团响应巴县议事会发起之全川和平大会,是日在渝

总商会开会,发出和平弭兵通启,宣布发起全川和平弭兵大会,"以多数之民意,为团结之表示,期在从事弭兵运动"。

△ 赵恒惕布告宣称:"湘西渐告肃清,设有匪徒潜省,勾结痞党,扰乱治安,一经拿获,即予正法。"

6 月 4 日 北京临时政府外交部,就本月 1 日上海西捕又杀华人,向北京外交团领袖意使翟禄第提出第二次强烈抗议,声明公共租界横暴态度,已激起民情之愤懑,租界当局实负全责,要求使团速饬驻沪领事团,立即停止开火。

△ 胡汉民任命李海云为建国军第四师师长。

△ 蒋介石率部经白芒花抵淡水城。

△ 国民党上海执行部对五卅惨案发出第二次宣言,吁请国民根据公理要求赔偿、惩凶及取消与英、日缔结之一切不平等条约;未达目的之前,举国实行与英、日经济绝交,以示我国民主张之坚决。

△ 上海工商学联合会委员会成立。该会是中国共产党决定建立的对于五卅运动的公开的领导机构。是日,由学生联合总会、上海学生联合会、上海总工会、上海各路商界总联合会四团体(上海总商会未参加)共同发起开成立会,议决每团体推举正式代表六人主持会务,办理五卅惨案交涉事宜。

△ 南京市民二万余人,为声援五卅惨案,是日午后继续游行,并沿途分组演讲,听者多为之泣下。士兵则表示:"我们对内战争无非自相残杀,很不愿意,若因同胞冤死,用我们对外,就是三五个月不发饷,亦所甘心。"全城各通衢僻巷遍贴传单及惨案图说,观者莫不悲愤。

△ 汉口 50 余校学生 2.2 万余人,举行示威游行,抗议上海西捕枪杀我国同胞。

△ 中国共产党为在五卅运动中加强宣传工作,是日在上海创办《热血日报》,瞿秋白主编。此为中国共产党创办的第一个日报。

△ 北京外交团复照北京临时政府外交部,为西捕枪杀华人开脱罪责,竟声称五卅事件,"责在示威者,而不在租界当道"。

△ 孙传芳、夏超为"沪案"会衔颁发布告,要求各界各安其业,"以严静之态度,作挽救之筹议","切勿叫嚣跳荡,徒逞意气……为越轨之行",并宣称:"倘有不法暴民,假借名义,乘机思逞,即着军警严行究办。"

△ 上午9时,上海租界中西巡捕与武装英国兵士六七十人,包围上海大学,闯入校内搜查,殴辱学生,逮捕职员一人,并驱逐寄宿员生百余人,强行占据该校。次日,复强占南方大学、文治大学。6日,同德医校亦被数十名英军占据。

6月5日 中国共产党发表告全国民众书,指出五卅惨案"起于日本帝国主义向中国民族运动的主力军——工人阶级——进攻,而成于英帝国主义对援助工人的民族运动之铁血镇压",号召全国各被压迫群众起来反抗野蛮的大屠杀,把斗争坚持到底,并在斗争中组成反帝联合战线,"万不可依赖和相信政府的交涉而中辍民众的反抗"。

△ 天津各学校教职员、学生暨各团体数万人,对"沪案"举行唤起国人一致援助大游行,沿途演说并散发传单。

△ 镇江外交后援会举行游行大会,学商工各界到80余团体共约三万余人。各工厂及人力车夫全体罢工,加入游行,沿途高呼口号,散发传单。英租界巡捕卸武装罢岗,表示同情。游行群众捣毁旧工部局,并焚毁其物件。

△ 宁波开市民大会,声援上海被害同胞,到10万人。游行时,第四中学一演讲者咬破手指,血书"良心"二字,激励国民。大会致电虞洽卿,谓"先生主持是案,为国为乡,务须坚持到底,切勿让步,特此警告"。

△ 芜湖各界开联席会议,讨论援助"沪案"办法,列席40余团体,议决组织外交后援会及分电京、沪当局严重交涉。各校并实行罢课。次日,各界约万余人游行演讲,沿途高呼"打倒帝国主义"、"惩办凶手"等口号。10日,芜湖各界作第二次联合大游行,加入100余团体,约四万余人。全埠工商业均休业一日志哀。

△ 湖北省议会致电段祺瑞、北京临时政府外交部,请严重交涉

"沪案",以保国权;另电沪学生会表示援助,并电各省议会、各法团,要求一致声援。

　　△　虞洽卿应上海工部局总董费信惇之召,会商调解此次风潮办法。虞当允向工商学各团体磋商提出条件办法,以便迅速开市。

　　△　胡汉民令免建国滇军总司令杨希闵、建国桂军总司令刘震寰本兼各职,听候查办,特任朱培德为建国滇军总司令。

　　△　胡汉民令免建国桂军第一军军长韦冠英本职,听候查办。

　　△　滇、桂军以政府下易帅令,向政府取敌视行为。上午 11 时,滇军入占省长公署及粤军总司令部。下午 1 时,夏派兵占财政厅;5 时,占公安局。市内电报局、电话局亦为滇军占据。其余铁路、征收、行政各机关,均被滇、桂军分别占驻。同日,杨希闵出示担任市内治安。

　　△　杨希闵、胡思舜等通电诬指广州革命政府勾结俄人,实行共产,声称:"今蒋中正、廖仲恺、谭平山等利用俄人,私相勾结,代彼宣传,冀以少数党人专制国命,直视革命为彼辈包办事业。……希闵等断不容彼辈播共产流毒于社会,我军因此喋血疆场,亦所不恤。"

　　△　杨森派政务厅长徐孝刚、前敌总参谋长曾述孔赴渝参加全川和平弭兵会,13 日抵渝。

　　△　胡汉民任命饶勋为革命滇军第一路司令官;着免广三铁路管理局局长潘鸿图本职。

　　6 月 6 日　段祺瑞令:"此次上海租界事变,市民激于爱国,徒手奋呼,迭遭枪击,杀伤累累","除饬由外交部提出严重抗议外,已遴派大员,驰赴上海,慰问被害人民,并调查事实经过,期作交涉之根据。"并谓:政府"维护有责,必当坚持正义,以慰群情,尚冀我爱国国民,率循正轨,用济时艰。"

　　△　段祺瑞特任孙宝琦为淞沪市区督办,虞和德(洽卿)、李钟珏为会办。

　　△　晚,上海工商学联合会议定五卅惨案交涉条件 17 条,计:工部局应即履行以下四事:一、宣布取消戒严令;二、撤退海军陆战队并解除

商团及巡捕之武装;三、所有被捕华人一律送回;四、恢复公共租界被封及占据之各校原状。正式条件13项:一、惩凶;二、赔款;三、道歉;四、撤换工部局总书记鲁和;五、华人在租界有言论集会出版之绝对自由;六、承认工人有组织工会及罢工之自由,并不得因此次罢工而开除工人;七、捕房应添设华捕头,各级巡捕华人占半;八、撤销"印刷附律,加征码头捐,交易所领照"案,嗣后不得再提出纳税人特别会;九、制止越界筑路;十、收回会审公廨;十一、工部局投票权案,租界应遵守条约期满收回;十二、要求取消领事裁制权;十三、永远撤退驻沪之英、日海军。次日,工商学联合会将交涉条件由邬志豪等在总商会面交执政府特派员蔡廷幹、曾宗鉴及交涉员许沅,凭此向公共租界当局严重交涉。

　　△　中华全国商会联合会为五卅惨案代表全国商人发表通电,正告各友邦及世界各民族,声明:"我国人只知有公理,不知有强权;只知有公法,不知有暴力;只知有人道友爱,不知有欺凌压迫","若英人仍倚恃武力,不知悔悟,则世界各国咸晓然于此次惨事责任之所在,及此后爱和平之民族应求善后救济之自觉。我内外商人,为国家地位计,为国民人格计,为生命自卫计,对于加我危害之国家,不得已而出最后之经济绝交,纵牺牲至若何程度,在所弗恤。"

　　△　北京外交团答复北京临时政府外交部第二次照会,否认英捕滥杀华人之责,并认为中国政府所得报告"不甚完全",决由各关系国派代表赴沪就地调查。同日,领袖公使意使致函外交部,告以"代表团赴沪查报实情,定本月8日启程"。

　　△　冯玉祥致电张作霖,请其共援"沪案",略谓:"弟以为急则治标,为今之计,交涉尚次,止杀当先;恤死固宜,救生更急。尊处如有胸算,尚祈指示周行,俾便一致主张。"

　　△　浙江绍兴学生会发起在大善寺内举行民众讲演,各界到会万余人。会后出发游行,高呼"打倒帝国主义"等口号。同日,温州各校万余人游行讲演,全城罢市。7日,镇海开全城市民大会,游行示威,商店一律罢市。严州学生联合会亦举行游行大会。10日,平湖各界万人游

行演讲,全城罢市,声援五卅惨案。30 日,奉化、余姚分别举行游行示威,奉化到会者达三四万人之多。

△　下午 4 时 30 分,广州发生战事,首由河南政府军炮击东堤滇军总部及河西口一带之滇、桂军。滇、桂军在堤上开枪抵御。次日晨,双方以机关枪作战,其火线逐渐移向市区东南。晚 12 时,滇军由东郊外之猎德乡渡河袭攻河南,但未得手。

△　滇军占领广州市各机关。自晨至午,滇军乘汽车分派传单七八次,反对广州革命政府。杨希闵复用建国滇军总司令名义发出布告,反对"共产"。

△　杨森部杨春芳、兰文彬两师向合江黔军穆银洲(永康)旅防地攻击,黔军不支,退走马街。次日,杨、兰两师占合江。

△　段祺瑞派梁鸿志、曾毓隽、莫德惠赴津面晤张作霖,敦促入京共商国是,并言政府应付丛脞,希望疆吏原谅,勉维暂局,若督责太严,惟有遂初。张言对段尊敬不渝,希望阁员以段心为心,希望与奉财政援助,且谓不日回奉。

6 月 7 日　胡汉民对上海五卅惨案发表宣言,郑重宣布:上海租界当局此等暴行,实为人道之蟊贼,及中国国家暨国际之非常损失与侮辱。救治之道,不当仅注意道歉、惩办、抚恤等枝节问题,尤当从废除不平等条约、收回租界着手,以谋根本解决。

△　北京临时政府调查"沪案"专员蔡廷幹、外交次长曾宗鉴抵沪。

△　郑州举行市民大会,到三百余团体,军界官佐及学生、士兵均一律参加。李立三报告开会宗旨,京汉铁路总工会秘书李震瀛讲述五卅惨案详情。全国总工会代表王若飞等相继演说。大会通过致电执政府、岳维峻,并通告上海及全国各报馆,提出:一、惩办祸首;二、赔偿损失;三、收回租界;四、废除一切不平等条约;五、抵制英日货;六、打倒帝国主义。

△　党军第一旅到达樟木头,次日进占石龙,9 日又占石滩,11 日向龙眼洞滇、桂军进袭,旋即占之。敌退白云山高地。

△　胡汉民通电揭露杨希闵、刘震寰通敌,与唐(继尧)、段(祺瑞)密谋颠覆革命政府,发动叛乱罪状。并谓政府对此等叛军已有严重处分及周密之布置,预料旬日以内必可荡平。同日发表告滇、桂军人书,劝勉滇、桂军兵士勿为刘震寰、杨希闵个人送死,"打走你们的长官,服从国民党政府"。

△　谭延闿、许崇智、朱培德、程潜等联衔通电声讨杨、刘叛乱,揭露杨、刘称兵于首府,造谣惑众,阳奉阴违,"外应寇兵,以自相残杀"之罪行。

△　桂军第五师师长林树巍宣布脱离刘震寰,改编为建国桂军第一师。11日,滇军第四师朱世贵率所部脱离杨希闵,改编为建国滇军第二师。

△　孙科在粤调停无效,是日抵香港。发表对粤事意见,主张歼灭滇、桂军,改组现政府。并谓,国民党无行共产意,共产只可作一种学理研究,断不适于中国,最适者只有三民主义。

△　湘西善后督办叶开鑫令蒋锄欧旅、邹振鹏旅、郑鸿海旅向攻乾、凤川军实行包围反击,川军汤子模部向麻阳溃退。

6月8日　中华海员工业联合会上海支部发出通知:"凡洋商各航轮公司所有轮船之海员一律罢工。"是日,怡和、太古等各外轮公司海员5000余人一律登岸加入罢工。

△　汕头各界万余人开会援沪学生,议决不为英、日国人佣役,不供食品,捐款助沪工人,抵制英、日商货,不搭英、日轮船,不用英、日钞票,组织义勇军等八项。会后举行游行示威。

△　冯玉祥召集连长以上军官,讲述五卅惨案,并令各官长集合部队,将详情讲与各兵士,以励军心。

△　广州滇军用木筏在海珠河面载兵渡河,图袭士敏土厂,被革命政府兵舰击退,死伤颇重。

△　陕西省议会致电段祺瑞,报告刘镇华残部窜扰陕南情况。略谓:"刘之残部柴云陞等,由豫窜扰我省镇安、兴汉一带,沿途烧杀奸掠,

无所不至,乡镇村落,十室九逃,游匪乘机蜂起,损伤生命,焚烧居民房屋",要求"即饬省督各将领一致进剿,以清乱源"。

△ 武汉米荒,米商复居奇涨价,居民大愤,武汉米店各被抢一空。萧耀南请绅商借款百万,赴皖、赣及西贡购米办平粜。

6 月 9 日 段祺瑞令再派江苏省长郑谦驰赴上海,妥筹救济"沪案"办法,以期早日恢复秩序,一面将市民被害情形,详细查明,呈报中央,以为交涉根据。越二日,郑谦抵沪。

△ 张作霖、李景林、张宗昌、张作相、吴俊陞、姜登选、阚朝玺联合致电段祺瑞,略谓:"沪案"英领"不顾是非,一味强硬,是直蔑视公理,不顾邦交","应请睿谋立断,严厉主持,作霖等捍卫国防,义无旁贷。"

△ "五卅事件"拘捕之工人、学生共 17 人,由公共租界会审公廨开审。11 日下午 7 时宣布判词:本公堂讯得被告人等,大多数原属青年学生,因日人工厂内工人被杀,在租界内结队演讲,散发传单,本公堂认为无欲暴动之意,且其拘入捕房时间,均在发生开枪事件之前,尚有少数被告讯系马路驻看闲人,被告等着一律具结开释。

△ 武汉学界为声援五卅惨案举行游行,二万余人参加。游行队伍抵督办署,萧耀南出见学生代表,表示将请愿书所提"沪案"条件,即电转中央察核。

△ 凌晨,广州滇军又派队集中西濠口,渡河攻河南。河南政府军亦凭据南岸向敌人猛击。互战约两小时,滇军卒不能过河,被击退。

△ 广州商会及九善堂等团体发出通电,略谓:本市河南、河北发生战事,查其战线实在东西堤岸一带,是以本市商业中心为军事战争焦点,若循此以往,则阖市商场不毁于兵,亦必空于抢劫,全市商民呼吁,划出战线范围,以保公安,而免糜烂。

6 月 10 日 北京各界在天安门召开对英、日帝国主义惨杀同胞雪耻大会。到 157 团体,20 万人,李石曾主席。上海工界代表孙宗昉报告英、日巡捕惨杀同胞经过,声泪俱下。台下群呼:"为工界同胞报仇!报仇!"中华教育改进社代表陈潜夫登台演说,当场断指血书"誓死救国"四字,并大呼"救国"。主席宣读提案 21 项,交付表决,一致通过。会后游行,时值风雷大作,继之暴雨如骤,间以冰雹,数万群众步行泥淖中,气不稍馁,呼声动天地,如是者行约十数里。队伍行至外交部,向外长沈瑞麟递交国民大会决议案并附加三项,即:一、要求召回英、日公使;二、派军队至沪租界;三、政府速汇百万元至沪,援助罢业工人。旋赴执政府,段祺瑞接见群众代表,允将决议案交主管机关办理,并应群众要求,当面表示"保证提交明日阁议,尽量容纳诸位意见"。群众遂在口号声中散队。

　　△　济南开市民大会,援助五卅惨案,到百余团体,八万余人。议决:一、分队游行;二、推代表赴军民两署请愿;三、组织市民大会执行委员会;四、通电呼吁,一致力争。开会时,旅沪山东学生会代表报告五卅惨案经过,全场愤慨。

　　△　奉天各校学生为援助五卅惨案,千数百人齐集省长公署请愿。教长齐树彦到场呵斥学生爱国行动为"暴动",迫各归本校。警厅长令警察将游行群众所持旗帜夺去焚毁,不准学生游行。学生代表提出:一、请电促外交部与英、日政府严重交涉;二、准学生代表民众演讲"沪案";三、准学生举行哀掉大会;四、请省署筹款救济沪罢工工人;五、饬岗警保护学生讲演游行及集会之秩序;六、实行对英、日两国经济绝交。省长准前三项条件,后三项容缓商。

　　△　安庆各团体各学校二万人为援助"沪案",齐集公共体育场,举行演讲及示威大游行。

　　△　太原三万市民为"沪案"游行示威,议决:一、与英、日经济绝交;二、募捐援助上海罢业工人。游行队伍至督署请愿,阎锡山出见,允即电执政府。

　　△　英、日、美、法、比、意六国公使所派调查"沪案"委员抵沪。

　　△　上海总商会由会长虞洽卿主持召开全体会员大会,议决特设"五卅事件"委员会,推举委员 21 人组成。

　　△　胡汉民任命魏邦平为建国军渡河攻城军总指挥。

△ 粤军总司令许崇智收编陈炯明旧部杨坤如、熊略,并任命杨坤如为粤军第五军军长,熊略为第六军军长,令熊略入梅县接防。熊入梅县后,在县城布告仍用第二军军长名义,并称"我军凯旋"。商民惊疑。汕头国民党当局是日召开紧急会议,商量对付办法,并致电许崇智,质问究竟。

△ 全川和平弭兵大会成立。选邵从恩、黄美涵等 11 人为执行委员,并通电各军提出六项弭兵主张,即:核实枪支;取消防区制;组织全川财政委员会;军队由人民供应军饷;兵工厂改为普通机械厂;军政归省署办理。

△ 汉口泥作工人 1.3 万名要求加薪,举行罢工。同日,武昌泥木作工人宣布不为英、日工作,不用英、日材料。

6 月 11 日 汉口惨案。10 日晚 8 时,英商太古公司过磅人殴伤码头工人余金山,各工人愤愤不平。晚 9 时,工人齐集口岸,拥至公司质问,与前来镇压武装警队冲突,当场捕去八名,工人愤而罢工。是日晨,数千名码头罢工工人游行示威,散发传单,表示抗议,并要求各界支援。萧耀南闻报,当派宪兵稽查到汉,协助武装军警弹压。群众被迫向租界转移,驻汉英领竟调义勇队及海军陆战队用机枪向群众扫射,当场毙30 余人,重伤 20 余人,造成汉口惨案。

△ 北京临时政府外交部致北京外交团第三次照会,指出:使团 4日、6 日两次来照将"沪案"责任,"诿诸一般和平行动并不携带武器之人,而不由租界官吏负之,本总长绝对不能承认,仍当继续抗议";要求租界当局"取消当地戒严令,撤退海军陆战队,并解除商团及巡捕之武装,释放被捕之人,及恢复被封与占据各学校之原状,庶上海地方得于最短时间内,自然停止非常之状态",以便进行交涉。

△ 上海市民 10 万余人在公共体育场集会游行,工商学联合会林钧任主席。议决:一、限蔡、曾、许三特派交涉员于 24 小时内将本会所提之条件,向领事团提出,如不提出,即请求政府撤销其特派员资格;二、明日起与英、日二国经济绝交;三、限政府于本月 14 日前,将工商学

联合会所提之条件完全提出,否则于 14 日通电全国罢市、罢工、罢课。

　　△　英舰助匪炮击中山县横档乡,焚民房 700 家,杀毙 300 余人,财物损失达 20 余万元。

　　6 月 12 日　粤各路联军击败杨、刘叛乱,收复广州城。11 日夜 12 时,大本营令西、南、北各路联军向广州总攻。渡河攻城总指挥魏邦平率部由猎德渡河,与东江联军总指挥蒋介石夹攻石牌滇军,双方激战数小时,联军始占石牌。是日拂晓,东江联军向退至白云山、观音山、瘦狗岭一带之滇军总攻,激战三小时,克瘦狗岭,击毙滇军第一师师长赵成梁。晨,联军与滇军鏖战于白云山、观音山,联军两路包围,滇军分头抵抗。战至 12 时,滇军退入广州市区,同进入市内之魏邦平、吴铁城所部联军交火,东江联军亦相随进入市区内。旋联军击败观音山之滇军。下午 2 时半,粤联军收复广州市。北江方面,连日以来刘震寰所部桂军节节失利,是日亦被西江、北江联军击溃,刘震寰遁逃。至是,盘据广州四年之滇、桂军遂告覆灭。

　　△　国民党中央执行委员会任蒋介石兼广州卫戍司令,吴铁城为副司令。

　　△　北京外交团答复北京临时政府外交部"沪案"第三次照会,声明已训令赴沪委员与中国代表讨论"沪案",提出解决最良之方案。

　　△　湖北省议会、武汉两商会等九团体召开联席会议,讨论汉口惨案,议决组织湖北各法团外交后援会,并决定对"汉案"临时办法三条:一、租界已失维持治安之力,应由我政府驻扎军队代为保护;二、省政府派员调查肇事情形,严重交涉;三、募捐维持华工生活。上述三条即日电段祺瑞及执政府外交部,请速向驻京英使交涉。

　　△　驻汉英领柏达对 11 日夜英海军陆战队开枪扫射华人一案,照会湖北督办萧耀南,声称:贵督办及中国当局如果迅速预防,不以无力量之和解办法敷衍,绝无此事发生。务请禁止罢工、抵制外货、散发传单,拘拿煽惑及造乱之徒,调查排外阴谋,其为首者务须一并拿办。

　　6 月 13 日　午,段祺瑞宴驻京日使芳泽等,讨论"沪案"。芳泽拟单独解决,不与英并案讨论。

△ 上海总商会将工商学联合会所提沪案交涉 17 项条件修改为 13 条,请交涉员许沅向领事团正式提出:一、撤销非常戒备;二、被捕华人一律释放;三、惩凶,先行停职,听候严办;四、道歉;五、赔偿;六、收回会审公廨,完全恢复条约上之原状;七、罢业工人仍还原职,并不扣罢业期内薪资;八、优待工人,工人工作与否随其自愿,不得因此处罚;九、工部局投票权案:(甲)工部局董事会及纳税人代表会,由华人共同组织之,纳税人代表额数,以纳税多寡比例为定额,其纳税人会出席投票权,与各关系国西人一律平等;(乙)关于投票权,投票应归产业所有人享有之;十、制止越界筑路;十一、撤销印刷附律、加征码头捐、交易所领照案;十二、华人在租界有言论集会出版之自由;十三、撤换工部局书记鲁和。是日,许沅将此 13 条提交领事团。按:此 13 条与 17 条比较,修改最重要处有三:一、删去永远撤退驻沪之英、日陆海军,分配高级巡捕和要求取消领事裁判权一条;二、删去承认工人有组织工会及罢工之自由一条,而轻轻代之以"工人工作与否随其自愿";三、关于收回会审公廨,只要求恢复不平等条约的原状(反而承认不平等条约有效),而根本不想收回。其他各条,亦均减轻要求。

△ 九江工人、学生援助"沪案"举行游行示威。游行队伍行经英租界时,英巡捕阻止,发生冲突。中国当局派军警前往镇压。适值台湾银行忽自行起火,经九江当局派队扑灭。

△ 张学良抵沪,随行人员有参谋长喻建章及卫队共 1000 余人。次日,张对记者言:"此次来沪有二任务,一为调查五卅惨案真相及保护国土与华界居民之生命财产,二为顺道视察沪宁线驻军。"

△ 上海总工会开临时紧急会,讨论总商会修改工商学联合委员会 17 条件问题。议决由总工会起草,各工会署名,致函上海总商会,并另发一函致北京特派员,质问其不提出该会所提交涉条件之理由。

△ 上海总商会通电,称五卅惨案交涉条件业已提出,"愿我国民勉抑感情,力持镇定,……勿分歧以召讥笑,勿越轨以资口实,勿笼统对

待以减世界之同情,勿招致纠纷以增当事之苦痛"。

　　△　北京临时政府国务会议议决:汉口惨案向英使抗议;"沪案"令许沉在沪先与领事交涉前提四条,办不下,再移京。

　　△　北京临时政府外交部照会驻京英代使白拉瑞,谓"沪案"未了,汉口又发生英陆战队枪击华民,似此残酷行为,租界当局应负其责,不得不再为严重抗议。

　　△　湖北交涉公署交涉员胡钧,就汉口惨案向驻汉英总领事柏达提出抗议,指出:英兵开枪毙伤华人多名,"贵总领事及发令放枪者应负全责",要求英水兵"应即令其回船,其义勇队亦应请即行转谕,嗣后不得再有开枪情事"。

　　△　上海工商学联合会委员会致电段祺瑞及执政府外交部,请就汉口惨案向英使提出严重抗议,并"力争取消英、日不平等条约及收回英、日租界"。同日并电汉口工商学会及各团体,对于英帝国主义屠杀汉口同胞,表示同深悲愤。

　　△　徐州各界开国民外交大会,声援"沪案",到三万余人,议决分募捐款,援助各处罢工同胞,先与英、日绝交,并将要求 10 项急电执政府严重交涉。是日,商罢市、学罢课、工罢业,各界结队游行。

　　△　冯玉祥令全军官佐目兵,一律臂缠黑纱,为"沪案"志哀,并谓非至解决时则黑纱不取消。同日,冯玉祥派顾问彭程万携款二万元(冯个人捐一万,冯军官佐合捐一万)赴沪,慰吊"沪案"之死伤者。

　　△　驻沪英领以汉口惨案发生,徇汉英领请,派巡洋舰"狄斯巴希号"载海军陆战队兵士 350 余名,由沪急驶汉口。前此,驻沪日领亦派旗舰"对马号"载陆战队 200 名驶汉。

　　△　据上海总工会调查,自 5 月 15 日至 6 月 13 日止,上海工人罢工统计数字如下:日人厂 39 个,6.3 万余人;英人厂 26 个,3.6 万余人;工部局八处,3600 余人;华人厂 11 个,2.6 万人;其他工人罢工 34 处,二万人。共计:118 处,15.6 万人。

　　6 月 14 日　驻京意使翟禄第访晤段祺瑞,谓:本公使及有关系各国公使,接到上海委员团调查报告,议决扩充委员团之权限,已训令该委员团,并授予就地与中国委员讨论解决之权,俾"沪案"从速了结。

△　北京临时政府海军总司令杨树庄暨练习舰队、第一、第二舰队各司令致电段祺瑞,以驻防海上,对于"沪案",见闻较确,感愤尤深,要求饬令外交当局,严重交涉。

△　北京银行公会、北京总商会、北京教育会、全国商会联合会、全国各界妇女联合会等数十团体召开联席会议,讨论筹款救济"沪案"办法。议决 6 月 25 日全国政商工学各界一律停工、停市、停课半天,停止娱乐及宴会,并下半旗志哀,举行大示威运动,表示全国人心一致,由本日到会团体通电全国一致举行。

△　天津 10 余万人开市民大会,追悼"五卅"惨死同胞。议决:一、收回英、日租界;二、撤回肇事英、日领事;三、取消英、日不平等条约;四、取消英、日领事裁判权;五、惩办凶手,赔偿损失。会后举行示威游行。

△　吉林开"沪案"死者追悼会暨市民大会,到万余人。通过以大会名义电京,请提惩凶、撤领、赔偿、抚恤、收回租界、撤退沪海陆军、取消领事权、取消不平等条约、道歉等 10 项要求。会后举行示威游行。

△　张家口工商学绅商开国民大会,到 1.2 万人。张砺生主席。大会宣布英捕惨杀同胞情形,群众愤慨万状,大呼口号。会后示威游行,先赴都统署,由参谋长代见,表示与国民一致。又赴边防督办公署,由宋式颜代见,言冯督办愿为国民前驱,望万众一心,坚持到底。

△　长辛店工人 5000 名在天安门开会,洪永福主席。会后游行至执政府及外交部请愿:一、惩办"沪案"戎首;二、收回租界;三、收回领判权;四、取消印刷附律;五、取消码头捐;六、抚恤伤亡同胞;七、颁保护劳工条例。

△　上海工商学联合会声明,本会所主张之交涉条件,与总商会所提 13 条并不相同。次日,派代表质问交涉员许沅,请将该会之条件从速提出。16 日,又派代表走访蔡、曾两委员,指出摈弃该会所提之最低

条件,实违反全体市民之意旨。

　　△　驻京英代使白拉瑞就汉口事件复照北京临时政府外交部。声称:"不能承认此事之责任系由英国当道负担",并要求沈瑞麟"竭力设法取缔"所谓"仇英举动",及发表宣言"铲除谣传所发生之偏见与误会"。

　　△　国民党中央执行委员会发布十一号训令,略谓:杨、刘叛乱业经迅速荡平,"本党日前整顿军队议决案,认为当及此实行,所有各军应将向来所分割之财政机关、民政机关、交通机关,一切交回政府,以资统筹整理"。

　　△　国民党中央执行委员会为讨平杨、刘叛军发表致海内外同志电,指出"杨、刘身任革命政府重要军职,同时兼任中央党部重要党职,乃竟始则阴蓄异谋,继则公然叛乱,本党不得不执行纪律,加以严厉之裁判"。"此次用兵,不仅在驱除叛乱,尤在于驱除叛乱之后刷新庶政,解除人民之痛苦,而增益其幸福,俾本党政策得自由发展"。

　　△　国民党北京执行部电广州胡汉民及各官佐士兵,谓:杨、刘等盘据广州,冒名革命,肆行搜刮,地方人民被其荼毒数年于兹矣。近日公然勾结段、唐,希图颠覆革命政府,幸赖各军官佐士兵与地方同志合力声讨,一战而击溃之,数年巨毒,一朝斩削,快何如之。此后更望根据本党主义及政纲,努力奋斗,扫除一切障碍,巩固革命政府基础,是所至盼。

　　△　滇军第三军军长胡思舜部由惠州回援杨、刘,因铁路工人罢工,交通阻塞,于是日方始到达广州近郊,当即被联军包围缴械。

　　△　湘军第一师杨永清旅向岩门攻击,川军汤子模部退守麻阳,杨旅是日占岩门。越二日,又猛攻麻阳,占之。

　　△　段祺瑞令达穆林楚克晋封镇国公,喇济木多尔济加辅国公衔。

　　6 月 15 日　北京外交团授予赴沪调查委员以就地与中国委员讨论解决五卅惨案之权。北京临时政府令蔡廷幹、郑谦、曾宗鉴、虞洽卿与使团所派委员根据事实克日开议,并派交涉员许沅随同办理。虞洽卿接电后即电请辞职。

　　△　广州大本营在河南士敏土厂召集各将领会议,讨论统一军民两政问题。胡汉民主席,并宣读国民党中央执行委员会第十一号训令。汪精卫、廖仲恺、谭延闿、程潜、蒋介石、朱培德等相继发言,赞成将民财两政落入军队手者,一律交还政府。会议议决:一、将民政、财政、交通等机关交还政府;二、改建国军为国民军,所有湘、滇、粤、豫等名义,一律废除,统称国民军某某军。

　　△　胡汉民下令通缉杨希闵、刘震寰、韦冠英、胡思舜、廖行超、周自得等人。

　　△　陕西省议会致电段祺瑞,以执政府设立参政院"代行国会职权,参用专制手段,冀饰天下耳目,置国体于濒危之地",声明誓不承认。

　　△　段祺瑞令沙克都尔札布晋封为郡王。

　　6 月 16 日　中外委员在上海举行首次解决"沪案"谈判,到会有法、美、意、英、日、比六国委员及中国方面蔡廷幹、郑谦、曾宗鉴、许沅共10 人。中国方面提出:完全达到 13 条,视为本案解决。六国委员认为一至五条可以磋商;其余各条,"本委员无权解决,须电京请示使团后再议"。

　　△　段祺瑞令准免淞沪市区督办孙宝琦本职,以江苏省长郑谦兼署。

　　△　北京临时政府国务会议据沈瑞麟提议,为共商应付"沪案"谈判方略,决组织外交委员会。

　　△　青岛市民开雪耻大会,援助"沪案",到三万余人,民气激昂,会后游行赴省署请愿,请电执政府先对英严重交涉,并请求先释"四方工厂"被捕工人。

　　△　甘肃省议会为五卅惨案通电全国,主张与英、日经济绝交,请政府严重交涉,惩办祸魁,并表示:"甘虽僻远,誓以千万人民公意,为政府后盾,为同胞援助。"

　　△　驻汉英总领事柏达复照湖北交涉署胡钧,对汉口惨案希图诿

卸责任,声称:"办理此次治安之事,而非为一国之事,其责任则由所有旅汉各国担负,本署总领事与本国舰长于个人方面或英国官方均不负责。"

△　萧耀南逮捕汉口人道医院院长肖英,并加以鼓动工潮罪名,是日枪杀。汉口民众运动亦遭压制。

△　许崇智与陈炯明妥协,让潮梅给陈部。是日,许接蒋介石来电促其速将潮梅交与陈军,回省主持。许即与陈方代表谢文炳办交回手续,并于离汕时布告声称:"本总司令为巩固粤局起见,决以潮梅收入交与林(虎)、洪(兆麟)、叶(举)各部粤军,公开分配,而以彼此合作为条件,自本月十六日起实行"。次日,许乘"绥阳"轮自汕返省。

△　熊希龄、鹿钟麟、薛笃弼等通电称:永定河决口工程自 3 月 19 日开工,已于 6 月 1 日将四处决口新堤堵筑,所余卢沟桥南岸右堤之新开泄水河决口,亦于本月 15 日完全堵筑合拢,全河大溜均入正流,得以完全告竣。

6 月 17 日　中外各委员在上海举行第二次解决"沪案"谈判,续议首次会议各议案。六国委员允将第六条收回公廨一项并案讨论,惟须附带条件,中国方面以第六条既并案讨论,则第 11 条之三附律案,第 12 条之言论出版集会之自由案,尤须先行解决。六国方面允俟京电到后,再行方面答复。

△　北京临时政府司法总长章士钊复任,派次长王文豹赴沪会同蔡廷幹、曾宗鉴等办理收回上海会审公廨事。王携带此案文件,偕国际联合会事宜讨论会秘书长梁敬錞于 21 日抵沪。

△　上海总工会、闸北各校学生"五卅"后援会、上海各路商店联合会共同大会在闸北天通庵止园路对面大荒场举行,到各商联会、各工团团体 200 余,三万多人。会后以闸北全体市民大会名义发布宣言,支持工商学联合会 17 条件,"绝对无退让之余地";指出总商会修改之条件,"牺牲民众利益,破坏国民团结,与帝国主义妥协,本大会万难承认"。

△　上海总工会发表告工友书,号召工人支持工商学联合会所提

17 条要求,不能丝毫退让。

△ 广东省工农商学兵各界 120 余团体召开援助"沪案"代表会,林森主席,汪精卫、廖仲恺等到会。议决成立"广东各界对外协会",由 25 团体各出代表一人为执行委员,并议决援助"沪案"办法 15 条。

△ 湖南常宁县水口山矿全体工人罢工游行,援助"沪案",并发表宣言,主张收回英国在水口山工厂。在游行中矿警突开枪,击伤 10 余人,捕去 38 人。

△ 驻京意使翟禄第代表各关系国照会北京临时政府外交部,称:"上海事件后,其他地方屡有酿成排外思想及破坏风潮,对现下之时局,再促中国政府慎重之注意。"

△ 英国外长张伯伦在下议院答复工党议员质问上海事件称,"今兹乱莫能竭,各国民命,危若累卵","倘吾国侨民之生命财产,受乱党之害,不能不施弹压"。声称:"以枪击散乱党,乃是杀一儆百。"

△ 武汉镇守使杜锡钧、交涉员胡均向驻汉领团表示,在汉之外侨生命、财产完全负保护责任。请将各租界之种种戒备一律撤除,免为交涉之障碍。次日,驻汉领团访萧耀南,萧声明汉口治安负完全责任,各领满意而归。

△ 湖北学界外交后援会通电全国,报告汉口惨案发生经过,要求政府当局根据下列各款,并入"沪案"严重交涉:一、惩凶;二、赔偿死伤损害;三、英国军舰以后永不许驶泊汉口江面;四、撤销汉口英国领事;五、英国政府向中国谢罪;六、收回汉口英国租界。

△ 胡汉民令:一、各军移住郊外,禁止占据民房;二、令财政厅蠲免一切苛捐杂税;三、严禁烟赌。

△ 广州中央银行及省银业界复业。

6 月 18 日 段祺瑞令准免安徽省长王揖唐本职,特任吴炳湘为安徽省长;督办安徽军务善后事宜郑士琦未到任前,着吴炳湘暂行兼署。

△ 中外委员在上海举行第三次"沪案"谈判。六国委员态度强硬,拒绝谈判,并发表公报声称:"中国方面要求之条件,已出本委员职

权之外,难有就地早日解决之希望,故委员团议决于今晚启程返京。"

　　△　湖北交涉公署照会驻汉英领署,提出第二次抗议,谓:"酿此重案,贵领事前失于防范,临事失于审慎,肇事在英界,发令为贵舰长,自应由贵领及舰长负责。"

　　△　胡汉民在省署召集总商会代表开会,请商人协助政府扫除反革命者,并谓:香港、沙面工人,为"沪案"酝酿罢工将成熟,我粤商人对罢工回省者,应予经济、粮食援助。

　　△　全川和平弭兵会邀请各军将领莅会表明"和"、"战"态度。到会有袁祖铭、邓锡侯、杨森代表曾述孔、徐孝刚,刘湘代表钟体乾,刘成勋代表刘莲舫,赖心辉代表沈宗元。会上杨森代表声称:"盖四川之内争纯由于不统一,杨督对此次战争以统一为号召,望大家促四川之统一,而谋达国家之统一。"

　　△　奉天兴城奉军第十二师第四旅朱继先所部第八十二团,因淘汰中下级军官(大部属于收降之直系军官)发生哗变,共溃去七连,带步枪 600 余支。师长裴某闻警,急调第八十三团官兵追击,兜获 300 余名,悉数枪毙,尚有 600 余名窜入深山,不知所往。

　　6 月 19 日　蔡廷幹、郑谦、曾宗鉴公布"沪案"交涉经过通告,谓:本月 16 日与六国驻京公使代表委员团开始谈判,以迄本月 18 日止,凡会议三次,先之以和平协商,继之以郑重讨论。委员团始终坚持限定与本案直接关系各案,此外如公堂、市政、筑路等事,无论如何要求,均以无权研究相拒。复以此案发生之原因,谓我华界官吏亦应同负其责,更无承认之理。是与我所抱之方针,完全抵触,因此谈判宣告停顿。

　　△　驻京"沪案"各关系团发表公报,略谓:赴沪委员团奉命调查,中国委员提出逾越本委员团权限之要求,委员团遂回京报告,双方应根据公道与平等原则解决"沪案"本身问题,如中国政府愿意,经请示本国政府,可以友好之精神,讨论公共租界之组织及公共租界司法制之建议。

　　△　蔡廷幹电告执政府,谓六国委员 18 日晚离沪;"沪案"争持无

结果，只有移京交涉，并告本日与曾宗鉴启程北上。

△　北京外交团会议议决"沪案"移京办理，推举意使翟禄第、法使玛太尔、美代使迈尔为交涉专员。当日由意使亲往北京临时政府外交部访晤沈瑞麟，报告六国议决结果，并请中国方面亦为同样之准备。

△　英商太古、渣甸轮船公司奉令解雇华籍船员，并拘捕船员百余人。是日该公司行驶省港之佛山、龙山、金山等轮抵港后，船上海员遂宣布一致罢工离船，打响省港工人罢工第一炮。在港各工团召开紧急会议，议决即日起一致罢工回省。次日，回广州之工人已逾 2000 名。

△　上海总工会开代表大会，一致议决：无论商界开市与否，工会决不上工，如有破坏大局，私自上工者，一致对付之。25 日，总工会致各工会通告，指出："明日商界要开市了，我们工界不要受商界开市之影响，要表示我们工界的热忱毅力，反对外国屠杀。我们工人是最勇敢的奋斗者，为全国人民的利益的忠实保卫者……要下定决心，不得总工会的命令，不得完满目的，则头可断，工不上。工友们坚持！坚持！"

△　上海 70 余商帮、团体代表在上海总商会开会，议决合组"上海提倡国货会。"

△　北京大学教职员"沪案"后援会发出通电，要求惩办萧耀南。通电历数萧于"汉案"发生后令交涉员向租界领事道歉、禁止工商学界募捐集会、逮捕多数市民、枪毙人道医院院长萧英等罪状，要求将萧耀南立予褫职，并依律处以私擅杀人之罪。

6 月 20 日　北京临时政府外交部为"沪案"交涉停顿一事，照会驻京意公使翟禄第，略谓：原冀双方所派委员具同一和平精神，详加审核讨论，俾得早日解决。乃甫经开议，贵方所派委员忽宣告交涉停顿，离沪回京，与贵公使及有关系各国公使提议就地商议之本旨不相符合，当此群情忿激之时，万一因交涉停顿，迁延时日，其责任当有所归，此不得不予为声明者也。

△　北京临时政府外交部驳复意使翟禄第 17 日之照会，声明"沪、汉、浔等处事故之发生"，"绝无所谓排外或破坏之倾向"。"深冀驻京有

关系各国公使,对于上海之惨案,迅依公理人道原则早日解决,则不平之民气,自可归于静止"。

　　△　上海工商学联合会为五卅惨案交涉破裂发表宣言,指出:"政府特派员删弃撤退英、日驻华海陆军,取消领事裁判权,承认公会等条件,不与提出,先自示弱让步。政府庸弱,外人强暴,失败可以预见";呼吁国人"一致团结,对英日宣布国民绝交,务使屈服,还吾自由而后止。"

　　△　上海学生联合会召集各校学生大会,到男女学生及工人3000余人,刘一清主席并报告开会宗旨。略谓:"上海总商会此次将工商学联合会议决提出交涉条件,擅自修改径送交涉员提出交涉,现在我工商学各界全体否认,一致反对。"大会通过三项议决案后,即出发游行。

　　△　江苏省长行署布告,略谓:"六国公使代表团与我方所抱方针完全抵触,因此谈判宣告停顿,该团已于18日夜离沪。此案关系重大,无论如何必须坚持到底,业电呈中央请予严重主持。……惟各业罢市已逾半月,牺牲綦重,亟应先行开市,以期各安本业,务各少安毋躁,勿作轨外行动,贻人口实。"

　　△　保定工商学各界为被英、日惨杀之诸烈士举行追悼大会,到500余团体,三万余人。各界代表发表演说,通过致段祺瑞及上海总商会电。是日全城各商店悬挂白旗志哀。

　　△　湖南省议会为青、沪惨案发表通电,呼吁"全国起而为大团结之运动,伸正义于世界,冀促彼方之反省","我国军人同捐私愤,速息内争,一致对外"。

　　6月21日　香港工商各界数万人为援助"沪案"一致罢工,罢工工人陆续回广州。是日"全港工团委员会"发表罢工宣言,谓:"不平等条约一日不废除,则中国人民生命之安全绝无保障。……香港50万华工痛念沪、汉等地同胞横遭惨杀,决议与上海等地取同一态度,一致行动。非俟上海工商学联合会所提之要求条约完全达到,决不中止对帝国主义之反抗运动。"对港政府提出政治自由、法律平等、普遍选举、劳动立法、减少房租、居住自由等六项条件。

△　广州沙面租界华工响应中华全国总工会号召,是日一致罢工,退出沙面租界。

△　西安开市民大会,到10万人,声援"沪案"。会后游行,全城罢市。

△　成都开国民大会声援"沪案",到三万人,会后游行示威,全城罢市停业。本月上旬,重庆绅商学工各界对"沪案"一致愤慨,主经济绝交,并组织演讲团演讲。

△　倪道烺奉段祺瑞令,复安徽凤阳关监督职,是日接印视事。

6月22日　国民党中央执行委员会发表宣言,主张全体国民应一致督责北京临时政府,迅速宣布取消不平等条约,依照前年《中俄协定》之例,另与各国重订双方平等互尊主权之条约。

△　驻广州英总领事杰弥逊照会广州大本营外交部长伍朝枢,声称:"凡穿行沙面英租界之任何举动,定遭武力之抵抗,所有后果由广州政府个人及全体政府负其责。"

△　上海总商会决定于本月26日实行开市。24日,总商会、工商学联合会、纳税华人会三团体各派代表开联席会议,议决26日一律开市,一面实行经济绝交,由三团体代表签名。

△　江苏省长郑谦派邢士廉为淞沪戒严总司令,是日就职视事。并致函各单位重申民国元年12月15日颁发戒严法五条,宣布淞沪临时戒严。次日,发出戒严布告称:"倘有散布流言,妄生是非,意存破坏大局者从严惩办。"

△　张学良奉张作霖电召,促其率属迅即返津,是日离沪北上。

△　北京临时政府特派邓汉祥、邓宗瀛赴鄂调查汉口事件,越二日抵汉。25日,萧耀南宴京代表,并介绍武汉援"沪案"及"汉案"发生经过。邓汉祥谓:外交时期,官厅与人民,务须精神一致,中央此次外交方针,决以民意为依归。关于"汉案",不宜有所拘押、杀戮或通缉,以免外交棘手,对于最近期内拘押或通缉者,应一律开释或免缉。

△　上海总工会致电段祺瑞及各省军民长官,声讨萧耀南倒行逆

施,压迫爱国人士之罪行,谓:鄂督萧耀南于市民之和平游行惨遭英人屠杀之后,始则宣称格杀勿论,继则枪毙爱国人士肖英等,封闭外交后援会及学生会,对于英人屠杀案反不严重交涉,显系卖国媚外……伏乞声罪致讨,以平民愤,而利国家,全国人民愿为后盾。

△　宁波海关日本职员是日晚 8 时雇车回寓所,车夫魏阿来要求增加车资,遭受毒打,受伤倒地,周围群众五人亦被打伤。日人无理行为激起公愤,群众咸入该日人寓所,将数件器物移出焚毁。中国军警出动弹压,始平息。

△　段祺瑞任命郑俊彦为陆军第十师师长。

△　中华民国全国省议会联合会通电各省议会,提议"各省田赋、货税或各项杂捐,除被灾区域应予蠲免外,量衡民力,酌征附捐",用以"维持各本省失业工人之生计","协助沪、汉、京、津及海外各埠失业工人之救济"。

6 月 23 日　沙基惨案。广州工农商学兵 10 万人集会援助"沪案",胡汉民主席,廖仲恺、汪精卫等均发表演说。大会通过"沪案"要求条件 16 项。会后列队游行。当队伍途经沙基时,对岸沙面英、法等国外兵,突向稠密人群开枪射击,继以机关枪扫射。白鹅潭之英、法等国军舰亦发炮助击,当场击毙、击伤游行群众及围观群众百余人。后据沙基惨案调查委员会报告,此案死 52 人,伤 117 人。

△　晚,广州大本营交涉署为沙基惨案照会驻广州英、法、葡三国领署,提出严重抗议。指出:"此次巡行纯系因沪案迫于义愤,作最文明之表示,乃英、法、葡兵警军舰,竟为此灭绝人道之横蛮举动,且此种惨杀亦系事先之蓄意阴谋";声明此次事件,"应由英、法、葡兵警军舰及有关系之文武长官,负完全责任"。

△　广东交涉公署照会驻广州日、美、德、俄、智利、挪威、瑞士、丹麦、意大利、荷兰等国领事,告以此次沙基惨杀情形。

△　驻广州法国领事吕尔赓照会广东省长胡汉民,歪曲沙基惨案真相,诬称:"中国群众武装游行,无故向法界开枪,击毙一法商及击伤

一外国居留人,旋因枪弹密下,始有还枪之举";并扬言"对此命案,请求赔偿"。次日,驻京法使马太尔致牒北京临时政府外交部,提出同样抗议。

△　国民党中央执行委员会发表宣言,指出:"沙基惨杀案较之上海、汉口租界事件,尤为暴戾";"本党已组织调查委员会,对此次事件作严重之调查,并已决定对此事件,不依恃武力及狭隘的复仇手段,而惟以和平正当之方法,进行原有之目的,即取消不平等条约,所望全国人民一致努力,以期贯彻。"

△　北京外交团复照北京临时政府外交部,声明不负"沪案"迟延解决之责任。

△　厦门国民外交后援会召开会议,议决对英、日经济绝交。次日又召开第一次常会,决定自 25 日起,实行全部经济绝交,各途商不得订购英、日货品,其存入英、日银行之存款,应即日提回,并提议服务于洋行之人员与本会一致行动。

△　范石生部第三师师长徐德率部由宾州攻取武鸣,与武鸣守军胡若愚部接战于上林之间,胡部被四面包围,粮绝弹尽,向右江退走。是日,范军徐师攻占武鸣。

6 月 24 日　北京临时政府外交部分别照会英、美、日、法、比、荷、葡、意八国驻京使署,提议修改不平等条约,指出不平等条约"是在特种情形下,未曾有充分自由之机会,以讨论规定中外间应守普通永久之原则",故"不能继续有效"。今日,"环境业已大变,而外人所享政治经济之非常特权,依然永久存在,实与现法不合"。又谓:中国政府曾屡以"修正条约义务问题商诸关系各国……深盼各友邦对于近年中政府在各种国际会议,本全国人民所提事件,予以友谊之考量,借以增进邦交。"末谓:"中政府深信非常权利一经消除,不特各国权利利益更得良好保障,且中外友谊亦必能日益进步。为彼此利益计,甚望贵国政府重视中国人民正当之愿望,对于中政府依照公平主义修正条约之提议,以满意之答复。"

　　△　北京临时政府外交部照会驻京意公使翟禄第,正式提出上海总商会修正之 13 条为解决"沪案"之交涉根据。并称:"该案既定移京办理,以上十三条仅为解决沪案局部问题。为根本改良中外之友谊及维持永久之和平,必须将从前所订各项不平等条约加以修正。"

　　△　驻京英代使白拉瑞晤段祺瑞,递交英政府一训电,内云:"执政入京时,英国极为同情,且表示诚意,速开关税会议。今沪案实为赤化,闻政府尚汇款济沪,显系援助罢工。"段答称:"政府以罢工者食粮不给,恐其铤而走险,故接济之,全为平息风潮。贵政府见解错误,尚望转复。"

　　△　驻汉英国领事柏达复照省交涉公署 18 日对汉口惨案之第二次抗议。称:"由于华官不能切实保护租界,使领团不能不出于自卫,除开枪外,实无他法",并声明"设防、开枪均有领团公意,以后请向领团抗议"。越二日,交涉公署致照驳复英领,指出:"肇事在英界,调兵及发令放枪为贵领及贵舰长,来照请径向领团抗议,碍难承认。"

　　△　驻京英代使白拉瑞就九江事件照会北京临时政府外交部,诬称:"中国军警当此暴徒群众故意破坏器物,又行纵火之时,不加遏止……本国政府对此暴举提出抗议",并称保留要求赔偿损失之权利。

　　△　广州大本营外交部长伍朝枢致电北京外交团领袖大使加拉罕,对沙基惨杀事件提出最严重之抗议,并请转各国公使。

　　△　广东省署召开工农商学军各界及各国领事会议,胡汉民主席,推举代表成立沙基惨案调查委员会,选出金曾澄等 15 人为常务委员。

　　△　驻广州英国总领事杰弥逊复照广东省长胡汉民,称:"本领据目中所睹,此次因华人方面先行开火,我方为自卫起见始行放枪",并"绝对否认事先有何准备",且竟宣称:"此重大责任由华人负担。"同日,驻广州葡领署总领事柯达复照广东交涉署,声明:"葡舰于昨日不幸事故发生,并未发放一弹。"

　　△　广东岭南大学美籍教职员 17 人就沙基惨案发表宣言,略谓:"特以自由及自动之意志表示恻怛之同情心。如此横暴之遭逢,实为不

仁不公之袭击,沙面之主持此事者,当负其罪咎及责任。"并表示:"我等决心与中国人合作,将中国方面所持之理由及合作之希望和目标,贡献于世界。并将予所持之宗旨直接的令美国政府与人民知之。"

△ 胡汉民发布接受国民党中央执行委员会关于改组政府议决案,宣布设置国民政府掌理全国政务,以委员若干人组成,并设军事、外交、财政各部等六项改组办法。

△ 段祺瑞公布直隶省属各地施行市自治制及区域令。

△ 北京临时政府财政部与华北银行签订银元 240 万元借款合同,作行政费用,月息 1.3%,期限二年,以汇丰银行经收盐税余款担保。

6 月 25 日 北京各界在天安门举行追悼沪、汉被难同胞大会,参加团体达 400 余个,30 余万人,总指挥马良。上午 8 时开始游行,人各手执小旗,臂缠黑纱,沿途高呼口号,市民和之,极为悲壮。午后 2 时,游行队伍回返天安门,举行追悼会,于右任主席,议决反对政府与使团或使团所派代表直接交涉、要求政府外交公开等五条。

△ 南京各界人士 30 万人举行援助"沪案"大游行,主席陆志韦宣布游行宗旨为"消极为沪、汉案死难烈士作纪念,积极促进国人自救,抵抗强权"。

△ 开封举行沪、汉惨案全国志哀日活动,各界 160 余团体,六万余人参加。全市罢工、罢市、罢课,并下半旗志哀,会后游行。同日,洛阳工、农、商、学各界万余人开国民大会,声援"沪案"。

△ 沙基惨案调查委员会开会,各界调查委员出席,驻广州美、日、德、俄各国领事及美舰长列席。胡汉民主席。会上市立职业学校黄祖培、警察第九区署署长沈崧、岭南大学学生兰骈堂、军官学校营长朱棠等以亲身目睹,报告当日沙面外兵首先开枪射击之实情。

△ 国民党上海执行部对沙基惨案发表通电,谴责帝国主义"野蛮横暴","肆行蹂躏","背弃德义,绝灭人道","欲一举覆灭我中华民国"之罪行,吁请"我全国国民更进一步,以努力援助广州革命政府,谋对英

抵抗之胜利"。

△　北京临时政府成立外交委员会,是日公布《外交委员会条例》,凡 11 项。该委员会为政府最高外交咨询机关,孙宝琦为委员长,汪大燮、颜惠庆、王正廷等 18 人为委员。7 月 1 日,孙宝琦主持召开第一次全体会议。

△　孙岳以政府发饷不足半数,有匪不许进剿,通电愤辞豫陕甘剿匪总司令职。

6 月 26 日　广东政府交涉署照会驻广州英、法领事,对沙基惨案提出第二次严重抗议。照会列举调查委员会报告之要点,确实证明沙面外兵首先开枪射击。提出要求条件:一、各关系国派大员谢罪;二、惩办关系长官;三、撤退各关系国驻粤兵舰;四、将沙面租界交回广东政府;五、赔偿毙伤华人。

△　上海公共租界各商店陆续开市。沪海道尹张寿镛、淞沪警厅长常之英、交涉员许沅等手执"政府负责交涉,商店请先开市"之旗帜,乘劝导开市运动之汽车向各商店"劝导"开市。南京路上悬挂"卧薪尝胆,永矢勿忘"白旗,万国义勇队之武装汽车来往穿梭巡视。

△　上海总工会致电段祺瑞、沈瑞麟,谓:政府对外提议修改不平等条约,人民非常欣慰,咸愿为政府后盾。至"沪案"交涉,切望此间工商学联合会所提条件提出,其中第六条尤为全体工人所热望,万勿让步,并请政府即以明令准允全国工人有组织工会之自由,以免外人借口中国法律,破坏爱国工人之团结。

△　段祺瑞特派王景春代表政府参与巴黎国际电政会议。

6 月 27 日　段祺瑞特派颜惠庆、王正廷、蔡廷幹办理"沪案"及其善后交涉事宜;特任李景林兼署直隶省长。

△　胡汉民发表为沙基惨案烈士举行国葬令。略谓:此次民众为五卅惨案举行有秩序之大巡行,"乃帝国主义者竟施行极凶残手段,用机关枪大炮扫射,遂致死伤及溺毙多人,是真能本民族主义而为救国之热烈牺牲者,着广东省长查明此次死难之人,悉予国葬,迅即择地举行,

以悼国殇，而示纪念"。

△　胡汉民通电宣布组织国民政府。略谓："此次改组本旨，务使政府为人民意思所从出……自改组之后，政府务在与民休息，次第整理军民财政，实现本党政纲，一方积极造产，以应人民贫乏要求，一方调节经济，以符本党之民生主义。对于贪官污吏尽法严惩，对于不肖军人痛行裁兵，必使下无病民之事，上无旷职之官。本党主义得以一一实行，国民革命得于短促时期告竣。"

△　驻京意使翟禄第代表"沪案"各关系国访北京临时政府外交部，提出 6 月 24 日外交部照会所提 13 条，不能作为"沪案"谈判根据，可就"沪案"之直接问题先行商决。

△　邓汉祥致电段祺瑞，报告"汉案"真相。略谓："汉案"远因起于援助"沪案"，近因起于英人调兵船越界示威及水兵戳伤工人，民众互爱求援非暴徒举动，英人对于群众未履行警告而突开机关枪，实属不合。此次酿成惨杀，实属故意，请饬外部提严重抗议。

△　上海工商学联合会委员会致电北京临时政府外交部，谓：24 日致公使团主张修改不平等条约，本会极为同情。年来帝国主义进攻日急，国权日丧，深为痛心，望执政竭力进行，并即提出本会 13 条件（按：工商学联合委员会所提 17 项交涉条件，除四项前提条件外，其正式条件为 13 条）与使团交涉。

△　上海工商学联合会委员会致电英国国会及全世界人民，谓：英外相张伯伦答国会质问，语多故作危词，乱人观念。至谓华人拟夺捕枪弹，大呼杀死外国人及英国人已丧失数命，均绝非事实。不平等条约为国际友谊之最大障碍，望各国主持公道，协助修改，俾中华民族解放于数十年不平等条约束缚之下，而公理人道亦于此更见伸张。

6 月 28 日　国民党中央执行委员会发表第二次宣言，郑重声明：对于不平等条约，应宣布废除，不应以请求修改为搪塞之具。凡我国民鉴于目前境遇，灼然于帝国主义之穷凶极恶，痛深创巨，宜一致拥护本党主张，务使即时实现。

△　上海提倡国货会在上海总商会开成立大会。虞洽卿、方椒伯及各业代表 90 余人到会，广肇公所霍守华主席，通过章程 26 条，选出临时执行会务 15 人。

6 月 29 日　北京国民党要人在李石曾宅会议，对北京临时政府外交部 24 日修改不平等条约照会表赞同，决电广州革命政府一致进行。

△　驻汉英国海军司令戴芳卜通告称："遵照领团会议意见，即日起将汉口租界陆战队及障碍物一律撤退，7 月 1 日晨解严。"

△　卢永祥为疏通段祺瑞、张作霖意见，是日抵京。

6 月 30 日　上海工商学各界举行追悼"五卅"死难烈士大会，到团体 300 余个，20 余万人，邬志豪主席，虞洽卿派代表叶震钧主祭。大会高呼"取消不平等条约"、"收回租界"、"国民绝交"、"烈士不死"等口号，是日全市商店均下半旗志哀。

△　下午 1 时，"北京各界对英日帝国主义雪耻大会"发起在天安门召开国民大会，到会 500 团体，五万余人。国际民族团体代表到会者，计有日、朝、印、土等国工党代表，及德国国际工人后援会代表等。大会通过致电广州政府，慰问广东人民，督促北京临时政府与广州政府取一致态度，以惩凶、赔偿、收回香港与收回英、法租界地为沙面惨案之主要条件，以及迅起团结，武装自卫等九项决议案。

△　天津各界联合会在南开大学操场举行追悼沪、汉、湘、粤各界惨死同胞大会，到 10 万人。主席邓颖超致开会词。会后列队出发，在军警林立之下，游行示威，高呼对英日经济绝交等口号。

△　武汉各法团在武昌阅马厂举行追悼沪、汉、粤死难同胞大会，到各团体六万余人。主席屈佩兰。大会决议：一、英陆战队及义勇军为本案重犯，英政府应分别撤惩；二、英国军舰一律退出汉口，解散义勇队；三、收回汉口租界；四、英政府赔偿伤亡抚恤及一切损失；五、英政府向我道歉；六、废止中英间一切不平等条约。会后游行，并分往各街演讲。

△　济南各界举行追悼被英、日惨杀诸烈士大会，到 200 余团体，

八万余人。议决电广州政府对英交涉,请坚持到底,并主张收回沙面。同日,青岛各界万余人集会追悼青、沪、汉、粤死难烈士,并游行示威,商界罢市悬半旗。

△　郑州工商界为追悼沪、汉殉难烈士,全市罢工、罢市,挂半旗志哀,京汉、陇海铁路工人,豫丰纱厂工人及学、商、军、警界共数万人参加游行。

△　厦门国民外交后援会举行追悼"五卅"死难诸先烈大会,是日全市休业,设祭坛于浮屿陈氏宗祠,黄蕴山主祭。会场高呼"打倒帝国主义"、"取消不平等条约"等口号。会后游行。

△　比利时新任驻北京全权公使华洛思向段祺瑞递交国书。

△　段祺瑞令准免帮办湖北军务兼陆军第八师师长王汝勤兼职,任刘建章为陆军第八师师长。

△　段祺瑞公布《国民代表会议议员选举程序令》,凡127条。

△　胡汉民令准免大理院长兼管司法行政事务吕志伊本兼各职,派林翔暂行代理大理院长,兼管司法行政事务。

△　章士钊因地检厅检察官杨士毅、杨绳藻倡言金法郎案解决,司法部得赃10余万,呈请彻查。

△　上海《申报》载四川本年灾荒奇重。略谓:"川省本年灾荒达八十余县……据全川筹赈会派员所调查报告到会者,综计全川饿死者达三十万人,死于疫疬者约二十万人,至于转徙流离,委填沟壑者,在六七十万人以上。灾情极重者,亦达三十七县。有争掘草根杀伤人命者,有攫食黄泥、观音粉,腹塞而死者,有逼自缢或投河者;有先杀儿女,再行自尽者;有全家服毒同死者;有聚众向官索食,求予枪毙者;有相率逃亡,估吃大户,死亡载道者……"又谓:"此次川省灾象,并不尽由天祸,强半出自人为,其所以使全川七千万人民胥受此饥饿流离之痛苦者,川当局固不能不免几分相当之责任也。"据该报分析,荒旱原因在于:一、防区各军勒令民间种烟,致使民间秋种杂粮益少;二、川省连年内乱,几于各属皆成打仗区域,两军交绥,多妨害民农耕作;三、军队抽收丁粮,

苛敛无厌；四、军队抢夺民食,致民间一无储蓄；五、川中土匪之多,甲于天下。

是月 国民党中央执行委员戴季陶《孙文主义之哲学的基础》一书出版。7月《国民革命与中国国民党》一书出版。戴氏这两本书把孙中山的"三民主义"解释为渊源于孔子的"仁爱"学说；认为孙中山主张的国民革命是各阶级的全民革命,而不是共产党所主张的阶级斗争；提出国民党生存所必须之独占性、排他性、统一性、支配性,共产党应退出国民党。时称"戴季陶主义"。

△ 绥远官商合办面粉公司创立,资本 150 万。

7 月

7月1日 中华民国国民政府在广州正式成立。汪精卫、胡汉民、张静江、谭延闿、许崇智、于右任、张继、徐谦、林森、廖仲恺、戴季陶、伍朝枢、古应芬、朱培德、孙科、程潜 16 人为政府委员,汪精卫、胡汉民、谭延闿、许崇智、林森五人为常务委员,汪精卫为主席。是日上午在广州市第三公园举行成立典礼。胡汉民宣读国民党中央执行委员会任命,分授各政府委员印信,委员宣誓就职。广州市 10 万人齐集会场,高呼"拥护国民政府"、"实现孙先生遗嘱"、"废除不平等条约"等口号。同日,大本营及省公署宣告结束,停止办公。

△ 国民政府发布第一号通告,推定汪精卫、胡汉民、张静江、谭延闿、许崇智、于右任、张继、徐谦、林森、廖仲恺、戴季陶、伍朝枢、古应芬、朱培德、孙科、程潜为中华民国国民政府委员。

△ 国民政府特任胡汉民为外交部长,许崇智为军事部长,廖仲恺为财政部长,徐谦为大理院长兼管司法行政事务,未到任前着林翔代理。又任古应芬为广东民政厅厅长,廖仲恺为广东财政厅厅长,许崇智为广东军事厅厅长,许崇清为广东教育厅厅长,孙科为广东建设厅厅长,陈公博为广东农工厅厅长,宋子文为广东商务厅厅长,李文范为国

民政府秘书长,邓泽如为两广盐运使,傅秉常为广东交涉员,邹鲁为国立广东大学校长,聘任鲍罗廷为中华民国国民政府高等顾问。

△　国民政府公布《中华民国国民政府组织法》,凡 17 条。组织法规定:国民政府受国民党之"指导及监督掌理全国政务";国民政府以委员若干人组成,并于委员中推定一人为主席;国民政府设常务委员五人,处理日常政务。同日公布《广东省政府组织法》。

△　国民政府发表宣言,宣布"国民政府唯一职责,即在履行先大元帅遗嘱";当前国民革命之任务,即着手废除不平等条约及召集国民会议;表示国民若能自动集会行使国民会议职权,则国民政府"必尽其力所能至,以为种种之保障"。

△　法国新任驻京特命全权公使玛太尔向段祺瑞递交国书。

△　北京临时政府外交部分电驻英、美、法、日、意、比、荷、葡八国使馆,令速向驻在国政府催复修改不平等条约照会。

△　英、美、法、日、意、丹麦、瑞典、荷兰、挪威等 10 国在巴黎签订《斯壁嵫浦条约》,确认挪威属斯壁嵫浦群岛为中立领土。中国驻法公使陈篆在条约上签字。是为中国参与世界领土中立公约之始。

△　川、黔军组织联军,推袁祖铭为川黔联军总司令,是日下达总动员令,决分三路对杨(森)军进攻,赖心辉为东路总指挥,周西成为南路总指挥,田颂尧为北路总指挥。

△　段祺瑞公布国民代表会议议员选举日期,规定民国十四年 8 月 16 日至 31 日为初选选举期,9 月 1 日至 20 日为复选选举期。

7 月 2 日　重庆惨案。是日,工人、学生集龙门浩外附近向市民宣讲各地惨杀案,英舰水兵持枪登岸,用武力驱散群众,发生冲突,市民被刺伤多人。次日,各界万余人举行集会对英水兵暴行表示抗议。当地军警借口维持治安,严禁集会,又刺伤市民十数人,并拘捕工人、学生数十人。

△　办理"沪案"交涉员颜惠庆、王正廷、蔡廷幹呈段祺瑞,声明交涉权限,举"沪案"为治标治本之分。治标者为以 13 条办理"沪案"交

涉,治本者为修正条约;允担任修正条约,治标办法仍请由外交部办理。

△ 北京临时政府国务会议通过海军部所提修筑东沙、西沙两群岛观象无线电台案,议决经费由财政部分 10 个月拨发。

△ 段祺瑞任命朱深兼督办京都市政事宜。

7 月 3 日 胡汉民以国民政府成立,是日通电解除代行大元帅兼广东省长职,宣布"所有大本营暨广东省长一切政务,同时移交国民政府委员会及广东省政府接收办理"。

△ 广东省政府发表宣言,提出省政方针:一、靖匪保民;二、废除一切苛旧杂税;三、禁绝烟赌;四、整顿吏治,实行国民党考试、监察之制;五、扶植地方自治;六、整理交通;七、发展工业;八、保护农工;九、实现教育经费独立。

△ 上海公共租界当局查封中华海员工业联合会上海支部,武装巡捕搜查各办事处,并将工作人员一律驱逐。

7 月 4 日 美国水兵无故开枪击毙上海杨树浦怡和纱厂工人蔡继贤。8 日,上海交涉公署致函驻沪美国总领事提出抗议,要求惩办杀人凶手及赔偿损失。16 日,再次致函美国总领事提出第二次抗议,要求按中美条约之规定,将火器伤人致毙之水兵克里斯特从速依法严办。

△ 上海公共租界工部局借口电力工人罢工,通知界内各大工厂,"定于本月 6 日正午停止供给电力"。

△ 张作霖在天津召开会议,韩麟春、姜登选、李景林等参加,卢永祥列席。会议内容:一、对皖、苏问题;二、对沪防御布置问题;三、对中央应建议之项目;四、对长江直系之预防办法;五、对外交应取之态度等。

△ 湘军第一师师长贺耀组派兵解散该师第十三旅唐生明部。按:唐原系建国军唐荣阳部下,唐荣阳失败,由唐生明收束投赵恒惕,委为第一师第十三旅旅长。

7 月 5 日 上海工商学联合会委员会致电段祺瑞,要求按 17 条迅速开议"沪案";并谓:"许交涉使接受总商会甘丧国权之十三条,希即撤任,并退还总商会条件。"

△ 上海"五卅"国民外交会张梅庵等致电北京颜惠庆、王正廷、蔡廷幹,略谓:"连日报载,诸公以权限为辞,与外长争持意见,迟不就职,二日又呈文以治本治标之说,不愿办理沪案交涉。如此一再迁延,交涉之开议无期,国民之愤慨日甚……尚祈以国事为重,消除私见,即日开议。"

△ 南京学生联合会发起召开追悼沪、汉、粤死难烈士大会,学界及地方团体五万人到会。杨允中主席,卢永祥、郑谦等送挽联。

△ 上海市民提倡国货大会在第一商场开幕。上海总商会、广肇公所等 80 余团体共 2000 余人到会,虞洽卿、霍守华、林钧、李立三等在会上发表演说。次日,第一商场开始营业。

7 月 6 日 国民政府军事委员会在广州成立,委员为汪精卫、胡汉民、伍朝枢、廖仲恺、朱培德、谭延闿、许崇智、蒋介石,主席汪精卫。是日,许、蒋、谭、朱各率所部军队到东校场宣誓就职,并行阅兵式,发出告诸将士文。

△ 省港罢工委员会成立,并发出通电,宣称:中华全国总工会为统一战线扩大能力起见,特行组织省港罢工委员会,以主持其事。由香港罢工工人选代表七人,沙面罢工工人选出代表四人,中华全国总工会派出代表二人,共同组织之。

△ 上海华商纱厂联合会因上海公共租界工部局停供电力,经交涉无效,致使六万余人失业一事,电北京临时政府外交、农商总长及江苏省省长郑谦请向使团交涉。

△ 北京外交团通过决议三项:一、上海公共租界工部局总巡应即免职;二、下令开枪之捕头应依法惩办;三、公共租界工部局参事会(即董事会)应严加谴责。即日训令驻沪领事团通告工部局执行,为工部局所拒绝。

△ 湖北督办公署外交委员会开成立会,萧耀南主席,宣布该委员会职权以研究"汉案"为范围,辅助省当局对于"汉案"之进行。会上推

时樾阶为委员长。

△ 驻广州英、法领事联名函复国民政府,拒绝对沙基惨案第二次严重抗议,称:"奉电令转告贵交涉员,对于此种性质之要求条件,不能加以考虑。"

△ 驻汉英总领事柏达复照湖北交涉公署拒绝第三次抗议照会,声称:"本案实无磋商之余地",并以"再有此类事件发生,吾等亦惟有取同一方法自卫"等语相威胁。

△ 北京与新疆迪化(今乌鲁木齐)、喀什噶尔两地之无线电通讯试验成功。

7月7日 国民政府为政府改组事发出通令,略谓(此次改组本旨,务使政府为人民意思所从出,而非为单纯发施政令之机关,尤使政府为人民产业建设之要枢,而非官僚政府之豢养地。自改组之后,政府务在与民休息,次第整理军民财政,实现本党政纲,以符本党之民生主义。)

△ 唐继尧部龙云率队退出南宁回滇。次日,李宗仁部入城。滇桂战争告一段落。

△ 截至是日止,香港罢工工团回省者已有50余个,罢工工人达20余万。

7月8日 段祺瑞令准免山东省长龚积柄本职,以张宗昌兼署。

△ 段祺瑞公布陕西省属长安施行市自治制及区域令,规定长安市为特别市,以长安县城厢为其区域。

△ 国民军第三军入陕。其前队为第一混成旅徐永昌全部,第一混成支队胡德甫全部,其后路援军为第一师师长叶荃、第二师师长何遂全部,共计四万人,是日开入潼关,国民军第二军第十师师长李云龙(虎臣)亦派所部协助第三军西进。

7月9日 国民党中央执行委员会发表对于国民会议宣言,要点为:一、国民自动地开国民会议预备会于北京,开会日期为今年8月1日。二、国民会议预备会议之构成分子,完全依照本党总理孙先生去岁

11 月 13 日宣言所开列者。三、在国民会议预备会议中,接收上海、青岛、九江、汉口、广州各处人民之要求,及全国人民之要求,使人民意思得充分表现,并共同讨论计划一切进行方针。四、在国民会议预备会议中,决议废除不平等条约,及审议其实行方法。

△　国民党中央执行委员会训令国民党员为国民会议预备会议奋斗。指出:善后会议与国民预备会议"绝非同物,凡我国民,应于此留意,勿令指鹿为马"。并谓:"当开始国民会议预备会议运动之际,本党党员应遵本党总理去岁十一月十三日之宣言,及今年一月十七日复段祺瑞电,暨依据本党中央执行委员会六月二十二日及二十八日之宣言,从事奋斗,务期贯彻。"

△　国民政府颁布统一税收令。令曰:自 7 月 15 日起,所有财政收入应一切由法定征收机关征收管理,无论何项文武官吏人等,概不得巧立名目,擅自征收或截留。违者认为违反法令,按照军法严重治罪。

△　广州各界于广东大学公祭沙基死难烈士。到者各界团体 370余个,20 余万人。次日,政府机关公祭。汪精卫、胡汉民、许崇智、谭延闿、孙科、伍朝枢、廖仲恺等均到会,并演说。第三天为省港罢工团体公祭。

△　驻重庆英国领事阿尔彻致函省署,竟称:"龙门浩属于本国领土……在此范围内,依陆军条例,应有正当之防卫。若中国国民未经本领事允可,而擅自入此范围,当开枪射击。"旋由四川省署予以驳复,声明:"龙门浩等地属我国领土,自有主权,现已派兵保护,贵领亦应严束英舰水兵勿滥用武力。"

△　驻京法使玛太尔不满于英使极力袒护工部局之抗命行动,于是晚借沪工部局不遵命问题声明辞退"沪案"交涉代表。次日公布声明书谓:"外交团与上海工部局,关于工部局董事会之权限问题及其对于使团之地位问题,解释上似已发生冲突……故认为在这种争执未解决之际,进行交涉,亦属无用。"

△　段祺瑞特派卢信为浦信铁路督办。

7月10日　中国共产党中央执行委员会、中国共产主义青年团中央执行委员会发表宣言，号召全国民众团结一致，为实现废除一切不平等条约，解除不愿反对帝国主义的军阀的武装。召集真正人民之国民会议等10项要求而奋斗。

△　中国国民党中央执行委员会第九十四次会议通过：一、汪精卫为陆军军官学校政治部主任；二、周恩来为党军第一师党代表。

△　皖北镇守使兼第四混成旅旅长高世读、皖南镇守使兼第三混成旅旅长王普等自蚌埠通电拥倪道烺为安徽陆军司令，拒吴炳湘到任。次日，倪通电宣布视事。

△　段祺瑞特派屈映光为国民代表会议华侨议员选举监督。

△　四川国民大会主任李景福等自上海发出通电，声讨杨森罪行。略谓：川督杨森重违民意，不服中央，敢于荒旱之年肆其淫威，攻伐异己，每克一城，则奸掳屠杀，勒派巨款，人民流离，田野辍耕，顿使通都大邑夷成赤地千里。今则战祸重开，糜烂当复更甚。伏望我全国同胞主张公道，一致以杨森为公敌。

7月11日　国民政府外交部长胡汉民发表《告世界各国人民书》，请求主持正义，赞助废除不平等条约。

△　北京临时政府外交部照会北京外交团，对上海公共租界工部局停止供应各厂电力一事，提出抗议，声明"倘因停电罢工发生骚动事情，该工部局应负完全责任"，要求转饬工部局照常供给各华厂电力。

△　省港罢工委员会派水陆纠察队封锁省港交通，旋发出通电，宣布本月10日起，所有轮船航渡，一律禁止往港及新界，并要求国民政府予以同情与援助。

△　广州工界二万余人赴国民政府请愿，递促进外交意见书，提出对外要求条件四项：一、帝国主义官吏向国民政府请罪；二、惨杀案之关系国凶徒一律惩办；三、限令现泊白鹅潭之帝国主义者战舰即日出口；四、收回沙面租界。

△　武汉各界人士在武昌举行"汉案"周月纪念。到五万余人，群

众高呼:"打倒帝国主义"、"取消一切不平等条约"、"中华民族独立万岁"等口号。大会议决:一、通电全国坚持废除不平等条约;二、组织国民军;三、拥护人民三大自由;四、收回租界。是日各团体下半旗致哀,商店悬对英经济绝交白旗。

△ 杨森部郭汝栋、白驹、何金鳌、兰文彬等师二万人,由黄毓成指挥,围攻荣昌刘文辉部,鏖战四昼夜,双方死伤数千人,刘部向永川、大足败退。14 日晚,杨军占荣昌。

△ 段祺瑞任命张联陞为暂编陆军第五师师长。

△ 国民政府公布《国民政府军事委员会组织法》、《国民政府外交部组织法》、《国民政府军事部组织法》。

△ 国民政府任命卢兴原为总检察厅检察长;陈融为广东高等审判厅厅长;林云陔为广东高等检察厅检察长。

7 月 12 日 国民政府招待广州报界记者,胡汉民报告外交方针,表示:"政府对付帝国主义,办理外交,决定遵守先大元帅遗嘱,联合全世界被压迫民族,团结一致,抵抗帝国主义。"谭延闿宣布统一军民财政计划。汪精卫说明改组政府理由与原因,略谓:此次改组,废除首长制,实行委员制,"此实国民党同志所最宜注意之事也"。

△ 湖南"青沪惨案雪耻会"在省教育会召开追悼青、沪、汉、粤惨案死难烈士大会,到各团体 100 余个,共万余人。赵恒惕遣秘书长李鸣九到会致祭。

7 月 13 日 北京临时政府外交部照会驻京意使翟禄第,要求迅速通知各关系国公使,择定日期正式开始"沪案"交涉。

△ 驻京英代使白拉瑞就沙基惨案照会北京临时政府。照会歪曲事实真相,否认英兵首先开枪,并将事件归咎于报纸之鼓吹。越二日,又致照外交部,且附有所谓《外人四人亲自目睹攻击沙面之证明书》,请北京临时政府将此两照登载华文诸报。外交部拒绝英使要求,并电广州国民政府请蠲弃成见,将调查报告电京。

△ 孙岳派徐永昌旅进入华阴,将袭西安。吴新田调兵堵截,豫陕

战事发生。

△　国民党中央执行委员会致电段祺瑞,就段对外交使团提出修改不平等条约事忠告其对于国民运动勿加以阻碍,促其"完全履行去年十一月十三日本党总理孙先生所宣言,开国民会议预备会议,以议决废除不平等条约"。

△　国民政府据国民党中央执行委员会第九十一次会议议决《注重特别新兴工业并不许现任买办为行政官吏及各社团董事》一案,是日训令广东省政府查照办理。

△　苏联飞机4架自6月10日从莫斯科起飞,经蒙古来华,是日上午飞抵北京。北京临时政府陆军部及各军队、各团体代表,到南苑机场欢迎。

7月14日　国民政府交涉署照会英、法领事,对沙基事件提出第三次严重抗议,指出:"……如认为沙面之继续战事设备为可恫吓无知之人,则广东三千万人民,更加有全国之援助,决不至因此种恐吓而屈服。"要求英、法"莫如将本政府之公平要求,迅速加以考虑,以期至于实行。则原状可以短期恢复,邦交日益巩固,请贵总领事烦为再将本政府所要求五项条件,转呈贵国驻华公使,商榷办理"。

△　段祺瑞致电孙岳,略谓:"据陕督十日、十一日电称,国民三军徐永昌由潼关佳(9)日整队入关,该军借故兴师,显系自由行动,速令国民各军严加制止等语。……关中之匪,有人负责,未经请示,故中央谓不宜往。内情如何,明白告我。"孙接电后,即通电辞职,声称:"今陕西发生匪患,而中央谓不可以剿,匪既不能剿,剿匪总司令名义尚有何用?"

△　孙岳部师长何遂、旅长徐永昌等通电宣称:"豫匪纠股西窜,于九日提兵西进,驱除群丑,……使三省剿匪之军,名实相符。"

△　卢永祥请辞苏皖宣抚使职。卢奉张作霖电召北上后,方知张意在讽己辞职,遂于是日以"病体难支,不胜艰巨"为由,向执政府呈辞。

△　北京学界代表400余人赴执政府请愿,提出从速开议"沪案"、

坚持修改不平等条约、惩办压迫爱国运动之军阀及援助工人等六项要求。

△　段祺瑞令准免署江西省长胡思义署职,特任李定魁继署。

7 月 15 日　段祺瑞令:"沪案发生,中外瞩目,政府迭经严重抗争,期伸正义。现在交涉正在进行,凡我国民,自应静气平心,共图挽济。各省区军民长官,有维持地方治安之责,务各晓喻民众,听候解决,毋得有越轨行为,致贻口实。商埠辐辏之区,内地僻远之域,倘有奸徒搆煽,或易滋生事端,尤望剀切劝导,妥密防维,内遏乱源,外崇国信。"

△　美国新任驻京特命全权公使马瑞慕向段祺瑞递交国书。

△　汉口交涉员胡钧照会驻汉英领柏达,驳复其本月 6 日第三次复照。英领拒绝接受。将照会退还。

△　国民军二军李云龙部与吴新田军在距西安 20 里之灞桥激战。入夜,吴军不支,退回省垣。次晨,吴新田率部退出西安。

△　北京临时政府致电诘责徐永昌"无端提兵入秦,擅越边疆,殊属藐玩法纪……"次日,国务会议决定严电孙岳约束所部,不得自由行动,一面遴派熟悉大员,驰往豫西实地查办。

△　国民政府任命宋子文为中央银行行长。

△　国民政府公布《广东省政府民政厅组织法》、《广东省政府建设厅组织法》、《广东省政府农工厅组织法》、《广东省政府军事厅组织法》。

△　北京临时政府财政部与日本兴业银行签订 530 万日元借款合同,作偿付满蒙、山东、吉会铁路借款利息之用,年息 9.5%,期限二年。

7 月 16 日　张作霖派杨宇霆由津入京。当日杨往晤段祺瑞转达张作霖关于内阁问题之主张及挽留卢永祥等四事。

△　国民军二军李云龙部及三军徐永昌部相继进占西安。豫陕战事告一段落。

△　刘湘、袁祖铭、赖心辉致电段祺瑞,报告"渝案"交涉情形,请饬外交部据理力争,严重抗议,并照会英代使先将驻渝英领阿尔彻撤换,以平众怒,而张国权。

7 月 17 日　段祺瑞令国宪起草委员会于 8 月 3 日在北京召开。

　　△　南京英商和记洋行工人罢工,经南京总商会等团体调解,该洋行承认工人提出条件 12 项,并由洋行代表签字后,是日复工。按:和记洋行工人于 6 月 5 日起罢工。

　　△　吴炳湘到蚌埠,次日就安徽军民两职。

　　△　国民政府公布《国民政府监察院组织法》、《广东省政府商务厅组织法》。

7 月 18 日　北京天安门举行国民大会,到 500 余团体,四万余人。推李石曾、易培基、徐谦、马叙伦、王世杰、顾孟馀、周鲠生等为执行委员。决议四条提交北京临时政府:一、沪、汉、粤案归作一案,由北京临时政府与广州国民政府各派代表会合组织机关办理;二、对英政府单独交涉;三、废除中英不平等条约为沪、汉、粤案解决之一条件;四、与其他各国之一般不平等条约之取消,分别向各国交涉。

　　△　重庆交涉署为本月 2 日英海军杀伤我国人民一案,向驻渝英领署提出第二次抗议,并提出要求条件:一、英舰负责长官应予相当惩戒;二、擅行上岸执刀伤人之水兵,应严加惩办,递解离渝;三、向我国正式道歉;四、赔偿受伤者医药费及一切损失;五、保证今后不得再有此类暴烈行为;六、保证在英国各机关服务之华人,有愿辞退者,不得虐待扣薪。

　　△　驻沪美总领事复照江苏交涉公署,竟宣布本月 4 日枪杀工人蔡继贤之美水兵"无罪",声称:"当时险象环生,该水兵行为应认为救济危机之唯一可行办法,实不宜惩办。"

　　△　旅沪中日名人学者唐绍仪、野平道男等百数十人,为联络中日人士感情,发起成立"中日联谊会"。

　　△　卢永祥奉张作霖急电召赴津。临行前往晤段祺瑞,段坚劝返苏任,卢仍辞。

7 月 19 日　袁祖铭所部黔军分路向龙水镇、邮亭铺、三溪镇发起攻势,是日午前与杨森军先后接战。次日,黔军占领上述各地,向荣昌追击前进。

7 月 20 日 中国共产党中央执行委员会发表《为工会条例事告全国工人》宣言,声明:"中国工人绝不承认北京政府那样的工会条例。北京政府的背后站着外围的和中国的资本阶级,他们拟出那样的工会条例,是想用来束缚工人,使工人不能自由结合。中国工人要求极自由的工会,要求保障工人权利的工会条例!"按:北京临时政府曾于 6 月间拟定《工会条例草案》25 条。

△ 汉口交涉员胡钧访晤驻汉英领柏达,交涉"汉案",声明"政府当局服从民意,不得不取严重交涉",并表示愿以和平途径解决,一经相谅,即提出条件正式谈判。英领答称:俟电京请示后再告。

△ 国民政府训令裁撤前大本营内政部、军政部,所有该二部一切事务,移交国民政府常务委员会。

7 月 21 日 段祺瑞令临时参政院定于 7 月 30 日开会。

△ 国民政府公布《禁烟条例》,凡 12 条。其第一条规定:限四年内将鸦片烟完全禁绝;第二条规定:特设禁烟督办管理一切禁烟事宜。同时公布《禁烟督办署组织章程》、《禁烟领牌章程》。

7 月 22 日 川黔联军收复荣昌、隆昌两县,向榟木镇追击。黔军周西成部击败杨军杨春芳部,是日占领纳溪,进攻泸州。

△ 广东省政府省务会议为整顿吏治,决定实行考试制度,是日通过《广东省政府民政厅县长甄别试规程》、《广东民政厅课吏馆规程草案》两条例。

△ 国民政府特任徐谦、邓泽如、林翔、邹鲁、林云陔为国民政府惩吏院委员;派林翔、卢兴原、陈融、林云陔、曹受坤为法典编纂委员会委员。

△ 赵恒惕召开军事会议,讨论统一军费及整顿厘金问题。各师长、参谋长及财政司长等列席会议,决议办法六项。

7 月 23 日 国民党中央执行委员会发布宣言,于 8 月 1 日在北京由国民自动召集国民会议预备会,讨论废除不平等条约及其实行办法,胪列 20 条,其中指明段祺瑞修改不平等条约之企图与党所采之态度,及党员之责任。

△　汉口惨案举行第二次谈判。交涉员胡钧提出先决条件五项:一、撤退英舰,并解除英租界义勇队及巡捕武装;二、英租界完全由中国军警驻扎保护;三、赔偿伤亡及因本案所受之一切损失;四、撤销太古公司在租界外之行栈、码头及一切建筑物;五、英领事声明担保不再有伤害、侮辱华人之行为。驻汉英领表示:对一、二项需中英军警当局开会议定办法再定;第三项愿意接受赔偿单;第四项以两个月为限;第五项接受。

△　国民政府外交部长胡汉民将沙基惨案调查委员会之调查结果及现场见证,照会北京外交团,请加拉罕转各国公使。

△　广州工农商学各界 30 余万人举行沙基惨案周月纪念大游行。全市休业,停止宴会,缠黑纱,下半旗志哀,并至广东大学操场行追奠礼。

△　淞沪戒严司令部下令查封上海工商学联合会、中华海员工业联合会上海支部办事处及上海洋务工会三团体。

△　北京临时政府派李照松赴粤调查沙基惨案情况,是日抵粤。

△　国民政府发布第六十二号训令:为保障人民身体自由起见,所有各军队及各军事机关,嗣后概不得擅自逮捕人民及擅自执行刑罚,其已因事逮捕者,着即日送交地方法庭裁判。如有违犯,无论何项军官,概行严惩。

△　张作霖由天津回到奉天。

△　段祺瑞令准免侨务局总裁王芝祥本职,以吴仲贤暂代。

△　段祺瑞令财政部发给银一万元赈济湘西旱灾。

△　段祺瑞公布国民代表会议外蒙古议员名额分配令。

7 月 24 日　国民政府派孙科、傅秉常与北京临时政府外交部接洽沙基惨案交涉事宜,是日启程,8 月 4 日抵京。

△　国民政府公布《国民政府财政部组织法》。

7 月 25 日 国民政府任命范其务为禁烟督办；宋子文为两广盐务稽核经理。

△ 中华海员工会上海支部启封，越二日，上海工商学联合会启封。

7 月 26 日 国民政府军事委员会讨论军事计划、方针及军政统一等问题。军事委员会委员蒋介石出席会议，讲述以国民革命军统一军队名称，及扫除帝国主义利用军阀阻碍革命之进展。

7 月 27 日 鄂、湘、川、黔、豫、赣、陕、甘、皖九省联防规约在汉口签字。

△ 冯玉祥复电胡汉民等，赞成废除不平等条约。岳维峻、孙岳亦复电支持国民政府废约主张。

△ 段祺瑞令：巴黎大学前经我国与法国学者商促中国文化讲座，现在中国学院次第观成，所有应拨款项，即由各部处按照议决办法陆续筹拨，并派专员充任监督，所冀切磋提挈，共策进行。又令韩汝甲充巴黎大学中国学院监督兼办巴黎大学在华分校事宜。

△ 段祺瑞令胶澳商埠督办朱庆澜未到任以前，着赵琪代理。

△ 国民政府令廖仲恺、胡汉民、许崇智、宋子文、陈公博为实业投资委员会委员。

△ 国民政府令政府机关人员，凡有吸食鸦片者，限一个月戒断，逾限即予撤换。

7 月 28 日 上海工商学联合会驻京代表团、北京各校教职员"沪案"后援会、北大教职员后援会、北京学生联合会等六团体赴执政府，向段祺瑞提出三项要求：一、取消上海戒严；二、启封上海、济南等地封闭之团体；三、下令保护全国各界爱国运动。段答称："第一、二两项已去电查问，第三项不能下令。"

△ 段祺瑞令调章士钊署教育总长，杨庶堪署司法总长。

7 月 29 日 汉口惨案第三次谈判在湖北交涉署举行。英领以撤退英舰一项非领事职权所及，决移京办理。对英租界驻中国军警保护及解决义勇军武装两项,决于 8 月 6 日由双方军警各派三人商讨办法。

△ 杨庶堪因不满政府之处置,仍以农商总长名义呈请病假 10 日。31 日,段祺瑞指令:农商总长杨庶堪已有令调署司法总长,未到任以前部务暂由章士钊兼理,所请给假 10 日照准。

7 月 30 日 中国共产党中央委员会、中国共产主义青年团中央委员会为"五卅"二周月纪念发表告上海工人、学生、兵士、商人书,指出:我们应当有全中国统一的指挥机关,赶紧召集全国工、商、学、农等各界人民的联合大会,举出中央执行机关,立即筹备真正代表全国人民的国民会议,组织真正统一的中国国民政府。应当集中工人阶级的力量,召集全国劳动大会,由全国总工会指导全国罢工的进行。民众应当要求武装,成立全国统一的国民革命军。只有这样,我们才能达到我们 17 条的要求,才能废除一切不平等条约。只有这样,中国才能解放。

△ 北京临时参政院开幕,到 114 人,正、副议长赵尔巽、汤漪分别宣读就职词。段祺瑞到会并致颂词。

△ 孙岳自华阴抵西安。国民军第二军开还豫境。陕西交由第三军驻防。

△ 段祺瑞令兼署航空署长何遂辞职,以曲同丰继任。

7 月 31 日 南京英商和记洋行借口于 8 月 1 日起停工,驱逐工人出厂,并背信弃约,不按规定发放工资。工人大愤,派代表交涉。英人调海军陆战队进厂围殴工人,并开枪射击,工人死伤甚多。中国军警亦出动镇压。

△ 杨森部师长王缵绪在安岳发出止戈停战通电,表示反对杨森武力统一,愿服从中央命令,率部听刘湘指挥。

△ 四川旅沪学界同志会以川省旱灾严重,提议旅沪各团体申请北京临时政府交通部将现尚存有数逾千万之川汉铁路股款提归川民,以作救亡恤殇之用。

8 月

8 月 1 日　北京临时政府外交部照会北京外交团,催速开议"沪案",并声明:"倘因此案延不能决,致生无论何种枝节,其责任当由延缓者负之。"

△　段祺瑞令班禅额尔德尼着加给"宣诚济世"封号,加封仪节着内务部蒙藏院会同速议。

△　建国粤军总司令许崇智通告粤军将领,宣布"遵照国民党中央执行委员会统一军政计划,即日解除建国粤军总司令职务,将所有军队交由国民政府军事委员会统率"。4 日,许崇智又与湘军总司令谭延闿、建国滇军总司令朱培德、建国攻鄂军总司令程潜联衔发出同样之通电。

△　南京学生联合会、南京学界沪案后援会等单位召开紧急会议,讨论和记洋行事件,决定通电全国宣布此次惨案真相,并派代表见省长及江宁交涉署,提三项要求:一、派兵保护华人生命,禁止逮捕工人;二、速将被拘及死伤在洋行内之工人救出;三、提出严重交涉。

△　冯玉祥对记者发表时局问题谈话:开发西北,实行兵工主义;需以忠仆保卫中国国民,反对关税会议,主关税绝对自由。关于开发西北,冯谓:"目下正在河套开渠,修汽车道。""汽车路拟从包头修至宁夏,现已达五原。此路修成后,该处皮毛药材等物,可以往外运出。"

△　汪精卫、胡汉民、孙科、廖仲恺、伍朝枢、邹鲁致电北京沪案救济会熊希龄等,提出在北京召开国民会议预备会议,以解决对外问题等三项主张。

△　国民政府汪精卫、胡汉民、许崇智、廖仲恺等电许世英,指出:内政统一,外交一致,取决于赞同国民自动在北京召开国民会议预备会议。

△　国民政府监察院成立。是日,监察委员林祖涵、黄昌谷、陈秋

霖、甘乃光四人宣誓就职。

　　△　杨森军队与川黔联军在内江、楠木镇一带相峙,3日联军占内江,4日克资中。

　　8月2日　国民政府招待报、学界,汪精卫发表演说,要求教育界支持政府财政统一计划,取消教育经费独立,则政府拨一巨款,以充教育经费。

　　△　范石生率部抵剥隘,7日抵郿县,前锋向广南进发。

　　8月3日　段祺瑞特任孙宝琦为驻苏联共和国特命全权大使。按:是为中国驻外大使之第一人。

　　△　段祺瑞令准苏皖宣抚使兼办江苏军务善后事宜卢永祥辞职,着江苏省长郑谦暂兼办军务善后事宜。

　　△　国宪起草委员会行开会式,段祺瑞出席致颂词。开幕后即由梁士诒主席开谈话会。

　　△　北京临时政府法制院姚震呈准颁布《京师警察厅保管清室内务府及奉宸苑各产条例》,图向清室善后委员会收回清室财产之管理权。5日,清室善后委员会致函段祺瑞对此项议决表示反对,略谓:"内务府者,清室丛恶之爪牙也。近年京师公产……或毁或卖,殆已净尽;今又转而谋之清室各产,此种计划,是否与内务府复辟密谋之财产有关,实一疑问。"又谓:"当此革命时期,政府处于临时地位,实无变更及推翻革命之权……故此项阁议,本会万难承认。"

　　△　北京临时政府外交部修改湖北省署提出之"汉案"交涉基本条件,并于次日将修改意见致电征询萧耀南,谓:"第一条收回租界,撤销领事裁判权,并废除一切不平等条约,可包括在不平等条约之中,自可并案办理。第二条与第六条均为本条责任上应有之事项。第六条改为英公使向中国政府及英驻汉总领事向湖北地方长官道歉。第三条改停泊汉口之英国军舰应即撤退,嗣后非得中国政府许可,不得在内江内海自由行驶及停泊。第四条国内用人行政权操自我,应由主管部门核办,无庸向英人交涉。第五条当在修改条约案中交涉,修改为英人在汉口

及其他地方设立之工厂,关于待遇工人事项,应遵守中国法律。"

△ 上海总工会就南京英商和记洋行事件发出通电,主张"速行组织民众准备武装之实力;以与彼人作最后之一战"。

△ 段祺瑞令财政部发一万元,赈济湖北旱灾。

8 月 4 日 国民党中央执行委员会发出通告,国民党第二次全国代表大会因海外党部筹备不及,宣布展期至 11 月 15 日开会。

△ 杨森决放弃成都,电令戒严司令向成杰炸毁成都兵工、造币两厂。是日向派兵将兵工厂重要机械概行拆毁、炸毁。次日,又令将造币厂重要机械炸毁。

8 月 5 日 驻京英使馆照会北京临时政府外交部,对 7 月 31 日南京和记洋行英方开枪击伤工人之事加以讳饰,称:"舰上海军饬令登岸,将工人驱开,并未发生若何之意外。""双方冲突之故似因工人憎恨警察所致。"工人受伤系"华警开枪结果"。

△ 驻京意使访北京临时政府外交总长沈瑞麟,告以"沪案"开议一事,须各国复电到后,方能举行。

△ 驻京英代使白拉瑞晤沈瑞麟,称"汉案"已请示英政府,准将该案直接关系事项,就地了结,其余以后再商。双方遂训令各自在汉外交官员,速行办理。

△ 上海工商学联合会派代表刘钟鸣赴宁调查和记洋行案,是日返沪报告,已查明肇事之责任在英方。此案受重伤者 32 人,失踪者三人,中国军警当局有帮同行凶之嫌疑。

△ 北京外交委员会讨论沪、汉及沙基等案,议决四项:一、对外交部修改之"汉案"交涉基本条件认为妥当;二、使团以"沪案"所提修正不平等条约,须候各国司法委员调查后方能开议,系有意延宕,外部应速向使团敦促开议日期;三、推许世英、江庸速访孙科、傅秉常,询问沙基案真相;四、南京和记风潮,速电郑谦就地解决。

△ 段祺瑞任命倪道烺为长芦盐运使。

△ 京兆大水成灾。入夏以来,淫雨连绵,最近更半月之久天雨不

止,京兆所属大兴、宛平、昌平、密云、顺义、通县、永清、香河、三河、武清、东安、霸县、文安、平谷、蓟县、涿县、房山、良乡、固安、宝坻 20 县顿成泽国,损失达 2000 万元以上。

8 月 6 日 国民政府令:广西总司令、广西省长均着裁撤,于筹备改组以前,所有广西全省军政、民政、财政,着李宗仁、黄绍竑暂以广西全省绥靖处名义负责办理。

△ 蒋介石呈军事委员会请辞军事委员会委员等本兼各职。12 日,军事委员会复函慰留。

△ 北京临时政府国务会议议决停办北京女子师范大学。次日,章士钊派视学张邦华等接收女师大。

△ 段祺瑞令四川重庆市政公所改组为商埠,派聂正瑞为重庆商埠督办,魏国平为会办。

△ 赖心辉、刘成勋部攻占自流井,刘文辉部占威远。越二日,邓锡侯部又占仁寿,杨森残部向眉山、青神、嘉定败退。

△ 驻京英使馆华工及在英兵营服役之华工为抗议英国在各地之暴行,是日开始罢工。次日,罢工工人组织英使馆华人公会。8 日,发表宣言,截至 9 日止,罢工人数已达 300 余人。

8 月 7 日 湖北交涉员胡钧与驻汉英领就汉口惨案举行第四次谈判,中、英军警长官参加,讨论中国方面派警察保护英租界具体办法。11 日,举行第五次谈判,中国提出英租界除派警察保护外,还应加派军队防护。双方决定,由中国派军队,多数驻防界外,少数驻防界内。

△ 湖北省外交委员会讨论北京临时政府外交部关于汉口惨案交涉之基本条件修改意见。关于修改条件第一条:"收回租界,取消领事裁判权,并废除一切不平等条约。"会议认为:"沪、汉案之发生,皆由一切不平等条约所造成。此条为全案条件之要点,彰然甚明,且既为汉案而提出,纯系对英交涉之案,殊无向使团提出之必要,且此次各处英人惨杀案件所负责任异常重大,更未可笼统而言。"

△ 驻京英代使白拉瑞照会北京临时政府外交部称:7 月 2 日重

庆事件,"为应付当时情势正当必要之举",为其刺伤华人之罪行开脱责任。

△ 国际问题讨论社上海总社致电段祺瑞及北京临时政府外交部,反对借口"沪案"二次调查,延宕开议;要求政府力争达到工商学联合会所提 17 条,坚持废除不平等条约。

△ 省港罢工委员会致函国民政府声讨邓本殷,略谓:邓贼本殷不顾全国公愤,受香港政府 80 万元之运动,不惜与帝国主义者相互勾结,接济香港粮食,助长敌国凶焰,更欲出兵扰乱广东,以消灭吾人反抗帝国主义之运动。……请国民政府迅颁明令,出师剿灭。

△ 北京各校"沪案"后援会、学联会、救国团等 83 团体派代表至政府递交请愿书,提出取消停办女师大之议案,并即日罢免章士钊、杨荫榆等四项要求。

8 月 8 日 湖北省各法团外交后援会,讨论北京临时政府外交部之"汉案"交涉修改意见,认为:"沪案责任在工部局,汉案责任则全在英人。原提第一条主旨系专以汉案为根据,请政府单独对英提出。今外部将此条并入修改不平等条约一案,混向使团提出,实属错误。原系废除一切不平等条约,外部将'废除'二字改为'修改',显有出入,绝对否认。"对其余各条准照外部来电修改,会后致函萧耀南查照。

△ 北京使团会议对"沪案"用司法手续重查,意见未能一致。英、日公使已受本国训令,对司法调查保持协调。但法使反对,略谓:倘使团赞成此种办法,本公使惟有郑重宣告退出使团之途。

△ 天津美商宝成纱厂工人因厂主殴辱工人,全体罢工。美厂主竟开枪镇压,打伤十几人。经工会出面交涉,提出条件八项,厂主承认,遂于 11 日复工。

△ 湘西善后督办叶开鑫在辰州(沅陵)召开辰、沅、永、靖等 21 个县代表参加之善后会议,由叶提出救荒、办团、整顿财务、振兴实业四项议案。

8 月 9 日 杨森部向成杰离成都,袁祖铭令邓锡侯部、刘文辉部入城维持秩序。

8月10日 驻京美使马瑞慕正式照会北京临时政府外交部,略谓:本使已接本国训令,关于中国关税之九国条约批准书,于本年8月5日换文,即发生效力。请中国政府择定日期、地点,召集关税特别会议。

△ 驻京英代使白拉瑞访晤段祺瑞,面陈使馆华人罢工情事,要求从严取缔。段表示:"华人不与贵使馆工作,有自由主权,政府将不予干涉。"

△ 中国共产党中央执行委员会、中国共产主义青年团中央执行委员会鉴于奉军同帝国主义勾结起来,共同镇压罢工运动,发表告工人、兵士、学生书,指出工人"必须有长期斗争预备",要求工人"既是有组织的罢工奋斗,也要有组织的上工";号召学生对于工人精神及物质上的援助,"此时更须努力";号召兵士"不听任何人的命令压迫工界同胞"。

△ 中国国民党江苏省党部成立。选朱季恂、柳亚子、董亦湘、侯绍裘、刘重民、张应春、戴盆天、黄竞西、宛西俨9人为执行委员。国民党上海执行部发通告,通知江苏省各县党部,自江苏正式党部成立后,以前临时省党部名义应即取消。23日,江苏省党部发表宣言10条。

△ 段祺瑞任命梁敬錞署修订法律馆总纂。次日,特派王宠惠为修订法律馆总裁。

△ 章士钊据国务会议议决,训令停办北京女子师范大学,该校校长杨荫榆另候任用。

8月11日 北京临时政府国务会议,讨论沈瑞麟所提"沪案"各关系国主张派遣司法调查员重查及政府应持之态度问题,认为:"沪案"经六国委员调查,无重查之必要,更不待于司法调查,可由外交部与外交委员会共同决定对待办法。

△ 中国共产党中央委员会、中国共产主义青年团中央委员会发表为南京、青岛的屠杀告工人、学生和兵士书,指出:"帝国主义及其工

具虽然用尽种种延宕的或屠杀的方法,镇压中国民族解放的革命运动;然而,我们确信今后的中国民族解放革命运动,决非帝国主义及其工具的种种方法所能镇压下去","最后的胜利属于我们!"文告号召:"团结自己的力量,联合全世界一切被压迫者,向帝国主义及其工具——军阀进攻!"

△ 天津日商裕大纱厂工人为支援"沪案",要求承认工会,增加工资,举行罢工。日本资本家及李景林之军警开枪打死工人八人,打伤多人。军警将被打死工人之尸体游街示众,向群众示威。次日,天津宝成、裕大、裕元、北洋等厂 3000 余工人开会,抗议帝国主义和军阀屠杀工人。李景林派 5000 军队包围会场,大肆屠杀,死工人 60 余名,捕400 余名,并封闭海员工会,逮捕各界会员多人。

△ 广东各界对外协会为督促国民政府克日肃清东江南路,统一广东,举行广东全省示威运动大会,到万余人。议决:一、反对人民公敌及帝国主义之工具;二、拥护国民党政治委员会,实行国民党对内对外的一切政策。会后大巡行,队伍到国民党中央执行委员会,呈交请愿统一广东全省各议决案。邹鲁、谭平山两部长出见,表示接受大会主张,并于当日召开党务会议,将议案饬交国民政府执行。

△ 国民军徐永昌旅与孔繁锦部激战于凤翔、岐山一带,孔军不支,向西北方向退却。越二日,孔军败走汧、陇一带,陇南、陇东已无甘军踪迹。

△ 上海南方大学校务会议以 7、8 日上海《新申报》、《民国日报》等各报皆载清室善后委员会发表清室密谋复辟文件,内有该校校长江亢虎请觐见溥仪函二件,金梁为江亢虎请觐见函一件,是江亢虎犯有复辟嫌疑,开会讨论,议决用全体教职员名义启事,否认江亢虎为校长。在此以前,该校留校学生群情激愤,曾电斥江亢虎,请其自动退职。

8 月 12 日   段祺瑞指令:改派王曾恩充当代表,会同唐在复、朱兆莘前往参加即将召开之国际联合会第六届大会。

△ 驻津日总领有田为裕大纱厂工潮向天津交涉员熊少豪提出抗

议,要求赔偿裕大纱厂损失。17日,熊少豪复照日领,拒绝赔偿要求,谓:"天津裕大纱厂为华人经营之事业,东洋拓殖株式会社与裕大的贷借关系,纯为私人契约,政府不能代私人负责。"

△ 上海日商纱厂罢工案,经中日官方协商,达成协议。是日,上海特派交涉员许沅及日本总领事矢田签订共同遵守条约六项:一、厂方将来承认依中国政府颁布之工会条例组织之工会有代表工人之权;二、罢工期内对困难之工人予以相当之帮助;三、工人之工资依技术程度予以增加,并与中国纱厂协议办理;四、工资以大洋计算;五、工厂日人进厂不得携带武器;六、不得无故开除工人。

△ 省港罢工工人筹建之中山公路举行筑路开幕典礼,廖仲恺主席,罢工委员会代表林伟民致答词。会后举行筑路巡行。此次工程队分15个大队,共3750人。

△ 邓锡侯部攻入眉山,杨森军队败走青神,刘文辉部占荣县,嘉定处于包围中。

8月13日 段祺瑞公布1922年2月6日华盛顿会议关于中国之条约两件,即《九国间关于中国事件应适用各原则及政策之条约》(即《九国公约》)及《九国间关于关税税则之条约》。

△ 段祺瑞令曲同丰兼航空总司令。

△ 刘汝贤衔段祺瑞命赴张家口,为裁撤豫陕甘剿匪司令,另设军职事,与冯玉祥协商。

△ 驻京日使芳泽就天津裕大纱厂罢工事件照会北京临时政府外交部,歪曲事实,诬指工人为"暴徒",要求段政府采取措施,使今后不致再有此类事件发生。

8月14日 上海总商会分别致电段祺瑞及北京外交团,反对"沪案"司法调查。谓:"五卅案由六国委员莅沪调查,手续已属异常郑重,所得资料即为确证。现闻英忽倡议推翻前案,另付司法调查,是以代表各该国公使派员办理之事件,为不能取信。……求之国际通例,从未闻以外交官而受司法官之拘束。祈向各国严重声明,对于沪案重复调查一事,断不承认。"

　　△　段祺瑞为甘、陕局势令军务厅致新疆杨增新与川边刘存厚各一电,嘱杨速将甘省边状详复,嘱刘查复吴新田退驻汉中后有无反攻准备等情。

　　△　泸州杨森军师长杨春芳、何金鳌、向树荣、兰文彬,旅长张光典联电刘湘,表示静候指挥,请刘莅泸。是日,刘湘抵泸收编各部,并与各界商谈停战办法。

　　8 月 15 日　湖北交涉员胡钧与驻汉英领柏达就汉口惨案举行第六次谈判。英领以中国军警驻扎英租界、英董事反对甚烈为由(按:指8 月 7 日及 11 日中英军警当局在英工部局商英租界驻扎中国军队一事),要求 19 日中英军警当局再度会同谈判。19 日,开第七次谈判,英方租界驻军问题保持原状。胡钧将先决条件第三条内赔偿单(赔偿总额为 109 万元)一份面交英领。

　　△　北京外交委员会议决对于"沪案"重查,拟至相当时机即正式表示反对;请外部即向使团交涉二事:一、于最短时间内开始"沪案"全部交涉;二、正式公布前次六国委员调查"沪案"之全部报告书。

　　8 月 16 日　广州"革命纪念会"董事邓泽如、邓慕韩、林森等 11 人发出重要启事,宣布该会成立经过及为表彰先烈之志所办、宜办之事项,切望同志于搜求诸先烈之德行文章功业予以赞助。

　　△　天津纱厂风潮被军警当局拘捕之 420 余人,是日起由警察厅逐一审讯。

　　△　北京《民报》主笔陈友仁以该报误登张作霖逝世消息一则,被奉军拘捕,解往天津奉军执法处。

　　8 月 17 日　北京临时政府教育部召集部务会议,决定将女师大改组为国立女子大学,由章士钊自任筹备处长,以刘伯昭为筹备员。19日,刘伯昭到校接收女师大,学生自治会长刘和珍等与之力争,一致驱刘出校。警察动武,打伤学生数人,前来援助之各团体代表有 14 人被捕。

△ 太原总商会（为银行买办操纵）为阻挠学联检查仇货，强令各商店即日罢市。太原总工会、山西各界雪耻会均与学联采取一致行动，国货商店等18行商人联名散发传单反对总商会，要求赔偿损失。百数十号商店亦发起另组新商会。总商会迫于形势，且阎锡山亦谕令开市，遂于22日通告各商店一律开市。

△ 上海邮局及所属23个分局职工2200余人全体罢工，提出承认工会、增加工薪、解雇译员等七项要求，经总商会、交涉公署出面调解，签定条件，于19日复工。

△ 河南信阳500余人力车工人，成立人力车夫工会。次日，信阳柳林镇600余农民成立柳林农民协会。

△ 绥远都统李鸣钟到张家口晤冯玉祥，报告该区屯垦情形。

△ 清室善后委员会致函北京临时政府外交部，以英人庄士敦与康有为勾结，参与去年春、夏间清室复辟阴谋，扰乱中国治安，请向英国公使交涉，将庄士敦驱逐出境。

8月18日 北京临时政府外交部将邀请英、美、日、意、法、比、荷、葡八国参与关税特别会议之通牒分别送致各该使馆，首先声明："一九二二年一月五日太平洋与远东问题委员会开第十七次会议，中国委员对于关税税则条约虽予承认，但曾宣言无放弃关税自主之意，将来一遇适当时机，仍欲将此问题重行讨论，提出于行将开幕之会议，并希能有一种之决定，以祛除税则上之束缚"，并通告拟定于10月26日在北京开会。

△ 清室善后委员会于7月31日点查故宫养心殿，发现去年春、夏间金梁等密谋复辟文件，以溥仪、康有为、金梁、庄士敦图谋倾覆民国，罪在不赦，江亢虎有重大嫌疑，亦难任其逍遥法网，是日特依《刑事诉讼条例》第18条规定，致函京师高等检察厅请速提起公诉，并列举六项证据及庄士敦在报馆所公布之文件，以备该厅参考。

△ 北京大学评议会为反对章士钊摧残女师大，议决与教育部脱离关系，旋胡适等五教授反对卷入政潮与学潮，向评议会提出抗议。31

日,校长蒋梦麟在评议会上宣告:"此案既经议决,宜继续执行脱离教育部,一切由本人负责。"此案遂决定。

△　西北国民大会在张家口开成立大会。该会由张家口本地绅士阎学沂等 50 余人发起,以发展国民教育为主旨,马邻翼为会长。冯玉祥出席并讲话。

8 月 19 日　张学良由奉抵秦皇岛检阅温树德所部来归之渤海舰队,计巡洋舰三艘、炮舰四艘、驱逐舰三艘、运送舰一艘。23 日,张偕温抵天津,检阅津浦路奉军。

8 月 20 日　上午 9 时 50 分,国民党中央执行委员、国民政府委员兼财政部长廖仲恺在广州偕夫人何香凝乘车抵中央党部门首,遭凶徒狙击,中弹受伤,于 11 时在医院逝世。同车之国民政府监察委员陈秋霖同时受伤。是日,国民党中央执行委员会发出讣告。各级党部下半旗三天致哀。

△　国民党中央执行委员会、国民政府委员会及军事委员会联席会议议决,特派汪精卫、许崇智、蒋介石组织特别委员会,授以政治、军事及警察全权,应付时局。25 日,特别委员会委员宣布就职。

△　国民政府令古应芬暂行兼署财政部长及广东省财政厅长。

△　段祺瑞令财政部发给银元一万元,赈济江西水旱灾害。

△　上海纱厂总工会开成立会,到会代表 124 人,代表纱厂工人 12 万余人。次日,通过工会章程及宣言,选举执行委员 25 人。

△　"西北妇女讲习所"在张家口开幕,冯玉祥夫人李德全为讲习所监督。

8 月 21 日　国民政府令:国民政府委员会委员、军事委员会委员兼财政部长廖仲恺,8 月 20 日被贼徒狙击致殒,特颁治丧费一万元,准予国葬。又令:所有政府文武职员及兵士,由 8 月 22 日起至 28 日止,一律臂缠黑纱,以志哀悼。

△　是日上午 8 时廖仲恺遗体在医院小殓,11 时移中央党部大殓。党政职员及农工各界均来送殓行礼,全体缠黑纱志哀,众达万余人。

△ 段祺瑞通电,略谓:据直隶兼省长李景林电称,本月 11 日,复有裕大纱厂工人受人煽惑,要求增薪,发生风潮。查裕大纱厂系华商集资而成,不与"沪案"有关。嗣后各省如有窃名召集,煽惑罢工者,应由各省军民长官即行制止,以遏乱源。

△ 上海总商会等致电段祺瑞,反对上海设防护使。

△ 日商航轮公司经上海总商会调解,与中华海员工业联合会上海支部达成谅解,决定罢工之华工于是日午后 1 时全体复工。

8 月 22 日 汉口惨案交涉破裂。是日驻汉英领柏达至交涉署,略谓:"接英使电谕,对赔偿单不许开议;其他各项亦难有相当结果,无继续谈判必要",随即离去。是晚,胡钧电告外交部陈述经过。谓:"英领未俟谈判之终,即拂衣而去,此外交上之失态,不独侮辱个人,且侮辱我国家机关。因停顿而生之损失,均应由英领负其全责。"次日,湖北外交委员会召开紧急会议,商应付办法。

△ 驻京意使翟禄第照会北京临时政府外交部,答复去年 8 月 9 日提议收回会审公廨之照会。内称:"各国对中国所提收回公廨办法虽未同意,但中国如愿讨论,各国可以该照会为根据,开始谈判。"

△ 上海总工会被流氓打手百余人持凶器捣毁,并打伤工作人员九名。上海各爱国团体派代表持函慰问。次日,全国总工会上海办事处发出通电,指出:"查此等事变之生,在光天化日之下,绝非偶然;其为故意破坏总工会之阴谋诡计,显然无疑",呈请全国同胞一致奋起,"将此事真相宣布各地,唤起民众注意,对上海总工会一致拥护,对阴谋破坏者一致声讨。"

△ 北京高检厅竟以复辟案发生于本年元旦大赦令之前为理由,宣告免诉。

△ 章士钊派刘伯昭强制接收女师大,并密令:"女生若有抵抗,可以格杀勿论。"当日刘带雇佣之女仆队 30 余人并由京师地检厅侦缉队检验更多人配合,将留校女生全部挟出校门,随后即将校门锁闭。

△ 上海学生联合会致电北京临时政府,抗议女师大暴行,要求将

章士钊革职严惩。次日,全国学生总会及京学联合会各团体代表往警厅请愿,要求撤退军警,惩办行凶警察,保护被拘代表。

△　南方大学教职员为反对江亢虎占据学校,联合章太炎发起国民大学,是日通告正式成立。

△上海商务印书馆职工 3000 余人举行罢工,提出增加工资、缩短工时、改良待遇等 12 项要求。旋经劳资双方签订复工条件,于 28 日复工。

8 月 23 日　国民政府令:监察院监察委员陈秋霖于 8 月 20 日与廖仲恺同在中央党部遇刺,救治无效,溘然长逝,特发给治丧费 5000 元。

8 月 24 日　段祺瑞公布《京畿警卫总司令部暂行条例》,并特派鹿钟麟为京畿警卫总司令。

△　北京临时政府外交部照会苏联大使加拉罕,订于 26 日举行中俄会议开幕礼。

△　汪精卫在广州《民国日报》上发表《悼廖仲恺同志勖诸同志》一文,略谓:"我们同志要反对帝国主义的,便向左去;要生存于不平等条约之下,使中国永为殖民地,以助成帝国主义之永保势力于世界的,便向右去;不必再用什么共产与反共产的口号。"又谓:"我们决不应该借共产二字为口实,以排斥左派分子。这是国民党当前生死关头所在。"

△　蒋介石布告就广州卫戍司令职。

△　刺杀廖仲恺的凶手之一陈顺死于医院。

△　四川将领刘湘、袁祖铭、赖心辉、邓锡侯、刘文辉、刘成勋等在自流井开军事善后会议,讨论分配防区及财政问题。

8 月 25 日　北京国宪起草委员会议决国会采两院制,越二日,通过宪法纲目。

△　驻京美使马瑞慕访晤段祺瑞,赞同关税特别会议。美国政府决定接受北京政府邀请,派公使马瑞慕充任关会代表。

△　许世英、王正廷访晤加拉罕,商议中俄会议开议事。加拉罕表示:尚未准备完竣,恐赶不及。

△　国民政府令：设审理廖案特别法庭，任命朱培德、李福林、岳森、吴铁城、甘乃光、陈树人、陈公博、周恩来、陈孚木九人为检察委员，朱培德为委员长。

△　国民政府密令广州卫戍司令逮捕廖案嫌疑人犯。略谓："查得胡毅生、林树巍、赵士觐、魏邦平、林直勉、朱卓文等与狙击案有主谋指使重大嫌疑，且煽惑军队，拟乘机危害政府……令广州卫戍司令派兵逮捕，并组织特别法庭先由检察委员从事审问，然后由审判委员定罪。除林直勉已逮案候讯外，朱卓文、胡毅生、林树巍、赵士觐、魏邦平已闻风逃匿，着全省军警即严密缉拿。"

△　胡汉民因廖案嫌疑，是日被蒋介石拘捕。

△　许崇智召开军事会议，当场扣留廖案重要嫌疑人犯粤军军官梁鸿楷（粤军第一军军长）、招桂章（粤军总部舰务处处长）、梁士铎（第一警备司令）、杨锦龙（旅长）、谭启秀（建国第一师第二旅旅长）。是晚，国民政府派卫戍区巡查队及党军将梁鸿楷、梁士铎等附逆部队全部包围缴械。

△　审理廖案特别法庭以广州右派机关报《国民新闻》与廖案有关联，派党军搜查该报社，将营业部发行人扣留候讯。按：《国民新闻》报于月前创办，主持笔政者为前盐运使赵士觐，该报出版之日，即首揭"反共产"之旗帜，与《民国日报》针锋相对，对于左派人物时有攻讦，而对左派之廖仲恺攻击尤力。

△　汪精卫对访者谈广东时局，谓："此次廖氏被刺，纯然为反动分子所为，此种分子，大概合帝国主义者之走狗、失意之政客、及无聊之军人而成。其暗杀廖仲恺，不过为第一步计划，即加政府以意图共产之恶名，煽动军队，以推翻国民革命根据之国民政府。"并谓："政府为完成国民革命之目的，不能不下决心，以肃清反革命分子。"

△　北京临时政府财政部代溥益实业公司与中华汇业银行签订16.934363万（银元）借款合同，用于偿付溥益公司山东糖厂欠款，以保息库券作担保。

　　△　英国资本家在香港开会,主张对广州国民政府下哀的美敦书。是日,英资本家在香港开公民大会,通过议决案,拟电致英首相要求英政府以哀的美敦书致广州当局,令其:一、开广州为通商口岸,完全依照条约规定,许各订约国经营商业;二、驱逐广州及广东之布尔什维克党;三、解除黄埔军官学校学生之武装而遣散之;四、停止抵制英货;五、停止排英宣传。如不照允,则英海军完全封锁广州及附近海面,并施行英政府所视为必要之其他行动。哀的美敦书中应声明广州必须施行中国行政制度,并完全遵守中国与外国所订之各条约。与会者一致意见,以为今惟英政府干涉,始能恢复香港、广州与华南间之交通商业,并免香港与华南英人利益受经济之摧毁。会上,麦克哥文代表汕头英商会、华尔夫代表沙面英商会向众演说,赞助此决议案。

　　8 月 26 日　国民政府军事委员会为统一军政,议决编组国民革命军,党军改为第一军(统辖第一、二两师),蒋介石任军长;建国湘军改为第二军,谭延闿任军长;建国滇军改为第三军,朱培德任军长;建国粤军改为第四军,李济深任军长;福军改为第五军,李福林任军长。

　　△　中俄会议在北京开幕。王正廷演说,希望加拉罕“返国公毕早日来华,俾中俄间久悬未决之正式条约,得以从速观成”。加拉罕答称:苏联“处处愿为中国尽力,谋两国相互间之幸福”。开幕礼成后,即由王正廷与加拉罕议决在会议中分设六个专门委员会。即晚由王通电,报告中俄会议已正式开幕。

　　△　驻京英代使白拉瑞向北京临时政府外交总长沈瑞麟表示英国参加关税特别会议。9 月 18 日又致照外交部,告以英政府已决定以麻大臣、皮乐上校及史图德为全权代表,牛敦、付夏礼、台克满为专门委员。

　　△　国民政府发出查究“廖案”通电,略谓:数日以来,已经查得此事是帝国主义走狗及反革命分子所为,已第次拿获重大嫌疑人犯,交付特别法庭审判,其少数被煽惑之部队,亦经分别处理完毕,乱萌已息,人情宁静。

△　国民政府特别委员会发出安民辟谣布告,揭露帝国主义及其走狗打着"反共产"口号,"以挑拨各阶级间之恶意,欲使互相猜忌,以分散革命势力,阴谋毒计,罪不容诛"。指出:"中国目前惟在扫除帝国主义及其走狗之恶势,以求中国自由平等。"因此,"中国今日关于革命工作,在理论上无从发生共产反共产之问题……在事实上亦无从发生共产反共产之问题"。末谓:"自此布告之后,如再有造作谣言希图离间者,实为国民革命之公敌,当与国民共弃之!"

△　段祺瑞令教育次长吕复赴南洋考察华侨教育事宜。

△　段祺瑞发布整饬学风令,宣称:"自后无论何校,不得再行借故滋事,并责成教育部拟具条规,认真整饬。"

△　北京临时政府财政部召集之全国印花税会议在京闭幕。会议表决于9月1日起实行推销新式印花税等议决案20余起。

8月27日　北京临时政府司法部为收回领事裁判权咨行各省长、都统,略谓:外国领事有裁判权,使"外国人杀伤中国人者,不特不予处罚,且从多方袒护之,是无异奖励杀人也。若不及时收回,其危险何堪设想?"要求各地改良司法,以达收回领事裁判权之目的。10月9日驻京荷使欧登科代表驻京使团以司法部此项咨文"诬蔑误解友邦领事",向北京临时政府外交部提出"严重抗议"。

△　国民政府委员会为废除不平等条约及处理沪、汉、浔、粤等处惨案致电段祺瑞,呼吁全国联合起来,一致对外,"提出整个的具体条件";并告以:"此间根据上述理由,议决发起组织全国外交代表团前来北京共谋进行"。

△　苏联驻京大使加拉罕离京返国。

△　北京临时政府参政院开第一次大会,审查议事细则。

8月28日　北京临时政府外交总长沈瑞麟照会驻京日使芳泽,提出中国向日、美两国借款收回无线电台自办等七点方案,以解决中、日、美三国间久悬之无线电问题。10月9日,芳泽照会外交部,答称:日本政府决定"原则上加以容纳",但又怀疑中国财政能力,要求"精密考虑",将其结果告知日方。

△　上海公共租界工部局布告解除戒严令。次日,万国义勇团司令部将非常警备令撤销,各国海军陆战队亦收队回舰。

△　驻津日总领有田为裕大纱厂罢工事件向天津交涉署提第二次照会,认为熊少豪 8 月 17 日复函"所开各节,殊属谬见","东洋拓殖会社为保障债权起见,故对裕大之财产,作为抵押品;而近年该公司经营困难,故为之暂行代替经营","东拓"所有抵押权,即是一种财产权,与外国人之财产同样保护,要求中国政府"应负完全保护之义务"。

△　上海中华书局职工罢工,提出承认工会、增加工资、减少工时等 12 项条件。后由劳资双方签订条件。罢工胜利结束,9 月 2 日复工。

△　段祺瑞特派陆兴祺为国民代表会议西藏议员临时选举监督。

8 月 29 日　段祺瑞特任冯玉祥督办甘肃军务善后事宜,仍兼西北边防督办;特任陆洪涛为甘肃省长。

△　段祺瑞特任杨宇霆督办江苏军务善后事宜。

△　段祺瑞令准免督办安徽军务善后事宜郑士琦本职,以姜登选继任。

△　段祺瑞特任孙岳督办陕西军务善后事宜,派李云龙帮办陕西军务善后事宜;任吴新田为陕南护军使。

△　段祺瑞令河南省长着岳维峻暂行兼署。

△　段祺瑞令苏鲁皖剿匪总司令、豫陕甘剿匪总司令、陕甘边防督办员缺,均着即裁撤。

△　段祺瑞令任命李家鏊为驻芬兰国特命全权公使。

△　段祺瑞令沁布多尔济晋封辅国公。

△　段祺瑞令各省区军民长官体会时艰,勤恤民隐,正当捐税之外,所有一切非法杂捐,悉予蠲除,着内务、财政、陆军部通行遵照。

△　北京临时政府国务会议,讨论议案多起,其要者计有:陆军部提议请明令禁止购置外械,议决照办;吴光新提出福建第一师师长卢兴邦自改编后,肆意扰民,蹂躏地方,拟请明令准将其褫去现职,严行通

缉，务获归案惩办，议决明令褫职查办。

△　吴光新面见段祺瑞，请辞陆军总长职，并荐卢永祥自代。次日，段祺瑞派吴赴津征卢同意。

△　广东各界对外协会开广东人民代表大会，备界代表300余人出席。谭植棠报告开会理由。汪精卫说明组织代表团赴京原因，略谓：这次外交代表团计划就是一方联合全国各地民众，促成国民会议预备会，一方联合全国民众力量，将各地惨杀案在京总解决，并督促段祺瑞修改不平等条约运动。

△　日本浪人平泉幸四郎、仓泽繁治、吉泽青、下川升等携带伪造中国10元纸币10万张前来奉天，奉省长已转饬各省知事、各警察厅一体协缉，务获送究，以免市面金融受其扰害。

△　熊克武部川军第二军奉国民政府令向桂省富川开拔，越二日，军长汤子模启程前往。

△　清室善后委员会就复辟案函复京师高等检察厅，指出："阴谋复辟，非普通犯罪可比，害及国家，不得谓情节较轻；推翻国体，罪更浮于贿选"，大赦令"实无赦及屡犯不悛进行不已之复辟犯之意"，仍要求高检厅依法检举。同时又在养心殿发现徐良于前年夏间致庄士敦代奏康有为行踪一件，一并送厅。

8月30日　梁士诒奉段祺瑞命，赴奉天催办国民会议选举等事。

8月31日　中国共产党中央执行委员会致电国民党中央执行委员会，吊唁廖仲恺遇刺。指出：廖仲恺被刺逝世，"不但是贵党的巨大损失，而且也是全国被压迫民众的损失"。并谓：帝国主义勾结反革命军阀，刺死廖仲恺的目的，是要"推翻国民政府，颠覆为民族民众利益而奋斗的政府"。末谓："希望用果决奋勇的精神扑灭反革命派，努力与帝国主义者奋斗，巩固国民革命的势力。"

△　黄埔陆军军官学校开追悼党代表廖仲恺大会。廖夫人何香凝携子女莅会。国民党中央执行委员会主席汪精卫、委员林森等出席，蒋介石主祭并发表演说，略谓："党代表的死，是一般反革命派用反共产的

口号打死的。"又谓:"帝国主义用反共产的口号来离间我们的同志,中伤我们同志,所欲谋杀的不止廖先生一人,汪先生和本校长都在内的。……如果党代表死后,我们还不彻底觉悟,便中了敌人的奸计了。"

　△　驻京日使芳泽派参赞有野至北京临时政府外交部,送交日本政府参加关税特别会议复照,并谓:日本代表衔名,俟任命再行通知。

　△　段祺瑞电促卢永祥来京面商入阁事。

　△　段祺瑞令改编福建警备第一师师长卢兴邦褫去现职,交陆军部严行通缉,务获归案惩办。

　△　国民政府公布《陆军测量局编制大纲》。

9 月

9月1日　廖仲恺安葬,送殡团体逾千,人数达20万,林森主祭。各机关全日停止办公,下半旗志哀。

　△　国民政府特别委员会开会,议决三事:一、统一财政,设监督委员会,强迫各处解部;二、出兵东江;三、胡汉民出洋。

　△　驻京英代使白拉瑞奉英外相张伯伦训令,照会北京临时政府外交部,坚持"沪案"应进行司法调查。

　△　天津交涉员熊少豪驳复驻津日领8月28日照会,略谓:来函声明以裕大之财产作为抵押品,则因罢工所受损失,仅应由债权者向债务者自行商酌处理,至于函称暂时代为经营等因,则足见该厂仍系纯粹华商营业,绝不因与外人有借贷关系而变更。照会声明:省代表对于保护该厂,实已充分尽责。前函所复各节,并无谬误之处。

　△　张学良由天津返奉天。

　△　吴光新由津回京,向段祺瑞报告卢永祥不允就陆长职,请段再电敦劝。

　△　段祺瑞公布《国立编译馆条例》及《出版品国际交换局官制》。

　△　旅港各邑商会联合会致函省港罢工委员会,请求磋商调停办

法。10 日,省港罢工委员会复函,欢迎该会派代表来省。

9 月 2 日　段祺瑞令禁止购外械,略谓年来国内不靖,军器所需,每由外商包运来华,价值甚巨,为数繁多,且所购之器,类皆旧式,附带子弹,亦复有限,口径各异,补充亦难,殊非统一兵器教育之道。……除由科学所发明之器械,可供军队智育学术上之研究者,得随时审查需要程度,临时特许采购外,其余应一律禁止购置,并即停发此项护照;一面由外交部分行各国驻使及税务司严为查禁,以重军实,而杜漏卮。

△　段祺瑞特派邓本殷为广东高雷、罗阳、钦廉、琼崖八属国民代表会议议员临时复选监督。

△　段祺瑞指令公布《斯壁嶬浦条约》。

△　段祺瑞指令将驻日本神户领事馆改为总领事馆。

△　北京临时政府派江庸、孔祥熙为代表赴广州磋商南北外交统一事宜,是日离京南下。10 日,江、孔接北京来电称"粤局不靖,缓去为宜",逐中止赴粤。

△　国宪起草委员会议决各省得自行制定省宪法,特别区得自行制定区宪法。

△　督办安徽军务善后事宜姜登选为苏皖鲁剿匪司令部明令裁撤,致电段祺瑞严索积欠之军饷 23 万余元。并谓:"公既裁撤,自应清偿债务,务请财、陆两部赶速如数汇拨,俾清手续。"

△　孙岳在西安就督办陕西军务善后事宜;同日,河南兼署省长岳维峻电告段祺瑞,已遵命在省署任事。

△　驻京比使华洛思照会北京临时政府外交部,比政府欣然接受中国政府邀请,决定参加关税特别会议,并特派华洛思为代表,驻沪总领事汪侯特及银行总代表狄西业二人副之。

9 月 3 日　卢永祥致电北京临时政府,称苏皖宣抚行署从 9 月 1 日起先行收束,并请政府先须明令取消宣抚名义,本人俟调摄得痊,再效驰驱。

△　国民政府令兼署财政部长及财政厅长古应芬呈请辞去兼职,

特任邓泽如为国民政府财政部长仍兼两广盐运使;任命李基鸿为广东财政厅长。

　　△　国民政府特别委员会宴请商界人士,总商会、市商会等 200 余人出席。汪精卫发表演说,阐述国民政府政策与商民之利害关系,指出:财政统一等四项决议案,是"保护商民利益,发展商民利益的"。

　　△　川黔联军攻入嘉定,杨军黄毓成部被迫缴械投降。

9 月 4 日　华盛顿会议条约各国(英、美、法、日、意、比、荷、葡)驻京使馆分别答复北京临时政府外交部 6 月 24 日促请修改不平等条约照会,复文措辞大体相同,大意为:修约须视中国能否保护外人权利与利益为准;关税自主,俟财政改革后予以特别注意;领事裁判权问题,俟派员来华调查后决定。

　　△　驻京法使玛太尔照会北京临时政府外交部,同意参加关税特别会议,团长为驻京法使玛太尔,委员为驻京法公使参议祁毕生、法国总领事商务随员克乃德。

　　△　段祺瑞指令外交、交通两总长,批准《万国邮政公约》。

　　△　北京临时政府渤海舰队司令温树德抵南京,筹商海军统一事宜。

　　△　杨森通电宣布率部由犍为向滇进发,所有留川各部概归刘湘节制指挥。

9 月 5 日　段祺瑞特派沈瑞麟、梁士诒、颜惠庆、李思浩、王正廷、叶恭绰、施肇基、黄郛、王宠惠、莫德惠、蔡廷幹、姚国桢为关税特别会议委员会委员,派严鹤龄为关税特别会议委员会秘书长。

　　△　段祺瑞特派李盛铎为国政商榷会会长,彭养光、周渤为副会长。

　　△　中比金法郎案在京正式换文。该协定凡四条,其大要为:比国允将 1922 年 12 月 1 日所应开始偿付之赔款,改自 1925 年 9 月 1 日起清偿;以前 33 个月之付款,归中国支用,其余未付之款,须照电汇折为美金,一次付清,由华比银行垫出;俟付清垫款后,余款悉交中

比委员会,作为教育、慈善、实业、公益工程之用,惟所需材料须向比国购买。

△　国民政府授予许崇智监督广东境内财政全权令:特授政府委员、军事部长许崇智以监督广东境内中央及地方财政全权,着即认真监督,切实整顿,如有不肖军人,贪墨官吏,或从中阻挠,或阳奉阴违,务须按法惩治,庶几财政统一早日实现,并将从前紊乱分裂苞苴贿赂种种积习,悉数扫除,以成新治。

△　广西省政府改组,李宗仁任省军务督办,黄绍竑任省军务会办兼民政长。是日,李、黄宣誓就职。

△　国民政府公布《兼职条例》,凡五条,规定凡服务于政府机关人员,均以专任为原则,其有不得已而兼任者,须呈请主管机关核准,且兼职者不得兼薪。

△　粤商界为支持国民政府统一财政,表示商民与政府合作之决心,是日在广州总商会成立"改除杂捐研究会",并通过宣言。

△　山东省银行在济南正式开幕。张宗昌出席并致训词。该行督办蒋邦彦,资本 1000 万元,已收足 500 万,发行钞票 300 万,为鲁省各银行之冠。

9 月 6 日　北京临时政府外交部电令驻英、美、日、法、比、意各国公使、代办,向驻在国政府声述:对于"沪案"司法调查,我国在原则上誓不承认,亦不派员参加。

△　国民党江苏省党部开第二次执行委员会,发表"九七"国耻纪念宣言。

△　四川省议会召集被灾各县县议会代表议兵灾善后办法,到叙永、内江、资阳、仁寿等 39 县代表,一致主张立筹巨款,赶放急赈 400 万元,并请调回主客军队,免骚扰地方。

△　黄埔陆军军官学校行第二期毕业礼。此届毕业生计五队:步兵二队、炮兵一队、工兵一队、辎重一队,共 393 人。校长蒋介石训勉各毕业生同心同德,继承总理遗志,努力革命事业。

9 月 7 日 国民党中央执行委员会在广州举行"九七"国耻纪念大会,到工农商学各团体二万余人。国民党中央执行委员会代表谭平山、省农会代表阮啸仙等发表演说。旋列队示威巡行。

△ 上海总工会、工商学联合会等团体纪念"九七"国耻及追悼"五卅"与各地死难烈士,举行大会,并示威游行,到 12 万余人。大会通过致段祺瑞及全国各界电,吁请圆满解决五卅惨案及废除不平等条约。下午 6 时,游行完毕。各工人散队回家,经过英租界爱多亚路时,英捕强行阻拦,不许通过,并开枪向工人射击,重伤六人,轻伤多人。同日,上海总工会就英捕任意枪杀游行工人通电各方,望南北政府即向英使提出严重抗议,务期达到赔款道歉目的,并望全国各界同胞速起援助,一致奋斗到底。

△ 武汉工学商各界 10 余万人纪念"九七"国耻日,举行水陆大游行。是日,华英交界路口军警林立,戒备严密。游行队伍手执旗帜,高呼口号,通过各主要街道,秩序井然。水面游行由航业公会组织大小轮 20 余只、帆船 40 余只,约万余人。当日,各团体召开国民外交大会,到 10 余万人,通过议决案多起。

△ 驻京葡代使照会北京临时政府外交部,同意参加关税特别会议。17 日,又来照称:已派定驻京公使毕安琪、国会议员罗夏、海军少将勃郎谷为会议代表。

△ 新任督办江苏军务善后事宜杨宇霆与财政善后委员会委员长梁士诒、农商次长莫德惠同车抵京。杨此次来京,系奉张作霖使命,与政府商洽改组内阁问题,为段所拒。越二日,杨离京回奉。

△ 湖北国民外交协进会发表宣言,誓不承认北京外交委员会关于维持外交部所提"汉案"修正案的主张,声明:"本月七日湖北全省国民外交大会十余万人,当场通过坚持汉案原提条件,不达圆满目的不止。"

△ 国民党浙江省执行委员会选举蒋介石为出席第二次全国代表大会代表。

△　国民政府令：上海大学代理校长邵力子，呈请政府准予援助上海大学建筑经费大洋二万元，经十五次委员会议决，决补二万元，由财政部筹拨。

△　北京师范大学校长范源濂致函该校董事会，倡议"教授治校"，本人决辞。

9月8日　驻京荷使欧登科照会北京临时政府外交部，荷兰政府同意参加关税特别会议。30日又来照称：欧登科为全权委员，荷属东印度副总税务司夏培克及荷兰东印度汉务哥喀特恩格立诺为专门顾问。

9月9日　上海工商学联合会为7日英捕开枪伤人事致电段祺瑞，要求迅即提出严重抗议，"并速决谋取消不平等条约，收回租界主权"。

△　驻京法使玛太尔向北京临时政府外交部抗议，上海"九七"运动游行队携旗冲入法租界，不及派捕阻止，致在英界发生惨剧，此事应完全由中国官吏负责。驻京英使亦照会外交部声明"九七"流血惨剧之责任全由中国官吏负之。

△　北京外交团会议讨论重查"沪案"问题。决议由英、美、日三国先行派遣司法官组织委员团，从速实地调查；"沪案"开议，俟司法调查后始能举行；通知中国政府亦派司法官会同调查；致电本国政府，促其派法官从速起程赴沪；并决定无论中国政府赞同与否，三国司法委员团决计实地调查。

△　全国总工会上海办事处致电段祺瑞，请修正《工会条例》。指出："该条例修正后，仍有种种限制，此不但不能纳工人行动于正轨，且将为工潮泛滥之根源"；要求"将该条例再加修正，使合于保障工人利益及自由之原则；否则，该条例照旧发布，敝会所属八十万工人，誓不承认"。

△　旅京苏绅庄思缄等公饯杨宇霆。席间，杨表示：决不带一兵赴苏，到苏后亦不添募一卒。

9月10日　北京临时政府国务会议议决，上海"九七"案作地方事件,由上海交涉员许沅与驻沪英领谈判解决。

　　△　陈启天在上海《醒狮周报》发表宣言及简约,宣布"中国国家主义青年团"正式成立。

　　△　甘肃省议会致电冯玉祥,对其督甘表示欢迎。次日,班禅额尔德尼亦电冯表示祝贺。

　　△　上海华商纱厂经上海总商会调停,承认工人所提六条件。是日,上海总工会通告工人即日复工。

　　9 月 11 日　国民政府批准公布《修正发行广东短期金库券条例》。《条例》规定省金库券定额为 200 万元,月息六厘,三个月期满本息偿还。

　　△　国民政府公布《兵工厂组织法》,规定兵工厂直接属于国民政府,受军事委员会之直接监督。

　　△　林虎、洪兆麟、叶举三部由刘志陆指挥,分兵三路向普宁、惠来、揭阳、潮阳四县进攻,许崇智部纷纷退却。次日,林虎入汕头。

　　△　驻京美使马瑞慕照会北京临时政府外交部,同意参加关税特别会议。29 日,又来照称,全权代表兼委员长为马瑞慕,全权代表注恩,专门委员情金式、韩倍克、艾文思。

　　△　段祺瑞特派章士钊兼国立编译馆总裁,张奚若为出版品国际交换局局长。

　　△　陈独秀在《向导周报》第一百二十九、一百三十期发表《给戴季陶的一封信》,指出其《国民革命与中国共产党》一书"错误见解非常之多",对共产派的态度与右派谢持、马素等人"无甚出入"。并对其"所持排除共党派的根本理论及批评共产派的态度"作了简单的答复。

　　9 月 12 日　国民政府令:每年 3 月 12 日为孙中山逝世纪念日,各机关均应于是日放假,并列入学校日历。

　　△　国民政府公布《修正商标条例》及《修正商标条例施行细则》。

　　△　国民政府令:决定在虎门附近组织领港机关,着令饬领港人员应驻在该处。

△ 段祺瑞任命杨如轩为暂编陆军第六师师长;陈兆锵为江南造船所所长。

△ 江苏旅京同乡举旧国会议员陈则民访农商次长莫德惠,请向杨宇霆转达三事:一、军民分治;二、不带军队;三、实行新预算案。

9 月 13 日 上海各公团联合会执行委员会会议,通过致电北京临时政府外交部,请向使团正式声明反对司法调查及否认其调查结果等项议决案。

△ 陈炯明自上海乘轮赴香港,联络魏邦平,接洽商界。

9 月 14 日 李宗仁、黄绍竑致电国民政府,报告广西新政府成立。

△ 川北旱灾急赈会以川北旱灾,灾区延袤 70 余县,饿死 20 余万人,是日开会公决:于京、沪两地设立办事处,宣传劝募,以资救急。

9 月 15 日 国民党中央执行委员会第一〇八次会议议决,任命汪精卫为各军及各党立军校党代表;候补中央执行委员沈定一、林祖涵递补为中央执行委员;决派胡汉民为代表赴俄考察;改国立广东大学为国立中山大学。

△ 驻京荷使欧登科照会北京临时政府外交部,略谓:"各关系国议决对五月三十日上海事件,由美、英、日各派法官一人组成司法调查委员会重查,请中国亦派法官一人参与该会调查。"照会并附上述三国委员指定书副本一份。

△ 国宪起草委员会议决,总统由全国选民组织选举委员会选举之。

△ 卢永祥到京,当晚晤段祺瑞,坚请准辞宣抚使,并表示不肯就陆长职。24 日,国务会议议决,由府聘为高等军事顾问。

△ 刘志陆部分三路向东江移动。左路指挥谢文炳率部出发海陆丰,右路指挥林烈率部出发老隆、河源,中路指挥黎生、前敌总指挥李易标由五华、紫金击三多祝。是日,刘下达各路动员令,18 日,下达总攻击令。

△黄河下游山东寿张县黄花寺决口,冲汲村庄 80 余处,淹毙 2000 余人。

9 月 16 日 湖北交涉员胡钧与驻汉英领柏达就汉口惨案举行第九次谈判。英领提出除赔偿一条外,其余各项无再议之必要。

9 月 17 日 驻京荷使欧登科照会北京临时政府外交部,请订"沪案"开议日期;并声明对于司法调查,仍坚持 9 月 15 日照会所持之态度。

△ 北京临时政府国务会议决定,授予吴光新陆军上将衔,特派赴日观操;又内务部提出包头改设县治案,议决准予照办。

△ 段祺瑞任命王都庆为暂编陆军第七师师长。

△ 山东省东昌驻军张建功部第四旅,奉命往大名一带剿匪,是晚全体哗变,抢劫城内钱庄、当店,黎明即鸣枪南去,沿途经过莘县、朝城、观城等县,均大肆抢劫,旋向豫境窜去。

△ 苏军长官陈调元、白宝山、马玉仁在南京秘密会议,议决一致拒绝奉军,并将陈调元所率第十师(卢永祥旧部)陆续向宜兴移动,以防浙为名,待机而动。

9 月 18 日 淞沪戒严总司令部派出大批军队解散上海总工会,封闭会所,拘留职员二人,并出布告以"宣传共产,鼓动风潮"为由,通缉总工会委员长李立三。同时限令各工会即日一律自行取消。当日,上海总工会发出通电,说明事实真相,吁请全国各界"主持公道,予以实力之援助"。

△ 国民政府军事委员会特令黄埔军校校长兼广州卫戍司令蒋中正全权处置粤局。

△ 国民政府代表林森、邹鲁率国民外交代表团赴北京,广州市各界八万余人欢送。

△ 刘志陆、李易标、熊略等通电声讨蒋介石,并派人赴港请陈炯明回汕主持一切。

△ 刘志陆部右路林烈部占紫金,左路谢文炳部占惠来。23 日,占河婆。24 日,又占海陆丰。许崇智部退淡水。

△ 段祺瑞令财政部各发给帑银一万元,分别赈济直隶、福建水灾。

9月19日　国民政府以秘书长李文范随胡汉民赴俄访问,任命陈树人署理国民政府秘书长。

△　蒋介石密令黄埔学生军第二大队,第一军第四、五团,粤军第四师第七、第八旅并补充旅及铁甲车队、"江固"舰,解决叛军。次日,第二大队在虎门、太平,第四、五团在东莞,包围粤军第三师师长、前魏邦平部旅长郑润琦部,将其全部缴械;粤军陆海泉、谭曙卿、魏丽黄三旅迫石龙,粤军第三旅旅长莫雄部遂亦缴械。

△　段祺瑞指令批准在苏联列宁格勒特设总领事馆。

△　蒋介石致函许崇智,劝其暂离粤境。

9月20日　国民政府在广州开追悼廖仲恺大会。到数万人。汪精卫、胡汉民、蒋介石、谭延闿、朱培德、伍朝枢等均在会上演讲。

△　国民党政治委员会议决准予军政部长兼粤军总司令并财政监督许崇智卸职。午后3时派陈铭枢护送许乘轮赴沪。

△　国民政府令:许崇智请假赴沪养疴,着谭延闿署理军事部长。粤军总司令部收束事宜,由该军参谋长蒋介石办理。任命谭曙卿代理国民革命军第三师师长,暂归第一军军长蒋介石指挥。关于东莞、增城、宝安一带之军队,统为蒋介石分别处理。又令:免去广东财政厅长李鸿基本职,由宋子文继任。

△　潮梅旅省各团体通电全国,宣布陈炯明军罪状。略谓:"……杨、刘叛乱,省军回戈,洪兆麟、林虎、叶举等趁虚复入,分驻梅、埔、顺、揭、潮、澄各属,驱万余叛军,散布村市,占驻民房,强占粮饷,掳掠货财,奸淫妇女,横行无忌。"并谓:"林、洪、叶等近且不惜勾结帝国主义,接济香港粮食,以冀获得枪械,重祸广东,卖国殃民",要求国民政府实行讨伐。

△　范石生部向文山进发,龙云、胡若愚两军分两路夹击。范军大败,残部向百色溃退。

△　中华学生联合会致电段祺瑞,要求立即电令上海当局启封上海总工会,并释放被捕职员。越二日,上海纱厂总工会等100多工会联

合致电段祺瑞,提出同样要求。

△　上海学生联合会、全国学生联合会发起成立上海反帝国主义大同盟。

△　驻京西班牙公使嘎利拉照会北京临时政府外交部,同意加入关税特别会议,出席代表委员为嘎利拉及本馆参赞阿嘎拉。

△　中国济难会在上海成立。该会以救济因爱国运动而被难者为其宗旨,恽代英、郭沫若、陈望道等为正式委员。

9 月 21 日　国民政府任命国民革命军第一军军长蒋介石为东征军总司令。

△　新任督办江苏军务善后事宜杨宇霆抵南京,次日在督署接印视事。

△　段祺瑞令:军事善后委员会、财政善后委员会,均着于 10 月 5 日开会。

△　段祺瑞任命王天培兼暂编陆军第九师师长;彭德铨为暂编陆军第六混成旅旅长,杨振东为暂编陆军第七混成旅旅长,颜景宗为暂编陆军第八混成旅旅长。

△　段祺瑞令准免督办东省铁路公司事宜鲍贵卿本职,特派刘尚清继任。

△　汉冶萍矿经理盛恩颐勾结赣西镇守使李鸿程,派军队一团包围安源路矿工人俱乐部,逮捕工人俱乐部副主任黄静源等 40 余人。工人大愤,要求释放被捕人员,军警当场开枪镇压,打死七人,伤 30 余人。当即封闭俱乐部,捕去工人多名,遣散工人千余名,并使煤矿停工,一万多工人失业。

△　上海各路商界总联合会因上海总工会被封,议决自行解散上海工商学联合会。

9 月 22 日　北京临时政府外交部驳复驻京英代使白拉瑞本月 1 日照会,反对英政府用司法调查手续重查"沪案"。

△　国民政府令财政部长邓泽如辞职,以宋子文继任。

△ 段祺瑞令准免京师宪兵司令费国祥本职,任柴兰芬署京师宪兵司令。

△ 孙岳致电北京临时政府,以奉命督陕,豫陕甘剿匪总司令一职,请任第三师师长叶荃继任。

△ 陕西督办孙岳致电北京临时政府财政部,以该军欠饷数月,官兵困苦,转瞬秋凉,冬衣尤为吃紧,请拨付比利时退还之金法郎款维持。

△ 淞沪市政促成会以江浙再战之谣诼日盛,致使沪上米价飞涨,致电杨宇霆、孙传芳,要求通饬所属防军保护米船通行。

△ 北京临时政府驻日本公使汪荣宝抵东京任所。是日上午往访日本外务大臣币原喜重郎。币原就北京临时政府 8 月 28 日关于无线电问题提出提议,表示:中国应先许可三井物产会社经营双桥无线电台为其前提条件。

9 月 23 日 国民政府布告处置"廖案"各犯经过。略谓:"廖案"发生,政府"业于二十五日将嫌疑犯人胡毅生、魏邦平、林树巍等通缉归案讯办,并将谋危政府、叛迹已露之军官梁鸿楷等逮捕,暨将其所属部队,分别解散收编"。又谓:"郑润琦等包藏祸心,与梁鸿楷等串通一致,政府令其驻屯东莞、增城、宝安等处,责任重大,乃甘为反革命之鹰犬,以谋害国民革命政府,实为军队之败类,民国之罪人,故于九月十九日:令广州卫戍司令相机处置,以破凶谋,而息乱源。"

△ 国民政府给予胡汉民以俄使名义出国,由黄埔乘俄舰放洋。所遗外交部长职务,由黄昌谷代拆代行。

△ 国民政府外交代表团林森等一行 22 人抵沪,29 日抵宁,10 月 6 日到达汉口。

△ 段祺瑞以陆军总长吴光新赴日本观操,令次长贾德耀暂行代理部务。又令:将陆军第二十二师师长唐廷牧、第三十一师师长陈国栋免职,以赖心辉兼第二十二师师长,刘文辉兼第三十一师师长;任王缵绪为陆军第十六师师长。

△ 吴光新奉段祺瑞命,偕同宪兵司令柴兰芬赴张家口与冯玉祥

会晤。冯对吴表示:仍本去岁主张,与东北合力拥护现政府。并谓:本人现正致力于开发西北,日内即赴包、宁视察,筹划屯垦事宜。越二日,吴离张返京,并于次日向段面陈经过。

△　段祺瑞着财政部发给帑银一万元,赈济河南水灾。

△　汉口惨案举行第十次谈判,中英双方讨论租界防务及商团撤防等问题,无结果。

△　驻京意使翟禄第照会北京临时政府外交部,同意参加关税特别会议,全权代表为驻京公使翟禄第,专门委员为陆尚达及意大利远东商会会长富麦加利。

△　上海工人组成上海工人临时代表会议,是日召开成立大会,推举范成馨等九人执行职务,负责对外接洽及办理事务。

△　北京临时政府财政部与日本太平公司签订 1647.011393 万日元借款合同,作偿付购械借款利息用,年息 8%,期限二年,以国库券担保。

△　上海商场开幕。该商场由中华国货维持会发起,联络全国各工厂组织而成。出售商品 50 余种。商场委员长为杨小川、庞竹卿、王介安。上海总商会正、副会长虞洽卿、方椒伯出席开幕式。

9 月 24 日　国民党为促进各界与国民政府合作统一广东,是日召集广东"军、政、学、农、工、商各界大会",到千余团体,10 余万人。林祖涵代表国民党中央执行委员会主持大会。国民政府代表汪精卫、省政府代表陈公博、总商会代表冯芝荪、广东对外协会代表谭植棠等在会上发表讲话。大会通过宣言,谓:"广东的统一,就是广东民政财政及军政的统一。"指出:"要使人民与军队结合起来,以全力做国民政府及国民之后盾,方能扫除一切障碍,方能达到广东的统一。"

△　库伦外蒙政府致电北京临时政府蒙藏院,请明令宣布民族自决,俾"蒙古政府当派全权代表驰赴中央,共议中蒙多数人民永享平安之计"。

△　段祺瑞令财政部发给帑银一万元,赈济安徽水旱灾。

△　北京临时政府国务会议议决由商务印书馆影印《四库全书》。

△　国民政府召集省港罢工委员会讨论解决罢工条件,提出《香港罢工工人复工条件草案》12 条及《沙面罢工工人复工条件草案》八条。

△　建国川军总司令熊克武到达广州。

9 月 25 日　北京临时政府外交部就各国准备于 12 月 18 日召集调查中国司法制度委员会开会一事,照会北京外交团领袖公使荷使欧登科,表示中国同意开会,届时当派专员参加。

△　葡萄牙新任驻京特命全权公使毕安琪抵京。

9 月 26 日　国民政府任命邵元冲为国民政府监察院监察委员;免去管理粤汉铁路事务许崇灏本职,以徐苏中继任。

△　汉口惨案举行第十一次谈判,双方就先决条件第二条声述各自意见。

△　驻京挪威公使米赛勒照会北京临时政府外交部,同意参加关税特别会议,并由该公使为代表。

△　全国 14 省区电报局员生在上海组成中国电报工会联合会,并致电北京临时政府交通部,要求承认该会组织,请愿加薪,及整顿电政,并限期 36 小时内答复。交通部置之不理。越二日,沪局及国内部分邮局同时罢工,发表宣言,向交通部提出总辞。

△　上海英商各纱厂由上海总商会调停,定于 30 日一律复工。

9 月 27 日　国民政府军事部举行会议,讨论对付东江陈炯明部办法,决定出师东江,为第二次之东征。

△　吴光新赴奉天向张作霖转达冯玉祥意旨,劝张对冯谅解。

△　北京临时政府财政部与日本兴业、朝鲜、台湾三银行签订日金 1026.765537 万元借款合同,作偿付参战借款利息用,年息 8%,期限二年,以国库券担保。

9 月 28 日　国民党中央执行委员会第一一〇次会议,议决任命李福林为国民政府军事委员会委员,邵力子为黄埔军校政治部主任;周恩来为第一军第一师党代表。

△　关税特别会议专门委员在外交部开会。议决将全部事务分三股办理:梁士诒为第一股长,王正廷、王宠惠为委员,专管国际条约、国定税率、关税保护政策方针;颜惠庆为第二股长,李思浩、姚国桢、蔡廷幹为委员,专管二五加税、整理内外债、修改税则、评定货价、裁厘加税、烟酒税则;黄郛为第三股长,叶恭绰、施肇基、莫德惠为委员,专管关款保管、陆路关税、内河外海吨税、海内外贸易统计、海关制度。外交总长沈瑞麟总其成。

△　宪法起草委员会议决《议会组织法》,采两院制,参院议员任期四年,众院议员三年。

△　北京临时政府内务部通咨各省,以无约国人民来华日益增多,要求地方按月调查送部登记,以便稽考。

△　冯玉祥致函张作霖表示和平旨趣。略谓:"弟承乏西北,致力垦殖……其渴望和平,殆与我哥同其旨趣。此后左提右携,共以和平标帜,昭示国人,而以实力盾其后,庶几多年变乱相寻之局,由我辈而奠定,其为欣幸,实无以逾之。"

△　李宗仁、黄绍竑电告广西全省各军事机关决将全省军队分别改编为国防军及省防军,统一名称,按制编配,以便整顿使用,确定预算。国防军定名为广西陆军,最高单位为旅,旅辖两团。省防军定名为广西陆军游击队,其部队之大小,俟国防军编完后,再行规定。

9 月 29 日　国民政府东征军组成。中路为第一纵队,纵队长为第一军第一师师长何应钦;右翼为第二纵队,纵队长为第四军军长李济深;左翼为第三纵队,纵队长为攻鄂军军长程潜;总预备队为第三军,军长朱培德;总指挥蒋介石在中路督战。

△　国民政府公布《法制委员会组织法》,凡八条。

△　冯玉祥派遣军事代表团抵莫斯科,团长熊斌。该代表团赴苏,意在研究苏联政府已成就之事业、实业恢复工作、军事组织及教育事业等项。

△　上海各团体外交后援会致电北京临时政府外交部,反对"沪

案"司法调查,要求对于行将来沪之三国委员勿予以正式接待。

△ 旅港各邑商会联合会派代表与省港罢工委员会接洽调停事宜,是日抵广州。越二日,省港罢工委员会召开欢迎会,苏兆征主席、港商代表团团长谢树棠在会上讲话。

9月30日 北京临时政府外交部答复驻京荷使17日照会,声明:已准备开议"沪案",惟所提保留态度一节,应行除外。

△ 驻京丹使考夫曼照会北京临时政府外交部,由该使充任关税会议全权代表。

△ 姚震奉段祺瑞命赴豫后,于是日回京,即晤段报告与岳维峻接洽情形。据岳表示:决无对奉军开衅之意,军事问题悉听冯玉祥总司令指挥,今冯既已向中央表示和平,则河南更无自作主张,违背冯总司令意旨之余地。

△ 北京临时政府财政部签订《奥款展期合同》,由奥国代表罗森塔、财政部李思浩分别签字。

△ 段祺瑞发布禁种鸦片令。

△ 冯玉祥所委之甘肃督署参谋长蒋鸿遇率军抵宁夏,代冯发电宣告就职,甘肃省长陆洪涛潜逃,省务交蓝山道尹杨思代理。

△ 国民政府令林祖涵、甘乃光、孙科、陈公博、徐苏中及粤汉铁路总工会所推出之代表一人组织查办粤汉铁路委员会,彻查该路积弊,并授该委员会以监督及整顿之权。

△ 国民政府公布《特别刑事审判所条例》、《特别刑事诉讼条例》、《统一广东军民财政及惩办盗匪奸宄特别刑事条例》、《修正国民政府监察院组织法》。

是月 中国共产党在北京召开第二次中央扩大会议,通过《中国现时和政局与共产党的职任议决案》,指出戴季陶的小册子代表了国民党右派的思想,"假使认为这种现象已经是中国共产党与资产阶级民主主义的国民党脱离关系之时,那就是很大的错误"。会议通过的《中国共产党与中国国民党关系决议案》还指出:"共产党现在的职任,便是更加应当继续与国民党合作的政策而与大多数群众接近,并与左派结合密切的联盟,竭力赞助左派与右派的斗争。"

△ 段祺瑞派卫兴武赴库伦会晤车林多尔济,说明中央取和平政策,对蒙不使用军队,并请参加国民会议及未来国会。

△ 张家口交涉署为办理市政工程等需用浩繁,曾致函美、日、苏三国领事,请外商一律纳捐,以增进市政收入。乃美领事竟提出无理抗议,是日,交涉署据理驳复。

△ 山东郓城县南坝黄河决口,河水溢出,淹没区长 200 里,宽 40 里,村落被水包围者 900 处。

10 月

10 月 1 日　中意金法郎案在北京正式换文。此案照法、比成例解决;退还三年缓付款 480 余万,由北京临时政府财政部抵借现款,充中秋应发之军政费,前罗文幹所订奥款合同,连带解决,改定新约。

△ 驻京荷使欧登科照会北京临时政府外交部,表达各关系国对我国所提"沪案"交涉条件的具体意见。大意为:13 条中之取消武装设备,海军士兵回舰,义勇队遣归,解除戒严令,释放被拘人员,恢复占领之学校等项,都已实施。有待解决的有:一、"五卅"案之责任及结果,需详细研究,拟先将总巡停止职务,听候解决;二、改善工人状况,由各关系国训令驻沪领事设法改善雇主与被雇者之关系;三、交还会审公廨问题,准备交换意见;四、华人参加租界董事会,亦准备交换意见;五、越界筑路、印刷附律、加征码头捐、交易所领照等问题,训令领团与当地官厅商决。

△ 冯玉祥电告段祺瑞就任督办甘肃军务善后事宜。

△ 冯玉祥会见美国联合通信社董事长哈瓦德,指出:列国应宣布"恢复中国关税自主,并取消不平等条约"。又谓:"鄙人绝无意于总统之职,惟甚愿以军人职责统一中国,使中国不受外侮之侵略与内争之扰

攮。"并断言:中国"六个月内,绝无内战之忧"。

△ 国民政府令:"奉中国国民党中央执行委员会第二十七号训令,此次中华总工会、省港罢工委员会、广东全省商会联合会、广州市商会、广州商民协会所议决之工商联合及共同决定废除苛捐杂税,减少军额,肃清土匪,扫除障碍,振兴工商业,完成粤路,速建黄埔商埠及其他公路,设法增加广东出入口货,使广州成为最富庶繁华之城市等项……业经宣言,谨以至诚完全接受,务于最短期限以实力行之。"

△ 北京临时政府财政部与华比银行签订银元 150 万元借款合同。

10 月 2 日 北京临时政府外交部致驻京荷使欧登科两照会:一、对 1 日来照,表示赞同,并愿继续讨论其余各问题,即:责任暨由此而生之结果问题,上海会审公廨交还问题,上海公共租界董事会内加入华董问题,务使最短期内,得一良好之结果。二、对上月 15 日来照主由美、英、日三国各派一法律专家为"五卅"案司法调查委员一事,仍行驳复。

△ 北京临时政府总检察厅检察官翁敬棠将查办金法郎案结果呈报司法部,指出:与法国订此协定,使国库损失 8000 万元,如意、比、西三国援例要求,则国库损失共 1.3 亿元,已构成刑律第 108 条外患罪。外交总长沈瑞麟为本案之正犯,财政总长李思浩为本案之共犯。请立饬侦查起诉,以彰法纪,并请饬令主办人员,依法先行羁押,俾不致逍遥法外。翁递呈后,为避免危险,即请假离京赴津。

△ 吴铁城所统之警卫军,改编为国民革命军独立第一师。是日,吴就师长职。

△ 省港罢工委员会与旅港各邑商会联合会代表,就解决罢工条件草案进行会谈。港商代表谢树棠谓:凡关于政治或与港政府有关及涉及法律之各问题,代表团地位有限,无权讨论。会谈无结果而散。

△ 陈炯明在香港宴港商何世光等数十人,要求与会者继续接济东江战事饷银 20 万元,未遂。

△ "沪案"司法调查委员会日本委员须贺喜三郎抵沪。

10 月 3 日 蒋介石扣留建国川军总司令熊克武。次日,广州国民政府发表布告:熊克武与陈炯明密使往来……谋危国民政府,罪状昭然,人证俱获,实难再事姑容。已饬广州卫戍司令立将熊克武扣留,候国民党中央执行委员会审判。

△ 驻京瑞典国代办雷克武德照会北京临时政府外交部,谓:驻中国、日本特命全权公使艾维娄福及本代办为出席关税特别会议代表。

△ 北京临时政府交通部为各电报局员生总辞职风潮案,致电上海电政监督,略谓:"本部为根本革新章程,改善员生待遇起见,业经开诚布公通电各局召集会议,所有修改章程、改良电政诸大纲,均需集思广益,于会议中决定之。希将本部意旨广为晓谕,俾各局代表早日来京,迅予决定。"次日,各省电报局驻沪代表,即分电各省电报局,均于正午一律复职。

△ 广东军、政、工、农、商、警各界举行沙基死难烈士国葬礼,五万余人参加,国民政府代表邓泽如主祭,陈树人宣读祭文。

△ 汉口惨案举行第十二次谈判,就"汉案"先决条件达成妥协。谈判遂告结束。

△ "沪案"司法调查之英国委员、法官亨利·葛兰及美国委员、法官约翰森抵沪。同日,三国司法调查委员会发表开会通知书,谓:驻京美、英、日外交公使,受美、比、英、丹、法、意、日、荷、挪威、西班牙、瑞典等国外交公使之委托,委任本员等调查下列事项:一、"五卅"风潮之起源及性质;二、是否有扰乱之预兆及其理由;三、已取及可取之预防方法;四、弹压之方法;五、死伤者所处之环境。兹本委员等敬请各国人士亲自或派律师到会呈述关于以上各项之证据,俾使进行。第一次会议定于 10 月 7 日上午 10 时半在上海市政厅举行。

△ 国宪起草委员会议决:总统选举法以县为基本选区,由省选举会选举总统。

△ 驻京日使芳泽晤段祺瑞,接洽中、日、美无线电问题。

10 月 4 日 胶济铁路民业公司正式成立。山东督办省长公署为尊重黎元洪由人民筹款赎回胶济铁路之前令,是日正式成立胶济铁路民业公司,任省议会议长宋传典为筹备主任。

　　△　广州市各校代表齐集广东大学,议决禀请国民政府将全省教会学校从速收回国有。

　　10月5日　东征军总指挥蒋介石、党代表汪精卫发表东征军出兵布告。

　　△　国民党中央执行委员会第一一〇次会议,听取汪精卫报告熊克武通敌情况,议决解除熊克武中央执行委员职务,听候本会审判。

　　△　北京临时政府军事委员会开会。段祺瑞到会致颂词,略谓:近来内讧日棘,军额多至数倍,而军与军哄,省与省哄,每一念及,戚焉如捣。兹届军事委员会开会,凡军额制度,军区划分,军费撙节,军械整一等各要点,谅各委员皆筹策有素,必能周密规定,以竟此功。11时,财政委员会开会,梁士诒报告筹备经过,段与国务员亦出席致颂词。

　　△　唐绍仪以关税特别会议将加重不平等条约之束缚,是日发出通电反对召开关税会议。

　　△　段祺瑞任命张贻惠为国立北京师范大学校长。

　　10月6日　东征军各纵队连日开赴前线。是日,蒋介石率司令部抵石滩巡视。

　　△　上海百余团体之代表集上海总商会开会,反对"沪案"重查,并发表声明:英、美、日三国所派司法调查委员业已莅沪,本星期三(7日)将开始传集人证,加以讯问,敝会等郑重宣言,绝对否认之。

　　△　段祺瑞令:张英华等在汉口等处"设立机关,密谋煽动",意在"扰乱治安,潜图不轨",着褫夺张英华、吴景濂、张志潭、刘永谦官勋,由各省区军民长官"通饬所属,严缉务获,交由法庭依法讯办"。

　　△　国民政府特派谭延闿、古应芬、伍朝枢、谭平山、甘乃光为预算委员会委员,以谭延闿为主席;又派龙光为川军慰抚使。

　　10月7日　皖、赣、苏、闽、浙五省代表在杭州开会,议决五省联盟。举孙传芳为总司令,树"拥段反奉"之帜,其战略由长兴出宜兴,兵分五路:第一路司令陈仪,第二路司令谢鸿勋,第三路司令孙传芳自兼,第四路司令卢香亭,第五路司令周凤歧,定名"浙闽苏皖赣联军"。

　　△　段祺瑞任命颜惠庆为驻英吉利国特命全权公使,加全权大使衔。

　　△　"沪案"司法调查委员会在南京路市政厅举行开幕式,定于 12 日正式传集人证开审。

　　△　段祺瑞指令批准加入国际《禁止贩卖妇孺》公约三种及《禁止淫刊公约》。按:禁止贩卖妇孺公约三种,即:1904 年 5 月 18 日及 1910 年 5 月 4 日各国先后两次在巴黎签订之《禁止贩卖白奴公约》;1921 年 9 月 30 日订于日内瓦之《禁止贩卖妇孺公约》。《禁止淫刊公约》于 1923 年 9 月 12 日至 1924 年 3 月 31 日在日内瓦签字。

　　△　国民党中央政治会议第六十六次会议,鲍罗廷宣布苏联创立"中国劳动者孙逸仙大学"(通称"中山大学"或"孙逸仙大学"),并建议国民党派学生去中山大学学习,11 月,"中山大学"在莫斯科举行开学典礼,校长拉狄克。

　　△　下午,冯玉祥离张家口赴包头。张垣署事由刘骥代拆代行。

　　10 月 8 日　广东石龙各界人士召开欢迎东征军大会。东征军总指挥部政治部主任周恩来在会上发表讲话,略谓:"我们此次东征,都是为人民幸福而来,人民与革命军联合起来,如同一家兄弟一样,互相提携,帮忙去打敌人。"

　　△　葡萄牙国新任驻京特命全权公使毕安琪向段祺瑞递交国书。

　　△　北京临时政府外交部照会驻京苏联大使,借口俄轮"迭次私运军火至粤,接济蒋介石军队",助长中国内乱,提出严重抗议。

　　△　驻京荷使欧登科照会北京临时政府外交部,谓:"接本国政府训令,为促进中荷两国政府及国民亲善起见,业决定将庚子赔款荷兰部分全数还中国。至于该款之用途,望用于中荷间之文化事业。"

　　△　段祺瑞公布《星云勋章条例》及《金狮勋章条例》。

　　△　北京临时政府内务部通告:本年 10 月 14 日(即夏历八月二十

七日)孔子圣诞节,各机关、各团体照章放假庆祝,准各项人员前往孔子庙自由行礼。

△　陆宗舆奉段祺瑞命南下赴苏、浙,劝孙传芳、杨宇霆各自谅解,并促进苏、浙、皖三省重订和平公约。

10月9日　段祺瑞于国庆前夕发布令文,略谓:执政一年,"阎闾雕敝,灾祲重叠,宿师满野,供亿烦多,乐利无闻,流亡莫复,度支匮绌,待举百端,中夜彷徨,戚焉如捣"。要求中央及各省区长官,"舟楫同持,休戚与共","镇定震撼,支拄艰危,勿诿卸以误国家,勿迁就以贻祸患……"

△　国民政府就熊克武被扣一事,发表《告川军将士书》,号召全体将士"服从革命政府,拥护革命政府,实现三民主义,实现中国国民党党纲,为人民谋幸福"。

△　驻京日使芳泽复照北京临时政府外交部,原则上同意中国方面8月28日关于无线电台之建议照会。又谓:"中国以巨额经费与日、美合办大规模之电台,是否可以进行无阻,盼中政府能以精密考虑之结果告之。"

△　中日文化事业委员会在北京开成立会,推柯劭忞为委员长。12日闭幕。

△　翁敬棠由天津呈总检察厅,检举前司法总长章士钊对金法郎案有共犯嫌疑。

△　段祺瑞令章士钊、张训钦会商湖南省长筹备赈务。又令准免甘肃省长陆洪涛本职,特任薛笃弼继之,未到任以前,着杨思暂行护理。

△　国民政府特派林翔为特别刑事审判所所长。

△　国民政府公布《陆军刑律》,凡83条,分叛乱罪、擅权罪、辱职罪、抗命罪、暴行胁迫罪、侮辱罪、强奸罪、掠夺罪、诈伪罪、军用物资损坏罪、违背职守罪等。

10月10日　国民政府及军、政、党、农、工、商、学、兵、妇女各界10万人分别举行庆祝典礼大会及巡行,纪念"双十节"。国民党中央执行委员会发出通告,号召全体同志"努力鼓励前敌军人,使东江残敌早日就擒",并努力于国民革命,以脱离军阀与帝国主义之双重压迫。

　　△　东征军中路抵博罗,向惠州进发。越二日,总指挥部政治部主任周恩来向博罗电告:"我军明日进攻惠州,炮火人力均十足,定下惠城。"

　　△　孙传芳以准备秋操为由,下动员令,调动军队准备向苏、皖奉军进攻。旋又在杭、松间封锁民船百余只,长兴、吴兴、泗泾等处均有军事行动。

　　△　故宫博物院行开幕典礼,古物、图书等馆完全开放,观众达数万人之多。

　　△　国货提倡会在京成立。王文典当选为会长,郭仙洲、陆平、周丙祥为副会长,关中敷当选为评议长。

10 月 11 日　广东省政府发表《东征宣言》,历数陈炯明勾结帝国主义、图谋颠覆国民政府、摧残工农运动之罪行,声明此次出兵东征,为统一广东,扫除陈炯明,"以推倒帝国主义,完成孙大元帅为求国家独立平等之遗言"。

　　△　蒋介石令第一纵队长何应钦编组攻城先锋队。令曰:照得杨逆坤如,负隅惠州,祸国殃民,久稽天讨,本军前进,俯顺舆情,准备直捣巢穴。……除攻城计划(凡 11 项)另文饬遵外,为此令该纵队长迅而遵照,转饬第三师各团,各选士兵 150 名,第二师第四团挑选士兵 200 名,共 650 名,编为攻城先锋队。

10 月 12 日　上海市民举行反对"沪案"重查大会。会上高呼"反对沪案重查"、"反对沪案秘密会议"、"反对关税会议"等口号。大会通过致全国国民电及致世界各民族电。

　　△　北京临时政府外交部照会驻京荷使欧登科,就"沪案"开议提出交涉标准。分三部分:一、"五卅"案责任之结果,损害赔偿意见;二、收回会审公廨之手续,不附条件;三、工部局增加华人董事,以公共租界纳税人纳税多寡为标准比例。

△　孙传芳在杭州向在省各军官兵发表出征前训话,指责奉军暴行,并称:"我不攻彼,明春彼必攻我";"如不先发制人,我浙亦难保无虞"。又谓:"刻下我国混乱已极,一旦成功,共和再造,吾等当推为首义。"

△　吴光新赴日本观操,是日抵东京。

△　北京临时政府外交总长沈瑞麟因涉及金法郎案及五卅惨案受国人指责,向段祺瑞口头辞职,段予慰留。

△　"沪案"司法调查开庭,传讯证人、英教士惠司尼与公共租界工部局各负责人,中国人无出席者。

△　四川省民会议在巴县开成立会。由全川和平弭兵会发起,到六七十县。次日,通过简章 15 条。

10 月 13 日　东征军两路包围惠州城,第一纵队第三师谭曙卿之第八团及第二师王懋功之第四团攻惠州之北门。左翼程潜部对南门警戒。守军杨坤如部奋力抗拒,血战入夜。次日晨,飞鹅岭炮兵掩护步兵登城,战至午后,杨军腹背受敌,渐不支,遂出东门向紫金方向退去。东征军第三师第八团由北门攻占惠州。越二日,蒋介石率部入城。

△　上海"江苏各团体联席会执行委员会"等 48 团体,以浙省调遣军队,谣言四起,开会讨论时局问题。议决电请孙传芳从速撤退松属驻军,停止军事行动,免致引起误会,酿成再战。

10 月 14 日　江苏督办杨宇霆、省长郑谦电上海戒严司令邢士廉及总商会,宣布取消戒严令,撤退邢部驻沪军队。邢接电后,于当日下午即令第二十师奉军撤退至苏、常等处。

△　以林森为总代表之国民政府外交代表团到达北京。次日,北京国民外交代表团召开欢迎大会。会上,林森演说代表团两大任务:第一、宣传沙基惨案事实;第二、秉承孙中山国民外交,打倒帝国主义,废除不平等条约,以求中国解放之政策。

△　吴佩孚之代表、前直军第二十师师长杨清臣由沪到杭,面晤孙传芳,互商时局问题。

△ 国民政府高等顾问鲍罗廷赴石滩前线慰问东征作战部队。随行人员有吴铁城、陈公博、古应芬、苏兆征等。抵石龙时,蒋介石亲至车站欢迎。

△ 第十一届全国教育联合会年会在长沙开幕。出席代表 20 省区 38 人,历时 13 天,讨论庚款、平民教育等问题,27 日闭幕。

10 月 15 日 孙传芳通电就任浙闽苏皖赣五省联军总司令职。同日,浙军在长兴、宜兴、湖州一带防地业已布置妥帖,前锋部队兵力达二万以上,并下总攻击令。

△ 北京临时政府国务会议,讨论江、浙时局,国务员全体出席。议决分电阻止孙传芳、杨宇霆用兵,并电陆宗舆就地劝阻。

△ 上海奉军因开拔运兵,将沪杭火车扣留。孙传芳即令杭州火车不得驶近上海。沪杭交通中断。

△ 段祺瑞派陆军次长张厚琬赴奉面见张作霖。说明政府和平诚意,希望奉张共谅共守此旨。

10 月 16 日 五省联军之浙军第二军谢鸿勋部,从松江进占上海。奉军已先退苏州。奉军淞沪警备厅长常之英所部宪兵一营未及撤退,被全部缴械,常亦被扣留。第四军卢香亭部占领宜兴。同日,孙传芳、夏超、周荫人联衔通电,指责奉军违背上海永不驻兵协议,宣布"唯张作霖一人是讨"。

△ 孙传芳委严春阳为淞沪临时戒严司令。

△ 靳云鹗自鸡公山致电孙传芳,响应浙军,一致反奉,并告以:"今日赴汉会商,一面请吴帅出山,一面约同各将领按以前计划积极进行,以为声援,即日出发,互相策应。"

△ 国民政府公布《文官官等条例》。《条例》规定:凡国民政府所属之文官及司法官,均依本条例附表所定等级,照文官俸给表内所定月俸数目支俸。最高月俸为 800 元,最低为 15 元。本条例自十四年 11 月 1 日施行。从前各机关自行拟定职员食俸等级,均属无效。

△ 东征军第一纵队官兵在惠州召开攻城阵亡将士追悼大会。何

应钦主持,总政治部主任周恩来读祭文,蒋介石在会上发表讲话。

　　△　湖北省外交委员会通过汉口惨案谈判之结果。其重点为:一、撤退英舰:双方同意移京办理;解除义勇队武装,如中国当局兵力足以保护租界时,则英方不召集义勇队;英租界巡捕将警棍取消。二、中国军警保护租界办法为:在英租界沿边马路设岗位八处,紧急情况下可派遣军队径入租界,维护秩序。三、赔偿问题:暂保留将来再议。四、太古公司问题:仍由中英当局继续讨论。五、英当局切实通知巡捕,不得无理侮辱华人;中国官厅亦诫告华人,注意勿违警章。

　　△　湖北国民外交协进会就"汉案"含糊结束一事,致电诘问胡钧,指出:"所谓结束,实非结束,直放弃耳。吾人誓死实难承认";要求胡钧"将所以承认如此结束之理由明白示复,并请暂拒签字,以重民意而保团体"。

　　△　赣南镇守使李鸿程将被捕之安源路矿俱乐部副主任黄静源处死。19日,湖南各界组成之迎柩团抵醴陵,将灵柩运回长沙。沿途群众鸣鞭致哀,长沙各学校、工会团体二万余人在车站迎候,高呼"黄静源精神不死"等口号,并杠柩入城游行。26日,举行各界追悼黄静源烈士大会。

　　10月17日　段祺瑞令孙传芳所部自沪撤回原防,略谓:近来谣诼繁兴,浙省复有调动军队之举。查淞沪永不驻兵,早有明令宣布。自"沪案"发生后,苏省为维持地方计,曾调邢士廉部前往:暂资镇慑。今人心已定,据杨宇霆电称,业照商民所请,于本月15日将邢部完全撤退,与孙传芳铣(16日)电用意不谋而合。……孙传芳所部应即各回原防,以符本执政爱护永久和平之心,而慰东南人士之望。

　　△　五省联军总司令孙传芳抵上海。当日并召开军事会议,布置军事后即回嘉兴。奉军邢部已退至常州、丹阳、镇江一带。联军采取水陆并进,攻击奉军。

　　△　浙闽苏皖赣联军总司令部发布戒严令,略谓:张作霖派兵入关,"内则软困北京政府,外则先占直隶,次占鲁、占皖、占苏,蚕食鲸吞,

贪心不已","奉军所到之处,搜括民间财产,奸淫良家妇女……种种罪恶,擢发难数",宣布联合各省义师,声罪致讨。

△ 江苏第一、三、四、十各师师长白宝山、马玉仁、陈调元、郑俊彦,江宁镇守使朱熙,通海镇守使张仁奎,第一旅旅长杨赓和,第二旅旅长李启佑等致电段祺瑞及全国各省军民,宣布"响应浙军,会师宁镇,驱逐奉军",并电请吴佩孚、孙传芳主持大计,听其指挥。

△ 张作霖特派郭瀛洲携函谒冯玉祥。是日,郭抵包头。原函略谓:"今者孙氏(按:指孙传芳)发难,意在为曹(曹锟),子胥逃吴,志在报楚,非独不穀之忧,亦将军之辱也。将军若愿始终其事,则不穀将随将军之后,同心定乱,惟力是视;若将军无意过问,坐视宿仇日肆,不加禁止,则不穀亦惟有引率所部退出关外,隐居长白之山,不复再询关内之事矣。"冯阅张函后,答郭曰:"既戮力同心于前,决不遽食前言于后",并表示:"务以维持大局和平为归宿。"

△ 杨宇霆以奉军自沪撤退,通电呼吁"和平"。并谓:"毋我负人,宁人负我,是非所在,听之公评。"

△ 方本仁密电第一师师长邓如琢速出兵九江,乘姜登选在苏防务空虚,抄袭安庆。该师第一旅刘宝题部业已开拔。

△ 北京临时政府司法部以检察官翁敬棠检举外交总长沈瑞麟、财政总长李思浩办理金法郎一案构成犯罪,及前司法总长章士钊对于金法郎有共犯情形,训令京师高等检察厅吴家驹依法办理。

△ 段祺瑞令财政部发给帑银一万元,赈济陕西水灾。

△ 国民政府委陈章甫为东征军南路新编第二师师长,是日陈通电就职。

△ 蒋介石电呈国民政府辞第一军军长职。同日通电表示惟奉命东征,职责未了,于此期间仍愿权任总指挥,不敢遽尔卸责,以全始终。

10 月 18 日 浙闽苏皖赣五省联军第四军司令卢香亭由陵口向丹阳前进,晚 9 时占丹阳,奉军退至镇江。次日,联军第二军前线总指挥杨震东部占镇江,晚又占龙潭。

△　五省联军第二军谢鸿勋通电报告奉军溃退情形,谓:敌军于筱(17日)午为我军在苏州击溃,纷纷退往无锡,旋于筱夜在无锡为我军击败,退至常州。巧(18日)晨又为我军击溃,向镇江退却。敌将常(州)、丹(阳)间铁道破坏,刻正修理追击中。是役俘敌千余,获子弹枪械无数。

△　东征军右翼李济深之十一师陈济棠部占领平山。

△　段祺瑞派薛笃弼赴张家口询冯玉祥对时局意见。是日,薛来电称冯部态度镇定,冯曾令各军暂持和平,看中央如何处事,再定国民军举止。

△　长沙各界举行收回大金码头游行示威大运动,到会各公团与学校工人千余人,郭亮主席。通过督促政府于3日内将码头收回、交由该码头工人组织接管等三项决议。

10月19日　江苏陆军第四师师长陈调元、第十师师长郑俊彦在南京联名通电,宣布起义。杨宇霆、郑谦业已逃离南京。杨之参谋长臧式毅及奉军第八师师长丁喜春,均被苏军拘捕。丁部未及撤退之官兵,被苏军迫令缴械。省垣秩序由陈调元暂时维持。

△　孙传芳自常州电浙江驻沪办事处处长宋雪琴,告以冯玉祥及苏、皖、豫、鄂、湘各省友军群起响应讨奉。

△　吴佩孚通电宣布应孙传芳、周荫人、萧耀南电邀,定于21日到汉口共同讨奉。

△　邢士廉率队一旅一团分乘三列火车自浦口沿津浦路北上,在乌衣遭陈调元部苏军伏击,邢车疾驰脱险,其后一列火车奉军士兵被缴械,辎重悉为苏军所得。另一列车奉军与苏军激战,奉军溃散,死伤甚重。邢于当日抵蚌埠。

△　驻日英使黑里欧往访日外相币原,以中国浙奉战事关系日、英两国在长江一带之工商业利益,彼此协商应付办法。

△　北京临时政府与奥地利签订通商条约。中国全权代表、驻奥公使黄荣良,奥国全权代表、奥外交总长麻达雅,分别代表本国政府在

条约上签字。

　　△　中、日、苏铁路联运会议在莫斯科开幕。北京临时政府交通部代表余序参加会议,并当选为副会长。

　　△　蒋介石之长子蒋经国启程赴莫斯科,留学中山大学。

10 月 20 日　浙军占领南京。19 日,孙传芳在常州召开军事会议,讨论会攻南京计划。午后即下总攻击令,孙在常指挥一切。卢香亭攻紫金山,周凤歧攻雨花台,杨惠东、谢鸿勋夺幕府山,陈仪取道六合沿江攻宁。当日,苏军第四、第十两师独立,奉军不战而退。是日上午,各路联军分别进占南京城。

　　△　下午,孙传芳到达南京。当即在宁召集军事会议,讨论进兵方略。孙令各军克日向江北进兵,务于三星期内解决战事。

　　△　孙传芳在宁发出"谨告苏省父老兄弟"通电,以"禁暴救乱"相标榜,声明除将畏罪潜逃之各职酌委人员外,"所有苏省各政,悉循原状";并谓:"一俟全省底定,出师任务告终,当再访贤能,勤图治理。"

　　△　联军第二军司令谢鸿勋率部抵南京后,下午偕同陈调元渡江占领浦口,奉军退往蚌埠。

　　△　孙传芳、萧耀南、周荫人、岳维峻、孙岳、方本仁、杨森、邓锡侯、袁祖铭、刘存厚、王天培、周西城、彭汉章、白宝山、马玉仁、陈调元、郑俊彦、朱熙、张仁奎、王普、靳云鹗 21 人致电吴佩孚,请其出山,组织联军,共讨奉张,并推吴就讨贼联军总司令职。

　　△　吴佩孚由岳州乘"决川"舰赴汉,是日抵金口。赵恒惕亲往岳州送行,劝吴主张联治。吴在舰上对中外记者发表谈话,谓:此次讨贼,志在统一救国,予既受川、黔、桂、粤、湘、浙、闽、苏、皖、赣、鄂、豫、晋、陕 14 省推戴,当然担当主持军事之责任。俟抵汉后,即组织讨贼联军总司令部,并通电就任总司令之职,有必要时,或亲赴前敌一行。并谓:决计恢复法统,依照法律解决国内一切纠纷。

　　△　中国共产党中央委员会、中国共产主义青年团中央委员会发出反奉战争宣言。指出:"此次反奉战争虽搀和一些军阀势力,在客观

上却是一种民族解放的战争。"号召爱国民众"组织人民自卫军,积极参加战争"。

△　江西九江镇守使兼中央陆军第一师师长邓如琢致电孙传芳,响应浙军讨奉。

△　章太炎在汉口致电岳维峻,要求从速宣布讨奉,略谓:贵省北近畿南,南连徐、皖,易为敌所乘,亦易致敌之死命。想同仇敌忾,必不后人。前锋既启,即当从速宣布,以振义声,而壮邻援。

△　段祺瑞特派王宠惠为调查法权委员会全权代表,曾宗鉴为关税特别会议委员会委员。

△　北京临时政府外交部将召开关税特别会议请帖送达驻京各使馆。

△　国民政府以军费浩繁,入不敷出,决定征收房捐,并制定征收广东全省房屋租捐办法。

10 月 21 日　吴佩孚抵汉口,并发出通电,宣布在汉就任 14 省"讨贼联军总司令"。

△　孙传芳、夏超、陈调元、郑俊彦、朱熙、白宝山、马玉仁、张仁奎等通电,敦请吴佩孚出山。

△　吴佩孚在汉口查家墩行辕组设"讨贼联军总司令"办公处,委蒋方震为参谋处长,张其锽为秘书处长,白坚武为政务处长,张福来为营务处长,刘梦庚为机要处长,张志潭为外交处长,高恩洪为交通处长,虞际唐为副官处长,刘绍曾为军需处长;并于总司令下设各参赞,以章太炎为总参议。

△　吴佩孚在汉口查家墩总部召集军事会议,讨论出兵计划。萧耀南及鄂军各师旅长及吴部重要人员均出席,决议:一、军队以鄂军寇英杰师孙建业旅为先遣队,于学忠、宋大沛各一混成旅为续发队,一俟饷械补充,即赴豫集中郑州;二、军械由汉阳兵工厂于 21 日晚起加工赶造;三、军费暂由汉商会代借 70 万元,武昌商会代借 30 万元。

△　周荫人通电反奉,并敦请吴佩孚"即日出山,吊民伐罪"。

△ 江西方本仁通电讨奉。

△ 皖军第一旅旅长倪朝荣自泗县移扎临淮一带,并电姜登选表示与孙传芳一致行动,请速将驻蚌奉军解除武装,即日出境。驻寿县皖军第四旅旅长高世读、驻颍上第五旅旅长华毓庵,均联合与倪一致。

△ 苏军将领陈调元、郑俊彦、白宝山、马玉仁等 20 人联名电请齐燮元迅速回国,主持大计。次日,齐由日本返沪。

△ 五省联军淞沪戒严司令严春阳对中国社记者发表谈话称,浙军仅"驱奉军于徐州以北","余由国民军担任";又谓:冯玉祥与孙传芳"久有结合,助浙决无问题"。

△ 五省联军谢鸿勋部进抵滁州,奉军退守张八岭。是晚,卢香亭、陈调元等部队相继到达,会攻张八岭,激战数小时,奉军再退蚌埠,联军又占张八岭。

△ 张宗昌抵徐州,将所部编为五个军约 10 万人,进行备战。张为总司令。张所招募之白俄兵 4000 人,亦于当日抵徐州。

△ 冯玉祥分电张作霖、孙传芳,请双方互让,和平解决战事,并自愿斡旋。

△ 金陵道尹徐鼎康就护理江苏省长职。

△ 国民政府派甘乃光、马洪焕、陈公博为调查广东大学委员会委员,以甘乃光为主席。

△ 国民政府委员古应芬、陈公博,偕南征军总指挥陈铭枢赴江门布防。

△ 国民政府据中华国货促进会呈请,通令提倡国货。令曰:"提倡国货实为今日之急务,该会所请令行军政警学各机关嗣后购置用物以国货为主,自应照行。"

△ 广东平山农会及工商学各界开欢迎国民革命军大会,到 3000人。蒋介石莅会并致谢词,略谓:"陈逆残民以逞,惨无人道,革命军为人民除害,得力于人民相助。"

△ 北京临时参议院通过《关税定率条例》及《烟酒进口税条例》。

　△　全国商会联合会召开大会,讨论关税问题。到 22 省区代表。议决:一、对关税问题务达自主目的;二、达到自主之进行计划,交付审查会审查;三、发表宣言表示全国商界意见;四、通告全国各商会,于本月 26 日关会开幕之日,悬国旗欢迎各国代表。

10 月 22 日　吴佩孚发表外交宣言,声明对于有约各邦,前已订之条约,必加以尊重;对侨居外人生命财产,必切实保护;惟望各国不售武器并与对方以经济及借款之援助。至于关税会议,声明俟合法政府成立之后开会。

　△　邓如琢在九江通电就“皖赣联军总指挥”职。赣军第三师师长冯绍闵为赣军副指挥,皖南镇守使王普为皖军副指挥,邓部先锋已开拔。

　△　安徽乌衣溃散奉军七八百人,携械逃往全椒,向县署、商会立索川资五万元,未果;即四出抢劫,富商巨室无一幸免,弹伤市民数人,杀死士绅一人。横行达一昼夜,经驻乌衣浙军第二军派部前往剿办,始四散奔去。

　△　东征军三路获胜。第一纵队何应钦部进攻梅陇,致溃逃,是日占海丰,26 日又占陆丰。第二纵队先锋张发奎旅与陈炯明军主力万余人,激战于热汤附近,张旅与敌相持,损失颇重。十一师陈济棠援兵开至,始将陈军击退,于次日占兰塘。陈师追击前进,26 日又克紫金。此后,陈军精锐大创。第三纵队程潜部 23 日克河源,26 日又占老隆。

　△　徐树铮自华盛顿电责杨宇霆,谓此次战事,由杨督苏而起,“兄今日当为雨帅(张作霖)策万全,不可私逞意气,妄动干戈。江南之地,固不必争;江北之地,亦不必守。宜劝雨帅力持三省全力,修德行义,以待天下之归心”。

　△　段祺瑞特派沈瑞麟、颜惠庆、王正廷、黄郛、施肇基、蔡廷幹为关税特别会议全权代表。

10 月 23 日　黎元洪在天津与电通社记者谈话,要求段祺瑞下台,谓:此次内争,所谓一则愤于奉军之横暴,再则由于段祺瑞之失败。故为今之计,予甚盼奉军立退关外,段氏迅即下野,如是或可弭内乱于无形。

　　△　北京临时政府参政院开谈话会,讨论战事,决发通电,倡导和平。

　　△　安徽陆军第一混成旅旅长倪朝荣通电响应浙军讨奉,宣布所部已陆续抵达蚌埠,共张挞伐,并联合皖军将领,一致拥戴吴佩孚、孙传芳。

　　△　姜登选以皖军倪朝荣旅进逼,是日通电辞职,撤退驻蚌埠奉军,赴徐州集中。姜亦离蚌北上。

　　△　湖北公民尹鸣珂等 390 余人致电吴佩孚,求其"俯念鄂民疾苦,减少鄂民负担","不以循环报复为政争之目的,不以攘夺政权为一党之宗旨"。

　　△　段祺瑞令准免临时参政院参政王家襄职,派杜光俊为临时参政院参政。

　　△　段祺瑞特派邓如琢驰赴安徽查办事件。

　　△　段祺瑞派章祜署陇秦豫海铁路督办。次日,又派张炽章署陇秦豫海铁路会办。

　　△　关税特别会议委员会通过《关税自主办法大纲》及《关税自主办法大纲草案说明书》咨达北京临时政府核定施行。

10 月 24 日　浙军卢香亭、周凤歧、谢鸿勋三部及苏、皖两大队进攻南宿州(即安徽宿县),与奉军小有接触,奉军退守夹沟,联军追击,连占南宿州及符离集两车站。傍晚,联军分三路进攻夹沟,在夹沟站南与奉军发生剧战。

　　△　赣皖联军总指挥邓如琢发表通电声讨张作霖,表示拥护"五省联军"孙传芳"举义旗"。

　　△　吴新田、孔繁锦、柴云陞、张治公等通电反奉。

　　△　白宝山、马玉仁、陈调元、郑俊彦、张仁奎、杨赓和、李启佑、朱熙等通电公推齐燮元为"讨贼联军副司令"。

△　齐燮元由沪抵宁,晤孙传芳。同日,齐燮元致电吴佩孚,告以准备由宁赴汉,"亲承教益"。

△　吴佩孚召集汉口商界领袖商筹军费 200 万元,是日,商会通过筹借军费百万元,月息一分二厘,三月之后每月摊还 14 万,六个月还清。

△　段祺瑞公布临时参政院议决《关税定率条例》、《烟酒进口税条例》。按:《关税定率条例》,凡 17 条。其中规定:"进口税除烟酒及国家专卖品同类者另行规定外,其税率最高为值百抽四十,最低为值百抽七·五。"又规定:"民国六年 12 月 25 日公布之《国定税率条例》,自本条例施行之日,即行作废。"《烟酒进口税条例》,凡 4 条,规定:"进口税率为值百抽五十至八十。"

△　段祺瑞令准免驻瑞典国兼驻挪威、丹麦国特命全权公使戴陈霖本职。

△　张作霖与南满铁道株式会社签订日金 1800 万元借款合同,由"满铁"承包吉林至敦化铁道筑路工程,经交通总长叶恭绰办理手续,年息 9%,以本路财产及收入担保。

10 月 25 日　北京各团体一万余人,在天安门召开国民关税运动自主大会,因警厅禁止开会,改为游行。

△　杜锡珪致电吴佩孚、孙传芳暨浙、闽、皖、苏、赣、鄂、豫、陕各省督办、省长,宣布讨奉。同日,海军第二舰队驻宁各舰长代表各舰全体谒孙传芳,表示欢迎一致讨奉。

△　赣督署召开军政绅商各界联席大会,到 180 余人。方本仁宣布:赣省与浙、鄂联络一致讨奉。省财政厅长文群发言要求各界帮忙筹饷。

△　上海中华学生联合总会发表时局宣言赞成反奉,但声明不是为曹、吴反奉,并指出此次反奉战争,"是两派军阀互抢地盘的争斗",主张"组织人民自卫军,打倒军阀,打倒帝国主义,使人民得最后胜利"。

△　江苏各公团联席会致电孙传芳请归还苏政,并告以议决顾忠

琛出维暂局。

△ 邓本殷所委八属联军总指挥魏邦平,运动驻恩平、阳江等地之梁鸿楷归部。梁鸿林、徐汉臣等会合苏廷有部,是日在阳江发动。次日集万余人进攻单水口。陈铭枢率三个团奋起抵抗,激战三昼夜。国民政府急调朱培德部增援,28 日大举反攻,将敌击退。

△ 陈炯明收编之部队林警魂、袁带、王作标等,在"永绩"舰掩护下,分三路侵占中山县城。

10 月 26 日 关税特别会议在北京居仁堂开幕。英、美、日、法、意、比、葡、荷、丹、瑞典、挪威、西班牙 12 国派代表出席。段祺瑞致欢迎词。沈瑞麟被推选为会议主席。王正廷宣读关税自主提案,办法为:一、列国向中国政府正式声明尊重关税自主权,解除现行协约中关于关税之一切束缚。二、中国政府允将国定税率条例,与裁废厘金同时实行,至迟不过 1929 年 1 月 1 日。三、未实行国定《关税定率条例》以前,中国海关税则照现行之值百抽五外,普通品加征值百抽五临时附加税。甲种奢侈品加征值百抽三十,乙级奢侈品加征值百抽二十。四、前项临时附加税,于本条例签字三个月后开始征收。五、前四项决议于本条例签字之日起,立即发生效力。各国代表相继致词。推举严鹤龄为大会秘书长后,宣告散会。

△ 北京大学教员、学生及各校学生 5000 余人举行关税自主游行示威。因警察阻止前进,发生冲突。警察用棍棒刺刀殴打学生,学生奋起自卫,双方受伤多人,警厅拘捕学生 10 余人。

△ 国宪起草委员会一读通过《中华民国宪法案》。

△ 汉口吴佩孚总司令部任寇英杰为讨贼鄂军第一路总司令,陈嘉谟为第二路总司令,卢金山为第三路总司令,又派马济为讨贼桂军第一路总司令。

△ 杨森在万县通电就吴佩孚委"四川讨贼联军"第一路总司令职。

△ 陈调元通电宣布:奉孙传芳委任,是日就代理江苏总司令职。

△ 奉军邢士廉部由新安镇,毕庶澄所部海军由青岛,两路进攻海州,次晨,白宝山退守清江浦,奉军遂占海州。奉军军舰并到苏、浙一带海口活动。

△ 国民党中央执行委员林森、张继、谢持、石瑛、邹鲁、茅祖权、傅汝霖七人,要求京部通知在京中央委员开会,未达目的,是日致电上海执行部并转中央及海内外各党部,请中央执行、监察各委员即集张家口开全体委员会议。

△ 东征军一纵队何应钦部占河婆。次日,陈炯明军集主力图反攻,与第三师谭曙卿部接战于华阳地区,第三师受挫,陈军遂分两路向河婆夹攻。29日,与第一师激战于横江之间,战半日,陈军两路均败。30日,洪兆麟部又图反攻,为第一师与二纵第十一师所击败。此后,陈军主力即一蹶不振,东征军乘胜前进。

△ 东征军右翼第二纵队李济深部,奉命由紫金回援南路作战。李率部于29日抵观音阁。11月4日,李部张发奎旅返省。

10月27日 段祺瑞召集许世英、汤漪等密议对付时局办法,汤主请段见机行事,勿为曹锟第二。段谓:"国事既不能为,决不恋栈",暗露下野之意。

△ 关税会议会务委员会议决设立三个委员会,分别讨论各案,即:关税自主事宜委员会,实行裁厘办法事宜委员会,关税会议有关事宜委员会。三委员会即日开始组织。

△ 五省联军总司令孙传芳正式委任各军司令官:第一军陈仪,第二军谢鸿勋,第三军孙传芳(兼),第四军卢香亭,第五军周凤歧,第六军白宝山,第七军马玉仁,第八军陈调元,第九军郑俊彦,第十军张仁奎,第十一军倪朝荣,第十二军王普,第十三军邓如琢,第十四军马祥斌,第十五军高世读,第十六军华镕章。

△ 吴佩孚总司令部任命袁祖铭为川黔讨贼联军总司令,邓锡侯为副司令兼四川讨贼联军第二路总司令,赖心辉为四川讨贼联军第三路总司令,刘湘为川黔讨贼联军后方筹备总司令,刘存厚为四川讨贼联

军后援总司令,王天培为贵州讨贼联军第一路总司令,彭汉章为贵州讨贼联军第二路总司令,周西成为贵州讨贼联军第三路总司令。

△ 岳维峻自开封赴郑州,是日在郑州开军事会议,与各重要军官协商应付时局办法,决定:河南加入战争与否,当以冯玉祥之动静为断;豫东方面,以陇海路线形势吃紧,派第五师师长王为蔚赴归德以东之虞城县查防。

△ 冯玉祥通电主张和平,对军事当局提出相当办法,早息兵祸。

△ 顾忠琛应吴佩孚请,由汉口致电冯(玉祥)、岳(维峻)、孙(岳),要求国民军即日出师,由陇海、津浦路分道并进,配合联军,共讨奉军。

△ 段祺瑞派俞人凤为包宁铁路会办。

10 月 28 日 北京临时政府财政善后委员会向段祺瑞条陈关于关税特别会议之交涉大纲三项:“第一,宣言因民意、国情、正义、人道,不能不实行关税自主……第二,宣言于实行关税自主之前,我国先自行裁撤厘金……第三,宣言于裁撤厘金之前,我国应增加入口普通品税率至值百抽十,奢侈品税率至值百抽十五至二十……”并谓:“若各国代表不赞成吾国之宣言……惟有振露风棱,当机立断,宣告闭会。”

△ 东征军第三纵队程潜部占五华城,31 日又收复兴宁,追击至梅县、大埔、永定一线,陈炯明军向闽省退去。

△ 吴炳湘去职离皖。自浙奉战起,姜登选离蚌赴徐,全皖均为皖军势力,吴内受皖宪兵司令程文源反对,外为赣北镇守使邓如琢奉命率部来省查办所迫,遂将省长印信交由政务厅长保管,是日晨乘轮离省。邓如琢之先锋队步兵一团已抵皖。

10 月 29 日 段祺瑞令国民代表会议议员于明年 1 月 15 日前齐集京师,定期开会。

△ 段祺瑞以临时参政院参政德穆楚克栋鲁普辞职,令补英达赖多尔济帕拉穆为临时参政院参政。

△ 孙传芳复电赵尔巽、王士珍、吕海寰,指责张作霖祸国殃民,操纵政府,倘张作霖率队出关,痛改前非,即可和平。

△　国民党江苏省党部发表反奉战争宣言,声讨奉军,并指出:"其间虽有报复分子,乘机利用,然既合乎民意,亦无不可联合。但无论何派军阀,如蹈奉系之故辙,我国民亦必以对付奉系之方法对付之。"

10 月 30 日　关税自主委员会开第一次会议,中国代表王正廷、蔡廷幹及 12 国代表参加。王正廷主席,将中国关税自主提案之一二项提交大会讨论。各国代表发言宣称:对关税自主并不反对,惟对中国过渡时期所拟各项计划,颇有质询。

△　中国共产党北方区执行委员会、中国共产主义青年团北方区执行委员会发表致国民党党员公开信,提出当前的策略是:促成打倒奉系军阀的胜利,防止直系军阀恢复其武力专制。为达此目的,必须发动群众,促成反奉之大联合。公开信最后号召组织反奉势力联合的临时机关,"达到消灭奉系军力的最后胜利,召集真正的国民会议,产生人民的政府"。

△　萧耀南、孙传芳等通电公推齐燮元为"讨贼联军副司令"。

△　北京临时政府赵尔巽、王士珍、梁士诒、许世英、林长民、汤漪、陈宧、黄郛、田中玉、杨永泰等,邀请各省代表调停时局。是日,先请鄂省代表周斌等人来京开会,议决:一、推王士珍晋谒段祺瑞,请电张作霖先制止军事行动;二、请浙江代表转电孙传芳停止战争;三、由各代表电致本省,征询军事当局意见。

△　吴佩孚致电北京外交团,宣布截留苏、皖、湘、鄂八省盐税。略谓:"奉天张作霖扣留东三省盐税达四年之久,中外已默认许可。其他各省所收盐税,徒供北京非法政府任意挥霍。本军为杜绝乱源起见,苏、皖、赣、闽、浙、湘、鄂、川等省所有盐税,克日实行截留,归本总司令储存。"

10 月 31 日　孙传芳进驻临淮关,向各军下令总攻徐州。

△　北京赵尔巽、王士珍、汤漪、梁士诒等召集闽、浙、苏各省代表协商和平办法。赵尔巽主席,议决由王士珍致电各军事省份当道,请主持公道,维持和平。

△　段祺瑞令准免驻意大利特命全权公使唐在复职,以朱兆莘继任。

11　月

11 月 1 日　镇威军、国民军两方代表会同段祺瑞所派之姚震、曾毓隽、邓汉祥在北海静心斋开会。决定由镇、国双方代表及政府派员共同实地调查双方之军事行动及防务布置,是否有足以引起误会之处,然后谋一调解办法。

△　国民政府任命朱培德为南路总指挥,陈铭枢所部为第一路,王钧部为第二路,戴岳部为第三路,俞作柏部为第四路,陈章甫为右侧支队,会攻南路陈炯明余党邓本殷部。

△　东征军占领鲤湖,次日占普宁,3 日占揭阳。陈炯明军残部退走潮安。

△　孙岳致电北京临时政府,声明保境安民之旨,并谓:"当约束所部,以随冯、岳两军之后,共维国是,而尽职责。"

△　北京临时政府交通部通告:从本日开始,寄往国内各处(蒙古、新疆除外),及日本、朝鲜关东租地,以及台湾之信函、明信片之邮费,更改为:信函每重 20 公分,收费四分;明信片单片二分,双片(附回片者)四分。

△　香港英总督史搭士任职期满离港。是日,新任港督金文太抵港,宣誓就职。

11 月 2 日　孙传芳、张宗昌两军在安徽固镇激战。孙军拆毁铁道,断奉军后路,四面包围攻击。奉军溃退,孙军截获俄兵多人及铁甲车队,张军前敌总指挥施从滨亦被拿获,当日解往蚌埠枪决。

△　齐燮元在汉口通电就任"讨贼联军副司令"。

△　国民政府公布《宣誓令》。文官誓词为:"余将恪遵总理遗嘱,服从党义,奉行国家法令,忠心及努力于本职,并节省经费;余决不雇用

无用人员,不营私舞弊及授受贿赂。如违背誓言,愿受本党最严厉之处罚。"武官誓词为:"余誓以至诚,实行三民主义,服从长官命令,捍卫国家,爱护人民,克尽军人天职。"

11 月 3 日 关税会议第一委员会开第二次会议。主席王正廷发表裁厘宣言,谓:"中国政府于熟加考量之后,须定裁撤厘金制,俾国民之幸福与外国之贸易,同受其益,国家财政巩固基础,与各国之关系亦愈加敦睦。中国于是宣言裁厘一事,将于民国十八年 1 月 1 日以前完全实行。"英代表声明:此会中筹议和商定各种办法,须呈请本国政府批准。日本代表及美国代表均提出具体提案。结果各国均赞成关税自主,惟具体办法交付第二委员会讨论。

△ 陈炯明、洪兆麟残部纷纷逃离汕头,商店闭门歇业。是日,建国潮梅军罗翼群部及东征军第一纵队先后入城。

△ 国民政府任命刘通为大理院庭长兼代司法行政主任;任命潘应荣为大理院庭长;任命湛桂芬为总检察厅首席检察官。

△ 萧耀南受吴佩孚之托,向武汉商会借洋 100 万元,为吴军开拔费,是日签订借款合同,月息一分五厘,以汉口生成里房产作抵押,以电报、电话、铁路三局收入担保。于一年内分十期,本息还清。越二日,曹锟之弟曹镇来汉晤吴商要事,并携有银 60 万给吴作军饷。

△ 张宗昌军需处长高厂奉命来青岛,向胶济路总管理局提取现金 140 万。因提款时未经该局日本会计许可,故日会计佐伯彪向日领声诉,以此举实属"藐视国际条约","侵害日本权利",请立即提出严重抗议,并要求将所提之款立即发还。

11 月 4 日 王士珍、赵尔巽分电张作霖、张宗昌、孙传芳、萧耀南、姜登选,请双方即刻停止战斗,划缓冲地带,各派全权代表商善后。次日,又分电冯玉祥、岳维峻、方本仁等,请进一步主张"和平"。

△ 东征军总政治部主任周恩来率队抵汕头,市民万余人夹道欢迎。次晚,第一纵队长何应钦到汕。

△ 东征军第三纵队程潜部进驻梅县。

△　南征军第一路陈铭枢部收复恩平。次日,第三路戴岳部克新兴。

△　北京外交团开会讨论应付中国时局方针,英、美、法、日、意各公使出席。荷使欧登科主席。讨论结果,于 7 日面询沈瑞麟外长,提出如不能保证京津通车,则将由使团组织联军维持。

△　段祺瑞令范源濂、周诒春、任鸿隽、陈任中、高步瀛、徐鸿宝、胡适、翁文灏、马君武为国立京师图书馆委员会委员。

11 月 5 日　国民政府分电奉直两军将领杨宇霆、姜登选、李景林及吴佩孚、萧耀南、孙传芳,促请维护国家及民众利益,避免此次无谓战争,并提出四项解决时局办法,其要旨为:一、建设统一全国之真正的国民政府;二、于最短期间召开国民会议预备会议;三、发起国际会议,废除不平等条约;四、保障人民集会、结社、出版、言论自由。

11 月 6 日　关税会议第二委员会开第一次会议,中国代表王正廷、颜惠庆、蔡廷幹及 12 国代表参加。推王正廷为主席。颜惠庆提出《过渡时期内附加税税率案》。蔡廷幹说明中国提议征收普通品及奢侈品附加税之理由。日代表芳泽声言,过渡税须受华会 2.56％限制。意代表翟禄第宣言,过渡税须在华会条约第三款规定以上,惟指定增收之税款应用于:一、付还债款;二、抵补厘金;三、行政费。美代表史陶恩详细解释 3 日公布之美国提案。英代表皮乐赞同美国方案。

△　蒋介石偕邵力子、罗翼群及加伦将军抵汕头。次日,汕头国民外交后援会、工会联合会、国民党市党部召开欢迎国民革命军市民大会,到团体 40 余个,万余人。蒋介石在会上发表演说,宣布治理潮汕方针。

△　孙传芳电复赵尔巽、王士珍等,谓:"张作霖如敛军出关,将祷祝不暇。若犹盘据腹地以劫掠代征权,则有战而已。"

△　孙传芳致电联军总司令部驻沪办公处,告以:皖军已编成四个支队,第一、二支队先锋已达萧县,第三支队在固镇下车跟进中。赣军先锋支队已由浦口北上,即日在皖军之左,向萧、砀间进攻。苏军白宝

山、马玉仁、郑俊彦、张仁奎各部队,连日在宿迁、沭阳、小伊山将奉军击溃。豫军陈文钊、王为蔚各部到达萧、砀,正向徐州急进。

11月7日　晨,孙传芳下二次总攻击令。联军向奉军猛攻,双方激战于夹沟附近。联军陈仪部对奉军右翼进行包抄,奉军急后退,联军追至夹沟。

△　豫军分三路出师:右翼为靳云鹗督率王为蔚、陈文钊等部,沿陇海路东下,会师徐州;左翼及中路由李虎臣、李纪才指挥,分向曹州、大名一带进逼。三日间陇海路兵车络绎,客货车完全停驶。

△　张宗昌战败,奉张作霖急令退出徐州北上。海州、清江浦奉军亦同时退走。联军卢香亭一部自曹村向徐州进发。

△　冯玉祥致电黄郛等称,本军以和平为宗旨,以退让为办法,不为无名之战争;况械弹均不足,京畿不堪蹂躏,如彼方相煎过急,惟有出于避战一途。

△　东征军第十一师陈济棠部占饶平。

△　南征军第一路陈铭枢部攻占阳江。次日,第四路桂军俞作柏部克化州。

△　武汉学生联合会、工学联合会等单位在武昌召开国民关税自主运动大会,到五万余人。会上一致通过反对关税会议、主张关税自主通电。会后游行。

△　段祺瑞指令准将国立自治学院改为国立政治大学。同日并任张嘉森(君劢)为政治大学校长。

11月8日　蒋介石召各师将领在总司令部开军事会议,讨论对陈军残部约二万余人窜入闽境之处置办法。议决分三路攻闽:何应钦率第一纵队从饶平出分水关;谭曙卿率第二纵队出大埔入平和,程潜率第三纵队出梅县攻永定。后方任务统由总政治部主任周恩来主持一切。总指挥部即移至陶隍就近指挥。次日,电告国民政府,谓:"现我军全部集饶平、大埔,预备攻闽。"

△　浙、闽、苏、皖、赣联军占徐州。7日拂晓,五路联军三面攻徐:

一、五两军从右路进攻;二军在左,由符离集进攻;四军及三军一部正面进攻。奉军担任防守之兵力在四混成旅以上(10 万人以上),异种兵千名。张宗昌亲出督师。旋于 6 日起,因岳维峻所部国民军二军准备进攻津浦路之奉军,又近畿国民军日见增加,形势甚紧,张作霖采杨宇霆建议,将津浦路南段奉军撤退德州以上,集中京奉路及天津附近,以保全原有之军力,并对付国民军。故奉军于 7 日放弃徐州。是日,联军进驻徐州。

　△　白宝山回驻海州,沭阳亦于同日为联军收复。奉军向青口方面退走。

　△　岳维峻由开封抵徐州会晤孙传芳,面商作战计划。

　△　萧耀南就"鄂军讨贼军总司令"职及"讨贼联军后方警备总司令"职。

　△　热河都统阚朝玺部奉军一骑兵团,深入京兆域内三河县国民军防地,与鹿钟麟部守备队发生冲突,国民军旋即退出,奉军占据三河。

　△　上海总工会电请冯玉祥讨奉,略称:"此时奉系之胜败存亡,实决于钧座之趋向","敝会谨代表上海二十余万工人,请命于钧座之前,祈即表明态度,宣布讨奉,为民治害,为国杀贼。"

11 月 9 日　段祺瑞令派颜惠庆为国际联合会全权代表。

　△　国民军在京要人开会,议决四项:一、始终拥护中央政府;二、不作因拥护地盘权利而破坏和平之行为;三、关税会议期间努力维持京师治安;四、由鹿钟麟负维持京师治安全责。

　△　何应钦在汕头就潮梅善后督办职。

　△　孙传芳由南宿州进驻徐州,联军总司令部亦移设徐州。下午,孙在徐州召集军事会议,讨论进攻计划。集中徐州之联军已达 10 万左右,俟豫军抵徐后,即向鲁进攻。

　△　王士珍、赵尔巽急电孙传芳勿再进攻,另图解决。

　△　吴佩孚派蒋雁行携大批犒赏品,由京汉路转陇海路赴徐州劳军。

△　旧国会议员 30 余人宴请吴景濂。席间吴将旅沪议员对组织政府六项意见提出讨论:一、组织合法政府;二、组织政府人物,须由讨贼分子参与;三、卖国党须付国法;四、各部组织依民元官制;五、国会自由集会,选举总统后依法改选;六、宪法上组织须逐渐推行。协商良久,无异议。

△　杨森偕宋大沛乘"决川"舰抵汉口。

△　皖赣联军总指挥邓如琢率两师兵力入皖。

11 月 10 日　国民革命军第五军军长李福林会同"江大"、"龙镶"、"江平"三舰分水陆进攻中山县城,战一小时,敌林警魂部向西南逃窜,遂收复中山县城。

△　南征军三路进攻阳春,邓本殷军不支,弃城而逃,是日进占阳春。

△　北京临时政府海军总司令杨树庄就任"讨贼军海军副指挥"。

△　段祺瑞令准免国立西北大学校长傅铜本职,以李协继之。

11 月 11 日　冯玉祥致书张作霖,表示:"如我兄认弟有合作之必要,有帮忙之必要,弟即来帮忙合作;否则惟有静待缴械而已。惟盼兄平心静气,思之又思。"

△　皖赣联军总指挥邓如琢率部由安庆抵蚌。次日接孙传芳电邀赴徐州会商军事。邓到徐后即与孙接洽一切,越二日乘原车返蚌。

△　国民政府特派伍朝枢、林翔、卢兴原、甘乃光、钱树芬为司法调查委员,以伍朝枢为主席。该委员等务须将现在广东司法状况详细调查,并拟具改良方法,以备采择施行。又公布《特别刑事诉讼补充条例》。

△　国民政府令在罢工期内特别刑事审判所由罢工委员会派三人陪审,其职权以关于罢工条件为限。

△　张家口开十户长大会,到 500 余人,西北平民教育处处长刘馨庭在会上讲话,大会议定平民教育实施办法六条。

11 月 12 日　冯玉祥致电段祺瑞,略谓:"所部在京绝无轨外行动,惟京畿东西南三面奉军增兵十万。祥于关会期当竭力维持京师治安,当对奉军相谅,不与相争,彼虽持武力以炫耀,我仍以和平为依归。"

　　△　张学良携张作霖之进攻命令入关,抵天津后即开军事会议,各重要将领与会。因李景林主张和平,力主撤兵,而握有实力之郭松龄对于此次战争亦不主张进行,故奉方有撤兵之意。

　　△　徐州窑湾镇遭过境奉兵万余名惨劫。进镇奉兵高架大炮,向典铺轰击,溃兵入街市,杀人放火,到处抢掠。商店被劫 30 余家,居民被劫千余户,杀伤居民百余人,被掠去者 50 余人。商界损失 20 万元以上。

　　△　广州总商会、广州市商会、广东全省商会联合会、广州商民协会派代表刘东平赴港,与港中外商会接洽,调解罢工案,越二日返省。

11 月 13 日　关税会议第二委员会开第二次会议,继续讨论自主过渡时期办法问题。英国代表麻克类提出中、美、日三方提案之折衷办法 13 条,要点为:"本会议不应超过华盛顿条约以上,即输出港口运来之进口货,课以二·五附加税,奢侈品附加税增至值百抽五。由此所得关税增收,交由海关保管。"欲使此次会议仅限附加税之讨论,而使自主案根本推翻。荷、美等代表赞同。辩论无结果,定明日再议。

　　△　段祺瑞下令孙传芳停止军事行动。令曰:前以淞沪驻兵问题引起兵争,曾经明令制止。不意衅端一发,苏、皖骚然。吴佩孚复潜赴汉口,假借名义,希图一逞。若听其肆行无忌,扰及中原,何以奠民生而维国纪?所有京汉铁路沿线,应责成冯玉祥、岳维峻极力维持,相机制止,以遏乱萌。至孙传芳前次通电,本以淞沪驻兵为言,今仍前进不已,武力是图,殊违本执政倡导和平之意。着即通饬所部停止军事行动,听候解决。其在津浦铁路前线,仍责成张作霖、李景林妥为办理,毋任蔓延。近畿驻兵,均着即日恢复此次军兴以前原状。自奉令后,均应将办理情形随时分别具报。

　　△　张作霖致电段祺瑞,表示服从中央命令。称:已电商直、鲁二省,停止战争,待中央命令,一切听钧坐主持;所属各部,均严令撤退。

△　北京市民治安维持会开成立会,推赵尔巽为会长,派代表见段祺瑞,请制止京城军事行动。

△　李景林致电鹿钟麟,告以:拟即将三河一带驻兵陆续后退,并保大防军,均向后方撤退。

△　段祺瑞公布《崇祀条例》,凡 14 条,规定崇祀分国祀、乡祀两种,"国祀由临时执政及各地方长官行之,乡祀由各地方官行之。奉祀社节另以命令定之。"

△　"沪案"司法调查之日本委员回国。英、美委员亦准备离沪。

11 月 14 日　关税会议第二委员会继续开会。王正廷提出三项:一、关税自主,应明白规定于条约内;二、裁厘是中国自动提出,非自主之交换条件;三、自主问题解决后,方能讨论附加税问题。英代表极力反对,坚持裁厘有详细办法后,方能自主。美、日代表支持英代表之主张。会议形势险恶,最后由荷兰、瑞典等国调解,在第二委员会中另设一小委员会,重新拟定具体条文,再开第二委员会复议。当即决定推王正廷、麻克类(英)、史陶恩(美)、日置益(日)、欧登科(荷)五人为小委员会委员。

△　东征军第三纵队程潜部由松口向永定前进,与陈炯明所属之刘志陆等部稍有接触,即于是日进占永定。刘部向上杭、龙岩逃窜。

△　蒋介石电请国民政府军事委员会任命程潜为国民革命军第六军军长。

△　曲同丰来京面见段祺瑞,报告京津线奉军全撤,饬分驻天津、昌黎。

11 月 15 日　帮办江苏军务善后事宜陈调元电五省军政、议会、法团,推孙传芳为五省领袖,开府南京,凡联军范围内军国大计,均由孙处理。

△　孙传芳抽调徐州前敌浙军第三军南下,转赴沪、浙驻扎。第二师第三旅旅长李俊义抵沪后,乘车赴松江布置一切。

△　南征军右侧支队陈章甫部占罗定。陈炯明所属之徐汉臣旅投

诚。第二路指挥戴岳委徐为第一独立旅旅长。

△　金汉鼎在黔阳就定滇军总司令职,通电声讨唐继尧。

△　国民党南京市开第一次代表大会,正式成立南京市党部。选宋镇仑、高岳生等七人为执行委员,王守义等为监察委员。29 日,国民党江苏省执行委员会、监察委员会联合发表启事,宣布:"所谓南京市党部,未经许可,擅自集合反动分子所组织,本部不能承认,本日起该党部一律解散,其反动分子宋镇仑、高岳生等 10 人永远开除党籍。"

11 月 16 日　奉方代表李景林、郭瀛洲,冯方代表张树声、王乃模在天津直督署签订和平条约八项:一、奉军让出保、大,京汉路全线予国民军;二、山西地盘由国民军支配;三、国民军由海道输入之军用品,奉军不得阻碍;四、京畿一带,双方均不驻兵;五、津浦路全线归奉军;六、长江下游为奉军发展地,上游为国民军发展地;七、中央政权奉、国各半;八、财政收入,奉、国平均分配。

△　国民党中央执行委员林森、覃振、石瑛、居正、石青阳、邹鲁、戴季陶、邵元冲、叶楚伧、沈定一、张继、谢持、茅祖权、吴稚晖、傅汝霖等人在北京集议,召开国民党中央执行委员会第四次全体会议,并分别致电广州汪精卫、林祖涵等及上海执行部,决定于本月 23 日在北京香山碧云寺总理灵前正式开中央执行委员全体会议。

△　国民政府令:凡在国家或地方机关服务之文武官吏及在学校服务之教职员等,均不得借故联同罢职及罢课;倘敢故违,当施以严重之处分。

△　孙传芳通电:豫军北路已占邯郸,中路已过大名向德州前进,东路已过曹州、济宁,李纪才部已收编山东第五师改为国民军第十二师。

△　汕头市各界举行"祝捷国民革命军胜利大会"。工农学商等数十团体四万余人参加。会后各队手持书写标语小旗游行。晚 8 时举祝捷提灯会,珠光十里,宛若游龙。

△　下午 3 时,蒋介石莅汕头市总商会欢迎会,演说国共界线。揭

露敌人散布"国民党是共产党,国民革命军是共产军"之谣言,"其目的在使人民不与革命政府合作"。并谓:"不过你们都明白本党的主义是三民主义,是现在中国处在帝国主义势力之下最需要的主义。质言之,能够拯救中国得到独立自由的,只有这个主义。""共产是实行于大资本国家,如像英美等国,因为大资本家渐渐发生起来,不只是工农受资本家的压迫,就是小资本家,也要被压迫不能生活,大资本为害如此,不共产如何能行。""中国现在只有大贫与小贫之分,并无大富与小富之家,这样情形怎么能够说共产呢,所以要请各位明白,中国决不能实行共产主义。"

　　△　山东兖州镇守使、第一师师长兼鲁军总司令张培荣等通电声讨奉军。

　　△　港商代表黄季熙、雷荫荪等六人抵省,与省商界代表交换调解罢工案意见。25日,港代表周寿臣等又来省接洽解决罢工事项。

　　△　联军第一军苏军第一支队司令部副官朱恒,报告调查夹沟集至乌衣镇被灾状况,略谓:"自夹沟至新桥,凡奉军所至,市镇乡村无不掳掠一空。入其宅第,则箱笼倒翻,器具杂乱,米粮满地,猫犬皆无。而固镇一地,被抢者竟至百万元之多。""奉军由西寺坡退却时……纵火焚烧,全村遂成灰烬。"又谓:"其最堪痛恨者,俄籍士兵一见妇女,即上前拥抱而去,从而淫之,拒则杀之。其固镇、任桥、西寺坡、符离集、夹沟等处受其污辱者,不可胜计。"

　　△　北京临时政府教育部公布《外人捐资设立学校请求认可办法》,凡六条。此次规定之后,所有民国六年、九年、十年4月间通行之教会中等学校请求立案办法,均即废止。

　　△　北京临时政府财政部与中华汇业银行签订911.876877万日元借款合同,作拨付电信、林矿借款利息用,月息1.2%,期限25年,以关税余款担保。

　　11月17日　段祺瑞特派王宠惠为关税特别会议全权代表。

　　△　段祺瑞公布修改学校系统改革案说明第八款为:"中学校修业

年限六年,分为高初两级;初级四年,高级二年,但依设科性质得定为初级三年,高级三年。"

△　关税会议第二委员会中之五国小委员会开会拟定自主条文,经讨论议决,仍以中国所提之原案加上日本代表团之提议,交第二委员会讨论。

11 月 18 日　国民二军邓宝珊部与奉军李景林部在保定发生冲突,经双方驻京代表调停休战。执政府开会议决,令"奉军速遵照和平协定,于十九日前撤退京汉铁路沿线之军队;国民军在奉军未撤退完前,不得移防"。越二日,邓率部入保定。

△　南征军第一路陈铭枢部进占电白、水东,向高州迫近。

△　章太炎发表时局通电,主张奉迎黎元洪"南来正位,建置合法政府"。

△　郑州开农民协会成立大会,四郊农民到者 2000 余人。会场满悬红旗,上书"农民解放万岁","工农联合万岁"等口号。张比南主席并报告开会宗旨,京汉铁路总工会代表李震瀛等发表演说。发起人提议拟照广州农民自卫办法成立农民军,大众以欢声雷动表示支持。

11 月 19 日　关税会议第一、第二委员会开联合会议。通过 17 日五国小委员会议决案。决定:一、各缔约国同意承认中国享有关税自主权;二、撤废中国与列国所结现存条约中关于关税之限制;三、从民国十八年 1 月 1 日起实行中国国定税率;四、中国政府声明实行国定税率时即行裁厘,并声明民国十八年 1 月 1 日前实施裁厘。会议并组织附加税用途及税率两分委员会。附加税用途分委员会又分厘金专门委员会及其他用途专门委员会。

△　南征军四路进袭高州。第一路陈铭枢部由电白前进击高州之东,第二路王均部由阳春直攻高州之背,第三路戴岳部偕徐汉臣旅由罗定出信宜击高州之西,桂军俞作柏由化州击高州之南。是日,四路逼进高州城下。次日,邓本殷率其所部陈凤起等旅突围而逃。越二日,俞作柏部、陈铭枢部先后入城占领高州。

△　山东驻济宁鲁军之吴长植部与驻兖州之鲁军张培荣部联合豫军,攻击奉军张宗昌部,迫张退泰安。

△　国民政府以惩吏院委员邹鲁另有任用,应免本职;任邓泽如、李章达为国民政府惩吏院委员。

11 月 20 日　国民党中央执行委员会决议本年 12 月 14 日在广州开第四届全体委员会议,明年元旦开第二次全国代表大会。

△　国民党中央执行委员会致电北京于右任、李大钊、王法勤、丁惟汾、于树德,指出:一、全国代表大会及中央执行委员会或全体会议,只能在广州开会,已经决议在前,何得违反前议? 二、此举显然未得北京执行部之同意。三、熊克武因通敌被捕,听候审判,何得通电请其来京,公然违反中央决议及政府令? 以上三点,以中央委员而举动若此,实为可耻。

△　汉口惨案交涉之先决条件五项,由湖北交涉员胡钧与驻汉英领分别在中、英两种文字议定书上签字。"汉案"交涉含糊了结。

△　国民政府电告北上外交代表团总代表林森:"本日决议取消邹鲁代表职权及名义,着北京执行部查办。"

△　冯玉祥与奉军第三军团第十军军长郭松龄签定密约,共七条。其中规定:国民军随意驻扎保大、京汉线,自由出入天津海河口;郭军经营东北和内蒙古,改造东三省政府,国民军以诚意赞助之,并牵制反对方面;直隶、热河归李景林治理,国民军对热河决不攻取;郭军诚意赞助国民军开发西北,必要时以实力赞助之。是日,冯在密约上签字,越二日,郭签字。

△　叶楚伧主编之上海《民国日报》,是日起连篇累牍刊载西山右派会议通电及议决案。旋于 27 日至 12 月 22 日,发表《告国民党全体同志》等 12 篇文字,公然支持西山会议,反对广州中央执行委员会,并背叛《第一次全国代表大会宣言》,诬蔑、诽谤共产党为"叛徒"、"反革命"。至是,该报充当了国民党右派的喉舌。

△　中日青岛盐输出问题,正式签定协定。计分两种:一为《青岛

盐输出大纲暂行协定》，二为《工业盐向日本、朝鲜临时输出办法》。其中两国争执焦点之输出税率问题，执政府竟抛弃每担二角之主张，容纳日本每担三分之要求。旋青盐输出由日商三井、三菱两行承办，税率定每百斤三分，运朝鲜征九分。25 日，北京临时政府通过青盐输出口办法。

△ 广州四商会代表胡颂棠、林丽生、简琴石、黄旭升等 20 人抵港，与港各商团磋商调停罢工案，25 日返省。

11 月 21 日 关税会议附加税用途分委员会之厘金专门委员会开会。中国及英、美、日、法、意、比、荷各国全权代表参加。曾宗鉴主席。会上中国代表提出裁厘具体计划为：应裁之厘金标准；应裁之厘金范围；厘金之抵补范围；裁厘之顺序。下午，召开用途专门委员会。中国提出用途之具体计划为：一、裁厘抵补 3000 万元；二、国家建设 3000 万元；三、内外债清理 3000 万元；四、中央行政费 1000 万元。共每年附加税增收一亿元，如不足此数，则减三、四两项。英、日代表提出应以清理内外债为第一项，辩论无结果。

△ 国民政府任命周恩来为广东东江各属行政委员，甘乃光为广东南路各属行政委员。

△ 段祺瑞令：一、着财政部会同财政整理会妥筹整理国债方法；二、着岳维峻迅饬赴鲁军队开回原防，免滋纷扰；三、褒奖山西省长阎锡山政绩。

△ 孙传芳通电由徐过宁回杭，将前敌作战事宜委前敌总指挥卢香亭、白宝山，徐州防务委第一军军长陈仪，分别担任。

△ 孙传芳自徐州电复国民政府，对广州国民政府歌（5 日）电"承示建国四义，洵为对症之药石，救时之正轨。……深愿群力于此，当亦诸公所乐闻"。

△ 邓如琢通电，声言进行查办事宜，由蚌埠率所部回师当涂、安庆、芜湖等处。皖南军事当局召开紧急军事会议，并宣布戒严。皖军总指挥王普亦急电芜湖戒严司令，阻止邓军过芜，并调各路驻军集中芜

湖,进行军事布置。

△　济南商会开会讨论退兵遣送办法,及请张宗昌为鲁省留一线垂毙之民生;并组痛哭团,冒死赴奉天喊冤。

11月22日　郭松龄倒戈。奉军第三军团第十军军长郭松龄主和拒战,张作霖电召郭回奉。郭即在天津与李景林商议取一致态度,是日通电倒戈反奉,请张作霖即日下野,将东三省军、民两政交张学良接管。

△　北京大学教职员"沪案"后援会等30余团体发起召开关税自主国民示威运动大会。北京警厅派大批军警将各集合点严密包围,禁止群众集会游行。群众大愤,与军警展开搏斗。二万余人奋勇冲出包围,分头集向天安门广场,受伤群众达百余人。大会推陈启修主席,议决案如下:一、绝对无条件收回关税自主权;二、本月19日关会议决系以裁厘列入条约,与无条件收回关税自主之主张相违,全国国民应一致反对;三、警告政府绝对尊重人民言论、集会、结社之自由。会后游行示威。

△　奉军与国民军在北京正式成立镇国军联合办事处,推镇军马翰荣、国军史之照为常任委员,是日召开第一次会议。

△　孙传芳由徐州抵南京,并接见江苏官绅,筹商苏省善后诸问题。

11月23日　西山会议。林森、居正、邹鲁、覃振、石青阳、石瑛、戴季陶、叶楚伧(以上八人是国民党中央执行委员)、谢持、张继(此二人为国民党中央监察委员)、邵元冲、沈定一、茅祖权、傅汝霖(此四人为国民党中央候补执委)在北京西山非法召开"中国国民党执行委员会全体会议",发出通电,竟通告广州中央执行委员会应即日停止职权。

△　郭松龄在滦州召集军事会议,决就驱除张作霖侧近奸人杨宇霆等,采取军事行动,并将奉军将领姜登选、裴春生、赵恩臻、高维岳、齐恩铭等监禁。

△　关税会议附加税税率分委员会举行第一次会议。蔡廷幹提出附加税具体方案。大要为:普通品值百抽五,年约3000万元;甲种奢侈

品值百抽三十,年约 3200 万元;乙种奢侈品值百抽二十,年约 5000 万元。关于普通品,美、日、英代表坚持以华令二·五为限;关于奢侈品,各国代表亦反对。最后决定候审查用途再议。

△ 段祺瑞令安徽省长着江绍杰暂行护理。

11 月 24 日 郭松龄在滦州发出第二次通电,数杨宇霆祸奉罪状,略谓:"杨之为人,残忍性成,险阴万状,排除异己,妒忌老成。""杨督苏后,遍树私党,滥用职权,苛敛民财,诛求无餍","返奉后,罔知忏悟,仍积极主战,以冀雪其苏沪之耻。"末谓:"此次班师回奉,一俟将祸首驱除之后,即率部屯垦边境,以巩国防。"

△ 国民党西山会议又发通电,公然声言:集会"不受广州中央执行部拘束";广州中央"限制本会议开会地点等议决"为"无效"。竟提出:国民党第二次全国代表大会开会日期,"应由本会决定"。

△ 段祺瑞任命黄郛为驻德意志国特命全权公使,加全权大使衔;特派魏宸组督办全国国道筹备事宜;派陈毅会同湖北省长筹办赈抚事宜。

△ 国民革命军第四军李济深部抵江门设第四军军部。28 日,偕南路行政委员甘乃光抵阳江,与朱培德商攻琼崖计划。

△ 南征军第一路陈铭枢部攻占廉江、安铺、遂溪,邓本殷军申保藩、苏廷有部向钦廉溃退,陈凤起残部窜琼崖。

△ 国民政府特派汪精卫、谭延闿、伍朝枢、陈公博为国立广东大学管理委员会委员。

△ 是晚,杨宇霆携眷乘车由奉天避往大连。

11 月 25 日 北京临时政府财政、外交、内政、陆军、海军、教育诸部总长李思浩、沈瑞麟、龚心湛、吴光新、林建章、章士钊等全体总辞,内阁陷于瘫痪状态。

△ 段祺瑞令督办江苏军务善后事宜杨宇霆免职,以孙传芳继任;督办安徽军务善后事宜姜登选免职,以邓如琢继任。

△ 冯玉祥致电敦促张作霖下野。略谓:"现举国救亡,矢集一身,

自宜引咎自责,以谢国人。"劝其亟当顺应世界潮流,"及早引退","以三省政权,完全还之国民"。

△　李景林致电张作霖劝其下野,即令张学良接管军民两政。谓:"苏省之变……应听中央解决,不宜遂以兵戎相见。请我帅毅然决心,庶政付诸少帅,借息仔肩,以娱天年。"

△　奉天因郭松龄倒戈,宣布戒严令。宪兵司令陈兴亚被任为戒严司令,公布取缔令17条。

△　察哈尔都统张之江以时局不靖,宣布张家口戒严,委第七混成旅旅长葛金章为戒严总司令。

△　孙传芳通电委派张俊峰为联军第三军军长,协同豫军进攻兖(州)、济(宁)。

△　国民党江苏省党部通告各级党部暨全体党员,否认西山非法会议。声明:"本党部除电请中央执行委员会速即召集第二次全国代表大会以解决一切重要问题外,对于此北京非法会议,无论其所议结果如何,决不认为其有效。"

△　国民政府规定广东东江、南路各行政委员职权,即:一、督率所属各县县长处理地方行政事宜;二、对于所属各县县长,得先行任免,再行报告于省政府。

△　国民政府令杨西岩为港澳调查专员;任命黄一欧、詹大悲为国民政府参事。

11月26日　郭松龄军因汲金纯所部第九师归降,是日占领秦皇岛。张作相所部奉军第十一师退绥中。

△　郭松龄将押禁在滦州之奉军将领姜登选枪决,其余师、旅长裴春生、赵恩臻、高维岳、齐恩铭等10余人押送天津。29日,郭通电宣布枪决姜之理由。

△　张学良抵秦皇岛,遣飞机数架在关内外散发传单,责郭松龄忘恩负义,檄众军"讨叛"。郭军散去降奉者,约有三旅。

△　热河都统阚朝玺致电郭松龄、李景林,谓:"已迭向奉张劝告和

平,请暂持镇静,万勿轻动,东省内部改革诸事,断无不可商量之处。"

△ 李济深之第十一师陈济棠部由饶平班师回省。饶平由独立第一师欧阳驹填驻。

△ 段祺瑞亲信曾毓隽被京师警卫司令部拘捕。当日,段祺瑞在吉兆胡同私宅召集紧急会议,梁鸿志、莫德惠、贾德耀、林建章、姚震、朱深、章士钊、林长民、汤漪、许世英等出席,密商营救办法。

△ 五省联军第三军军长张俊峰通电报告,是日进占临城,向兖、济前进。

△ 国民政府令东征军总指挥蒋介石督饬所部于一个月内,将东莞、增城、宝安、博罗、河源等处散兵土匪,悉予扫灭,免为民害。

△ 段祺瑞令财政部会同财政善后委员会裁撤各省区厘金。

11 月 27 日 国民党中央执行委员汪精卫、谭延闿、谭平山、林祖涵、李大钊、于右任、于树德、王法勤、丁惟汾、恩克巴图,候补中央执行委员毛泽东、瞿秋白、韩麟符、于方舟、张国焘等致电各级党部,严驳西山右派会议。谓:"就法理而言,既经第三次中央执行委员会全体会议议决,全国代表大会及中央执行委员会全体会议须在广州开会,无论何人不得违反决议;就事势而言,中央执行委员会全体会议……若在北京开会,外则受军阀之压迫,内则有反动分子利用军阀以从中作梗……使军阀与反动分子得遂其破坏革命之阴谋。"宣布:"中央委员会决定于十二月十一日在广州开第四次中央执行委员会全体会议,于十五年元旦开第二次全国代表大会。并已电嘱林森诸同志尊重决议,速来广州开会,勿持异端。"

△ 国民党发出时局宣言,主张"以国民会议谋求中国之统一与建设,而在国民会议召集以前,先行召集预备会议"。同日,国民党中央会议通过宣传代理部长毛泽东提出之《中国国民党之反奉战争宣传大纲》。

△ 郭松龄军占领山海关。

△ 张学良派日顾问宇田,郭松龄派日顾问仪我在滦州会谈。张

请郭先停战,再谈善后。郭提出要求条件:一、鲁归岳(维峻);二、直归冯(玉祥);三、热归李(景林);四、郭本人回奉统辖东三省,否则不应停战。谈判不洽,是夜,张离秦皇岛。越二日,张学良偕杨宇霆回奉天。奉方至此,决与郭军一战。

△ 冯玉祥由包头抵张家口致电段祺瑞,表示始终拥护。

△ 段祺瑞令准免京师警察总监朱深本职,以卫兴武兼署。

△ 北京临时政府交通总长叶恭绰以迭请辞职不准,是日在天津通电声明"以后对于部务不再负责"。同日,交通次长郑洪年亦通电辞职。

△ 徐树铮访晤日币原外务大臣,说明中国时局,乞求对于段祺瑞加以特别之援助。币原表示当"不吝尽力援助"。

11月28日 北京五万民众集神武门举行国民大会。北京总工会率领工人臂缠红布前来参加。示威群众高呼"无条件收回关税自主"、"人民有集会、结社、言论、出版绝对自由"、"打倒一切帝国主义"、"拥护广州国民政府"、"驱逐段祺瑞"等口号,并赴吉兆胡同段宅,高呼:"段祺瑞下野!"当即开会通过《推翻卖国政府,建设国民政府》等决议案面交鹿钟麟。段宅因国民军驻守,不能入内,群众旋分赴章士钊、朱深、叶恭绰、李思浩、曾毓隽、梁鸿志等住宅将什物捣毁,并有纵火情事。当日,段祺瑞责成鹿钟麟全权维持京师"治安",鹿即下令禁止开会,并逮捕88人。

△ 段祺瑞令准免交通总长叶恭绰本职,以龚心湛兼署。

△ 北京国民党西山会议闭会,通过反对联共政策的决议:一、驱逐鲍罗廷;二、取消陈独秀、李大钊、谭平山党籍;三、不准共产党员在国民党势力范围内主持教育行政;四、不准共产党员在国民党势力范围内作官吏;五、不准共产党参加群众运动,如青年运动、农工运动等。

△ 国民政府令陈公博、甘乃光、林祖涵、孙科、李作荣为广三铁路查办委员会委员,以陈公博为主席。

△ 国民政府公布《审计法》、《审计法施行规则》、《监察院单据证

明规则》及公布修正法院编制法第 121 条。

△　国民党江苏临时省党部及国民党南京市党部在上海《民国日报》上分别刊载《启事》和《紧急启事》,以国民党江苏省党部声明反对西山会议,宣布该省党部为"非法组织"。

△　孙传芳通电宣布联军第十三军司令邓如琢另有任用,兹委冯绍闵师长为浙闽苏皖赣联军第十七军司令官,率所部援助各友军北上。

11 月 29 日　北京各界五万人在天安门继续开国民大会,通过解除段祺瑞一切职权,由国民裁判;解散关税会议,宣布关税自主;组织国民政府临时委员会,召集国民会议;惩办卖国贼;查办金法郎等项提案。会后游行,有一部分群众赴《晨报》馆,纵火焚烧。

△　北京临时政府法制院院长、段祺瑞亲信姚震为国民军第二军代表李仲三所捕,押北京警卫总司令部。旋李仲三发表捕姚宣言,宣布"代表国人擒贼"。12 月 28 日,鹿钟麟奉冯玉祥令,将姚释放。

△　被章士钊迫令解散之北京国立女子师范大学,经师生坚持奋斗,是日师生返回原校,并隆重集会庆祝复校之胜利。

△　孙传芳发表统一江苏省财政电令,禁止各军政机关自由提款,所有苏省政费各用途,统由财厅按照应发数目,分别解交联军总司令部总收分发,由各领款机关盖章具领。

△　国民党南京市党部致电拥护西山会议,并声称:"先除内奸,后攘外敌。"

△　上海赣民社等三团体致电孙传芳,历数方本仁搜刮民脂民膏,暗与奉张信使往返等罪,请罢免赣省督办职。

11 月 30 日　张作霖发表"讨伐"郭松龄宣言,说郭松龄与左派相提携,欲使中国"赤化",又胁迫张学良军,图进兵奉天。

△　郭松龄通电将所部改编为东北国民军,下辖五军:第一军军长刘振东,第二军军长刘伟,第三军军长范浦江,第四军军长霁云,第五军军长魏益三。

△　孙传芳委陈调元为安徽总司令,12 月 9 日,陈在蚌埠通电就职。

△　热河都统阚朝玺发通电,宣布将热河都统职权让归全区保民总办张鹏飞,即带所部归奉屯田。省议会等团体致电冯玉祥速派员前来镇慑。冯即令宋哲元开往热河。

△　国民党中央执行委员会开会纪念廖仲恺殉难百日。到汪精卫、陈公博、谭平山、林祖涵、邓泽如、古应芬及各级党代表、学生等千余人。汪精卫、何香凝等在会上发表演说。

△　国民政府令准如省港罢工委员会委员长苏兆征呈请,对于伪冒罢工名义或真属罢工分子,如有违抗法令,骚扰地方者,应即按法拘拿,加等处罪。

△　南征军第一路陈铭枢部会同第四路俞作柏部收复廉州城。

△　陕西关中工农商学兵联合会致电岳维峻、邓宝珊等,誓以全力支持国民军声讨帝国主义之工具奉系军阀。

△　关会附加税税率分委员会第二次开会,蔡廷幹提出:一、增加税率计划书;二、过渡时期进口洋货附加税估计收入表及乙种奢侈品加以说明。议无结果。

是月　张宗昌令山东 107 县商民借垫临时军费 400 万元,统限于 11 月 25 日以前一律交纳。

12　月

12 月 1 日　郭松龄致电驻京日使芳泽声明对日外交态度,略谓:"凡两国条约上之权利,一律尊重。一切贵国私人对于省政府经济契约或与敝国人民合办实业等项合法事业,一律照前继续有效。至贵国人士受政府及各机关雇佣者,亦均继续任用。"指出:"惟在本军举事以后抵奉以前军事期间东省政府或张氏个人与外人所订新契约,均不能承认为有效。"要求"通饬所部官吏,严守中立,不得有供给金钱军械及一切便利军事之行为"。

△　国民政府令免邹鲁国立广东大学校长本职,以顾孟馀继任,并

着陈公博暂行兼代;任命宋子文兼广东广州各属行政委员;古应芬兼广东西江各属行政委员;彭泽民为国民政府参事。

△　吴佩孚之"讨贼联军总司令部"在汉口成立军需汇兑总局,委李葆元为局长,强行发行军需券一元、五元、十元三种,总额 2000 万元,并发布告称:"倘敢拒绝行使及有意破坏本券信用者,定按军法从严惩治。"

△　段祺瑞令准免陆军总长吴光新本兼各职,特任贾德耀为陆军总长。

△　苏联大使加拉罕由莫斯科抵北京返任。

△　上海妇女问题研究会主办之《新女性》月刊出版。

12 月 2 日　西山会议发出通电,宣布取消共产派中央委员的党籍,称:"查中央执行委员会谭平山、李大钊、于树德、林祖涵,候补执行委员毛泽东、瞿秋白、韩麟符、于方舟、张国焘,皆属共产党人,应依议决开除。"

△　广东中华全国孙文主义青年会广东分会通电拥护西山会议,反对在广州开第二次全国代表大会。电文并攻击共产党,声言与共产党"脱离关系","永不合作"。

△　李景林释放郭松龄解津拘禁之奉军军师、旅长,并与张宗昌组织直鲁联军,李任总司令,张任副司令。是日,通电声明:"职在守土,倘有扰害直隶和平者,惟率健儿保卫疆土。"

△　宋哲元率部向热河进发,越三日抵隆化,7 日就热河都统职。

△　中华全国铁路总工会发表通电,主张由国民军及革命军领袖组织临时国民革命政府,对内肃清一切反动之军阀势力,解除其武装,给予国民以一切自由,各职业团体派代表组织国民会议产生正式国民政府;对外宣布解散关税会议,废除一切不平等条约,以脱离帝国主义之羁绊。

△　郭松龄致电北京外交团,声明:"保护外人生命财产,尊重中外条约,希各国取中立态度","毋以军械及一切便利军事之行为,资助任何方面。"

　　△　段祺瑞特派龚心湛为关税特别会议委员会委员。

　　△　美国以中国时局紧张,自马尼拉派军舰三艘载美兵 300 名赴上海。

　　12 月 3 日　郭松龄军占领兴城,张作相军向锦州退却。

　　△　段祺瑞令准免财政总长李思浩本职,以陈锦涛继任;特派莫德惠考察欧美日本实业事宜。

　　△　邓如琢以孙传芳特任王普为安徽省长,陈调元为皖军总司令,是日自安庆通电宣布率师回赣。

　　12 月 4 日　国民党中央执行委员会自广州宣言:"查冯自由、邹鲁攻本党政府曰共产,曰联俄,此帝国主义军阀用以离间一种策略,望同志勿为异说所惑。"

　　△　西山会议通电宣布下列议决案:一、取消政治委员会;二、解除鲍罗廷顾问职;三、修正第二次全国代表大会选举法;四、第二次全国代表大会日期定于明年 3 月 29 日在上海或北京、广州举行。

　　△　李宗仁派龙州镇南善后处长胡宗铎及第一纵队黄旭初部进攻钦州。是日,在洞利(钦州属)与申保藩部接战数小时,申部不支,向钦州溃退。越二日,胡部进驻钦州,申保藩部改编为广西陆军第十三旅及十四旅,宋庆积、崔经贤为该二旅旅长。

　　△　李景林决定对国民军作战,是日通电声讨冯玉祥,次日又通电声明:"在北京冯逆恶党未肃清以前,所有北京发布命令绝不承认。"

　　△　郑州各界市民举行声讨奉张大会,议决四项:一、要求国民军领袖速在北京组织临时革命政府,并继续努力扫清一切万恶势力;二、在最近期内,依照孙中山之主张召集国民会议,产生正式国民政府;三、对外宣布关税自主,废除不平等条约,停止现正进行之关税会议;四、对内给人民以言论、出版、集会、结社、罢工、信仰之自由。

　　△　段祺瑞令准免兼署京师警察总监卫兴武兼职,特任鹿钟麟兼署;热河都统阚朝玺免职,以宋哲元继任;又令:苏省江北各属灾祸迭乘,着财政部发给帑银一万元,交该省长遴委妥员散放。

△　段祺瑞批准公布《简化税关则例国际公约》。按：该约系国际联盟于 1923 年 10 月在日内瓦召集税关章程会议由 35 国议订，我国派驻瑞士使馆秘书肖继荣及税务司卢立基参与。

△　段祺瑞于吉兆胡同本宅内约许世英、汤漪、邓汉祥、陈宧、龚心湛等会商改组事，段首先欲龚心湛出任组阁，龚以才力不胜，坚辞。段继又命许世英组阁，并谓：此次组阁为环境之要求，请许勿固执己见。在席诸人亦请许勉任其职，许要求组织联合内阁，俾各方对于中央有共同负责之机会，段及在席诸人表示同意，许允担任。

12 月 5 日　西山会议议决："开除汪精卫党籍六个月，并不得在本党执政地方之政府机关服务。"

△　《政治周刊》在广州创刊。该刊系在国共合作情况下出版的刊物，毛泽东主编。《政治周报发刊理由》指出："向反革命派宣传反攻，以打破反革命宣传，便是《政治周报》的责任。"至 1926 年 6 月 5 日，该刊共出了 14 期。

△　段祺瑞致电冯玉祥、岳维峻、孙岳、萧耀南、孙传芳、方本仁、邓如琢、郭松龄等，请派遣代表来京参与解决时局会议，讨论法统、内阁、东三省及直鲁等问题。

△　山东省议会、省教育会、济南总商会等五团体以北京临时政府已不能行使职权为由，通电宣布保境安民，实行自治，不承认中央政令，拒绝任何客军入境，并推张宗昌为山东保安总司令。

△　郭松龄军攻占锦州，张作相部放弃大凌河战线，郭军前锋到达沟帮子。张作霖于 6 日召集军事会议，宣布下野意见。

△　南京市万名民众举行市民大会，并游行示威，高呼"武装民众"、"关税自立"、"打倒军阀"、"推翻段政府"、"建立国民政府"、"打倒帝国主义"等口号。旋分电郭松龄、冯玉祥，主张推倒卖国段政府，速组国民政府。

△　湖北全省商会联合会、汉口总商会、武昌商务总会、汉阳商会等五团体在汉口开联席会议，讨论应付军需券办法，到 110 余人。一致

议决反对军需券在鄂发行,并约定如汉口方面起而反对军需券,武昌首先罢市以为后盾。次日,省各界代表 300 余人赴省署请愿,萧耀南接见,表示:"此项军需券,系在军前使用,如军事不急,决不轻易发行。"8日,萧以布告宣布:"现承联军吴总司令函示,该券不在汉市行使。"

12 月 6 日　省港罢工委员会为调解罢工发表宣言,指出:"这次罢工系为求国家独立及民族生存之光明热烈运动。这次罢工之解决,当视港政府能否觉悟为定,我们始终严阵而待。"

△　察哈尔都统张之江率部由张家口抵京,当即赴杨村前线督师。其察哈尔都统职委察东镇守使高振龙代理。

△　冯玉祥派张之江为第一军正司令,郑金声为副司令,担任天津北路作战;邓宝珊为第二军正司令,徐永昌为副司令,担任天津南路作战。次日,邓宝珊部进攻马厂李景林军,激战竟日,未能得手。

△　上海孙文主义学会开成立大会,到会会员 600 余人,孙科等出席大会并发表演说。大会通过宣言,声称马克思主义学说"不合国情"。越二日,该会发出紧急声明,宣称:"对信仰马克思主义、意在篡党之共产派,均不得不拒绝其参加。"

△　段祺瑞令准免兼署督办京都市政事宜朱深兼职,以鹿钟麟兼署。

△　包头数千人举行市民大会,通过 10 项提案,要旨为:组织一在民众指挥下的革命政府,速与南方政府联合,召集真正国民会议;无条件关税自主;废除一切不平等条约;责成国民军与革命民众联合;服从民众议决案等。

△　上海总工会、学生会等发起召开市民反段大会,到工、学、妇女各界万余人。大会分别通过致国民政府、北京民众、冯玉祥、孙传芳电及大会宣言。宣言提出"打倒段政府和一切卖国军阀的势力"、"由民主组织临时国民政府"、"废除一切不平等条约"、"无条件关税自主"、"废除厘金等苛捐杂税"、"颁布劳动法"等主张。吁请全国民众一致奋起,"团结自己,武装自己,使倒段运动成为民众夺取政权的运动,使反奉战

争成为人民夺自由的战争;使中断的五卅运动成为更有力的民族解放
运动"。

△　安庆数万人开皖民大会,以孙传芳擅委皖军总司令、省长,实
行征服政策,宰割安徽,蹂躏皖人,讨论对付办法。议决:一、致电忠告
孙传芳;二、电请旅外皖人一致援助;三、电告陈调元、王普请勿轻率从
事等五项议案。

△　上海总工会应上海市民之请,是日自动启封。13 日,上海总
工会招待各界团体讨论"五卅"案失业工人救济款项募捐办法。议决由
与会单位组织"五卅"爱国失业工人募捐团。17 日,总工会派代表向孙
传芳请愿工会公开,遭拒。

△　刘湘召集四川军民代表在成都开善后会议,到代表 131 人,袁
祖铭、赖心辉、刘文辉、邓锡侯等均到会。

12 月 7 日　张作霖取消辞职下野之意,决定集兵辽河左岸与郭松
龄作最后决战。吉(吉林)、黑(黑龙江)等省部队亦奉命援奉。

△　孙传芳在南京召集江苏政务会议,并发表宣言:一、请省长历
行考绩,肃清吏治;二、统一财政,三、警务、司法、教育、实业关系民生,
应从扫除旧弊入手;四、保卫团必须寓兵于农;五、道尹职司监察,至为
重要,防止省侵道权。次日,孙传芳回抵杭州。

△　国民党南京市党部在上海《民国日报》上刊载"开除江苏省党
部共产派党籍"启事。该启事要求西山会议明令将苏省党部"共产分
子"朱季恂等 10 人"永远开除其党籍,余则分别处办",并解散省党部,
另组"合法"机关。

△　国民党临时浙江省执行委员会,按照西山会议决议,以党部执
行委员俞秀松、宣中华、安体诚,候补委员倪忧天、唐公宪等皆属共产党
员,议决取消其党籍。

△　长沙五六万市民举行时局大示威,通过对于时局之七条意见,
要旨为:一、废除一切不平等条约;二、解散关税会议,宣布关税自主;
三、反对"沪案"重查;四、打倒一切军阀,建设人民的委员制政府;五、要

求省政府释放被捕学生曾三等,启封铅印活版工会,严惩平江县庇护英商、枪杀市民之驻军团长,收回大金码头等。旋结队往省署请愿,赵恒惕被迫出见,群众高呼"打倒赵恒惕"而去。

　　△　国民政府令:设国营实业管理委员会,隶于财政部,所有士敏土厂、皮革厂等皆归管理;任命李录超为国营实业管理委员会委员长;又令准免林翔特别刑事审判所长兼职,特派卢兴原继任。

　　△　广东陈炯明部副总指挥洪兆麟于乘外轮由港赴沪途中,被该轮中国船员韦德开枪击伤,经抢救无效,于9日上午毙命;韦德亦开枪自杀。

12月8日　蒋介石召集黄埔军校政治部人员与党代表开会,讨论对付共产党之办法。蒋在会上公然勒令:"校内共产党员活动公开",并声称:凡军校国民党员"愿加入共产党者,须向校特别党部声明并请准"。

　　孙殿英部攻占皖北亳县,大肆抢掠,26日,省军三面围攻,孙军窜逃,县城克复。孙军据城19天,全县损失达数千万元之巨。

　　△　吴佩孚委靳云鹗为联军第一军总司令。是日,靳在浦口发表就职通电,称"即日驰赴山东前敌督战"。越二日,靳抵徐州。

12月9日　国民党中央执行委员会自广州致电上海执行部恽代英,略谓:"第二次全国代表大会定于十五年一月一日在广州开会,请转苏、浙、皖、赣、川、湘各省二届会议代表早日启程来粤。"

　　△　北路张之江部国民军对杨村李景林部奉军阵地发动攻击,李军负险防守运河南岸,张部迭次冲锋未能得手。次日晨,用猛烈炮火掩护步兵涉水登岸,李军不支,向汉沟、北仓退却,张军遂占杨村。

　　△　驻京首席公使荷使欧登科照会北京临时政府外交部,略谓:"天津战事违反1905年条约。按《辛丑条约》规定,天津二十里内不得驻兵。现津埠风云紧急,应请中政府注意,并饬双方军队切实遵守。"同日,天津领事团组织各国联军分布华、租交界地方。

　　△　日本关东军司令白川向张作霖、郭松龄两军提出警告,宣称:

"日本对中国动乱严守不干涉态度。但帝国在满洲之权利和利益不能损害,对扰及南满铁路附属地及日军守备区域者,帝国不能默视。"是日,由菊池上校送达张作霖,并于次日派专使赴锦州面交郭松龄。

　　△　辽宁日本驻屯军第十师团司令部移至奉天,驻公主岭骑兵一部开赴奉天担任警备任务。

　　△　司法总长杨庶堪因整顿司法,经费无着,提出辞职,段祺瑞指令慰留,并着财政部对其所需经费迅为筹拨。

　　△　冯玉祥致电段祺瑞,陈述兴革事宜及政治主张。要旨为:一、应改革者,实行平民政治,撤销王公制度,削除苛政,肃清积弊;二、应整理者:举贤才,明是非;三、应提倡者:崇节俭,重道德,注重人道,政治公开;四、应促进者:强迫教育,废除不平等条约,实行关税自主;五、提倡实业,恤养无告贫民;六、统一之道宜以良心感化,不可恃武力解决。

12 月 10 日　广东大学离校教授周佛海、曾济宽、萧鸣籁、杨宙康、程璟、冯友兰、刘光华、任中敏、郭冠杰、费鸿年、黄季陆等 38 人抵沪后,是日发表反共宣言,诬指:"鲍罗廷阴谋破坏广大","共产派占据广大",宣称辞职原因在于"反对赤化教育"。

　　△　上海孙文主义学会执行委员会致电汪精卫,指责其将"一切政权、军权拱手交与俄人","为策之失,无以过此";并指责汪被共产党包围,"甘为该党张目","欲驱我党,尽入彼党"。

　　△　国民军第九师唐之道部占领唐山。次日占芦台,由东路直逼天津。

　　△　关税会议第二委员会开第五次会议。蔡廷幹提出《预定修改税则章程》及《编订货价引言》。王正廷发表两项宣言:一、中国政府向旅华外侨推行各项税捐;二、中国政府关于不出洋之土货,抛弃出口税及复进口半税。各国代表均以"税率过高,中国现状不安"为借口,主暂缓讨论。

　　△　徐树铮考察欧美日本各国后,是日返抵上海。次日徐即奉段祺瑞命,赴杭会晤孙传芳,接洽关于整理政治及收束军事两项问题。

12月11日　国民党中央执监委员暨各部部长在广州举行第一二六次联席会议,通过召集第二次全国代表大会宣言,重申孙中山于第一次代表大会确定之联俄、容共、扶助农工之根本方针;回顾党内反革命、假革命、不革命种种分子,与孙中山及其革命派之间摇撼与坚持根本方针之斗争经过,要求全党同志识破谢持、邹鲁企图破坏孙中山根本方针之反动计划。

△　国民军天津南路邓宝珊部攻克马厂。14日,占流河。北路国民军三面包围北仓。李景林军依仗坚固战壕对峙,国民军虽投重大兵力,激战数日,未有进展。

△　驻京日使芳泽发表对中国时局宣言,称:"内政不干涉主义,为日本之根本主义。此项主义,不因南满地方此次之时局而受何等之影响。"又称:"日本为保护在满洲之重大权利利益起见,日本官宪除在职责上不得已而谋适当之处置外,不复越出范围一步。"

12月12日　维持京津交通之国际专车,因车后随有冯军铁甲炮车,受李军炮击,不能前进,京津交通完全断绝。使团向北京临时政府外交部及两军提出严重警告。

△　北京孙文主义学会成立,到2000余人。沈定一、邹鲁等在会上发表演说。

△　国民党中央执行委员会自广州发出通电,以邹鲁在京召集违法会议,议决给予查办;并谓其余列名北京会议诸人,"俟调查清楚,即报第二次全国代表大会议处"。

△　绥远都统李鸣钟率部进驻丰台。同日,以李景林"北拒郭军义师,南联张匪余孽,包藏祸心,近窥京畿",通电声罪致讨。

△　北京临时政府国务会议讨论欧登科之照会,决定电令战区内各军事长官尊重《辛丑条约》,勿在距天津20里内驻兵,并切实保护国际列车之通行及沿途外侨之安全。

△　郭松龄军主力渡大凌河进占沟帮子。越二日,郭军抵打虎山(今大虎山)。15日,右侧郭军先锋队占牛庄。

△　段祺瑞指令准予加入国际交换出版品公约两种，并予公布。按：国际交换出版品公约两种，系指《国际交换公牍科学文艺出版品公约》及《国际快捷交换官报与议院记录及文牍公约》，均为美、比等国1886 年 3 月 15 日订于北京。

12 月 13 日　西山会议决议，是日通告接管上海执行部，并将中央执行部移至上海。次日上海执行部通告宣布"遵照办理"。

△　建国豫军总司令樊钟秀率部二万余人，乘虚进占山西辽州（今左权县）。阎锡山委第一师师长商震为前敌总指挥率军反攻。18 日，樊军被晋军击退。

△　国民军第一军将领邓宝珊、史宗法通电主张召集真正代表民众之国民会议，组织国民政府，"对内谋全国统一，对外谋国际和平"。

△　孙传芳任命周凤歧为南京卫戍总司令。是日，周到职视事。

△　郭松龄右侧马恭诚旅占领营口河北车站，日本驻营口守备队阻止郭军进入市区，并提出警告谓：郭军不得侵入距南满铁路附属地20 里。郭松龄为此向驻京日使芳泽提出抗议。

△　邢台各界 3000 余人开市民大会，通过议决案及通电，要求解除奉系军阀余荩之武装，召集人民代表的国民会议，组织委员制的国民政府，以解决一切国是，并要求无条件地收回关税自主权，废除一切不平等条约。

△　萧耀南通电全国，以鄂省旱荒，地遍 57 县，人口达 1200 余万，为 60 年所未有之奇灾，现已成立湖北急赈会、华洋义赈会联合办事处，自任名誉会长，吁请各省协助。

12 月 14 日　国民党中央执行委员会自广州通电全国各省党部及海外各地党部，略谓："上海《民国日报》近为反动分子所盘据，议论荒谬，大悖党义"，宣布已派员查办。

△　国民党南京市第三次执行委员会全体会议宣言拥护西山会议决议案。声称：西山会议之"中央执行委员会"是"本党最高权力机关"，其一切决议"惟有绝对服从"；如有违反者，"即系本党孙文主义之叛

徒","本党唯有本'先除内奸,后攘外敌'之精神,以横扫'反革命'之挞伐对付之"。

△ 驻京荷使欧登科照会北京临时政府外交部,声明本月 18 日在京召集之法权调查会,因交通阻塞,各国代表不能及时来京,请予展期。

△ 直隶省议会致电冯玉祥,力劝其迅即调回围攻天津之国民军,以息战祸,以维和平。17 日,冯玉祥电复天津直隶省议会,说明出兵缘由,并表示:"贵会既以人民痛苦为由,当饬令本军前方暂缓攻击,藉以报命。"

△ 唐之道部进占塘沽。19 日,又克新河。23 日,进占军粮城。

△ 国民政府公布《修正统一广东军民财政及惩办匪盗奸宄特别刑事条例》。

△ 国民政府任命潘震亚、卢文澜为国民政府惩吏院委员;派朱赤霓、邓召荫、陈中孚、唐海安为国营实业管理委员会委员。

12 月 15 日 国民党江苏省党部发表公告,宣布:本党之上海执行部本年 12 月 13 日为反动之西山会议派所占据,并自称为本党中央。本党各党部已有宣言誓不承认。为此本省部特郑重公告:所有该处自称为中央之言论,本省党部均不承认。

△ 上海国民党"中央执行委员会"(西山会议派)发表宣言,声明:"此后凡汪精卫在广州用中央执行委员会名义所发布之文字,皆不足以代表本党。"

△ 驻京领袖公使荷使欧登科晤段祺瑞,就本月 10 日杨村直军炮击国际列车一事,提出严重抗议,并请饬各方军事长官保护国际列车通行及履行任何军队不得接近天津租界附近 20 里之规定。段当面应允照办。

△ 日本关东军司令官白川第二次向张、郭两军提出警告,称:"离南满铁路附属地两侧及该铁路终止点约 20 华里以内,不得为直接战斗动作,自不待言,且恐扰乱我附属地之治安,一概禁止军事行动,嗣后对本警告若有交涉,由贵国政府直接与日本政府交涉。"

△ 日本政府决定增兵中国东北,陆军省从驻朝鲜龙山二十师团及久留米之十二师团派步兵六个大队及炮兵、骑兵等部队约 4000 人充实满洲独立守备队。次日,龙山日本部队出发赴奉。18 日,久留米部队开拔。

△ 孙传芳由杭州乘专车抵沪。越二日,偕徐树铮由沪乘轮赴南通晤张謇。

△ 国民政府令:现政府厉行廉洁,整饬官常,如司法官吏有违法舞弊情事,准人民控告,严予查办。

△ 蒋介石向国民政府军事委员会提出整顿军政建议书,其大要为:一、军长职衔应即撤废;二、全省军制应速确定;三、军需独立应即实行;四、军事教育应谋统一;五、兵工厂应积极整顿;六、改编军队应加限制。24 日,由国民政府政治委员会通过。27 日,军事委员会对于该建议书除第一项之外,余皆通过。

12 月 16 日 段祺瑞令财政总长陈锦涛未到任以前,着张训钦暂行代理部务。

△ 段祺瑞令财政部发给帑银一万元,赈济安徽旱、涝、兵灾。

△ 国民政府令:省港罢工工人 3456 名,编作运输队随同大军出发东江服务宣劳,良堪嘉许,应由本府制定奖章,各给一枚,以示奖励。

△ 张作霖发表东三省今后施政方针通电,声称承认偏靠武力之非,应视民治为重,保境安民为主,缩减军备,紧缩财政,开发地方,维持金融,防止赤化,加强文化设施。

12 月 17 日 上海总工会代委员长刘华被上海驻军秘密处死,上海学生总会、上海总工会等团体电孙传芳要求宣布罪状。27 日,中华全国总工会发出通知,号召全国工人声讨军阀孙传芳及上海总商会杀死刘华的罪行。

△ 热河都统宋哲元部奉命率部来京。越二日抵京,当即转天津前线参战。

12 月 18 日 国民党军事委员会特别党部党员大会自广州通电要

求对在京开会之违法党员，予以相当之惩戒。

　　△　国民党上海执行部组织部秘书张廷灏、宣传部秘书恽代英、宣传部干事刘钟鸣、妇女部干事陈比难联名在上海《申报》上刊载启事，反对西山会议擅将"中央委员会"移设上海之非法决议，宣布不承认"一班从未在本部登记报到之人马超俊、刘芦隐等自称奉所谓中央委员会之命令接收本部党务"。并谓："鄙人等已将一切情形报告广州中央委员会，听候解决。"

　　△　国民党黄埔军校特别党部通电反对西山会议。

12月19日　绕阳河附近之郭松龄军主力通过白旗堡（今大红旗），次日向新民府奉军前哨阵地展开攻击。

　　△　孙传芳委王普为安徽省长。31日，王通电就职。

　　△　张宗昌委毕庶澄为胶东护军使。是日，毕在青岛宣誓就职。

　　△　中华民国制糖有限公司在上海吴淞蕴藻浜泗塘河制造厂举行开幕典礼。唐绍仪、方椒伯等来宾数百人参加。该厂占地200亩，工人200余人，每日出糖300吨，经理为马玉山。

　　△　日本增派满洲之部队全部到达。总司令斋藤少将是日抵奉。

12月20日　上海国民党"中央执行委员会"（西山会议派）在《民国日报》刊载启事，声明开除"共产派分子"恽代英、张廷灏、刘重民、陈比难党籍。

　　△　段祺瑞特任财政总长陈锦涛兼盐务署督办。

　　△　湖南省财政司胡蠫元与日本摄津信托公司、松记公司签订280万元（银行）借款合同，作开办湖南兴业银行资金，月息1.2%，期限25个月。

　　△　广州中华全国总工会、省港罢工委员会、工人代表会、省农民协会、青年军人联合会、革命青年联合会、广州学生联合会、新学生总社、香港学生联合会、广州市商会等各人民团体为支持北方反段运动，联请国民党中央执行委员会于是日上午12时半，召集工、农、兵、学、商各界10万群众举行反段大会。大会通过五项决议案，主张联合全国民

众,"打倒段政府及一切反革命势力,并建立一保障人民自由,与帝国主义奋斗之全国统一的国民政府"。会后举行示威大巡行。

△ 孙传芳在南京召开苏省善后会议,原拟讨论整理全省财政及协商年内财政过渡办法,惟因县士绅及公团反对增赋,要求军费公开,遂改开谈话会。

△ 郭松龄发出通电,历数奉系摧残教育,摧残自治,害农扰民,祸省殃民,增兵害民共五大罪状;并声述事定后即着手实行省自治,保护劳工,免除苛税,淘汰匪兵,整理金融,实行强迫教育,振兴实业,整顿交通,整顿警察等 10 项治奉方针。

△ 中国共产党中央执行委员会、中国共产主义青年团中央执行委员会为日本出兵干涉中国告全国民众,指出:"日本出兵奉天,已经不是利用张作霖间接的和中国人作战,而是直接的和中国人作战了。"又指出:"是中国人民反奉运动胜利呢? 还是日本帝国主义者援奉运动胜利,这是中国全民族目前的一个生死问题。全中国人,任何阶级的中国人,都应该起来参加此次由反奉而反日的运动,以保全中国国家的领土与民族自由。"

12 月 21 日 郭松龄军主力击退新民奉军,是日占领新民府。奉军向巨流河一线退却。郭军指挥部移日旗堡。

△ 段祺瑞令财政次长兼盐务署署长、稽核总所总办钟世铭辞本兼各职,以过之翰继任。

△ 上海公共租界工部局总董费信惇致函驻沪领团,告以工部局议决总巡麦高云及老闸捕房主管人员捕头爱活生辞职照准。函中并附上支票 7.5 万元一纸,作为"五卅"案受伤者及死难者家属之抚恤费,要求转达江苏特派交涉员。

△ 上海商务印书馆印刷所、发行所二部职工因反对公司无故开除工人,宣布二次罢工。经淞沪戒严司令部出面调解,劳资双方达成协议,于 26 日复工。

12 月 22 日 上海总商会致电段祺瑞反对日本出兵东北,要求"迅与日使交涉,并电我驻日使向日本外部迅提抗议,限令撤回,恢复原状,以保国体,而平民愤"。

△　国民政府特派何应钦为惠、潮、梅绥靖委员。

△　上海国民党"中央执行委员会"(西山会议派)擅委定陶同杰、陈白、孙镜、蒋子英、吴公干、周树棠、陈葆元、黄燕、葛建时等九人为上海特别区市党部筹备委员,筹备组织上海特别区市党部。

△　国民军四路包围天津,北路张之江部占领北仓。李景林部奉军全线瓦解,向天津市区溃退。

12月23日　郭松龄军与奉军决战于巨流河,奉军右翼张作相部占高台子,张学良部由正面猛攻,左翼吴俊陞率黑龙江骑兵迂回袭击郭松龄背后,又有日籍顾问林大儿和荒木等帮助部署军队和指挥日本炮手轰击郭军,郭军顿时失利,全线溃退,不能成军。郭松龄偕夫人韩淑秀乔装匿逃。

△　关税会议附加税分委员会开会。蔡廷干提出《乙种奢侈品摘要修订表》,由各国委员携回研究。

△　驻京领袖荷使欧登科为宣布英、美、日三国司法调查"沪案"报告,发表宣言。称:"该三国法官未能搜集完全与充足之证据,且不能拟有一致之决议案,各法官只得分别报告北京各外交代表而已。因无一致之报告,致各关系国未便以司法调查之结果为解决沪案之根据。"宣言末谓:对上海工部局理事会解决"五卅"沪案所采取之手续(即本月21日工部局总董费信惇致驻沪领团函),表示赞同。

△　上海《民国日报》刊载上海"中央执行委员会"(西山会议派)对于广州国民政府之"训令",以西山会议业已通过取消党籍及开除党籍诸人不得在本政府所属各机关服务之议决案,令其执行。

12月24日　段祺瑞特派陈锦涛为关税特别会议委员会委员。27日,复又任命为全权代表。

△　段祺瑞特派李纪才前往山东查办事件。

△　段祺瑞令国立女子大学及国立北京女子师范大学均着继续兴

办,并着财政、教育两部迅即妥筹办法,呈候核办。

△ 赵恒惕通电全国,声称国势险危,"补救之术,莫如省自制宪,历行自治,联省自治……苟能切实实行,自可成效立著"。

△ 郭松龄夫妇在新民屯附近为张作霖之骑兵所俘,张作霖电令将郭解回奉天审讯,旋由杨宇霆矫命改为就地枪决,28 日,郭松龄尸体解奉天示众。

△ 郭松龄之幕僚殷汝耕等八人投新民屯日本领事馆分馆避难,张学良向日本领事馆要求引渡,遭拒。越二日,又提出交涉,日本总领事吉田断然拒之。

△ 国民政府通令设立财政处,统一广东财政。令曰:"军事现已平靖,财政亟须统一,所有广东省内各属征收事宜,已由财政部分别派员前往接管,设立财政处,统收统支。嗣后凡政府所辖军队及一切军事机关所有应取军费均归财政部按照预算数目核发,不得再有截留,各属征收机关非有财政部特别命令亦不得擅行支拨。……各军再有擅自截留情事,即作违抗政府论。"

△ 国民政府任命陈芝昌署理广州地方检察厅检察长。

△ 上海国民党"中央执行委员会"(西山会议派)在《民国日报》上刊载启事,声明:上海国民党第一区党部执行委员朱义权、沈雁冰、于晓光、杨贤理,第二区党部执行委员李士林、蔡鸿干、沈资田、余昌时,第六区党部执行委员何镜海、杨幼炯,第九区党部执行委员张永和、徐恒耀,第三区第四分部执行委员刘绍先,第十分部洪鼎,第二十一分部魏邦杰,第二十二分部文翩健等,"均属共产派分子,应一律开除党籍"。

△ 国民军完全占领天津,李景林匿避英租界。其军队除被冯军缴械遣散外,大部退向直南,转赴山东与张宗昌军联合。是日,国民军布告安民,并通知各租界当局决以整严之纪律,维持全埠治安。

△ 冯玉祥致电段祺瑞,告以国民军已占领天津,请速任命孙岳为直隶军务督办兼省长。

12 月 25 日 蒋介石发表《告海内外各党部同志书》,指责西山会议派"自布议案,快其驱除异己、发舒私愤之偏心,而不惜阻挠国民革命之大业,迹其言动,无一不悖于本党之纪律与总理之意旨"。

　　△　段祺瑞令准免督办直隶军务善后事宜兼署省长李景林本兼各职,特任孙岳督办直隶军务善后事宜兼署省长;任命邓瑜帮办直隶军务。

　　△　南征军陈铭枢部由安铺进攻雷州(今海康),桂军俞作柏部由化州会攻,雷州守军黄大伟率队乘舰向琼州逃走。次日,陈部占雷州。

　　△　浙江杭州召开国民大会,反对日本出兵满洲,并电段祺瑞,要求"速饬外部严重抗议,限令日本军队、兵舰克日退出中国国境"。

12 月 26 日　段祺瑞公布《修正中华民国临时政府制》,凡七条。其中规定:临时政府设国务院及外交、内务、财政、陆军、海军、司法、教育、农商、交通各部(第六条);国务总理及各部总长为国务员(第四条);"国务会议由国务员组织之,以国务总理为主席"(第五条)。

　　△　李景林乘日轮逃出天津。越二日,经烟台抵济南。

　　△　段祺瑞令设国务院。略谓:"嗣后凡百设施,以及改革建设诸大政,均由国务会议审量全国之趋向,博稽人民之公意,迅速筹议,共策进行。"同日,并特任许世英为国务总理。

　　△　徐树铮到京。越二日,向段祺瑞正式复命。

　　△　港侨恳亲团一行 262 人,于下午 4 时抵广州。次日,汪精卫接见恳亲团代表,解释"共产"嫌疑,略谓:"省港隔离,港多疑政府行共产,各位将政府设施详加考察,即可明了本党政府之主义。"

　　△　国民政府宣布阴历九月十九日为广东省光复纪念日,所属机关学校准放假一天,以表庆祝。惟应照武昌起义纪念日之例,查明是年阴历九月十九日系阳历何月何日,即定每年阳历是日举行。按:经查辛亥年之阴历九月十九日为阳历 11 月 9 日,故每年 11 月 9 日为广东省光复纪念日。

　　△　南京市民召开反对日本出兵满洲示威运动大会,到 40 余团体,人数达数万名。宋镇仑主席。会后游行,游行群众手执"反对日本

强占满洲"、"打倒东方帝国主义"、"打倒反动军阀"等小旗,高呼"驱逐张作霖"、"组织国民政府"等口号。

12 月 27 日　冯玉祥致电张之江、李鸣钟、鹿钟麟、宋哲元、熊斌表示辞职下野,略谓:"兹值竞争风尚未转变之时,我以至诚无私之心,若大权独揽,何以服人?……故先行下野,以示诚意牺牲。国事整理,千头万绪,非可计较近功。祥下野之后,当从事学问,涵养性情,将来报效国家,为日方长,不可专顾目前,以免贻误。"

△　上海市民召开反对日本出兵满洲大会。到 200 余团体,六万余人,推费哲民为总主席,杨剑虹为总指挥。大会通过致日本国民电,致全世界人民书,致广州国民政府电,致国民军冯玉祥电。会后游行。沿途散发传单,高呼"打倒日本帝国主义"、"打倒张作霖、段祺瑞"、"废除不平等条约"等口号。

△　段祺瑞令准免京师宪兵司令柴兰芬署职,以刘文翰继任。

△　孙岳到京。越二日,在天津通电就直隶军务督办职。

12 月 28 日　段祺瑞任命汪守珍为国务院秘书长。

△　上海中华艺术大学发表成立宣言。该校以行政委员治校,陈望道为行政委员会主席。

12 月 29 日　徐树铮在廊坊被枪杀。徐由京赴津,车抵廊坊站国民军一军防地,师长张之江派参谋长张钺率卫队至车站迎徐,徐甫下车,即被卫兵枪击身死。次日,陆建章之子陆承武发出通电,供认"行凶","借报杀父之仇"。

△　日本派往满洲增防之部队一部分撤回原防。同日,驻屯军第十师团司令部由奉天移沈阳。

△　上海邮差拒绝投递日本驻沪使馆传单——《日本出兵满洲之理由》。是日,邮务公会致函各报馆,揭露该传单"希图蒙蔽国人,以遂其蚕食之野心",请勿予登载。

△　北京临时政府外交部因上海公共租界工部局以 7.5 万元作为"五卅"案死难抚恤金,纯系单方面之意见,未经我国承认,电令上海交

涉员许沅予以退还,以便依正式外交方式解决。

　　△　北京临时政府国务会议讨论结束办法。内长龚心湛主席,内、外、财、陆四总长到,余均次长到。许世英以私人资格列席。议决全体阁员总辞。

　　△　上海国民党"中央执行委员会"(西山会议派)发表声明,公然否认广州中央执行委员会关于在广州召开第二次全国代表大会之议决案。

　　12 月 30 日　北京特别国务会议开会,财政总长陈锦涛出席报告年关政费筹措情形,说明已筹款 103 万,大约各机关可发月薪三四成。次日,银行通知陈氏,告以即日仅能凑付 40 万,余 60 万须以一个月后期款充数。各机关闻讯大起恐慌,各派主管会计往财部坐索。财部负责官员避不到部。

　　△　香港华商代表李石泉、李星衢、罗文锦、马叙朝、江贻荪、李耀堂、蔡少垣、谢树堂八人抵广州,磋商解决罢工条件。

　　△　日本增防满洲军队,因张、郭战事了结,已将其一部分陆续撤回原防,前移入奉天省城之辽阳师团司令部亦同时撤去。是日,驻京日使芳泽发表撤兵声明书,解释出兵理由,并声明未撤部分亦将于明年归国。

　　△　国民党东京支部执行委员会在上海《民国日报》上刊载启事,追随西山会议,宣布将王树声、黄光潜、宗贤俭、陈日新、李人一(国琛)、马念一、李兆龙、何恐等九名"共产分子"开除党籍。

　　12 月 31 日　段祺瑞明令改组国务院,外交总长沈瑞麟、内务总长兼署交通总长龚心湛、财政总长陈锦涛、陆军总长贾德耀、海军总长林建章、司法总长杨庶堪、教育总长章士钊辞职,均予照准;特任王正廷为外交总长,于右任为内务总长,陈锦涛为财政总长,贾德耀为陆军总长,杜锡珪为海军总长,马君武为司法总长,易培基为教育总长,寇遐为农商总长,龚心湛为交通总长。

　　△　北京市民在天安门召开"反日国民大会",到国民党北京执行

部及北京市党部、北京学生总会、北京大学、全国妇联、北京总工会等200 余团体,五万余人。由徐谦宣布开会宗旨,于右任、陈启修、雷殷等相继发表演说。议决联合全国民众,实现国民革命,打倒帝国主义。会后游行示威。

△ 蒋介石由汕返抵黄埔。是晚黄埔军校党员召开欢迎会,蒋发表演说,声称:左派、右派都是"我们的同志",反对党内有左派、右派之分。

△ 吴佩孚在汉通电各省军民长官、各党派领袖,息兵尊法。称:"定乱以武,安民以政,尊法虽我素志,用法听诸国人。"宣布结束"讨贼"事宜。按:此电系用以探各方之趋向,意在易讨贼标帜为尊法标帜,而取得政治上之地位。

△ 北京临时政府财政部公债司统计,截至本日,共负内外债计银元16.1525亿余元。

△ 北京《政府公报》发表 10 月 1 日解决之中意金法郎案文件。

△ 上海《民国日报》刊载《蒙古全体公民宣言》,揭露蒙古王公制度使蒙古公民"一无民权,二无法律,三无人格"之罪恶,要求取消王公制度,并吁请全国一致援助,使蒙民"脱出专制,恢复人权"。同日,又刊载内蒙各盟旗代表忠告北京临时政府勿再宠用蒙古王公,贻害蒙众宣言书。

是年 日商在大连创办昌光硝子株式会社,资金 300 万元。

△ 日商满洲福纱株式会社在大连创立,资金 300 万元。

△ 吉林省办哈尔滨电厂成立,投资 250 万元,发电容量 5000 千瓦。

△ 倪克在天津创办倪克纱毛厂,资金 100 万元。

△ 夏柏士在天津创办美古绅纱毛厂,资金 40 万元。

△ 上海天章造纸东厂创立,资金 40 万元。

△ 吉林中国人民毛织公司创立,资金 40 万元。

△ 广信公司在哈尔滨创立广信昌榨油厂,投资 30 万元。

△ 日商内外棉株式会社金州支店第一厂、第二厂在辽宁金州创立,拥有纱锭 1.32 万个。

1926 年(民国十五年)

1 月

1 月 1 日　国民党第二次全国代表大会在广州开幕,内地和海外代表共 256 名。汪精卫在开幕式上演说,谓本届代表的任务是要继承总理所决定之政策,接受总理遗嘱,继续总理的革命精神去努力奋斗,向着总理用 40 年心血和经验给我们找出的光明大路前进,唤起民众,联合世界上以平等待我之民族共同奋斗,求中国革命和世界革命的成功。开幕典礼后,全体代表观看阅兵式。

△　冯玉祥通电下野。电谓:"值兹千钧一发之机,彻底澄清之会,仍宜本和平之初衷,谋国家之改造。但愿战事从此结束,俾人民得资休息。玉祥个人应即日下野,以卸仔肩。"

△　广州各界举行盛大活动庆祝元旦。国民革命军第一、二、三、五军在东校场举行阅兵式,朱培德任总指挥,国民政府主席汪精卫,国民政府高等顾问鲍罗廷,各军长蒋介石、谭延闿、李福林,国民党第二次全国代表大会代表,港侨恳亲团等莅临阅兵,市民 30 余万人到场参观。兵、工、学、农、商、政、警各界 30 万人联合游行,高呼"拥护总理农工政策"、"拥护总理联俄政策"、"拥护总理与共产党合作政策"、"国民革命万岁"、"工农商学兵大联合万岁"等口号。

△　国民政府宴请国民党第二次全国代表大会代表,汪精卫致欢迎词,大会代表吴玉章致答词,鲍罗廷演说,邓演达报告游历英、德、法、苏各国经过及与胡汉民、戴季陶晤见情形。

△　国民党上海特别市党部举行成立会,到代表 81 人,主席恽代英报告筹备经过。大会选举恽代英、沈雁冰等九人为执行委员,通过决议案八项,主要有:要求第二次全国代表大会开除西山会议首领林森、邹鲁、谢持,并分别惩戒其他参与之党员,警告孙文主义学会,遵照总理政策解决党内纠纷等。

△　西山会议派中央发出第五号训令,指责江苏省党部"违律叛党",自应全部解散,停止职权,听候派员改组。同日又发出第九号训令,指责湖南省党部为共产党把持,应停止职权,全部解散,听候改组。

△　中国共产党广东区委员会发表《对中国国民党第二次全国代表大会宣言》,略谓:大会的责任"应在如何能使反帝国主义的宣传深入群众,如何使民众对于反帝国主义运动有一正确的观念,及指示反帝国主义的策略如何";"应使中国国民运动与革命先进的苏俄之关系更形巩固,并规定与世界被压迫民族与阶级联合的方法";"要规定发展工农运动的计划,确定对于工农运动的正当态度及决定对于破坏工农运动的党员给以严厉的处罚";"应决定如何能使国民党成为一个群众的党,使其组织能如网一样的布满全国,使有指导全国运动的能力"。《宣言》指出:"本党党员加入国民党是为了发展国民党与国民运动起见,是因为国民党第一次大会政策的实行与左派势力的发展需要共产党员的帮助,与中国国民革命运动的发展需要国民党左派势力的发展与革命政策的实行。"宣言希望大会"能使国民党在左派领导之下发展一个群众的政党,能使广东的革命基础扩大到全国!"

△　直鲁联军组成,总司令张宗昌,前敌司令李景林,总指挥褚玉璞,总参谋毕庶澄。

△　浙江省自治会议公布所议决之《浙江省自治法》、《浙江省自治法施行法》。

△　北京总工会正式成立。

△　唐山市 20 余团体万余人举行市民大会,欢迎国民军,反对日本出兵南满,欢迎开滦煤矿工会代表出狱。会后游行。

△　全国国语运动大会在上海、北京同时开幕。国语研究会联合全国各地学校、团体,在广州、长沙、南京等百余城市陆续召开国语运动大会,以演讲、展览、文艺演出等推行国语,促进统一方言,普及教育。上海各报是日和 3 日先后出版国语特刊。商务印书馆、中华书局等半价发售国语图书一个月。

△　上海《时报》出版元旦增刊,刊载前一年新闻索引。是为我国报刊对时事有索引之始。

1 月 2 日　督办湖北军务兼省长萧耀南复电吴佩孚,响应吴"息兵尊法"通电;4 日,浙闽苏皖赣五省联军总司令孙传芳亦复电响应。

△　北京临时政府外交部电令上海特派交涉员许沅,退还上海工部局所交与之五卅惨案恤金 7.5 万元。4 日,许沅将该款退还。

1 月 3 日　郭松龄余部刘伟之十九旅,范浦江之十二旅部,霁云之四、五旅,魏益三之炮兵三旅一部等共二万余人,共推魏益三为国民四军总司令。是日,魏在山海关通电表示继郭遗志,助冯反奉。5 日,魏部与李烈钧部、唐之道部换防,由榆关开往滦县和秦皇岛。

△　苏皖公团联合会为五卅惨案事在上海召开紧急会议,议决电请北京临时政府外交部迅饬交涉员许沅严词驳复上海公共租界工部局,并退还 7.5 万元支票;认为五卅惨案之完满解决,在取消一切不平等条约及收回会审公廨。会议并决定发起建立"五卅"诸烈士纪念碑。

1 月 4 日　国民党第二次全国代表大会上午 10 时开会,汪精卫临时主席。林祖涵报告大会筹备经过,谭平山报告代表资格审查经过,吴玉章报告大会秘书处组织经过。通过会议规则,汪精卫、谭延闿、邓泽如、丁惟汾、谭平山、恩克巴图、经亨颐七人为主席团。下午继续开会,丁惟汾主席,汪精卫报告接受总理遗嘱经过,议决:一、谨以至诚接受总理遗嘱并努力实行之;二、致电苏俄表示诚意合作;三、致电全世界被压迫民族表示一致奋斗;四、致电日本反对出兵满洲;五、致电冯玉祥等劝勉其为国民利益奋斗;六、致电胡汉民勉励其为党为国宣劳。决定在广州粤秀山(即观音山,今称越秀山)建接受总理遗嘱纪念碑。次日,全体代表赴粤秀山行奠基礼,并祭黄花岗七十二烈士及廖仲恺。

△　国民党第二次全国代表大会致电苏联政府:"今日本会第一次会议,全体一致决议谨以至诚之意与贵国携手合作,共同打倒帝国主义。贵国为世界革命先锋,向以扶助被压迫民族为职志,深望继续与以助力。本会更当率领全体同志努力奋勉,完成中国之国民革命,而促全世界革命之成功。谨祝中俄大连[联]合万岁!"

△　西山会议举行第二十二次会议,通过《为取消共产派在本党党籍事告同志书》,委任王太蕤等15人为委员。大会宣告西山会议闭幕。

△　西山会议派中执委和各部部长举行第五次联席会议,决定派人重组日本东京支部。

△　冯玉祥将军权交张之江,离张家口赴集宁,拟经乌兰巴托赴苏、德游历。国民军所占地域经议决划分五区:京兆附近、口北及察哈尔、绥远、热河、甘肃,以鹿钟麟、张之江、李鸣钟、宋哲元、刘郁芬分任总司令,由冯电北京临时政府保荐。

△　李景林部由天津退向山东时,沿途被国民军堵截,残部由师长张宪率领入鲁北惠民,是日李景林到德州整顿残部,并派员在天津收容旧部,每人发30元川资赴德州整编。

△　日轮"乾坤丸"海员二名在汕头雇小艇回轮,不付艇资,反将船工郑阿丁打成重伤,郑阿灶打入海中,激起民愤。6日,海上驳艇对到汕头之日轮停止工作。同日,汕头交涉员马文车致书驻汕头日领事内田五郎提出条件:一、日本当局应将凶犯捉拿严惩;二、就地审惩凶犯,中国官员前往观审;三、日本政府应向国民政府及汕头市民道歉;四、赔偿损失;五、保证以后不得再有野蛮行动。7日,汕头驳艇工会通电控诉,200余船工列队到交涉署请愿。

△　东京东三省旅日同乡会、留日学生总会分别召开郭松龄夫妇

追悼大会,声讨奉张。东三省旅日同乡会电请冯玉祥"迅策义师,指日北上"。

1 月 5 日　段祺瑞前曾表示,如若国民会议到 1 月仍不能召开,本人即下野。是日,许世英谒段请示组阁办法,段谓本人下野绝无问题,嘱许拟电。当晚,许世英宴贾德耀等 10 余人,商议段下野电文。许主张应有"政权交内阁负责执行,自十六日起即不视事"之词。6 日,两次在段宅商议电文,当晚许持稿请段签发,汤漪、屈映光、龚心湛、陈宧等劝阻,段犹豫未签。

△　《民国日报》载:日本政府借口"保护侨民",在调遣军队侵入南满之同时,海军省亦纷调军舰至天津、秦皇岛一带,并派陆战队在天津登岸。总计已派入中国之军舰达 27 艘,海军官兵及陆战队等超过 7000 名。

△　北京临时政府各部机关员工因薪饷无着,纷起索薪。是日,教育部部员开索薪会,决定派员将北京图书馆《四库全书》及《唐人写经》等一律查封,作欠薪抵押。13 日,内务部设立薪俸代用券维持会,按先农坛地亩售价,发券代付薪金。17 日,司法界五厅一院员工向财政部索薪,要求半个月内发薪两个月,否则即罢工。

△　香港大罢工继续坚持。据统计,罢工后香港每日损失 250 万元。是日,香港华商代表李石泉等返港汇报赴粤磋商经过,谓广州方面因香港代表只负经济责任,其余条件不能负责,要求港方改派全权代表赴粤再商。

△　厦门召开反对日本出兵南满市民大会,46 个团体约 5000 人参加,冲破警方阻挠,坚持开会,10 余人演说,高呼口号,会后列队游行。是日全市罢工、罢市、罢课,海面亦罢渡。

△　张作霖电吴佩孚表示谅解,并通电主张恢复约法解决国是。同日,湖南省长赵恒惕通电赞成吴佩孚"息兵尊法"主张。

△　国民政府公布财政新计划,内称本年收入可由 2000 万元增至 7000 万元。

△　西山会议派另组国民党北京执行部,委任林森、邹鲁、覃振三人为常委,傅汝霖为北京特别市党部筹备主任,张继为直隶省党部筹备主任。

1月6日　国民党第二次全国代表大会继续举行。上午,汪精卫报告《两年来政治经过状况》。汪并报告鲍罗廷在政治委员会工作的情况,大会决定向鲍罗廷赠一银鼎以志感谢。下午,蒋介石报告军事状况,于树德报告北方政治状况,议决组织宣言起草委员会,汪精卫、邵力子、高语罕三人为起草员。

△　国民军将领张之江、李鸣钟、鹿钟麟、刘郁芬、宋哲元、刘骥以冯玉祥引退联名通电,以三事告全国同胞:一、拥护中央,此志不渝;二、服膺爱民主旨;三、力避内争,开发西北,注重民生。

△　孙传芳通电主张在沪开联省会议,解决护宪护法问题。

△　北京临时政府接新疆督办杨增新电称:唐努乌梁海擅自成立共和国,宣布法令,拟加入苏联联邦,请速向在京苏使提出抗议。

△　丹麦、挪威、德国驻京使馆分别照会北京临时政府外交部称:各该国已加入华盛顿会议《九国公约》。

△　西山会议派以“国民党中央执行委员会”名义在上海《民国日报》登载启事,声称“上海特别市党部列举之执行委员与监察委员,多系为本党已开除之共产分子,所有该党部一切行动概与本党无涉”。

1月7日　许世英内阁勉强组成,是日举行首次国务会议,财政总长陈锦涛、陆军总长贾德耀、教育总长易培基、司法总长马君武、农商总长寇遐、交通总长龚心湛到会;外交总长王正廷、内务总长于右任和海军总长杜锡珪未出席。

△　许世英约汤漪等人在宅继续商议段祺瑞下野电稿,汤将“十六日起即不视事”句删去,许一怒而去,避入德国医院,至夜12时被挽回宅。是晚,汤漪等在段宅开会修改电文,删去“十六日起即不视事”一句,改为“所望各建谠言,迅定国是,即释重负,俾践前言”。段于修正之稿易数字后加批“即发”两字,临发时又追回不发。

　　△　国民党第二次全国代表大会继续举行,谭平山作《党务总报告》,丁惟汾报告北方党务,刘尔崧报告《工人运动状况》。大会议决:主席团成员经亨颐未到,以宋庆龄替任;包惠僧、侯绍裘、陈其瑗、董用威(必武)、罗介夫、邓颖超、陈公博、吴玉章、张国焘、丁惟汾、黄平、郭春涛、许苏魂、黄学曾、杨匏安、路友于、熊式辉(次日又补定张伯荫)组成提案审查委员会。

　　△　宋庆龄抵广州,国民政府及各团体万余人在天字码头隆重欢迎。同日,宋庆龄接受《广州民国日报》记者采访,发表对于时局看法。指出:"国民政府在短短的这几个月中取得的这些成绩使我坚信,在不久的将来,这个拥有广大人口的国家,将在孙中山创立的这个党的领导下重新统一起来,并在国家独立和自由的基础上得到迅速的发展。"

　　△　孙岳在天津召集邓宝珊、史可轩、李仲三、史之照等开会,决定国民二、三军分三路联合攻鲁,邓宝珊任总司令,为北路,徐永昌为西路,田维勤、李纪才、王为蔚为南路。

　　△　张绍曾为国民军联合直系说项,是日电吴佩孚、孙传芳称:"昨晤焕帅(冯玉祥)谈法统,焕帅极赞同。至法统如何回复,金以国会自由集会,依法成立政府为得策,非如此无以弭纷争而入正轨。但焕帅以尊重公议为怀,对恢复办法无成见。"

　　△　旅汉旧国会议员集会商讨时局,提出解决时局四项主张:一、恢复民国十三年合法国务院,摄行大总统职权;二、国会自由集会,选举继任大总统,同时摄政国务院下令改选众议员;三、新众议员召集之日,旧众议员依法解职;四、宪法应行增修之处,由宪法会议依法修正。翌日,致电吴佩孚表示拥赞尊崇宪法,并发表宣言指斥段祺瑞"凭藉暴力,诡言革命,将根本大法破坏无余"。

　　△　汕头日人殴伤艇工案,日领事内田五郎函复交涉署:一、本案凶犯业已拿获,将依国法严处;二、公判时贵国官民可依法观审,并不阻防;三、本领事已访贵交涉员,表述抱歉之意;四、"乾坤丸"船长承诺赔偿受伤人医药费及相当损失额,倘有郑阿灶致死之确证,应抚恤其遗

族;五、饬令入口日轮船员,防止再发生此种事故。

△ 日本名古屋华侨学工商联合会发起召开郭松龄追悼会,被日警强行解散,并当场逮捕工人、学生六名。经迭次交涉,11 日被捕者获释。

△ 武汉 30 余团体代表在琴园开会,发表宣言反对日本出兵满洲,要求对日经济绝交。

1 月 8 日 国民党第二次全国代表大会继续举行。上午,宋庆龄莅会演说,希望大家合作,"团结坚固,不要受人家的挑拨",实现总理的主义。陈公博报告农民运动经过,何香凝报告廖仲恺死事经过;下午,陈公博报告青年运动经过,甘乃光报告商民运动经过,邓颖超代何香凝报告妇女运动经过,毛泽东报告宣传部两年经过状况。

△ 孙传芳电段祺瑞,指责北京临时政府财政开支挥霍无度。略谓:年来收入共一万三千余万,用于奉张者约二三千万,用于国民军者不过数百万,其余全部,均已挥霍馨尽。"今收支相悬若是之巨,其中必有宵小舞弊之事"。要求段祺瑞"转饬所司彻底算清,明白公布于世,以释群疑"。12 日,段祺瑞电复孙传芳称:"现新阁成立,庶政公开,前任帐目,钩稽更易。顷已交院严行彻查,档案俱存,职责攸在,自可与国人共见也。"

△ 颜惠庆、王正廷、蔡廷幹邀关税会议与会各国专门委员开茶话会,表示关税用途按税率统计每年增收 9000 余万,以 3000 万还债,3000 万裁厘,2000 万建设,1000 余万为紧要政费。各国专门委员表示已提有意见书,与中国主张相距甚远,望中国"勿持成见",俾会务得以进行。

△ 16 省区驻京代表刘汝贤等谒段祺瑞,询问下野真相。10 日,刘汝贤领衔通电陈述谒段颠末,略谓:"比经执政答称,'余自入京以来,瞬经一载,事与愿违,心力交瘁。此次原拟根据迭电宣言,于本月十六日起即不视事。嗣因各方殷殷责勉,余亦因国家重器肩余一身,付托之方当听各省公决,若遽轻率脱摆,万一引起事变,咎无可辞。至政治如

何解决,政权交付何人,本人并无成见,惟盼各省区军民长官速筹办法,俾卸仔肩'。"并表示诸师"拟应速筹大计,以定国是"。

△ 北京临时政府外交部就驻京日使芳泽谦吉去年 12 月 30 日《撤兵声明书》所称增防满洲军队之未撤部分将于今年归国事照会芳泽称:地方已渐平静,所有增派军队应请迅速撤回。

△ 驻京日使芳泽谦吉照会北京临时政府外交部称:"南京、长沙群众误会日本出兵满洲之用意,公然围困领事馆,威迫领事,图毁国旗,此等非常举动,本政府特提严重之抗议,望即警告该地方长官。"

△ 旧国会议员叶兰彬、牟汉英、邓芷灵等由京抵津,请张绍曾组摄阁。是夜,在日租界新明大食堂秘密茶会,讨论法统问题,议定要求曹锟向国会辞职,另举正式总统。会至翌日凌晨始散。

△ 北京临时政府秘书厅全体人员开索薪会,并赴吉兆胡同要求段祺瑞发给三个月欠薪。

1 月 9 日 段祺瑞恋栈不肯下野,是日下午 6 时将 7 日晚修改之电稿发出,略谓:"际兹时变,善后维艰。前者修改现制,增置中枢,谋庶政之公开,补阙失于既往,但期利国,宁有成心。所望各建谠言,迅定国是,即释重负,俾践前言。"

△ 国民党第二次全国代表大会继续举行。鉴于居正等人用上海伪中央执行委员会名义擅行宣布解散湖北省党部和汉口特别市党部,决定通电宣布:"在大会期内,新中央执行委员会未选出以前,一切重大问题全由代表大会解决,上海之伪中央执行委员会仍发出命令,当然无效。"上午,刘重民报告《上海政治及党务状况》,詹菊似报告《海外党务状况》;下午,邓青阳代表邓泽如报告《中央监察委员会经过》;张晋报告东三省党务,范予遂报告《山东党务经过》。大会通过工运、农运、妇运、宣传、青运、商运六报告各审查委员会名单。

△ 孙科、吴铁城由沪返穗。汪精卫、蒋介石同意孙、吴之三条要求:一、孙科垫付之西山会议各项经费,由广州国民政府拨还;二、孙科得二届中央执行委员一席;三、取消监察院查办吴铁城案,吴仍任广州

市公安局长。

　　△　国民政府政治委员会议，决定再改广东省政府及县市政府现行体制：省务会议为省政府最高行政会议，下设财政、民政、农工、建设、教育、交通、土地七厅；县务会议即旧制之县公署，下设公路、财政、土地、教育、民政五局，县长又曰民政局长，职权与各局长平，直接隶属于县务会议，为其主席；市政会议设工务、财政、教育三局，市政委员长直接隶属于市政会议，职权与各局长平。

　　△　段祺瑞特任刘汝贤署参谋总长，免去杨森署职；任命吴纫礼为海军次长，海军总长杜锡珪未到任以前，由吴纫礼暂行代理部务，免去徐振鹏海军次长职；特派冯玉祥前往欧美各国考察实业事宜，准予免去西北边防督办兼督办甘肃军务善后事宜职；特任张之江为西北边防督办，仍兼察哈尔都统；特任李鸣钟督办甘肃军务善后事宜，李云龙督办陕西军务善后事宜；任命刘郁芬为绥远都统，并岳秀帮办陕西军务仍兼陕北镇守使。

　　△　段祺瑞以山东高等审判厅长张志为督办张宗昌枪毙，令派督办河南军务善后事宜岳维峻"就近严行查办，以肃纪纲"。

　　△　北京临时政府外交部通知北京外交团，法权调查会议定于 12 日开会。

　　△　驻京各省区代表、各法团会长通电，主张召集国民会议解决一切，先召集各省区议会及各法团之领袖开一预备会议，修改《国民代表会议条例》。

　　△　黄埔陆军军官学校教导团改编为教导师，直隶于国民党中央执行委员会。

　　△　广东高要县土豪劣绅卢沂川等为破坏农民协会，集合民团500 余人，于 3 日、4 日、5 日接连袭击岭村等乡农民协会和农军，恣意杀戮，焚烧民房，掠夺财物，农民死伤百余人，流离失所无家可归者不计其数。是日，广东省农民协会执行委员会发出通电，要求国民政府从严查办，严惩奸凶，维护农会，解散对农民树敌之民团，杜绝反革命根株。

1月10日　直鲁联军分十路进攻国民军:李景林自任第一路,二路李爽垲,三路马瑞云,四路张宪,张宗昌自任第五路,六路褚玉璞,七路毕庶澄,八路方振武,九路许琨,十路程国瑞。是日,李景林部在安陵、桑园间攻击五小时,占安陵。翌日拂晓,国民军增援,夺回安陵。

1月上旬　美、英、法、比、荷驻京公使先后照会北京临时政府外交部,催还湖广、广九、陇海等线铁路借款本息。

1月11日　张作霖通电全国,声明段祺瑞既已丧失行政上之实权,今后"东三省与北京政府各部,停止行政交通关系,废去东北边防屯垦督办之职名,专用镇威上将军之名称"。

　△　张作霖通电讨伐魏益三,出兵关内。

　△　国民党第二次全国代表大会继续举行。上午,郭春涛、于树德报告北京党务;下午,汪精卫报告宣言大纲,冯品毅、张晋、董用威(必武)分别报告河南、东三省、湖北党务。

　△　出席法权调查会议之中国代表与外国代表争持会长职甚烈,经日代表日置益调停,商定设名誉会长,由中国司法总长充任,实际会长为美代表史陶恩。

　△　东京中国留日学生400余人,为反对日本出兵满洲,开会议决陆续归国,以示抗议。

　△　北京临时政府外交部以五卅惨案赔偿金7.5万元与原照会要求之100万元相差甚远,再次照会荷使欧登科促其转致各国公使依原要求解决。

1月12日　法权调查会议上午11时在北京居仁堂开幕。中、比、美、丹、法、英、意、日、荷、挪、葡、西12国代表出席,瑞典、秘鲁代表缺席。会议推王宠惠为临时主席,马君武为名誉会长,美代表史陶恩为会长,徐维震为秘书长。马君武致词,要求废除治外法权,收回领事裁判权。次日第二次会议,史陶恩主席,推法代表杜珊为副会长,讨论会议议程。15日,第三次会议,推英代表亚历山大为外国秘书长,讨论调查法典入手办法。王宠惠将已译成英、法文之中国法律提交各国代表阅看。

△　段祺瑞指令交通总长龚心湛彻查吉敦铁路合同事,略谓:前交通总长叶恭绰任内,与南满铁道株式会社订立吉敦铁路合同,并未提经国务会议,应由交通部声明不能成立,并将蒙蔽擅订情形彻查呈明办理。26日,北京临时政府交通部呈复称:吉敦铁路系垫款包工性质,与借款筑路情形不同;并云合同成立时手续容或未周,但绝无蒙蔽事实。

△　国民党第二次全国代表大会继续举行。上午,孙科报告《总理葬事筹备经过》,吴玉章、刘伯垂、周启刚分别报告四川、汉口、古巴和墨西哥党务;下午,王健海、许苏魂、邓范生报告澳洲、缅甸、南洋荷属党务。议决:一、从速处决廖案要犯;二、纪念廖仲恺;三、设立机关保护海外华侨;四、中央执行、监察委员名额及选举方法。

1月13日　国民党第二次全国代表大会继续举行。上午,袁同畴、许鸿、夏曦、宣中华、陈季博分别报告黄埔军官学校、江西、湖南、浙江、日本党务;下午,讨论通过:一、宣言;二、处分西山会议者;三、增加党务经费;四、对外政策;五、全国代表大会海外党部选举法应与国内同;六、惩办中山、南海、高要等县民团屠杀农民等案。关于第二项,大会讨论提案审查委员会《关于弹劾西山会议审查报告书》后通过《弹劾西山会议决议案》,指出西山会议"纯属违法,并足以危害本党之基础,阻碍国民革命之前途,非加以严重之处分,不足以伸党纪而固吾党之团结"。决定谢持、邹鲁永远开除党籍;居正、石青阳、石瑛、覃振、傅汝霖、沈定一、茅祖权、叶楚伧、邵元冲、林森、张继、张知本12人由大会用书面"提出警告,指出其错误,责其改正,并限期两个月内具复于中央",若有不接受大会警告者,中央即应开除其党籍;戴季陶"由大会予以恳切之训令促其猛省"。

△　在京旧国会"非贿选"议员30余人,以国会非常会议名义开会,通电主张恢复法统,继续制定宪法,否认许世英内阁。

△　国民一军在朝阳、阜新、凌源一带布防,大部集中京绥路,以防奉军向热河发展。

△　内蒙各盟旗各团体代表大会在京举行,讨论内蒙如何革新问

题,并发表宣言主张召开内蒙国民代表大会,实行自治。

△ 北京各大学、团体举办反日大讲演,李石曾、吴敬恒、周鲠生等六人在北大三院礼堂讲演,王世杰、陈翰笙等五人在师大风雨操场讲演,于右任、徐谦等四人在民大礼堂讲演。

1 月 14 日 许世英主持北京临时政府国务会议,会后宣布新内阁组成后之四点方针:一、巩固国信,挽回国权;二、注重民生,不尚武力;三、庶政公开,无偏无党;四、洁己奉公,不图权利。

△ 国民党第二次全国代表大会继续举行。上午,越南王达人演说越南民族被压迫状况及对国民党之希望,朝鲜吕光先演说朝鲜革命状况,印度哥巴清希望中国革命成功并联合世界一切被压迫民族起来共同奋斗;刘侯武报告越南党务;陈公博报告"廖案"检察经过。大会决定加派林祖涵、王懋功、卢兴原、沈应时为"廖案"审判委员。下午,凌棠、彭泽民、郑受炳、张伯荫、关素人、林昌炽分别报告印度、南洋英属、菲律宾、加拿大和美国、香港党务,通过政治报告决议。15 日,大会讨论党章修改案。

△ 国民政府通令各地驻军应负尊重、保护财政机关之责,不得干涉财政收入事项。

△ 国民政府加派林祖涵、王懋功、卢兴原、沈应时为"廖案"审判委员,令迅速将案内人犯审讯判决,限本月内完毕;并责成第五军军长李福林、广州市公安局长吴铁城于一个月内将"廖案"主谋要犯朱卓文拿获归案讯办。

△ 广东省、广州市两政府宴请国民党"二大"代表。孙科演说,希望增加团结,使本党及国民政府得发扬光大。伍朝枢演说,说明广州市推行三民主义情况:民族方面谋开设黄埔口岸,免为他方困逼;民权方面市政府委员会由人民各阶级各选三人充任;民生方面已通过都市土地登记及征税案。

△ 国民军一军将领协商决定,请段祺瑞暂留,谋以段制吴。同日,国民军二军将领邓宝珊、李纪才等联名通电反对恢复法统,主张依

孙中山主张召开国民会议,组织国民政府;痛斥段祺瑞为祸国殃民的人民公敌,不应加以挽留。

　　△　北京各团体下午在天安门举行反日示威运动大会,徐谦等演说,揭露日本帝国主义公然出兵援奉,阴助李景林攻国民军,是我国民之公敌。大会通过"准备对日宣战"、"与日本断绝经济关系"、"召集国民代表会议"、"组织国民政府"等议案12条。会后徐谦等率队至警备司令部,要求鹿钟麟逮捕政府当局要员及其左右,并示威游行。是日,东三省留日学生300余人离日回国,以反对日本出兵援奉。

　　1月15日　国民党第二次全国代表大会公布大会通过之宣言,阐述"世界之现状"、"中国之现状"和"本党努力之经过",宣称:孙中山"所提出于第一次大会之宣言,对于三民主义之解释,及最小限度之政纲,实为中国之唯一生路"。"故第二次大会,对于主义固当继续努力,以求贯彻;即对政纲,亦无所修改,惟期其得见诸施行"。宣言表示:"吾人愿献此身以为一切民众之前驱,为一切民众而效死。"

　　△　晚,段祺瑞在私邸与陈宧、汤漪、龚心湛等商议下野问题,经左右怂恿,决定先不下野,维持现状,等候各省提出办法。

　　△　奉军与国民军在山海关附近交战。国民军增调兵力防御,第一防线设距山海关50里之高岭站,第二线设前所,第三线设边外,大本营设山海关,唐之道任前敌总司令。奉军主力由绥中西进。17日、18日两军激战,奉军攻占九门口,进逼山海关。20日晨,张学良率卫队进驻山海关城内之泰安栈。海军司令沈鸿烈率两舰载兵一旅在洋河海口登陆。穆春统率奉军大队入关,至21日晚,入关步兵达3.5万人,分驻山海关东北,后又逼近昌黎。国民军撤出山海关,退守滦县、卢龙一带。孙岳派第七混成旅赴滦县增防。21日,鹿钟麟、刘之龙等在北京商议,决派重兵增援,鹿为前敌总司令,郑金声为副,准备13个师兵力抵御奉军。

　　△　国民政府南征军12日克雷州后,是日,李济深部渡海攻琼州。

　　△　王文典代表全国商联会致函银行团,请取消安格联把持操纵

管理公债基金权,由各界推人自管。

　　△　中华全国总工会发表《反对日本出兵满洲宣言》,略谓:日本帝国主义公然派兵入奉天,干涉中国内政,扶助最反动之军阀张作霖,枪杀郭松龄,蹂躏中国人民,同时国内新起之军阀,亦复勾结帝国主义在上海等处残杀我同胞。"处斯严酷情形之下,我国内同胞应即重加团结,一致武装起来,与帝国主义及其走狗军阀死战,达到最后之解放"。

　　△　日本关西自由劳动组合联合会、全国印刷工联合会、芝浦劳动组合等团体发表声明书,反对日本政府对中国的无理出兵,要求解除在中国领土的日本武装,支持中华民族自主独立,反对资本主义列强干涉。

　　1 月 16 日　国民党第二次全国代表大会继续举行,选出第二届中央执行委员 36 人:汪精卫、谭延闿、胡汉民、蒋介石、谭平山、宋庆龄、陈公博、恩克巴图、于右任、程潜、朱培德、徐谦、顾孟馀、经亨颐、宋子文、柏文蔚、伍朝枢、何香凝、丁惟汾、林祖涵、戴季陶、李济深、李大钊、于树德、甘乃光、吴玉章、李烈钧、陈友仁、王法勤、杨匏安、恽代英、彭泽民、朱季恂、刘守中、萧佛成、孙科;候补中央执行委员 24 人:白云梯、毛泽东、许苏魂、周启刚、夏曦、邓演达、韩麟符、路友于、黄实、董用威(必武)、屈武、邓颖超、王乐平、陈嘉祐、朱霁青、丁超五、陈其瑗、何应钦、陈树人、褚民谊、缪斌、吴铁城、詹大悲、陈肇英;中央监察委员 12 人:吴敬恒、张静江、蔡元培、古应芬、王宠惠、李石曾、邵力子、高语罕、柳亚子、陈果夫、陈璧君、邓泽如;候补中央监察委员八人:黄绍竑、李宗仁、江浩、郭春涛、李福林、潘云超、邓懋修、谢晋。选举前,韩麟符、李裕志、许卓然分别报告三特别区(绥远、察哈尔、热河)、蒙古、福建党务。大会通过工人运动决议案、青年运动决议案、妇女运动决议案、关于宣传决议案、关于党报决议案,通过《慰勉罢工工友电》和《慰勉海外华侨电》。

　　△　奉军调中东路护路军 60 人剿匪,苏方局长伊万诺夫不允免费运送,发生争执。伊万诺夫令南段长春、哈尔滨间停止通车,护路军亦制止东段车辆开驶,并拘捕哈尔滨苏方副站长。护路军司令张焕相向

路局抗议。翌日,中东路全部停驶。苏联驻京大使加拉罕为此于19日、21日两次向北京临时政府外交总长王正廷提出抗议。

　　△　北京临时政府举行国务会议,通过交通部提案:京奉、京绥、京汉、津浦四铁路客运票及京、津、汉、南京、苏州五市电话费酌加附捐,作为教育特别协款。会议讨论发行春节库券事,财政总长陈锦涛主张发行8000万元,利息八厘,以民国十七年(1928)以后之金融公债基金之一部为担保,除用以发给"九六公债"两年息金外,其余充作政费。寇遐等反对。次日,陈锦涛递交辞呈,离京去津。

　　△　天津各界召开反对日本国民大会,徐谦、李石曾等演说。

　　△　汕头各界一万余人集会,反对日本出兵满洲,抗议日人凶殴艇夫。国民革命军第一军政治部主任周恩来演说,号召一致对外打倒帝国主义。会后游行。

　　△　北京国立九校代表58人赴国务院索薪,要求年关发四个月。教育总长易培基允阴历12月10日发一个月,20日再发一个月。

　　1月17日　北京临时政府举行国务会议商讨春节库券事,王正廷报告昨晚与安格联接洽担保库券遭拒。18日、19日连续举行国务会议,许世英称已与安格联洽妥发行春节库券。19日晚,许在宅宴银行界,摊销库券。

　　△　江苏江阴顾山乡人周水平因组织佃户合作自救会,被地主劣绅控告而逮捕入狱。是日晨被枭首示众。县署宣布周之罪名为"意图扰乱治安,阴谋不轨"。

　　1月18日　国民党第二次全国代表大会继续举行,通过中国国民党总章修正案、中央党务报告决议案、商民运动决议案、宣传审查委员会决议案,并决定由大会给中央执行委员会政治委员会高等顾问鲍罗廷发聘任书。翌日上午,大会通过《北方目下时局之宣传大纲》、财政决议案、农民运动决议案、海外党务决议案、特别市党部变更组织法案、嘉勉国民政府电、军事工作案及纪律提案,议决:居正在湖北捣乱、怙恶不悛,石青阳勾结军阀、陷害同志,永远开除党籍;覃振、石瑛、茅祖权列名

"同志俱乐部",警告限两个月内声明脱离;邵元冲在上海主持伪中央执行委员会,决定加以警告,并令其停止反动行为;叶楚伧除警告外并责令其交出《民国日报》;沈定一应令其停止主持反动之浙江省党部,否则除名;对上海伪中央党部所有人员桂崇基、袁世斌、刘芦隐、周佛海、马超俊、郎醒石、刘哲明、沈仪彬、黄季陆,加以警告,限两个月内声明脱离,否则除名;参加善后会议之马君武、彭养光,擅自任职北京政府之杨庶堪,永远开除党籍;列名"北京同志俱乐部"分子限两个月内声明脱离,否则开除党籍。

△ 鲁军第二十师师长方振武于肥城通电与国民军合作,是日,孙岳电方请参加北路战事,并予以国民军第五军名义。张宗昌急令娄明清率部追击,在濮阳一带激战三昼夜,娄败,方振武部北上,与国民军各军联成一气。

△ 段祺瑞特任许世英暂行兼署财政总长;指令慰留财政总长陈锦涛,给假 10 日。

△ 上海各团体联合会致电国民政府及国民党第二次全国代表大会,谓:"此间各团体已恢复国民会议促成会,望诸公北上与人民代表、国民军代表共组织中央国民政府,召集国民会议预备会。"

△ 广州各界举行反对日本出兵满洲示威大会,200 余团体、50 余学校共 20 余万人参加,各团体旗帜书有"反对日本出兵满洲"、"收回旅顺大连"、"打倒日本走狗张作霖"、"取消不平等条约"、"请国民政府出兵北伐"等标语。大会通过致世界民众电、致日本民众电、致本国民众电。会后大游行。

△ 北京国立各学校因经费无着,是日起一律停课。

1 月 19 日 国民党第二次全国代表大会下午闭幕。发表《中国国民党第二次全国代表大会宣言》。《宣言》主要内容分为:第一,世界之现状;第二,中国之现状;第三,本党努力之经过;第四,结论。《宣言》指出:"总理所提出于第一次大会之宣言,对于三民主义之解释,及最小限度之政纲,实为中国之唯一生路。""故第二次大会,对于主义固当继续努力,以求贯彻;对于政纲,亦无所修改,惟期其得见诸施行。"《宣言》重申党的纪律,谓:"凡为革命党人者,不可不忠实诚笃,勇于改过。""若过而不改,则不能不以铁的纪律,加诸其身,盖对于党员姑息,即对于党为不忠也。"汪精卫致闭幕词。

△ 国民政府军事委员会决议任命蒋介石为中央军事政治学校校长,汪精卫为党代表。

△ 北京临时政府国务会议通过东沙岛归海军管辖,并通过京奉、津浦、京汉、京绥四路运送垦民减价规则。

△ 卢香亭奉孙传芳令任浙军总司令,率部赴杭州就职。

△ 美洲厄瓜多尔华侨急电上海国民党党部,略谓:"厄瓜多尔排华风潮剧烈,现拘华人一百三十七名监禁,并继续搜捕,驱逐出境。全体华侨停业,生命财产危在眉睫,乞速设法挽救危亡,并告中国政府及全国同胞援助。"26日,上海群社致电北京临时政府外交部、广州国民政府外交部,"请迅电驻美公使严重抗议,并要求赔偿一切损失,以维国体而慰侨胞"。

1月20日 国民政府令准蒋介石辞国民革命军第一军军长职,以何应钦继任;特任程潜为国民革命军第六军军长。

△ 国民党中央执行委员会发表国民会议促成会宣传标准八条,主要内容为:国民会议之目的,对外取消一切不平等条约,对内建设统一的国民政府;要由人民团体自己筹备组织,不为一阶级一党派所独占包办;国民管理政权,实现民权主义;推倒为国民会议障碍的段祺瑞。

△ 国民政府惩吏院成立,邓泽如、林翔、李章达、潘震亚、卢文澜五委员就职。

△ 驻京日使芳泽照会北京临时政府外交部,就缔结中日关税互惠条约提出意见,要求对日本货品不受征加附加税之影响,对中国向日输出原料亦须减税。27日,北京临时政府外交部复照表示同意开议。

△ 吴佩孚在汉口召集军事会议,部署进攻国民军二军岳维峻部,即令寇英杰率贺国光、贾万兴等五个混成旅入豫。

△　李景林指挥直鲁联军在津浦线直、鲁边境德州一带向国民军发动进攻。22 日晨,直鲁联军由桑园攻取安陵,进驻古城。国民军守连镇、东光,大队集中泊头。

△　孙岳电国民军一、二、三军诸将领,征询请冯玉祥出山意见,略谓:"事局阽危,尚非焕帅高蹈之时,应请打消隐退之意,东山再起,卫国救民。"翌日,国民军将领由孙岳领衔电请冯玉祥再出平乱。

△　孙传芳在南京召集军事会议,对豫省战事,因与各方均有友谊,决取中立态度。

1 月 21 日　段祺瑞以各军阀间战事加剧,下令"各军事长官应一律即日停止军事行动,各守疆圉,互戒侵陵。如再称兵构衅,则罪有攸归"。

△　段祺瑞致电张作霖,请蠲除积忿,各释前嫌,将西上师旅即日撤退出关。

△　许世英主持北京临时政府国务会议,说明发行春节库券案因各方反对,银行界与安格联以九六息金相要挟而搁浅,年关财政只得另觅他法。翌日,许世英、严璩等人宴银行界洽商发行库券办法。

△　段祺瑞特任许世英暂行兼署盐务署督办。

△　北京临时政府国务会议公推贾德耀赴包头请冯玉祥出山。25 日,汪精卫、蒋介石电冯玉祥谓:"时事多艰,请消退隐。"

△　国民政府为将行政、司法两权划分,各设机关以明权责,决定成立司法行政委员会,特派徐谦、伍朝枢、林翔、卢兴原为委员,以徐谦为主席,未到任前以伍朝枢代理;大理院前设之司法行政事务处着即裁撤。是日并公布《司法行政委员会组织法》。

△　广州各界举行列宁逝世二周年纪念会,到 10 余万人,汪精卫、蒋介石演说。

△　英香港当局发表公报称,为解决省港罢工事件,愿随时续开谈判;惟就已往情形观之,目下续派代表团赴广州无济于事,故听广州政府表明诚意,再定办法。

1月22日 国民党第二届中央执行委员会第一次全体会议,推汪精卫、谭延闿、谭平山、蒋介石、林祖涵、胡汉民、陈公博、甘乃光、杨匏安九人为常务委员。会议通过中央党部八部长:宣传部长汪精卫,组织部长谭平山,工人部长胡汉民,农民部长林祖涵,商民部长宋子文,青年部长甘乃光,海外部长彭泽民,妇女部长宋庆龄。

△ 中东路事态扩大,是日,奉军张焕相拘留苏方局长伊万诺夫。当日,驻京苏联大使加拉罕向北京临时政府外交部抗议,要求立行释放。苏联政府外交人民委员翟趣林是日致牒北京临时政府,略谓:"中国军事当局在事实上阻碍铁路管理当局履行职责,次第破坏中俄对中东路协定者凡五日,哈尔滨当局旋又有此种事前未闻之行为,鼓励兵士夺取车辆及破坏铁路秩序。苏联希望中国政府勿避免调查甲方或乙方破坏中东路协定之事件,采取必要办法以和平解决此问题。苏联要求在三日内完全恢复中东路秩序,履行协定,并释放伊万诺夫。如中国政府不能保证在上述日期内用和平方法解决上列各问题,则苏联政府请中国政府允许苏联自行设法保护中东路中苏两国之互相利益,并保证协定之履行。"

△ 段祺瑞明令裁撤航空总司令一职,特派马福祥为航空署督办。

△ 驻京日使馆通知北京临时政府外交部:日本满洲派遣队业于20日全部回国。

△ 国民政府南征军张发奎部占领琼山城。邓本殷部于21日撤退至海口一带,邓本人化装避入日本兵舰驶离海南岛。

△ 重庆举行反对日本出兵满洲大会,到70余团体万余人,通过告日本政府及国民书、电粤政府、电国民军、告国内军阀、告世界被压迫民族等文电。会后游行示威,沿街讲演并散发传单。

1月23日 国民党第二届中央执行委员会第一次全体会议通过《政治委员会组织条例》,规定"政治委员会为中央执行委员会特设之政治指导机关"。25日,会议通过《中央执行委员会特派员规程》,规定特派员之职权是:"一、于所指定之区域内,有指导及执行党务之权;二、有出席所指定之区域内各级会议之权;三、得召集所指定之区域内各最高党部执行委员联席会议;四、在指定之区域及特定任务之范围内,如各最高党部遇有临时紧急事宜,不及呈请中央时,得直接取决之,但事后应呈报中央党部得其核准。"会议并通过《各省区党务报告决议案》。

△ 北京临时政府国务会议讨论发行春节库券 800 万元事,因时迫年关,各方需款孔亟,故通过该库券发行条例。

△ 加拉罕就中东路事件致电张作霖,要求"一、释放局长伊万诺夫及铁路职员;二、立刻制止军事当局干预铁路寻常交通状况;三、规定运兵时必须纳费,此项运费由将来中东路中国赢利项下核算";并将苏联政府外交人民委员翟趣林致北京临时政府电文转达张作霖。

△ 国民政府财政部发行有奖公债 500 万元,经营国有实业;并决定全粤厘税饷捐本日起加征三成。

△ 孙传芳、陈陶遗电北京临时政府,反对发行春节库券,略谓:"承认九六为条件,将六千万关款完全牺牲,为少数操纵九六者发财,国人决不承认。"

1 月 24 日 王正廷为中东路事件晤加拉罕,谓奉张与中央政府现无往来,其行动不足以代表中国朝野意思;中国政府遵守协约精神,谋最短期内有妥善解决办法。

△ 张作霖派高清和与苏联驻奉总领事加拉柯维斯基于夜 10 时签定中东路问题先行解决办法五条,决定释放伊万诺夫及职工,恢复通车,此次风潮损失及责任问题日后再议。夜 10 时半,张下令释放伊万诺夫。26 日,中东路恢复通车。

△ 张作霖电复段祺瑞,声明奉军入关是为讨伐魏益三,现已令所部不再前进。

△ 张宗昌与靳云鹗在泰安铁路宾馆签订和议协约,以尊崇吴佩孚、一致行动为宗旨,内容有两部今后分驻地区、职权分配、联防、合击国民军计划及互助办法等 16 条;并议定:靳、张合驻兖州,设直鲁联军驻兖办公处;靳援豫之军饷由鲁供给;即日恢复兖(州)济(宁)支路及津

浦路南段交通;共同攻豫。

△　出席关税会议之英国代表向中国代表提出小债 28 笔,要求征收附加税时整理归还。美国代表亦开出中国欠美债务表,要求列入关税整理案。

△　日本驻京使馆致节略于北京临时政府外交部,要求中国政府设法抑止反日游行风潮。

△　天津各团体及东三省留日学生归国讨张排日团在南开中学新操场举行国民大会,到万余人,通过议案 12 项,其中有:请政府免张作霖职,并下讨伐令;反对对抗国民军的一切军阀;反对吴佩孚联张祸国;致电警告日本政府等。会后游行。

△　国民党湖南省党部召集各团体代表大会,到 400 余团体代表千余人,议决 14 条,其中有:反对奉直反国民军之联合;反对护法与恢复法统;取消关税会议,宣布关税自主;取消法权调查会议及领事裁判权;恢复湖南国民会议促成会等。

△　湖北全省学生联合会为反对日本出兵满洲,派代表包泽英赴襄樊宣传,被襄阳县知事逮捕下狱。该县学生会请求释放,又遭卫队枪击,伤数十人,被拘 29 人。是日,全国学生总会电鄂督萧耀南及襄阳镇守使、县知事严重质问。

1 月 25 日　张作霖召集文武重要官吏开会,决议四项:一、东三省宣布独立,与北京临时政府脱离一切关系,实行“保境安民”;二、以山海关、秦皇岛为界,布置防线,期永久维持;三、热河方面亦取守势,驻兵七八万于热边,以防国民军侵入;四、积极改编军队,编成 14 个师,暂时休整。

△　张作霖通令宣布与北京临时政府脱离关系,自就东三省自治保安总司令兼军务总统官,并谓:“今后定当万机俟诸公论,实行我三省之自治,保全外交,使财政压全国,势威凌驾他省。”

△　法权调查会开会讨论调查方针,各国代表以秩序不宁,主张简单调查,先在北京及附近各县进行。审查法典因各国专门委员未签注,故延会。对不平等条约决定不提出修改,按华会规定范围办理。

△ 段祺瑞批准上年 10 月 19 日签订之《中奥通商条约》。

△ 段祺瑞任命方振武为直鲁豫边防剿匪司令。

△ 国民政府汕头海关收回 50 里内常关税权,并实行华洋一律之营业税。驻汕领事团及税务司提出抗议,被驳复。

△ 张之江、李鸣钟、鹿钟麟、刘郁芬、宋哲元等联名通电驳斥以"赤化"诬国民军之说,略谓:"比来敌方竟以赤化二字,诋诬本军,此乃假名挑衅,借题发挥,等诸乡曲讼棍之所为,岂是欺人!"又谓:"本军素以救国救民为宗旨,所揭橥之'不扰民,真爱民,誓死救国'十字,自信尚能力行,此是与国人共鉴者。"

△ 日本"东亚同志会"在东京神田会馆召开"满蒙拥护外交责问大演讲会",主张援助张作霖,迎溥仪至满洲建立满蒙王国,以支配中国全境。

1 月 26 日 广州汪精卫、谭延闿、甘乃光,广西李宗仁、黄绍竑,湖南叶琪,贵州安健,云南范石生在梧州开重要军事会议,议决:一、到会各省服从国民政府指挥;二、实行党治;三、预备北伐;四、与冯玉祥、岳维峻、孙岳国民军合作。翌日,梧州各界六万余人在东学寺开欢迎会,李宗仁主席,汪精卫、谭延闿、甘乃光、黄绍竑演说。

△ 张作霖电山海关奉军将领,谓与国民军作战,本意在"保境安民",现在"路潮虽暂解决,以后难免纠纷",着所有入关部队即日撤退,守卫奉境。

△ 鄂豫战争开始。吴佩孚派鄂军第一师寇英杰部由鄂北向豫南国民军二军进攻,是日自双河开往信阳,攻占信阳车站,遇国民军二军第十一师蒋世杰部伏击,又退出信阳车站,包围信阳城。

△ 北京临时政府外交部以美国政府邀请德国、瑞典、秘鲁、巴西四国加入华盛顿《九国公约》,事前未征得中国同意,电令驻美公使施肇基向美国政府声明不能承认。

△ 吴佩孚电安格联称,正式政府尚未成立,所有伪政府举行内外债,全国不能承认,望拒绝以关余担保发行 2000 万公债。

1 月 27 日　张学良抵榆关召开会议,穆春、万福麟、韩麟春、沈鸿烈等均到会,决定滦、热两方兼顾,不攻滦州,将部队集中到抚宁、昌黎一带。

△　北京临时政府决扩充法权调查会议范围,修改不平等条约,是日由王正廷与美代表接洽,请美代表商请各国加派全权代表。越三日,各国代表均表示反对。

△　北京临时政府财政部向关税会议提议,海关以银两为本位,国库受损,请改以金为本位。

△　岳维峻在开封召集国民军二军将领商讨时局及对策,驻豫师长田玉洁、李虎臣,警备司令李纪才,豫东镇守使郭振才,驻京代表李仲三等与会。李虎臣、李纪才主张抗御吴佩孚入豫。

△　北京临时政府外交部照会北京外交团,催议五卅惨案事,俾及早解决该案,并分电驻外各使,饬向各驻在国政府接洽。

△　北京各界人士在中央公园开会追悼郭松龄,徐谦主席并演讲,说明此次追悼会之本旨在鼓吹革命,打倒帝国主义。

1 月 28 日　北京外交团开会讨论北京临时政府外交部 27 日照会催议"沪案"事,决定由英、法、日、美、意五国公使各派参赞,与北京临时政府外交部代表交换关于收回上海会审公廨之意见,商定简单适用之办法,并由荷使欧登科代表外交使团通知北京临时政府查照办理。

△　贾德耀向北京临时政府国务会议报告赴包头经过,谓冯玉祥表示坚决不再出山。

△　北京临时政府教育部更动北京国立各大学校长人选:聘王宠惠为法政大学校长,李石曾为农业大学校长,孙柳溪为医科大学校长,林风眠为艺术专门学校校长,徐谦为俄文法政专门学校校长。

1 月 29 日　吴佩孚部寇英杰师第五旅围攻信阳,进入东门,遇守军国民军二军蒋世杰部阻击,寇部退出城外。

△　段祺瑞明令筹划教育特税,以充教育经费,并特派马叙伦督办教育特税事宜。督办教育特税公署于 3 月 11 日成立。3 月 28 日,段

祺瑞准马叙伦辞职,并裁彻督办教育特税事宜一职。

　　△　中日议定"中日关税互惠条约"缔结原则如下:一、限于特殊货物数种;二、务期从速缔结;三、双方须含互惠之性质;四、互惠条约与国定税率同时实行;五、最惠国约款不适用于互惠条约。

　　△　广州交涉署就省港罢工问题谈判事致函港英当局辅政司,略谓:省港罢工起于沪、粤两惨案,主要方面为港英当局与罢工工人,磋商应由双方代表互相协议。本政府非主持罢工及抵制之当事人,无庸越俎,倘有参加会议之可能,亦只居间调停而已。今港英当局只愿与本政府接洽,不愿与工人磋商,实所不解。本政府已竭力调停,以后仍本此诚意,力谋解决。

　　1 月 30 日　两广宣言合作,集中革命势力,设统一委员会。汪精卫等人自梧州回广州,白崇禧随行。

　　△　北京临时政府国务会议议决:一、海军舰队司令杨树庄电请速拨舰队费,决交财政部尽先设法,并先电慰;二、以蔡元培、李石曾等 16 人为中华教育基金会委员;三、依民国五年制,国务院设参事厅;四、俄专学校归教育部管辖。

　　△　张作霖令免中东路护路军司令张焕相职,改任特区长官,遗缺由丁超继任。

　　△　出席关税会议之英、美、日方代表,连日向中国代表非正式质问,谓实行纸烟吸户捐,违反自动宣言裁厘和中国提出之税率表。中方代表与北京临时政府磋商结果,决定即行停办,另筹捐款抵补收入。

　　1 月 31 日　北京各界在天安门举行讨张反日国民大会,200 余团体及东三省留日学生讨张反日团代表参加。大会议决通电全国一致讨张反日,对日经济绝交;反对吴佩孚联张攻豫;请广州国民政府出师北伐讨张反日等 10 项。会后整队游行,散发传单五万份。

　　△　奉军舰在大沽海面游弋,国民军在大沽口南炮台安设重炮四尊,并装探照灯,入夜不准中外各轮进口。是日,驻津领事团以此举违背《辛丑条约》为理由,向孙岳提出抗议。

△　省立湖南大学正式成立。不设校长,由委员十人管理之;分设理、工、法、商四科。

是月　驻沪美国总领事署发表 1925 年全年中国对美输出共值美金 1.59502913 亿元,其中以纺织品及其原料为额最巨,值美金 8066.9586 万元,逾总值之半。

△　北京临时政府交通部美国顾问贝克统计:1924 年 9 月至 1925 年的 16 个月间,华北地区人民因战事所受之损失,计达 7900 万元;商务上之损失,则两倍于国立铁路之债款,并足以筑成拟议中之粤汉路。

△　据日本邮船公司报告,1925 年因五卅惨案等关系,上海对日输出贸易影响颇巨,统计全年出口船只 290 次,装货 28.5 万吨,与 1924 年比,船只出口减少十分之五,出口货物减少十分之二。

△　中国科学社设置奖励基金,每年奖励科学研究有成绩与贡献者,奖励之学科,甲类包括算学、天文、物理、化学及其应用科学,乙类包括地学(气象、地质等)、生物学(动物、植物、生理、医学等)、人文科学(心理、人种、语言、考古、社会经济)及各类之应用科学等。

△　川省军阀私相约定,按照军额及地盘,瓜分省税。预算全年省正税及附加税两项共 240 万元,除四分之一拨充行政教育费外,其余概由各军阀分占。其他如鸦片税及一切杂税、军务税等亦然。

△　湖北大旱成灾,全省 71 县据正式呈报并经全省赈务处派员查实者有 58 县,饥民达 3000 万人。有因争食观音土致土山崩塌,死伤数十人者;有夫妻先后自尽,子女亦饿毙者;有八十老妪以败絮充饥,卒亦自缢者。

△　湖南岳阳、临湘、湘阴等地旱灾严重,岳阳灾民达四五十万。草根树皮掘食殆尽,卖妻鬻子时有所闻。灾民到长沙求食者以万计,警察驱逐回籍,遣去复来。

△　四川垫江饥民聚集劫谷。酆都、长寿、垫江、涪陵等四县饥民大会张贴文告,情词哀痛。

2 月

2 月 1 日　国民军分三路东进攻击奉军:唐之道第九师及三军之顾占鳌旅,由昌黎正面攻北戴河;门致中第十一师由昌黎南抄奉军左翼;郑金声部由丰润西北进攻石门寨。

△　岳维峻率领国民二军全体军官通电讨伐吴佩孚。国民一军张之江等、国民三军孙岳等亦相继于 6 日、9 日通电讨吴。

△　国民政府军事委员会任蒋介石为国民革命军总监。

△　国民党中央政治委员会推汪精卫为政治委员会主席,汪精卫、谭延闿、胡汉民、蒋介石、伍朝枢、孙科、谭平山、朱培德、宋子文为委员,陈公博、甘乃光、林祖涵、邵力子为候补委员;会议并决定推李宗仁、黄绍竑为国民政府委员;派周恩来、李富春、朱克靖为国民革命军第一、二、三军副党代表。

△　周恩来在汕头就东江行政委员职。东征总指挥部撤销。

△　北京临时政府外交总长王正廷电复苏联政府外交人民委员翟趣林,略谓:中东路局长伊万诺夫已释,此案不难和平解决。"希望此后在事人员能持公平之态度与互助之精神,遇事开诚布公,和衷共济,勿挟暂利一方一时之偏见,自可相安而免纠葛"。

2 月 2 日　吴佩孚、萧耀南、齐燮元联名通电称:冯玉祥"狡称下野,伏处平地泉(今集宁),密集饷械,特集师讨伐"。

△　北京临时政府外交部电嘱驻英代使朱兆莘向英国政府声明,否认"沪案"司法调查报告;并电令驻各关系国使节向各该国政府声明我国仍主照最初提案办理。

△　北京临时政府外交总长王正廷就美国邀请德国加入华会九国条约事,向美、德两国公使提出抗议。指出:九国条约所谓未签字各国,只指有不平等旧约各国而言,中德订有平等条约,显背原规,事前亦未相商。

△ 蒋介石在黄埔军校召开青年军人联合会和孙文主义学会负责干部联席会议,协调两组织之关系,议定办法四项:一、两会干部准互相加入;二、两会在军校及党军,须承本军校长及党代表之指导;三、团长以上高级军官,除党代表外,不得加入两会;四、两会会员彼此有不谅解时,得请校长及校党代表解决。

△ 上海全国学生总会、中国济难会、上海总工会、各界妇女联合会、非基督教大同盟等百余团体共同组织上海反日出兵行动委员会,并议决联合全国各地反日团体一致行动,实行对日经济绝交等。

2月3日 驻京英使麻克类照会北京临时政府外交部,以违反《辛丑条约》为理由,抗议国民军禁止外轮夜间通过大沽口。同日,北京外交团秘密会议,并约天津各国驻屯军司令与会,讨论"维持交通办法"。

△ 冯玉祥函复鹿钟麟,表示不愿回任边防督办,并以"真爱民"、"严纪律"、"淡权利"三事相勉,谓"能行此三事,虽失败亦存在;不能行此三事,虽存在亦失败也"。

△ 直鲁联军沿津浦线继续向国民军邓宝珊、胡德辅等部进攻,是日占东光、泊头。

2月4日 北京临时政府外交部代表张煜全等与英、日、法、美、意五国使馆参赞开会,就收回上海会审公廨及改组工部局董事会交换意见。五国参赞主张按1924年8月9日顾维钧致美使舒曼照会五项办法为根据;中国代表声明自五卅惨案发生后情形变迁,应根据1925年11月25日北京临时政府外交部致荷使照会办理。

△ 英驻港总督金文泰发表演说,略谓港英当局认定广州政府为此次工潮之当事人,除广州政府外不能与别方磋商;声明原则上不承认赔偿工人在罢工期内工资及失业之损失;并谓近有人煽动再次罢工,港英当局当严厉制止。

△ 段祺瑞任命王廷璋为驻葡萄牙全权公使,罗忠诒为驻丹麦全权公使。

△ 段祺瑞令准免国立武昌大学校长石瑛本职,遗缺以张准继任。

2 月 5 日　法权调查会议开会,继续讨论中国已颁布之各种法律,王宠惠逐点解释英、法代表所提疑问。

△　驻守在直南之国民二、三军在李景林直鲁联军猛烈攻击下节节后撤,国民一军调第一师韩复榘部、警卫一旅刘汝明、二旅门致中等部开赴津南增援,共推鹿钟麟为总司令。

△　国民党中央党部、中华全国总工会及广东省各界共 32 团体联合发起援助省港罢工周,是日发表宣言。略谓:省港 10 万工人罢工回省已有 8 个月,坚持与帝国主义作斗争,严行封锁各海口,使广州商务日臻繁盛,并出力帮助肃清东江南路叛军。"援助罢工周,第一,要安慰我们的前敌战士,兴奋作战;第二,表示我们全省与全国人士的力量,已与罢工工友团结在一起,对付帝国主义"。

2 月 6 日　段祺瑞指令兼财政总长许世英,准办春节特种库券,规定:一、定额 800 万元;二、利率周息八厘,八二折发行;三、前两年只付息,民国十七年(1928)起偿还本息,六年付清;四、自十七年起,以向由关余项下业经指定拨充之整理内债基金年约 2400 万元,除定案拨付各债本息外,所余之款为还本付息基金;五、由中国、交通两银行经理。

△　段祺瑞准免曲同丰航空署署长职。

△　围攻信阳之寇英杰部攻入信阳南门,遇守军蒋世杰部狙击,被迫退回原阵。

△　北京临时政府外交次长曾宗鉴会见驻京美使马慕瑞,希望法权调查会扩充范围,讨论不平等条约。美使表示:法权调查会乃根据华会精神办理,不能扩充。对上海会审公廨问题,美允缩小领事裁判权;工部局问题则须俟英、日两国表示后再议。

2 月 7 日　北京外交团以北京临时政府以关余为春节特种库券之担保,事前未经同意,向外交部提出抗议。

△　魏益三率领之国民四军,由滦县移驻保定。滦县方面由国民一军唐之道师负责防御奉军。

△　西山会议派以国民党中央党部名义,委派陈白等人筹备组织

"上海特别市党部",以对抗恽代英、沈雁冰等人领导之国民党上海特别市党部。是日,在谢持等人主持下,在"中央党部""复选选出"执行委员、候补执行委员和监察委员、候补监察委员。

△ 全国铁路总工会在天津召开第三次全国代表大会。中华全国总工会致电祝贺,并表示:"望贵会记取'二七'流血之教训,努力扩大与严密自己组织,继续先烈精神,为民族与阶级解放而奋斗。"

△ 汉口、广州、北京、上海、杭州、长沙及长辛店等地民众举行"二七"纪念大会。广州纪念会有 10 万人参加,林祖涵主席,讲述纪念"二七"之意义;汪精卫演讲,号召团结起来打倒帝国主义和军阀。

△ 上海商界要求以赔偿罢市 20 余日之损失作为五卅惨案解决条件之一,推代表赴京请愿。

2 月 8 日 北京临时政府外交部代表张煜全等与驻京英、美、法、日、意五国参赞继续会议,洽商收回上海会审公廨办法。司法部拟定改设特别法院之条例。

△ 驻京法使玛太尔谒段祺瑞,抗议中国各地之反对基督教运动,要求以适当手段遏止。

2 月 9 日 国民政府特派孙科、宋子文、陈公博、伍朝枢为黄埔开港计划委员会委员;特派陈公博、甘乃光、许崇清、金曾澄、钟荣光为教育行政委员会委员。19 日,又加派褚民谊为教育行政委员会委员。

2 月 10 日 北京临时政府财政部发行 800 万元春节特种库券,节前先销 500 万,由各银行分摊凑认,扣净后政府实得 330 万元;其余 300 万元库券作为抵押用,经往返磋商,决照票面四折押借,实得 120 万元。

△ 吴佩孚从汉口调刘玉春、宋大霈两旅开到信阳助战,是日攻入信阳城。国民二军增援之田生春、杨瑞轩两旅绕道冲进信阳城,协同蒋世杰部抵抗,击退鄂军。吴佩孚因攻信阳半月不克,决定除由刘玉春率两旅继续围攻信阳守军外,令寇英杰部绕攻确山,以断信阳后路。

2 月上旬 年关将近,各方纷纷向北京临时政府索薪索饷。国民一军索饷 300 万,二军索 100 万,三军索 100 万,邓宝珊索 20 万。1日,各机关人员在海军联欢社集会索薪。4 日,法制院百余人、18 机关代表 120 人、女校代表、临时政府人员等,纷纷到国务院向许世英索薪。许调卫队随身保护。9 日,各机关官吏 1000 人包围国务院索薪。

2 月 11 日   国民政府发布命令,将广东全省民团统率处裁撤,另在军事委员会之下设团务委员会,管理民团、农团一切事务,派李福林、林祖涵、古应芬、陈公博为团务委员。

2 月 12 日   北京外交团首席公使荷使欧登科,向北京临时政府外交部抗议国民军在大沽架炮。

△   中日盐案交涉,前因税率问题双方争持,延宕未决。北京临时政府盐务署长过之翰与日方代表重开谈判,议定向日本输出之工业盐每担税加为五分,输朝鲜盐税加为一角二,是日正式签字。

△   靳云鹗向孙传芳要求假道徐州,由山东向河南进攻岳维峻,孙以"五省中立"拒之,嗣经疏通,孙允靳在徐州设一司令部。

△   广州各界为援助罢工工友,组织 200 个宣传队,向各界宣传拥护罢工之必要,并组织募捐队,分向市内各界募捐。

2 月 13 日   日本出席关税会议代表佐分利,回国磋商日本政府对关税会议之方案后返抵北京。其方案要旨为:一、关税会议完竣时,即行承认加税;二、加税货物分七种,由附加二五至二十五;三、日本运华之棉纱、棉布、砂糖等类重要商品,只允征二五附税;四、加工制造之棉布可酌增若干;五、日本撤回延期支付案;六、关税增加后,中国年约增收 7000 万元,以 4000 万元还内外债,2000 万元至 2500 万元作裁厘基金,500 万元为政费;七、中国要求以增收税金修筑铁路事,日本不予承认。

2 月 14 日   督办湖北军务兼省长、鄂军总司令萧耀南突患心脏病去世。21 日,段祺瑞令给予治丧费一万元,派刘佐龙前往致祭。

△   吴佩孚以讨贼联军总司令名义,派第二十五师师长陈嘉谟继萧耀南为督理湖北军务兼讨贼联军鄂军总司令,汉黄镇守使杜锡钧为湖北省长。

△ 段祺瑞准免驻古巴国兼驻巴拿马国特命全权公使刁作谦本兼各职,任命廖恩焘为驻古巴国特命全权公使,施绍常为驻秘鲁国特命全权公使。

2 月 15 日   北京临时政府国务总理兼署财政总长许世英向段祺瑞辞本兼各职。段慰留,给假六日,并令陆军总长贾德耀暂行兼代国务总理,财政次长严璩暂行兼代财政总长兼盐务署督办。

△ 湖北省议会召开紧急会议,对吴佩孚擅委鄂省督办、省长事甚表不满,议决通电全国:一、将萧耀南急病逝世之事电告各方;二、请第二十五师师长陈嘉谟以武汉警备总司令名义暂时维持湖北治安;三、湖北省长须由省议会选举,在选举之前由政务厅长代理;四、此后各项公文非用政务厅长代理省长之名义不生效力。

△ 张宗昌就任吴佩孚所委之讨贼联军鲁军总司令,李景林就任讨贼联军直军总司令。张、李联名通电讨冯,并推吴佩孚为各省讨冯领袖。

2 月 16 日   国民党中央执行委员会发表训令称:国民军陷于奉直两系军阀夹击围攻之中,吴佩孚与奉通款,助奉攻豫。本党同志应造成全国反吴空气,同时应促成国民会议。

△ 国民党湖北省党部暨汉口特别市党部联合发表宣言,对省政提出 14 项主张,倡议召集全省人民团体代表大会解决全省政治问题,反对吴佩孚把持政权,要求停止豫鄂战争。

△ 中国共产党海陆丰地方委员会在龙溪畔菜圩埔召开农民祝捷大会,到会农民数万人。彭湃致开幕词,赞扬农民勇敢战斗得到伟大胜利;指出当前的革命是国民革命,全国人民要联合起来,打倒帝国主义、贪官污吏、土豪劣绅,建立真正民主政权。彭湃强调农民占全国人口85％,国民革命也可说是农民革命。

2 月 17 日   靳云鹗军向豫东进攻,是日驻商丘之郭振才部迎靳军王为蔚部入城;翌晨,靳云鹗进驻商丘车站。19 日、20 日,王部与守柳河之国民二军田玉洁部激战,21 日占柳河。

△ 共产国际执行委员会第六次扩大会议是日起至 3 月 15 日在莫斯科举行。会议关于中国问题决议案指出:"国民党——其基本核心是与中国共产党员联合起来行动的——自身,乃是在工人、农民、知识分子和城市民主派等阶层底各阶级利益之共同性底基础上,来反对外国帝国主义者及其在生活中的一切军事封建制度,为争取国家底独立和统一的革命民主政权而斗争的一个革命联盟。""国民党在广州所建立的革命政府,已经与工人、农民及城市民主派底最广大的群众联系起来,并且依靠他们,击败了受帝国主义者所支持的反革命匪帮(而且实行着使广东省底全部政治生活急剧地民主化的工作)。"决议案提出了中国共产党当前反对帝国主义及军阀势力的斗争中在军队、工农运动、民族革命统一战线等方面的任务和策略。

2 月 18 日 关税会议过渡办法委员会开第六次会议,颜惠庆代表中国提出两议案:一、临时附加税预计增加之数,应在 9000 万至一亿之间,用于抵补裁厘、整理无确实担保之内外各债、建设事业经费和紧要政费;二、征收各项附加税,自 4 月 1 日起征收二五附加税;奢侈品再加二五,不超过 6 月 1 日起征收,以便编制奢侈品表。外国代表对预计增加数、征收日期等提出异议。会议决定由英、美、日、法、荷、中六国代表组成临时附加税分股委员会协商审核议案。

△ 驻京英使麻克类谒见北京临时政府外交总长王正廷,声称广州政府煽动香港罢工,北京政府如无制止能力,英国决定自由行动,以武力干涉;并谓已预备每日以 150 万元充作军饷,将来由关余扣偿。

2 月 19 日 国民政府召开统一两广特别委员会议,讨论两广军政民政财政统一事宜,并核定桂省军队改编训练之方案。特别委员会由汪精卫、蒋介石、谭延闿、朱培德、李济深、白崇禧六人组成。

△ 法权调查会议开会,讨论民事之各种法律及民事诉讼条例、大理院判例等,王宠惠解答各国代表所提疑问。

△ 国民党江苏省党部于是日至 21 日召集各直辖党部举行联席会议,议决:接受第二次全国代表大会议案;为为农民运动奋斗而死的

周水平举行党葬;通电反对吴佩孚,促国民政府北伐;促全省民众参加革命运动等。

2月20日　关税会议临时附加税分股委员会在北京居仁堂举行第一次会议,中、英、美、日、法、荷六国代表出席,推中国代表颜惠庆为主席,讨论关于征收附加税之议案。对于预计增收税款数9000万元,其他各国代表反对中国提出之草案,认为不必载入议案。对于征收附加税之施行期,中国代表主张自5月1日起征收二五,奢侈品待列表,也应自二五税征收日起两个月内开始征收;外国代表借口货物运输费时,开始施行期应在二三个月之后。

△　直鲁联军因津浦线之国民二军邓宝珊部回救河南,乘隙大举北上,是日由泊头攻下沧州,又占青县。22日,李景林移驻沧州,令所部向马厂进攻。

△　许世英于15日呈请辞职后,又于是日、23日、24日、27日四次请辞,坚请段祺瑞立予罢免其本兼各职。

△　国民政府议决拨100万元在广州建筑中山纪念堂。

△　中华全国总工会发表《告民众》书,谓:全国政局现在又转到一个最危急的时期,"日本帝国主义正利用奉直联合进攻国民军,进行消灭人民的势力。人民应赶速起来反攻,反对奉直联合,反对吴佩孚进攻河南,反对日本帝国主义军队混入奉军攻打国民军;要主张召集国民会议,人民掌握政权!"

2月21日　段祺瑞下令讨伐吴佩孚。略谓:"吴佩孚盘踞鄂疆,勾结土匪,侵扰陕、豫,所发伪军官委状关防迭经破获有据,是其好乱性成,不惜残民以逞,鄂、陕、豫诸省人民,何负于吴佩孚,竟倒行逆施一至于此。……着卢金山、刘佐龙等力为消弭,以安地方;并责成岳维峻、李云龙督饬部队会同进剿,勿少宽纵,以期早歼凶残,出民水火,免致勾煽无已,为害地方。"

△　段祺瑞特任卢金山督办湖北军务善后事宜,刘佐龙为湖北省长。

△　中国共产党中央执行委员会是日至 24 日在北京召开特别会议,讨论"目前的政局与我党主要的职任"案,指出:"党在现时政治上主要的职任是从各方面准备广东政府的北伐;而北伐的政纲,必须是以解决农民问题作主干。""不仅是在广东做军事的准备,更要在广东以外北伐路线必经之湖南、湖北、河南、直隶等处预备民众奋起的接应,特别是农民的组织。"

2 月 22 日　靳云鹗军占商丘后继续西进,是日占考城,25 日占兰封,27 日,河南军务帮办、毅军统领米振标迎接靳军王维城部入开封城。岳维峻军向郑州退却。

△　粤海关被封锁。20 日,粤海关税务司英人贝尔面告海关监督傅秉常谓,省港罢工纠察队擅自扣留未经海关查验完税之货物八艇,妨碍其职务之履行,决于 22 日起停止海关验货,不发起卸货物之单据。傅当即表示反对,报告政府后又奉命制止。21 日,贝尔函告傅称:已发通告停止起卸。傅再函制止。贝尔仍顽恃,遂封锁广州港口。

△　驻京英使麻克类照会北京临时政府外交部,声称"广东江口罢工团体将英籍人民严刑炮烙,地方官有意怂恿",提出抗议。

△　广东东江各属行政大会在汕头开幕,潮、梅、海陆丰各属行政长官及人民团体代表 124 人出席,选何应钦、周恩来等七人组成主席团,周恩来致开幕词。次日继续开会,何应钦报告军事,周恩来报告政治,各地代表报告工、农、商、教育及妇女情况。大会通过议案 93 件及宣言,于 3 月 3 日闭幕。

2 月 23 日　段祺瑞再给许世英续假 10 天,仍请贾德耀暂兼代国务总理。国务会议因各部总长步调不齐,至今未开。严璩坚辞代财长职。

△　段祺瑞任命曾宗鉴为驻瑞典国兼驻挪威国特命全权公使。

△　北京临时政府教育部统计,全国有大中小学 3.9872 万所,学生 92.1854 万人。教育部通令各省区教育厅,本年内各地须广筹教育经费,全国增设中等学校 400 所,小学 1200 所。

2月24日　国民党中央和国民政府举行政治会议,讨论粤海关案,决定:海关检验入口各船,应负责不许货物走漏,罢工委员会纠察队在此时取严格监视态度而无庸检查;如欲检查,须在海关验货之后。

△　关税会议临时附加税分股委员会开第二次会议,就中国代表团提交之征收附加税议案修正草案交换意见,日、美、荷代表在讨论中分别提出修正案。外国代表仍坚持预计增收税款 9000 万元之数不载入议案。

△　驻京各国公使开会,就我国时局问题商议对策:一、要求中国政府保护在华外人生命财产,如有不能保护之事件发生,彼时即采自卫手段;二、各国将其军队派往枢要地点时,应即声明系正当防卫;三、交通恢复问题,应先对中国发出警告,若仍不能恢复通行,即应采取"积极"手段。

△　直鲁联军继续沿津浦线北进,是日攻占马厂、唐官屯。

△　广州举行全省工商大会,抗议英人贝尔封锁粤海关,要求撤换贝尔,并收回海关。中华全国总工会、省港罢工委员会、广东全省商会联合会等团体联合发表宣言,痛斥贝尔,并称:"如再利用封锁以绝我人民生命,则吾辈工商各界必有最严重之方法以对付之。倘有意外发生,则负此次肇祸之责者不只贝尔一人,北京总税务司及英帝国主义者均应同负责任。"

△　上海总商会抗议北京总税务司安格联主使粤海关封锁广州港口,指出安格联"号称吾国雇用官吏,乃以此等手段施之无辜商民,无论挟何理由,终难自圆其说"。同日,全国学生联合总会致电广州国民政府云:"务恳统率全粤民众,坚持奋斗,并积极进行收回广州海关,以彰国家威信,而戢侵略野心。"

△　国民政府公布《缉私卫商暂行条例》和《缉私卫商管理委员会组织法》,特派宋子文兼缉私卫商管理委员会委员长,李济深、李福林、斯美诺夫、王懋功兼委员。

△　鄂省议员郭璜等草拟湖北省自治暂行条例,提交省议会讨论

通过,其要旨为:设省自治政府,由省议会组选举会,票选临时省长为最高行政长官,临时省长任期六个月,俟正式省长选出时解职。翌日,各法团及报界百余人集会,抨击省议会包办省长选举为非法,主张由省议会召集各法团修改省自治暂行条例,以选举临时省长权公诸各法团。

　　△　张国淦、彭养光等旧议员在津谒黎元洪请黎出山,黎表示不敢再作冯妇。

2 月 25 日　国民政府发表宣言,斥责军阀祸国殃民,揭露张作霖"保境安民"、吴佩孚"护宪护法"之花招,宣称"以打倒帝国主义、打倒军阀为当前急务",领导民众及统率与民众合作之军队,实现国民革命之目的;主张以速开国民会议及预备会议"为解决时局之唯一方针"。

　　△　省港罢工委员会纠察队将前扣留之八艇千余件货物送回粤海关检验完税,然后加以检查,扣留一部分货物充公。同日,国民政府财政部布告:以后凡出入口货物,未经海关检验,无论何人不得干预。26日,粤海关启关验货。

　　△　关税会议编订附加税奢侈品表专门分股委员会举行第一次会议。各国委员推蔡廷幹为主席。会议讨论奢侈品表之编制事宜,对于载入奢侈品类目表之甲、乙、丙三类各项物品逐项交换意见。

　　△　北京临时政府外交部据驻外各使报告:扩充法权调查会议议程事,列国只允依华盛顿会议精神,渐次推行撤销领事裁判权,无谈判取消不平等条约之余地。

　　△　鹿钟麟封闭《北京晚报》及《大同晚报》,并捕两报馆经理、主笔。北京报界共起声援。

2 月 26 日　西山会议派以"国民党中央执行委员会"名义在上海《申报》发布通告称:定于3月29日在北京西山总理灵前召开第二次全国代表大会,"取消本党党籍之共产党人不能与于选举之列";并公布70名代表名单,排除共产党员和国民党左派,以广东谢英伯补廖仲恺,安徽管鹏代陈独秀,广东林云陔代谭平山,北京马叙伦代李大钊。此后,吴铁城、苏无涯、李元著、周仲良、刘崛、王度、谢晋、孙科、乌勒吉、王恒、覃超、刘通、马超俊、萧炳章、邵元冲、戴季陶、叶楚伧等17人先后通电、登报声明事先并未与闻,显系窃名冒签,绝对不能承认。

△ 国民党上海特别市党部和江苏省党部为西山会议派诬蔑市党部为"共产党人所组织"、省党部为"共产党分子所把持",是日发表声明予以驳斥,指出西山会议派企图借此"以自掩其叛党形迹"。

△ 蒋介石借口第二师师长王懋功"为俄人季山嘉利用,图谋不轨",将王撤职扣留。翌日夜,王被押送离粤赴沪。蒋介石以刘峙为第二师师长。

△ 法权调查会开会,中国委员说明民法之法规、戒严法、战时捕获法、国籍法、森林矿业条例等,并答复各国委员之疑问。

△ 困守信阳之国民二军蒋世杰,派参谋马骥偕信阳商会长杨光裕、红十字会长朱浩然、王楚芗等到汉口,向吴佩孚、李倬章洽商和平接收信阳,条件为蒋部两旅由吴佩孚收编,余缴械遣散。吴允给蒋等官职,惟蒋部须全部缴械,不允收编。

△ 中华教育文化基金董事会在北京开会,各方面请拨基金书共105件,总数为2200余万元。经三天会议决:设置科学教席,并补助设备和其他项关于促进科学教学之费用;补助北京图书馆开办费100万元,在武昌华中大学设图书馆学教席及助学金。会议通过分配款项之补充原则六条及补助20个团体经费之数目与年限。会议决定在本会设立社会调查部,在美国设立华美协进社。

2月27日 段祺瑞面告鹿钟麟、刘骥:国务总理职已决定贾德耀署,望鹿、刘再劝驾。鹿、刘谒贾,贾云:贺得霖允任财长后本人可视事。

△ 李景林率直鲁联军沿津浦线大举北进,天津告急。国民一军决定鹿钟麟出京赴前线督师,李鸣钟到北京代鹿坐镇。

△ 张作霖为策应直鲁联军夹击国民军,令前线奉军准备总攻击。驻锦州之奉军总司令部及第二十七师是日起开始进入关内,在山海关秦皇岛、石门寨之奉军第十、十七师及第十一、十二、十九混成旅络绎开往昌黎、抚宁。

△ 段祺瑞特派督办江西军务善后事宜方本仁为湖北查办使,令方酌派军队驰往湖北。

△ 北京举行国民大会,四万余人参加,高喊"打倒吴佩孚!""拥护国民政府!""要求北伐!"等口号。

2 月 28 日 鹿钟麟自京抵津,即赴陈官屯晤国民一军第一师师长韩复榘,决反守为攻,在静海设总司令部,节制前敌各军。当晚,鹿下总攻击令,分三面与直鲁军作战:正面子牙河北岸,东路陈官屯,西路姚马渡。

△ 段祺瑞下令制止反基督教运动,略谓:"天主、基督两教,历订条约,于传习保护,严切申明。共和成立,尤重信教自由。近闻各处颇有宣传反对宗教之印刷品及结社集会等事,若不急为禁遏,内则违戾国俗,外则摇动邦交,关碍殊巨。着责成各省军民长官力为制止,以杜淆惑而弭乱源。"

是月 上海商界有反对总税务司安格联保管关税和内债基金、另立关税公库之表示,安格联特从北京赶至上海观察形势,与金融、商界人士洽谈达旬日。上海银行界表示:原有整理公债基金仍归保管,关税公库须妥筹办法,与政府接洽。安格联表示满意,即回北京。

△ 北京总邮务司发表中国各邮区内户口,共 4.36094953 亿人,蒙古、青海、西藏三地未计入。

△ 李大钊在《政治生活》杂志发表《土地与农民》一文,论述"中国历史上平均地权运动","中国今日农民破产的趋势","农民中最多数最困苦的阶级——自耕农与佃农","耕地农有","农民的要求及我们怎样在农村工作",指出:"只有农民自己组织的农民协会才能保障其阶级的利益。在乡村中作农民运动的人们,第一要紧的工作,是唤起贫农阶级组织农民协会。"李文认为:"中国的浩大的农民群众,如果能组织起来,参加国民革命,中国国民革命的成功就不远了。"

3　月

3月1日　段祺瑞召贾德耀磋商组阁事,贾请准辞代国务总理并陆军总长职。

△　靳云鹗军王维城、王为蔚、田维勤等部占开封后,继续沿陇海路西进,是日占中牟。国民二军岳维峻部西退郑州。同日,寇英杰军绕出信阳后方之部队,在明港、驻马店两战获胜后,乘势占领郾城和许昌。

△　奉军加紧部署攻击国民军,张学良移司令部于山海关,下令攻滦县。韩麟春部由抚宁攻卢龙。

△　国民军在唐官屯击退直鲁联军,李景林部退守减河南岸。两军夹减河作战。李移司令部于沧州。

△　毕庶澄率部自青岛开拔进攻大沽,所部军舰除"海琛号"外均于是日开出。

△　奉天省长王永江反对奉军入关,告假在金县"养病",是日派子携辞呈致张作霖。5日,王又函张谓,辞职"非惧时局之混乱,乃因金融紊乱,财政不能整理也"。"若将军翻然觉悟,则宜减少军队至足敷东三省自卫用之程度"。

△　黄埔陆军军官学校改名为中央军事政治学校,上午举行成立典礼,校长蒋介石、党代表汪精卫及各部、处主任就职。

△　厦门鼓浪屿华民公会对于前清由厦门地方官吏与驻厦领事团所订之《鼓浪屿公共地界章程》,认为极不平等,有丧国权,主张修改,是日组成修改鼓浪屿章程起草委员会,着手草拟修改意见。

△　北京图书馆成立。

3月2日　靳云鹗军田维勤部自中牟西进,占领郑州,继续追击前进。靳云鹗于是日晚抵郑。国民二军岳维峻部大部退往安阳、汲县、邢台一带,小部退往郑西荥阳、洛阳一带。

△　关税会议编订附加税奢侈品表专门分股委员会开第二次会

议,逐一讨论各国代表在第一次会议上提出保留之甲乙丙三项各项货品。各国代表对于中国代表将此三项编入奢侈品表,纷纷提出异议,要求规定奢侈品范围仅以少数珍品为限。会议决定中国代表团尽早编订成修正表,分送各国代表校核,以期报告六国代表组织之分股委员会。

△　国民党中央决定取消各军政治部主任,加设一副党代表。

3月3日　北京临时政府外交部以苏联与外蒙古订立正式条约,侵犯中国主权,向苏联驻京大使加拉罕提出抗议;并令驻苏代办郑延禧请苏联政府从速取消。

△　全国非基督教大同盟通电各省非基督教同盟及各团体,指斥段祺瑞政府明令取缔非教运动,甘心作帝国主义之走狗,请一致声讨。

3月4日　北京临时政府改组。段祺瑞令免国务总理许世英、外交总长王正廷、财政总长陈锦涛、陆军总长贾德耀、海军总长杜锡珪、农商总长寇遐、司法总长马君武、教育总长易培基、交通总长龚心湛职;特任贾德耀为国务总理,颜惠庆为外交总长,贺得霖为财政总长,贾德耀兼陆军总长,杜锡珪为海军总长,杨文恺为农商总长,卢信为司法总长,马君武为教育总长,龚心湛为交通总长。

3月5日　靳云鹗军克郑州后,前锋展至汜水,向巩县进攻。王维城率部西进,4日攻占黑石关后又占巩县,是日复由偃师进占洛阳。岳维峻、李虎臣率国民二军残部向陕县退走,沿途遭豫西红枪会截击,死伤积野,溃乱逃散无数,大炮300余尊、枪万余支均被夺去,轻重数列车悉被焚毁。冯子明、胡景铨、杜荫廷等将领亦被击毙。

△　阎锡山勾结直、奉,令师长商震出娘子关取石家庄,阻击国民二军由京汉路北撤。国民军反击,阎部9日起陆续撤回。

△　国民党中央执委会议决由青年部组织中国国民党童子军委员会,直接统辖国民政府域内之童子军。7日,通过青年部所拟《童子军办理方案》及《组织大纲》。

△　卢金山、刘佐龙通电宣布不接受段祺瑞2月21日任命之湖北督办、省长职。7日,卢金山乘"靖江"轮返宜昌。

△ 北京大中小学经费窘迫,无法开课。北京临时政府教育部对于九校只能发出行政费三成,教职员欠薪则无款发放。是日,九校教职员向贾德耀索薪。

3月6日 鹿钟麟指挥国民一军韩复榘、刘汝明等部及国民三军从青县退回之部队展开于唐官屯、大城之线,与直鲁联军激战,突破其防线南下,是日收回马厂,进逼沧州。

△ 孙传芳、杨文恺通电声明:北京临时政府任命杨文恺为农商总长,事先未征求同意,不能承认。

△ 北京总商会及各商业团体通电要求关税自主,反对关款存放外国保管银行。

3月7日 北京临时政府财政枯窘,贺得霖宴北京银行界人士,提出筹款三策:一、就300万抵押之春节库券,商增找押款数十万;二、将退回之德国赔款,按金马克算回增收数,再酌抵旧债;三、承认九六优先权,用腾出金融基金余额发新公债。席间,贺请银行界即日垫款三四十万应急,以中法储蓄会300万库券余款作抵。翌日,银行公会讨论决定酌予援助,每行分任二三万不等,计20万左右。

△ 奉方代表郭瀛洲在北京会见国民军李鸣钟等人,提出议和条件:一、停战;二、热河让与奉方;三、直、鲁两省归奉。国民军方面表示,愿与奉停战,但不能停止讨吴;允让热河,但须以奉军退出山海关外为条件;直、鲁问题再议。

△ 靳云鹗军王为蔚部自郑州渡河北进,追击国民二军,5日晚进占新乡,6日过汲县,是日晨占安阳。

△ 冯玉祥派马伯援、蔡增基由集宁赴粤,向国民党方面解释冯下野意图及国民军形势和策略。

△ 段祺瑞指令改派王景岐为参加国际联合会特别大会代表。

△ 北京临时政府教育部将北京俄文法政专门学校改为中俄大学,以徐谦为校长;其反对徐谦之部分学生,由外交部另设俄文法政专门学校教学。

△　汕头各界举行援助省港罢工周大会,到数万人,议决电促全国民众速开国民会议解决国是,并表示热烈拥护国民政府。

3月8日　毕庶澄所率舰队及奉军海军向大沽开炮轰击,守备大沽之国民军还炮抵御。由军舰载来之毕庶澄部海陆军6000人,在炮火掩护下由北塘登陆,谋袭军粮城。经国民军门致中、庞炳勋等部截击,及驻芦台之唐之道部夹击,俘获2900余人,余众登舰逃走;毕舰队11艘也被击退。

△　关税会议临时附加税分股委员会举行第三次会议,逐条讨论修改中国代表团提出之关于征收附加税之议案草案。对于征收临时附加税之施行日期,中国代表要求自6月1日起,英、美、法国代表均持异议,欧登科主张自6月15日起,亦未有结果,决定下次续议;对于附加税增收之关税保管存放问题,外国代表力主应分存于外国开设在中国之保管银行。

△　唐生智为取代赵恒惕治湘,调所部第十五团自宜章、郴县至衡山,向长沙逼进,并自衡阳急电赵恒惕,谓略:"现因郴、宜米贵,给养困难已极,特调第十五团驻衡山,以便就食,且资整理。敬恳钧座移节衡山,检阅该团,并面授生智以整军防边机宜。"翌日,唐又电赵恒惕责问省政府三事:"一、小人在位,若不立予斥退,后患何堪设想!二、熊克武残部窜湘,概予收编,不知是何用意?三、统一军政,整理财政,诚为治湘要著,但皆粉饰太平,各有用意。"要赵立即答复。

△　中央军事政治学校举行开学式,学生由黄埔陆军军官学校第四期及各军军官学校合并,总计2650余人;除步兵两团外,有政治、经理、炮、工等科。蒋介石在开学式讲演,谓三民主义是以民生主义为基础,与共产主义实现的方法不同,不过革命的精神完全一致。

△　颜惠庆函段祺瑞辞外交总长职,略谓:战事相循,影响邦交,外交一职,无论何人,折冲无术;况关税会议正与各国商定税率及整理外债,争议多端,不易就绪,幸身非外长,尚有回旋余地,如或兼充,恐多阻难,请准辞职。

△　马君武因北京九校无款开学,教育经费无着,表示不愿就教育总长职。

△　湘省女界联合会、青年妇女学艺社等团体发动10余女校学生1000余人游行示威,要求男女教育平等:一、设省立女子中学及职业学校;二、湖南大学招女生;三、设农工妇女义务学校等。

3月9日　国民军为防奉鲁军舰驶入,敷设水雷10枚封锁大沽港口。同日,天津领事团向鹿钟麟抗议,并劝张作霖撤退舰队。

△　国民一军韩复榘等部自马厂南下进击沧州,驻保定之石友三部星夜东发,骑兵三旅王镇淮部绕河间袭击沧州后路,直鲁联军在兴济设防抵抗。是日,国民军夺回泊头,并进攻东光。

△　鹿钟麟前往津南指挥军事,段祺瑞令准京畿警卫总司令暨京师警察总监各职务由李鸣钟暂为照料。

△　段祺瑞特任财政总长贺得霖兼署盐务署督办;特派贺得霖为关税特别会议全权代表;海军总长杜锡珪未到任以前,仍着吴纫礼暂行代理部务。

△　北京临时政府外交部以苏、德新约规定德侨在蒙古得享最惠国待遇,侵犯中国领土主权,令驻苏、德两国公使向两国政府提出抗议。

△　国民党湖南省党部联络长沙各民众团体在教育会坪召开市民大会,到三万余人,通过国民党湖南省党部提出之"对付此后湘局主张二十四条",主要有:打倒赵恒惕,废除省宪,取消省议会,反对联省自治,请国民政府北伐,督促湖南军队讨伐吴佩孚等。并成立湖南人民临时委员会,选举工、商、教育各界王基永等九人为委员,组织全省人民起来驱赵。街头贴满"打倒赵恒惕"、"反对联省自治"等标语。翌日,赵恒惕及戒严司令部布告,严拿"当众倡言推翻省宪及散贴传单之人",倘敢抵抗,"准军警当场格杀勿论"。

3月10日　驻京首席公使荷使欧登科代表《辛丑条约》关系国驻京外交代表,向北京临时政府外交总长颜惠庆提出"最急切之抗议",指责国民军封锁大沽口,"北京与海道之交通已完全拆断,实违反《辛丑条约》之规定",要求"迅即制止中国之交战军队,停止阻断经行大沽海口之海道自由交通之行动",否则"各代表保留保护外国船只及维护天津港口出入自由之讨论权"。驻天津、奉天、济南领事团同时将此照会分致国民军及奉、鲁军总部。

△ 苏联驻京大使加拉罕发表谈话,指责外交团抗议中国封锁大沽口为干涉中国内政,谓中国之海口港湾中国有权处理;至于《辛丑条约》,法权会议应从速修改。

△ 国民军石敬亭等致电阎锡山等,劝其仍抱保境安民之旨,勿入直奉联盟。

3 月 11 日 驻津英、日总领事就国民军封锁大沽海口事向国民军前敌总指挥部交涉,经协商,鹿钟麟允对外国轮船按下述办法进出大沽海口:必须悬挂本国国旗和特种旗号,须有引水船为之前驱,外轮中之华人必须接受当地驻军的检查。鹿钟麟电请北京国务院向北京外交团切实交涉,要求使团确实担保两条件:一、外轮入口不得再为敌军运送兵械;二、外轮入口不得使敌船尾随混入。是日,日轮"河南"、"天潮"两艘按协定入港,法轮一艘、日轮四艘、开滦公司轮一艘相继出港。

△ 日本第一遣外舰队第十五驱逐队驱逐舰四艘,上午 9 时由旅顺出发,下午 4 时半抵塘沽。驻津日本总领事馆派员至国民军前敌总指挥部称,日驱逐舰一艘定 12 日上午 10 时入口,请予免验放行。当即约定入港时刻、旗号、停泊地点、进港后须缓行等。

△ 北京隆重纪念孙中山逝世一周年。是日在天坛、先农坛举行纪念演讲,听众 10 余万。晚上提灯游行。翌日,在天安门举行铜像奠基礼;在中央公园开纪念大会,10 余万人参加,高呼"中山先生革命精神不死"、"打倒帝国主义"、"取消不平等条约"、"打倒卖国军阀"等口号。15日,举行纪念碑奠基礼。连日来参加纪念活动者合计约百万人。

△ 中苏债务会议之赔偿委员会开会,讨论我国商民货物损失案,我方代表提出共损失 34 亿卢布,要求按《中俄协定》及苏方历次宣言照案赔偿。苏方代表谓卢布失效是出于不可抵抗之原因,不能负责赔偿。

　　△　北京临时政府鉴于各机关冗员日增，政费愈形竭蹶，决定整理各机关人员，凡违背《文官保障法》者，一律裁汰。并宣称：民国十五年前之欠薪另定办法，今年1月份起按月筹款发给。

　　△　上海各路商界总联合会向北京临时政府外交部呈报五卅惨案损失，总计银367.01459万两，国币775.483115万元。

　　△　鄂省官票暴跌，市价仅值500，市面一律拒收。吴佩孚是日下令照旧收用，倘敢故违，即按军法从事。16日实行官票兑现，但有限制，市价更跌。为维持官票，25日官钱局将所有房地契据交银钱两公会保管，并组织维持会将房地契发售，收回官票焚毁。

　　3月12日　大沽口事件。下午3时，日驱逐舰两艘不按协定驶入大沽港口，奉舰四艘尾随冲入。大沽炮台国民军守兵以时间、舰数皆与原约定不符，入口时又不暂停，即以旗语阻止。日舰不理，反以机关枪射击，国民军用步枪还击，日舰被迫退往塘沽。双方互击中，国民军死排长一人、司务长一人、士兵二人，伤士兵八人；日方称伤官兵三人。是为大沽口事件。

　　△　国民军就日本兵舰两艘强行驶入大沽口发生枪击事件，向驻津日总领事有田严重抗议，指出日方不遵照双方协定办法强行入口，且以机关枪射击，所有损失俟查明后日方应负完全责任。当晚，日领亦至国民军前敌总指挥部抗议，狡称国民军向其兵舰开炮，彼始还击，且有人受伤。国民军方面称并未先行开炮，且已查明国民军被日机枪射击受伤者有14名之多。日领云：从前种种暂不问，应就目前现状妥筹完善办法，以免再生误会。国民军允派军官一名并译员一人，偕同日领明日驰往大沽口，就地商筹将来船只通行办法。谈判至深夜2时始散。13日凌晨，鹿钟麟将以上经过电告北京国务院。

　　△　鹿钟麟电北京国务院，表示将开放大沽港口，"惟须外交团方面确实担保两条件：一、外轮入口不得再为敌军运兵运械；二、外轮入口不得使敌舰尾随混入。"并恳速向外交团交涉。

　　△　关税会议临时附加税分股委员会开第四次会议，继续讨论征

收附加税之议案。英、法等国代表竭力主张"自本议案签字日后三个月起"即约 7 月 1 日起施行,与中国代表主张明文"自 6 月 1 日起"相去更远,争执无结果。对于税款保管问题,中国提案为"由海关暂行保管,不受一切干涉",外国代表则坚持应"存放各保管银行"。日本代表日置益又提出"但书",谓:如果"支配各该附加税项下增加税款之用途与条件犹未能在本会议议决,则各该项附加税之征收,惟自通过用途与条件之议案后 15 日起方能实行"。中国代表指责此项提案将会使征收附加税延搁不办,而使关会会务前功尽弃。英、美、法代表则支持日案。

△ 围攻信阳之鄂军刘玉春、宋大霈部从汉阳运来重炮六尊准备轰城,是日午函蒋世杰、杨瑞轩、田生春限时缴械投降。次日,信阳城内之外籍教士及商会会长等出面调停。

△ 湖南省长赵恒惕发表去职通电,略谓:"根据省宪,原拟至第二届选举时即行辞职,恐不见谅,提前辞职。""根据省宪,委唐生智为内务司长,以内务司长代理省长职务。"当晚,赵即乘轮取道岳阳去汉口。

△ 南京隆重纪念孙中山逝世一周年。上午,2000 余团体 20 余万人冒雨举行纪念大会。下午,举行中山陵墓奠基礼,宋庆龄、孙科及广州国民政府代表邓泽如等参加。

△ 中国共产党中央执行委员会发表《于中山先生逝世周年纪念日告中国国民党党员书》,指出:当年反动的军阀及反动的知识阶级掀起的反赤运动,"实际上乃是用反赤的旗帜和反帝国主义的旗帜对抗,为帝国主义者来破坏中国的民族革命运动";国民党的右派与左派分裂,以反动派对于中国共产党及苏俄所造的谣言与非难为据,要对孙中山制定的革命政策加以怀疑与修正,也参加这种破坏中国民族革命的反赤运动。中国共产党在文中劝告国民党右派"应该完全继续中山先生的革命政策,而不加以怀疑与修正","应该取消和左派分离的党部组织,合成整个的左倾的中国国民党"。"眼前民族革命之最重要的工作,便是打倒反赤运动"。

3 月 13 日 北京临时政府外交部接鹿钟麟电告日舰炮击大沽口

炮台事,即派员向驻京日使芳泽提出口头抗议。日使反称中国军队突然开炮,致伤日舰官兵四人。日使随即照会北京临时政府外交部提出抗议,"要求严命前方官宪,为严防此种不祥事件之再发,即时讲求的确最有效之手段"。

△ 段祺瑞特派内务总长屈映光兼赈务督办。

△ 阎锡山电国民军孙岳,表示决不与吴佩孚合作。

3月14日 北京临时政府外交部据鹿钟麟之报告,照会驻京日使芳泽13日抗议,声明日舰进入大沽口,不遵守事先约定之办法,责不在我。日使17日复照诿称鹿之报告"殊与事实不符",否认事前有何约定。

△ 国民军宣布大沽口事件真相,略谓:一、事前商定,"滕字十五号"兵舰一艘,按照商明办法进口,乃该日舰驶进之际又有一艘随行,海防官兵见与所报舰数不符,恐系敌舰诈冒进袭,不得不令其停止;二、商定进口时间为上午10时,而该舰迟至下午3时始行进口,致海防官兵无从辨明是否即系日舰;三、日舰未遵照前约驶往应停地点停泊接受检查,强行闯入海口,国民军为防止敌舰之袭击,自不得不设法制止;四、国民军设法令其停止,但并未实弹放枪,而日舰即用机关枪射击,致我官兵猝不及防,受伤者有十数人之多。

△ 困守信阳48天之国民二军蒋世杰,下令停止抵抗,向鄂军投降。守军9000人被遣散,缴出步枪7000余支、大炮22尊、机关枪500余挺。次日,蒋世杰、田生春、杨瑞轩随宋大霈到汉口见吴佩孚,吴聘蒋为总部参赞,委田、杨为参议。信阳遭此次战祸,城内大半房屋毁于炮火,市民被打死万余,饿死千余,妇女被轮奸毙命者600余,全城逃出者仅数千人。

△ 鹿钟麟电冯玉祥反对与奉议和。略谓:"一、让热可,让直不可。我两次大牺牲为直,让直何以对人民及阵亡将士?二、退兵之法由奉先实践。且其狡诈,更番欺我,我当固守原防。三、奉天中坚郭松龄败亡,张宗昌、李景林近又覆败,奈何以数十万敢死之士割地乞和?"

△ 《民国日报》载,张宗昌在山东以种种苛捐杂税,大刮民财。为

期不及一载,只丁漕一项即征收三次,数达 3600 万元之巨;胶济货捐旧日岁收 50 万元,今加三倍至 150 万元;各种杂税岁收 40 万元,均令加倍征收;并派捐各县,如营房捐、靴鞋捐、军事抚恤券、房捐、百货捐、鸡狗捐、锅饭捐、富户捐等,以及县知事保证金,名目繁多。同时发纸币 3000 余万元充斥市面;发军用票 800 余万元,例不兑现。至于散驻各县之 10 余万军队,一切给养均令就地征收,更使民不聊生。

3 月 15 日 英、日、美、法、意等国驻天津之海军司令官,在英舰"福克斯号"开会,讨论大沽口事件之处置及此后大沽航行安全办法,决定向国、奉双方提出警告,限于 24 小时内,国民军撤除大沽炮台之防备,奉军将军舰撤出大沽海面,并议定各国军舰分担区域,在 16 日晨 9 时前完成防范之部署。以上议定即请北京外交团批准。

△ 北京外交团上午开会,次日上午续议,决定批准驻天津各国海军司令官之议案,根据《辛丑条约》抗议封锁大沽海口,由《辛丑条约》关系国英、美、法、日、意、荷、西、比八国公使联名向中国方面发最后通牒。

△ 国民党中央政治委员会通过两广统一案,决定:一、广西政府受国民政府命令,处理全省政务;二、广西军队全部改编为国民革命军;三、两广财政受国民政府指导监督。

△ 王士珍、赵尔巽、孙宝琦、唐绍仪、张謇受段祺瑞命,发起全国和平会议,联名通电请前敌各军退驻原防,择定地点,派代表开停战分权会议。同日,王士珍等联名致电吴佩孚、张作霖、冯玉祥等,提出和平办法五条:一、划直隶、京兆、热河为缓冲区,仅设民政长官,所有驻军均须退出,地方治安由中央会同各省区改编武装警察维持;二、国民军悉数退回西北,专力开发西北;三、奉军悉数退回东三省原防;四、岳维峻部退入陕境,李景林部退入山东;五、豫、鲁及其他各省暂维现状。至于政治问题,共同和平商决。18 日,王士珍、赵尔巽、孙宝琦、汪大燮、胡惟德、王芝祥、熊希龄等再次通电建议各军先行停战,召开和平会议,解决上述问题。

△ 吴佩孚任靳云鹗为"讨贼联军"副总司令兼豫省长,所有在豫

境鄂军悉听指挥。吴、靳商定出动十师向华北用兵。

△ 天津各界四万余人开紧急大会,抗议日舰炮击大沽炮台事件,议决:一、请政府严重抗议;二、请外交部严重交涉,天津市民愿作后盾;三、通电全国一致兴起,督促当局严重交涉;四、抵制日货英货。北京、上海、南京、张家口、绥远等地各群众团体连日纷纷集会游行,声讨日本帝国主义之侵略,要求当局向日政府严重交涉。

△ 北京临时政府外交部电令出席国联代表朱兆莘力争国联理事席位,并令朱向国联提出修改不平等条约要求。

3 月 16 日 下午 4 时,驻京首席公使荷使欧登科代表《辛丑条约》关系国英、美、法、日、意、荷、比、西八国公使,为大沽口事件向北京临时政府外交总长颜惠庆提出最后通牒。略谓:鉴于 3 月 10 日通告之"要求并未获任何效果,遂认必要再由在津握有海军力之代表各国公使及海军指挥官以本日(3 月 16 日星期二下午 4 时)对指挥大沽炮台之军事官宪暨指挥青岛舰队之海军将校"发出通告,要求:"(甲)由大沽砂洲至天津之航道须全行停止战斗行为;(乙)应除却水雷地雷及其他一切障碍物;(丙)恢复所有航行标识,且须保护将来不再发生任何妨碍行为;(丁)一切兵船须停泊于大沽砂洲之外,且须对外国船舶不加以任何干涉;(戊)除海关官吏外,应停对于外国船舶之一切检查。对上述各项,若于三月十八日(星期四)正午止不得满足的保障时,则关系各国海军当局决采所认为必要之手段,以除去其阻碍天津及海滨间之航海自由及安全上一切障碍或其他的禁止与压迫。"驻天津法、意海军司令官和英国"嘉来尔号"舰长将此项通牒同时送交驻大沽炮台之国民军和大沽海面之奉军青岛舰队司令。

△ 日本外务省训令驻京公使芳泽谦吉,就大沽口事件致最后通牒于中国政府:"一、严重处罚加害者;二、中国政府之责任者须向日本政府谢罪;三、对日本帝国军人之负伤者,须与五万元之损害赔偿;四、须保证以后不再发生此类事件。以上四项要求如不容纳,日本帝国不得不采实力之自卫手段。"

△　各国就大沽口事件增兵调舰,实行武力威胁。大沽口内有各国军舰12艘,日本又增"利根"、"平户"两艘,美国增"马艾辛三号"驱逐舰;法、意亦各增一艘,由秦皇岛开大沽。

△　直鲁联军分三路北上进攻国民一军,李景林任东路,张宗昌任中路,褚玉璞任西路。20日夜进逼马厂,翌晨5时攻占。

△　张作霖向北京方面之国民军提出奉军停止进攻的先决条件:一、惩办赤化首领;二、交还直、热,仍由镇威军主持;三、京兆地区双方不驻兵;四、双方不干预中央政务。

△　唐生智抵长沙,声明以湘南督办兼第四师师长名义维持秩序。

△　国民政府据周恩来呈称,第一军副党代表事繁责重,请辞所兼东江各属行政委员一职,是日令准免去兼职,由徐桴继任。

△　国民政府令准甘乃光辞广东南路各属行政委员职,南路各属行政事宜仍由广东省民政厅办理。

3月17日　北京临时政府外交部就16日八国最后通牒答复驻京首席公使、荷使欧登科,谓尊重《辛丑条约》,"正在竭力设法消弭此项障碍,恢复由京通海之自由交通"。指出八国通牒"超越辛丑和约之范围,不能认为适当。该通牒所开条款,除饬由地方军事长官妥酌办理外,相应函请贵公使查照转达有海军在天津之各国公使,迅即转行驻津海军司令官与地方军事当局从容妥商,维持至海通道之稳妥交通办法,勿取激切之措置"。

△　国民军被迫承认八国公使最后通牒之五项要求,鹿钟麟令大沽驻军张团长于下午4时正式答复英舰长:一、国民军遵守最终议定书;二、大沽炮台之设防,纯属对渤海舰队之攻击而出于不得已;三、如列国对渤海舰队为中立之保证,则国民军方面欣然撤去有妨碍船舶航行之一切设施;四、临检船舶另设办法。同日晚,毕庶澄将复照送英舰,完全接受八国公使所要求之五项条件。驻津领事团向鹿钟麟声称,奉、鲁军舰已表示不再进攻大沽,请国民军开放海口。鹿允照办。

△　北京各团体联席会议代表100多人赴铁狮子胡同向北京临时

执政府请愿,要求驳复八国最后通牒。各团体代表在接待室被执政府卫队蛮横驱出,并遭枪柄枪刺殴击,重伤六人,轻伤多人。

△　驻湘鄂军夏斗寅旅,由平江入赣,绕道修水抵铜鼓。22日,赣西之前粤军谢文炳部4000余人经湘东开抵鄂南通山边境。赣、鄂形势渐呈紧张。吴佩孚命军舰11艘上驶增防,调第二十五师余荫森旅回防鄂东,陈德霖旅回防鄂南。

△　寇英杰、靳云鹗在郑州召开军事会议,决定:一、出兵北取保定;二、派兵疏清巩、洛;三、豫省军民两政遵吴佩孚意旨解决。

3月18日　三一八惨案。是日上午10时,北京各界群众2000余人在天安门开国民大会,反对八国最后通牒。徐谦主席,顾孟馀演说,通过决议六项:一、通电全国民众一致反对八国通牒;二、通电全世界被压迫民众一致反对八国政府进攻中国;三、督促北京政府严重驳复八国通牒;四、驱逐署名最后通牒之八国公使出境;五、宣布《辛丑条约》无效;六、驳复八国通牒最后的要求。大会并通过一议决案,要求:一、废除《辛丑条约》及一切不平等条约;二、立即撤退驻在京、津及各地之外国兵舰;三、惩办大沽战事祸首;四、抚恤大沽国民军死亡将士及家属;五、为死亡将士立纪念碑;六、在被害将士出殡日,八国驻京各机关均下半旗志哀,由各国政府向中国道歉;七、严惩执政府卫队枪伤各团体代表之祸首;八、电勉国民军为反帝国主义而战。会后群众整队示威游行,沿途高呼"反对八国通牒"、"巩固大沽国防"、"反对日舰援助奉军上陆"、"驱逐八国兵舰出境"、"废除辛丑条约"、"取消一切不平等条约"、"打倒帝国主义"等口号。下午1时许,游行队伍到铁狮子胡同执政府请愿,要求拒绝八国通牒,并推派代表要求面见国务总理。执政府卫队紧闭栅门拒绝代表入内。群众不散,愤怒高呼:"打倒帝国主义!""打倒卖国政府!"执政府卫队向请愿群众开枪,死47人,伤132人。是为三一八惨案。

△　下午5时,段祺瑞和贾德耀等人在吉兆胡同段宅开会商议三一八惨案处理办法。次日正式发表,略谓:"近年以来,徐谦、李大钊、李

石曾、易培基、顾兆熊等,假借共产学说,啸聚群众,屡肇事端。本日由徐谦以共产党执行委员会名义散布传单,率领暴徒数百人闯袭国务院,泼灌火油,抛掷炸弹,手枪木棍,丛击军警。""此次变乱,除由京师军警竭力防卫外,各省区事同一律,应由该各军民长官督饬所属严加查究,以杜乱源而安地方。徐谦等并着京外一体严拿,尽法惩办,用儆效尤。"

△ 国民政府发布命令,禁止西山会议派召开国民党全国代表大会,谓:"凡有敢在上海、北京等处假冒本党最高机关名义以遂其叛党营私目的者,不问首从,一概拿交法庭,照叛逆论罪";"凡列名伪会者,务于 3 月 29 日以前声明背签,否则届时定按名通缉"。国民政府并电北京孙灵卫士黄惠龙等,谓少数叛徒又欲在灵前开会,仰卫士制止,"否则与贼同科"。

△ 关税会议临时附加税分股委员会开第五次会议,讨论征收附加税议案关于所获税款之用途与条件问题。中国代表团提出《对于日本代表团提出但书之修正案》,提议"如本会议对于支配各该附加税所获之新税款犹未能议决办法,则此项税款中三分之一应作裁厘之用,又三分之一作整理内外无确实担保债务之用,其余三分之一作紧要政费之用"。日、英、美、法代表坚持"但书",争执不下,决定将两案同时报告第二委员会。中国代表对议案不载入增加税款数 9000 万元及三个月后开始征收两点亦表示保留。

△ 靳云鹗指挥"讨贼联军"三个师 11 个旅约 12 万人"北伐",自河南分三路北上。是日,田维勤率自部及马吉第部先抵石家庄,与抵石之晋军联络。21 日,靳云鹗由郑州赴石家庄。

3 月 19 日 国民军下令前线总退却。在津浦路、京奉路前线之国民军诸部开始向北京方向撤退。翌日,驻天津之国民军各部陆续撤回到京郊及通县、固安等地。

△ 京畿警备司令部发布布告,禁止群众集会游行。略谓:"青年人血气方刚,酿成惨剧。值此军事未定,人心惶乱,群众动作,恐引起各方误会,特郑重布告,毋得再行集会,致生事端。"

　　△　国民政府令知军政各机关"筹议两广政治军事财政统一委员会议决事项"：广西省政府于国民党指导监督之下受国民政府之命令；广西现有军队全部改编为国民革命军；两广之财政机关及财政计划均受国民政府财政部之指导监督。

　　△　国民政府公布《军事委员会政治训练部组织大纲》、《军法委员会组织大纲》和《国民革命军党代表条例》。

　　3月20日　蒋介石制造"中山舰事件"。黎明，蒋借口"中山"舰擅入黄埔系有异动，宣布广州戒严，并令海军军官学校副校长派人逮捕海军局代理局长、政治部主任、共产党员李之龙，继又于上午10时扣留各舰舰长及党代表，间有加锁铐者。蒋同时密令刘峙部600余人由黄埔乘舰抵东堤于拂晓登陆，包围省港罢工委员会，收缴纠察队枪械，包围并搜查东山苏联顾问住处及海军局、航空局、参谋团、制弹厂等，扣留广九、广三、粤汉三路车辆。第一军副党代表周恩来质问蒋时被软禁一天。

　　△　国民军将领张之江、李鸣钟、马福祥、刘骥、宋哲元等通电，表示愿遵王士珍等人15日电，将所部队伍完全撤回原防地点。

　　△　中国共产党中央执行委员会为段祺瑞屠杀人民发表《告全国民众书》，指出三一八惨案是帝国主义者对中国民众的又一次反攻，是他们"借大沽事件以最后通牒威吓中国，且指示段祺瑞屠杀反对此项最后通牒的学生与市民"；号召："全国商人、学生、工人、农民、兵士，应急起联合起来！不分党派，一致奋斗，发动一个比'五卅'运动更伟大的运动，以打倒惨杀爱国同胞的段祺瑞！肃清一切卖国军阀！取消《辛丑条约》，以雪最后通牒之耻！建立人民政府，谋全国真正和平！"

　　△　北京临时政府贾德耀内阁以各方电诘三一八惨案，决议全体引咎总辞职。24日，段祺瑞令贾德耀等妥筹善后，不允辞职。

　　△　北京各学校、团体代表在北京大学开会，商讨三一八惨案善后事宜，议定：一、觅定公共地点，停放遗柩；二、定期集合各团体抬出各柩在北京全市游行；三、定期在天安门举行大规模的追悼会。21日、22日

复有各团体代表在北大开会,提出种种善后办法。

△　奉军占领滦县,张学良入滦县城,派部追击退往唐山方面之国民军。

△　冯玉祥离平地泉,取道外蒙古赴苏。22 日抵库伦,与徐谦、顾孟馀及鲍罗廷会晤。

3 月 21 日　国民军将领孙岳、张之江、李鸣钟、鹿钟麟、刘骥致电张绍曾赞同退兵言和。略谓:"若各方承认聘老(即王士珍)画直、热为缓冲之议,敝军当再将全部退往西北,以副弭兵之雅意。现政府既为国人所厌弃,敝军自今日始专任维持地方治安之责。至政府如何组织,法统如何接续,完全听之法律解决。"同日,孙岳并声明因八国通牒加辱,政府惨杀学生,决自卸直隶军务督办及兼职,借促政府觉悟。

△　张之江电吴佩孚,谓国民军愿撤回西北,请派使议和。23 日、29 日又电吴请和。

△　吴佩孚因湖北民众反对湖北省长杜锡钧甚烈,被迫令杜辞兼职,由陈嘉谟暂兼。

△　吴佩孚利用红枪会截击岳维峻西退残部后,下令红枪会将所得陕军枪械呈缴领价,一律归农,嗣后永远不得沿用红枪会之称号。

3 月 22 日　国民党中央政治委员会在汪精卫寓所举行临时特别会议,蒋介石、谭延闿、朱培德、李济深、伍朝枢、吴铁城等出席,讨论中山舰事件处置办法,决议:一、本党应与苏俄同志继续合作,并增进亲爱关系,工作上意见不同之苏俄同志暂行离去,另聘其他为顾问;二、汪主席患病,应予暂时休假;三、李之龙受特种嫌疑,应即查办。汪精卫翌日借口就医迁居隐匿不出。

△　国民政府就中山舰事件发布布告,称中山舰事件系"海军代理局长欧阳格无故离舰,舰队骤无统率,致中山舰发生不守纪律举动。政府为防患未然起见,特先将各嫌疑人拿办。现已处置妥当,一切如常"。

△　鹿钟麟、刘骥撤去京奉、津浦两线战备,放弃天津,退守京畿,总指挥部、参谋处及驻津各机关皆移北京。韩复榘部退高碑店,郑金声

部退密云、怀柔、顺义，唐之道部回通县。

　　△　张之江、李鸣钟、鹿钟麟、马福祥、刘骥、宋哲元、刘郁芬等联衔发出退兵通电，略谓："今承聘老诸调人示以周行，自当遵将所部队伍，完全撤回原防，专力开发西北，不与内争。"孙岳亦通电谓："奉咸电（按：指王士珍等 15 日电）后，敝处已饬前方各部向后撤退。但希彼方同遵公意，勿因媾和致出意外。"

　　△　下午，王士珍等会议，决定：一、将张之江等退兵通电转电吴佩孚、张作霖等，请各军速撤回原防，务勿追击，静待和平解决；二、通知鹿钟麟、李鸣钟，请切实维持京师治安。

　　△　王士珍等致电吴佩孚、张作霖等，略谓：国民一军赞成和议，决定撤回原防开发西北，于 19 日起实行撤退，和平前途已有端倪。望容纳前电，饬前敌各军停止前进，择定地点，派遣代表商榷善后事宜，静洗甲兵，重修礼让。同日，王士珍等并电孙传芳、阎锡山，请劝告吴、张停止军事，促成和平会议，以安大局。

　　△　国民一军将领鹿钟麟、李鸣钟等举行会议，决以 12 万兵力固守北京，部署第十师驻杨村为第一防线，廊房为第二防线；第九师留通县，三师驻通县北面山地；第一师留南苑，十一师驻北京城内；第五、六师及四、五、七混成旅集中于南口。

　　△　张作霖致电张之江，略谓："直、热皆我军辖境，我兄既欲重修旧好，自应以恢复旧有状况为前提。""谋和宜恢复未战以前之感情，不宜据失和以后之权利。……如以恢复我军辖境即指为威力迫胁，未免不恕矣。和战两途皆惟我兄自决之。"

　　△　北京外交团在东交民巷六处出入口设置机关枪，并派步哨，由法、日、意、英、美分别警卫东交民巷四周地域。

　　3 月 23 日　李景林部截击国民军后撤部队，占领天津。毕庶澄部占大沽。翌日下午，李景林、张宗昌、褚玉璞同抵津。

　　△　国民军被迫缩短防线：东路由京奉线撤至顺义，南路由津浦线及天津撤至杨村，西路由京汉线撤至高碑店，热河方面退至承德。

△　张绍曾致电吴佩孚、张作霖、张宗昌、李景林呼吁息争,略谓:"国民军各将领现已退兵言和;且关于政治法统问题,更能尊从法律解决。如必再以兵戈相见,似背祥和之理。""敢乞垂念军民痛苦,谋大局正当之解决。"

△　蒋介石具呈国民政府军事委员会,诡称"中山"舰 18 日驶抵黄埔,停泊军校前露械升火亘一昼夜,19 日晚又开回广州"无故升火达旦",为"防其有变乱政局之举,为党国计,不得不施行迅速之处置"。"此次事起仓卒,处置非常,事前未及报告,专擅之罪诚不敢辞。但深夜之际稍纵即逝,临机处决,实非得已,应自请从严处分"。

△　国民政府公布《统一军民财政及惩办盗匪奸宄特别刑事补充条例》,规定凡未经政府命令允准而组织或扩充军队者,对政府有公然诬蔑之行为者,均处一等至三等有期徒刑或五万元以下 500 元以上罚金。27 日又公布《修正统一军民财政及惩办盗匪奸宄特别刑事条例》,凡 24 条,对各种罪犯均有判刑处罚之规定。

△　北京各学校、团体在北京大学第三院操场举行"三一八"死难烈士追悼大会,各界赠送挽联、花圈,隆重吊祭。有死难学生的北京大学、师范大学、女子师范大学等各校,连日分别举行追悼大会。

△　全国学生联合总会就三一八惨案通告各地学生联合会:一、各地同学即日组织演讲队,出发向民众讲演此次惨案真相及其关系之重大;二、联合各界一致发表宣言或通电,宣布帝国主义之阴谋,段祺瑞媚外残民之罪恶及其借口"赤化",嫁罪少数民众领袖,离间民众运动之阴谋;三、联合各界即日组织"京案"后援会;四、联络各界举行大规模之示威运动或追悼大会。

3 月 24 日　在国民政府工作之苏联顾问季山嘉、苏共使团团长伊万诺夫斯基等 10 余人,乘"列宁号"轮船离穗返国。行前,谭延闿、林祖涵、何香凝等在国民政府设宴欢送。

△　吴佩孚、孙传芳会委邓如琢为赣军总司令,方本仁被迫下野。

△　上海各校学生为声援三一八惨案,纷纷上街讲演,散发传单,

并一律罢课下半旗，以志哀悼。25日，工商学各界164团体组织"上海各界京案后援会"。27日，举行上海市民追悼北京死难烈士大会，到三万余人，会后游行。

3月25日 段祺瑞令准免颜惠庆外交总长职，特任胡惟德为外交总长；特派屈映光兼扬子江水道讨论委员会会长。29日，特派胡惟德为关税特别会议全权代表。

△ 段祺瑞召王士珍等商议和平运动，决定先电天津询问直鲁联军意旨；并定由临时政府通电请一致停止军事行动。

△ 唐生智正式就任代行湖南省长职。唐并以召开军事会议为名，诱捕第二师师长刘铏、秘书长萧汝霖、旅长唐希忭及第三师旅长刘重威、蒋锄欧、参谋长张雄舆等。同日，唐下令所部第四师向驻在湘阴、新市、桃林及岳阳一带之叶开鑫师进攻。

△ 魏益三脱离国民军，通电"赞成和平"，所部改称"正义军"，退守高碑店。

△ 直鲁联军在天津开会，决以褚玉璞任前敌总司令，荣臻任总指挥，第一路司令胡毓坤，第二路司令徐源泉。各部队于26日向津北开动待命。

△ 阎锡山电令正定驻军协同靳云鹗军向保定急进。27日，晋军与靳军占保定。

△ 北京各学校、团体代表在北京大学开会，讨论筹备29日在中央公园举行死难国民追悼大会及在中央公园建立纪念碑等事宜。

△ 北京大学学生为三一八惨案殉难同学李家珍、黄克仁、张仲超下葬，千余人送殡，并抬棺游行，抗议段祺瑞暴行。

△ 长沙市民为声援北京三一八惨案游行示威，各界罢业一日，省议会停开，报纸停刊。26日，安庆万人开市民大会并游行示威。30日，广州各校停课追悼遇害学生。

3月26日 鹿钟麟向和平调解人士表示：国民军决固守京畿，倘无和平办法及正式交代，决不放弃京畿。李景林等在天津部署进攻北京。京津交通断绝。

　　△　国民军宋哲元部自承德退往察哈尔多伦一带,热河为奉军占领。

　　△　法权调查会开会,审议各国领事裁判权问题。各国代表提出领事裁判处构成及领事裁判官任用方法之详细说明书报告委员会。京会至此告一段落。

　　△　北京外交团首席公使欧登科告北京临时政府外交部称:如京津不能通车,即组织国际列车,从 30 日起每日开一次。

　　△　直鲁联军入津后,滥发军用票 100 万元,强制使用,商界罢市。警察亦因不能制止军队之横暴而罢岗。是日,直鲁联军与商会商妥以直库收入为担保,由商会凑足 10 万元后向财厅兑现一次。

　　△　国民政府军事委员会特任李宗仁为国民革命军第七军军长。

3 月 27 日　奉军骑兵向北京方向进军,占玉田、三河,袭击通县,翌日,占通县。

　　△　国民军张之江等电王士珍谓,"奉军节节进逼,当严阵以待。破坏和平,责不我负"。次日又电王等请速制止奉军进兵,并称:"彼方执迷不悟,乘敝军撤防骤加攻击,不顾大义,不惜民生,致敝军全体将士同深愤慨。万一不可制止,诸公和平苦心均付流水,国家前途不堪设想。望毅然主持,之江等愿率二十万健儿愿为和平后盾。"

　　△　国民政府发表宣言,声讨段祺瑞承认金法郎案,摧残五卅运动,滥借外债供给军阀助长内乱,阴结吴佩孚、张作霖苟求固位,以及制造三一八惨案等罪行,宣称"誓当领导民众,以为国家除此残贼,完成国民革命之使命",号召"全国人民及与人民合作之军队主张正谊,一致奋起,以驱除段祺瑞及一切卖国军阀,召集国民会议解决国是"。

　　△　中苏会议之赔偿专门委员会举行第一次会议,中方委员长王文典指责苏方不认赔偿卢布为无理,要求赔偿卢布贬值损失、人民生命损失、贷款损失和公家损失四项。

　　△　何键旅进驻岳阳,蒋锄欧旅退往湘鄂边境羊楼司。29 日,两

军在岳阳东北、羊楼司南接火。吴佩孚迅即调兵遣将陈兵鄂南,派彭寿莘为湘鄂边防督办。

3月28日　王士珍等人开会商议和平运动步骤,决定派金绍曾等赴汉访吴佩孚,派李钟岳、蒋濬川赴豫访靳云鹗、寇英杰,派李玉麟赴宁访孙传芳并访陈调元请出任调停。

△　王士珍等派师景云、三多、倪文瀚乘摩托车赴津,携王士珍函劝张宗昌、李景林罢兵。

3月29日　西山会议派在上海召开国民党第二次全国代表大会,出席代表77人。大会推举张继、居正、谢持、林森、沈定一、覃振、傅汝霖为主席团。张继、沈定一、覃振等相继演说。大会听取各地党务报告后,进行以"对付共产派"为主要议题之讨论,并反复讨论大会移粤继续举行事,并于4月1日通过决议案,推定张星轸、黄英、黄复生、管鹏、李敬斋、钟汝中、黎东方、宋镇仑、谢持、沈定一为大会移粤先遣特派员。大会通过《改进农工商学各团体组织原则案》、《制定农业政策大纲案》、《肃清共产分子案》等。大会费时两日,分三次选出中央执行委员林森、邹鲁、覃振、张继、谢持、胡汉民、李烈钧、邵元冲、沈定一、居正、许崇智、傅汝霖、黄复生、张知本、石瑛、田桐、桂崇基、何世桢、张星轸、刘积学、茅祖权、管鹏、黄季陆、焦易堂、孙镜亚25名,中央监察委员石青阳、李敬斋、马叙伦、陈去病、于洪起、谢英伯、樊钟秀七名,候补中央执行委员陈个民、张平江、宋镇仑、孙镜亚、黄英、张近芬、李次宋、高岳生、李宗邺、李翊东、李东园、蒋希哲、胡文灿、宋垣忠、袁世斌、沈肃文、张善与、刘恺钟、王鸿一、龚材榕、习文德、刘绛英、刘景新、毛仲衡、翁吉云、刘求南、胡人庆、陈兆彬、邓宝珊、王光辉、萧异、朱霁青、郑献征、陈敬修、梁楚三、李征植、马彬、姜次烈、黄振家39名,候补中央监察委员张秋白、郑毓秀、黄斗寅、沈素生、丁骞五名。4月10日,大会闭会,发表宣言。

△　张作霖抵秦皇岛,召张宗昌、李景林、张学良、褚玉璞等前往会议,讨论:一、直省地盘;二、"讨赤";三、中央政权。吴佩孚代表杨清臣亦列席。对于中央政权,张作霖主张推王士珍为总统,靳云鹏为内阁总

理,但在形式上仍由吴佩孚负责主持改造政局,以符合吴奉同盟之协定。31 日,张回沈阳。

△ 张作霖任命褚玉璞代理直隶督军,李爽垲代理直隶省长。

△ 国民党上海特别市党部召集全体党员大会,到 1000 人。大会议决:接受总理遗训,联合世界革命先进之苏俄,及集合国内一切革命分子,始终拥护在广州举行之第二次全国代表大会及其产生之第二届中央执行委员会,反对非法之西山会议及其在上海之伪中央执行委员会与所召集之伪代表大会。

△ 北京各界追悼三一八惨案死难国民大会原定在中央公园举行,因京师警察厅阻止,是日改在北京大学第一院大操场举行,蒋梦麟主席,群情悲愤。

3 月 30 日 段祺瑞公布《修正临时参政院条例》,凡 10 条。

△ 哈尔滨市政局奉特区长官张焕相令,向俄人收回市政权,宣布解散俄人所占之市议会,另设自治会受理一切事务、公文、财产。各国驻哈领事团提出抗议。

3 月 31 日 蒋介石、谭延闿、孙科、朱培德、伍朝枢、李济深、李福林、古应芬、黄绍竑等人会议,对张继等西山会议派在上海召开国民党第二次全国代表大会,拟采取警告手段。

△ 蒋介石在广州东山私邸对新闻界谈话,谓:"联俄政策不啻为国民党之生命。此政策为先总理生前所定,著之遗嘱,代表大会敬谨接受施行,其隆重如此,岂有轻于变更动摇之理。"

△ 张之江电北京临时政府,再次恳求辞去察哈尔都统兼职,请调鹿钟麟担任。4 月 2 日,贾德耀复张电谓:京师治安关系重要,鹿钟麟警卫有方,正资倚赖,仍盼张兼筹并顾,勉为其难。

△ 段祺瑞令准马君武辞教育总长职,特任胡仁源为教育总长。

是月 各地工人纷纷罢工,要求增加工资,改善劳动条件,计有:上海日商第九纱厂 500 余人、东亚麻袋厂 1600 余人,苏州苏纶纱厂 100 余人、木机织缎工人 2000 余名,无锡全城木工 1000 余人、申新布厂

1000 余人,杭州机织各厂工人,奉天纺纱厂 2500 人、制麻厂 500 余人、英美烟公司 1300 人、中俄烟公司女工 200 余人、利记猪毛公司 200 人、翻缫工人 300 名等。

4 月

4月1日 直鲁军及奉军将领在天津张宗昌寓所举行军事会议,商讨进攻北京国民军事,决定张宗昌任前敌总司令,赴前线督战,李景林留守天津。

△ 国民军将领鹿钟麟、韩复榘、郑金声、门致中、弓富魁、胡德甫、方振武等,在北京警备司令部开紧急会议,决定:一、继续进行和平活动,一、三、五军听鹿指挥;二、向王士珍等表明:对方进逼,国民军将不得已而应战;三、筹办饷给,先二、三、五军,再一军;四、国民军各军组织联合办公处协商军事。次日又开会,决定暂仍尊重和平,不得已时当一致奋斗。

△ 吴佩孚电唐生智,限 24 小时内将岳阳驻军完全撤出,以为湘、鄂缓冲地。唐部陆续撤回汨罗江南岸。3 日,吴佩孚命前岳阳镇守使邹序彬回驻岳阳。

△ 魏益三派赫乃苏赴汉谒吴佩孚,表示竭诚拥护。吴派魏为“讨贼联军”第三路总司令。

△ 法权调查会开会,美国代表史陶恩主席,讨论出发去外地调查路程,议决:如交通恢复即取道津浦路南下;如交通梗阻,改于 11 日、12 日由津搭轮。

△ 冯玉祥代表马伯援抵粤,国民政府举行宴会欢迎,商谈时局和合作事宜。4 日,蒋介石邀马赴黄埔商谈。

△ 国民政府改广东省商务厅为实业厅,裁撤国营实业管理委员会,该会应办事项统归实业厅办理,任命李禄超为厅长。

△ 邓如琢在九江就赣军总司令职。18 日,邓入南昌城。

△ 广州工人第一次代表大会开幕,到会代表 2500 余人。大会共举行六天,通过关于政治报告、经济斗争、组织问题、宣传教育、青工女工、工农联合、制裁工人斗殴、要求国民政府制定劳动法等十多项决议案。大会要求国民政府从速出师北伐。

△ 全国学生总会在上海发出告全国同学书,提出"统一学生运动"的口号,号召全国学生在"反对外国侵略以争取民族独立"、"反抗军阀压迫以争得民权"这两点共同要求上一致努力,捐弃一切成见,集中组织,统一实力,以抵抗一切压迫而争取学生的利益,根据第七次全国学联代表大会决议,造成学生群众中的统一联合战线。

4 月 2 日 国民军增防北京。三军刘廷森部调往房山,方振武军驻扎卢沟桥,驻南口的第二师开赴前线。孙岳任命徐永昌、庞炳勋、梁寿恺、刘廷森为三军第一、二、三、四师师长,补充缺额,分扎京城,与国民一军一致行动。

△ 国民党中央与国民政府政治委员会议决定对湘方针:一、以湘省为实施党治区域,一切办法仿照两广,三个月内使全湘党部完全成立;二、暂先承认唐生智为湖南省长或军务督办等名义以维持湘局,将来照两广办法筹设湖南省政府。

△ 唐生智派欧阳任赴汉口谒吴佩孚,解释湘、鄂误会。

△ 吴佩孚委刘镇华为讨贼联军陕甘军总司令,刘即通电就职。刘占陕县后所部扩为八师,麻振武、柴春廷、梅发魁、贾巨卿、王振、憨玉珍等均归节制,分驻渭南、潼关、陕县、灵宝一带。

△ 国民军代表王乃模、何遂在保定向田维勤、商震接洽和议,提出国民军谋和之条件:一、释放曹锟;二、恢复法统;三、将京汉全线交归吴佩孚;四、国民军驻屯京兆;五、协同吴军要求奉军退回关外。翌日,王、何到郑州见靳云鹗。

△ 京师地方检察厅侦查三一八惨案完竣,致函北京临时政府陆军部,列举实地调查详情及军警官兵和目睹人供词,证实游行学生群众在国务院门前请愿,"查无犯罪情事,而其行为亦未达不正当侵害程度

之情形",国务院"卫队方面查无必要开枪防卫之情形"。以此,"卫队官兵遽行枪击,死伤多人,实有触犯刑律第三百十一条之重大嫌疑",请陆军部"即查明行凶人犯,依法审判,以肃法纪"。

△　广州各界 10 余万人为北京三一八惨案在广东大学操场召开反段大会,宣讲者指出:此案乃北方反动派惨杀爱国民众之开始,俟将集中其目标于广东国民政府;一切不平等条约均系帝国主义束缚我国之工具,《辛丑条约》尤甚;直、奉军阀均系帝国主义走狗,直、奉势力优胜即帝国主义之胜利。号召各界团结一致以抵抗反动势力之进攻,努力国民革命工作,以早日取消一切不平等条约;援助北京群众运动,打倒直、奉反动势力。会后游行示威。

△　中华全国总工会发表告民众书,号召工人和各界同胞一致团结,反对军阀,并督促国民政府出师北伐。

4 月 3 日　奉军及直鲁联军围攻北京不能取胜,乃以飞机向城内抛掷炸弹,毁民房多所。北京公益联合会等 37 团体联名急电李景林等诸将领,要求不再掷弹。北京悟善社江朝宗电张作霖吁请饬令停止轰炸。

△　张绍曾派刘恩源访直鲁联军各将领请罢兵。各将领答称:"国民军极盛时公不言和,国民军败北公来言和,请俟联军到北京后再说。"

△　蒋介石通电指责西山会议派在上海召开全国代表大会,假借拥赞蒋镇压中山舰案之名通电制造谣言,"希图破坏本党,摧残革命。此种托庇于帝国主义势力范围下之行动,不自愧其为帝国主义者之工具,竟敢不法通电,视中正为傀儡,殊堪痛心"。并谓:"中正誓为总理之信徒,不偏不倚,惟革命是从。"

△　香港当局派税务司、辅政司、华民司各一员来粤洽谈罢工问题解决办法。8 日,又派律政司刚巴抵广州,偕驻粤英总领事普理宁谒伍朝枢交换意见。

4 月 4 日　王士珍等电张作霖、吴佩孚、张宗昌、李景林、张学良,吁请暂停派飞机来北京投掷炸弹,并"明示大旨所在,俾得稍效奔走传达之役,以释众惑"。

△　张作霖为北京悟善社江朝宗吁请停止飞机到京掷弹事复电谓:"诸君倘本慈悯之怀,应商同彼军速即退出京畿,俾免生灵涂炭。"同日,张宗昌、李景林、张学良、韩麟春、褚玉璞复电北京公益联合会等 37 团体称:"彼方既出以敌人行动,我自应以敌人对彼",表示拒不停炸。

△　国民三军原驻防大名、保定之部队,由吴佩孚改编为讨贼联军第三军,杨清臣为总司令。

△　田维勤派王文正等二人到北京与国民军洽谈和议。

4 月 5 日　吴佩孚电复张之江,以先将国民军交阎锡山暂行接收,张亲赴汉口接洽为谋和条件。吴并将该电转张作霖,以释奉、直间对国民军谋和之误会。

△　张宗昌委林宪祖代理山东省长。

△　三一八惨案死难者家属委潘大道律师依法起诉。6 日,潘并代北京国立各校呈京师地方检察厅,控告段祺瑞及其政府官员教唆卫队枪杀请愿人。

4 月 6 日　奉、直、鲁、晋各军联合对北京国民军下总攻击令。东路李景林、张宗昌、张学良、韩麟春分任第一、二、三、四方面司令,西路阎锡山、靳云鹗分任正副总司令,王为蔚、王维城、田维勤、魏益三分任指挥。杨清臣召集旧部编组成师,加入通县方面进攻。

△　驻京首席公使荷使欧登科代表驻京各国公使照会北京临时政府外交总长胡惟德,略谓:"近日来发生之飞机投掷炸弹暨飞机一再翱翔于使馆界之上,尤望中国政府予以特别之注意。至以有关于此项违反条约之举,及中国政府于使馆界内及城内各处侨民之生命财产若因此而受损害,请查照 1924 年奉天飞机声言将攻北京时 9 月 25 日所递之照会,负其全责。"

△　荣臻不愿受直隶护理省长职,将印信交还省署,由政务厅长陈昌泽代拆代行。翌日,褚玉璞在省署就直隶保安总司令职,执行督办及省长职权。

△　王士珍在北京各报遍登广告,说明不接受和平维持治安等名义。

4月7日　奉军及直鲁军分四路进攻北京:荣臻攻马驹桥,张学良攻安定庄,韩麟春攻通县,穆春用骑兵经顺义抄袭南口以断国民军归路,褚玉璞赴杨村督战。

△　段祺瑞下令"抚恤"三一八惨案遭难者,但诬指青年学生是被人利用,略谓:"查徐谦等人假爱国之名,行破坏之实,青年学生卫国情切,堕其陷阱,殊深悯惜。除令内务部仍妥拟办法切实查明分别优恤抚慰外,并责成教育部督同各校校长妥筹善后之方,以维学风而培元气。"

△　张作霖准免王永江奉天省长职,命莫德惠接任奉天财政厅长兼代理省长职。

△　蒋作宾抵粤谒谭延闿,代表方本仁表示输诚。次日晚,蒋在国民政府报告谓:方有五万兵力愿合作,倘国民政府早日出师北伐,赣可不战而下。

△　旧参政院通电谓:"本院条例明令公布后,现经谈话会公决,在正副议长未选出前,暂推汤漪为临时主席总持一切。"

△　章太炎、徐绍桢、邓家彦等人在上海组织"反赤救国大联合",是日开成立大会,并通电全国各报馆,称"以反对赤化,保障国权,实行民治为宗旨"。14日,召开第一次干事会,讨论"宣言草案",谓"居今之世,反对赤化,实为救国之要图"。

4月8日　奉军与直鲁军在黄村方面与国民军四次交战。次日,左翼击退大红门之国民军驻部,占领南苑三间房;右翼占领长辛店、富古庄。

△　吴佩孚派蒋百里赴奉,磋商国民军求和问题。吴提出媾和条件征求张作霖意见:一、恢复法统;二、释放曹锟;三、国民军全体改编,将领由吴任命;四、以王士珍为临时海陆军元帅;五、限五个月内召开新国会,七个月内组织大选会。张作霖表示大致同意,请吴勿让步。

△　吴佩孚部署河南军事,令张治公部移驻豫南,李振亚驻洛阳,

任应岐驻陕县,各军准备即日移防。吴并委袁家骥为豫南剿匪总司令。11 日,袁就职。

△ 湖南常德市国民党右派分子殴打省立第二师范学生和常德学联代表滕代远等,制造惨案,死五人,伤 30 余人,被诬下狱 10 余人。

4 月 9 日 北京发生政变。是日夜,鹿钟麟派兵包围国务院,段祺瑞及安福系要人避入东交民巷。国务院卫队受鹿改编,由门致中接收。10 日,鹿钟麟发布警卫司令部布告,谓段祺瑞"祸国殃民,无所不至","迫不得已采用严正办法严行制止。一面恢复曹公(锟)自由,并电请吴玉帅(佩孚)即日移节入都主持一切。京师地方秩序,仍由军警负责维持"。

△ 关税会议编订附加税奢侈品表专门分股委员会举行第三次会议,审议附加税奢侈品表修正稿。英、日代表就奢侈品表列之税则号数问题提出异议,指出目录号数与列入之货品不符合,其中有上次会议所未同意者,要求依照税则号数编订新表。会议决定中国代表团重新编订二表,详列一切货品之税则号数,每号载明货品应纳之附加税率,送交各国代表团俾便删整。

△ 山东南部红枪会势力蔓延,连占重要城邑,兖州、济宁均告急。张宗昌电令第七军军长许琨率兵前往镇压,并派员招抚会众。前省长王鸿一、镇守使张培荣等有勾结红枪会嫌疑,被通缉。

△ 湖南省议会选举雷铸寰为议长。

4 月 10 日 段祺瑞允辞职,并允解除宋玉珍部卫队武装。段要求出京,鹿钟麟不允。

△ 北京国务院以鹿钟麟率兵围困,"一切政务无由执行",向各省区军民长官发出通电两则:一、"在此扰乱期间,所有捏造事实、假借名义之文件,概属无效。各省区地方治安,均盼军民长官妥为维持。"二、"本院暂行停止办公。"

△ 吴佩孚电津,请王怀庆入京维持治安,并派郭玉龙赴津与王商议。张作霖亦电王请帮忙。张宗昌在津宴王。

△　国民党中央第十八次常务委员会议,就西山会议派在上海召开第二次全国代表大会,将派人来粤捣乱事,决议着国民政府严令军警缉拿惩办。是日,国民政府发布命令,"着广东省内各军警一体严缉,遇有伪代表大会派人来粤煽乱,即予拿解法庭,照叛逆治罪"。

△　国民党上海特别市党部在《申报》刊登通告,揭发西山会议派召开之第二次全国代表大会黑幕,"所谓各省区代表,实并非由各省区党员选出,而由邹、谢、沈等私人指派,即以各人之原籍何省即为何省代表。……该大会到代表九十余人,均为上海、南京两地人,而东南大学学生竟占三分之一。故此次该伪大会不特在纪律上为背叛本党,即在集会手续上亦甚欺骗党员,亵渎总理,蒙蔽国人"。

△　国民政府派陈铭枢、白崇禧赴湘洽谈,是日陈电粤,略谓:唐生智对国民政府意思完全采纳,长沙民众连日开会欢迎,革命空气满布全湘。21日,陈、白在国民政府军事委员会报告赴湘接洽情况。

△　国民政府与马伯援等人洽谈后是日函冯玉祥,略谓:"期于相当时期,与贵军会师中原,共定国难,打倒帝国主义,完成国民革命。"

△　国民政府指令外交部、司法行政委员会宣布:不接待法权调查会外国委员来粤调查;严正指出:"领事裁判权当然收回,无须由外人调查。"

△　唐生智在衡阳秘密处决湘军师长、旅长刘铏、萧汝霖等,引起湖南反唐运动。

4月上旬　北京成立法权自主协进会,并在沪、宁等地创设分会。宣言称:法权调查会分赴各地调查,倘有妨碍撤废领事裁判权之行为,当拒之。政府应于两个月内召集国际会议,或分向在华有领事裁判权之各国提议,即时无条件撤废领事裁判权。政府办理此事倘不开诚布公尊重民意,置国权于不顾者,国人当一致声讨。

4月11日　鹿钟麟等国民军将领致电吴佩孚、孙传芳、阎锡山,略谓:此次促段下野,"原冀实行监视,听候解决。不意敝军改编卫队之消息传出,段已事前风闻避入使馆界内。现在京师治安业由军警负责维持,秩序如常。至于建国大计,诸公素抱伟略,当能主持一切,敬祈随时见教,俾有遵循"。

△　曹锟 10 日恢复自由,是日致电吴佩孚为鹿钟麟说项,略谓:"鹿君识见过人,深明大义,愿隶麾下,以当前驱,即遣该军师长韩复榘赴汉报告。时至今日,论公论私均无再战之理,鹿君如此倾向,尤应曲与成全。望即电达奉方,停止军事,以后大计尽可协商。"曹并派张廷锷偕鹿之代表宋良仲赴保定迎田维勤来京洽和。13 日,田抵京晤鹿后电奉请先行停战,俾国民军退出北京。

△　晚,吴佩孚在汉口召集会议商讨时局,确定:一、即电靳云鹗、田维勤询京真相;二、致电奉军将领,征询对京事之态度;三、湘、赣事平后决从众请入京;四、复电鹿钟麟等,勿令段祺瑞走脱。

△　吴佩孚宴王士珍之代表金绍曾、吴春康,表示国民军全部退出北京,方有议和余地。

△　吴佩孚电张学良、张宗昌:"国民军无和平诚意,请按照原定计划从速进兵扫荡赤巢。"

△　段祺瑞在东交民巷拟就辞职通电,左右劝阻不发,谓时局变化,仍有复任希望。

△　李云龙(虎臣)逃归陕西,辞去督办职,与井岳秀、杨虎城结合共御刘镇华。省长刘治洲亦辞职。

△　奉、直双方争夺京绥路管理权。奉方委交通总司令唐德萱为京绥路局长,沈家桢为副局长。但直方劳之常以交通副司令名义于 10 日已委孙凤藻为局长。双方僵持。

△　奉省发公债现大洋 5000 万元,以清宫地价作保,年息六厘,六年内抽签偿还,限三个月募竣,以此款收回奉币一亿元。

△　上海成立"国民外交协会",宣称以"反对赤化,保障主权"为宗旨,徐绍桢、章太炎、黄子荫任名誉会长,马相伯为正会长,杨春绿、沈田莘为副会长。13 日,该协会开会,通过"消灭世界赤化"等决议。

4 月 12 日　北京临时政府特别国务会议,胡惟德、卢信、贺得霖、吴纫礼等出席,通电宣布"在政局未定以前,暂维现状"。

△ 贾德耀致函驻京首席公使荷使欧登科并请转致各国公使:一、段执政"暂时不能行使其职权,然未尝因此而为辞职之表示","严重声明在此纷扰期内,所有一切捏造事实及假借民意之文电,概属无效";二、预计在最短期间,必能"恢复从前之政治原状"。

△ 段祺瑞在天津之部属向张宗昌、李景林陈述鹿钟麟驱段事,请速攻占北京。段祺瑞躲在东交民巷使馆区桂乐第大楼,诵经礼佛。

△ 王士珍、赵尔巽、孙宝琦、汪大燮、江瀚、熊希龄联名电请靳云鹗饬所部移驻,以作两军缓冲之地,略谓:"西北军一再表示,只须京师治安付托有人,当即全师而出。惟现当枪林弹雨之中,实无疏通周旋之余地。……务恳鼎力调停,并请将贵部军队迅速移驻,以为两军缓冲之地,京师地方,亦赖以保全。"

4月13日 西山会议派选出的国民党第二届中央执行委员会在上海举行第一次全体会议,推举谢持、邹鲁、沈定一为常务委员,组织部长居正,宣传部长桂崇基,工人部长黄季陆,青年部长张星轺,妇女部长黄复生,海外部长林森,商人部长陈个民。会议决定创刊《江南晚报》为机关报。

△ 北京总商会、银行公会等团体商议推王士珍、颜惠庆等人组织京师临时治安会,征得北京外交团同意,鹿钟麟亦允该会接京畿治安责任。

△ 张作霖电吴佩孚,请勿受鹿钟麟之挑拨,并盼即日移节入都。

△ 张作霖电复王士珍等六人,谓国民军"如能退出北京,敝军即不进攻"。

△ 李景林、张学良、褚玉璞联名通电斥鹿钟麟"前日拥段(祺瑞),今日驱段,前日捉曹(锟),今日放曹,一年之间,一人贤否前后大异,一日之间,两公地位彼此互易。好恶无常,恩仇不定"。

△ 靳云鹗通电河南全省军政长官,从速妥筹解散红枪会及豫卫军,如不服,准剿办。同日,河南省署电令登封县解散红枪会,并通缉首

令梅仁义。

    △ 李宗仁聘苏联人马迈耶夫·吉罗莫夫为国民革命军第七军顾问。

4 月 14 日 王士珍等六人致电张作霖,谓西北军一再声明只须京师治安付托有人即行退出,吁请张"迅予转劝奉军,请饬前方统兵将领停止进攻,并将部队酌量移退,另由第三者酌拨军队移驻其间以为缓冲之地,俾一方得以从容他徙,而地方亦赖以保全"。王士珍等同时电吴佩孚请"极力主持,相机劝导"。

    △ 张作霖通知驻奉苏联总领事加拉柯维斯基:如奉军一旦占领北京,绝不负苏联驻京大使加拉罕保护之责,请即电达大使速出北京。

    △ 蒋介石为掩饰中山舰事件真相,将事件中为其效力之海军舰队临时总指挥、海军学校副校长欧阳格免职并予扣留,委潘文治为代理海军局长,章臣桐为海军学校副校长,吴嵎为"中山"舰长;是日,经蒋介石亲自审讯,又将李之龙释放。

    △ 国民政府派鲁涤平率军赴琶江剿沈鸿英残部,为民除匪患。除加派一团外,并派飞机往剿。湘军张辉瓒部配合向琵琶山匪总攻。

    △ 周荫人在福建召集军事会议,讨论新兵训练计划、统一全省财政以及消灭境内民军等问题,历时 10 天。会议决定对吴佩孚取尊重态度,对孙传芳取绝对合作态度,对张作霖以吴、孙之态度为态度。

    △ 上海纳税西人会举行年会,通过增加华董三人案。同日,全国学生总会发表宣言谓,工部局须按照华人之纳税比例,增加适当额数之华董,反对外人以恩施方式增加三华董。沪西商界联合会亦发表宣言反对,谓应充分考虑华人之纳税额,以选定中国议员,如不达目的,即三名华董亦放弃之,各纳税人当暂停纳税,以示无权利即无尽义务之必要。

    △ 唐生智收编夏斗寅部,仍沿用鄂军混成旅名义,团、营长由唐考核另委。

4 月 15 日 国民军撤出北京退往南口。晨,奉军、直军与直鲁联军向北京猛烈攻击,奉军占通县,吴军进抵西苑。鹿钟麟急调援军在八里桥附近堵御奉军,迨援军至朝阳门外万国靶子场附近,南苑防线亦被突破。鹿遂下令总退却。

△   北京商会、银行公会等组织京师临时治安会,聘王士珍、赵尔巽、熊希龄、颜惠庆、王宠惠、江朝宗、吴炳湘等 17 人主持一切。是日发表宣言称:"即日假京都市政公所办事,举凡和平之呼吁、民食之维持、闾阎之义安、外侨之保护,力之所及,勉效匡襄。至若根本大计解决,全听诸国人,本会概不拟议。"该会公推吴炳湘为京师警察总监,以治安会员名义维持治安之责;并聘外国人安格联、福开森、铎尔孟、板西为顾问。

△   国民军唐之道与段祺瑞秘密勾结谋变,是日率第九师由通县进入北京城内,自称"京师警备总司令",出面维持治安。

△   美国纽约 900 名学生公举代表六人谒见总统柯立芝和国务卿基洛格,抗议美国对华政策,要求美国政府对治外法权勿与其他各国联合行动,并促美国退出正在举行之法权调查会议。

△   豫省议会及地方团体因年来军费自六七十万骤增至 300 万,均由滥招队伍所致,现民益不堪命,致函督办、省长并电吴佩孚请限制军旅,节省财源。

4 月 16 日   国民党中央、国民政府举行联席会议,推选谭延闿为政治委员会主席,蒋介石为军事委员会主席。

△   国民军退往南口、居庸关、青龙桥、八达岭。顺义西汤山一带之国民军继续抵抗,以阻奉军追击。

△   段祺瑞于国民军撤出北京后,由东交民巷桂乐第大楼回吉兆胡同私邸。

△   张作霖电请吴佩孚迅速北上主持大计,并声明自己不干政,"一切听候公决"。

△   吴佩孚遣密使劝曹锟四事:一、自身危险须加注意;二、国民军撤退后,即宣言从前年 10 月 23 日失去自由以后之一切命令概归无效;

三、取消前年 10 月 25 日所发让政权于吴佩孚之命令;四、因已对国会提出辞表,故决勿复大总统职。

　　△　青年军人联合会经蒋介石之"调和",是日声明解散。20 日,孙文主义学会亦宣布"自行解散"。

　　△　香港各工会在广州举行代表大会,400 余人出席,历时九天,通过关于政治报告、经济斗争等决议案,正式成立香港总工会。

　　4 月 17 日　段祺瑞通电宣告复职,略谓本执政"内审时艰,外崇国信,且目睹赤化之祸流于首都,不敢遽为无责任之放弃"。并谓:"曩者临时政府开始之日,曾规定应办者若干事,一年之中事势扞格,今后是否按程继进,听诸公意……当此乱极思治之秋,不无贞下起元之会,其速妥议善后,俾国政不至中斩,金谋朝同,初服夕具。"

　　△　段祺瑞令免鹿钟麟京畿警卫总司令兼署京师警察总监、市政督办本兼各职。贾德耀呈手折于段为鹿说项,略谓:"一年以来,京师治安,鹿钟麟始终维持,不无功劳足录……拟恳宽其既往,免予深咎。"

　　△　段祺瑞致电张作霖、吴佩孚、阎锡山、孙传芳,解释复职之意,并谓"纪纲应如何整饬,大局应如何奠定,公忠体国,不乏嘉猷,询谋金同,必能善后"。"兄决计引退,请诸弟共推一人组阁,俾便摄政"。

　　△　贾德耀呈段祺瑞请辞国务总理职,略谓:"弭变无方,引咎自劾,请予罢斥。"

　　△　贾德耀致电冯玉祥,略谓:"四月九日变起非常,事前既无所闻,临时又无法补救。……我公平日主张,所以拥护执政者为甚。德耀之敢于任事,亦即在此。喋血都门,倒戈内向,此等举动,明知决非尊意,是以不敢随声附和,更背初衷,此中委曲,当荷鉴谅。"

　　△　段祺瑞令免司法总长卢信、次长余绍宋职,任命王文豹兼署司法次长。19 日又令着王文豹代理部务。

　　△　吴佩孚通电主张维持法统,由颜惠庆组阁,准曹锟辞职,并称坚决"讨赤"。

　　△　驻澳门之葡萄牙士兵百余人在中山县属三厂地方,越境抢夺

广州纠察队拘获之奸商及财物,并枪击纠察队。广东省政府令交涉员提出严重抗议。

4月18日　奉军及直鲁联军开入北京,张宗昌等以镇威军军团长名义委李寿金为京师警察总监。京师临时治安会推举之警察总监吴炳湘交出警权。徐源泉访王士珍,谓京中治安既由警察维持,无须唐之道部参预。

△　京师临时治安会王士珍等通电各方:"敝会再四筹维,谨以五日为期,过此不能再任。"

△　吴佩孚电唐之道,略谓:段祺瑞毁法,包庇"赤化",无可维持,已委王怀庆为京师警备总司令,令唐任副司令,听王节制,并着拘留安福系人士,监视段祺瑞。

△　入京之奉军布告使用军用券,商民多反对,总商会勉强议决通行,惟数额不得过10万,以一元、五元小票为限,请军事当局负责兑现,并要求先定数额,行使前由商会盖章。奉军派王琦、徐源泉、王翰鸣出席总商会会议,表示愿存军用券100万于商会,押现款若干。20日,王士珍请以崇文门税为担保基金。

△　张宗昌勒筹军饷,下令征收津浦客车兵灾附捐,头等车每票二角,二等一角,三等五分。23日,电济南当局令各财政机关筹军饷50万:盐运使署20万,烟酒局10万,卷烟税局13万,货捐及硝磺局七万。26日,又发出铜元票20万。

4月19日　张作霖电复段祺瑞云:"法律政治问题,自有海内名流公同讨论,霖本军人,早经宣言不问政局。"

△　张作霖以"教唆学生,供武器弹药于国民军"为词,拒绝承认加拉罕为苏联驻京大使。

△　张宗昌在天津设立"直鲁联军密探处",明、密稽查各100人,洪锡华为处长,专事查拿"赤党"及"捣乱分子"。

4月20日　北京临时政府改组。段祺瑞决定下野离京,临行前明令准免国务总理兼陆军总长贾德耀本兼各职,特任胡惟德兼署国务总理,摄行临时执政职权;准免财政总长贺得霖、交通总长龚心湛、国务院秘书长邓汉祥、外交次长曾宗鉴、全国烟酒事务署督办姚国桢本职。

△　段祺瑞发令称:"本执政兹已决定引退,自即日起,着由国务院摄行临时执政职权。"下午,乘专车离京赴津,同行者有吴光新、许世英、章士钊及子段宏业等 11 人。

△　段祺瑞致电吴佩孚、张作霖、孙传芳、阎锡山宣布下野,略谓:"兹兄先将政权交付内阁,暂维现状,已于本日下令。弟等有何建设,俱乐观成。"

△　京师临时治安会王士珍、赵尔巽等以段祺瑞下野,通电张作霖、吴佩孚、孙传芳、阎锡山暨各省区军民长官,略谓:"合肥下野,贾阁辞职,中枢停顿,险象环生。……第政局一日不定,诸事无人主持,局势所迫,务请诸公迅赐伟略,早定大计。"

△　胡惟德以段祺瑞下野,贾内阁辞职,通电张作霖、吴佩孚、孙传芳、阎锡山暨各省区军民长官、各总司令,"务请顾念时艰,速定大计"。26 日,胡再通电,谓"勉任外交,已虞竭蹶,代阁事大,非一手一足之烈,岂老朽所能胜,是以未敢奉命,决无游移";"事关全局,亟应速定至计,俾免贻误"。

△　国民政府发表对内宣言,指出:"现卖国残民之段祺瑞罪恶贯盈,已为国民军迫走。张、吴两军阀虽由帝国主义之撮合,暂时联合战线,而根本上彼此利害仍相冲突,关于倒段拥段各异,尤易促其分裂。目下北方政局事实上已陷于无政府地位,军阀崩溃之期亦将不远,所望全国各地方被压迫之人民乘时奋起,组织坚固之团体,积极与军阀及帝国主义者抗争,自动的召集国民会议以取得政权。"

△　晚,蒋介石在宴退出第一军之党代表及共产党员军官席中即席演说,略谓:中山舰事件前,高语罕等一派人制造各种谣言,如诬本人"不革命"、"是段祺瑞",不编桂军为第七军是暗示二师和二十师倒蒋后可编称第七军,还有主张北伐问题。蒋指责共产党员参加国民党是两个主义、两个领袖、两个中心,破裂军队破裂党;谓中山舰事件是"要纠

正矛盾,整顿纪律,巩固本党革命基础,不得不如此"。蒋还诡言中山舰事件经过情形太离奇太复杂,有许多不忍说之话,只有他个人知道,"处境之苦真是有口莫辩"。

△　张宗昌所部王翰鸣之警备军入京。唐之道部被逐,退集南苑,两旅改归褚玉璞收编,留一旅归王怀庆指挥。唐向京师临时治安会辞警备副司令职,避入使馆区。

△　张作霖电阎锡山速出兵大同取丰镇。

△　中国共产党发表致第三次全国劳动大会信,谓:"本党是代表中国工人及农民利益而奋斗的党,本党目前之职责是领导中国工人、农民参加中国民族革命的斗争;同时,在民族革命中,代表中国工人、农民利益而斗争。""本党和工人同志们携着手奋斗已经四五年了,现在方开始和农民携手走上战线,因此,在此次大会提出'全国工农及一切劳苦群众大团结'的口号,以贡献于大会,并祝大会之成功。"

4月21日　吴佩孚电张作霖称:"关于摄阁事,望雨帅主持,使早成立。"

△　张作霖通电声明对一切法律、政治未曾发表任何主张,略谓:"现在京师收复,军事虽未告终,政治问题行将开始。敝军此次义举仍复抱定前言,始终如一,决不为一党一系之争,亦不为任何方面所动。对于法律、政治仍无何等主张,亦未发表意见。"

△　张宗昌以镇威军军团长名义派王翰鸣为京畿临时警备总司令。24日,张向京师临时治安会表示:派王翰鸣为警备总司令系临时性质,如王怀庆就卫戍总司令,警备司令部名义即可撤销。

△　王士珍电吴佩孚谓,为避免主政嫌疑,治安会决计改为救济会,请吴即日北上,俾卸责任。

△　国民军将领张之江、鹿钟麟等在张家口举行会议,决定全力自保,并推出东、西、北三路总指挥:东路鹿钟麟,担任南口、居庸关一带之防务;西路李鸣钟,担任绥远、察西一带之防务;北路宋哲元,担任热河、多伦、察东一带之防务。张之江仍坐镇张垣,总揽一切。

△ 叶开鑫通电就任讨贼联军湘军总司令,在吴佩孚指使下回岳阳起兵,率部向长沙进攻。蒋锄欧旅开抵汨罗。邹鹏振率领湘西的三个旅进攻新化、宝庆。吴佩孚电令邓如琢出兵三旅,配合陈炯明旧部谢文炳进兵湘东;又令桂军沈鸿英、韩彩凤等残部在零陵扰乱唐生智后方。唐四面被攻,长沙吃紧。

△ 奉军及直鲁联军驻北京城外者 10 余万,奸淫杀掠,时有所闻,民房被占用者不可胜数。无家可归之难民纷纷逃避城内,数在 10 万以上。是日,治安会在神武门、天安门设两难民收容所。城内人心恐慌,商铺开市者甚少。

△ 上海章太炎等人组织之"辛亥同志俱乐部"通电拥戴黎元洪,称"非黎公复出,国将焉赖"。

△ 天津军警当局以《益世报》"记载失实"为词,禁止其发行。25日,天津保安司令部令警厅取缔"宣传赤化,造谣滋事"之报纸。

4 月 22 日 张宗昌、李景林、张学良、靳云鹗诸军代表开会,商定维持北京秩序办法七项:一、组织奉直鲁联军总执法处、总稽查处,总理京城内外军纪;二、各军给养各军自给,不许向治安会及机关索取;三、将纪律不整之新兵、降兵及改编的队伍和白俄兵调往廊房;四、山东军用票事,令山东省银行行长与北京商界、银行界会商切实办法;五、电山东银行汇 20 万元来京兑换军用票,并电山东即运大批帐篷来京,使军队不住民房;六、派员迎吴佩孚北上;七、拨车运粮煤来京。会后即将诸点通知王士珍等,请治安会继续主持北京行政。

△ 京师临时治安会应张宗昌之请,允维持现状。王士珍称,如果军用票、省库券今明两天仍无办法,本会仍即取消。

△ 吴佩孚电李景林、张宗昌、张学良、靳云鹗等,迅饬各部并力向南口进攻。奉军及直鲁联军主力在昌平一带集中,公推李景林为攻击南口总司令。

△ 奉、直、鲁各军进入北京后胡作非为,骚扰治安,市面紊乱,物价暴涨,民心惶恐,舆论哗然。是日,吴佩孚通令所部不准扰民。张作

霖、张宗昌等亦令所属遵守军纪。

　　△　国民政府发表对外宣言,声明:"在国民会议未召集、统一政府未成立以前,任何军阀盘据北京,各国政府不应予以承认,免干涉我国内政,延长我国内争。"

　　4 月 23 日　吴佩孚电促曹锟速发宣告下野之通电,略谓:"请将宣言稿即日发布,安一时之人心,固百年之邦本,胥于是赖。"

　　△　吴佩孚电复胡惟德谓:一切办法已交王怀庆执行,请促王入京。已入京之奉、鲁军将领亦向京师临时治安会表示推重王。王怀庆得治安会电,即率毅军三旅到京。

　　△　国民军在南口、居庸关、岔道新设三道防线,鹿钟麟设司令部于居庸关,韩复榘为前敌总指挥。

　　△　山东各地红枪会蜂起反对张宗昌横征暴敛。汶上县为红枪会占领,滋阳县知事被红枪会杀死,济宁城被红枪会包围,许琨之第七军某团被红枪会缴械,团长被烧死。兖州以西、以南为红枪会势力范围,大炮、机关枪俱全,自带给养,专事仇杀军队。张宗昌除"劝谕"、"招抚"外,大肆调兵剿歼追击,屠灭村庄 50 余处,惨杀会众无数。是日,省署又令各县严加取缔。

　　4 月 24 日　国民军张之江派张树声与吴佩孚、张作霖、阎锡山接洽和平,其条件为:一、国民军肃清内部激烈分子及赤化分子;二、改编国民军,受中央节制;三、放弃热河特别区;四、保留察哈尔、绥远、甘肃地盘;五、保留京绥全线之管理权;六、不出兵攻晋、陕。

　　△　叶开鑫电唐生智:限 24 小时退出长沙,否则实行进攻。27日,叶下总攻击令。

　　△　国民政府令免第十七师师长吴铁城所兼广州市公安局局长职,任命李章达继任。

　　△　京师警察厅奉直鲁联军首领之命令,封闭《京报》馆,逮捕社长邵飘萍。邵于 26 日晨 4 时被绑赴天桥枪杀,罪名为"勾结赤俄,宣传赤化"。

△　张作霖以"行动诡秘,不尊敬我主权"为词,令驻奉苏联副领事列夫离华。

4 月 25 日　齐燮元、王怀庆与张宗昌、李景林、张学良在北京举行会议。齐提出吴佩孚处置政治、军事之方案:一、护宪;二、曹锟下野,以颜惠庆组摄政内阁;三、由王怀庆任卫戍总司令维持京师治安;四、张之江等输诚,须以先驱除冯军赤化分子为前提。张宗昌等反对护宪及颜惠庆摄政。次日,张学良回奉天,与张作霖面商应付办法。

△　吴佩孚命杨森为讨贼联军四川总司令。杨在长寿与刘湘军交火,派唐式遵、潘文华、郭汝栋、王兆奎四路攻刘。

△　奉军及直鲁联军强令使用军用票,商民与士兵屡起冲突,京内外小商铺十之六七倒闭。张宗昌 27 日犹令运军用票 300 万来京应用。总商会偕同治安会诸人与张宗昌、张学良、李景林商讨解决办法,议定:一、鲁、直票券由两省筹拨现款解京备兑;二、咨崇关、烟酒署、各铁路、电灯、电话准搭五成;三、咨财政部以官产作该票券在京行使担保;四、典当不得使用票券;五、不得以票券兑换现金;六、买物以票券找票券,不找现;七、由警备司令布告各军,违者军法从事。

4 月 26 日　吴佩孚电京师临时治安会,谓:由颜惠庆摄政组阁,届时财政即有办法。

△　晚,王怀庆访颜惠庆,劝组摄行临时执政权之国务院,并谓须颜允出任后方就北京卫戍总司令职。

△　叶开鑫军与唐生智军隔汨罗江激战。叶军右翼谢文炳部占湘阴。28 日,平江地区发生激战,唐军向浏阳撤退。29 日,叶军南进,晚抵桃林寺。30 日,叶向汨罗下总攻击令。

△　国民军在京绥路之八达岭、青龙桥、居庸关设三道防线,以御奉军向南口进攻。

△　鹿钟麟在张家口就察哈尔都统职。

△　徐绍桢、王绍鏊在天津谒黎元洪,讨论法统。同日,徐通电主黎复位。

△ 直省财源枯竭,褚玉璞在督署召集财政会议,财政厅、盐运使、津海道及各税局长均列席。褚谓:现驻直境军队约有 40 万,每日给养约需 10 万,请大家赶速筹款。

4 月 27 日 曹锟左右草拟下野宣言稿,涉及复法与复宪问题,一再斟酌措词屡屡修改。旧国会议员及前年帮忙贿选者,力请在宣言中嵌有国会可复之意。曹锟电请吴佩孚、张作霖定夺。28 日,齐燮元谒曹商议措词。29 日,吴佩孚拟来一稿,谓宪法、约法均无辞职规定,只有因故缺位明文,故宣言用电不用令,用名不用职。

△ 吴佩孚委蒋锄欧、刘重威、刘雪轩、姚继虞为"讨贼联军"湘军第一、二、四、五路司令。29 日,又委夏斗寅部团长王殿甲代旅长并第六路司令。

△ 湘军第一师贺耀组部及第二师刘铏残部组织"护湘军",通电讨伐唐生智,贺部由澧县一带向长沙出动。

△ 奉军与直鲁联军以"扑灭赤化"为名,派军队四出搜查国立九校。北京大学师生大批请假离校,校长蒋梦麟昨夜离京。

△ 大连日商福岛纺织厂全体工人开始大罢工,反抗日本资本家的虐待,要求增加工资、每日劳作由 12 至 15 小时降为 11 小时、允许有孩子的女工到厂门口喂奶、日人不得杀害工人等。日本帝国主义者极力镇压,捕工人领袖 20 余人,并利用工贼破坏。工人坚持斗争。全国总工会分别致电各有关方面要求声援、资助。铁路工厂、水泥厂、玻璃厂工人尽力支援;农民、渔民也帮助供给粮食,传送消息,掩护工人领袖。上海、青岛纱厂工人亦捐款相助。罢工坚持 95 天,获得完全胜利。

△ 广东大学部分教员反对文科学长郭沫若从事革新,认为"有侮蔑教员人格意",22 日停课罢教,要求校长将郭革职。是日,校长褚民谊及各科举出代表五人出面调停,又经学生要求,结果文科教员被挽留 11 位,被辞退 15 位。翌日,文科学生又组成革新委员会,宣言拥护郭之改革主张,反对罢教教员。

4 月 28 日 奉军及直鲁联军将领决定酌量撤退驻京军队:第一军

移驻沧州,第十一军第三十五师驻马厂,第九军司令部移驻秦皇岛,第二十七旅驻卢龙,第三十四旅驻榆关,第四十旅驻锦州兴城,留第十军于珍部驻京。

△ 叶开鑫军邹鹏振部攻占宝庆,取道洪罗庙直趋衡阳。第二师唐巘部由澧县向常德、桃源方向移动,围攻唐生智军。

△ 唐生智在四面受攻的危境下发表电文称:"生智受事以来,规随炎公(赵恒惕),虽备经事齐事楚之难,极受颐指气使之辱,为大局计,亦皆容忍之,至于今日,湖南未尝树一主义,生智未尝引一外援。乃叛将叶开鑫由鄂窜回,乘虚入岳。万一省宪破坏,引起南北纠纷,谁为戎首,不得不诉诸舆论。"

△ 刘镇华以柴云陞为前敌总指挥兼第一军司令,王振为第二军司令,由九华西进。张治公留守洛阳,贾济川留守陕县为后援。柴云陞在灵宝击退国民二军残部,洛阳、潼关间交通恢复。

△ 法权调查会原定 11 日、12 日去外地调查,因各地交通未恢复,京城亦尚未完全开市,未成行,是日开会决定缓行。中国代表王宠惠在会上续提领事裁判权以外之治外法权案。

4 月 29 日 张学良在沈阳与张作霖等面商后,是日电驻京代表胡若愚令转告齐燮元及张宗昌、李景林:"此间对法律问题,仍主公开讨论,不愿双方独裁,以致引起各方反感。军事问题仍照前议协同进行,决与玉帅合作到底。"

△ 田维勤奉吴佩孚之命深夜抵京,与张宗昌会商与奉军及直鲁联军协力进攻南口事宜。

△ 廖仲恺事件后于去年 9 月赴苏之胡汉民回国,是日偕苏联顾问鲍罗廷等由海参崴同抵广州。蒋介石即邀胡叙谈,翌日下午又谈。

4 月 30 日 英、法、美、日、意五国代表与北京临时政府外交部代表在外交大楼开会,讨论交还上海会审公廨及改组上海租界内司法机关等问题。中国方面代表坚持以中国提案为讨论根据进行谈判。五国代表对中国所提交还监狱、租界特别法庭完全适用中国现行法律,处理华洋民刑诉讼并违禁事宜以及普通华洋诉讼,领事不得会审各点,声明须加修正;对外国律师出庭须经中国司法部核准,亦持异议。

△　护法参众两院议员尹承福等 428 人通电提出四项主张:"一、黎元洪依法复大总统职;二、国会自由集会,继续宪法会议;三、修正国会选举法,改选新国会;四、三个月内举行大总统选举会。"

△　袁祖铭在四川与刘湘、杨森迭有冲突,决率黔军离川,向川军各将领要求以后每月由四川接济军饷 40 万元,并先付 120 万元为开拔费。

是月　阎锡山命所部进兵阳原、蔚县,拆毁天镇以西至大同之铁路,断国民军后方联络。

△　各地民众追悼三一八惨案死难烈士。1 日,北京中小学通知暂行停课数日。汉口各校停课一日志哀。广西学联通知各地学联与各地民众游行示威反段。5 日,武汉大学追悼杨德群。8 日,武汉学生成立"京案"后援会。11 日,长沙千余妇女追悼死难女生。12 日,重庆、湖南邵阳游行示威。14 日,桂林各界市民反段大会,通电请国民政府出师北伐。17 日,长沙万余人开追悼会,次日游行。24 日,宜昌万余人大会。28 日,成都学生集会示威,有人袭击日总领事署。

△　湖南省举行农民代表大会,到 15 县代表 57 人,开会三日,正式成立湖南省农民协会。据统计,全省已有四县、32 区、200 余村正式成立农民协会,会员达 27 万,入农会自卫军者约 10 万。

△　奉天当局为挽救东北三省财政,密令吉林、黑龙江两省开禁栽种鸦片,设局专卖,征收烟税,悉归军用。

△　上海工人为增加工资,反抗厂主压迫举行罢工,计有:闸北南市 600 余水笔工人,四明、中西、国民等三印局工人,中华袜厂女工,内外棉纱厂第三厂夜班工人 400 余,南北市青蓝染业工人 1000 余人,日商东方纱厂全体童工等。

5 月

5 月 1 日　曹锟依吴佩孚意旨，正式发表下野宣言，谓："锟忝膺重托，德薄能鲜，致令部曲携贰，纪纲失坠。十三年十月廿三日冯玉祥倒戈，锟受闭锢，自是法毁乱滋，国无元首，迄今一载有半，良用疚心。今联军讨贼，巨憝已除，大法可复，国务院自当复政，依法摄行大总统职务。锟自惭失驭，久已倦勤，非弃屣以鸣高，且闭门而思过。所冀各方袍泽，励翊协和，共循法规。""锟优游林下，获睹承平，欣幸曷极，特电布达，愿共察之。"

△　张作霖通电声明对北京政府主政人选事无所主张，略谓："国家大事，理应公开讨论，不宜专断独裁"，"作霖罹分崩离析之忧，懔军人干政之惧，识见所囿，实不敢轻作主张，妄参末议。"

△　唐生智军为叶开鑫、贺耀组等部击败，退出长沙至湘潭，继续向衡山退却。谢文炳部入长沙城。

△　全国总工会在广州召开第三次全国劳动大会，到 502 人，代表全国 699 个总会和分会的 124.1 万多会员，并有英、俄、法、德、美、日诸国工会代表及广东各界代表参加。大会至 12 日闭幕，共开 15 次，有李立三报告出席赤色职工国际大会经过情形，鲍罗廷报告世界革命状况，邓中夏报告职工运动总策略，刘少奇报告一年来中国职工运动的发展等。大会决议为职工运动死难烈士及廖仲恺树立纪念碑，修改工会章程，并选举执行委员 39 人，候补委员 17 人。

△　广东第二次全省农民代表大会开幕，到 214 人，代表 62 万农会会员，桂、闽、赣、鄂、皖、浙、苏、鲁、晋、黔等 11 省均派代表列席。大会听取了广东农民一年来奋斗经过报告、会务总报告、全国政治状况与社会状况报告、世界革命状况报告、出席赤色职工国际大会报告等，并通过《农民运动在中国国民革命之地位》等决议案。

△　广东全省第六次教育大会开幕，共到代表 482 人。4 日，大会

通过教育宗旨为"注重平民化革命化之教育,以完成国民革命"案。6日,大会致电第三次全国劳动大会和广东省第二次农民代表大会,誓与农工同志永远携手前进。7日,通过党化教育案。12日,通过应注重农工教育案。

△ 广州工、农、军、学各界800余团体20余万人集会,纪念五一劳动节并庆祝第三次全国劳动大会、第二次全省农民代表大会和第六次全省教育大会开幕,苏兆征主席,何香凝、施华诺夫、陈公博等演说,议决通电全国,一致奋斗,共同解放。

5月2日 曹锟下野宣言发表后,颜惠庆意欲观察各方反应,通电表示不愿复阁摄政,略谓:"感触时艰,殊难再出,兢兢之情,当蒙共谅。"

△ 张作霖致电吴佩孚谓:"关于恢复宪法、约法及组织政府问题,可召开元老及各省代表会议决定之。"

△ 北京卫戍总司令王怀庆发布维持市面办法10条、保卫治安办法17条,声言"宣传赤化、主张共产者,不分首从,一律处死刑"。

△ 叶开鑫部入长沙城。3日,继续南下占领湘潭,向衡阳方面追击唐生智军。

△ 赖心辉驻成都之部队被邓锡侯、田颂尧改编,赖被迫卸边防军总司令职,并被监视。

△ 广州华侨协会举行反抗帝国主义大会,到各地华侨团体代表及印度、越南、朝鲜三国代表,议决:一、请国民政府向压迫华侨之帝国主义国家提出严重抗议,如无圆满答复,即通告海内实行排斥彼等货物并实行经济绝交;二、唤起侨众诚意与各殖民地弱小民族联合作反帝运动;三、请国民政府通缉为帝国主义作走狗之汉奸等案。

△ 上海东方图书馆开幕。

5月3日 吴佩孚电促颜惠庆组织内阁,略谓:"今京师收复,曹大总统又已宣言倦勤,贵国务院自应依法摄行大总统职务,以免国本陷于危境。务请即日复政,共策治安。"

△ 吴佩孚电请张作霖支持颜惠庆复阁,略谓:"曹总统既以下野,

则颜阁复政,实今日救国济时之惟一正规,自不宜听其谦退。""除颜阁摄政外,在法律上实无第二种办法可以救济而无碍。……务恳即日电促颜阁早成,并商贵军各部一致主张敦促,俾骏人(颜惠庆)放手进行。"

△　孙传芳与陈陶遗、卢香亭、夏超、周荫人、萨镇冰、邓如琢、李定魁、陈调元、高世读联名通电主张颜惠庆摄政,略谓:"元首既已下野,政府庸可久悬。芳等以为即依曹公通电,恢复颜惠庆摄政内阁,其余一切中央地方政务,均由内阁解决,俾正式政府早日底定,以收治平之效。"

△　张树声奉张之江命到北京与张学良、张宗昌会见,商议妥协条件。张学良、张宗昌表示无此权限,嘱张树声赴奉天直接磋商。4 日,张树声赴奉与张作霖、杨宇霆商谈。8 日,奉方派员赴张家口接洽。

△　驻京奉军发行军票 300 万元,下令一律通用。商民不愿使用,按七五扣计算,但奉军强行十足使用。18 日,商会副会长谒王怀庆,谓军票已超过 300 万元定额,要求不再发行。19 日,商民闭门罢市。

5 月 4 日　王士珍、赵尔巽等宴张宗昌、张学良、齐燮元,调停奉、直双方政见,提出折衷方案三点:一、中枢无主,百政停顿,双方应赞成颜惠庆组阁,但声明系依《大总统选举法》复职;二、颜复职后即召集阁议,通过新总理,替颜摄政;三、宪法、国会事应俟军事收束再公开讨论。

△　齐燮元代表吴佩孚访问驻京各国公使,声明段祺瑞执政时期所签对外条约均可承认;并称恢复宪法乃 14 省区汉口会议之决定,未便更改,张作霖对法律问题主张审慎办理,并未表示反对。

△　北京临时政府外交部与英、美、日、法、意五国代表继续讨论收回上海租界会审公廨案,五国代表提出对案,与中国原案相距甚远,讨论无结果。11 日复议,五国代表只允恢复民国元年以前状态。

△　驻京英、法、日公使照会北京临时政府外交部:"天津地方官有干涉盐务行政及收入之意,殊违条约。除一面已由驻津领事致节略于该长官,一面请贵政府阻止。"

△　吴佩孚通电全国各地铁路局,严行取缔各路工会,"以遏乱萌,而免赤祸"。

△　吴佩孚命汉阳兵工厂拨步枪 1500 支、机枪六架、钢炮五尊、弹 40 万发、炸弹 17 箱运送长沙接济叶开鑫。23 日又拨给叶军子弹 40 万;孙传芳亦接济子弹 100 万。

△　湘省各界人士反对吴佩孚任命叶开鑫为湖南省长,谓湘有省宪法,应依法选举,不能受吴之任命。

△　国民政府决定续聘鲍罗廷为高等顾问。

△　国民政府明令裁撤惩吏院,该院一切职掌归审政院办理;同日任命邓泽如、林翔、李章达、潘震亚、卢文澜为审政院委员。

△　广州三万多人集会纪念"五四",甘乃光、黎樾庭、褚民谊等演说。大会通过援助岭南大学被革同学等案。

△　上海学生联合会举行"五四"纪念会,杨杏佛、陈布雷、杨贤江、李石岑等讲演,并有北京学联代表报告三一八惨案详情。

△　孙传芳在上海就淞沪商埠督办兼职,委丁文江为督办公署总办,委上海绅商李平书、虞洽卿、黄炎培等九人为参议会参议。翌日,孙宣布"淞沪市政方针",略谓:"督办署之设置,在改良市政,为将来收回租界,拟造成一规范市,请市民与以试验机会,与外人尽量合作,以备解决多年悬案。"并谓:"以五省之范围保境安民,任何军队侵入我五省,即以迎头痛击驱逐出境。"6 日,孙在宴外人会上称:"凡有条约上外人的权利,没有废除前,自然要尊重。"

△　北京军警奉命"严拿宣传赤化及主张赤化者",是日起搜查中国大学、中俄大学、北京大学、北师大、女师大等校。

5 月 5 日　孙传芳电复颜惠庆请摄阁,略谓:"曹前总统既已通电引退,我公仍应摄行阁事。务请念国事之纠纷,慨民生之涂炭,勉任艰巨。"

△　叶开鑫部先头部队进驻株洲,蒋锄欧、谢文炳、邹尧仁各率部分途渡江,会同刘重威、邹鹏振、刘雪轩各部,分六路追击唐生智军,由湘潭、衡山进攻衡阳。

△　法权调查会议开会,确定地方视察班 20 人行程,预定一月,先

赴汉口,再到上海、东北,最后到天津。

　　△　正在广州举行之第三次全国劳动大会和广东第二次全省农民代表大会举行马克思诞辰一百零八年联合纪念大会,到 2000 余人,陈启修、郭沫若等演说,全场高呼"全世界无产阶级联合起来"、"共产主义万岁"等口号,高唱《国际歌》。学界亦在广东大学举行马克思纪念会。

5 月 6 日　张作霖对颜惠庆复阁事不肯表示赞同意见,是日电复吴佩孚云:"弟近日屡有宣言,对于政治法律问题不便过问。一经表示意向,即与历次通电自相矛盾,转恐被人指摘,引起纠纷。此事悉请我兄放手进行,但于国计民生有益,弟毫无意见。"翌日,吴电张云:"既承嘱放手进行,即当勉副尊意,转达骏人(颜惠庆),请其即日摄政。"

　　△　颜惠庆电吴佩孚谓:财政无办法,法律有纠纷,未敢贸然摄政。同日,顾维钧抵京晤颜,称系奉吴之命来京协议组阁。

　　△　张作霖决定在奉发省公债大洋 5000 万元(合奉票 1 亿元)。

　　△　驻东北各地之日本领事在奉天会议,商议巩固金融、振兴商务、加强警备、整理交易所、统制韩人、土地商租等问题。

5 月 7 日　刘镇华率"镇嵩军"攻西安,与李虎臣、杨虎城之陕军激战旬日,未能取胜。是日,西安市民组"和平期成会"向双方运动和平。刘表示须陕军先行出城;陕军表示须刘承认收容全省陕军,以井岳秀、麻振武任联军正副司令。交涉未洽,复战。

　　△　国民政府命令广东省政府和广州市公安局饬所属严密查拿图来粤续开国民党第二次全国代表大会之沈定一,"务获解办,以肃党纪"。29 日,又令查拿上海派出之张平江、曾宪明、李敬业、刘钟恺四人。

　　△　广州农工商学各界团体代表千余人,向国民政府请愿,要求收回岭南大学,当被采纳。

　　△　武昌学生 3000 余人在阅马厂集会纪念"五七"国耻日。同日,广州各界 10 余万人、汕头各界万余人亦集会纪念。长沙学生界集会,叶开鑫令军队开枪,击毙三人,伤 300 余人。

5月8日　吴佩孚电齐燮元"请即促成颜阁"。齐接电后,即约颜惠庆、顾维钧、王怀庆、潘复等人与张宗昌、张学良晤商,决定推颜惠庆复职,并拟就阁员名单,征张作霖、吴佩孚同意。

　　△　国民军在西北边防督办公署设军事委员会,张之江兼委员长;财政委员会,魏宗晋为委员长;政治委员会,张秋白为委员长。三委员会各设委员若干人,借资研讨各方面问题。

5月9日　颜惠庆准备出组摄政内阁,通电各省区"暂置法律而言事实":一、军事"亟须设法消弭,稍留垂尽生机",战事结束后,各省公开召开会议审量地方财力民情,以决定留存兵额;二、中央财政枯竭,望各省"顾念政本,酌予岁供,第一要需厥为盐税";三、望各军放还擅扣之车辆,以利交通。

　　△　汪精卫自中山舰事件受蒋介石排挤后称病匿居一月余,因不满蒋等擅权,于是日秘密离广州去香港,转往法国治病。

　　△　胡汉民离粤去港。

　　△　冯玉祥抵莫斯科。25日,冯对苏联报界谈话,主张消灭帝国主义在华势力,取消不平等条约,收回租界。

　　△　上海各界民众分别集会纪念"五九"国耻。各路商界联合会通告各商店一律停业一天,下半旗志哀,在门口贴"国耻纪念,闭门思痛"等标语。对日市民大会印发"五九"特刊数万份分送全国各地,并以刊印"五卅"、"六一"、"六二"、"六三"等被难烈士传略之折扇分赠各界。

　　△　鼓浪屿市民纪念"五九"国耻日,全体休业、罢课、罢乐,海面除小艇外亦停。工部局逮捕贴传单之学生13人。17日,厦门教育会函交涉署及驻厦门英领,抗议工部局无理逮捕学生。18日,厦门各界集会,向当局请愿,向各国驻厦领事团严重交涉,并通电全国请援。21日,厦门学生联合会召集各校代表二百人到交涉署请愿,结队游行,散发传单,要求撤换工部局捕头。

　　△　直隶省议会议员通电揭露军阀混战扰民罪行十事:一、强住民房,强占民财,役使、殴辱人民;二、强征车马;三、拉夫;四、奸污妇女;

五、抢劫;六、勒索诈骗;七、搜刮军饷;八、干预地方行政、司法;九、扣留运输车辆;十、驻兵学校,学生废学。

5 月 10 日　张作霖既不能违背政局由吴佩孚主持之盟誓,又不满吴一手包办之种种做法,是日致电吴佩孚仍主"政治公开",略谓:"吾辈同属军人,与其高谈法理而为法律家所利用,毋宁使海内名流共同负责,期于折衷至当。我兄今日负天下之重,一言得失,关系安危,对于应付时局方针,自必筹之已熟,尽可放手办去,而其发动之初,仍宜博采众议,事事公开。"电末又谓:"近颇亟欲与我兄一见,如南方无甚要事,仍请北来一行,无任企盼。"

△　李景林与直鲁各军师、旅长联名通电,公推张宗昌为直鲁联防总司令,褚玉璞为副司令。

△　北京举行各军"反赤"联合办事处成立会,张学良、张宗昌、齐燮元、王怀庆等出席,阎锡山、靳云鹗、刘镇华、孔繁锦、张兆钾亦派员参加,吴佩孚派张联棻为全权代表。决定由各方面各派全权代表一名驻办事处,谋军事上之统一。

△　法权调查会地方视察班 20 人启程离京,13 日抵汉口,吴佩孚设宴欢迎。23 日抵沪,参观华、租二界之法庭与监狱。上海商界不参加对各国代表之招待,以示反对。东吴大学法科学生反对调查,主张无条件取消领事裁判权。

△　山东代理省长林宪祖布告全省各界:"遇有提倡过激邪说者,务须搜集证据,立向所在官厅告发,以凭依法重究。"

5 月上旬　国民军部署对晋作战,以宋哲元为总司令,统率石敬亭、石友三、蒋鸿遇、韩复榘诸部,设总司令部于丰镇。战略第一步先下大同,恢复京绥线交通,第二步会师桑乾河左岸,以肃清雁门以北。中路韩复榘部、右翼石友三部等开赴晋北。

△　阎锡山为在晋北与国民军作战,以商震为总司令,谢濂为前敌总指挥,设第一线于右玉、左云、大同以北之孤山、阳高、天镇、阳原、蔚县等处;第二线为平鲁、岱岳、应县、浑源、灵丘等处。

5 月 11 日　国民政府军事委员会举行重要会议,蒋介石、谭延闿、朱培德、李济深、李福林、程潜、李宗仁及白崇禧、刘文岛等出席,议决:湘、赣同时出兵,对闽实力防御。部署:四军陈铭枢师由坪石入湘赴衡;七军六个团由全州入湘西;三军、二军之一部入湘向鄂发展;六军全部及一、二、三军各一部入赣;一军一师、五军防闽;一军两个师为预备队守粤。

△　颜惠庆与顾维钧、张志潭、张国淦在宅会议,决定先复职摄政,再改组国务院成员。

△　王士珍等以卫戍司令部业经成立,通电宣布解散京师临时治安会,京畿善后另组救济联合会办理。王等访问王怀庆,要求其维持此后京畿之治安。

△　国民政府军事委员会议决将前欧阳琳所编之海军警备队千人缴械遣散。蒋介石派兵往缴,共缴枪 800 余支。

△　北京临时政府财政部与北京银行分会临时治安债权团签订《临时治安借款合同》,发行债券 200 万元。

△　袁祖铭电川军诸将领,谓黔军拟出川回黔,请各方速定一人来渝接防;惟回黔路费须先筹,每月协款亦当有人负责。刘文辉、邓锡侯、田颂尧电复袁请暂缓出川。

△　上海国民外交协会以古巴总统批准禁止华人续入国境议案,是日通电全国请一致抗争。

△　湖南总商会与粤汉路湘鄂办事处召集各公法团体代表开会,议决力争用英国退还之庚子赔款半数修筑粤汉铁路,以期发展工商实业,所得余利则用于教育。19 日,重庆商会通电主张用庚款先筑川汉铁路。

△　河南全省教员联合会发表宣言,谓:各校欠薪已逾七八个月之久,如省府再无办法维持,即全体停课。

5 月 12 日　国民革命军第七军第八旅钟祖培部奉命入湘援助唐生智,是日先头部队第十五团尹承纲部抵衡阳助战,在涟水北岸击退叶开鑫军,开赴攸县防御赣军唐福山部。

　　△　国民政府发布命令称,嗣后罢工纠察队无论在何地方不得擅行捕人;倘遇应捕之犯,应会同警察拘捕;以前拘获人犯,应即解特别刑事审判所审理。

　　△　奉直双方争夺京兆尹一职。奉方李垣以"京兆尹公署"名义发表就任启事,宣称"叠承镇威上将军(按:指张作霖)暨奉联诸帅并地方人民推举担任京兆尹职务"。同日,恽宝惠以"督办京都市政公所"名义布告称,受京师临时治安会之请,"以评议员资格照料京都市政事宜"。15 日,有数十人声言借署开会,否认李垣,另推王芝祥。李垣谒见王怀庆,王嘱李仍供职。

　　5 月 13 日　北京政府由颜惠庆内阁实行复职,摄行总统职务。是日颜惠庆在北京怀仁堂复就国务总理职。旧阁员到者除颜外,仅顾维钧、李鼎新两人。颜惠庆就职通电略谓:"摄阁仅于绝续之交,暂事维持之计",摄政期间之任务,政治方面"冀各方负有最高责任者命驾来京",推怀相与,解除误会;外交方面,冀关税、法权两会有相当之解决;大总统之选举,期"于极短期间得有结果"。

　　△　北京国务院通电各省区宣布:"本年五月一日曹大总统通电辞职,本院依法自本日起,摄行大总统职务。"

　　△　颜惠庆以国务院摄行大总统名义发布如下各项任免令:准免兼内务总长颜惠庆、财政总长王克敏、陆军总长陆锦、海军总长李鼎新、教育总长黄郛、农商总长高凌霨、交通总长吴毓麟本兼各职;调任外交总长顾维钧为财政总长;特任施肇基为外交总长,郑谦为内务总长,张景惠为陆军总长,杜锡珪为海军总长,王宠惠为教育总长,杨文恺为农商总长,张志潭为交通总长;施肇基未到任以前,特任颜惠庆暂行兼代。

　　△　北京国务院发布第一号令:"本院依法自本日起摄行大总统职务。所有各官署公务均应照常进行。京师地方治安关系重要,应由京畿卫戍总司令督同地方军警长官妥慎办理。"

　　△　叶开鑫向衡阳下总攻击令,由东路攸县、中路衡山附近、西路

金兰寺夹攻衡阳。中、西两路 17 日起连战失利,退至湘潭属之云湖桥和易俗河。

△ 湘军第一、二两师和湘西统领陈渠珍通电组织护湘军,推举赵恒惕为总司令,叶开鑫为副司令,贺耀组为总指挥,陈渠珍为边防总指挥,讨伐唐生智。

△ 国民政府任命粟威、黄绍竑、盘珠祁、甘浩泽为广西民政、财政、建设、教育厅长。

5 月 14 日 颜惠庆内阁无人就职。顾维钧离京去津,声明不能担任财长,并两次电吴佩孚辞谢;张国淦谓法长难就,晨赴津;张志潭于次日赴汉;王宠惠表示视多数为进退;施肇基电辞外长职;郑谦、张景惠不肯出任,电颜力辞;杜锡珪电颜一时不能北上。

△ 广州市谣言纷传,谓:"政府将在十五日实行共产,商民将实行罢市",中央银行发生挤兑现象。是日,蒋介石、谭延闿联衔布告,谓:近来谣言甚多,纯系虚构,政府对人民生命财产,必始终尽力保护,勿信谣惊扰。

△ 奉系军政要员在奉天举行会议商讨当前政治、军事,张学良、张宗昌、吴俊陞、张作相、杨宇霆等均出席。翌日续议。决定对北京政府持不问不闻态度,奉系阁员均不就职;军事上仍与吴佩孚维持合作关系,共同"讨赤"。作战部署以京绥铁路为中心点,其右方地区归奉直鲁联军,左方地区归田维勤、靳云鹗等军。会议并决定:鲁军除褚玉璞部外,全部撤回山东;奉军除吴俊陞之黑龙军及于珍第十军外,全部撤至唐山以东。

△ 唐生智通电讨伐吴佩孚,并派参谋长龚长鲤、副官胡迈抵粤组办事处。

△ 奉、苏中东路会议在奉天苏联领事馆举行,奉方出席者为东三省总交涉署长高清和等,苏方代表为沙夫拉苏夫等四人。双方提案共 24 项,一连开会三日,决定要案有:一、中东路职员比例定为华五、苏五;二、苏方裁汰职员,为期三个月;三、中东路收入款项归理事会保管,

分储中国银行、极东银行、美国国际银行。

△　山东省公署决发善后公债 2000 万元,107 县共摊 1360 万元,济南、青岛、周村、烟台等市共摊 640 万元。

5 月 15 日　国民党第二届中央执行委员会第二次全体会议在广州开始举行。中央执行委员 18 人、候补中央执行委员九人、中央监察委员三人、候补中央监察委员四人出席。蒋介石、谭延闿、孙科等九人联名提出《整理党事案》,谓:国民党与共产党不善合作,牵制时起,误会滋生,特提出党事案四条:"一、改善中国国民党与共产党间的关系。二、纠正党内跨党党员之轨外行动及言论。三、保障国民党党纲党章的统一权威。四、确定共产党员加入国民党之地位与其意义。"接着蒋介石又提出《国民党与共产党协定事项案》八条。议决交付审查。

△　颜惠庆以各部总长无人就职,又以国务院令派刘馥暂代内务部次长,袁永廉暂代财政部次长,陆梦熊暂代交通部次长。

△　杨森击败袁祖铭军,进驻重庆。袁部退守江北之张关铁山、界石镇一带。

△　广东妇女解放协会召集第一次代表大会,历时四日,议决到各地组织各界妇女联合会,援助受婚姻压迫的妇女等。

5 月 17 日　国民党二届二中全会继续举行,议决通过《整理党事案》及《国民党与共产党协定事件》两案,并分别正名为《整理党务第一决议案》及《整理党务第二决议案》。两案规定共产党"应训令其党员"对于"三民主义不得加以怀疑或批评";应将加入国民党之名册交国民党中央主席保存;共产党员在中央和省、特别市党部任执行委员不得超过三分之一,不得充任党中央之部长;共产党发给加入国民党之共产党员一切训令,应先交两党联席会议通过等等。蒋介石为中山舰事件自请外分,谓事出仓卒,处置非常,事前未及报告政府,专擅之罪应自请从严处分。会上有人要求公布此案真相,蒋答称不能全部宣布,以免党务、政治、军事发生动摇与影响,且牵动甚大,故惟有自请处分。谭延闿、张静江、孙科发言庇蒋,称因部分人有政治阴谋,图谋不轨,应一致拥蒋。

△ 国民军将领张之江、李鸣钟、鹿钟麟、刘骥、宋哲元、刘郁芬向中外发表宣言:一、开发西北;二、保境安民;三、主持正义;四、尊重主权;五、希望国际投资。并称:"在适合民意所组织之中央政府未成立以前,如有假借名义发布命令者,本军惟有不承受而已。"

△ 颜惠庆向北京外交团交涉,请饬安格联拨付关余50万元,充法院经费、警饷、囚粮三项。20日,奉鲁联军为争50万关税,派兵前往税务外搜查,税务督办蔡廷幹避入使馆区。27日,税务处以"治安费"名目分配给张宗昌五万,李景林五万,田、靳两军五万,卫戍五万,警厅20万,宪兵四万,还治安会四万,联军办事处二万。

△ 张作霖成立奉北海军司令部,委沈鸿烈为奉北海军总司令,凌霄为海防舰队长,尹祖荫为江防舰队长。

△ 奉军吴俊陞率骑兵两混成旅进取多伦西北之高原,袭击多伦。

5月18日 北京外交团在荷使馆开会,商讨如何应付新成立的颜惠庆内阁,决议颜惠庆之摄政照会为交际性质,各使单独答复;至于承认问题,应以取得段祺瑞时期所订一切条约、协定、契约、合同等完全继续有效之声明作为交换条件。

△ 国民军与晋军战事开始,韩复榘部由丰镇进抵得胜口,与晋军接触,旋占得胜堡。

△ 安东(今丹东)市民为日人强行拆毁我虹桥事,在元宝山前天后宫开市民大会,到数千人。大会议决要求日本当局从速停止拆毁,归还侵占之土地,赔偿相当损失,日领西泽次向我国官署正式道歉,并保证将来永不发生此类事情。会后游行示威,赴道尹公署请愿,要求向日方严重交涉。30日,日方表示将从虹桥退出。

5月19日 国民党二届二中全会继续举行,通过蒋介石等人提出之《选举中央执行委员会常务委员会主席案》,正名为《整理党务第三决议案》,规定常务委员会主席之职权为:常务委员会开会时为主席,保存加入本党之他党党员名册,督促常务委员会及中央机关各部长工作之进行。会议选举张静江为中央执行委员会常务委员会主席。蒋介石在会上动议:全体党员重行登记,一律取消无中央命令之党部。

　　△　张作霖就政局问题复电吴佩孚,略谓:两人迄未会晤,遂使时论纷陈,不得已于 1 日发表声明。护宪扩法,绝对不具成见,传已护法之说,纯属子虚。对于颜惠庆复职未曾反对,惟民国十三年九月颜副署讨伐之事,人格攸关,势所不能赞成。曹锟已于民国十三年通电去职,1日通电为蛇足。颜惠庆之国务院早已辞去,又经过黄郛摄政,今日不应复职。军事未完全解决前,"中央政局只宜维持军事、外交,不必为积极之设施。将来正当办法,拟与兄到京晤谈,并邀集袍泽名流恳切协商"。

　　△　颜惠庆招待北京外交团,各使声明以私人名义道贺,与现政府为事实上之往还。

　　△　旧国会贿选议员 380 余人集北京。是日,张鲁泉等 80 余人在抄手胡同开众参两院协商会,向乃祺任主席,通过决议事项:一、推代表见颜惠庆,请拨经费;二、推代表见王怀庆,请收回两院;三、电请沪、汉同人北上集会;四、声明国会未复会前,颜阁所有措施概不负责。

　　△　北京各大学教授、全国教育会旅京代表、中华教育改进社代表等 70 余人集会,主张敦促英国正式声明退还庚款,由中国设一董事会保管及支配。

　　△　上海总商会电北京政府海军部、交通部、税务处及孙传芳,力争领港权自主。指出:近日忽有外人组织考试委员会,招考请领长江吴淞至汉口间 600 里领江执照之人员,此举非但妨及华人领航权利,亦与长江国防有关,应请严予阻止。

5 月 20 日　国民党二届二中全会通过《整理党务第四决议案》,规定全部党员限三个月内重新登记,登记表册要特别声明遵守《建国方略》、《建国大纲》、三民主义等。会议选定出席国共两党联席会议之国民党代表为张静江、蒋介石、谭延闿、吴敬恒、顾孟馀五人,李济深、何香凝、经亨颐三人为候补代表。

　　△　唐生智军与叶开鑫军战事激烈。是日,唐军进至湘乡、湘潭间,并占永丰、湘乡,翌日又克复湘潭。叶集援军反攻,由宁乡绕攻湘

乡,23日,叶军复进驻湘乡,唐军刘兴、何键部分向衡山、宝庆退却。25日,叶军占永丰。28日,谢文炳部入新市,向攸县前进。29日,刘雪轩进驻宝庆褚塘市,蒋锄欧部深夜克衡山,并向衡阳前进。

△　上海中华国货维持会联合各绸业公所举行紧急联席会议,反对《中日关税互惠协定》。国货维持会会长王介安指出,所谓《中日关税互惠协定》,对于日货输我国者,税率为值百抽七五,而我国织物运日、韩者,仍须征值百抽百之重税。"我国关税一日不能自主,则中国实业一日无发达之希望"。大会议决各团体电呈政府力陈利害,推代表三名赴京接洽,并向上海有关当局请愿。

△　上海总商会赴日参观团虞洽卿等58人,乘"上海丸"出发,次日抵日。虞在长崎宴会上称:"本团此行,一方面固为实业上之观摩,同时亦负有增进邦交之使命。"

5月21日　国民党二届二中全会继续举行,通过宣言起草委员会案,决定发布对时局的宣言,接受海内外同胞的请愿出师北伐。

△　国民政府任命唐生智为国革命军第八军军长、北伐前敌总指挥兼理湘省民政,刘文岛为政治部主任。

△　国民政府以胡汉民现在请假,令陈友仁暂行代理外交部长。

△　国民政府发布命令称,粤省盗匪猖獗,为害地方,为迅速肃清匪患,各军负责所驻防之各绥靖区范围,认真清剿,两个月内一鼓荡平。

△　阎锡山到大同视察,并电告北京各方面,谓国民军六路对大同进攻,已被晋军击败,请奉直联军迅速进兵夹击。

△　关税会议专门委员开协议会,协议按华会协定二五及五厘的增税率,将所增收的税款3400万元存于各国银行。

△　奉、苏中东路会议开会,双方提出提案。奉方提案有:一、局长权限分出一半给理事会,路员中苏各半;二、军事运输优先,运费记账;三、增加护路军经费;四、中东路财政改用现大洋;五、偿清华方资本500万两之利息;六、偿还中国政府之垫款;七、由理事会保管收款,存储中国银行。苏方提案有:一、组织中苏公共机关管理中东路属地;

二、由中苏理事会裁决一切大事,撤废督办公署;三、全数返还苏联内战时进入中东路之火车;四、改善护路军与路员关系;五、中东路附属学校教育改革问题;六、保障职工组合权;七、中苏铁路联运问题;八、苏人参与哈尔滨市政;九、规定松花江航权等。

　　△　收回上海租界会审公廨案移地方办理,是日,丁文江、许沅与英、美、日三国驻沪领事会谈,开始交换意见。27 日,北京政府外交部电孙传芳、陈陶遗称,北京交涉未决各点,请令丁文江、许沅仍照外交部方案交涉,除刑事陪审外,其余收回监狱等条可酌量退让。

　　△　汕头罢工委员会纠察数人,赴角石英领事馆附近张贴"打倒帝国主义"、"打倒军阀"等标语,驻汕英领事以手杖扯撕标语并殴我纠察队员,发生冲突。该领事回署后用旗语传令英军舰,派出水手 14 人登陆追击纠察队。次日,汕头交涉员向英领正式提出抗议。英领反提出四条件:一、以后禁止纠察队赴角石;二、不得再在英领署前贴任何标语;三、惩"行凶"纠察;四、道歉。汕交涉员只允第二条,余拒绝,并要求撤退登陆海军。

　　△　日本渔船 200 余艘、军舰一艘侵入我国渤海之龙口捕鱼,山东当局向驻济南日领抗议,并派兵舰二艘前往阻止。27 日,北京政府外交部照会驻京日使芳泽,"请饬该处领事禁阻,毋在中国领海捕鱼"。

　　△　吴佩孚以法统恢复,促旧国会贿选议员速赴京筹备自由集会。是日,在汉百余名贿选议员专车北上,吴佩孚为之饯行。

5 月 22 日　国民党二届二中全会在通过《关于整理党务之训令》后结束。谭延闿读闭幕词,谓此次决议整理党务,实是确定两党合作办法,把年来一切纠纷定了个解决办法。蒋介石演说称,以后要取消一切怀疑及成见,青年军人联合会与孙文主义学会均须根本消灭。谭平山谓,此次决议"整理党务"案是为巩固革命基础,团结革命势力,发展革命事业,共产党并无屈服,乃事实上希求革命成功。

　　△　北京政府外交部电令驻比利时公使向比国外交部声明:《中比和好通商行船条约》至本年 10 月 27 日期满后应即失效,重行另订新约。

5 月 23 日 杨森指挥所部第三师自垫江进击占据重庆之袁祖铭黔军,是日唐式遵部攻入重庆。袁祖铭率军退南岸,下令所部由川南回黔。

△ 贺龙率部与川、黔援军抵沅陵,电桂军参谋处谓,"决以奋斗精神求主义贯彻,俟湘西障物排除,即以所部从诸公后"。翌日,唐生智电国民政府谓:"贺龙、姚继虞两部现正设法收编。"

△ 中国共产党广东区委员会就国民党举行二届二中全会发表宣言声称:"为巩固革命基础和为革命前途起见,需要一部分革命利益牺牲",对于《整理党务案》,"如果国民党的领导机关认为此种办法能减去国民党内疑虑与纠纷,而又于国民革命有所裨益,国民党内共产党员是不宜有所异议的"。

5 月 24 日 国民革命军第四军陈铭枢第十师、张发奎第十二师及叶挺独立团奉命入湘援唐生智军,由韶关向郴县兼程前进。

5 月 25 日 国民党中央发表《整理党务宣言》,略谓:总理毅然改组国民党,与一切革命势力合作,日益取得国内外广大群众之同情,今已成为中国最大之政治势力,将完成国民革命之目的。反动者仇视、恐惶,出其暴力、诡计以攻国民革命运动,最毒之武器为散布谣诼,以引起吾人内部之纠纷,构成疑虑。为明示决不让帝国主义与军阀利用反共产之口号以摧残国民革命,乃一致接受整理党务案,以消灭对于合作原则之真正目的之怀疑。此决非对任何方面表示妥协,而实为排除障碍,团结革命分子,以与世界帝国主义、军阀、反动派作更有力之战斗。

△ 关税会议开会,列国代表借口中国各省混战,政局不定,即使规定新税率亦无法实行,现今只能依华会协定先办附加税,普通品加二五,奢侈品加五。

△ 英国庚款委员团在天津发表宣言,略谓:建议在中国设立庚款董事会,管理英国庚款;董事会成立时,现有咨询委员会即解散;董事会有全权随时决定将庚款用于教育及其他方面,并办理永久基金之投资;每年年终董事会将本年度庚款收支作一报告送呈中、英两国政府。

△ 奉天金融市场陷于混乱状态,交易所不能开市,奉票连日跌落,物价继续高涨。是日,日本人之奉天商会为此向张作霖提出严重警告。27 日,奉方在京、津收购现洋 150 万运奉救济奉票。

5 月 26 日 吴佩孚离汉北上。途经郑州、开封、洛阳等地检阅军队。30 日,在石家庄与阎锡山会晤,密谈晋北军事形势与战略,以及对中央政局善后意见。

△ 吴佩孚离汉北上前,委任邓锡侯为四川军务督办,田颂尧为帮办兼四川西北屯垦使,杨森为四川省长;并委袁祖铭为川黔边防督办。

△ 国民军韩复榘部在雁北连日向孤山进攻,是日占宏赐堡,大同动摇。晋军竭力抵抗,与国民军激战数昼夜。阎锡山急向奉张表示愿以晋东防地让奉,请奉军速攻多伦,以牵制国民军。

△ 全国省议会联合会通电,对于国是问题,主张以公开之方式,纳政治于轨道。

5 月 27 日 陈其采奉孙传芳之命赴粤与蒋介石洽谈后返沪,是日语记者云:"孙总司令前以蒋介石处置中山舰事件极为钦佩,因派鄙人赴粤与蒋接洽,蒋氏对孙氏表示亦极好。"又云:"孙氏曾有电致粤,认湘战事为湘省内部问题,绝对恪守中立。"

5 月 28 日 吴佩孚致电汉口留守总司令部,命残留部队全部迅速开拔北上,同时命京汉铁路南局备车。

5 月 29 日 广东农工商学联合会主席团向国民政府请愿,要求接纳该会七项议决案:一、取消火油专卖;二、省港罢工案,由省港商、工代表,广州政府代表与香港政府代表共同组成一委员会速谋解决;三、对除盗安民,望政府拟定全盘具体计划,积极进行;四、组织劳资仲裁机关,解决劳资间之一切冲突;五、惩办贪官污吏,慎选民政人员;六、严禁散布谣言;七、建筑道路,黄埔开埠,改良港口,完成粤汉铁路,普及教育,整饬教育,增加教育经费。国民政府代表表示完全接受,拟明令公布,并与人民合作。

△ 上海各团体代表 5000 余人在闸北方家木桥举行"五卅"烈士

公墓奠基礼,礼毕游行。同日,上海学生联合会集会追悼五卅惨案死难之学生烈士,陆定一、杨志英分别报告烈士陈虞钦、何秉彝事迹。30日,各界民众五万人举行五卅惨案周年纪念大会,通过告全国同胞宣言,誓言"继续奋斗,抵死反抗,不达我民族完全解放不止"。会毕游行,沿途高呼"收回租界"、"取消不平等条约"等口号。下午2时,工人、学生组织之讲演队在英租界南京路、九江路一带活动,游行群众亦冲入租界示威,各种车辆停驶。工部局派武装巡捕、摩托队、手枪队威胁,并用水龙冲击群众,群众用砖石木棍与之搏斗,并击毁电车69辆。是日有七万余人罢工,商人亦多罢市。

　△　重庆城防部布告:宣传赤化、共产者枪毙;传单稿件先送部审查;男女不得混合讲演。

5月30日　蒋介石在广州逮捕新改编之第十七师师长吴铁城,十七师之一部被遣散。张静江、孙科、伍朝枢为吴缓颊无效,伍即请假离粤。

　△　国民军韩复榘部继续猛攻孤山,晋军凭坚固工事据守,激战数昼夜。晋军派出挺进队,突破国民军阵地。宋哲元亲率卫队团乘钢甲车驰援,在大炮掩护下猛攻,击溃晋军挺进队,是日占领孤山。国民军继续向大同前进,同日占领大同车站及外城,京绥交通恢复。

　△　在京及自汉口抵京之旧国会贿选议员174人发出通电,略谓:十三年11月段祺瑞窃据首都,毁法乱政,国会中断。现在讨赤成功,暴力既除,国家不可一日无国会,兹决在京继续开会。

　△　各地群众纪念五卅惨案一周年。广州20万人举行纪念大会,会后游行。厦门鼓浪屿全市休业,学生游行示威,各界代表公祭"五卅"烈士。九江30余团体万余人集会、游行。杭州各界3000余人集会游行。郑州各界万余人游行、讲演。武汉、南京分别举行纪念活动。

　△　英、美、日三国驻京公使照会北京政府外交部,要求切实禁止直隶褚玉璞扣留长芦盐税,声明倘中国不能照办,将向关税会议提出整理盐税担保之外债问题。

5 月 31 日　蒋介石、谭延闿、朱培德、陈果夫等人在张静江寓所会商,议定设立总司令部统率北伐各军。

△　国民政府为成立一周年下令切实办到下列八条:一、取消煤油专卖,另定火油捐办法;二、解决省港罢工,着外交部速与有关方面接洽;三、除盗安民,督饬各军于两月内肃清;四、组织劳资仲裁机关,由劳资双方各派等数代表,以政府委员为主席;五、禁止人民团体擅用武器,违则以叛乱治罪;六、从严查办违法贪官污吏,人民可向监察院陈诉;七、查拿散布谣言扰乱治安及阴谋煽动之乱党,按军法惩治;八、整饬教育,建筑铁路,改良港口,由各主管机关规划进行。

△　吴佩孚在石家庄开军事会议,田维勤、王为蔚、王维城等参加,阎锡山特由太原赶来列席。同日,吴佩孚因靳云鹗不进兵南口攻国民军,又屡梗与奉合作,发表命令称:"靳云鹗逗留保定不进,虚糜饷糈,贻误戎机,着免去本兼各职,所有讨贼联军第一军总司令职务,由本总司令兼领。"

△　吴佩孚在石家庄电约张作霖在京会晤,并告以对颜惠庆之国务院表示"只望其过渡承转,并不坚持长期"。

是月　各地工人为增加工资、改善生活、反抗压迫,举行罢工。上海青蓝染业工人千余名反对大行坊主干预小行公所、指派董事,实行罢工。大连周水子福纺纱厂 1000 多工人罢工,反对厂主严酷虐待、增收伙食费以及工头肆意毒打。上海日商内外棉十五纱厂工人为反对厂方无理开除并砍伤工人实行罢工。汉口英美烟厂新旧两厂 3000 多工人罢工,反抗英国资本家裁减工人。无锡各丝厂 8000 多女工为要求增加工资、缩短工作时间,罢工 10 天取得胜利。

6 月

6 月 1 日　国民党中央常务委员会议,通过中央党部人选:蒋介石为组织部长,邵元冲为青年部长,顾孟馀代宣传部长,甘乃光为农民部长,叶楚伧为秘书长。

　　△　广西依照两广政治军事财政统一会议决议案改组省政府,举黄绍竑为省政府主席。

　　△　援湘之国民革命军第七军第八旅钟祖培部于5月下旬到达衡阳,是日晨,于衡阳金蓝寺北端三合桥一带击退叶开鑫军之进犯,两军隔涟水对峙。

　　△　吴佩孚电张作霖:已免靳云鹗职,请速入关会攻国民军。

　　△　黔军袁祖铭部从四川败退,大部退回黔边,小部退湘西。是日袁退抵松坎。

　　△　各省区旅沪公民联合会致电斥责吴景濂、张鲁泉等人率集贿选议员入京图召集国会,充当军阀之傀儡,作祟政变。

　　△　全国省议会联合会开会,议决分电英国首相、驻京英使及庚款委员会代表,提出英国退还庚款之处理办法,要旨为:一、仿照美国退还办法,一切主权属中国人民,英政府得于不妨碍我主权范围以内,同负审查监督之责;二、庚款退还后之用途,应以补助全国较为重大之水利、交通事业及关于劳工界之教育、卫生事业为范围,以比较能使全国普遍受益为标准;三、凡受庚款补助而完成之生利事业,其将来之收入应划出一部分作全国教育事业之基金;四、关于分配预算、审核用途及一切出纳事项,由中英两国各推代表组织董事会负责办理。

　　△　奉天当局为发行5000万元公债,命令各县知事从本日起,各商民每资本100元负担九元;从9月1日起,农民每田一亩负担一元。

　　6月2日　国民党中央政治委员会议通过张静江、宋子文为本会常务委员。国民党中央政治委员会常委原五人:汪精卫、胡汉民、伍朝枢、古应芬、谭延闿,现除谭外四人均告假,无法开会,遂补张、宋二人。

　　△　唐生智在衡阳宣布就任国民革命军第八军军长兼前敌总指挥职。

　　△　国民革命军第四军先头部队叶挺独立团5月31日抵永兴后,接唐生智急电,即以强行军挺进,是日到达安仁。翌日赴渌田、龙家湾

前线,迎击谢文炳部。4 日晨,谢部败退,一部窜入茶陵方面,主力退入攸县,毁桥而守。5 日晨谢部弃攸县向黄土岭方面退却,下午 2 时,独立团入攸县城。

△　田维勤军一部脱离吴佩孚加入国民军,由京北沙河方面南下直迫万寿山,与直鲁联军激战。国民军由昌平南下策应。吴佩孚得悉后即下令向该部进攻。

6 月 3 日　吴佩孚派员致意颜惠庆:请于本人到京前组成国务院,免使本人有操纵之嫌。颜旋即派孙润宇赴津劝张国淦、张景惠、张志潭来京就职。

△　吴佩孚在保定与田维勤、王为蔚、王维城等开军事会议,决定三路进攻南口国民军:东路田维勤,中路王为蔚、王维城,西路魏益三;另请奉军攻多伦。

△　驻京美使致节略于北京政府,表示美国政府承认中国《商标法》,自 9 月 1 日起实行。英、葡、日、意、丹、荷、法等国驻京使节亦先后函告北京政府外交部承认《商标法》。

△　粤农工商学联合会发表宣言声援北伐,略称:“此次北伐关系中国生死存亡,人民更宜与国民政府合作到底,完成国民革命。”

△　河南省议会开茶话会,讨论靳云鹗解职后之省长人选,电请吴佩孚实践“豫贤治豫”之宿诺。同日,吴派熊炳琦继任省长,令其即日赴任。4 日,省教育会、农民协会、工会、总商会、律师公会、报界联合会等团体开会集议,推派代表访寇英杰征询意见,并发电请“遴选豫贤”,“或以吴寇督兼长”。12 日,各团体又联名电吴反对熊长豫。吴不理。16日,熊抵开封就豫省长职。

△　广州出版的《农民运动》杂志据各省报告和调查所得之不完全统计,截至本日止,粤、桂、豫、川、湘、鄂、鲁、直、赣、热、察、陕 12 省中,粤、桂、豫、鄂四省已成立省农民协会,36 个县成立县农协,294 区成立区农协,5023 个乡成立乡农协,共有农协会员 98.1442 万人。

6 月 4 日　国民党第二届中央执行委员会临时全体会议,通过“迅行出师北伐,任蒋介石为国民革命军总司令"案。

　　△　中国共产党中央执行委员会为时局及与国民党联合战线问题发表《致中国国民党书》,重申两党合作之政策符合两党之主义及宗旨,"两党之共同职任,即在努力巩固革命战线,肃清其内部,反抗以至推翻帝国主义军阀之统治"。指出帝国主义及军阀势力竭力破坏国民革命的联合战线,摧残中国之革命。国民党中央全会通过之"整理党务案",应当是"在合作方式上有几种之改变,祛除一般无谓的疑忌,然后决然肃清内部,打击反动派,方能整齐革命之战线,以全力对待帝国主义与军阀之统治与压迫"。关于两党合作之方式,"可各自根据其党之决议以相协商,文函、会议皆可"。

　　△　陈独秀致函蒋介石,批驳蒋4月20日之《校长宴会全体党代表训话对中山舰案有关系的经过之事实》讲演,指出中山舰事件绝非共产党之阴谋,而是孙文主义学会一伙人的反革命勾当;李之龙是上了反动派的圈套,高语罕更无有可指摘之谬言。至于对北伐,陈说:有几个同志"是主张广东目前要积聚北伐的实力,不可轻于冒险尝试;我以为要乘吴佩孚势力尚未稳固时加以打击"。这"只有缓进急进之分",说不到"根本推翻"。陈在信中还阐述两党合作之政策,以及共产党人参加国民党后的信仰与言行问题,批驳了蒋介石、戴季陶等人的谬论。陈函中还有"从建立黄埔军校一直到三月二十日,都找不出蒋有一件反革命的行动","谁反对蒋就是反革命,就请蒋枪毙他"等词。

　　△　吴佩孚电促留汉国会议员扫数北上,谋重开旧国会。是日晚,众议院议长吴景濂赴保定。

　　△　东北航空司令部自秦皇岛移奉天,飞虎队长皮士良任东北航空副司令。

　　6月5日　国民政府特任蒋介石为国民革命军总司令;并公布《国民革命军总司令部组织法大纲》,规定国民政府所属陆海空各军悉归总司令统辖,政治训练部、参谋部、军需部、海军局、航空局、兵工厂等均直属总司令部。

　△　张作霖入关抵津,召集奉系将领举行会议,讨论与吴佩孚之军事合作,决定请吴主持进攻南口,直鲁联军为辅;奉军专任进攻多伦,晋军反攻晋北。

　△　国民政府外交部致函香港英总督,谓:国民政府对香港罢工事,已准备委派全权代表宋子文、陈公博、陈友仁三人负责解决,盼港英当局亦委派同数而有同等权力之代表,共同协商解决办法。

　△　奉、苏会议,苏方提出:一、取消奉方要求撤回加拉罕之提议;二、中东路沿线之警察、市政及其他行政机关,聘请苏联人作顾问。市政参事人员中苏各半;三、承认在满洲之职业同盟;四、解除中国各机关任用之白党及募集之白党军队;五、撤废中东铁路督办署;六、通用苏联纸币;七、北满迄中苏边境,由中苏两国军队共同警备;八、苏联政府及中东路附属财产一律返还。奉方认为要求过苛,杨宇霆宣布停止会议。

　△　湖南省议会电促赵恒惕回湘。叶开鑫联合各界电孙传芳、吴佩孚,请转促赵恒惕来湘主持一切。

6 月 6 日　吴佩孚决以武力解决西北国民军,将“讨贼联军”所部分编四军,自兼第一军总司令,直辖田维勤、王为蔚等部,任命彭寿莘为“讨贼联军”副总司令兼第二军总司令,杨清臣为第三军总司令,齐燮元为第四军总司令,魏益三副。是日下全体动员令。

　△　阎锡山为保卫大同,电商震饬防守武周川之部改取攻势,向孤山前进。是日午,晋军在栳栳山北东虎坟与国民军激战。次日,韩复榘调所部一师、迫击炮一团由白马城、圣水沟、古城三路奋力攻击,包围大同。晋军张培梅、傅汝钧两部退守城内。

　△　刘湘将川康边防督办及四川军务督办两署由成都移驻重庆,省城交帮办刘文辉维持。临行通电称:川境已无黔军踪迹,川军亦不越境再追。

　△　黔省军务会办彭汉章率领所属全部移驻黔东铜仁及湘西芷江,电请国民政府改编,听候调遣。14 日,彭派安健与国民政府商妥,领取饷械,助唐攻叶。

6月7日　吴佩孚派张其锽、张志潭抵天津，与张作霖代表郑谦、张景惠举行预备会议，协调双方关于军事合作、北京政局及法律之意见：一、合作进攻西北国民军，奉攻多伦，吴攻南口，直鲁联军任后方，各军饷糈自筹；约定决不单独与西北言和；二、在军事未收束前，暂由颜阁维持政局，奉方可承认为事实上内阁，俟军事结束后再行磋议。惟颜阁如以复职方式到任，则因十三年曾免张职，奉方未便赞同；三、法律问题系全国事宜，应行公决。疆吏任免，不仅吴、张双方须一致，且元老、名流、人民意见亦须兼顾。翌日继续协议。

△　国民政府为筹集北伐军饷，决定发行有奖公债 500 万元，中央军政费用支出搭发公债两成；并决定粤汉路车费加五征收。

△　国民代表会议通电声明，旧国会因非根据民意，故无存在之理由。

△　张作霖扩充海军，将营口练军营及渔业保护局军队合编为三团，每团三大队，不足之数添募凑齐，统归并于奉北海军。

△　上海总商会、商联会、全国学生总会等团体通电反对颜惠庆以秘密解决五卅惨案及承认二五附加税作为向外国大借款之交换条件。国民党江苏省党部、全浙公会等亦电颜警告。17 日，颜复电否认。

6月9日　吴佩孚、张作霖之代表张其锽、张志潭与郑谦、张景惠继续会议。除军事方面双方赞成合作讨伐国民军外，北京政局及法律问题各持己见。吴方主张护宪，奉方称宪法已无实行可能。吴方表示希望勿变更国会，听其自由召集；奉方谓此系全国事宜，应将来公决。对北京政局，奉方仍反对颜惠庆等人以复职方式到任，若改为推戴性质，亦可默认；吴方希望奉张听其一度成立，至久远之计，可以双方推诚确定人选。会议陷入困境。是日晚，张作霖电召杨宇霆来津，授以全权与吴方继续谈判。

△　蒋介石被任命为国民革命军总司令后，各军长均无拥蒋表示，是日何应钦在士敏土厂军委会召集各军长会议，将拟定之拥蒋电稿请各军长联名发表，促蒋早日就职。谭延闿、朱培德、李宗仁等对之冷淡，

表示俟审查后始可署名。

6 月 10 日 吴佩孚、张作霖之代表在天津继续谈判,未谐之点在于护宪问题:吴方谓护宪足以防止循环革命,宪法不良尽可修改。奉方谓宪法无实行可能,与其骛名忘实,不如根本推翻,并列举四点理由认为吴不可护宪:一、宪法不良,全国诟病,贿选曹锟,议员人格破产,故不能再集会改宪;二、宪法规定省长民选,吴则自行任命,名护宪而实毁宪;三、宪法规定军费不得超过全年收入四分之一,吴军饷已占四分之二;四、宪法应行征兵制,吴军仍系募兵制。

△ 关税会议举行正式会议,英国代表麻克类提议:中国正式政府迟未成立,英国政府以为关会应即宣告停止,俟将来有继续开会必要时再议。美、日代表主张应遵守华约规定,议决二五附加税及五分奢侈品税,以完成此项会议,中国正式政府终当出现,姑再静待一时。

△ 国民革命军第四军叶挺独立团在茶陵击败谢文炳部,即占茶陵县城;继又在蓝岭告捷。谢文炳部退湖迹港。

△ 上海中华国民拒毒会以各国将大量毒物输入我国,分函各西报指出:今年 1 至 3 月,江海各关查获由日本及欧洲运来之毒物,即有 8536 两之多,约占去年全年查获总数三分之二以上。估计非法运入中国之吗啡,每年不下 27 吨。故欲解决中国及世界之毒物问题,务须各国一致合作,庶克有济。

6 月上旬 国民军谷良友旅进攻右玉,乘晋军守城主将王振恩离右玉去左云,一举克之。骑兵赵守钰旅监视左云,旋亦克,俘王振恩。

6 月 11 日 张作霖、吴佩孚之代表天津预备会议结束,协定:一、军事合作到底。主要战略为讨伐西北国民军:南口方面以直鲁联军及奉军一部为主力,吴军一部牵制;奉军主力集于多伦方面,晋军主力集于大同方面;同时积极攻击热北之国民军,奉军全力攻之,必要时吴军出援。告一段落后,吴以全力图粤,必要时奉出兵援助。二、奉方否认护宪及颜惠庆内阁,决定不谈护宪,颜之内阁自动辞职,另组事实内阁。三、另选新国会。翌日,杨宇霆回奉天,张其锽赴保定。

　　△　中苏赔偿委员会在北京举行会议,苏方对货物损失赔偿案大体应允,惟被白党截夺去之损失及无确实证据者不允赔偿。

　　△　汉口万余人举行汉口惨案周年纪念大会,要求取消治外法权,收回租界,抵制英货,并通电南北当局,严重交涉"汉案"。会后游行。武昌各界在黄鹤楼开追悼会,追悼惨案死难者。

　　△　全国商会联合会发表通电,略谓:关税会议只完成二五及五厘案,而抛弃关税自主权,殊失全国人民之望,吾人绝对反对之。希望当局为国家计,一致力争,务必获得关税自主权。

　　6月12日　颜惠庆邀集顾维钧、杜锡珪、杨文恺到国务院,就天津张作霖、吴佩孚代表预备会议之协议商讨应付办法。

　　6月13日　国民党中央政治会议通过教育行政委员会提案:采用法国大学院制度,组织大学院,为全国最高学术及教育行政机关,并议决任蔡元培为院长。

　　△　北京政府各部、院机关经费无着,颜惠庆终日避居西山,财长顾维钧迟不就职,财政部各科长亦均躲避。各部各自为计:海军部由杜锡珪于两淮盐款上挹注,先发一月薪给;交通部由邮余凑一月经费,先向内国银行借垫;农商部将矿区税款借抵数万元;内务部发薪俸代用券两成;教育部分得俄款三成;军警费由海关付使领费下拨33万元,卫戍司令部、警厅各得十余万。

　　△　颜惠庆以财政匮乏,无法维持,电孙传芳请拨还两淮盐款之半数解京。是日孙电北京政府,汇还110万元,指定50万充吴佩孚军饷,60万给政府过端阳节用。北京政府接得该款,扣债35万,军费70万,余五万用作国务院招待吴佩孚、张作霖。顾维钧再商请孙速解6月份盐款。

　　6月14日　吴佩孚在保定设"讨贼联军"总司令部,是日向所统各军下总攻击令,命立即攻击南口国民军。田维勤、魏益三各率军前进。

　　△　孙传芳在南京召开苏、浙、皖、闽、赣五省军事长官会议,决定继续保持东南五省现有局势,不加入任何战争之旋涡;以重兵增防徐海

一带之边防,加意保护津浦线交通;与鲁军各在境内会剿土匪,互不越境,以免误会;制止关于五省军事之谣传等。

△　广州各界 246 个团体 30 万人在东校场集会,庆祝农工商学联合会成立。会后大游行,高呼"赞助北伐"、"拥护国民政府"、"打倒帝国主义"、"打倒军阀"等口号。

6 月 15 日　吴佩孚电请颜惠庆暂维持数日,并有"一切苦衷均谅解,本人为敷衍张作霖计,致令兄难堪"等语。吴并电顾维钧称:颜阁"必须完成,现正催乾若(按即张国淦)诸君到京,请公先到部"。次日,顾就财长职,到部接事。张志潭、张国淦亦由津入京。

△　国民革命军第四军第十二师师长张发奎率部自广州出发北伐,广东各界妇女代表何香凝、邓颖超、孔若伟等到车站欢送,并赠绣有"铲除军阀"四字之纪念旗。

△　国民党中央妇女部组织随军红十字队,开赴北伐前线。广州红十字会亦组织随军北伐救护队。

△　国民军方振武、孙连仲两部攻克阳高。继以一部包围天镇,一部协助徐永昌、弓富魁攻灵丘、蔚县。

△　奉军吴俊陞部约二万抵达多伦,后路约三万到热河。

△　彭汉章、罗觐光率师定黔,彭任黔督,罗任会办。25 日,彭又在铜仁就吴佩孚所委之湘黔边防督办职,声称愿追随吴。

6 月 16 日　驻广州英总领事普理宁答复国民政府外交部 5 日照会,略谓:罢工已成过去之事,香港政府准备派代表三人,与广州政府谈判排斥英货问题。

△　古巴政府颁布限制华人入境令,规定华商、华工于 1899 年 4 月 14 日已在古巴者,须离古巴后方准再入境;水果店、洗衣铺、种植园及小贩之华人,一经出境即不准再来。是日,北京华侨公会呈北京政府外交部,请向驻京古巴公使抗议,并电我驻古公使严重交涉。

6 月 17 日　四万余直鲁联军、四万奉军、五万吴军准备会攻南口国民军,布置防线由密云展至雁门:密云归于珍,昌平归于济川,沙河归褚玉璞，怀来归田维勤，蔚县归魏益三，怀柔归张培梅，雁门归商震指挥。田维勤部先锋已抵千军台，王为蔚前锋已抵大龙门，谭庆林部占领口北要隘四海城。

△　杨如轩、杨池生、赖世璜等派代表杨廷抵粤，谒朱培德、蒋介石等人，报告赣方保持中立等情。朱、蒋允暂不派兵入赣，专向湖南发展。

△　贿选议员"油房胡同俱乐部"集会，商议张作霖、吴佩孚代表"天津协议"另选新国会事，决定乘张、吴未晤以前赶快号召，先举行集会式。会上推出薛丹曦、叶夏声、周之翰等八人谒颜惠庆，要求收回议院旧址；并派叶夏声等次日赴保定晤吴，力说护宪。

6月18日　张其锽到京，秉吴佩孚旨意，邀国务院诸阁员及江天铎、符定一、劳之常等协商，决定先举行第一次国务院会议，任命各部次长；第二次国务院会议后再发颜惠庆辞职通电。翌日奉系代表郑谦、杨毓珣抵京，与张其锽协商颜阁开一度会议即去职，并以国务院全体成员名义发电声明系"事实内阁"。

△　吴佩孚组织援湘军助叶开鑫攻打唐生智，委任宋大霈为第一路司令，前敌正面作战；王都庆为第二路司令，防守右翼常德、澧县一带；唐福山为第三路司令，率赣、粤军任左翼作战；董政国为第四路司令，率唐之道部两旅及阎曰仁师为总预备队。

△　韩复榘留一部会同张自忠旅监视大同晋军，余皆南调，会同石友三部攻雁门右翼。是日，国民军与晋军在雁门关激战。

△　国民党中央执行委员会政治委员会议决改组政治训练部，由国民党中央特设军事部接管该部工作，军事部内设政治训练委员会决定一切计划，交国民革命军总司令部政治部执行。政治训练委员会由国民党中央执行委员会政治委员会及军事委员会主席会同指派组成。

△　李宗仁仿黄埔军校办法，在广西成立军官学校，聘两名苏联人为顾问，招生500名。

6月19日　贿选议员薛丹曦等人赴国务院见颜惠庆，强借怀仁堂开会，被拒；旋派人前往硬要接收，几致冲突，无结果而散。即至油房胡同集议,扬言若得不到会场,露天亦要开会。颜防贿选议员强占怀仁堂,密布军警特别戒严。吴佩孚电颜惠庆、王怀庆,谓现国会拟在怀仁堂先行集会,届时请派军警保护。

△　北京 14 机关代表 300 人赴财部索薪,陆军部全体出发,茶房夫役均随行。齐到财部门口,被警察拦阻,推代表 14 人见顾维钧,仍不得要领。京畿卫戍司令部函各部、院禁止索薪。

6 月 20 日　吴佩孚急电颜惠庆,谓:"昨以两院议员有要求在怀仁堂开会之举,曾电请派军警保护,刻因情形不同,恐滋他方误会,恳通知议员诸君少待,俟两院地址收回后再开会,希婉为劝慰。"贿选议员闻吴电后大为惊讶,即电符定一等向吴说项,务达开会目的。

△　赵恒惕自南京到汉口,以调解人自居,分别电劝叶开鑫、唐生智息兵止争,并电阻蒋介石派军入湘。

△　直鲁联军之军用票,市价跌至三折,京中一批大小商店陆续倒闭。是日,北京总商会开会议决要求张宗昌停止使用军用票,并向张作霖、吴佩孚、颜惠庆要求赞助。29 日,张作霖召集银行界及商会代表往谈,责成张宗昌收回军用票。

6 月中旬　石友三率部由吴家窑进攻晋军,克怀仁、岱岳;复与韩复榘联络,攻击山阴、雁门晋军左翼。

△　国民军方振武率部攻克应县,继向浑源进攻。

6 月 21 日　国民军张之江等各将领联名发表对外宣言,并电驻京各国公使:一、否认吴佩孚、颜惠庆、顾维钧等人有代表中华民国国家之权;二、北京政府假借中央名义与任何国家签订之条约一律无效;三、愿各国勿予各军阀以任何援助。

△　上海米价狂涨,每石涨至十七八元,工商联合会是日开紧急会议,决请孙传芳"关怀民瘼,设法补救",并推举调查员调查有无奸商囤积居奇。郊区贫民连日向富商借米。

6 月 22 日　下午 5 时,颜惠庆按张其锽、郑谦商定之方案举行国务院会议,除郑谦、张景惠、王宠惠外,颜惠庆、顾维钧、杜锡珪、张国淦、杨文恺、张志潭均到。会议通过即发颜辞职、杜锡珪兼代国务总理电，任免部长、次长令，欢迎吴佩孚、张作霖入京电等。

△　北京国务院通电张作霖、吴佩孚、孙传芳、阎锡山及各省军民长官，略谓："政枢中断，内政外交，动呈险象。京师根本重地，同人等经各方敦促，不得不勉为事实上之维持。越月以来，区区苦心，当能共谅。现军事正在积极进行，而关税会议复须继续谈判。自顾菲材，实难胜任，亟请另选贤俊，主持一切，庶目前外交、军事，可赖推行；将来完成法律问题，亦可蕲循序而达。"

△　北京政府改组。颜惠庆以国务院摄行大总统令：特任田应璜署理内务总长，任可澄署理教育总长，顾维钧兼盐务署督办，李鼎新为曜威上将军；任命王荫泰为外交次长，江天铎为内务次长，张竞仁为财政次长，符定一为财政次长兼盐务署署长、稽核总所总办，金绍曾、何恩溥为陆军次长，孔昭焱为司法次长，王湘为农商次长；派朱兆莘为国际保工大会全权代表第一委员，萧继荣为第二委员。

△　北京国务院摄行大总统令：准免颜惠庆国务总理兼代外交总长职，特任海军总长杜锡珪兼代国务总理。

△　北京国务院发电欢迎吴佩孚、张作霖入京，谓："国事久悬，闻旌节莅临，遐迩向望，请早日命驾入都，共商大计。"

△　法权调查会议开会，讨论各国代表在各地调查之报告书，决定汇集各代表之报告，制成总报告。

△　北京民国大学校长雷殷及教授一名被奉军以"有与国民军及共产党有关系"之罪名，拘捕送往天津。

△　大连周水子福纺纱厂资本家雇用大批工贼、打手，携带武器，寻坚持罢工两月有余之工人殴斗，罢工工人数名受伤，四名被捕。工贼并用刺刀刺杀当地农村屯长，激起农民愤怒，与工人联合共 3000 余人，于 24 日午后在周水子结队游行，围绕福纺纱厂三周，并齐至警察派出所要求释放被捕工人。

6 月 23 日　杜锡珪到北京国务院就兼代国务总理职，发表演说云:"颜总理苦心维护,月余来辛苦已极。我此来暂任过渡,新阁俟吴、张两帅入京后发表。"

△ 国民政府军事委员会讨论通过北伐作战计划:分三路向北挺进:西路为主力,正面进攻,由第四、七、八军五万人组成,沿粤汉路进攻两湖;中路第二、三、六军及第一军两师,担任警戒,保障主攻方向侧翼的安全,并准备进攻江西;东路由第一军第三师组成,防御福建。

△ 国民革命军总司令部政治部召开战时政治工作会议,各军、师及各军事机关党代表和政治部主任与会,其中有第二军副党代表兼第四师党代表李富春、第六军副党代表林祖涵、第六师党代表萧劲光。会议决定各师组织宣传队,政治部主任或党代表任队长,在中央军事政治学校、中央党部训练班、农民运动讲习所挑选 600 至 800 名宣传人员。会议推定林祖涵、李富春、恽代英三人审查宣传队组织条例。

△ 广州各界纪念沙基惨案,国民政府通令下半旗志哀,学校及机关均放假,工商多休息,30 万人参加纪念大会。民众冒雨游行示威,高呼"打倒帝国主义"、"打倒军阀"、"国民革命万岁"等口号。21 日,在沙基马路建立烈士纪念碑,碑镌"毋忘此日"四字。

△ 旅沪豫省绅、学两界组织之反吴驱寇大同盟举行成立大会,反对吴佩孚利用红枪会入据中州,使寇英杰入长河南,劫取民财,增加杂捐。

6 月 24 日 国民政府派卢兴原为法官考试典试委员会委员长,湛湺芬、潘应荣、涂垚、杜之秋为委员。

△ 张宗昌派齐道荣赴哈尔滨购买军火,并招募白俄匪兵。

6 月 25 日 国民党中央执监委员常务委员及部长联席会议通过任命蒋介石为国民政府委员。

△ 中苏会议之债务赔偿委员会开会,王文典以文件致苏方代表,请于最短时期内实行赔偿已经审查完竣且为苏方承认之货物损失。王并续提卢布损失案。

△ 阎锡山得吴佩孚担保不作假途灭虢之举,允王维城等部由正

太路援晋。28 日,阎电田应璜请张作霖命奉军速攻多伦,以解晋危。

　　△　河南各界群起反对熊炳琦任豫省长,各公团开公民大会,组织办事机构,发表驱熊宣言。

　　6 月 26 日　张作霖由津到京,王怀庆及先一日到京之张宗昌、张学良到车站迎接。警察总监李寿金以迎接清皇帝礼仪,净道铺沙,结彩通衢,军宪警戒,以示恭迎。张电促吴佩孚迅速入京。

　　△　田维勤对国民军下总攻击令。张万信、陈鼎甲两旅进占青白口、雁翅,国民军沿河退却。

　　△　褚玉璞在天津设直隶善后公债局,发行短期公债 400 万元,长期公债 600 万元。

　　△　上海闸北 32 家丝厂女工万余人,为反对资方虐待及要求驱逐工贼穆志英,联合掀起全面大罢工,捣毁工厂机件,资本家会同警察当局镇压,逮捕罢工工人朱大英子。翌日,罢工工人发表宣言,向厂主提出五条件:"一、增加工资五分;二、上午六时上工,下午六时下工;三、不准穆志英进厂收捐;四、不得滥罚工资;五、不得拖欠工资。"资方被迫允诺,警察厅长严青阳亦不得不撤销"丝厂女工研究处"。罢工获胜。30 日复工。

　　6 月 27 日　吴佩孚由保定抵长辛店,田维勤等赶来迎接。翌日晨 6 时,吴偕张其锽、田维勤等由长辛店乘车抵京,王怀庆、张宗昌、张学良等到车站欢迎。

　　△　李景林通电下野,除自述对国民军两次作战功绩外,并声明因咯血不能胜任吴佩孚所委之讨贼联军直军总司令职,派荣臻暂行代理,本人即卸任职务,不再与闻时事。

　　△　沪警厅以"调停工潮不力"为词,封闭上海总工会。次日,上海总工会发表紧要启事抗议,声明:"敝会为上海三十万工人托命所在,责任重大,绝不因此而稍有灰心丧失勇气。除呈请警厅速行启封外,此后仍本为工人阶级谋福利之初衷继续奋斗。"下午总工会所属海员、印刷、码头、纱厂、邮电、金银商务、店员等各产业工会举行联席会议,决定各

工会发表拥护总工会宣言,派代表要求警厅启封。商务印书馆、各纱厂、浦东码头工人等工会连日纷纷集会发表宣言、启事要求启封,表示"誓死拥护总工会,今后仍在总工会指导下继续奋斗"。

6 月 28 日　吴佩孚与张作霖在京会晤。9 时许,张访吴,晤谈不及半小时;正午,吴偕张宗昌回拜,亦半小时;旋同赴怀仁堂出席杜锡珪等公宴,并偕访班禅喇嘛。当晚,吴出京往长辛店。翌日,张亦离京赴津。

△　驻京英、美、法、意、日、荷等国公使在北京饭店宴吴佩孚,吴以"来不及"辞谢。

△　张作霖、吴佩孚联名发布"讨赤"总攻击令,并知照北京政府褫冯玉祥、鹿钟麟等本兼各职并官勋。

△　福建泉州金井乡乡民抗不交纳苛捐,周荫人部孔昭同旅诬抗捐乡民为"会匪",捕去 34 人。乡民持械阻挠其解往泉城,军队开枪射击。

6 月 29 日　张作霖令张宗昌派军将李景林所部包围缴械改编,以有枪者万余人编成镇威军第十二军,仍以荣臻任军长,归张学良节制。

△　吴佩孚、张作霖出京后,留郑谦、张其锽在京磋商未了问题。张学良、张宗昌留京主持军事。

△　吴佩孚在长辛店设立总部,亲自指挥南口之战。是日偕田维勤赴门头沟视察阵地,指挥张万信旅攻青白口,陈鼎甲旅攻秦峪口。吴称旬日之内可以攻下南口。

△　国民军将领通电反对关税会议,谓:关税自主与否,关系国家存亡。今北京政府当局"窃据政权,竟公然主张放弃关税自主权为条件,以二五附加税为担保,募借外债八千万元,作为造乱之资,违反民意,甘心卖国",请全国一致反对。

△　驻京英使麻克类向北京政府外交部提出抗议:"广州政府将广九路款作军费,破坏条约,请速设法阻止,并保留由关税中扣还之要求。"

6 月 30 日　关税会议各国代表集会,英国代表谓中国政府至今尚未成立，似此形势，关会殆已无望；且夏令已届，各国代表均须出京避暑，不如乘此时机宣告停止。将来可否继续开会，届时再议。各国代表以事属重大，谓须请示本国政府。

△　吴佩孚赴易县检阅魏益三部，令速出马水口攻灵邱、蔚县，以牵制攻晋北之国民军。

△　国民军由沙河防线向南口撤退。

△　吴佩孚任命李倬章为湘鄂边防督办，是日李在保定就职。

△　广州省港罢工委员会为赞助国民革命军北伐，特组北伐运输委员会，先派 500 名工人随军出发。

△　袁祖铭、王天培派代表抵粤，与国民政府洽谈，愿加入北伐。

6 月下旬　国民革命军第四军第十、十二师到达安仁附近；第七军第二、七、八旅集结于永兴、金兰寺附近地区。前敌总指挥唐生智于衡阳召集会议，部署分三路进取长沙：右路军指挥官为第四军副军长陈可钰，率第十师陈铭枢部、第十二师张发奎部、独立团叶挺部，牵制湘江东岸之敌，协助中、左路进攻，成功后再分路取醴陵、株洲，以牵制敌人；中央军指挥官为唐生智自兼，率第八军第三师李品仙部、教导师周斓部、鄂军第一师夏斗寅部，佯攻湘江以西涟水下游正面之敌；左路军指挥官为第八军第二师师长何键，率第二师、第四师刘兴部、第七军第八旅钟祖培部为主攻部队，攻娄底、潊水，而后转师东向，与中央军歼敌于湘乡、湘潭，进取长沙、宁乡；第七军第二旅李明瑞部、第七旅十四团杨腾辉部由胡宗铎指挥，为总预备队，控制永丰。

是月　各地工人生活艰难，为要求增加工资，纷纷罢工，计有：无锡堆栈工人 1000 余，丝厂工人 3000 余，奉天印刷等工人 1000 余，宁波药案伙友、机料房工人、印刷工人 500 余，常州通成纱厂 300 人，南通永丰纱厂 200 余人等。

△　据全国学生总会统计，截至 6 月底已有 16 省有省学联，所属市、县学联为数在 320 以上；直、鲁、苏三省无省学联，而有 20 个左右市学联。

7 月

7 月 1 日   国民政府军事委员会主席蒋介石颁发北伐部队动员令,略谓:"本军继承先大元帅遗志,欲求贯彻革命主张,保障民众利益,必先打倒一切军阀,肃清反动势力,方得实行三民主义,完成国民革命。爰集大军,先定三湘,规复武汉,进而与我友军国民军会师,以期统一中国,复兴民族。"随令颁发"集中湖南计划",规定第七军李宗仁部(辖第一旅夏威部、第二旅李明瑞部、第七旅胡宗铎部、第八旅钟祖培部)、第八军唐生智部(辖第二师何键部、第三师李品仙部、第四师刘兴部、教导师周斓部、第五师叶琪部、鄂军第一师夏斗寅部等)、第四军陈可钰部(辖第十师陈铭枢部、第十二师张发奎部、独立团叶挺部)集中于永丰、衡山、攸县,相机进占长沙;第二军谭延闿部、第三军朱培德部、第六军程潜部集中于酃县、茶陵、安仁,以防江西;第一军何应钦部集中衡阳,为各方策应。

△   法权调查会议各国代表起草报告书,内容为:一、关于中国法典之报告;二、调查各省司法情况之报告;三、对领事裁判权之意见。各国代表对中国代表所提收回领事裁判权事,认为尚非其时。

△   国民政府教育行政委员会在广东召集中央教育行政大会,出席 47 人,历时 10 天,议决请颁定国歌、推广工业教育、凡学校及私塾员生须全体加入国民党、外人捐资及教会设立之学校须呈报立案并不得施行小学教育及师范教育、中学校长不得兼职、注意推广小学并严厉取缔私塾、农工教育实施等共 23 案。

△   山东当局对胶济铁路征收货车特捐,每车收 75 元,名曰"兵士犒赏费"。

7 月 2 日   张学良、张宗昌、褚玉璞等在张宗昌宅开军事会议,讨论南口之战的进兵方略,王栋、王琦、徐源泉等亦列席。翌晨,张等同赴沙河督战。张宗昌下令限一星期攻克南口。

△　奉、苏中东路会议复会,双方提出议案共 21 项。4 日,奉方借口"在加拉罕外交政策之下难期充满",拒绝续开。

7 月 3 日　驻京英、美、法、意、日、比、西、荷、葡九国公使发表关税会议停会宣言,声称"俟中国代表能正式出席与外国代表复行计议时,当立即继续会议"。驻京外交使团首席公使欧登科并将上述宣言通知北京政府外交部。

△　驻京英使麻克类就关税会议发表声明,表示英国政府"切欲履行华会条约。设中国政府意征收该条约所规定之附加税则,本国政府甚欲允许之"。又谓:"本国政府绝无暂停会务及因中国时局之变易,竟至中止缔结关税条约谈判之意。"

△　英舰四艘无故宣布沙面戒严,任意运转英货,偷越海关,阻止华人往港。5 日,国民政府外交部长陈友仁严词驳斥。

7 月 4 日　国民党第二届中央执行委员会临时全体会议在广州中央党部大礼堂举行,在粤的中央执行委员、监察委员和候补执行委员、监察委员 36 人出席。会议讨论出师北伐事,议决:一、推顾孟馀、邵力子、陈公博、蒋介石、谭延闿、张静江起草《为国民革命军出师宣言》和《关于革命军出师对于各级党部及全体党员训令》;二、蒋介石就职誓师典礼时,同时举行党的出师仪式;三、军人部长蒋介石有任所辖革命军及军事机关党代表之权。

△　国民党中央决定设立"学术院",以罗致、造就政治、建设人才。学术院分设法律、政治、交通、外交、财政、教育、工业、农业等 16 门专科,入学资格为在国内外大专院校毕业,学习二个月后即推荐各行政机关任用。

7 月 5 日　拂晓,国民革命军进攻长沙之左、中两路在湘江以西地区开始攻击。翌日,刘兴部、钟祖培部强渡涟水,击破叶开鑫军,进占娄底。7 日,何键部攻占漤水。叶军向大乐坪、连山方向撤退。右路第四军诸部在湘江以西地区自攸县前进,7 日独立团进抵泗汾,第十二师抵皇图岭,第十师抵新市。

　　△　国民党第二届中央执行委员会临时全体会议继续举行。谭延闿报告政治,叶楚伧代表张静江报告党务。会议决定:一、国民革命军总司令就职誓师和党的北伐出师仪式 9 日在东校场举行;二、调查湖南战场人民粮食案,交常务委员会会同总司令商拟办法。

　　△　奉军和直鲁军对南口下总攻击令,分三路进攻国民军;第一路徐源泉部,第二路荣臻部,第三路韩麟春部,总指挥褚玉璞,张宗昌任前敌总司令,张学良为后方总司令。

7 月 6 日　国民党第二届中央执行委员会临时全体会议结束。是日会议决议:一、通过《为国民革命军出师宣言》和《关于革命军出师对于各级党部及全体党员训令》,交起草委员与常务委员会及政治委员会联席审查,修正发表;二、常务委员会主席张静江辞职,改选蒋介石为常务委员会主席;三、通过《改善中央执行委员会各部间办事关系案》,其中规定“政治委员会原为中央执行委员会之特种委员会,故嗣后应于每星期与常务委员同开会议一次”;四、补选顾孟馀、李济深、何香凝、于树德、彭泽民、丁惟汾、王法勤七人为候补常务委员,于常务委员缺席时依次递补;五、承认蒋介石任党之军事部长,具有指挥各军之全权;六、聘鲍罗廷为党的高等顾问。

　　△　北京杜锡珪代内阁举行首次国务会议,杜锡珪、顾维钧、任可澄、杨文恺、张国淦、张志潭出席。同日,国务院摄行之大总统特任蔡廷幹署外交总长,准免田应璜署内务总长职,特任张国淦署内务总长,特任罗文幹署司法总长。

　　△　关税会议中国委员颜惠庆、杨永泰、蔡廷幹、王宠惠等开会,主张照常继续进行关税会议之事务。

7 月 7 日　国民政府公布《国民革命军总司令部组织大纲》,规定总司令兼任军事委员会主席,“凡国民政府下之陆、海、航空各军均归其统辖”,“政治训练部、参谋部、军需部、海军局、航空局、兵工厂等各机关均直属于总司令部”。

　　△　中共中央机关刊物《向导》周报第一百六十一期发表陈独秀

《论国民政府之北伐》一文,认为北伐的时机尚未成熟,指出:"北伐的意义,是南方的革命势力向北发展,讨伐北洋军阀的一种军事行动,而不能代表中国民族革命之全部意义。"并谓:"再论到北伐军之本身,必须他走真正革命的势力向外发展,然后北伐才算是革命军事行动;若其中夹杂有投机的军人政客个人权位欲的活动,即有相当的成功,也只是军事投机之胜利,而不是革命的胜利。"末谓:"现时国民政府的职任,已经不是北伐而是'防御战争'","将陷于四面围攻的国民政府,他的领袖们,应该和衷共济,尤其是要尊重人民的自由与权利,使人民心悦诚服的和国民政府合作,以战胜此困难……然后再汇合全国民众革命的势力,进而北伐,才能够以革命的北伐力量完成国民革命。"

　　△　新任北京政府外交总长蔡廷幹通告北京外交团谓:战事即将结束,政府初定,请各国遵照华府会约,续开关税特别会议。

　　7月8日　国民革命军进攻长沙之中央军第八军教导师周斓部和鄂军第一师夏斗寅部,进抵山枣、朱津渡,强行渡过涟水。翌日,夏斗寅部进占湘乡。周斓部经湘乡向如意亭方向追击溃退之叶开鑫军。第三师李品仙部在湘江南岸下摄司附近渡过涓水,向易俗河之守军攻击。10日晨,第三师进占湘潭,叶军第二、三师大部向长沙退却。

　　△　杜锡珪摄行大总统任命金还为中国银行总裁,张嘉璈为副总裁。

　　7月9日　广州隆重举行国民革命军北伐誓师阅兵典礼,各界群众五万余人参加。蒋介石就国民革命军总司令职,谭延闿代表国民政府授印,吴敬恒代表国民党中央授旗。蒋介石发表就职宣言称:一、必与帝国主义不断决战;二、求与全国军人一致对外,俾三民主义得早实现;三、使我全军与国民结合,进而求全国人民负共革命责任。

　　△　国民革命军进攻长沙之左路军刘兴部和钟祖培部占娄底后乘胜向东追击,进攻潭市。叶开鑫军主力以炮兵抵抗,利用复杂地形居高临下固守,相持竟日。至8日晚,叶军阵地各要点及右翼大乐坪、连山等地先后失陷,阵势动摇。是日黎明,叶军大部向通宁乡、益阳大道之

石坝、如意亭、道林等处退却,一部向湘乡方面退却。刘兴部和钟祖培部分向石坝、章公桥追击。何键部于是日晨 6 时进占潭市。

△　国民革命军逼近长沙,叶开鑫退走,湖南全省工团联合会组织工人保安队 1000 多人维持秩序。

7 月 10 日　国民革命军进攻长沙之右路军第四军第十师陈铭枢部、第十二师张发奎部、独立团叶挺部,拂晓开始攻击,十二师向沈潭、夏家桥前进,独立团向泗汾进击,十师位于黄土岭策应。敌向浏阳退却,醴陵不战而下。

△　中华全国铁路总工会饬令粤汉、广三、广九、株萍等五路联合组织北伐交通队,以利国民革命军之运输。

△　唐继尧利用国家主义派张劲、张介石等人组织"民治党",是日在昆明市礼堂召开第一次组党大会;并拟设立"民治学院",发行《民治日报》。

7 月上旬　江西赣、饶、抚三河水涨,造成巨灾。南昌、九江间电杆被水冲坏,电讯中断。长江中下游湖北、安徽亦大水成灾。皖南宣城、南陵、芜湖竟成一片汪洋。

7 月 11 日　国民革命军进占长沙。第八军第三师李品仙部自湘潭追击溃退之叶开鑫部主力第二、三师,于是日晨进入长沙城。叶军正由岳麓山渡江,已渡者降,未渡者转向靖港逃逸。旅长刘雪轩及官兵 2000 余人被俘。周斓部在如意亭会合刘兴、钟祖培部向宁乡追击,同日晨克宁乡。何键部主力续向益阳进击。

△　吴佩孚在长辛店召开军事会议,决定再催奉军和直鲁军速攻南口,并由正太路进兵,出雁门关,截断国民军后路。

△　上海总工会召开第三次全体代表大会,议定今后工作方针十项,决向官厅请愿启封上海总工会,并提出上海工人最低总要求 11 条,包括:每月工资不得低于 15 元,每日工作不得超过 10 小时,不准打骂工人、滥罚工资,有集会、结社、言论、出版之自由,改良工厂设备等。大会选举李立三等 31 名执行委员,陈之一等 15 名候补执行委员。16

日,举行第一次执行委员会会议,推李立三为委员长。

7月12日　中国共产党是日至18日在上海举行第四届中央执行委员会第二次扩大会议,讨论确定北伐战争中的组织路线、国共合作的策略、民众运动的政策。会议通过《中国共产党与国民党关系问题议决案》,略谓:"我们在国民革命中的策略应当更加明确规定:一方面我们的党应当更加加紧在政治上表现自己的独立,确立自己在工人及多数农民中的势力,取得革命化的一般民众中的政治影响;另方面组织这些小资产阶级的革命潮流而集合之于国民党,以充实其左翼,更加以无产阶级及农民的群众革命力量影响国民党,——这样去和左派国民党结合强大的斗争联盟,以与资产阶级争国民运动的指导。如此才能保证无产阶级政党争取国民革命的领导地位。所以现时我们在国民党内的政策,应当是扩大左派,与左派密切的结合,和他们共同的应付中派,而公开的反攻右派。""目前紧迫的职任,尤其以实行反右派斗争为最重要。"

△　中国共产党中央执行委员会发表第五次《对于时局的主张》,提出各阶级民众的共同政纲,包括废除不平等条约、收回海关租界、实行地方自治、平民自治、颁布工会法、承认农民有自卫武装权、男女平等等23条,号召全国各阶级民众团结起来,巩固革命的联合战线,为实现共同政纲而奋斗,推翻国内军阀和帝国主义的统治。

△　吴佩孚下令舰队封锁湖南。

△　田维勤部第三十九旅陈鼎甲部开抵妙峰山,改投国民军。后陈鼎甲抵张家口,任国民军第十一军军长。

7月13日　国民党中央常务会议,决议改委丁惟汾为青年部长,陈果夫为代组织部长,吴敬恒暂代工人部长。蒋介石就常务委员会主席职。

△　省港罢工委员会发表宣言声援北伐,愿以20万工友为后盾,并组织北伐运输队特别委员会,选3000精壮组织北伐运输队。

△　广州总商会开会,决由各商行分摊筹款50万元,以供国民革

命军北伐之用。

△　廖仲恺被刺案经审判委员会判决:梅光培、郭敏卿移送总司令部军法审理,梁博处死刑,林星处三等有期徒刑三年。

7 月 14 日　国民党中央发表第二届中央执行委员会临时全体会议通过之《为国民革命军出师宣言》,略谓:"中国人民一切困苦之总原因,在帝国主义之侵略及其工具卖国军阀之暴虐。中国人民之唯一的需要,在建设一人民的统一政府。""本党为实现中国人民之唯一的需要,统一政府之建设,为巩固国民革命根据地,不能不出师以剿除卖国军阀之势力。"希望全国民众"同情于本党之出师,赞助本党之出师,参加本党之作战"。

△　国民党中央发布第二届中央执行委员会临时全体会议通过之《关于革命军出师对于各级党部及全体党员训令》,要求全体党员注意四项:一、严密防范反动分子侵入党内破坏党纪;二、极力反对勾结吴佩孚之军阀,诱劝中立者,援助反吴者。对一时蔽于私欲、困于环境者,苟肯一旦觉悟,翻然来归,当谅其既往;三、对甘心为吴之鹰犬而绝不觉悟之军阀,则应破坏其势力,消灭其阴谋;四、努力巩固革命军与人民之联合,宣传党之主义与政策,辅助革命军民众化。

△　国民政府特任李济深为国民革命军总司令部参谋长,任命纽永建为总参议。

△　杜锡珪摄行大总统特派蔡廷幹、顾维钧、杨文恺、张志潭、张英华、梁士诒、颜惠庆、王宠惠、王荫泰、潘复、马素、夏仁虎为关税特别会议委员会委员,特派蔡廷幹、顾维钧、颜惠庆、王宠惠、张英华、王荫泰为关税特别会议全权代表;并指令外交、财政两总长准如所拟《关税特别会议委员会组织章程》办理。

△　国民政府外交部长陈友仁照会美国驻粤总领事,反对重开关税特别会议,请转达美国驻北京公使。

△　湖南醴陵农工商学各界千余人于县城文庙开欢迎国民革命军大会,独立团团长叶挺等发表演说。

△　华北地区大风成灾,京、津至上海电讯交通中断。

7 月 15 日　国民政府与港英当局在广州开始谈判解决省港罢工案及抵制英货问题。国民政府代表为外交部长陈友仁、财政部长宋子文及国民党中央宣传部长顾孟馀,英方代表为港英当局华民政务司夏理德、律政司金培元、英驻粤总领事普理宁。陈友仁致开会辞,略谓此次谈判,一方为使英人在两广销货及营业有友谊与利益之场合,一方为使中国人民无所牵制地进行革新工作,与世界各国建立联谊。当今中国社会政治经济方发生变迁,中国人民有图自救之必要。英国应当重新观察中国局势,不要阻塞实际解决之途径。双方代表商定谈判程序等项。

△　孙传芳出巡江北各地,因湘局变动,赣边吃紧,是日由扬州赶回南京。

△　吴佩孚部王宗荃旅炮团进攻南阳,占领瓦店。21 日,王旅由三十里屯到达十五里铺,张允明部至白河东岸,以犄角之势包围南阳建国豫军樊钟秀部。

△　厦门鼓浪屿各界人士开会,修改《鼓浪屿公界章程》,主张改称厦门鼓屿公共市,并审定被选市委员之条件。22 日开第二次会,改市民会议为市议会,15 名议员,华九洋六;改市委员会为市董事会,七名董事华四洋三。29 日第三次会,改市议员为 16 人,华十洋六。

7 月 16 日　国民政府代表在与英方代表谈判解决省港罢工案及抵制英货问题之第二次会议上,提出对英抵制原由之意见书,阐明排斥英货之由来,沙基惨案是直接原因,而沙基惨案之背景为五卅惨案。广东是民族主义之中心,对于此案自应坚持以民族主义相对待。并谓:在未提出解决新条件以前,愿闻英方对于抵制之见解。

△　江苏当局与驻沪领事团在交涉公署开会,详细探讨收回上海公共租界会审公廨之协定条文,经双方商妥,主要内容为:江苏省政府设立上海临时法庭,以代公共租界会审公廨,按中国法律审理公共租界内一切民刑案件;遇享有领事裁判权西人或工部局为原告人之民事案

件,或享有领事裁判权为被害人之刑事案件,该管领事得照约派员陪审。丁文江即携带协定条文赴南京,请孙传芳、陈陶遗核准。

△ 清室遗老函吴佩孚及北京政府,请求恢复民国十三年修改优待条件以前状态,将故宫交还溥仪。是日,北京政府内务部议定:溥仪已永废帝位,优待由政府以赈济方式拨款;拒绝发还皇室财产,唯赠与不含历史性之一小部分公产;允许溥仪岁时以平民礼仪祭扫其祖先陵寝。

△ 全国教育联合会庚款董事会派代表罗教铎等访北京政府教育总长任可澄,反对教育部和财政部拟以俄国庚款作抵,发行教育国库券1000 万元。

△ 粤工人代表会和总工会合组总预备队,派出工人二万人担任北伐前方运输事宜。

△ 河南洛阳大水,全城被淹,淹死数千人。

7 月 17 日 国民党中央常务委员会议,决定蒋介石离广州赴北伐前线后,国民党中央常委会主席职由张静江代,政治会议主席职由谭延闿代,国民革命军总司令职由李济深代。

△ 唐生智在长沙厉行党治,废五色旗,改用青天白日满地红旗,通令取消省宪法及省议会,以省党部主持一切。

7 月 18 日 驻美公使施肇基电北京政府外交部,请速宣布关税自主。略谓:关税自主乃独立国家之权限,公理昭然,无反对之余地,故无与列国协商之必要。

△ 国民政府军事委员会为贺耀组加入国民革命军事电国民党湖南省党部驻衡阳特别委员会,略谓:"贺耀组果能奉行本党主义,一致出师北伐,当然欢迎加入国民革命战线,共图进行。惟应由贺先发通电讨贼,以示决心,并须有事实表现。"

7 月 19 日 国民政府代表与英方代表第三次会议,谈判解决省港罢工案及抵制英货问题。英方代表表示五卅惨案之责任不在英国;华人对英抵制非出人民自愿,系少数强有力者组织团体以武力维持之结果;香港禁止粮食出口,是为维持香港民食及对罢工所施之自卫计划,不能认为是对广州之攻击。又谓英方愿见中国之兴盛,俾与贸易;香港政府尤愿辅助与港为邻各省之发展,俾彼此得益。

　△　北京政府筹谋重开关税特别会议,外交部通电驻外各使,将关税特别会议中国委员名单知照各该国政府,并表示希望早日重开关会之意。同日,外交部派员与驻京外交使团首领欧登科接洽,拟以蔡廷幹之关会全权代表名义,邀请各国代表出席茶话会。

　△　张作霖抵旅顺,往访日本关东厅长官儿玉、白川,次日又赴大连访“满铁”社长安广等人,并声称此行系为答谢日本之援助及商洽协力防御苏俄势力之“内侵”。

　7 月 20 日　国民政府为开辟黄埔商港发布《财政部第二次有奖公债条例》,规定自 8 月 1 日起发行,债额 1000 万元。

　△　田维勤部攻打南口之第四十旅贾自温、马宗融两团在清水涧改投国民军。吴佩孚即派张万信等部往剿。

　△　奉军吴俊陞率汤玉麟、万福麟、穆春等部占领榆树沟、门沙口。次日,穆春部攻占多伦。

　7 月 21 日　国民政府代表在谈判解决省港罢工案及抵制英货问题的第四次会上,驳复英方代表之意见,提议委托第三方面组织审查委员会,秉公彻查判决双方所争之点。并谓:如英方愿尽速恢复香港与两广平日之交谊,则有三项解决条件:一、英保证以后不再有类似沙基惨案之发生,并规定沙基之戍兵人数及英炮船之航行与停泊办法;二、沙基案死伤者之眷属,英应秉公厚予赔偿;三、罢工工人之损失,须筹巨款解决。英方表示反对组织审查法庭,并谓解决条件不能包含赔偿,只允以实业借款方式,仿广九路协约办法,用以开辟黄埔或粤汉、广九两路接轨,亦可建筑别司湾或汕头铁路。

　△　广州农工商学各界 10 万余人举行示威大会,声援国民政府代表团向英方提出之解决沙基惨案及省港罢工诸条件。

　△　广州工人纠察队因英侨拒绝检验货物,扣留其船舶及商人二

名。港英当局遽派兵占领深圳车站。

7 月 22 日 杜锡珪以摄行大总统特任刘湘为参谋总长。

7 月 23 日 国民政府代表与英方代表第五次谈判解决省港罢工案及抵制英货问题。国民政府代表说明审查委员会可由中英各出委员一人、中立国出一主席组织之,依法裁判沙基案之责任,并提出对英抵制完全解决之建议。英方要求委员中加入与沙基案有关之法国代表一人,并询问在审查期间是否继续抵制英货。国民政府代表答抵制英货是有组织之爱国运动,非武力可遏止,英方在谈判中如不承担应负之责任,继续抵制运动势所难免。英方宣读借款议案后停会。翌日,英方代表返港,允将国民政府之建议转达英国政府。

△ 关税特别会议中外各国代表举行茶话会,商议续开关税会议事项。蔡廷幹等希望商定暑期后正式开会日期,英、美、日等国代表指出中国政局不定,难定时日。后经驻京外交使团首席公使欧登科调停,预定 9 月 15 日再开一次非正式会议。

△ 蒋介石下令国民革命军总司令部机关出发开赴北伐前线。

△ 袁祖铭致电国民政府称:"亲率十八个混成旅,出发湘鄂,誓效力党国,讨伐吴贼。"

△ 孙传芳通电各方"主和":请奉军、直鲁军与国民军休战;开国民会议,京畿区内永不驻兵;南北罢兵,迫唐生智止攻岳州。28 日,孙派杨文恺赴长辛店谒吴佩孚面述政见,吴谓:西北指日可平,湘战又非力制不可,和平而非其时,将永无和平希望。

△ 全国学生总会在广东大学礼堂召开第八届全国代表大会,到湖南、北京等 17 省市代表 40 余人。丁惟汾、甘乃光等到会讲演。30 日,大会闭幕,议决统一学生运动等案。

7 月 24 日 国民革命军第四、七、八各军将领唐生智、李宗仁、陈可钰等在长沙开会,讨论今后之作战策略,一致主张乘吴佩孚牵制于南口不能南下之机,迅速进攻鄂、赣。唐生智、李宗仁等主张同时进攻鄂、赣,第七军第七旅旅长胡宗铎等主张先攻武汉,对赣暂取监视态度。会议通过了唐生智、李宗仁的主张,并草拟意见,报告蒋介石。

　　△　国民党中央政治会议决定划广东全省为七个警备区域,委何应钦为潮梅警备司令,钱大钧为广属警备司令,胡谦为惠属警备司令,陈嘉祐为韶属警备司令,徐景唐为肇属警备司令,陈济棠为钦廉警备司令,许志锐为琼崖警备司令。

　　△　美国驻粤总领事奉驻京美使马瑞慕训令,答复国民政府外交部长陈友仁抗议关税会议之照会,略谓美国政府极愿中国有可负责任之中央政府,而目下中国未有对内可为各党所拥护、对外可为友邦承认与共事之中央政府,中国人又无一致之意见;美国政府确信办理对华条约关系上之经济或他种修正事宜,目的在有益于中国全部,而非有益于各个军阀或政党。

　　△　北京政府外交部照会驻京比使华洛思,《中比和好通商行船条约》本年 10 月 27 日满期,即宣告废止,另订新约。在新约未成立前,两国政府可另定临时办法。

　　△　奉军和直鲁军以猛烈炮火轰击南口国民军阵地。

　　△　杜锡珪摄行大总统令财政部迅即各拨币银二万元,赈济江西、湖南、湖北水灾。

　　7 月 25 日　中华全国总工会发表《对国民政府出师宣言》,号召全国民众“极力的赞助国民革命军,作国民革命军的后盾”;同时指出:“国民革命军所到之处,应该拥护人民一切的利益,赞助人民和各种的自由,并应帮助工农阶级的组织,扶助一切民众运动的发展。”

　　△　上海一批外籍律师反对交还上海会审公廨,是日派斐斯(意)、罗杰(美)等五人为代表赴北京,向驻京外交使团递交请愿书,并至各使馆陈述反对交还之意见。

　　7 月 26 日　全国学联通电拥护国民政府北伐。

　　7 月 27 日　蒋介石偕苏联顾问嘉伦将军等赴北伐前线,是日自广州抵韶关。翌日,由韶关向衡阳前进,29 日至乐昌,8 月 2 日至郴州南之良田。

△　孙传芳电吴佩孚请迅扫西北之敌,回师南下,坐镇长江,并谓:"目前赣闽吃紧,对湘事不能统筹兼顾,只能为相当之援助,仍请我帅自行主持。"

△　北京政府外交部以苏联驻京大使加拉罕有煽动革命之嫌,是日饬驻苏代办郑延禧转致苏联政府照会,要求召回加拉罕,并电郑谓"此事政府意在必行","务达目的为要"。

△　上海公共租界纳税华人会发表宣言:会审公廨应无条件交还中国,限令侮辱中国之外籍律师出境。

7 月 28 日　国民政府外交部长陈友仁再次照会美驻粤总领事反对关税会议,略谓:驻京美使以为国民政府之反对关税会议是中国人民缺乏一致,实为美国等国政策观念既误、运用又复不当之明证。国民政府视关税会议之复开,为美国与有关系各国有意将中国海关变更为筹取战费及外人干涉中国革命战争机关之举动,将不得已采取某种防卫计划。

△　田维勤由前线三家店回长辛店,向吴佩孚报告军情。旋又赴北京,与张宗昌、张学良会商进攻南口、怀来之计划。

7 月 29 日　北京国务院举行国务会议,决定临时参政院、国政商榷会、国民代表会议筹备处、国宪起草委员会四机关撤销,财政善后委员会着财政部接收,军事善后委员会着陆军部接收,外交委员会着外交部接收。

△　北京外交团调查长江一带水灾,认为至少有 500 万人受灾,陷于绝食境地。

△　全国各大学教授讨论会在北京举行,到代表数十人。会上发表阮志明所制之物理仪器及窦维廉之《华北食物分析》、韦尔巽之《软水研究》、黎国昌之《鸟肾研究》等论文。讨论会于 8 月 6 日结束。

7 月 30 日　湖南省政府成立,唐生智为主席兼军事厅长,冯天柱、刘岳峙、周鳌山、邓寿荃分别代理民政、财政、教育、建设厅长。

△　赵恒惕会同李倬章在岳阳主持湘、鄂边境军事防务,以宋大霈

部及海军守汨罗正面,董政国、陆沄部守平江为左翼,余荫森部守长乐街及王都庆、贺耀组部守澧县为右翼。吴佩孚令前敌各部坚守防地,非有命令不许进攻。

△ 北京政府外交部电饬驻英代办通告英国政府外交部:香港与广州所订任何合同,除解决罢工及对英抵制者外,中国政府概不承认。

△ 国民革命军第六军军长程潜、党代表林祖涵率五十五团抵郴州,受到全城群众热烈欢迎。晚8时开各界代表大会,林发表演说,叙述北伐意义。翌日举行军民联欢大会,到4000人。

7月31日 中共中央发出《通告》,宣称:"我们可以说全国反赤潮流现已到一低落时期,而革命潮流则随北伐军之进展而上涨,广东政府之北伐已成为全国民众最注意的一个问题。"表示:"我们并不是反对北伐是赞成北伐,尤其在现时广东北伐更为必要。"

△ 吴佩孚在长辛店召开军事会议,决定俟攻下怀来后吴即南下。

△ 占据南阳一带之建国豫军樊钟秀部,在郾城一带活动,并拆毁京汉路一段路轨。是日,吴佩孚电令寇英杰会同张联陞、张元明限期剿灭樊钟秀部。

7月下旬 "中日文化事业委员会"连日在京开会,拟更名为"东方文化事业总委员会",拟订会章13条,并议定在北京设图书馆。

△ 上海霍乱盛行,各时疫医院皆有人满之患。据两个医院统计,一星期间就诊病人中患时疫者有2000人,其中700人患霍乱。广西平乐、荔浦等地亦传染霍乱。

是月 各地工人为要求增加工资举行罢工,计有:上海三业105厂七万余人,苏州高丽纱厂300余人,镇江兴记缫丝厂400余人,镇江驳船帮工人700余人,无锡香业水工100余人,江苏冶坊工人4000余人,汉口织袜业2000余人,大连福纺纱厂等20余家三万余人,浙江嘉兴油车工人100余人,山西晋华纱厂1000余人,湘潭泥木工人800余人等。

△ 江西农民运动迅速发展,已有六县、28区、128乡成立农民协会,会员人数为6172人。

△　徐州水灾。邳境之沙河在徐塘决口,运河在马兰集决口,陇海路东段碾庄站至炮车站一片汪洋,平地水深四五尺、七八尺不等。微山湖水溢灌沛县,沛城周围水深五六尺。灾民盈千累万,风餐露宿。

8　月

8 月 1 日　凌晨 3 时半,吴军和奉军、直鲁军向国民军南口防线展开全线总攻击。张学良、张宗昌分赴沙河、羊坊督战,吴佩孚也到三家店督促田维勤部向青白口进攻。奉军用数十门重炮猛轰南口要塞。

△　吴佩孚下令田维勤部"限三日内攻下怀来"。8 日、10 日又连电崔促。

△　汉阳兵工厂全体工人响应国民革命军北伐,实行总罢工,不为吴佩孚制造枪炮。

△　国民政府财政部发行第二次有奖公债 1000 万元,作北伐军费。

△　旅居法国里昂之华侨集会,组织"里昂华侨北伐后援会",募捐资助国民政府北伐。

△　"亚洲民族大会"在日本长崎开会,中、日、印、菲等国代表 54 人参加。中国代表要求取消各种不平等条约,包括日本强迫中国政府订定之"二十一条",与日方代表辩论。日本代表提议组织亚洲银行,敷设跨越亚洲各国之铁路,设商业大公司等,"以增进亚洲各国间之实业关系"。3 日,会议结束,决定成立"新亚洲联盟会",七名理事为中、日、印各二,菲一。下届大会定在北京举行。

8 月 2 日　北京政府通电各省缉拿鲍罗廷,并令检查其往来邮电,以防向各地"煽惑"。

8 月 3 日　国民政府发表宣言,反对重开关税会议,指出:"吴(佩孚)、张(作霖)迫于财政困难,亟与各方接洽,欲图重开关会,且欲迁就让步,承认只解决二五附加税案,冀以此项附税抵借巨款,以资其扩充武力压抑革命之用。……承认二五附税,则不啻将全国各阶级人民所迫切要求之关税自主永远断送。""对于张、吴此种卖国之举,绝不能予以承认,尤望全国人民急起反对,而益加努力于废除不平等条约之运动。"

△ 北京政府外交总长蔡廷幹拒绝驻京法使玛太尔对即将期满之中法越南商约展期一年之要求,并通令各省交涉员声明该约无效。

△ 停泊在上海华栈码头之日轮"万里丸"水手,无端殴死小贩陈阿堂。14日,上海总工会致函交涉署及各团体请坚决抗争,要求日领事道歉并交出凶手。

△ 上海对日外交市民大会致电中华留日学生会,反对在日本长崎举行之"亚洲民族大会",指出该会实是日人"假民族会议之美名,施行经济侵略之诈计"。同日,上海学生联合会等亦发表文告反对该会。

8月4日 蒋介石在湖南郴州召开军事会议,研讨第二期北伐作战方策。决定先攻武汉,相机并图江西。同日,蒋介石电令:一、第三军迅速赴浏阳接防;二、航空处派飞机来衡;三、令胡谦迅剿马雄韬。

△ 驻京比公使华洛思照会北京政府外交总长蔡廷幹称:中比条约虽即期满,但不能由中国宣告废止,否则比国拟将该争议提交国际法庭。

8月5日 晚,奉军、直鲁军再下进攻南口之总攻击令。7日,昌平全线激战,张学良、褚玉璞、王栋、韩麟春均赴前线指挥。8日,胡毓坤部进攻居庸关。9日,奉军骑兵第八旅占营子城、偏坡峪等,九军占铁卢沟,十军占毛司台、落马坡各要隘,铁甲车队破国民军外壕。南口陷于奉军三面包围之中。

△ 国民政府外交部照会驻粤英总领事普理宁,严重抗议香港英国当局借口省港罢工工人纠察队扣留港船,调重兵集结深圳并派飞机队轰炸。

△ 北京女师大教职员50余人,为反对与女大合并,开会讨论对付办法,议决推派周作人等八代表赴教育部交涉。

△　京畿卫戍司令部以"宣传共产主义"之罪名逮捕北大学生明仲祺,是日宣布判刑四年。并令各校将凡列"北大学生总会"名册之学生一律开除。

8 月 6 日　黔军彭汉章宣布就国民政府所委国民革命军第九军军长职。同日贺龙在常德宣布就国民革命军第九军第一师师长职。

△　北京《社会日报》社长林万里(白水)因撰文抨击张宗昌、潘复,是日凌晨 2 时被京畿宪兵司令王琦以"通敌"罪逮捕,4 时许即绑赴天桥枪毙。

△　全国妇女代表大会上海各妇女团体筹备会发表《告全体姐妹书》,谓:"我们的口号是打倒旧礼教,女子在政治、经济、法律、社会上应和男子平等,改良女工待遇,保护母性,结婚离婚绝对自由,反对奴婢、养妾、童养媳制度。"

8 月 7 日　吴佩孚军宋大霈部在汨罗两次渡汨罗江,均为国民革命军何键部击退。翌日,宋部又在猛烈炮火掩护下于汨罗铁桥右侧强行渡江,仍被击退。

△　樊钟秀建国豫军占领许昌。寇英杰奉吴佩孚电令,饬张治公、陈文钊、贺国光、张联陞、刘佐龙等五路进攻樊钟秀。12 日,樊部退出方城、泌阳;20 日,又退出南阳进入鄂境。

△　为筹备修改通商进口税则,北京政府外、财、农三总长及税务督办呈请国务院,决定在上海组织编订货价委员会,陈銮为委员长,赖发洛为副委员长。

△　京畿宪兵司令王琦派出宪兵、警察 20 余人,于凌晨 2 时许逮捕北京《民立晚报》经理成济安,未获,带去车夫、印字工,并将报馆查封;3 时许又将其弟《世界日报》社长成舍我逮捕。经各方营救,成于 10 日晚获释。

8 月 8 日　中国共产党中央执行委员会发表《致粤港罢工工人书》,赞扬罢工工人坚持奋斗一年零二个月,反对帝国主义压迫,为全国人民报仇雪耻;指出"罢工早已到了解决的时候",在解决时"一、须使罢工工人不至为全国民众而感受经济上极大痛苦;二、中英谈判须得相当的胜利"。

△　广州各界群众三万多人大游行,反对关税会议增加二五附税,拥护国民政府宣言,要求关税自主。

8月9日　《民国日报》载北京通信:驻京日、美、英、法、意五国司令曾开会,主张加派驻华兵力以保"安全",议定各国在华北驻兵额数及警备区域为日本800人,由山海关至滦州;英国980人,由杨村至北京;美国1400人,由滦州至芦台;法国1600人,由大沽至杨村;意大利380人,由芦台至大沽。

8月10日　国民政府派蒋作宾为湖北宣慰使,方本仁为江西宣慰使兼国民革命军第十一军军长,王天培为第十军军长。

△　张作霖以商人提高日元兑换价值,难以维持奉票价格,拘捕四平吉顺百货商店店主及其他缙绅10人,城内各店歇业者甚多。东北巨商天合盛店主被枪毙,该店及其在东北之13处分店及在沪、津、大阪分店等财产均被没收。

△　褚玉璞在直隶征收船税、茶捐、蔬菜捐、旧契补税等各种新税以充饷源,民生益困。是日全省各团体代表谒见省当局,请免除恶税,整饬吏治,以苏民困。

8月11日　奉军、直鲁军猛攻南口,国民军竭力抵抗,终不能支。13日,国民军在居庸关岔道等处布防,将南口守兵撤走。奉军大炮轰击不止。

△　云南唐继尧图桂,派龙云、刘震寰、廖行超等部开赴桂边。是日,国民政府令黄绍竑及范石生部戒备迎击。

8月12日　蒋介石抵长沙。晚上在长沙召开军事会议,决定迅速进攻湖北,主力直趋武汉;对赣暂取守势。其部署为:唐生智指挥第八军正面攻岳阳;李宗仁指挥第七军、第四军侧出平江,北取蒲圻、羊楼峒,合力歼敌,然后分别渡江,与沿武岳路北进之主力规复武汉;朱培德指挥第二、三军及独立第一师为右翼军,集结醴陵、攸县、茶陵防赣;袁祖铭指挥第九、十军为左翼军,出荆、沙取宜昌与襄阳。

　　△　川军将领刘湘、赖心辉、刘文辉等派代表张伯常抵长沙,与唐生智商谈合作,并致函蒋介石表示愿共同反对吴佩孚,出兵参加北伐。翌日刘等通电宣言出兵北伐。

　　△　杜锡珪摄行大总统特任蒋雁行署陆军总长。

　　△　北京政府司法部传谕各省检察厅,令公布"取缔过激思想"之法规,规定:宣传无政府主义者处以 10 年以上、15 年以下有期徒刑;以金钱及权势诱惑他人使有过激思想者,或以威力胁迫者,处以五年以上、10 年以下有期徒刑。

　　△　张作霖召集奉天省长、省议会议长、商务会长、华商会长、官银号会办及五大银行行长等,举行整顿金融善后会议,决定整顿金融条例18 条,规定:禁止银行钱号存储现洋、金票,买空卖空;携带现洋出境以50 元为限,严查贩运现洋、金票等等。

　　△　唐继尧电吴佩孚表示"讨赤"决心,略谓:"闻荩筹硕划,大举讨赤,本除恶务尽之义,为正本清源之图,遂听义声,曷胜赞佩,继尧当相与戮力神州。吾属遭际正同,此物此志,愿与吾兄共勉之。"

　　8 月 13 日　北京政府外交部电饬驻日公使汪荣宝向日本政府声明:《中日通行船条约》于本年 10 月第三次期满后不再继续有效,须改订新约。

　　△　国民军在甘肃征募民兵三万人,开垦察、绥荒地,每兵给地 50亩,长官按级递增。

　　8 月 14 日　晨 5 时,张学良向奉军、直鲁军下攻取南口之总攻击令,右翼奉军于珍部第十军三十七旅 7 时占虎峪村,左翼直鲁军第五军王栋部由后桃洼占马家湾,正午占领南口车站。下午 2 时,南口完全被奉军、直鲁军占领。国民军由居庸关向延庆、青龙桥方面退却。次日,张作霖通电称:"南口为长城著名要塞,重峦叠嶂,自十四年九、十月间,西北军在此建筑洋灰石子工事。直鲁军、镇威军以十余万人,自八月一日总攻,至十四日克之。"

△ 北京政府外交部电令驻苏代办郑延禧催促苏联政府派相当人员来华接替苏驻华大使加拉罕。

△ 北京政府通过《故宫博物院暂行保管办法》，特设委员会，聘赵尔巽等 21 人为委员。21 日，委员会选赵尔巽为会长，孙宝琦为副会长。

△ 直隶献县等处狂风及溃堤成灾，被灾 20 余县。是日，杜锡珪令财政部迅拨二万元赈济。

△ 黄河在直隶濮阳境之刘庄决口百余丈，水势直趋东南，鲁西菏泽、郓城、巨野、金乡等县被淹。

8 月 15 日 国民军下令实行总退却：宋哲元率部自多伦、沽源经张北、隆盛庄、集宁向绥远撤退；鹿钟麟率部自南口、延庆经京绥路至张家口，大部经柴沟堡、隆盛庄以南道路，过集宁退向绥远；徐永昌率部自蔚县、广灵经阳高、丰镇、集宁退向绥远；石友三率雁门方面各部经左云、杀虎口退向绥远。韩复榘、魏得成等部为撤退各部掩护。

△ 杜锡珪电吴佩孚要求辞职，略谓：南口已下，应遵约卸肩，请速与各方商定正式阁揆，俾卸仔肩。

△ 张宗昌函吴佩孚，指责杜锡珪之政府无能，推荐孙宝琦继任内阁。略谓：现在中央政府用人不当，筹饷不力，"应负贻误军事之责。若非改弦更张，另组新阁，势必政治未良，影响及于军事，讨赤之事无法进行，不仅宗昌无以对我公，即我公亦无以慰天下"。张主张孙宝琦组阁，"以收中外人心；财、交等部，职权重要，亦当妙选人材，分担艰巨。设能如此布置，实于今日军事所裨非小，讨赤一役庶几能竟其功"。

△ 吴佩孚筹拨现款八万元遣散护宪国会议员，由符定一主持发款，每名 150 元，往领者 300 余人。余三万元归各省首领支配。

△ 全国教育联合会、中华教育改进社、北京国立九校教职员联席会、北京私立大学联合会四团体为争取日本庚款自主，向北京政府提出三项主张：一、日本如不正式声明退还庚款，则应根本拒绝日本在我国内地举办一切由日本操纵的文化事业的办法；二、否认民国十二年关于

日庚款之中日协议及十四年所换有关文件;三、在上述交涉未办妥以前,日本在我国内地举办文化事业,悉视为侵略行为,政府应即阻止。27 日,四团体复开会,电江庸要求日本政府正式退还庚款,再议一切办法。

8 月 16 日　蒋介石在长沙发表讨伐吴佩孚宣言,略谓:"现在国民革命军将与北洋正统决战于江汉。此战关系不仅决军阀命运之存亡,即中国国家与民族之能否恢复其自由独立,胥卜于此。质言之,国民与军阀之争,革命与反革命之争,三民主义与帝国主义之争,已至决战最后之时期。"宣言历数吴佩孚之罪恶,重申北伐惟在讨贼,并谓:"国民革命军为国民全体所有之军队也,尊重民意,服从民命,以人民为基础,以主义为依归。但期全国军人联合一致,参加革命战线,共同御侮,达到本党总理救国救民之目的。"

△　国民政府公布《劳工仲裁会条例》和《国民政府解决雇主雇工争执仲裁会条例》,规定仲裁劳工组织之间及劳资之间争执之办法。

△　孙传芳电复上海总商会等团体呼吁和平之通电,略谓:"粤军进驻衡岳,以窥武汉,北军遂南下以保岸,解铃系之粤方。粤军如循贵会之请而撤退,则岳州北军当可设法中止南下。至东南数省芳当竭其驽钝,抱定保境安民四字,以图保全,绝不令其同成灰劫也。"

8 月 17 日　奉军沿京绥铁路向宣化、张家口追击国民军。翌日,吴佩孚军王为蔚部占宣化。

△　广东省农民协会扩大会议在广州开始举行。会议议决目前农民最低限度之要求为:(甲)经济方面,田租至少减原额 25%,杂捐苛税均须废除,规定借贷利率不得超过二分,废除佃业一切不平等契约。(乙)政治方面,乡长由乡民大会公举,县长暂由政府指派,但人民有撤换权。凡已有农民自卫军的地方,不得再有别种武装团体成立。(丙)教育方面,以地方公款十分之五充教育费。会议于 24 日结束。

△　国民政府令将国立广东大学改为中山大学,戴季陶为校长。

△　中日文化事业委员会更名为东方文化事业总委员会,拟订之

13条章程经日本政府外务省复电"可即照行",是日宣布在北京正式成立,租屋开张,江庸并去日本活动。28日,全国教育联合会庚款董事会代表六人要求北京政府教育部加以阻止,并取消该会章程。

8月18日 苏、浙、皖、闽、赣五省在孙传芳控制下,以"保境安民行自卫"为辞,出兵赴赣,分三路出发。是日孙传芳通电:"为保持五省安宁起见,爰派兵入赣增防,以固边围,但我军此后行动仍本素日宗旨,坚守疆界,禁暴息争。"翌日又通电谓:"一省告警,则五省共以全力捍卫,正当防御。不越雷池。"

8月19日 国民革命军拂晓开始向汨罗吴军前线发起攻击,第四军第十、十二师及独立团进攻平江。张发奎部绕平江之东,击溃鲁肃山、审恩岭东之守敌。第三十六团黄琪翔部和独立团叶挺部负责中路攻平江县城,分东北和西南两路夹击。三十六团占城东北之古城岭,俯击城中;又绕到城西北一带高地冲杀。独立团扫荡县城外围之敌。平江农民组织敢死队帮助围攻白石岭,扰乱吴佩孚军阵地后方。农民向导队引导革命军由横槎渡过狮子岩到达平江县城北街,吴军陈嘉谟第二十五师陆沄部惊慌失措,缴械投降,旅长陆沄逃至下西街萧曹庙举枪自杀。三十六团和独立团进驻平江县城。

△ 国民革命军第七军第八旅和第八军一部渡过汨罗江,击退余荫森旅,占长乐。夜,铁路两侧之叶开鑫部炸毁汨罗铁道桥,退往岳阳关王庙。

△ 杜锡珪摄行大总统为奖叙攻下南口有功的将领,晋授张宗昌为义威上将军,张学良为良威将军,褚玉璞为璞威将军;21日又授韩麟春为麟威将军,王栋为栋威将军,于珍为珍威将军,田维勤为勤威将军,王为蔚为蔚威将军;24日授商震为震威将军。

△ 奉军、直鲁军分五路进攻张家口国民军:东路奉军和直鲁军从延庆袭龙关;北路吴俊陞军从沽源攻白河;西路王为蔚部从涿鹿进陶水铺;魏益三部由天镇逼万全;晋军由大同进丰镇。国民军鹿钟麟部于16日撤出张家口,向集宁退却。是日下午6时,王为蔚部进张垣;翌晨

6 时,奉军骑兵第八旅、步兵第二旅等亦赶到。

△ 张作霖为"整顿金融",是日下午在奉天捕杀钱商五人。翌日,日本驻奉总领事吉田疑张对日商怀有他意,向奉提出严重抗议,并向日本政府报告。21 日,奉天交涉署派员解释。24 日,正在日本之张作霖法律顾问赵欣伯见日本外相,代张致歉,允不再拘办钱商。

△ 北京政府教育部部务会议决定故宫永为国产,防止移转、变卖、抵押、借口整理迁入宫内或借名借款等事,以断觊觎者非分之心。

△ 孙传芳训令上海宪兵司令汪其昌、两路局长任筱珊,严加检查南北车站,防范"粤方唆使大批共产党人利用工人来沪宣传赤化"。

8 月 20 日 蒋介石在长沙发表《对外宣言》,略谓:率师北伐讨吴佩孚,深望各国予以赞助。"无论何国人士,能不妨碍国民革命之行动及作战者,一切生命财产,中正皆负完全保护之责。若有利用不平等条约援助军阀害我国民,致为中外人民所不容,中正纵欲保其友谊,亦恐碍于正义"。

△ 蒋介石以国民革命军总司令名义在长沙训令全体将士,申述对外策略,略谓:"吾党起而打倒帝国主义,绝非仇视外人。不但帝国主义国家中之多数痛苦民众,为吾国同胞吾党同志之好友,吾人应诚意待之;即侨居吾国之教徒、商贩,凡非妨害中国国民革命之行动者,吾人亦应加以爱护,一视同仁。""吾人应分别敌友,以奋战之精神杀敌,以诚恳之态度爱友。"

△ 上海内外棉五、七、八、十二、十五等厂工人,为抗议日本"万里丸"水手殴杀陈阿堂以及日本资本家恣意剥削压迫工人,是日起举行全市日本纱厂工人同盟罢工,提出要求:一、解决陈阿堂案,引渡凶手交中国法庭办理,抚恤被难家属,日本领事向中国道歉;二、改良工人待遇,不得殴打工人、滥罚工资、蔑视人格等事;三、增加工资二成;四、释放被捕工人,恢复被革工友工作;五、赔偿关厂期内工人之损失等。陆续参加罢工的达 12 个厂约 2.2 万余人,坚持 28 天。

8 月中旬 阎锡山在晋绥地区向国民军进袭,接连攻占岱岳(即山阴）、应县、怀仁、丰镇等地。

8月21日　北京国务总理杜锡珪通电辞职,略谓:"前以军事方殷,中枢乏主,各方强相督责,勉为搘持,再四固辞,不获闻命,曾经表示最短期间,暂维现状,以待替人。视事瞬将两月,深维负荷之重,敢辞劳怨之丛,既无补于涓埃,实有辜乎期许。今幸军事渐告结束,此后正政局徐循正轨之时,凡百设施,断非不谙治术如锡珪者所能胜任,自当奉身引退,以避贤路而践前言,望大政付托有人,群治日臻上理,得以缅追盛轨,早释仔肩。"

△　吴佩孚由长辛店启程回武汉。行前电北京政府和张作霖云:"现蒋中正、唐生智协谋侵犯湘鄂,佩孚以责任所在,不得不迅赴戎机。今后北方未了各事,由齐副总司令燮元代表。"

△　吴佩孚命齐燮元驻长辛店,行使总司令职权,指挥北方军事;彭寿莘负责保定、大名防务;派王维城等六人分驻保定以北各军事据点;命田维勤、魏益三、王为蔚等部扫数南下。

△　湘北岳阳、平江一带农民协会会员,引导北伐部队从平江北乡渡过微水黄芽山间道袭取岳阳。敌军惊为天降,纷向云溪、路口铺、五里牌、羊楼司一带溃退。叶开鑫部2000余人投诚,余荫森部被截,全部缴械。

△　河南、贵州两省春间大旱成灾,赤地千里;入夏又霪雨连绵,田庐淹没,流亡载道。是日,杜锡珪令北京政府财政部各拨银二万元赈济。

8月22日　国民革命军第八军第二师何键部拂晓击退破塘口及新墙之敌,第二十六、二十七两团向云溪前进,三十四团向岳阳前进,10时占岳阳城。第三师李品仙部在五里牌截击向蒲圻急进之宋大霈部。第四军第十二师张发奎部向通城附近之九岭攻击前进,下午占领通城。停泊洞庭湖之吴佩孚军10余艘舰艇,仓皇退往白螺矶、新堤一带。

△　吴佩孚在保定召集会议,奉方代表郑谦、于国瀚亦列席。对北京政府内阁问题,吴主张维持现局,必要时再全部改组,奉方表示仍听吴主持。

△ 张学良电北京国务院,拒绝接受"良威将军""加陆军上将衔"之奖叙令。23 日,韩麟春、于珍等亦联名致电拒受,张宗昌、褚玉璞、王栋亦电辞勋。23 日,国务院在居仁堂设"庆功宴",张学良等均相约不赴宴。26 日,杜锡珪派人分头疏通,复遭拒。

△ 广州 30 余万人在东校场举行预祝北伐成功大会。全市悬灯结彩,热烈庆祝。

△ 蒋介石复电上海总商会等团体关于罢兵之请求,表示只求闽、赣表明态度,撤赣、粤边境之兵,东南各省速与吴脱离关系。

8 月 23 日 徐谦、李鸣钟昨抵广州,向国民党中央党部报告冯玉祥决定率国民军全体加入国民党。国民政府是日决定任冯为军事委员会委员兼国民政府委员,国民党中央党部任冯为国民军党代表。26 日晚,国民政府宴李鸣钟等人;27 日,国民党中央党部又开欢迎会,谭延闿演说。

△ 唐生智、李宗仁等在羊楼司会议,决定四路合攻汀泗桥:第四军陈铭枢、张发奎两师和叶挺独立团由崇阳、通山抄攻;第七军迅取浦圻会攻;第八军之一部助第七军由蒲圻会攻;第八军何键、刘兴两师渡江下嘉鱼抄攻。各路分头向汀泗桥方向前进。

△ 国民革命军第四、七、八军占领岳阳、通城后继续进击,是日至 26 日继续克复崇阳、蒲圻等县,与吴佩孚、叶开鑫军相持于汀泗桥南北两端。

△ 吴佩孚南返道经郑州,接见寇英杰、熊炳琦、陈文钊、王维城等,并在车站开会,部署剿歼樊钟秀军及援湘等事宜。

△ 《申报》载孙传芳致蒋介石函,离间国共合作北伐,并为出兵赣、闽制造借口,略谓:"公已为外国人所监视,已为过激党所包围,公之举动已不自由……我求结纳,尚何可得? ……此役乃非过激派防制过激派,乃中国人抵制非中国人";"如去外国人,铲除过激党,则不待用兵,无不可商之国事。"

△ 日本驻沪领事署将殴杀陈阿堂之两凶手"万里丸"水手城户库

和藤间房太郎秘密送往长崎地方法庭审理。26日,上海总工会通告全市在各日本工厂、日轮、日本码头、日本企业的全体工友准备罢工。28日,各团体派出演讲队四出演讲,散发传单。

8月24日　蒋介石电呈中国国民党中央执行委员会,略谓:"陈独秀论国民政府北伐一文,反对本党北伐,阻止国民革命。……此种言论,中国共产党当负其责。值此严紧时期,发此言论,显然破坏两党合作之精神,影响重大,不敢缄默。应请中国共产党中央执行委员会委员负责答复,免致误会。"

△　北京政府拟发行新公债2500万元,以海关拨来偿付行将期满之"民九内债"1100万元为担保。是日,驻京美使马慕瑞致函北京政府外交部,谓"民九内债"还清后之款,应用以偿还积欠已久之美债,中国政府无权用此款作新内债之担保。27日,驻京英、法、日使亦继美使对发行新公债一举表示抗议。

△　汉口警厅查封《楚光日报》,翌日又封《汉口晨报》。27、28两日,汉口军法处又以"煽动工党,勾结内应"、"破坏桥梁"、"阻滞运输"等罪名,接连斩杀工人和学生九名悬首示众。

△　张謇在南通原籍病故。

8月25日　国民革命军向汀泗桥方向前进,是日,第四军占中伙铺及山峡冲,第七军与第八军一部在蒲圻会合,第八军第二、四师在嘉鱼渡江。夜10时,第四军副军长陈可钰下进攻令,第十师陈铭枢部攻击自古角塘至张兴国之敌阵地,第十二师张发奎部攻击自张兴国至汀泗桥之敌阵地。吴佩孚军以二万余兵力,凭汀泗桥三面环水、东面高山耸立之险据守:宋大霈、董政国部退集桥头,第二十五师陈嘉谟部之一百团、军官团十大队、豫军王献臣部等占据汀泗桥西侧高地经梅董至古角塘之线,遍筑防御工事。26日,两军继续激战18个小时,死伤惨重。

△　国民革命军总司令部为防御孙传芳进犯湘、粤,部署对赣作战计划:以第二军第五师谭道源部取赣县,第一军第二师刘峙部出莲花、吉安,第三军朱培德部出萍乡占宜春,第六军程潜部出修水声援;赣南

方面以第四十六团出上犹，第五师出大庚，赣军赖世璜部出雩都，会取赣州。

△ 吴佩孚返抵汉口查家墩总司令部。晚 8 时召集军事会议，以"诱敌深入"掩饰不利形势，并夸口将亲自率兵舰进攻岳阳，与孙传芳会师长沙，要诸将领速回阵地部署。决定先守汀泗桥、咸宁、白墩之线，并计划退守金口及炸毁武泰闸决金口堤以淹国民革命军。同日，吴急电孙传芳速出兵赣西，催邓如琢部袭击浏、醴。

△ 孙传芳在南京召集军事会议，商讨应付长江上游之军事计划，决定继续运兵 10 万至江西，分五路与国民革命军作战：第一路司令为卢香亭，所部出仙霞岭至赣河口，入鄱阳湖转至赣南；第二路司令为谢鸿勋，所部由九江转修水抵铜鼓，防湘、赣、鄂交界地区；第三路司令孙传芳自兼，由南昌向赣西；第四路司令为周凤歧，所部先开吉安；第五路司令王普，集萍乡。

8 月 26 日 阎锡山电告奉军第三、四方面军团总部，晋军已占领集宁；并声明西北军事晋军可独立了之，请奉、鲁军不必再行前进。

△ 北京九校经费困难，驻京苏联大使加拉罕允借拨 20 万元为维持费。

8 月 27 日 国民革命军第四军及第八军一部在汀泗桥与吴佩孚军刘玉春部、陈嘉谟部、宋大霈部等约二万余人激烈搏战。陈铭枢师、张发奎师、叶挺独立团等奋勇攻击，前仆后继，是日晨 8 时突破敌阵，攻占汀泗桥。当夜，吴佩孚亲率卫队督战，大刀队分路监视各军，各部在威迫下，刘玉春部猛攻夺回汀泗桥。28 日，革命军重新发动进攻，激战四小时，再克汀泗桥。未几，吴佩孚调马济率武卫军赶至，凶猛反扑，众寡悬殊，革命军力尽撤守。两军拼死苦战，弹雨弥天，桥下积尸累累，几使河水断流。已得咸宁之第八军李品仙师会同第七军一部，赖当地农民之向导，取道簰洲司越岭袭击吴佩孚军之背。革命军前后夹攻，吴军不支。战至 29 日晨，国民革命军获最后胜利占领汀泗桥。是役俘获吴军军官 157 名、士卒 2296 名。第四军英勇搏战，获"铁军"称誉。

△　吴佩孚偕同陈嘉谟、刘玉春赴咸宁前线督战,在火车上建立总部行营,到贺胜桥视察后即赴汀泗桥、金口两地视察水陆阵地。吴下令所部只许前进不许后退,退者一律在阵前处极刑,并派营务执法总司令赵荣华组织大刀队,分八路监视各军,旅长余荫森及八名团、营长均因临阵退缩被斩首。

△　驻比公使王景岐电北京政府外交部,略谓:比利时政府外交大臣樊特维尔今日声称,1865 年中比条约为一方面的,仅能由比取消。比政府愿缔结非一方面的新约,惟须俟中国政局稳定,关税与法权会议闭幕之后始能从事于此。又称:比政府如竭力让步而不获成效,则将提交海牙国际法庭。29 日,驻京比使华洛思在北京发表同一内容之谈话。

△　张作霖顾问赵伯欣 23 日在日本筹借 500 万元,名为整理奉票,实则购买武器。留日各界人士闻之甚为愤慨。25 日,国民党东京支部派代表 15 名向赵质问;是日又有留日学生 20 余名前去赵宅驱赵。赵举手打人,激起公愤被殴。日警捕去萧国桢等八人。28 日,留日学生总会电请全国声援。

△　奉军第九军军长高维岳在张家口通电就察哈尔都统职。

△　北京中美通讯社和《中美晚报》被京师宪兵司令部封闭,编辑黄伯昂、黄觉民被捕。

8 月 28 日　国民革命军为防止吴佩孚利用海军扰乱后方,封锁长江、湘江长沙至武昌一段航线,规定外国军舰、商轮如须通过,必须在 24 小时前通知长沙交涉员,取得许可,派领江导入。

△　吴佩孚限令武汉商会于 31 日前筹款 250 万元以充"讨赤"军费。

△　北京政府外交部电驻苏代办郑延禧催办撤换加拉罕大使事,饬向苏联政府外交部声明,"如九月五日以前苏联政府不能与中国以满意之答复,中国政府不得已即将取消该大使一切待遇并给予回国护照"。30 日,郑电告外部称,苏联政府已电加拉罕回国。

　　△　北京国务院举行会议讨论新公债案,决改名"秋季库券"继续进行,嘱蔡廷幹对各国驻京使节进行疏通。

　　△　吴佩孚电请杜锡珪组织正式内阁。

　　8 月 29 日　英商太古公司商轮"万流号"在四川云阳江面违章疾驶,掀起巨浪打沉我国木船三只,溺死商民船夫 10 余人及杨森部解饷官兵 58 名,损失饷银 8.5 万元及步枪 56 支、子弹 5500 发。"万流号"驶抵万县,杨森派兵上船调查,停泊于万县之英舰"柯克捷夫号"派水兵前来夺去杨部士兵的枪支,并开机关枪击伤兵士二名。该舰并卸下炮衣,炮口指向城内陈家坝、南津街两岸民房,掩护"万流号"驶离码头。杨森向驻渝英领交涉未果,遂扣留停泊于万县之太古公司"万县号"、"万通号"两艘商轮。

　　△　国民革命军与吴佩孚军在贺胜桥剧战。吴令刘玉春扼守贺胜桥以南至桃林铺、杨林垱、王本立一带地区,自汀泗桥败退之宋大需等残部以及赴援不及的约二万人麇集于此。下午 1 时,国民革命军开始进攻,第七军自东攻王本立,第四军自西攻杨林垱。30 日凌晨,战事激烈,张发奎、陈铭枢均至阵地督战,一再发起冲击,战士前仆后继。7 时半吴军不支,且战且退。9 时第四军占杨林垱,随攻克桃林铺,10 时克贺胜桥。吴军猛扑叶挺部,犯第七军右翼。6 时,胡宗铎部赶到,将敌击退,占王本立后续追。夏威部由团宣桥前进,11 时克孟家山,午达余花坪,与各部并进。吴军溃退时,吴佩孚亲临贺胜桥督战,喝令赵荣华之执法队砍杀后退官兵百余人,但无法遏止前线之溃退。入夜,吴军分向武昌、金牛遁退,吴本人亦仓皇逃返武昌。是役吴军军官 200 人、士卒 3000 余被俘。国民革命军亦死伤 800 余人。

　　8 月 30 日　齐燮元由长辛店抵京,秉吴佩孚旨意与京各方接洽,以期维持杜锡珪内阁。齐请杜锡珪筹划援湘军费及田维勤、魏益三部开拔费。

　　△　孙传芳颁布援赣计划,以皖军王普部为第一军,刘凤图部为第五军,苏军为第二、三军,浙军周凤歧部为第四军,以卢香亭为援赣总司

令,攻击目标为通山、岳阳、平江、浏阳;赣军攻醴陵、株洲、莲花。孙并令周荫人部攻粤之潮、梅。

　　△　京兆尹李垣电吴佩孚,请饬前敌筹饷督办将京西之涿县、良乡、房山、固安四县政权归还京兆尹。

　　8月31日　吴佩孚将司令部转移到武昌郊外鲇鱼漤车站,在武昌城上安置炮位,沿城挖掘战壕,筑炮兵阵地,重新部署武汉防务:起用靳云鹗为武阳夏警备总司令,刘玉春兼武昌防守司令,刘佐龙为湖北省长兼汉阳防守司令,陈嘉谟专任湖北督办,会同刘玉春守武昌。吴令靳云鹗部第十四师高汝桐之铜帽军会同刘佐龙师守汉阳,刘玉春部、前线退回的残部及豫军一旅守武昌。

　　△　上海《收回会审公廨暂行章程》已得江苏省政府和北京外交团批准,各关系国驻沪领事除墨西哥、荷兰领事未在沪外均已先后签字,是日,淞沪商埠公署总办丁文江、江苏特派交涉员许沅代表中方签字。《章程》规定改设临时法庭审理租界内民刑案件。

　　△　山东、福建、浙江三省连日霪雨连绵,山洪暴发,冲决堤坝,淹没田庐。是日,北京政府国务院摄行大总统令财政部:各拨银二万元赈济三省。

　　8月下旬　阎锡山收编国民军韩复榘、石友三、郑金声三个师。三师所提条件仅"宁死不打国民军"一项,余悉愿听阎令。韩等请赴太原行正式收编礼,阎复电免。各级士官一律照旧。阎云:我以宽济冯之严,以真祛冯之假。阎调韩复榘部往晋南,郑金声部由包头赴榆林。石友三、郑金声送眷为质。

　　是月　上海、武汉、奉天等地工人为要求增加工薪、改良待遇举行罢工:上海美华书馆全体工人,中华书局全体职工,浦东日华纱厂工人,怡和纱厂3000余人,日商内外棉第九纱厂工人,花旗烟公司700多人,祥生铁厂工人,汉口申新纱厂4000余人,奉天澡堂业。700余工人,理发业1100余工人,以及广州邮务工人等。

　　△　国民党湖南省党部召开全省第二次代表大会,80余人参加。

大会讨论了宁乡县土豪劣绅杨致泽、刘昭等人破坏农民协会、杀害农协委员梅治成案和株洲团防、清乡队诬陷农民为匪及破坏农运案,要求政府及时严惩土豪劣绅和反动团防局长。大会通过农民运动、工人运动、商民运动、学生运动、青年运动、妇女运动等决议案,并发表宣言称:"今后吾湘之重要工作,必须建立革命的民权,以辅助监督革命之政府,摧毁封建社会之基础,巩固国民革命之基础。""吾湘全体同志均须下一决心,无论在政治上经济上教育上,均须拥护农民利益。凡摧残农民者,即以反革命论,吾党必敌之仇之消灭之。"大会选举唐生智、夏曦、王基永、李荣植、凌炳、谢觉哉、熊亨瀚、董维健、谢让槐、周以粟等为国民党湖南省第二届执监委员。

9　月

9月1日　英驻渝领事义思德至万县,与杨森直接谈判英轮浪沉木船肇祸事。英领谓须先放还"万通"、"万县"两轮,方能开始谈判,并指责杨森扣押商轮之动作有类作战行为。杨森指出:"万流"轮在云阳肇祸,到万县后派员交涉又遭枪击而重伤二人;且英舰以大炮向南津街、陈家坝一带作轰击势,又告日侨从速迁徙,据此可见,英舰显系有意轰击万城,试问谁有作战行动?翌日上午续谈,英领承认在云阳浪沉木船,称在万县以机枪射击是为防卫,但绝不承认杀伤二人。交涉无结果。

△　晋军商震追击队傅存怀部进占绥远。阎锡山委商震为绥远都统。

△　阎锡山编晋南垣曲、芮城及韩阳镇驻军7000人为两支队,由风陵渡开入陕境抵灞桥,会同刘镇华部攻西安。

△　田维勤、魏益三、王为蔚各部奉吴佩孚急电迅速南下。王为蔚将张家口让与奉军高维岳,田维勤将怀来防地交奉军戢翼翘。吴原委任谭庆林为口北镇守使,该职亦交张作霖委之戢翼翘充任。

△　卢香亭乘轮赴九江,代孙传芳指挥进入江西之二万增援部队。陈调元、王普调遣所部继续入赣。

△　靳云鹗就武阳夏警备总司令职,鄂军第二师师长刘佐龙就湖北省长职。

△　湖南全省工团联合会改组为湖南全省总工会,在长沙开成立大会。中国共产党湖南区执行委员会写信祝贺,指出:为争取革命胜利,必须和农民建立起坚固的联合。

△　毛泽东为《农民问题丛刊》撰序,题为《国民革命与农民运动》,指出:"农民问题乃国民革命的中心问题","所谓国民革命运动,其大部分即是农民运动","若无农民从乡村中奋起打倒宗法封建的地主阶级之特权,则军阀与帝国主义势力总不会根本倒塌。""基此理由,我们的同志于组织工人、组织学生、组织中小商人许多工作以外,要有大批的同志,立刻下了决心,去做那组织农民的浩大的工作。"

△　汉阳兵工厂全体工人自是日起实行总罢工,拒绝为吴佩孚制造枪械。7日,兵工厂工人以国民革命军克复汉阳,即日复工。

△　刺杀廖仲恺之罪犯郭敏卿,被押赴广州东郊处决。梅光培出巨款免死。

△　全国国语教育促进会在上海召开成立大会。

9月2日　国民革命军第四军及第一军第二师抵达武昌城外:第十师在保安门、宾阳门、洪山一带,第十二师在南湖、新店镇一带,第二师在街头口、徐家棚、石眼井、董家湾一带,三面包围武昌城。第七军各部抵达纸坊、樊口、五里墩。吴佩孚下令关闭武昌各城门,每日只汉阳、平湖两门开放一小时以维持武汉交通。

△　蒋介石、唐生智、李宗仁、陈可钰等在武昌城外余家湾车站会议攻城事宜,决定:第四军第十、十二师、第一军第二师、第七军之二路分段攻城,以李宗仁为攻城司令官,陈可钰为副司令,定3日上午3时开始。

△　北京政府外交部照会比国公使华洛思,中比新约如不能于旧

约届满之日订立,中国政府特提出《临时办法》五条,拟于 10 月 26 日起实行,其施行期为六个月。

　　△　湖南教、商、工、农及律师公会等团体,联合发起召集各团体代表大会,议决组织国民会议湖南促成会,公推徐特立为委员长。同日,国民党第二次全省代表大会招待各团体代表,决定组织农工商学联合会。

　　△　杜锡珪摄行大总统特派京东河道督办潘复兼督办黄河工程事宜;赈务督办朱庆澜辞职,以毕桂芳继任。

　　9 月 3 日　凌晨 1 至 6 时,国民革命军第七、四、一军各部攻武昌城,通湘门、小东门、大东门、平湖门、草湖门、保安门外均有激烈战事。吴佩孚军在城垣及蛇山、凤凰山架重炮、机枪射击,停泊在江面的军舰亦发炮。各军未克奏功,停于原阵地。

　　△　晚,蒋介石、唐生智等在武昌城外余家湾车站开会,商讨攻取武汉三镇之方案。蒋介石主张强攻武昌,多数人认为为免人民财产损失太大,应先攻汉口、汉阳。会议决定攻城部队退至武昌洪山背后,第八军分两支兵力由新堤、簰洲和黄岗渡江,向汉口、汉阳猛进。

　　△　吴佩孚决心死守武汉三镇,下令加派刘佐龙为汉黄防御总司令,刘玉春为武昌城防司令,高汝桐为汉阳防守司令;并恢复靳云鹗之讨贼联军副总司令名义,畀以节制陆海军全权。

　　△　国民革命军第十四军赖世璜部开始进攻赣州投直之滇军杨如轩、杨池生两部。第一师由雩都径向赣州,第二师由会昌向安远、信丰推进。是日,二师之一部占安远,其主力于次日进占信丰,敌军向上犹方向溃退。一师潜渡赣水,占茅店、下湖墟之线。第二军第五师谭道源部自南雄入赣,亦于次日占梅岭关、大庾,守敌向新城镇退去。

　　△　蒋介石委何应钦为北伐东路军总指挥,率第一军第三师谭曙卿、第十四师冯轶裴及独立师张贞等部攻闽。

　　△　张宗昌颁发北京戒严令,派京师警察总监李寿金为戒严司令,京畿宪兵司令王琦为副司令;并谓遇事请示三、四方面军军团长张学

良、韩麟春及直鲁联军总司令张宗昌本人。京畿卫戍司令王怀庆失却统治北京之权力。

△ 张作霖派沈鸿烈强行接收附属中东路航行松花江、黑龙江之船舶。4日,张焕相又饬令巡警强行封闭中东路学务课。苏联政府外交人民委员瞿吉林向北京政府驻苏代办郑延禧提出抗议。

△ 北京政府财政总长顾维钧宴银行界,谋新发"秋季库券"400万元。众以税务司安格联不允担保,不肯承募。顾又商借款应付秋节军政费,众又表示困难。6日,顾派人疏通银行,将借垫之数由400万改为200万,要求务须办到。银行界聚议,谓欲凑100万尚有困难。8日,银行界最后拼凑,允代筹警饷60万元。

△ 刘镇华镇嵩军第三师及四师七旅、第八旅攻下咸阳。刘召开军事会议,谋攻西安。

△ 康有为为清理清室财产及运动溥仪返宫,经津偕褚玉璞抵京。翌日,谒张宗昌,密谈三小时。康语人谓:"清宫应还溥氏,优待费应照约偿付,方合讨赤宗旨。"

△ 上海总商会为中比商约事致电北京政府外交部,驳斥比政府外交部借口关会结束后再行会商,意存延宕;指出:中比条约定有限期,期满失效,与关会渺不相涉,请电饬驻比公使向比政府声明期满失效,无商讨展期及付诸公断之余地。13日,再电请饬驻比公使坚持期满废约。20日又电指出:若不到期取消,不特商业无发展之望,而国权亦有凌夷之惧。

△ 东京留日学生总会发起国民大会,到会同胞千余人,商议驱逐卖国代表赵欣伯及援助被捕10同学事。8日电国内各公团请援。

9月4日 驻渝英领义思德致最后通牒于杨森,限令24小时内释放扣押之"万通"、"万县"两轮,否则实行轰击。

△ 万县各界组织英轮惨毙同胞雪耻会,并发表宣言。

△ 杜锡珪摄行大总统任命李垣为京兆尹,李寿金为京师警察总监。

△　张学良、韩麟春到太原会晤阎锡山,商定绥远地盘归晋,西北军事由晋军独力负责处置,必要时再请奉军帮助。

△　驻泊广州沙面之英舰两艘,4 时许越界驶往并寄泊于西堤前工商检验货物处河面,炮口指向该处,下令驱逐大小船只,并占领省港码头罢工工人饭堂。下午 3 时许,又来一艘炮舰,围集省港码头河面,小汽船往来巡梭,50 余名水兵携机关枪数挺登陆,占驻省港码头。6 日,英舰派三艘小电船,包围因破坏罢工被扣留之"亚伯"轮,并派兵过船强夺而去。

△　北京政府教育总长任可澄为强行将女师大等三校合并,带领军警武力接管女师大,迫令教职员于一小时内一律离校。全校教职员、校警、茶役当即一律搬出。次日,教职员集会反对三校合并,学生会亦发宣言指责教育部。

△　北京女子大学全体教员、学生及家长纷开紧急会议,一致挽留校长胡敦复,以抗议北京政府教育部将女大并入女子学院之决定。20 日,胡敦复呈请教育部暂缓并入。

△　上海华侨联合会致电北京政府外交部,略谓:清廷与各国所订条约,皆系片面,海外华侨受条约束缚之痛苦,不堪言状。近来期满之条约不止一国,务恳迅速通知各该国政府概行废止,重订平等新约。

△　章太炎致电孙传芳,自称,"为国呼吁,为民请命",请孙即出师攻国民革命军,并谓:"赤氛北犯,江汉阽危,执事缨冠赴救,非为疆场之事,乃为国家保障主权也。"

9 月 5 日　英军酿成万县惨案。下午 4 时,英装甲舰"嘉禾号"由宜昌到万县,逼近被杨森部扣留之"万县"轮,乘守轮士兵不备,袭入该轮,猛用机枪扫射,毙杨森部士兵 100 余名。同时,英舰"柯克捷夫号"及"威警号"用大炮轰击万县城两岸杨家坝、南津街及省长行署等地,引起火灾,焚毁民房、商店 1000 余家,死伤人民 4000 余。杨森部开炮还击,据驻京英使麻克类称死英海军军官三、兵士四,伤军官二、兵士 13。

△　杨森为万县惨案发出通电,详举惨案事实后略谓:"英舰'柯克

捷夫'前同'万流'轮已勒提我军枪支,并擅用机关枪扫射,我方概未还击;嗣在交涉中,仍以大炮对准万城作攻击状,并通知旅万外侨迁避,足证其早有轰城决心。乃本日竟同'威警'舰、'嘉禾'轮悍然向我擅开战端,实属破弃公法,绝灭人道,待我国家直殖民地之不若。除电请政府向英使严重抗议制止英舰继续作战,保留一切要求条件,并派员来万调查以作交涉根据外,谨请军民各界起维国权,主张公道,一致对英,雪此大辱。"

△　10时,国民革命军江右先遣队向汉阳发起攻击,汉口守军纷渡汉水增援,激战至下午4时,二十七团占汉阳城脚,二十六团占扁担山。倒戈之鄂军第二师炮兵及步兵第八团向龟山进攻,与高汝桐部展开争夺战,激战终夜。至6日拂晓得援,击退守兵,占领龟山。6日下午3时,第八军第二师占兵工厂,第四师得刘佐龙部内应,克复汉阳城。

△　凌晨,国民革命军各部复攻武昌城,武昌九门有六门受攻,奋勇队三面攀登,死伤累累。刘玉春部顽强抵抗,炮火猛烈。中午,蒋介石到洪山,决定暂停攻击,除一部警戒外,大部退至邓家湾附近整顿。

△　国民政府外交部长陈友仁照会驻粤英总领普理宁,严词抗议英舰驶进西堤占驻省港码头,要求:一、立刻撤退码头上之武装英兵;二、英海军立即停止干涉江面小船;三、英舰应退至沙面外原停泊处。照会并保留要求赔偿之权。12日,英舰撤退。

△　吴佩孚迫令汉口商会迅速筹饷250万元;并发电谎称四天之中共击毙北伐军数万人,王都庆部已在4日攻占长沙。

9月6日　国民革命军第十四军赖世璜部第一师克复赣州。杨池生、杨如轩部向遂川方面退却。

△　国民革命军第三军第二十五团经大义口、高泄里威胁萍乡守军之右侧背,第八师主力驱逐上栗市守军向清溪前进,第二十六团向桐木前进,第七师进至白兔潭,是日晨各部开始攻击前进,10时占领萍乡。

△　孙传芳致电谭延闿及国民革命军诸将领,请攻赣粤军迅速撤

退。翌日又电蒋介石,要求"粤军限二十四小时内全数退回粤境,不得藉词逗留";并谓:"湘政还诸湘民,无论何方不得干涉。"

　　△　晚,张作霖召集重要会议商讨时局对策,自北京抵奉之张宗昌、褚玉璞以及吴俊陞、杨宇霆、陈兴亚等人与会,讨论出兵援吴佩孚、关内奉军分布驻防及西北军事等问题。

　　△　北京政府外交部成立中苏会议委员会,以次长王荫泰为委员长,奉天交涉署长高清和为副委员长,宣布在北京设商务、界务、法律三委员会,在奉天设中东路、松黑航权、债务赔偿三委员会。

　　△　北京中华教育改进社、教联会庚款董事会、国立九校教职员联席会、私立五大学联合会等四教育团体开会,议决根本推翻为日本从事文化侵略服务之东方文化事业总委员会:一、呈请政府撤销该会中国委员;二、警告该会主要活动分子江庸等,令其停止活动,退出该会;三、请各教育团体一致力争,并揭发日人文化侵略之阴谋。

　　△　新成立之故宫保管委员会会长赵尔巽、副会长孙宝琦以接收困难,向北京政府辞职。9 日,京畿宪兵司令部以清宫交接问题,传询前委员会事务长陈垣。

9 月 7 日　国民革命军第八军第二师渡汉水攻占汉口。吴佩孚军向黄陂、孝感退却。商店鸣鞭炮悬青天白日旗庆祝。士兵四出演讲革命,散发传单。刘佐龙以蒋介石所委之武阳夏公安总司令名义出示安民。

　　△　孙传芳援赣之先遣部队江苏第四师谢鸿勋部及第七混成旅杨镇东部已于月初进抵修水、铜鼓。6 日,国民革命军第六军由通城推进至赣境,当即向修水进击,是日晨 8 时,第十七师前卫在马坳附近与谢鸿勋部接触,鏖战半日,击溃谢部之赵团,毙 200 余,俘 300 余。第十九师由全丰、杨溪、风鼓泉包围修水,继续攻击前进,在杭口及修水南门附近激战,死数百人。11 日,击溃谢部第一、二团兵力,克复修水,跟踪向武宁方向追击。

　　△　吴佩孚以汉阳、汉口失守,武昌危在旦夕,是日偕靳云鹗、杜锡

钧等自汉口乘火车北逃,渡江奔孝感。临行前吴电孙传芳,略谓:"我弟总镇长江,威加南北,试一举手,即可戡定中原,奠安华夏。今赤贼既已得志于湘、鄂,势必窥赣边而通声气。应懔唇亡齿寒之戒,念辅车相依之切,虞虢前车,可资殷鉴。"

△ 国民党中央第十六次政治会议通过对时局宣言,略谓:"本党之目的,在求中国之统一与和平。吴佩孚为统一和平之最大障碍,故毅然以武力扫除之。""各地军队,其于本党主张表示同情者,一律引为友军,共赴国难;其于本党行动不加妨害者,亦当开诚相与,无所嫌猜。"宣言并谓国家根本之改造,在"召集真正代表人民之国民会议,以解决国事,奠定国本"。"凡夫建立统一政府,规定地方制度,改善国际关系,发展经济、便利交通诸大端,皆应由国民会议决定方策,次第实行"。关于对外政策,宣言谓:"统一政府成立之后,首应与平等待我之任何国家,根据平等相互之原则,订定新约,以修和睦,而维和平。"

△ 国民政府发布《出师北伐告全国人民书》,宣称:"秉总理之遗嘱出师北伐,以蒋校长为总司令,委以讨贼吊民完成革命之重任。盖用兵虽危,顾不如是,则中国难免亡于军阀及帝国主义者之手也。敌人拥兵甚众,据地甚广,铲除虽未易言,而革命主义之毕竟成功,大足以坚吾人之信念也。革命成功唯一之要素,在得民众扶助。前此国民政府得以成功于南方者,实赖南方民众之力。此次北伐,深望全国民众亦与以同等之扶助焉。"文告并提出对农民、劳工、商业各界之兴革大计,勉共同合作,为达成建立自由独立国家之使命而奋斗。

△ 国民政府发布《对农民运动第三次宣言》,指出:"自农民组织团体之后,对于政府、社会有绝大之援助,其重要者即反对一般反动及贪利之军阀是也。""土豪劣绅、贪官污吏对于农民协会仇视甚深,有势不两立之慨。""政府特于此第三次宣言中明白表示:政府自始至终实行已往之宣言,尽力保护农民之利益,协助其组织之发展。"

△ 孙传芳通电抨击国民革命军进攻萍乡,声称:"为避免战祸计,已令边军退让,撤退赣境数十里,一面严重诘问,待其答复。倘执迷不

悟,一再破坏和平,芳惟有励方怒之将士,保垂尽之边民,亲执橐鞬,以请命于军前。"

　　△　杜锡珪摄行大总统任命王琦为京畿宪兵司令,杨绍寅为京师军警督察处长。

　　△　京师警察总监李寿金、京畿宪兵司令王琦公布戒严条例八条,有"禁止输出民有物品可供军需之用者","交战不得已时,得破坏、烧毁人民之不动产"等规定。

　　△　中午 12 时,英舰"顺利号"在广州河面车歪炮台附近武装夺取罢工委员会轮船"亚细亚号",没收船上纠察队之枪械子弹。9 日,国民政府外交部向英驻粤总领事普理宁抗议,要求放还该轮并赔偿损失。14 日,"亚细亚号"放回。

　　△　上海各界 300 余团体代表及市民二万余人,上午在西门民国路开会纪念"九七"国耻日。与会群众集队游行,沿途散发传单数十万份,高呼口号。工、学各界组织 900 余讲演队到租界分头讲演,21 人被捕。经抗议、交涉、营救,27 日全部获释。

　　9 月 8 日　蒋介石抵武昌城外之南湖,警告陈嘉谟、刘玉春:如不于 24 小时内开城投降,将不得不发炮猛轰。9 日,商会徐荣廷偕刘文岛赴南湖行营向蒋屈膝泣乞,请再延八小时待商办法,以免城内百姓同遭浩劫。蒋允令唐生智办,唐允由商会斡旋。

　　△　孙传芳电张作霖表示"愿追随左右,共挽颓局"。次日,张复电云:"玉帅(吴佩孚)新挫,武汉已失。东南半壁,全赖我兄支柱。弟以大局为重,微嫌小隙,早赴东流。倘有所需,敢不黾勉。"

　　△　全浙公会在上海召集常务董事紧急会议,商讨江西战局吃紧、奉军决定南下之应付办法,决推蒋尊簋、殷铸夫、沈田莘三人即赴宁与孙传芳接洽。陈其采、蒋尊簋、褚辅成、殷铸夫、沈田莘联合各方士绅开展"和平"运动,酝酿发起组织一大规模之民间团体以提倡自治。

　　△　范石生通电声讨唐继尧,即日由广西恩隆(今田东)平马出师。

　　9 月 9 日　朱培德率国民革命军第二、三军向宜春进攻,是日午后进抵芦溪,先头部队到达宣风、竹坪附近之线。翌日,在距宜春30里之孟子桥附近,与赣军唐福山、张凤岐部接火两小时,赣军退却。晚8时,第二军占宜春,赣军向分宜退去。万载守军向上高退走,第二十六团由桐木追击,占领万载。

△ 国民革命军第八军第四师刘兴部沿京汉铁路追至横店,与高汝桐部激战,四师由右翼包围,高部向祁家湾退却,小股向黄陂退却。四师跟踪追击,午后4时占祁家湾,8时克黄陂。

△ 北京政府外交部照会关系各国驻京公使:请转知驻沪商务代表,请参加编订货价委员会事务,随时接洽一切。法、英、美、意、日使先后函复派定驻沪领事或参赞参加。

△ 旅荷华侨电北京政府外交部,以中比条约满期,请明令宣布废约。

9月10日 国民革命军第八军第四师除第十三团一部暂留黄陂外,大部由廖家铺、贾家铺、徐家桥向孝感侧击。第三师一部接守黄陂,大部在四师后跟进。下午1时,第四师占孝感,守敌向广水退却。

△ 北京政府外交部为万县惨案事向英驻京使馆提出严重抗议,要求英惩办肇事军官,并保留赔偿之要求。14日,再次抗议,并请暂止英舰驶往长江上游。

△ 苏驻京大使加拉罕奉调回国,取道海参崴返莫斯科,是日离京。12日,北京政府外交部电上海特派员许沅,谓毋庸按章接待,应严密监视有无轨外行动。15日,加拉罕对《大陆报》记者谈话,表示同情广州国民政府之表现,谓只有民众之势力如国民党者乃能统一中国。26日,加拉罕等五人乘船离沪。

△ 商震部占包头。

△ 萍乡举行恢复安源路矿工人俱乐部大会,并宣告成立萍乡煤矿总工会,2.3万余人参加,萍乡、醴陵、株洲、长沙各地27个工农团体代表亦到会。14日,萍矿总工会召集代表大会,并举行欢迎北伐军大会。

9 月 11 日　国民革命军第七军一部开进大冶,占官矿局。15 日,由大冶向阳新推进。

△　刘志陆、马济、叶开鑫、方殿甲等联名电孙传芳,请允粤、桂、湘、鄂四军加入五省联军,并恳孙就"九省联军总司令"职。

△　中国农民运动讲习所应届毕业生 318 人组成之考察团,由萧楚女等率领到海陆丰实习,考察一月后回广州,是日举行第六届毕业礼。

9 月 12 日　张作霖派靳云鹏至南京,与孙传芳面商合作共援吴佩孚"讨赤"办法,许孙以完全合作,不必相猜;表示奉、鲁军决不进兵津浦路,如有南下"讨赤"必要,亦将取道京汉路。孙传芳允苏、鲁境界不驻重兵,马登瀛旅即日开拔援鄂。翌日张作霖在天津召集直鲁联军及各军将领,讨论援助吴佩孚、孙传芳及攻击国民军诸问题。

△　武昌商会为武昌城内人民免遭战祸,连日与国民革命军和守城吴佩孚军双方商洽办法。是日,陈嘉谟、刘玉春向商会代表提出三项条件:一、吴军改编,应先通知调防地点;二、商会筹集军饷,尚有 120 万元未交,此款应发给吴军欠饷;三、商会担保各将领生命安全。协商无结果。商会代表邀中外教士调停,外人表示"严守中立"。翌日午后,国民革命军复开始炮轰武昌城。

△　唐绍仪、张一麐通电各方领袖:请以武汉为缓冲地,停战开会议和。

△　驻京英使麻克类驳复北京政府外交部关于万县惨案之抗议,声称:"中国政府若无制止中国军队暴行之能力,英国只可取自由行动。"

9 月 13 日　唐生智与刘玉春关于武昌城处置办法之谈判破裂,蒋介石下总攻击令,国民革命军攻城部队以巨炮及汉阳之排炮轰击武昌,并用飞机投掷炸弹。

△　国民革命军第八军第四师自孝感沿京汉铁道前进,第三师由铁道以东地区前进,鄂军第二师由铁道以西地区前进。晚,第四师占领

广水,第三师抵双桥镇,鄂二师占应山。

△　国民革命军第一军第一师于 7 日由岳阳转浏阳,进攻江西铜鼓孙传芳军杨镇东部,是日 3 时在上崔界附近之横界峰田坳地方接触。第一师之二团在丰田何家坳附近被围;三团 8 时包抄到铜鼓城东南左翼,攻击温汤南五里之荷塘;一团拂晓派一营侧击下油铺,与二团联络。至午前,三团击破铜鼓守敌,下午进城。

△　国民革命军第六军军长程潜在修水南之山口得悉第一师击破铜鼓,即令一部由金鸡桥向大塅截击,一部由石街向奉新大道截击,俘获 300 余人。杨镇东率残部 1200 人向宜丰退却,程派十九师开往潭山、奉新截击。

△　福建各路民军联合组成"福建国民军",推宋渊源为参谋团临时主任,卢兴邦、高义、杨汉烈、吴威、叶定国、陈国辉分任六路司令,陈烈臣、罗伟、林志民、林鹤分任游击队司令,陈启芳、梁济川为独立第一、二支队长。是日联名发出快邮代电,略谓:"本服膺三民之训,矢团结一致之诚,为主义战,为人格战。总期共诛周贼(荫人),先澄左海之波,仍当协歼元凶,痛饮黄龙之酒。报国者唯为国而牺牲,救乡者宁以乡为畛域。"

△　蒋介石于武昌南湖通电驳斥孙传芳 7 日电,略谓:孙 8 月 30 日发作战命令以及对湘、粤作战计划,征调频繁,谋扰湘、粤,乃以保境安民为名,行侵略扰民之实。

△　国民革命军总政治部颁布新闻条例八条,规定汉口市内各报所编新闻稿及各通讯社发交外部稿件,均须交检查新闻委员会检查。

△　国民政府外交部为日本政府拟购买东京中国使馆之房产一事警告日本驻粤领事,声明此乃国产,北京政府之代表无权出售。

△　国际联盟选举中国及比利时、瑞典、罗马尼亚、波兰、智利、古巴、哥伦比亚、乌拉圭为非常任理事。

△　美国国务院发表声明:美国政府未与列强开任何谈判以对华采取共同行动,并表示将决不采取此项行动。

△　国民政府司法行政委员会主席徐谦提出司法改良意见,认为旧日司法独立说违反国民党党义,司法机关必须与政治方针相统一,司法人员应受党务、政治训练,培养成为新进的革命法官、革命人才。现行法规、法律,其中有的是抄袭外国,与革命精神相反,应加全部审查,作根本修改。徐提议须在国民党中央领导下,吸收地方党、政、司法机关及各群众团体代表,组织司法制度改造委员会,拟定方案,提交中央执行委员会通过后由国民政府公布施行。

△　重庆各界为万县惨案举行四川国民雪耻水陆游行示威大会,工界罢工,商界罢市,学界罢课,各机关团体亦停止办公。18 日,各界三万余人又举行水陆示威游行。

△　浙江省慈溪县山北地方农民 2000 余人,到县警察局报荒,和警察发生冲突,焚毁警署,并将警察枪械缴去,后又转到乡绅地主家"吃大户"。

9 月 14 日　国民革命军总司令部颁发封锁武昌计划:陆路由攻城部队任之,对武胜门、忠孝门、贵阳门、通湘门、起义门、保安门、望山门通城外之路及其他要道均备障碍物防敌冲出扰乱;水路由第八军、十五军驻防阳夏部队及攻城部队协同任之;通信封锁由飞机及第八军二师驻阳夏部队暨前敌总指挥部任之。

△　正午,国民革命军第八军第四师第三、十三两团追至鄂、豫接壤之东篁店附近,吴佩孚军以五六千人反扑并以铁甲车冲锋。革命军抄袭吴军后路,吴军向平靖关、武胜关、大新店退却。傍晚,第四师占东篁店。

△　国民革命军第三军二十六团克复江西上高,赣军向高安溃退。第二军亦克复分宜。

△　唐生智所部之第八军已扩充至 4.5 万余人,月需军费 200 余万元,湘省全部收入尚不敷此数。唐电湘按月解缴 100 万元。是日,湘省政府以全年省预算收支相抵不敷二千六七百万元,公推财政厅长刘岳峙、建设厅长邓寿荃赴武汉谒唐生智商解决办法。19 日,唐在汉口

开湘省临时省务会议,议决自 10 月起担负经常军费 60 万元。湘省政府将前已提征至民国二十年之田赋一律作为无效,下令自 11 月 1 日起重新开征今年田赋。

△　武汉总工会成立。

9 月 15 日　国民革命军第八军第四师刘兴部攻击武胜关,鄂军第一师夏斗寅部攻平靖关,第三师李品仙部随第四师前进。翌日,第四师击退田维勤部占领武胜关及新店,鄂一师攻占平靖关,第三师占领鸡公山、九里关,残敌向信阳方面退却。

△　国民党中央在汉口组成湖北省临时政治会议,为处理全省军事、政治、财政之最高机关,俟省政府正式成立时取消;颁布《湖北省临时政治会议条例》,任命唐生智、邓演达、陈公博、刘佐龙、李宗仁、陈可钰、詹大悲、董用威、刘文岛、喻毓西、陈铭枢、胡宗铎、夏斗寅 13 人为委员,唐生智代理主席。

△　蒋介石委刘佐龙为国民革命军第十五军军长,邓演达为湖北省政务委员会主任委员,陈公博为财政委员会主任委员;陈兼江汉关监督兼交涉员,邓兼兵工厂厂长。

△　国民革命军通告驻汉领事团,即日起封锁武汉江面,上下游往来商船须在各指定地点检查,并禁止驶进武昌,否则即开炮射击。

△　冯玉祥 8 月离莫斯科返国,是日由库伦抵五原。

△　寇英杰派徐声钰赴济南谒张宗昌,商议直鲁豫陕晋五省联盟"讨赤"服从张作霖、吴佩孚指挥。张答称:鲁军决尽力助吴"讨赤",饷械队伍均已备妥,专候张、吴两帅命令。

9 月 16 日　国民革命军第二、三军向江西省新喻县〔今新余〕方面进击,赣军邓如琢、张凤岐、唐福山诸部及七大队在新喻附近占据阵地顽强抵抗,激战三昼夜,赣军主力被击破,由清江溃往樟树,小部向高安退却。是日,国民革命军占新喻。

△　方本仁派贺守中到吉安,劝蒋镇臣响应国民革命军北伐,被蒋扣留。当晚方亲自化装到吉安劝降,亦被扣。

△　法权调查会议在居仁堂开末次会议,通过司法调查报告,计分四章:一、中华民国治外法权之现状;二、中华民国法律制度之现状;三、中华民国司法制度之现状;四、各国对中华民国司法制度之劝告。英、法委员作最后修正后,13国委员全体签字,决定分送13国政府协议后再行公布。中国委员王宠惠提出撤销治外法权之意见书,各国委员口头表示赞同,称须待军阀干涉司法之越权行动消灭、法庭完全独立后,方可实行。历时八个月之法权会议至此结束。

△　北京政府财政部发行"十五年秋节库券"300万元,以应付秋节紧急政费。公布条例,规定利息八厘,民国二十年(1931)3月20日一次还清。该库券不依向例由总税务司保管基金,不经银行承销,而作为现款给各机关。

△　奉方派张景惠离京赴长辛店晤齐燮元,磋商接收保(定)大(名)问题。

△　潘复到宁谒孙传芳,面商苏、鲁协调,议定五条:苏、鲁交界地区各驻兵一旅为限;徐、皖一带盐税归鲁省;津浦路收入徐州以北者归鲁,以南者归苏;马登瀛南下,由鲁军填防兖州;鲁军援鄂,乘津浦路南下不得到徐州以南。

△　靳云鹏积极活动组阁,以"领土统一,人才集中,门户开放,机会均等"16字"新政策"广为招摇。是日,靳由津赴奉。

△　驻京美使马瑞慕取道上海去菲律宾会晤菲总督,12日抵宁谒孙传芳,是日在沪接见《大晚报》记者,谓北京之中央政府等于赘旒,致吾人办理外交事务多需与地方官直接交涉。又谓:领事裁判权固为弊制,但在目前乃为必须之弊制。

9月17日　冯玉祥在苏联顾问团、中国共产党人刘伯坚、国民党于右任等人帮助下,是日12时在五原宣誓就任国民军联军总司令职,誓辞曰:"国民军之目的,以国民党之主义,唤起民众,铲除卖国军阀,打倒帝国主义,以求中国之自由独立,并联合世界上以平等待我之民族共同奋斗。死生与共,不达目的不止。"誓师入陕,宣布全军加入国民党。

同日,国民军第一、二、三、五军将领张之江、邓宝珊、孙岳、方振武等20人通电拥冯,并表示与国民党结合为一。

△　国民军刘郁芬部在甘肃联合回军,击溃吴佩孚系甘军张兆钾、孔繁锦两部,分路由陇东、陕北援救被围西安之李云龙、杨虎城部。

△　国民革命军第八军与建国豫军樊钟秀部联合进驻武胜关。驻信阳附近之庞炳勋部倒戈,吴佩孚由信阳退往郑州。

△　张作霖派张景惠到郑州谒吴佩孚,接洽援鄂办法。翌日,张携吴函回奉复命,谓中央政治听奉主持,请竭力筹措饷械接济。吴函称:京汉线尚有大军十余万,足供反攻之用,请接济饷械;如派军队,请由渤海舰队载运由海道直捣广州。

△　褚玉璞由天津赴济南晤张宗昌,筹划出兵援助吴佩孚,并商议直鲁豫陕晋五省联盟"讨赤"事。同日,张宗昌派参谋长李藻麟专车赴京,调动京、津一带之鲁军援鄂。

△　归降吴佩孚之原豫籍土著部队第十师任应岐部、十一师李振亚部、第一混成旅马文德部及袁家骧部在河南宣称独立。

△　国民革命军用飞机在武昌上空散发传单,劝告武昌军民迅速自决,次日又限守城军24小时内投降,否则将用大炮攻城。武昌文华大学主办人、美国人孟良佐、韦格非两人缒城而下,到汉口与商会接洽"调停"推迟攻城日期。

△　国民政府为统一币制,铸造一元、半元、双角三种新银币,流通于国民政府所辖各地,并将所有旧币收回改铸。

△　北京政府驻宜昌、重庆交涉员与英领事、司令官为万县惨案举行谈判,结果允释放"万县"、"万通"两英船;赔偿我军民损失问题未达成协议。

9月18日　国民革命军第六军第十九师杨源浚部在程潜率领下转由江西同安向高安攻击前进,在第三军二十六团协同下,是日攻克高安。赣军谢文炳、张凤岐、唐福山等部向南昌退却。

△　北京国务院举行会议,杜锡珪声言即日辞职,请军警长官维持

治安。京畿宪兵司令王琦等到会谓,节关已届,京师军警需开饷 80 万。商议直至深夜,最后由顾维钧允诺 80 万,次日 3 时顾等方出院,军警机关各派代表三人同往顾宅,守候 80 万现款。20 日,杜锡珪到顾宅解围,电张嘉璈、卢学溥来协商,决定由中、交两行开库兑现,当现签发支票 70 万元、库券 25 万元交军警代表。

△ 国民政府外交部长陈友仁函英驻粤总领事普理宁:近期将解决排货风潮,决定对平常入口货品征特别消费税百分之二点五,奢侈品百分之五,出口货亦征特税若干,照关单计算。

△ 杜锡珪摄行大总统派朱兆莘署国际联盟行政院代表。

△ 万县市民为抗议英兵烧杀,举行水陆城乡大示威;翌日,在西校场举行第二次市民大会,议决"请求政府对英交涉"。

9 月 19 日 国民革命军第六军军长程潜率第十九师杨源浚部自高安东进,是日下午在南昌工人、学生、省长所属警备队等响应下,突占南昌城。是时,第三军朱培德部在高安附近,第二军与赣军邓如琢部对峙于樟树镇,第六军第十七师、第一师尚在奉新、罗坊间。

△ 晨,国民革命军第二军击破赣军邓如琢部,克清江。邓部向樟树退去,第十一团跟踪追击,翌日到樟树大河西岸。

△ 蒋介石离鄂经长沙入赣,是日抵萍乡,设总司令部行营于高安。

9 月 20 日 英驻京公使麻克类就万县惨案照会北京政府外交部,诬称此案之直接原因,为杨森欲强占一该国轮船运输军队,"行动几等于海盗"。照会并谓:"将竭力设法将该案就地解决,但未开始讨论之先,所截留之英舰两艘应即交还。"

△ 杜锡珪电吴佩孚、张作霖、孙传芳、阎锡山、张宗昌要求辞职,略谓:"今日政局益趋纠纷,财政困难已臻极点,无论如何努力,终难期各方满足,遗憾实多,纵勉维现状,迄此节关,过此以往,实无法再行支撑。"翌日,张作霖复电称:中枢政局向由吴佩孚主持,仍希与吴商。吴电杜谓"时事多艰,军兴未艾,请维持中枢"。

△　周荫人奉孙传芳命,督率第十二师自漳州出发攻粤东大埔。

△　浙、苏、闽、皖四省奔走“和平”之代表蒋尊簋、魏伯桢、赵厚生、史家麟、李次山、张一麐由上海到南京,晤见孙传芳。孙提出“和平”条件为:一、撤退入赣党军,停止湘、鄂战事;二、由各方自由推戴人选组织内阁,取决多数;三、召集南北和平会议,选举总统,划分军区,匀配财政等项。

△　旅比华侨各界废约后援会电北京政府外交部,誓死反对政府允中比条约延期,决派代表赴瑞士,与旅日、英、法、德侨民代表共同行动,迫使驻比公使王景岐采纳民意,否则“民愿偕亡,铁血随之”。

9 月中旬　阎锡山接济吴佩孚饷 30 万元、枪弹 50 万发,派梁巨川押赴信阳。

9 月 21 日　孙传芳因江西告急,率援军由南京赴九江。

△　郑俊彦率新到援赣苏军由南浔路攻南昌。邓如琢部经丰城由南路北攻。国民革命军第六军竭力抵御,苦守三日,终不能支,是日退出南昌。次日,又会合由奉新赶到之第一军第一师王柏龄师再度攻入南昌。卢香亭率援军赶至围攻,激战不已。23 日,程潜率军突围冲出南昌西撤。

△　国民革命军第二军第十六团及第十八团之一营在副师长朱耀华率领下,由萍乡向莲花东进,17 日午后在安福附近与投赣之陈炯明粤军残部陈修爵部接触,次日退守城西。朱耀华集合部队反攻,是日占安福城,赣军向吉安方面退走。吉安南之泰和县亦同时为国民革命军所占。

△　蔡廷幹、顾维钧、张国淦向杜锡珪辞外交、财政、内务总长职。

9 月 22 日　国民党中央政治会议议决:10 月 1 日起取消封锁港澳政策,即日恢复粤港交通,准人民自由来往。国民政府外交部长陈友仁照会英驻粤总领事普理宁,谓已与罢工委员会磋商停止杯葛办法。

△　国民党中央工人部长陈树人召集省港罢工委员会及各工会代表 125 人举行会议,略谓:北伐顺利进展,地域扩大,过去政策已不适

用,且须筹措军费支持北伐,经国民党中央政治会议议决,取消封锁香港之政策。晚,国民党中央宴请各罢工团体领袖。

　　△　国民政府发布《党员背誓罪条例》,规定"党员违背誓言而为不法行为者,分别情形按刑律加一等以上处罚之"。

　　△　国民党全欧代表团为废除中比条约发出告海内外同胞书,提出三项主张:一、海外同胞作种种示威,并监督中国公使到期申明废约,如比国不承认,则促中国公使、领事下旗归国;二、国内各团体及全国人民全力督促北京政府或径电驻比公使于 10 月 27 日正式宣告中比条约作废;三、国内各社团应分电比国政府,驳斥其狡赖之无理,以示我国人民废约之决心,即使断绝国交亦在所不惜。

　　△　直系之京畿卫戍总司令王怀庆去职,翌晨离京南行,所部毅军开赴西苑移驻保定。驻在天坛及南长街公府之卫戍军诸团,被奉军缴械。26 日,原卫戍军之团长李永清、李清雅、王殿元等通电一律改隶"镇威军",服从张学良、韩麟春节制。

　　△　北京国立九校校长及教职员联席会议,决定函北京政府财政总长顾维钧,略谓九校每月经费需 20 余万,拨款一万可作何用? 请负筹划经费之责。24 日,九校长校务讨论会决定十日内暂不开学,积极奔走经费。

　　9 月 23 日　国民革命军第九军彭汉章部在鄂西黄金口、斗湖堤与卢金山、于学忠、王都庆等部激战,于、王等部向沙市、宜昌方面退去。

　　9 月 24 日　蒋介石在宜春策定全赣作战计划:第三军及第一军第一师协攻南昌;第六军主力攻永修,一部策应对南昌之攻击;第二军主力与第一军第二师攻樟树,一部向峡江方面警戒;第七军主力攻九江,一部警戒长江南岸;第十四军及第二军第五师攻吉安等地。

　　△　国民革命军第二军第五师谭道源部由泰和向吉安进攻,第六师戴岳部亦向吉安进迫,第十四军赖世璜部向吉水、永丰抄袭。赣军蒋镇臣部见势不敌,陆续向赣东方面撤退。23 日下午,第五师在高塘墟与赣军接触。是日,赣军向吉水退走,晚 8 时,第五师进占吉安城,第六

师之十六团协同进攻,亦入城。

△　程潜率第六军第十九师杨源浚部自南昌突围,渡过万河,翌日抵万寿宫,与第三军第七师王均部会合。所部死伤离散甚多。

9月25日　孙传芳军马登瀛部乘"决川"、"浚蜀"二舰在黄石港登陆,占大冶,联合江苏第四师谢鸿勋部与国民革命军第七军接火。退驻武穴之马济、叶开鑫残部至广济策应。

△　张宗昌、褚玉璞以援鄂为名,不待吴佩孚之同意,部署直鲁军分六路出兵:北方第一路褚玉璞率孙殿英师由任丘往保定,第二路徐源泉部由沧州赴石家庄,第三路王栋部由北京南下至保定,以上三路先巩固直省防务;南方第一路许琨部假道徐州往商丘,第二路程国瑞部经济宁、曹县往考城,第三路王翰鸣部自东昌穿大名赴彰德,以上三路限十日内先集中兖州,以声援郑州、开封。

△　齐燮元移驻保定,以保持保(定)、大(名)免为奉鲁军所占。27日,齐访张学良,谓现驻保、大军队缺乏车辆,一时尚难完全开拨,请暂缓派兵接收保、大防务。张谓此事系直鲁范围,须转商张宗昌、褚玉璞。

△　广州农工商学联合委员会召集安置罢工工人办法会议,并邀实业、财政、市政三厅长出席,商议在渔业、开垦、开辟黄埔商埠、展筑粤汉路等各方面安置工人,并由政府筹款酌补工人损失。

△　蒋介石任命郭沫若代理国民革命军总政治部主任。

9月26日　华俄道胜银行在中国之13处分行,奉巴黎总行董事会电令停业清理。该行由中俄两国合股经营,中国政府有股本500万两,且有存放关税、盐款及发行钞票之关系。29日,北京政府任命王宠惠为正清理员,法人巴杜副之。30日,北京政府财政部发布清理章程,规定清理事宜依中国法律执行,一切现金、产业偿还债权人,未得清理员许可不得移出中国国境。

△　国民革命军第二军第五师占吉安后,乘胜追击赣军蒋镇臣部,是日晚占三曲滩。翌日,所属第十三团、十七团与蒋部激战,蒋部向永丰退却。

△ 国民党中央执行委员会第五十九次会议通过丁超五提案:将来政制应听候中央主持,各级党部不得自由向外发表意见,以免纷歧。并发出训令,饬所属党员遵照。

9 月 27 日 国民革命军第七军夏威、胡宗铎两部经由大冶、阳新南下,在洋港与孙传芳军谢鸿勋部千余人遭遇,是日拂晓发起攻击,午刻谢部向石里头方向退走。翌晨,第七军经石里头向瑞昌前进,谢部据险扼守,顽强抵抗。经五小时激战,谢部不支,向箬溪方向退却。

△ 国民革命军东路军总指挥何应钦由汕头抵高陂,督饬所部分三路进击闽军:第一军谭曙卿第三师为左翼,由大埔攻永定;第一军冯轶裴第十四师任中路,由饶平攻永定;张贞独立第四师及钱大钧第二十一师一部为右翼,出松柏关攻平和。另调赖世璜第十四军向汀州袭闽军后路。

△ 国民军联军在五原举行国民党全军代表大会,历时三天,29日结束,成立最高特别党部,选出方振武、刘伯坚、任右民、赵守钰、王一飞、张兆丰、续培模、张允荣、武勉之、弓富魁、石敬亭 11 人为执行委员,冯玉祥、徐谦、于右任、刘骥、史宗法五人为监察委员,卢召亭、张树声、张金宣、何其巩、白龙亭、张海如、李宝铨七人为候补执行委员,刘廷森、刘仁辅、李鸣钟三人为候补监察委员。

△ 张学良、韩麟春委其第十军军长于珍为京畿卫戍总司令,接收京畿卫戍司令部。于派副官长率第二十七团赴帅府园司令部接收,王怀庆之参谋长马履恒于 28 日晨将文卷交出,卫戍旅改编为奉军第四十六旅。

△ 吴佩孚以直鲁军进驻保定、大名,电令驻保、大所部勿再南下,所委官吏不得擅行交代。吴命原属王怀庆部之毅军退驻京汉线北段,以阻奉鲁军入豫。

△ 上海银行公会电北京政府外交部、财政部,要求政府派专员办理道胜银行清算事宜。翌日,又会同钱业公会电请将关税存放之权完全收回,不再为外人操纵。

9月28日　吴佩孚坐困郑州,内部离析,屡下令进攻武汉,部下皆不听。是日,吴改部属为军团制,以王为蔚为第一军长,王维城为第六军长,魏益三为第八军长。

　△　褚玉璞在天津通电列举冯玉祥、蒋介石八项"赤化"罪名,表示决"追随效帅(按:指张宗昌),禀命镇威,南下讨赤"。

9月29日　国民党中央党部通告否认西山会议派在上海设立之伪中央党部。

　△　北京政府外交部声称:中国对外各商约,满期后即行撤废另订,不再展期,以免援例。并电复滇交涉员,谓中法越南商约决不延期。

　△　比国驻京公使华洛思向北京政府外交部递交备忘录,谓比国政府对中国政府9月2日提出之《临时办法》不能承允;比中两国可及早商议修改原约之第四十六款,以便修成之约届时代替原约。

　△　国民革命军第十四军赖世璜部两个团向永丰、乐安、宜黄前进。先头追击部队与赣军激战数小时占永丰城。十四军在瑞金的一个团和特遣支队经宁都向北前进,翌日分别攻占广昌、南丰。

　△　武昌城被围困已20余日,粮食殆尽,武汉商会及慈善团体救济难民出城的工作,受让城收编交涉影响,进展艰难。是日,汉口商会代表入武昌城与刘玉春继续磋商,并带妇孺万余人回汉口。

　△　香港罢工工人留省各工团在广州举行会议,议决:一、请国民政府明白宣布此次恢复交通之原因;二、质问政府如何安置罢工工人;三、恢复交通有无条件,亦请政府答复。

9月30日　国民革命第三军第七师王均部迎击自万寿宫等地出犯白仙岭一带之孙传芳军郑俊彦部。次日,郑部殊死博战,冒炮火反扑。下午3时,右翼第八师朱世贵部自高部侧击,进攻大庙逼进敌后;第七、九两师以三团之众出击,5时陷敌阵而克万寿宫。10月2日下午,第八师大败王良田部于大庙。第三军大部向生米街、一部向南昌追击。

　△　国民革命军第七军第八旅拂晓攻击箬溪附近之孙传芳军谢鸿

勋部,激战至午;下午3时第七旅包抄右翼,正面又猛烈冲锋,乃将该部全歼,俘2000余。师长谢鸿勋重伤赴沪医治,10月15日毙命。

△　省港罢工委员会举行全体委员会议,各工会代表1900余人列席旁听。委员长苏兆征宣布改变罢工政策:一、为使革命势力之增进与巩固,变更旧式封锁,扩大为全国民众新的杯葛运动;二、赞成国民政府征收附加税,请政府实践诺言,将此款全部津贴罢工工友,不作他用;三、罢工委员会、罢工工人代表大会、省港罢工各工会机关纠察队仍旧存在;四、各工友未有工作以前其待遇如旧,其找工作未得而返回者依然得享罢工工友同等待遇;五、请国民政府饬财部绝对负责所有关于罢工之经济补助;六、督促政府立即开辟黄埔商埠及延长粤汉铁路以安插罢工工友,并在新兴实业中先用罢工工友;七、联合各界扩大经济绝交运动,并督促政府扶助;八、实行新策略决不是妥协、屈服,乃为适合新的革命环境之最有效最急迫的方法。出席委员对上列八项一致通过。

△　国民军联军在五原举行阅兵、授旗礼,冯玉祥代表受旗并致词云:"此后誓本孙中山先生之主义,联合世界上以平等待我之民族,促成国民革命之完成。"

△　曹锟到郑州后与吴佩孚商议对策,是日召集会议,竭力调和内部,决定:一、限五日分五路反攻,务期恢复武汉;二、派人赴奉,望张作霖谅解一切,保(定)、大(名)接收亦望从容办理。各军推曹锟为大经略史,吴佩孚、孙传芳为副经略史。曹力辞,谓将久居沪上,不问政事。吴力述北洋团体有巩固之必要,务须同心同德,勘定大局,否则势将瓦解,不堪设想。

△　北京政府财政总长顾维钧令稽核总所:将各地汇出应存道胜银行之关税盐款,改存汇丰银行。上海、北京银行界人士纷起指责,谓应乘此机会提归内国银行自理,不能仍任外行把持。

△　吴佩孚派张国溶、符定一等到济南,与张宗昌、褚玉璞商议暂缓接收保、大以及停止鲁军南下援鄂事宜,决定:一、保、大接收事,待粤军退出湖北后再议,现在已驻保、大之直鲁军可不开回;二、已动员之援

鄂军队,中止前进。

是月　安福系分子四出活动,谋恢复段祺瑞政府,将张作霖、吴佩孚、阎锡山、孙传芳联成一体,召集国民会议选举张作霖为大总统,以对付北伐之国民革命军。具体方案为:一、临时政府照去冬办法,加内阁总理。尊重奉方意见,择梁士诒或靳云鹏充任;二、段复位后即召集南北和平会议,中止全国军事行动;三、于和平会议中,决定国民会议召集办法;四、召开以上两会至少要六个月,故段之任期暂为六个月;五、六个月后以形势所趋,请张作霖为正式总统;六、段政府恢复后,负责完成关税会议。

△　毛泽东发表《国民革命与农民运动》一文,论述了农民运动与国民革命的关系,指出"农民问题乃国民革命的中心问题,农民不起来参加并拥护国民革命,国民革命不会成功"。文章希望有大批同志下决心去做组织农民的浩大工作,"引导他们参与反帝国主义反军阀的国民革命运动"。

10　月

10月1日　北京政府改组。北京国务院以摄行大总统令准免杜锡珪兼代国务总理职,特任外交总长顾维钧兼代国务总理;准免蔡廷幹署外交总长职,特任顾维钧署外交总长。

△　驻京法使玛太尔赴北京政府外交部见次长王荫泰,声称道胜银行自俄国革命后,已在法国政府注册立案,归法国保护;中国政府因该行之停业而派员清理账目,应先征求法国同意,否则不能承认。王答:道胜银行系华俄合办,中国不能承认与法国有任何之关系;且事前未接通知,当然不能承认该行受法国政府保护;中国政府派员清理,系属当然之事,法国无干涉之权,更无事前征求同意之必要。

△　于珍就京畿卫戍总司令职。4日,于访北京外交团,表示担保京师治安。

△　北京外交使节开谈话会,商议租界"治安"问题,商定于必要时增武装巡捕。

△　拂晓,孤守武昌城之刘玉春部企图突围。驻望山门之部队先行冲出,放火焚毁民房;驻通湘门之部队600余人在炮火掩护下冲出,向火车站攻击;驻中和门之部队亦冲出。各路均被国民革命军围城部队堵截击退回城内。3日夜,驻通湘门、保安门之部队再度冲出,仍被击回。

△　国民军刘郁芬部开入甘肃平凉、武都。孔繁锦部退至清水、两当及陕西邠(今彬县)、陇等县。

△　于珍派侦缉队到北京各书铺搜查,凡有"俄"、"社会"等字样的书籍尽被抄去;并在各学校搜捕男女学生81人。

10月2日　国民革命军第二军第四、六师及第一军第二师由峡江渡河,沿赣江东岸向新淦(今新干)之赣军攻击,是日拂晓迫近新淦,第四师第十团、第二师第五团分由东西两面攻占新淦城。守敌陈修爵、唐福山、杨池生等部经桑村向芗溪方面退去。

△　汪荣宝等14名驻外公使联衔急电上海转各省军民长官、省议会、教育会、其他法团及全国父老,主张停止战争,召集国民会议解决一切。略谓:"同人等往返电商,以为此时救国之策,惟有召集国民会议解决一切,最为合理。拟请两方军事当局捐弃成见,商订休战条件,即时实行。一面通电各省派遣代表,公定国民会议组织法,于适当地点召集,即日选举大总统;并仿照现在法兰西博安加勒内阁成例,联合各派巨子,组织一致之政府,确定宪法,全国信守。此后有志政权者止能组织政党,公开运动,决不得以武力为后援。至现任统兵大员,职在整军安民,不得加入政争,倘欲转入政界,必先解除兵柄,如日本政友会总裁田中大将之例。"

△　北京政府交通总长张志潭因京汉铁路以外铁路皆被奉系人物所占有,环境困难,是日由天津电国务院请辞职。

△　直鲁军开入保定、大名等12县。是日,徐源泉由鲁乘铁甲车

"泰山号"并率俄籍兵百名过津赴保定。谢玉田、王栋部进驻保定、石家庄城内外及涿县、定县、望都、博野一带。

10月3日　蒋介石在江西高安致电广州张静江、谭延闿转汪精卫,请汪复出,并请张静江、李石曾二人前往劝驾。

△　国民革命军第七军胡宗铎等部进攻德安。9时,在德安附近与孙传芳之联军四个旅相遇,激战至下午5时,复肉搏一小时,孙军向九江方面退却,胡宗铎部进占德安。双方各伤亡千余,孙军被俘千余。随后,孙军一部由涂家埠、杨家岭赶来增援,又激战两昼夜,第七军不支,于5日下午8时退回箬溪。七军稍事整顿后复发起攻击,又克德安。孙军再增援反扑,夺回德安。7日,第七军仍退回八里铺。

△　围攻武昌城之国民革命军前敌总指挥部攻城军司令部与守城之鄂军双方协商同意开放汉阳门,以放出被围困在武昌城内之居民。是日起至6日,共放出3.84万余人。居民争先恐后出城,有被践踏致死和落水淹死者。

△　张宗昌运枪弹30万、现款五万去郑州接济吴佩孚。21日又允张敬尧请,汇50万元至奉购弹械济吴。张电吴表示"合作推戴,至死弗渝"。

△　刘镇华之镇嵩军对西安进行第二次总攻击,四面逼临城下。城上国民军守军待刘军上梯扒城时发枪、掷砖,刘军伤亡甚众,无一能上。嗣后三日屡屡攻至城下,终未能攻入。

△　全国学生总会、上海学生联合会、上海各大学同志会为万县惨案在上海举行联席会议,决议抵制英货,举行纪念大会,组织万县惨案后援会。

△　中华国民拒毒会发起之全国拒毒运动周是日开始,各界团体响应推行。9日,杭州举行市民拒毒大会,苏州举行拒毒讲演。

△　云南迤西人民主张联县自治,推龙云、胡若愚主持军民两政。范石生在广州发表救滇意见及讨伐唐继尧宣言,招募新兵四团准备回滇。龙、胡派代表赴穗与范接洽修好。

10 月 4 日　顾维钧 11 时先就北京政府外长职,再赴国务院就兼代国务总理职。军警长官除于珍外均赴院致贺。顾演说云:"民国十五年至今战乱不止,杜代阁维持数月,煞费苦心,因病告倦。弟勉出承乏,自惭亦无建树,唯外交案不易决,国际地位日堕,不得不勉为支撑一时。"顾并发就职通电,表示"暂支短局,以待贤能"。

△　晨,国民革命军第一军第二师刘峙部两个团沿赣江右岸前进,接近在桑村之第二军第四师左翼,向清江南之永泰进攻。第六师主力参战,一部由观音山出黄村协同进攻。激战至正午,赣军退却,第二师进占永泰。

△　国民革命军第四军一部再克大冶。翌日,克复黄石港。皖军陈调元部向武穴、九江方面退却。

△　国民政府通过《征收出产运销物品暂时内地税条例》,规定自11 日起:一、凡两广与各省或外国所贸易之物品,无论为出产品、运销品,一律征税;二、普通货物之征收税率,按照现在海关或常关所征税率加征半数,奢侈品加征一倍,烟、酒、煤油、汽油等已缴特别税者得免征收;三、在海关各常关口卡或其附近征收之;四、不依照本条例之规定缴纳税项者,除将货物充公外,应处以三年以下之监禁或该项货物所值之十倍罚金。6 日,国民政府外交部长陈友仁通知各国驻粤领事团:11 日起照章征收。

△　邓如琢辞赣军总司令职,孙传芳委郑俊彦继任。孙改任邓为联军训练总监,邓不就。

△　上海各团体代表百余人开会,议决正式成立万县惨案后援会,举行追悼周。总工会发出通告:"五日至十一日为追悼周,着我全体工友举行悼死救亡之大运动,誓死抵制英货。"5 日,全市各界召开大会,追悼万县死难同胞。

△　国民革命军第二师主力攻阳湖街,以一部沿河攻击樟树;第二军主力由溧江、乌溪桥方向向店下攻击前进;第五师由七琴北进。赣军唐福山部向丰城、抚州方面退走。是日,第二师进占樟树,并分路向东

北追击。翌日晚,不战而占丰城。

　　△　吴佩孚夜在郑州开军事会议直至次日晨,决定集靳云鹗部5000人、田维勤部 5000 人、魏益三部、毅军两个旅增防信阳,冀数日内冲出武胜关。

　　△　张作霖委常荫槐为京汉、津浦、京奉、京绥四路运输总司令。

　　△　汉口各界万余人集会,追悼万县惨案死难同胞,会后董用威率众游行。

　　△　旅比各界华侨废约后援会电北京政府外交部,谓中比条约废旧订新,为全体侨民坚持主张,亦为我国解除束缚之惟一生路,请即明令废除。

　　△　张宗昌在山东派捐款 1500 万元,名为"讨赤特捐",限各县年底解完。

　　△　吴佩孚军饷缺乏,在保(定)、大(名)各县征收明、后年粮赋,在豫省催征民国十八年(1929)钱粮。

　　10 月 6 日　北京政府派秦汾为代表,参加在东京举行之第三次泛太平洋学术会议;各学校、团体派翁文灏、竺可桢、李四光、陈焕镛、薛德焴、李熙谋、邹秉文、胡先骕、任鸿隽、谭熙鸿、陈方之、魏寿嵒、沈宗瀚等参加。

　　△　载涛偕法人德尔孟到济南见张宗昌,求张保护清室西陵地产。是日,张电褚玉璞严缉盗卖陵产之地痞。

　　10 月 7 日　北京国务总理顾维钧摄行大总统令准免张国淦署内务总长职,特任汤尔和署内务总长;特任潘复署财政总长。潘复未到任前,着派财政次长夏仁虎暂行代理部务。

　　△　国民革命军第六军第十七师一部及第一军第一师一部,拂晓强渡修水,先头部队进占永修城及洪山、兴山一带。赣军坚守阵地,增援部队四面赶至,炮击渡河部队。国民革命军放弃永修转移阵地,已过河之部队由虬津向白槎移动,余部由程潜率领自米家村至吴田、狭坪附近集结。

△　东南五省军民长官周荫人、卢香亭、陈调元、郑俊彦、萨镇冰、陈陶遗、高世读、陈仪、李定魁、白宝山、周凤歧等 12 人由周荫人领衔复电汪荣宝等 14 名驻外公使,赞成停止战争,召集国民会议解决国事。略谓:"国家连年丧乱,已为邻邦所厌忌。各使见闻较切,故言之尤为沉痛。所望国内贤豪,以沉舟破釜之心,定安内攘外之策。"

△　日本航空公司试飞大阪至上海间之水上飞机三架抵上海。

10 月 8 日　困守武昌城之河南第三师吴俊卿部与国民革命军前敌总指挥部攻城军司令部商议开城事宜。翌日正午,团长贺对庭到南湖攻城军司令部洽商。

△　原闽军第二军李凤翔部之曹万顺、杜起云两旅,在粤东蕉岭通电加入国民革命军,所编为第十七军,以曹万顺代理军长兼第一师师长,杜起云为第二师师长。

△　冯玉祥由五原抵包头。连日与韩复榘等人谈话,图收回驻该地已降阎锡山之韩复榘、石友三等三师军队。阎锡山闻讯,决定调韩师等移驻晋南。

△　关税会议中国方面委员举行例会,顾维钧、颜惠庆、王宠惠等商讨重开关会之策,决定与列国委员交换意见。

△　京绥铁路局长唐德萱电张作霖,报告与晋方交涉京绥路管理权之结果:北京至永嘉堡间归奉方,永嘉堡至绥远间归晋方,绥远至包头间归商震管理;阎锡山允撤销大同管理局。

10 月 9 日　国民革命军第一军第十四师冯轶裴部、第二十师五十八团、第三师谭曙卿部等向驻永定之闽军第三军刘俊部发起进攻。下午 3 时,谭曙卿部驱逐书院岗之守军,迫近城垣,与南门河北岸之守军激战至晚 9 时,闽军残部退守城垣。第八团攻击城东南高地,第七团在城西南与峰市方面前来之闽援军激战。10 日,何应钦率预备队增援第七团,至下午 5 时闽军不支而退,城内守军亦竖降旗。周荫人于下午 4 时仓皇越城而走。第十四师在芦下坝附近经一夜激战,歼灭闽军第四军孙云峰部一个团。

△　顾维钧摄行大总统特任孙传芳为恪威上将军,程国瑞为瑞威将军,徐源泉为克威将军,许琨为拱威将军,李藻麟为智威将军,金寿良为咸威将军,毕庶澄为澄威将军,王翰鸣为翰威将军,黄国梁为锐威将军,张培梅为肃威将军。

△　褚玉璞电保、大知事,令迅将今年应缴赋税扫数解来。18 日,直财厅又电保、大各县,将一切收入扫数星夜解往保定。

△　北京新设"禁烟所"征收印花税,规定每一两鸦片课印花税三角,每支烟枪月课印花税 10 元。400 余户鸦片窟纷纷登记,公然招徕顾客。是日,中华国民拒毒会电北京政府顾维钧,请速取消此变相公卖鸦片之"禁烟所"。

△　上海万国运动会在中华运动场开幕,中、美、英、法、日、苏、荷、葡八国 135 名运动员参加,我国占三分之一。

10 月 10 日　国民革命军攻克武昌城。9 日,国民革命军攻城部队得守城部队河南第三师吴俊卿部内应,下达第六次攻城令。是日凌晨 2 时半起,第八军第五、九旅、第四军第十、十二师和独立团,一部攀绳梯登城楼,大部由保安门、中和门、楚望台小便门及宾阳门进入武昌城,分攻督军署、省长公署、江西公馆、学兵营等,占领蛇山。8 时,围城 40 日之武昌完全克复。俘万余人,生擒刘玉春、陈嘉谟。

△　国民政府正式宣布恢复港澳交通,停止罢工。13 日,广州与港澳间交通完全恢复。

△　中华全国总工会、省港罢工委员会发表停止封锁港澳布告,略谓:"北伐迭告胜利,形势已有变迁,而吾人策略亦须改变。故本会议决将纠察封锁旧形式,改变为扩大经济绝交新形式。爰定于本年十月十日十二时将各属驻防纠察一律撤回,交通部落港通过证之发给、船只出入口之领照及请派骑船员手续一概取消,工商检验货物处亦行停止。"

△　湖北全省工团联合会改组为湖北全省总工会。

△　万县案经北京政府派重庆交涉员季宗孟在重庆与英领事义思德交涉,商定三款:一、英方切实保证于杨森交出"万县"、"万通"两轮

后,迅速调查处理浪沉木船事件;二、英轮以后如再上驶,由英司令与领事负责保证决无含敌意之行动;三、关于万县案应有一切赔偿要求事件,双方均声明保留,将来交涉。

△ 北京庆祝国庆节,奉军一万余人于南苑举行阅兵式,张学良、韩麟春等到场,顾维钧以摄行大总统名义临场,各国驻京使节除英、法外亦到。各界民众则无任何庆祝活动。

△ 段祺瑞执政时召集之"国民会议"议员通电全国,主张促成和平,速制定新宪法,完成关税会议。13 日,"国民会议议员通信处"以全体议员名义复电汪荣宝等 14 名驻外公使,表示赞同召开国民会议,"国民会议选出者二十省区二百八十六人,去法定人数无几。希诸公促成国民会议,制定宪法"。17 日,又复电周荫人并通电,主张停战议和,由国民会议解决。

10 月上旬 国民革命军再度围攻南昌,孙传芳军负隅顽抗,并在城内大批残杀民众,先后被杀者达 1000 余人。

△ 吴佩孚军在郑州四出拉夫,农民、工人、小贩无论壮年老者无一幸免。市上苦力绝迹,军警乃赴各乡征发。郑州附近三四十里内,少壮者均躲逃不敢耕作。

△ 河南省财政厅征收民国十八年地丁,限开封城三日内缴款 60 万,谓如有不愿者以军法从事。

△ 奉省为筹措军费,由省长莫德惠主持召开全省税务会议,决定加征出产税、销场税、豆税、牲畜税、补征牲畜税、茧税、参税等。

10 月 11 日 广州各界在东校场举行大会,拥护取消罢工。国民党中央党部和省港罢工委员会分别发表宣言书,向罢工工人解释新政策。国民党中央党部声称:现因国家大局有根本的变动,国民党之权势得扩及扬子江,故不得不变更特殊奋斗之方略,使全国人民加入反帝国主义之运动,废除不平等条约。罢工委员会表示:今日停止罢工,并非仇英责任从此终结。英国炮船政策如不改变,"五卅"与"六二三"之惨杀如不纠正,则吾人之使命未完,反帝国主义之运动亦不终止。吾人之责任在:一、全力扶助北伐军,以获最后之胜利;二、对外抵制帝国主义,对内铲除反革命运动;三、襄助改组省政府,卫我民权,保我自由;四、赞助黄埔口岸之开辟,粤汉铁路之扩张及其他实业之发达,使广东脱离香港之控制;五、与全国各界合作,力抗帝国主义之野蛮政策,保障中国之自由与独立。

△　孙传芳复电汪荣宝等14名驻外公使,略谓:"目下非停战不足以言和平,非息争不足以谋国是。彼方何时休战,我即何时撤兵。至于国民会议,本属治民良箴,如何组织,如何召集,地点如何决定,政府如何产出,宪法如何完成,均请各公使发表意见,众谋乃臧,惟命是从。惟假借国民会议之名以操纵是非,则非所愿闻。倘不能如愿,仍将固五省疆圉,与民休养生息。"

△　褚玉璞夜抵保定,视察保定、大名防务,并于保定设直鲁联军援鄂总司令部。

10月12日　拂晓,国民革命军第二军及第一军第二师攻击南昌城,士兵奋勇攀登。赣军岳思寅、唐福山、张凤岐部5000余人闭城固守,并于城外纵火焚烧。国民革命军连日攻而不克,蒋介石于13日晚下令暂撤南昌之围。第一军第二师转攻南浔线,第二军守丰城、三江口之线,牵制南昌之赣军。

△　国民革命军第三军进攻牛行车站,遇孙传芳军四个混成旅抵抗,激战二日,十九团、二十一团受创甚重。

△　国民革命军第十四军党代表熊式辉率三个团击破永丰、乐安之守敌,占宜黄。该军特遣支队同日占广昌、南丰地区,14日向南丰、南城攻击,15日进占南城、崇仁,守军残部向临川退去。

△　青岛外商开国际市民大会,反对征收新货物税,并电顾维钧请制止。14日,外人代表团在济南谒见日、美、英驻济领事。日领事谒见山东省政务厅长林宪祖,谈判青岛日商停市事。

10月13日　国民革命军第一军第三师谭曙卿部、第十四师冯轶裴部等向粤东松口方面之闽第三军刘俊部进击,双方反复冲锋争夺。

九团于拂晓在松口上游完全渡河,猛烈攻击,激战至下午 2 时。在三面围攻之下,刘俊部无力再抗,向隆文圩、松源退去。

△ 援赣之陈调元皖军刘凤图、毕化东部数千人,自瑞昌南下,图围攻箬溪。国民革命军第七军迎击于王家铺,激战一昼夜。是日午后 2 时四团冲出隘路,将皖军截为两段,第一军一师来援,复冲其侧。晚,皖军溃退,伤亡甚众。国民革命军亦死伤 2000 余人。

△ 褚玉璞指挥直鲁联军约四师开抵保定。吴系军队除齐燮元少数卫队外多已离去,所委之道尹亦已去职。保、大行政权、税收权全部转落入褚手,褚新委之八知事抵保。

△ 张作霖在日驻奉领事馆与日使芳泽交换中日外交意见,并请求日方协助整理东三省金融,毋令奸商在南满铁路附属地操纵。

△ 广东省政府议决解放女尼,拨寺产为农村教育经费,令公安局执行。

△ 杭州"浙江自治同志会"沈钧儒等人通电呼吁和平,主张赣前敌双方均撤退,以赣省土地政权还诸赣民。

10 月 14 日 国民党中央执监委员及各省各特别区市党部及海外各总支部代表联席会议在广州中央党部礼堂开预备会议,14 省、四特别市、11 总支部代表 53 名报到出席。谭延闿报告筹备经过,通过议事细则,选出谭延闿、张静江、徐谦、宋庆龄、吴玉章五人为主席团。

△ 北京政府与苏联政府筹备重开中苏会议,议定分设六个委员会,赔偿、路务、航务三委员会在奉天开,法律、界约、商约三委员会在北京开。苏联政府派新任驻京代使齐尔内赫为中苏会议代表。北京政府财政部派蹇先骢、外交部派余序为中苏会议专门委员。

△ 吴佩孚委寇英杰为郑州防守司令,派靳云鹗、田维勤等部进剿樊钟秀部建国豫军,令王维城驻石家庄、彭寿莘驻保定,维持后防运输。

△ 英国新任驻京公使蓝普森在伦敦中国协会举行之饯别宴会上发表演说,略谓:"中国之事,惟中国人能自决之。英国政府对中国各党派之争严守中立。华人当知英国非侵略之国,在中国非有何等政治野

心。英人所企望者,惟和平与安固以及合理之商业条件而已。"又谓:在中国未成立全国政府时,英国政府不得不予本国人民以完全之保障。凡中国权力所不存在之处,苟有损害英人利益之事实,英政府不得不要索赔偿。

△　安徽省立各校校长因当局积欠教育经费过久,难以维持,齐集省垣,开会五六次,最后决定全体辞职,是日递交辞呈。

10 月 15 日　浙江省长夏超在杭州召集紧急军事会议,浙江道尹、厅长、统带等均参加,决定即日宣布浙江自主,电陈仪、周凤歧请即率师回杭。16 日,夏超宣布就国民革命军第十八军军长兼浙省民政长职,所部向沪开拔。夏派吕公望、萧其煊、李书城去汉口和国民革命军联络,并电广州拟组织省政府委员会,请加任命。18 日,国民党中央党部和国民政府复电嘉奖。

△　旅居上海之浙籍士绅褚辅成、虞洽卿、殷铸夫、王晓籁、邬志豪等分电蒋介石及孙传芳,请毅然停战,划地缓冲;并要求孙传芳准在赣之浙军全部返浙。

△　国民党中央执监委员及各省各特别区市党部及海外各总支部代表联席会议开会,谭延闿主席并致开会词;陈果夫报告审查代表资格状况,谭延闿报告中央政治状况,徐谦报告中央提案委员会组织之经过及各提案。

△　国民政府发表讨伐孙传芳宣言,略谓:孙传芳利用保境安民之名义,取东南五省为其私产。国民政府孚之以信义,而孙报之以仇雠,封闭江浙党部,禁锢东南党员,解散上海工会,禁止爱国运动,与三民主义为仇,为帝国主义作伥。8 月 30 日下作战命令,欲乘我苦战力疲之余,以为倾覆我根据之谋,继承吴佩孚之绪余,苟延北洋正统之命脉,以残害我民。特声罪致讨,于挞伐吴佩孚以后移师东指。宣言并期东南五省同胞一致奋起,共同讨贼;五省军人如向义输诚,则优加容纳,如始终附逆,则挞伐无赦。

△　国民革命军总政治部决定组建海陆军人俱乐部;并饬各军将

前方所获敌械一部拨给已在掌握之各省农会,组农民自卫军。

　　△　吴佩孚通电驳汪荣宝等 14 公使主和电,声言要彻底"讨赤",继续战争。略谓:"酿乱连年,苦兵已久,休战之愿,人心所同。然一方正厉行赤俄化,以狠辣狼贪不顾一切之政策,务期破坏旧有之道德文化,而与言和平,此与盗劫事主而责以分财了事何异,况分财而盗尤未必从乎";"今之战争,为讨赤俄之奴。"通电声称:"讨赤乃吾辈天职,决不为一切浮言所惑,决不纵贼以为国家留数世之患。"

　　△　驻京法使玛太尔晤北京政府外交总长顾维钧,请将中法通商条约延长半年,新约未缔结前应承认旧约之效力。顾答希望修正不平等条约。

　　△　英驻香港总督金文泰在立法会提出预算案时演说,略谓:广州港之兴办,广州四周铁路之敷设,亦即助兴香港之商务。吾人现仍准备合作与粤港互有利益之任何计划,恢复前交,捐弃旧嫌。

　　△　日、美、英驻济南领事及青岛外商代表 12 人访晤山东省政务厅长林宪祖,反对鲁省征收新货物税。经谈判决定:自 17 日起展延 10 日收税,修改税率不超过六厘。27 日,日商代表又来济要求减征,林允再展延 10 日。

　　△　清室遗老将抵押在盐业银行之故宫文物,售与日本大阪之山中商会,价 140 万元。其中金器一项重达 1.35 万两。

10 月 16 日　国民党中央执监委员及各省各特别区市党部及海外各总支部代表联席会议继续开会,讨论国民政府主要工作发展问题。议决:国民政府仍设广州,不迁武昌;现在主要工作在巩固各省革命势力之基础;扩充各省人员为国民政府委员;国民政府各部除已有外交、财政外,添设军事、交通两部,司法行政委员会改为部,军事委员会仍存在。

　　△　新编为国民革命军第十七军之曹万顺、杜起云部,以主力进中都,并截击自松口退往松源方面之闽军,俘获官兵 1800 余名。刘俊率残部 200 余逃窜,在连城被歼。十七军之另部分向松源、上杭挺进。

△ 夏超派所部保安队、警备队沿沪杭铁路向松江进展。驻上海之孙传芳军第十三团拆毁铁路以阻浙军前进。孟昭月部及李宝章旅增防上海。

△ 王宠惠等清理道胜银行,派定各地方清理委员,并公布《清理章程施行细则》,凡40条。

△ 驻京日使芳泽访北京政府外交总长顾维钧,商谈《中日通商行船条约》期满改订之意见。

△ 国民政府决定彻底改革中山大学,"实施纯粹之党化教育","先行停课,切实建设,期以下学期为新规之始业"。明令改中山大学为委员制,特任戴季陶为委员长,顾孟馀为副委员长,徐谦、丁惟汾、朱家骅为委员。

△ 国民政府拨五万元赈济武昌灾民。

△ 驻欧各国使领馆全体同人致电上海全国教育会、总商会等各团体及各报馆,谓中比条约期满作废,务望各界一致主张,坚持到底,以为后盾,俾达恢复主权之目的。

△ 北京国立九校开校务讨论会,议决:为顾全学生学业起见,暂且勉力维持,不作辞职之举。所有各校行政费,均由所收学生学费维持,同时竭力向当局交涉经费。

10月17日 齐燮元与张宗昌在济南洽商保、大及京兆四县交还直省问题:吴军驻直境一万;直省月助吴军饷40万,四月为期,不足再补;京汉路收入及货物税暂不交还。晚,齐返天津。

△ 吴佩孚电国务院及关税会议委员会,请督促早日复开关会,俾各国容纳吾国提案。并谓:"如各国拒绝,唯有将过渡办法昭示中外,自动宣告自主。"

△ 上海总工会、全国学生总会、上海国民党特别市党部、上海各团体联合会分别召开会议,发表宣言,主张实现市民自治自决,尽撤上海驻军于境外,以上海市政之管理权还归市民,由市民领袖组织上海市保安委员会临时治理之。18日、19日,邮务工会、码头工会、海员工会

及各地区工会、纱厂总工会、印刷总工会、华商电车工会等均宣言赞同。

△　在山东之日本矿业纺绩团,得日本政府大藏、外务两省许可,向胶济铁路投资 700 万元,作机车、货车代价。

10 月 18 日　国民党中央执监委员及各省各特别区市党部及海外各总支部代表联席会议通过国民政府发展问题决议案。会议决定电慰蒋介石,并以汪精卫病已痊愈,应请汪销假复职,即推何香凝等四人(次日又议决加派一人)为代表,克日起程劝汪回粤。31 日,汪复电谓:"剖腹后可望痊,能行即就道。同志请勿来,恐相左。"

△　孙传芳委第八师师长兼南京卫戍司令孟昭月主持浙事,任第八师第十五旅旅长宋梅村为前敌总指挥,并任混成旅旅长李宝章为驻沪各军总指挥兼淞沪防守司令,率部开驻龙华、松江,守江苏境界。20日,宋旅进攻嘉善。

△　北京外交团电驻沪领事团力维租界治安,并付以调动义勇队之权。

△　坚守西安城之国民军李云龙、杨虎城部,联合杜成镇、姜宏模部突围,冲出南门,被刘镇华之镇嵩军李长铭、憨玉珍两部堵击,交战19 小时至翌晨,突围未成。

△　吴佩孚军卢金山部占领公安,次日又占石首,张福臣部占领监利。20 日,卢金山率上游联军夺回松滋、枝江各县。杨森军占领洞庭湖北岸之南县。

10 月 19 日　国民党中央执监委员及各省各特别区市党部及海外各总支部代表联席会议议决召集国民会议原则,以发起人民团体联合会为预备办法。联合会须包含农、工、商、教、学、妇、侨、自由职业者及军队之代表,分为全国、省、县市及海外各地华侨联合会,由党部发起组织。中央党部须派一委员会负责管理联合会工作,各地党部也应指导联合会之工作,努力使党之主张在各联合会通过。

△　蒋介石重新部署江西作战计划,决以主力击破南浔路之敌,电调第四军入赣,第二军以主力协同第十四军先肃清抚州方面之敌,孤立

南昌。同日,蒋离高安到奉新。

　　△　国民军刘郁芬部攻占天水,将孔繁锦部逐出甘肃。

　　△　北京政府国务会议,讨论通过中日商约期满之废约照会,述明旧约对关税、领事裁判权、航权等未能互惠平等,应于期满失效,依两国邦交及公平待遇精神即日商订新约。翌日又一再修改照会文稿,措词竭力婉转。

　　△　北京外交团会议,决定照会中国政府,否认广东征收货物附税及鲁、直、闽、赣等省征收一切特捐。

　　10 月 20 日　国民党中央执监委员及各省各特别区市党部及海外各总支部代表联席会议讨论通过《省政府与县市政府及省民会议、县民会议、乡民会议决议案》,规定:一、省政府采用委员制,由七至 11 人组织省政府委员会,由中央执行委员会指定数人,会同省执行委员会组织省政府;二、省政府下设民政、财政、建设、军事、司法、教育各厅,必要时增设农工、实业、土地、公益等厅;三、县、市政府亦采用委员制,由省政府任命委员若干人,分掌教育、公路、公安、财政各局,必要时增设农工、土地、实业各局,委员长一人由省政府指定;四、省、县、乡民会议用职业选举法选举代表,其性质及组织法由省党部起草,呈中央党部决定。

　　△　孙传芳任命浙军第一师师长陈仪为浙江省长。29 日,陈仪乘专车离徐州南下。

　　△　国民革命军进攻抚州:第二军第五师谭道源部由白士墟进逼至黄风渡,第四师张辉瓒部渡抚河,第十四军赖世璜部由东南方面合攻。是日拂晓开始总攻,激战整日,晚 8 时破抚州城。孙军杨如轩等部向东乡、金溪、进贤退走。

　　△　北京政府外交部照会驻京日使芳泽称:1896 年所订之《中日通商行船条约》已届期满,根据该约第二十六条规定,提议根本改订,希望从速开议,于此六个月修约期间完成新约;如新约不能如期成立,中国政府保留对于旧约表示态度之应有权利。

　　△　广东省政府公布《检查队检查条例》,规定对于开抵广东之船

舶、火车,无分中外,一概严格检查旅客及货物;并通知各国驻粤领事团,25 日起施行。

△ 武昌各界 100 余团体之代表在公共体育场开会,推董用威为指挥,议决:限三月内拆完武昌城垣,检查及审判陈嘉谟、刘玉春,救济难民,追悼死难人民及阵亡将士,会同政府清查逆党等。

△ 吴佩孚令其总游击队张玉山部开赴灵宝、陕县一带,援助刘镇华继续围困西安。阎锡山亦动员两师由潼关渡河援刘。

△ 中东铁路督办于冲汉要求将路局总务、会计、材料、商务、储金、机务、工程、车务等处主要职员收归我国支配,提交苏联方面副理事长征求同意。

10 月中旬 广州各界自动扩大反英运动,130 余团体代表 500 余人在永平天台开代表大会,决定在农工商学联合会之下,成立扩大对英经济绝交委员会,由 13 团体各出一代表组成,执行最严密之对英经济绝交运动。

△ 北京政府决向北京外交团疏通,请续开关会,先办二五附加税,解决过渡办法,以免各省自颁税率,转滋纠纷。

△ 云南省政府外交司咨复北京政府外交部,在修订中法商约时注意下列各点:一、规定驻越总领,借资保护华侨;二、修改边界通商税则,实现互惠;三、不准苛待华侨勒缴人头税及限制营业等;四、引渡边界人犯;五、禁阻违禁品运输。省议会要求省政府转达北京政府严拒法人对该约展期之要求,迅即组织修约委员会。

10 月 21 日 国民党中央执监委员及各省各特别区市党部及海外各总支部代表联席会议讨论"省政府对国民政府关系案",议决:一省之事归省政府办理,全国或两省以上有关系之事,归国民政府办理。外交之事归国民政府办理。省军队与国家军队须划分界限,分别管理。省军队专门维持省法及秩序、治安,国民政府亦可调遣为国防之用。县政府不得用任何名义组织军队。

△ 顾维钧摄行大总统令准免李寿金之京师警察总监职,任命陈

兴亚继任,李改任将军府将军。

　　△　晚,张宗昌、褚玉璞在济南督署开军事会议,决定直鲁将领通电声明"讨赤"到底,积极援吴。

　　△　吴佩孚军一部逼近湖北麻城,在黄梅附近之国民革命军第八军一部向蕲水(今浠水)退却。叶开鑫部进抵广济,固守武穴。国民革命军向武穴进攻,唐生智前往督战,战事激烈。

　　△　夏超之保安队在嘉兴被孙传芳第八师第十五旅宋梅村部击败,向杭州溃逃。宋部占嘉兴、硖石、长兴,前锋进抵临平。周凤歧部驻杭之伍崇仁第十团阻击夏军溃兵,夏逃。杭绅商推张载扬维持秩序,并电催陈仪速来浙。

　　10月22日　国民党中央执监委员及各省各特别区市党部及海外各总支部代表联席会议讨论国民党最近政纲案,要点为:关于政治:实现全国政治、经济统一,废除督军、督办军阀制度,建设民主政府,保障人民集会、结社、言论、出版等之完全自由,听任国内各小民族自决,严惩贪官污吏。关于外交:废除一切不平等条约,重缔尊重中国主权之新约,规定外人投资中国之普通条件。关于经济:关税自主,废除厘金及苛税杂税,统一全国财政、币制及度量衡,筑铁道公路,修河道,设国家银行,改良地税。关于教育:指定经费,令教会及外人私立学校立案,普及强迫义务教育,厉行平民识字运动。关于行政:实行户口调查,土地测量,设立特别市及普通市,进行乡村自治,剿匪,限期禁止鸦片。

　　△　蒋介石致电张静江、谭延闿,要求国民政府留粤,中央党部移鄂,以利党务发展。

　　△　宋梅村抵杭州任警备司令,悬赏缉拿夏超。夏部溃军多在杭州被伍崇仁缴械遣散,残部分逃衢、甬。

　　△　孙传芳电张学良、韩麟春称:"讨赤大业,事关国家存亡,绝不因浙事小节有所气沮。"24日,张、韩复电谓:"此次讨赤,义正词严。惟赣中赤氛未清,武汉逆焰犹张,祈始终贯彻讨赤主张。"

　　△　奉天当局通告驻奉各国领事:清光绪三十三年(1907)所规定

之中外货物免重征专照（即免除二重课税之护照），现因奉天商务发达，已不适用，自 11 月 1 日起，凡运往非商埠地方货物，概不得再用此项专照。

　　△　瑞典地质学家、北京政府矿务顾问安特生，在北京地质研究会、自然历史学会及协和医学院举行的联席会上发表学术论文，谓曾于北京 25 英里地内（按：即 1921 年夏在京西周口店附近石灰矿穴），掘得人类之牙齿一枚，已变成化石。此乃世界最古之人类的化石，足以证明北亚洲实为人种之发源地。

10 月 23 日　国民党中央执监委员及各省各特别区市党部及海外各总支部代表联席会议继续讨论国民党最近政纲：关于军事：军队实行党代表制，党员有服兵役义务，在他省设立军校，设军事委员会及军事部，普及军事教育等。关于妇女：在法律、政治、经济、教育及社会上地位与男子同等。关于工业：力求实行关税保护政策，政府协助工业发展，设工业协会，召集工业大会，在广州或武汉开国货展览会。关于商人：政府保障交通安全，禁征不正当附税，力除低价纸币，重订商会法，禁止操纵金融、垄断粮食。关于教职员：提高薪给，不得拖欠，规定疾病、死亡保险及养老金。

　　△　蒋介石在江西奉新接见孙传芳求和代表葛敬恩。

　　△　蒋介石任命杨森为国民革命军第二十军军长。

　　△　驻京比使华洛思向北京政府外交部正式照会，重申比国政府有单方面废约之权利，提出中比条约期满后订立临时办法之条件。同日，北京政府外交部复照驻京比使，对订立临时办法之条件提出修正草案，主张六个月内订立新约。

　　△　孙传芳、陈陶遗电北京政府国务院，主张由外交部声明中比条约期满失效。吴佩孚、张学良、褚玉璞、张宗昌先后通电主张废止。

10 月 24 日　凌晨 4 时，上海工人在南市、闸北、沪西三处同时举行武装起义，淞沪防守司令李宝章、警察厅长严春阳率部镇压。是为上海工人第一次武装起义。

△　蒋介石与葛敬恩达成和约条件,是日致电张静江、谭延闿,核示对孙传芳之条件。其条件为:"一、孙部立即撤退,开始撤兵之前一日,即为双方停战之日。二、浙江之政治军事,完全听国民革命军决定。三、停战之日,即将孙氏境内被封党部被拘党员开释;并许国民党在联军境内,自由公开进行其准备国民会议之工作。四、言和之后,互相提携,一致对外。"

10 月 25 日　国民党中央执监委员及各省各特别区市党部及海外各总支部代表联席会议继续讨论国民党最近政纲案以及从速成立湖北正式省政府案、中央派赴各军工作特派员条例、党代表任免条例。会议通过致电慰勉冯玉祥。

△　国民革命军何应钦部在松口歼灭闽军第二十四旅及骑兵团,周荫人率部退至延平。张毅退守漳州。

△　北京政府外交部照会苏驻京代使齐尔内赫要求公开中东铁路会计事项:一、华人职员参加中东铁路会计科;二、调查中苏两国委员之旧帐案;三、年终公布中苏两国理事的检查之收支帐目;四、中东路督办得随时检查会计事务。

△　苏联方面允依中国当局提议,将中东铁路沿线电报、电话事业交还中国,惟要求在海拉尔、齐齐哈尔、哈尔滨三处设置专用无线电作为交换条件。

△　日本驻奉天总领事吉田奉日本政府训令访张作霖,向张提出警告:一、务必中止军事,以文治为本,维持保境安民之旨;二、撤废官定之金票价格,听其自然趋势,不得再施人为压迫;三、承认中日商民自由交换金银票券,不得横加干涉。张要求日商中止扰乱东三省金融之行为。

△　苏联新任代理驻京大使齐尔内赫在奉晤见张作霖。

10 月 26 日　国民党中央执监委员及各省各特别区市党部及海外各总支部代表联席会议继续举行,讨论并通过成立湖北省政府案、党员服兵役案。翌日,通过本党最近政纲决议案、全国人民团体联合会之政纲案及《国民革命军党代表条例》。

△ 驻京比使华洛思赴北京政府外交部晤见顾维钧,以正式照会向中国政府提出中比条约期满后订立临时办法之草案。顾维钧当即将该临时办法第二条之修正案面交比使,建议在六个月内缔结新约。翌日,比使以照会建议规定"倘在六个月期内新约不能订立或不能实行,缔约一方得于三个月之前通知要求将本协定再施行六个月,以后均照此限类推,至新约实行为止"。

△ 孙宝琦、熊希龄、张绍曾、汪大燮、徐绍桢、庄蕴宽、董康、张一麐、汪瑞闿、李国筠、褚辅成、蒋尊簋、沈恩孚、黄炎培等联名通电呼吁和平,请各军人勿以外力酿内争,勿以内争召外侮,各捐成见,立止战争,召开国民会议,共定国是。

10 月 27 日 蒋介石在高安行营下达进攻江西全境之总攻击令:以李宗仁为左翼军指挥官,进攻德安、涂家埠;朱培德为右翼军指挥官,牵制牛行敌之主力,并由蛟桥攻其右后,迎向邓家埠、谢家埠一线进迫南昌;程潜为中央军指挥官,进攻乐化,并向涂家埠夹击;刘峙为总预备队指挥官,随中央军推进。

△ 旅比华侨及留德、法、奥等国工、商、学代表百余名,在布鲁塞尔游行,要求废除中比条约,比警强力驱散,抢夺国旗,拳棒交加,重伤二人,轻伤七人,并拘捕 17 人。翌日下午虽全部被释,但有九人被逐出境。

△ 孙传芳为浙省自主事件,续行通缉马叙伦、许宝驹、宣中华、黄人望、查人伟、黄强、韩宝华七人。

10 月 28 日 国民党中央执监委员及各省各特别区市党部及海外各总支部代表联席会议通过增加中央党部经费案,各省原有之省议会经费拨为省党部经费案,民团团防或保卫团须由乡民大会产生、以剿匪为惟一责任案。会议议决肃清西山会议及孙文主义学会毫无觉悟表示之分子;决定联席会议之权仅亚于代表大会,而高于中央执监委员会议;王宠惠以党之监察委员受北京政府任命,应予除名。下午 2 时举行闭会礼。

△　北京政府外交部正式照会驻京比使华洛思,略谓:比国政府拟无限期延长审核中之临时办法,借以迟缓中比新约之缔结,中国政府不能承认;中国政府提议如六个月期满,经双方之同意,临时办法得延长之,并经任何一方之三个月预先通知得废止之;比国以辛丑和约国及华盛顿条约签字国资格所处之地位,不妨发表单方之宣言,中国政府只予以阅悉。

△　驻京比公使华洛思赴北京政府外交部晤顾维钧,就改订中比条约事长谈四小时。

10 月 29 日　国民革命军第十四军第二师东出瑞金入闽,占领长汀城西北一带高地;第十七军由上杭分沿汀江两岸北进,抵达长汀东南。在两部协同攻击下,城内闽军第二军李凤翔部、第四军孙云峰部向清流、宁化退却。是日,革命军进占长汀城,并向永安、清流方面追击。

△　驻京日使芳泽晚访顾维钧,就中日条约期满改订之照会提出种种质问,并商议发表照会事。

△　孙传芳电张宗昌表示决心合作“讨赤”,略谓:“同心救国岂金壬所能间惑。今后国家责任,愿与效帅诸贤共负之。”是日张复电孙,谓“信义昭如日月,同心誓若山河”。

10 月 30 日　蒋介石令勉各军将士一鼓荡平孙传芳,略谓:“迩来国内军阀,冀苟延其残喘,遂合力以谋我,复勾结帝国主义者,阴相援助,狡焉思逞,日甚一日。孙传芳尤为军阀现时重心,党国前途惟一障碍。故我军此次总攻击,务将孙之势力迅速扑灭,使军阀余孽不至蔓延,即帝国主义者亦必震慑而不敢发,则时局乃得挽转,革命乃可成功。”蒋并对第一军官长训话,说明击灭孙传芳在江西之兵力的意义与方法。

△　北京政府国务会议决定,原由道胜银行存汇部分之盐款,分交汇丰、汇理、正金三银行暂存,由财政部饬盐务稽核总所向三银行声明:对于道胜银行经理中国各种外债之权利,政府仍保留自由处分移转之特权。

△　北京政府就旅比华侨因废约游行而有九人被逐出境事,向比

利时驻京公使提出抗议,指出中比改约尚在谈判,比国遽出此举,实有损两国睦谊。

△　顾维钧以摄行大总统令:特任张鸿绪为成威将军,张国仁为晋威将军。

△　第三次泛太平洋学术会议在日本东京开始举行,17 国代表600 余人参加,历时 13 天,11 月 11 日闭会。中国代表翁文灏、竺可桢、胡先骕、沈宗瀚、魏寿崑在分组会上宣读论文,翁并代读章鸿钊论文。会议通过章程,决定更名泛太平洋学术会议为太平洋科学会议,成立为永久机关,并指派各种常设委员会,分类研究各种太平洋上之科学问题。中国科学社作为代表机关,参加太平洋科学会议行政委员会。

△　驻奉领事团向奉天省长莫德惠抗议撤销免重征专照事件,声明对于以一地方官之通告撤废 20 年来外商所有之特权,认为不合。

△　全国商会联合会致电北京政府外交部,略谓:中比条约届满,旧约须完全作废,新约须积极进行,新约草案须彻底公开,以供国人研讨。同日,上海总商会致电北京政府主张:一、即宣布中比条约失效;二、新约未成立前断绝外交关系;三、撤回驻比公使。

△　国民军刘郁芬部在甘肃节节取胜:26 日克静宁,27 日克隆德,28 日占六盘山,29 日下三关口,是日占平凉。计毙敌 1300 余,俘 700余。张兆钾、韩有禄部向泾川方面退去。

10 月下旬　被国民军击溃之甘军张兆钾部,与孔繁锦、吴新田部结合,约 1.5 万人,称"陕甘讨赤联军",反攻陇东。

△　各地工人罢工据不完全统计有 29 次,共 1.4 万人以上,包括上海、武汉、广州、奉天、开封、无锡、苏州、镇江等地之纺织、军火、木业加工、印刷等十几种行业工人。成都市在外国人单位谋生之勤杂工人,罢工延达一个半月。

△　湖南工会组织蓬勃发展,工会会员由六万人增加到 15 万人。

是月　国民军决定出兵援陕,任孙良城为援陕总指挥,方振武为副总指挥,率兵七路,以方振武、弓富魁、孙良诚、马鸿逵、石友三、韩复榘为第一至六路司令,陈希圣、刘汝明、孙连仲、韩占元、韩德元、郑大章、张万庆部共为第七路。各军由邠州大道向西安方向进发。

　　△　各地民众奋起响应国民革命军胜利进军,军阀张作霖、吴佩孚、孙传芳、褚玉璞等制造白色恐怖,以"防止赤化"为名,大肆逮捕、屠杀共产党人和进步学生。3 日,南京拘捕学生王建三等 10 余名,罪名是"与党人有关"。褚玉璞指令北京警察在后门逮捕"共进社"成员 20 余人,均系北大、师大、法大、中大等校学生。上海邮电检查扣留"赤化"嫌疑印刷品,三批计 50 余麻袋。南京光夏中学 6 日被封,师生 10 余人被捕。吴佩孚在开封、郑州捕工人多名,将国民党命军敢死队两名小队长枭决示众。沪淞警察厅 5 日查封学生总会和国民通信社,6 日查封国民党上海特别市党部,捕梅电龙等 31 人,9 日又查封海员工会,捕 10 人。

11　月

　　11 月 1 日　北京政府外交总长顾维钧为中比改约交涉事件举行记者招待会,表明三点:一、对解除不平等条约,自己赞同不后于人;二、对比交涉已按既定步骤着着进行,先由国际常轨尽力向和平途径做去,须到山穷水尽时再别谋办法;三、中比关系以商务为重,比不借武力立国,我亦非之武力立国者,取消不平等条约乃为对各国一般之目的,非仅对于比约为然。现今尚候比使答复,待不能就我范围时,始取不得已之办法。

　　△　陈仪带一营军队到杭州,正式接任浙江省长。

　　△　吉林省议会决议筑造吉(林)海(龙)铁路,全长 160 英里,是日设立筹备处。

　　△　北京全城中小学教员因七八个月未领到薪金实行罢教。翌日,300 余人赴国务院索薪,提出三项要求:一、各校已欠薪七八个月,最少须先发三个月;二、各国退还庚款,应拨一部分为京师公立中小学

校之基金;三、地方税捐应办地方教育。

△　张宗昌自是日至 12 月 28 日,在山东丁、漕两项中征收"讨赤特捐"1614.7 万元。

11 月 2 日　晨 7 时,国民革命军第七军夏威、胡宗铎两部迫近德安,与孙军第六方面军颜景琮部 3000 余人激战至午,颜部弃城沿河东岸向东南退去,七军占领德安城。

△　国民革命军独立第二师贺耀组部与南浔线马回岭附近之孙传芳联军激战,自晨至午不息。下午 6 时进至马回岭车站,战况更为剧烈。国民革命军第四军击溃万家垅之敌后,派十二师张发奎部北上援助夹击,激战至夜。翌晨,第七军派兵一旅北上增援。再激战一昼夜,反复冲杀,孙军始纷向九江方面退去。4 日晨,革命军完全占领马回岭。

△　北京政府外交部照会驻京英使麻克类,驳复英使 9 月 20 日关于英舰炮轰万县案之节略。略谓:9 月 5 日之事,乃长江上游英国舰队司令不待谈判解决,陡然从事于武力,迭开排枪、机关炮,击毙官兵百余人,居民死伤约 1000 人,房屋被毁 1000 余所,万县繁盛之区悉为灰烬。英舰及太古公司应负责任,不能适用自卫之说。英舰根据特许之权航行内港,乃竟寻衅,与条约规定之文字精神实相违反。节略指杨森扣留两轮为水寇行为,轻出诬言,殊为可憾。特提出正式抗议,保留中国政府一切权利,以备将来另提充分赔偿万县生命财产损失之要求及其他公平解决条件。至于英舰各员炮轰万县是否奉有贵国政府训令,应请查明见复。

△　奉票贬值,每元仅值日本金票(日本在中国发行之纸币)0.75元。哈尔滨商民拒用,非日本金票不受。商会传知各商号拒用外币。驻奉日领吉田以其意在拒用金票,是日向哈尔滨交涉员提出抗议。吉田并向日外务省建议在满洲设中央银行对付奉票。

11 月 3 日　国民党中央政治会议议决,增任李济深、李烈钧、唐生智、蒋作宾为国民政府委员。

　　△　比利时政府外交部向北京政府驻比公使王景岐表示：中比修约问题，比国本拟容纳中国请求，惟列国对比纷纷责难，比政府实无法完全容纳中国主张。若中国坚持，惟有付诸海牙公断。

　　△　北京外交团首席公使荷使欧登科，代表12国公使向北京政府外交部递交声明书，对于广东、山东及其他地方官吏对外国货物征收附加税，谓"系直接违反条约之行为，该项附加税不能认为适法之课税"。外交团并训令驻广州、济南领事团分别向该地当局提出抗议。

　　△　北京政府与奉方商议中苏会议方针，决定由奉方与苏驻京代使先行试谈中东路及卢布赔偿问题，如苏方不允赔偿现款，则收回中东路，计算彼方所投资本，以卢布结算。

　　△　天津银行界反对原存于道胜银行之盐款改存汇丰、汇理、正金三银行。上海总商会通电主张分存国内各银行，不致权利外溢。

　　11月4日　北京政府外交部照会驻京比使华洛思，对比国政府延未答复10月28日之照会表示"殊觉失望"，并谓：中比条约已于10月27日届满，"急宜从速解决缔结新约期内施行之临时办法问题，时机急迫。中国政府深盼比国政府承认中国政府之提案，不再延迟"，否则中国政府"对于一八六五年十一月二日所订条约之态度将不能不正式宣言，俾两国之各种关系不至常处于一种不定之情状"。

　　△　北京政府国务会议讨论对中比条约及税则通商章程之最后办法，多数认为政府前次要求仅为修改，未便变更。议决：对土耳其订约，按对智利先例办理。24日，土驻日代办在京晤见顾维钧，请按相互平等原则早日拟订商约。

　　△　国民革命军第四军第二十师及第七军之一旅占领马回岭后驱师南下，会合第七军在德安之主力，向驿南站及永修、涂家埠方面攻击前进。第七军第一旅驱逐九仙岭及驿南站附近之敌，翌日抵涂家埠北岸；第六军及第一军经过猛烈战斗，击溃芦坑、乐化、涂家埠之敌，进抵涂家埠。

　　△　顾维钧摄行大总统令财政部迅拨二万元赈济陕西灾民。

11 月 5 日　国民革命军独立第二师贺耀组部第一旅自马回岭出发,在晒湖桥与敌激战一昼夜。是日得第三旅之增援,于午后进占九江。

△　国民革命军独立第二师第二旅 4 日攻击瑞昌,皖军刘凤图部凭险顽抗。二旅夜袭敌阵,勇猛搏斗,并乘夜追击,是日晨主力攻入瑞昌城。

△　驻京比使华洛思赴北京政府外交部晤顾维钧,递交备忘录,拒绝北京政府 10 月 28 日之建议,谓比已愿共同废止 1865 年条约,但中国欲限定修约期限,比不得不取消从前之谈判;对于解释条约第四十六条之法律问题,将提交海牙国际常设法庭审理。

△　国民政府外交部长陈友仁就广州领事团递交否认征收内地税声明书一事发表谈话,指出新规定之内地税税率合理,比各国为轻。中国货物入列国口岸被抽重税,中国未表异议,列国亦应遵从新税率。

△　北京政府参加中苏会议之专门委员会成立,成员为:周传经(外交部)、蹇先聪(财政部)、吴源(司法部)、秦汾(教育部)、廖炎(农商部)、余序(交通部)、李诜(蒙藏院)、王诩华(陆军部)、姚亚英(侨务局)。

11 月 6 日　北京政府国务会议,经长时间讨论,决定中比条约及税则通商章程失效。会后发布摄行大总统给外交部的指令,略谓:“前清同治四年九月十四日中比北京条约共四十七款及税则通商章程,业于本年十月二十七日期满,应即宣布自期满日起失效。着该部从速商订平等及互相尊重领土主权之新约,以重邦交。”同日,北京政府外交部正式照会驻京比使华洛思,略谓:“贵国政府对于本总长十月二十八日送达贵公使提案所予之让步修正,未见容纳,反声明恢复其谈判前之地位,提议将条约解释问题交付国际法庭,中国政府殊深抱憾。”“中国政府以为除宣布一八六五年中比条约终止外,别无他途”“中国政府愿重行声明者,为中国政府之欲以平等及互相尊重领土主权为基础,早日缔结新约。”外交部并发表《终止中比条约宣言》。

△　国民革命军第七军第一旅沿修水北岸进抵吴城镇,全歼孙传

芳联军卢香亭第三方面军第一军刘士林部,俘其军长刘士林及以下官兵千余人。

△　驻京法使玛太尔致节略于北京政府外交部,谓《中法陆路通商条约》期满,法政府准备两个月内开始谈判,三个月内完成新约。

11月7日　国民革命军于6日向南昌发起总攻击:第二军主力紧逼南昌城郊,第十四军在进贤向东乡方面警戒,第二军第六师、第三军第七、八师围攻牛行、瀛上一带之敌,第一军第一师、第七军第一旅及第六军两个团南下增援抵达芦坑。守敌蒋镇臣、唐福山、张凤岐、岳思寅等部于夜12时渡河,向余干方向溃退。是日晨,国民革命军占瀛上、牛行,即渡赣江进逼南昌城。唐福山等部3000余人闭城困守,未几即竖白旗投降,革命军占领南昌。

△　国民革命军独立第二师于6日分两路向湖口、武穴跟踪追击,是日,第一旅进占湖口,第二旅进占武穴,敌分向彭泽、黄梅退去。

△　孙传芳由湖口回南京,宣布浙、闽、苏、皖、赣五省一律戒严,并颁戒严法19条。

△　驻济南、青岛日本领事与山东省公署交涉征收货物税事,省当局让步,改为日商运青岛制造品出口免税,进口货在青岛纳落地税2%,入内地纳子口税2.5%。

△　广州工、学、军、政各界举行苏俄十月革命纪念会,晚开中苏联欢会。汉口开庆祝大会,三万余人参加。长沙举行纪念会、游行及提灯庆祝。

11月8日　国民党中央政治会议决定于短期内迁国民政府及中央党部于武汉。

△　国民革命军第一军第十四师冯轶裴部由福建大坪向南靖,独立第四师张贞部由云霄向漳浦,合力追击闽第一军张毅部。闽军节节撤退,主力于10月24日撤往同安,小部扼守江东桥及浦南要点,冯轶裴部7日进占南靖,是日进入漳州。张贞部越漳州向同安进击。

△　驻京比使馆发表声明,声述数月来谈判经过,指责中国宣布中

比条约失效乃片面行为,打击比之合法权利;否认比国虐待华侨及受法、日怂恿;声明比国政府允订临时办法,于六个月满期后继续延长六个月及几个六个月,已为让步;并援引条约第四十六条,声明唯有请国际法庭公断两国间之争执。

△ 国民政府外交部长陈友仁驳复驻粤领事团递交之北京外交团首席公使关于不能承认征收附加税来函,声明国民政府"对于驻在北京代表利益关系国之首席公使不能承认其存在",北京政府已不能行使其国家权力与法权,"国民的中国之革命及改造势力,业将此项国民的权力及法权已转移于吾政府"。

△ 孙传芳在南京召集军事会议,决定组五个混成旅即日对赣反攻。11 日,孙电吴佩孚、齐燮元,请迅饬增援部队南下会师反攻。

△ 北京税务处拨俄国庚款 30 万元救济北京国立各校。旧女师大与女子学院等校为分配问题引起纠纷,法大俄文系因未得同一分配而停课。

11 月 9 日 蒋介石抵南昌。11 日上午出席南昌市民欢迎大会,发表演说,希望各位同胞"共在国民党旗帜之下,同革命军联合在一条战线上,来打倒一切的军阀,来打倒一切的帝国主义,使得中国真正能够独立、自由、平等"。

△ 顾维钧致电张作霖、吴佩孚、孙传芳、阎锡山、张宗昌,表示国务总理一席难以支撑,愿即引退,请各方"共发宏谟,早戡国是"。11 日,张作霖电顾"仍望勉为其难,以安庶望"。13 日,孙传芳复电称:"拥护之诚,息壤无改。"21 日,张宗昌电顾挽留,并促潘复速就财长。

△ 北京政府外交部设立条约研究会,顾维钧为会长,颜惠庆为副会长,会员有罗文幹、刁作谦、戴陈霖、王荫泰、刘崇杰、王继曾。是日举行第一次会议,顾维钧说明该会以研究修改不平等条约为其职责。

11 月 10 日 国民政府特任徐谦为司法部长,孙科为交通部长;并令司法行政委员会俟司法部成立后即行裁撤。

△ 国民政府任命陈树人、宋子文、孙科、许崇清、徐权伯、李济深、

陈孚木、李禄超、周佩箴、何香凝、甘乃光为广东省政府委员,陈树人兼民政厅长,宋子文兼财政厅长,孙科兼建设厅长,许崇清兼教育厅长,徐权伯兼司法厅长,李济深兼军事厅长,陈孚木兼农工厅长,李禄超兼实业厅长,周佩箴兼土地厅长。广东各路行政委员裁撤。

　　△　国民政府公布《修正省政府组织法》,规定:"省政府于中国国民党中央执行委员会及省执行委员会指导监督下,受国民政府之命令,管理全省政务";"省政府职权由国民政府任命省政府委员七人至十一人组织省政府委员会行使之。"

　　△　驻京日使芳泽致节略于北京政府外交部,答复 10 月 20 日关于修改《中日通商行船条约》之照会,声明日本政府允诺开始商议改订税率及条约中之通商条款,但拒绝对条约作全部根本修正,不承认中国政府于六个月后新约不成时有保留应有权利之表示。翌日,北京政府外交部全文公布 10 月 20 日之照会及日使馆之节略。

　　△　驻京比使华洛思照会北京政府外交部,反对宣布中比条约失效,认为未经国际法庭判决以前,比利时政府仍认旧约有效。

　　△　北京政府外交部照会西班牙驻京使馆:中国与西班牙之条约,明年 5 月 10 日满期,希于届满以前修改,依据平等相互原则商订新约。

　　△　张宗昌在济南召开军事会议,决定出兵南下援孙,待孙求援电到即发动,令第三军程国瑞、第六军徐源泉、第七军许琨、第八军毕庶澄准备。

　　△　上海各路商联会代表 30 余人举行会议,发表宣言要求:一、划上海为特别市,永不驻兵,并本主权在民之义,由上海市民组织市民会议,管理上海市政;二、召集国民会议解决国是;三、拒绝奉鲁军南下。翌日,上海总工会发表对时局宣言,表示同意上述主张。

　　△　北京政府教育部公布国语统一筹备委员会订定之《国音罗马字拼音法式》。

　　△　苏驻京代使齐尔内赫在哈尔滨表示:中苏会谈除中东路权限外,还应商谈保障文化机关及劳工团体各问题。奉当局拒绝。18 日,

苏使离哈,20 日抵京。

11 月上旬　奉当局收回中东路之工务、地亩、医务、电务、经济调查、电话、电报、教育八项权利。

11 月 11 日　蒋介石自南昌到九江,与唐生智、邓演达开重要会议,刘佐龙、刘骥、柏文蔚等派代表参加,决定赣事委朱培德主持,对浙、皖取急进方针。

△　国民政府改造司法委员会举行第一次会议,徐谦主席,通过改造司法制度案:一、改正法院名称,采二级二审制;二、废法官不党之禁,非有社会名誉之党员,兼有三年以上法律经验者,不得为法官;三、废法院内设行政长官制;四、废止检察厅;五、采参审制及陪审制;六、减收讼费及状纸费,征收执行费。

11 月 12 日　国民党中央党部与国民政府派遣徐谦、宋子文、陈友仁、孙科、顾孟馀五人赴武汉,筹划整理党务,统一各省财政、外交、交通等事。16 日徐谦等离广州。

△　张作霖在天津召集奉系军事长官一百余人会议,提出三议案:一、整顿军队,严肃军纪,恢复课操;二、巩固防务,剿捕土匪,以安闾阎;三、整顿吏治,军不干政,加捐增税应审度民力。对于应付时局之方针,张电邀吴佩孚、阎锡山派负责代表来津面议。

△　孙传芳之代表杨文恺专车抵津,即赴蔡园谒张作霖,陈述长江军事变化经过及孙传芳"暂取守势""即行反攻"之现状,表示孙对张合作之诚意。张谓合作当贯彻始终;又云自己对国事尚无成见,须俟各方代表到齐集议再定。

△　江西临时政治委员会组成,朱培德、白崇禧、程潜、鲁涤平、李宗仁、李富春、朱克靖、林祖涵、熊式辉、张国焘、李仲公、张定璠 12 人为委员,朱培德为代理主席委员。

△　广东省政府按国民党中央执监委员及各省各特别区市党部及海外各总支部代表联席会议决议案改组成立。翌日第一次会议,各委员推孙科、陈树人、宋子文、李济深、甘乃光五人为常务委员,孙科为常

务委员会主席。

△　上海招商局前被孙传芳征发九轮运兵赴赣，其中"江永轮"在九江焚毁，死伤船员近百人。上海海员工会向招商局提出六条要求：一、抚恤"江永轮"死难船员家属每人 1000 元；二、赔偿"江永轮"遇难而幸得逃还之船员损失费每人 300 元；三、招商局各轮船员一律加工资二成；四、今后招商局之轮船不得再作运兵之用；五、招商局雇佣船员，必须与海员工会签合同；六、启封海员工会。招商局董事会拒不承认上述六条，亦不接见工会代表。是日，海员工会下令罢工，并呼吁各界援助。

11 月 13 日　张宗昌由济南抵天津谒张作霖，商谈出兵南下援吴佩孚、孙传芳等问题。张作霖先后会见吴佩孚之代表迟云鹏、沈鸿昭、颜世清，孙传芳之代表杨文恺，阎锡山之代表田应璜，商震之代表张汉章，顾维钧之代表孔昭焱。

△　全国商会联合会就中比条约期满事致电海牙国际法庭，请拒绝比国无理提案，以维持正义；并代表全国商界声称："若比当局仍固执其主张，惟有与该国经济绝交。"

△　奉天公债局饬各县每 10 亩地募公债现洋一元。

11 月 14 日　苏浙皖三省联合会在上海举行成立大会，许世英、沈钧儒、褚辅成、黄炎培等 50 余人出席，大会通过联合会章程，规定该会"以人民直接负责，速实现民治为目的"。发表通电宣称：一、苏、浙、皖三省为民治区域，一切军政民政应即由人民推举委员组织委员会处理；二、上海应为特别民治市；三、三省以内军事行动应即日停止。

△　国民党安徽省党部、江苏省党部、浙江省党部、上海特别市党部为苏、浙、皖问题发表联合宣言，提出："一、本主权在民之义，应将三省及上海军民政权交还当地人民，由人民组织省民或市民会议管理一切；二、拒绝奉鲁军南下；三、保障人民集会、结社、言论、出版之自由，废除一切苛捐杂税；四、召集国民会议，解决国是。"

△　吴佩孚改"讨贼"联军为"讨赤"联军，推戴曹锟为总司令。

△　奉天当局借日款修筑之吉敦铁路建成三分之一，而原有经费

1800 万元将罄,奉天交通委员会核准续借日金 500 万元。

11 月 15 日 蒋介石在九江发出"促各省人民自决"通电,谓北伐革命节节胜利,但距全国统一尚远,"所望各省人士速起自决,驱逐残余军阀,组织各省省政府与国民会议预备会"。

△ 张作霖在天津蔡园召开军事会议,张宗昌、褚玉璞、奉系各将领以及吴佩孚、孙传芳、阎锡山等人之代表均列席,计 200 余人。会议决定:张宗昌援孙,褚玉璞援吴,奉军担任后防及增援,但孙、吴如不请兵,张、褚决不出动;请阎锡山出兵援刘镇华戡定陕省;请商震切实改编绥西国民军,力如不逮,奉军派骑兵师协助。对于中央政局,决定暂不过问。

△ 上海会审公廨因我国已宣布中比条约失效,停止中比诉讼案件,与比驻沪领事为陪审问题发生纠纷。是日,驻京比使华洛思向北京政府外交部提出抗议,并要求恢复旧约状态。

11 月 16 日 国民政府派宋庆龄、孙科、宋子文、徐谦、陈友仁及鲍罗廷到武汉,对迁都作进一步调查与部署。

△ 北京政府外交部驳复比驻京公使华洛思 6 日、10 日两照会,指出中比改约争执之点在于以平等原则适用于中比关系,纯为政治性质,不能受国际法庭审判。比若将第四十六条解释问题提交国际法庭,不过重申比国维持在华不平等制度,有碍谈判。"中国政府深信此项条件应照该盟约(按:指《国联盟约》)第十一条提出于国际联合大会"。

△ 上海招商局将"广利"轮船员尽行开除,另雇新员赴粤,致在金利源码头发生殴斗事件,伤七人。海员工会发表第二次宣言,坚持罢工。24 日,手工业联合总会等 23 团体召开会议,发表援助海员罢工宣言。29 日,广州中华海员工业联合总会致电警告上海招商局:如再迁延不理,"本会惟有出最后手段严厉对付之,以雪此奇冤"。

△ 淞沪苏常镇扬区戒严司令部枪杀在上海自治运动中被捕之工人陶静轩。19 日,上海总工会通告各工会于 20 日下午 1 时全体静默三分钟哀悼。24 日,手工业联合总会等 23 团体发表为陶静轩雪冤宣言。

11 月 17 日　蒋介石在南昌函复苏浙皖三省联合会吁请"和平救国"事,谓:"如欲救国,应请先一设想我国家与我民族之现状。果求和平统一,果求独立自由,舍革命军与三民主义外,宁有他途?"希望该会"毅然变计,加入革命,合作救国"。

　　△　上海学生联合会致函上海苏浙皖三省联合会,指出必须三省农工商学各界人士起来团结一致行动,始有成功之一日。"若仅以责之少数领袖,则匪特名实难符,亦且力所不逮"。并主张"现三省之军事当局,必须将三省军民两政交出"。

　　△　北京政府外交部致电出席国际联盟代表朱兆莘,令将中比条约交涉全案提交国际联盟大会,要求各友邦之公平解决。

11 月 18 日　顾维钧以摄行大总统指令批准署司法总长罗文幹所呈《民律案总则编》、《民律案续编》、《商律商行为法案》、《票据法案》、《海船法案》、《破产法案》,着该部刊印颁行,除已有现行法令判例及有显著不同之习惯外,均准暂行参酌采用,仍着修订法律馆迅将该项法案分别妥为厘订,呈候公布,以资遵守。

　　△　北京政府国务会议决定:中比条约既宣告失效,内务部应准备收回天津比租界行政权。24 日,褚玉璞令庄景珂着手筹备。

　　△　孙传芳微服由宁抵津,晤张作霖、张宗昌,商请出兵及接济械弹。

　　△　文学研究会上海分会、上海通信图书馆、上海世界语学会、中华农学会、创造社、妇女问题研究会、学术研究会等团体联合发表《拥护人道宣言》,略谓:"对于本国无抵抗的人民,不经法律裁判,任意逮捕虐杀,如最近九江、南昌等地所演的暴行,实为人道上一大污点。""现在军人反向清白无辜的学生发泄怨愤,任意拘捕监禁,甚至以'莫须有'的罪名,处青年学子以极刑,这更是文化世界中难以洗刷的奇耻大辱。""民国约法所赋予人民的出版自由、言论自由,被剥夺净尽","这更是民族文化前途的最大的险象。"宣言最后表示要"以牙还牙,以眼还眼","勿以为正义是无实力的,民众是驯伏如绵羊的"。

△ 直隶教育厅下令整顿女校：一、禁止社交公开；二、禁阅不正当书籍；三、禁止袒胸露肘；四、禁止与男生跳舞。

11 月 19 日 蒋介石再电张静江、谭延闿，要求中央党部与国民政府迁都武汉，以提高党政威信。

△ 蒋介石在南昌向外国记者表示：非至治外法权、外人租界及不平等条约一律废除，革命决不终止；革命不仅以推倒中国境内帝国主义为限，且以获取其他国内同样结果为目的；中国京城当在武汉，政府实行委员制；对美表示友谊，列强愿取消旧有条约，归还租界，以友好精神承认中国者，中国定以友邦待之；将完成粤汉铁路，使火车可从广州直达北京。

△ 孙传芳去津后，陈仪、陈调元、白宝山、冯绍闵等赶至南京，与卢香亭、刘宗纪、孟昭月会商时局问题。

△ 北京政府财政部印发旗产税契执照 10 万张，交奉系"镇威军"筹饷，所得部三军七。

11 月 20 日 张作霖、孙传芳、杜锡珪及奉、直、鲁重要将领在天津开会，议定：一、张宗昌率直鲁军 15 万南下，进兵江西挡国民革命军之主力；二、孙传芳保守苏、浙，兼抵御福建之国民革命军；三、张学良以第三、四方面军团维持京畿治安；四、渤海舰队、东北舰队南下参加战斗；五、张作霖就北方军队统帅。以上各项，先派员征求吴佩孚、阎锡山同意，再发通电。

△ 湖北政务会议决定将武昌大学、商科大学、法科大学、文科大学、医科大学合并改组为湖北中山大学，实行委员制。

△ 东方文化事业总委员会在日本东京上野帝国学士院会馆开第二次会议，日本政府外相币原、文相冈田以及中国驻日公使汪荣宝等列席。会议决定将 535 万元建筑设备费，除提出 35 万元为准备金外，北京、上海各分其半。北京人文科学研究所之事业归总委员会，上海自然科学研究所事业归上海委员会实施。

△ 上海总工会等工人、学生团体发表声明拥护《人道宣言》，号召

中华民国史 大事记

各界同胞"对于军阀政治更深一层认识,而努力于自治运动"。

11 月 21 日 国民革命军第一军到达同安后,独立第四师即向文斗店前进;福建民军第五路叶定国部及第二路一个支队占小盈岭;第十七军第二师向东四桥、五峰前进。闽军第一军张毅部及第二十九混成旅孔昭同部不支,向莆田退去。是日,革命军占泉州城。

△ 商震就国民军联军副总司令,加入国民革命军。翌日,丁惟汾、戴季陶、朱霁青联电称:"闻兄加入革命军,不胜雀跃。当年关外同志属南者惟兄,此次力任扫穴犁庭之责,南方同志闻之,无不勇气百倍。"

△ 吴佩孚在郑州召集会议,靳云鹗、田维勤、魏益三及在汴、郑之高级将领出席,决定:一、服从主帅,拥吴到底;二、省长履行职权,军民分治;三、用人行政公开;四、财政由省长负责;五、前方军事由田维勤负责;六、分区剿匪;七、各军一律交还扣留车辆;八、各地不得就地筹饷或征发。

11 月 22 日 共产国际执行委员会第七次扩大全会是日起在莫斯科举行。中国共产党代表谭平山出席会议,两次报告中国革命问题,国民党代表邵力子列席会议。30 日,斯大林在全会中国委员会会议上发表《论中国革命的前途》的演说,指出:中国革命是世界无产阶级革命的一部分,反对帝国主义是中国革命最主要和最基本之点,武装的革命反对武装的反革命是中国革命的特点和优点之一,中国共产党人应当特别注意军队工作,应当把农民卷入革命,满足他们的最迫切要求,应当留在国民党内加紧工作,参加未来的革命政权,实现无产阶级领导。全会通过《中国问题决议案》,指出:"目前形势独有的特点就在于它的过渡性,现时无产阶级在同资产阶级的广泛阶层结成的联盟的前途以及进一步巩固自己同农民结成的联盟的前途之间应当有所选择。如果无产阶级不提出激进的土地纲领,它就不能吸引农民参加革命斗争,并将失去在民族解放运动中的领导权。"

△ 杨宇霆应张作霖之召,晚由奉抵津,孙传芳即往拜访、道歉,表

示愿将东南奉还。旋同赴蔡园谒张。杨对出兵南下力主谨慎从事,先问饷项,表示东三省无力协济关内军费。

△　张宗昌由天津归抵济南,召集军事会议部署出兵援孙。会后,张下动员令:第三军程国瑞部、第七军许琨部向津浦路南下,渤海舰队及第八军由海道赴上海。

△　上海招商局因孙传芳征用江轮有七艘未放还,"广利"、"新华"、"新昌"三船又在广东被扣,是日分电南京"联军"司令部、广州国民政府并北京政府交通部,要求 27 日前各将所扣轮船放回,否则全部停航。

11 月 23 日　邓演达与张发奎自武昌飞抵广州,催促中央迅速迁都。

△　国民军孙良诚部进至兴平、醴泉一线,围攻咸阳,与刘镇华部激战,是日占领咸阳。

△　苏浙皖三省联合会在上海举行第二次委员会议,推蔡元培主席,议决组成军事、外交、事务等委员会,推王正廷等四人为外交委员,孟森等九人为事务委员。会议决定通电宣布:一、孙传芳既已他往,其所有行动与三省无涉;二、三省已声明划为民治区域,奉、直、鲁首领如对三省有军事行动,誓以民意抵抗;三、三省军队赞护民治者供其给养,否则视为公敌。会议又通电要求三省全体人民及团体速即奋起,为组织三省正式民治政府共作准备。30 日下午 4 时,该会招待中外记者,蔡元培致欢迎词,申述三省民治之必要及促其实现之决心。

△　中华国民拒毒会函北京政府外交部,对英商太古公司"泸州"轮运鸦片 100 箱由香港往大连供日本当局转销内地一事,要求提诉国际联盟,并向英国提出严重抗议。

11 月 24 日　北京教联会庚款董事会、中华教育改进社、北京国立九校教职员联席会、私立四大学联合会等团体代表开联席会议,讨论反对东方文化事业总委员会在东京开会及其议决事项,号召教育界群起反对日本利用庚款进行文化侵略活动,并决定联合组织"对日庚款问题委员会"从事经常工作。

11月25日 潘复自津抵京,就北京政府财政总长职,在国务会议上提议发行军用票、巨额新库券或公债,杜锡珪等人反对。

△ 驻京英、美、法、日四公使联衔照会北京政府外交部,谓中国政府拟用关余指借债款,惟关余已无余,且牵动外债基金,特提抗议。

△ 天津英工部局拘捕在英租界活动之国民党人江镇寰等15人,并即引渡于市警察厅。翌日,警厅长丁振之进行审讯。张宗昌急电丁"尽法惩办"。

△ 鲁军发行"南征"新军用票1000万元,北京政府国务会议通过在江苏省内发行。

11月26日 国民党中央政治会议,正式决定迁都武汉。

△ 驻闽厦海军警备司令林知渊及其陆战队长林忠在厦门开会,决率部归附国民革命军。计有"海筹"、"海容"、"海瑞"三大舰,"永健"、"永绩"、"四江"、"五楚"等11炮艇,二驱逐艇,八水雷艇,"通济"、"建威"、"建安"三练习舰,六运输舰,以及浅水舰等。翌晨,陆战队入福州。杜锡珪急电厦门通缉林知渊。

△ 蒋介石任命陈可钰为国民革命军第四军副党代表,调升张发奎为第四军副军长,仍兼第十二师师长。

△ 国民革命军第一军进驻福建仙游,乘胜前进,连克莆田、永泰。闽军张毅及孔昭同、蒋启凤等残部纷向闽江下游一带溃退。

△ 南下援孙之鲁军第七军许琨部、第一百零七旅常芝英部到达浦口,下午有两团渡江。

11月27日 国民军解西安围。援陕诸路集结直趋西安,与围城之刘镇华军展开激战:左路方振武一部向泾阳东南进展,攻西安城北附近之敌;右路马鸿逵部向鄠县(今户县)东北方面进展,攻西安城南附近之敌;中路孙良诚部由咸阳进攻西安。刘镇华军殊死抵抗,猛力向中路冲击。国民军又调刘汝明部由左翼向敌背后十里铺方面迂回攻击,孙连仲部由右翼向蓝田、临潼方面绕攻。26日拂晓,全线展开总攻击,与刘镇华军激战一昼夜。刘镇华军见后路被抄袭,全线动摇,分向潼关、大荔、武关一带溃退。城内守军李云龙、杨虎城等部奋力出击。是日中午 12 时,被围七个月之西安城解围,方振武等部入城。

△ 蒋介石任命刘湘、赖心辉、刘成勋、刘文辉为国民革命军第二十一、二十二、二十三、二十四军军长,陈铭枢为第十一军军长,范石生为第十六军军长,准方本仁辞第十一军军长及江西宣慰使职。

△ 苏联新任驻京代理大使齐尔内赫向顾维钧递交国书。

11 月 28 日 国民党中央政治会议宣布:自下月 1 日起,在广州的国民政府停收文件,5 日停止办公。

△ 顾维钧内阁全体阁员联名通电总辞职。翌日,张作霖电顾维钧等人谓"值此险象环生,所望艰难共济,尚请同支危局,勉维其难"。吴佩孚亦复电"尚希坚忍撑持"。

△ 吴佩孚通电宣布下野,电云:"素以主张恢复武汉,向之所以失败遭挫者,皆因将领团结不固之故,今时势变异,愿各方赓续讨赤决心,佩孚决计退息林下,不复再问政事。"

△ 法权调查会议报告书经美国与关系各国商定,于 30 日中外同时公布。北京政府外交部因王宠惠声明"署名于本报告书不能认为对于第一第二第三编所载各节悉表赞同",先于本日公布报告书第四编《委员会之建议》及《中国委员宣言书》。《宣言书》对于调查法权委员会以为按中国现状未便即时建议撤销治外法权表示"殊形失望","惟对于条约以外所发生不良之惯例立即取消,及其他中外人民关系之改善办法均有所建议",则深为谅解关系各国之善意。

△ 驻京英使麻克类抵津访张作霖,表示希望中国有强有力之政府,以防"赤化",列强当予以援助。

△ 国民革命军总政治部决定前方主任邓演达直辖鄂、湘、川、黔、赣、闽诸省有关事宜,后方主任孙炳文直辖粤、桂、滇三省有关事宜。

△ 湖南省民会议筹备处召开第一次执行委员会议,选举夏曦、张翼鹏、董维键、左学谦、雷铸寰五人为常务委员,朱剑凡为宣传部长,凌

炳为组织部长,张唯一为编纂部长,熊亨瀚为秘书长,推选各委员会主席:民政刘岳峙、财政李希贤、教育熊梦飞、司法吴鸿骞、军事熊震、外交董维轮、农民易礼容、商民王学衡、工人郭亮、实业凌炳、妇女谭国辅、青年刘国富。

　　△　上海 400 余团体在西门公共体育场召开反对奉鲁军南下市民大会,五万余人冒雨参加,决议:一、反对奉鲁军南下,请奉鲁军当局服从人民公意,撤回军队;二、反对发行 1000 万元军用票,一致拒绝使用;三、督促苏、浙、皖军事当局服从人民公意,保护地方治安,维持和平;四、上海划为特别市,由商、工、学各界组织自治市政府;五、恢复上海工商学联合会,由上海总商会、各马路商号总联合会、闸北商会、南市商会、全国学生总会、上海学生联合会、上海总工会七大团体组织,求市民自治之实现。会后游行。

　　△　南京无线电台落成,电力一个千瓦,电机用真空管,天线杆高 160 尺,多属中国制造,费用二万余元。

　　11 月 29 日　蒋介石电准唐生智、陈铭枢之请,委冯绍闵为暂编第一军军长。

　　△　驻京比使华洛思向北京政府外交部递交备忘录,谓按国际联盟规约第十九条,中国不能以一己权力终止中比条约,惟有提交海牙国际法庭解决;比国承认提交海牙解决之法律争点,与中国提议交国际联盟并不矛盾,可以考虑于提交国际法庭后再在国际联盟提出。

　　△　张宗昌到天津谒张作霖,随即电令已出发南下各军暂在津浦路南段驻扎,以浦口为终点,勿越过长江一步;并令第四、五、六各军集中徐州,以待后命。

　　△　苏浙皖三省联合会发出三电:一、电三省海陆军将领,敦促表示赞助民治之态度,声明如有观望,即系反对民治;二、电张作霖,劝令鲁军撤回原防,留三省为缓冲地点;三、通电反对英日借款。

　　11 月 30 日　孙传芳、吴俊陞、张宗昌、阎锡山、商震、寇英杰、陈调元、张作相、卢香亭、韩麟春、高维岳、周荫人、陈仪、褚玉璞、汤玉麟、刘镇华 16 人联名推举张作霖为"安国军"总司令,发表通电略谓:"赤逆披猖,黔黎困蹙,纪纲失坠,邪说横行,凡有良知,莫不愤激。传芳等仗义讨贼,义不容辞,然成城有志,束箭弥坚,自非有统一指挥之谋,难收提纲挈领之效。……谨愿推戴我公为安国军总司令,统驭群师,同申天讨。"

△ 蒋介石任命吕汉群为四川宣慰使。

△ 上海总工会公开办公,并通告所属工会,于 5 日内一律公开会所办公。

11 月下旬 山东又发行盐税国库善后公债 2000 万元,向各县摊派。

是月 武汉工人运动蓬勃发展。在湖北总工会领导下,先后成立各业工会 60 余个,租界外人所雇佣之华工亦设立工会。各业工人纷纷要求加薪,未遂者即罢工。14 日起武昌至长沙之粤汉路员工罢工,火车停开数日。印刷业工人、邮务工人、烟厂工人等亦先后罢工。总工会组织经济斗争委员会,刘少奇主任,对各工会所提要求先研究后再负责交涉。29 日,湖北省政治委员会组织之劳资仲裁委员会举行第一次会议,总工会、省市党部、武汉商会、政治委员会、卫戍司令部各代表为委员,会后通告各项劳资问题不能解决者可交本会仲裁。

12 月

12 月 1 日 张作霖在天津蔡园就安国军总司令职,并发表就职通电,略谓:"比以国政不纲,暴民乱纪,宣传赤化,勾结外援,年余以来,夺地争城,残民以逞。长此以往,国将不国。顷据孙馨帅(孙传芳)诸君以时局艰危,暴徒肆虐,联名电请以安国军总司令名义,统率同志,保安国家。作霖自分驽骀,岂堪膺兹重任?屡经电辞,未承谅许。当兹危急存亡之秋,敢昧匹夫有责之义,爰于十二月一日在津就安国军总司令之职。"张任命孙传芳为安国军副司令仍兼苏皖赣浙闽五省联军总司令,张宗昌为安国军副司令仍兼直鲁联军总司令。

△　张作霖在天津蔡园续开军事会议,决定:一、长江方面仍由孙传芳军担任前线,张宗昌之直鲁军在江北岸作为后盾;二、派韩麟春率领第十七军由京汉线"援吴";三、热河汤玉麟、察哈尔高维岳两部协助阎锡山军在包、绥方面防范国民军;四、张学良负责警备北京、天津,吴俊陞、张作相负责巩固后方,张作霖坐镇天津策应各方。蔡园会议结束。

△　张作霖派张景惠等人赴郑州,与吴佩孚商洽京汉线军力与津浦线呼应以及改组北京政府等事,邀曹锟、吴佩孚去津面商一切。翌夜,张景惠等返津,谓吴对张就安国军总司令无异言,望多济饷械。

△　国民党中央决定设立政治会议广州分会,管理粤、桂、闽政务,委员为李济深、陈树人、甘乃光、戴季陶、宋子文、孙科、何香凝七人。

△　阎锡山派代表赵戴文到南昌,是日面见蒋介石,陈述愿加入国民革命军。

△　英国新任驻京公使蓝普森抵上海。蓝普森拟先赴汉口视察,决定对华外交方针,然后再去北京。原任公使麻克类已由北京到上海,候船回英。

△　日本政府派外务省条约局长、出席关税会议和法权会议的代表佐分利自北京南行,赴国民政府所辖地区实地考察。是日,佐分利在上海邀集国民党上海市党部和江苏省党部、中国学生总会、上海学生联合会及各青年团体代表征询政见。

△　苏浙皖三省联合会开委员会议,蔡元培主席,决定:电孙传芳斥其勾引暴军来犯三省,勿再昧于进退而重新干涉三省政务;通电三省各公团,请对奉军南下表明态度;推袁观澜等五人起草上海特别市组织大纲。

△　中华全国总工会汉口办事处召开扩大执行委员会议,参加人除执行委员和候补执行委员 52 名外,尚有湘、鄂、赣、皖、川、豫六省之代表。

　　△　湖南全省第一次工农代表大会在长沙开幕。出席大会的农民代表计 33 县及二特区 170 人,代表农会会员 130 万;工人代表计各地区工会及产业工会 52 处 175 人,代表工会会员 32.6 万余人。开幕式并到各机关、学校、团体代表 400 余人,以及各界群众 20 余万人。大会由郭亮主持,国民党代表熊亨瀚、共产党代表李维汉、苏联驻湘领事彭礼之代表饶漱石、共青团代表谭因等先后讲话。大会聘李维汉、李荣植、夏曦等八人为顾问。3 日,大会致电毛泽东,"盼即回湘指导一切"。

　　12 月 2 日　福州城防司令李生春与驻闽厦海军联合宣布服从国民政府。国民党福建临时省党部推李任保安司令,维持省城秩序。

　　△　国民政府电英国政府外交部,抗议天津英租界当局 11 月 25 日拘捕国民党人 15 名,并引渡与奉军,要求赔偿损失,声明倘被捕诸人受害,将由英政府负责。

　　△　蒋介石在南昌设宴欢迎宋庆龄、孙科、宋子文、徐谦、鲍罗廷等,称预料三年之内可以完成国民革命,统一全国。

　　△　汉口英商允纳国民政府当局所征附税,办法和广州相同,普通货物征 2.5％,奢侈品征 5％。

　　△　上海学生联合会向上海教育界及各学校当局提出教育改革要求 28 条,主要内容有:给予学生集会、结社、言论、出版自由;改善各项设备,便于学习、生活、体育活动;减免各项费用,以利贫苦学生就学;教会学校不得强迫学生参加宗教活动等。

　　12 月 3 日　闽军第一军张毅部节节败退,一部从陆路退往福州附近,被海军陆战队及省防司令军合击;一部在莆田东南之涵江装运军械辎重及其他物资出海,被海军陆战队林忠部截击,张毅船两艘被"海筹"等舰在闽口、涵江一带截获。张毅部 3000 余人渡往峡兜南岸,尚在北岸之部以炮击顽抗。国民革命军独立四师张贞部于扈屿、第十七军杜起云部于永春会同攻击,张毅部不支,派员诈降,突又围击前往点收枪械之林忠及其所率之一团。后经海军扼守新歧,张贞、吴威、洪永春等部分布尚干扼其左,杜起云部据大樟扼其右,海军第二团出青蓝铺击流沙乡攻其背,终于是日歼灭张毅全部。

　　△　新改编为国民革命军独立第三师之林寿国部入福州城。4日,该师党代表兼总指挥林寿昌电何应钦请速来省,并布告由保安司令李生春维持省垣秩序。

　　△　国民军援陕诸部解围西安后乘胜追击刘镇华军。方振武部进至大荔,马鸿逵部抵蓝田一带,孙连仲部进达商雒,孙良诚部进驻渭南。是日,刘汝明部越过潼关,进入豫西阌乡(今属灵宝)。刘镇华军节节东退。6日,刘赴山西乞援。

　　△　张宗昌由天津回济南后大举派兵南下,江南民心恐慌。是日,张通电声明,苏、皖各省一切用人行政事宜,仍由孙传芳主持,决不稍有干涉。

　　△　美国务院正式宣称:美国政府对粤军在长江各条约口岸收回海关事件,决不采用任何方略阻止。因为此纯系中国国内行政,与美国政府无关。至于在中国各港内之美海军,只为保护在华美侨生命财产之用。

　　△　上海工商学各界团体代表开会,议决恢复工商学联合会,改名为"上海特别市市民公会",以实现上海自治为宗旨。6日,市民公会开成立会,沈钧儒主席,推定委员,主持进行事宜。

　　△　汉口总商会召开全市商民大会,到一万人,确定对付工潮的四项办法交劳资仲裁委员会代表执行:一、加薪须逐渐酌加;二、工作时间沿旧习惯;三、保持店主辞去员工之自由权;四、待遇力求平允。声言以全市商民之最后手段——罢市为代表作后盾。

　　12 月 4 日　蒋介石、宋子文、陈友仁、孙科、徐谦、宋庆龄及鲍罗廷等由南昌抵九江,万余人执旗欢迎。

　　△　湖北省政府交涉署及卫戍司令部对英水兵登陆汉口事,向驻汉英领提出抗议,要求即日撤退。7日,英水兵撤离。

　　△　孙传芳偕杨文恺自天津返回南京,就"安国军"副司令职,并电召陈仪、陈调元、白宝山等苏、浙将领至南京参加军事会议。

△　张宗昌向德国订购之军火运抵青岛,计:枪 5000,弹 400 万,手枪 300,弹 15 万,无烟药三万斤。另订作战飞机六架。

△　出席国际联盟会议代表朱兆莘遵北京政府训令,向日内瓦报界发表一文称:中国坚绝反对将中比条约解释问题提交海牙法庭,因争论点系政治性质,而非法律性质。中国愿依照国际联盟会章第十一款第十一段之规定,将此案提交国际联盟大会。中国决心将所有不平等条约于期满时一律废止,对违反平等原则之任何提议,概不接受。

△　湖南全省第一次工农代表大会继续举行。是日,李维汉报告世界和中国政治经济状况。6 日,谢觉哉报告国民革命与农工阶级。7 日,苏联驻湘领事彭礼到会介绍苏联政治经济状况。8 日,李维汉报告中国共产党与农工阶级。9 日至 14 日,报告全国及湖南职工运动、农民运动。12 日,大会发表《为反对奉鲁南下并援助江浙皖豫自治示威宣言》。

12 月 5 日　上海招商局举行董事会和股东维持会联席会议,因请各方放回被扣船只未获结果,决定即日起停业,各线全部停航,通电各方;并令将已泊上海及在途将归各轮一律调集浦江。

△　中国科学社发表宣言,要求日本政府将全部庚款无条件退还中国。宣言并指出:所谓中日学者合组之东方文化事业委员会,不过乃日本外务省文化事业局一附属机关而已。

12 月 6 日　蒋介石电冯玉祥请率师出潼关东进。同日,冯玉祥对豫西下总攻击令。

△　国民革命军第九、十、十五军向鄂西发动总攻击。各部进展迅速:第十军王天培部 12 日进驻公安,同日克沙市;第九军彭汉章部 13 日克松滋、枝江;第十五军袁祖铭部 14 日攻入荆州;第九军贺龙师 17 日占领宜昌;王天培部 22 日占领秭归、巴东。卢金山、阎得胜等部向川东退却。

△　张作霖发表宣言,声称中国无大地主大资本家,不适用共产学说,不应推倒军阀、打倒帝国主义。并谓冯玉祥、蒋介石等"勾结外援,

侵略祖国,与石敬瑭何异"。"吾人不爱国则已,若爱国则非崇信圣道不可;吾人不爱身家则已,若爱身家则非灭绝赤化不可"。

　　△　吴佩孚召集寇英杰、齐燮元、王为蔚、田维勤、马吉第、阎曰仁等人在郑州开军事会议,决定联奉反攻,并讨论援陕以御国民军方案。吴派田维勤为援陕全军总司令,张治公为前敌总指挥,王维城、张凯臣为第一、二路司令,阎治堂、王振、柴云陞为左、右翼及纵队司令。

　　△　吴佩孚电张景惠,谓:"奉军入豫增援,将领主张尚不一致,当再事疏通,借图圆满。前敌虽紧迫,尚堪支持,勿劳过虑。"

　　△　孙传芳迎张宗昌率直鲁军南下,向张表示愿将津浦路南段收入、浦徐货捐、凤阳关税、正阳芜湖盐厘、两淮盐款等悉交鲁军筹饷,是日令浙、皖、苏各筹款 50 万助直鲁军南下。同日,孙并颁军令 13 条,中有凡阻止奉鲁军南下者以"赤党"论罪。

　　△　国民党代表夏鼎(译音)抵日内瓦,致函国际联盟秘书长,声明国民政府真正处于代表中国国民发言之地位,凡不平等条约必须废除,吾人认为各国与北京政府之谈判悉为无效。

　　△　东方文化事业总委员会上海分委员会开会,中国委员伍连德等九人和日本委员山崎直方等七人出席,推严智钟为委员长。会议讨论在上海筹设自然科学研究所事宜,决定先派 14 人赴欧美从事三年研究工作。日本委员与中国委员一度发生冲突,结果日本委员略示让步,酌采中国委员"先派员赴欧美研究"之意见。8 日闭会。

　　△　奉天因滥发新票,票值一再跌落。是日奉天当局出示:凡以奉票进行投机交易者,即行枪毙。市场益趋混乱。

　　12 月 7 日　国民党中央通电宣布中央党部及国民政府北迁武昌。略谓:"承先总理遗志奋斗,现前方军事成功。党政府为适应环境,实行迁鄂。决七日迁移,准半月内可到武昌办事。"第一批人员彭泽民、丁惟汾、顾孟馀等计千余人启程北上。国民革命军总司令部仍留广州,由李济深主持。

　　△　蒋介石在庐山召开军政会议,孙科、宋子文、蒋作宾、陈友仁、

宋庆龄、鲍罗廷等出席,议决:一、对安国军问题,决定消灭孙传芳,联络张作霖;二、工运主缓和,农运积极进行,以为解决土地之张本;三、通过财政统一方案。

△　国民革命军第十四军赖世璜部 1 日占邵武后即分兵数路进击:左翼 4 日占福建建阳,是日克建瓯;中路是日达顺昌;右翼是日克将乐,一部 3 日先克泰宁。周荫人部向政和、浦城退却。

△　于右任就任国民军二、三军联军总司令,在潼关指挥三路进攻豫西:刘郁芬等部沿铁路线自阌乡攻灵宝、陕县,邓宝珊等部自黄河南岸进迫观音堂,李云龙等陕军向南阳一带联络樊钟秀。

12 月 8 日　国民革命军第一军第一师王俊部在闽、浙边境击溃陈炯明粤军残部谢文柄、陈修爵等,会合第二十二师向浙江衢县前进。

△　张作霖电促吴佩孚迅即反攻,略谓:"贵部反攻无期,敝军发动在即。敝军南下,决不计及地盘,务请我兄向贵部解释。贵部如能团结内部定期反攻,无须敝军为助,亦可中止南下。所虑徘徊观望,坐误戎机。"翌日,张又电吴,谓:"安国军曾与讨贼军共同合作,一致讨赤,弟对我兄誓守盟约,合作到底,成败利钝,均所不计。所望早饬大部,一致猛进。"10 日,又电吴再次表示决"通力合作,贯彻始终"。

△　张作霖任命于珍为援豫总司令,率部南下抵御国民军。以荣臻部为先锋,于珍部续进为主力,赵思臻部任预备队。

△　苏浙皖三省联合会致电三省各县征收机关暨各团体,劝告对于孙传芳苛征军费或预征漕粮之类一概拒绝。该会并致电警告银行界,反对发行变相之兑换券扰乱金融;致电安格联:反对军阀借款、预借漕粮及发行新公债。

△　上海总工会第三次被警厅查封。10 日,各产业总工会、商务工会、各地区工人代表会、各行业工会及国民党江苏省党部纷纷发表宣言,抗议反动当局的暴力摧残。11 日,2000 工人集合上海总工会会所自动启封,将所有器物迁往虹江路印刷总工会内。

△　北京四教育团体开会,反对东方文化事业总委员会上海分委

员会议,致函南方各省教育界一致反对。11 日,出席上海分委员会议之中国委员秦汾、胡敦复声明辞职,对日方表示抗议。中华化学会、上海学联会、江苏省教育会等先后发表宣言反对该会议,认为所定办法含有"二十一条"要求中第五条第二款之意味。

12 月 9 日 国民革命军独立第四师张贞部、第十七军第二师杜起云部及福建民军第五路叶定国部、第二路洪永春部等在歼灭闽军张毅部后乘胜追击前进,是日进占福州,俘万余人。闽军第二十九混成旅孔昭同部、补充旅蒋启凤部、第二旅董胜标部之残部由原第十二师第二十三旅旅长李生春收编,改编为国民革命军第十七军第三师,归曹万顺代军长节制。

△ 蒋介石电令何应钦率两师兵力兼程入浙。

△ 浙江省议会、杭州总商会分电蒋介石、孙传芳勿进兵浙省。

△ 杭州市学生联合会邀请各界领袖 30 余人讨论浙江时局之应付办法,决议组织杭州各界联合会,推举沈钧业等人为筹备委员,拟定组织大纲草案,以真正实行浙江人民自治为宗旨。

△ 国民革命军第三军第七师王均部入浙江常山后即进占衢县,令商会通知商民通用由广州携来之纸币。

△ 国民党中央党部派李济深、陈孚木等五人接收广州市党部,新组市党部特别委员会。

△ 北京外交团照会北京政府外交部:中苏会议及条约研究会之经费,由关款拨 9000 元,10 个月为限;储才馆、法律馆之经费,由关款各拨一万元,一年为限。

△ 张宗昌电苏、皖当局,请会衔布告苏、鲁、皖、赣一律通用鲁省军用票。上海新苏公会通电江苏全省一律抵抗不用。

△ 张作霖命北京政府财政部印发奉天军票 1000 万元。是日《民国日报》揭露:表面称 1000 万,暗中实有 2000 万元。

12 月 10 日 宋庆龄、孙科、宋子文、徐谦、陈友仁、鲍罗廷自九江抵武汉。同日下午 2 时,武汉各界在武昌阅马厂举行"欢迎中央执行委员国民政府委员鲍顾问罗廷大会",到 10 余万人。大会总主席邓演达致欢迎词,宋庆龄、孙科、徐谦等相继演说。

　　△　奉军完全接收保(定)、大(名),置重兵于磁县,俟吴佩孚需要时,即大批入豫。

　　△　张作霖之安国军总部发表总司令部组织和人事,杨宇霆为总参谋长,下设三厅八处:军务厅长于国翰,总务厅长郑谦,秘书厅长任毓麟,军事处长陈钦若,军需处长栾贵田,军法处长颜文海,副官处长俞恩桂,电务处长周大文,总务处长王其康,外交处长吴晋,机要处长娄裕熊。

　　△　出席关税会议之中国委员顾维钧、颜惠庆等七人集议继续开会问题,决先照会各国委员催促开会,如无结果,即发表宣言声明中国方面对此不能负任何责任。

　　△　谭延闿、何香凝等在广州召集工界代表谈话,劝工人一致团结,勿生纠纷,免使前方同志有后顾之虑。

　　△　苏浙皖三省联合会通电阻止北京发行新公债;并通电拒用鲁省军用票。

　　△　直省筹集"讨赤"军用费共 2500 万元,计:办善后公债 1000 万元,其中长期 600 万元由各县摊派,短期 400 万元由各银行、公司、盐商分担;办第六次公债 600 万元,各县摊销;预借明年钱粮及按亩抽"讨赤"特捐各 400 万元;令开滦公司代筹 100 万元。

12 月 11 日　国民军援陕部队出潼关入豫境,刘镇华残部绕越山地,退函谷关集中,吴佩孚调遣所部西向援刘。

　　△　新任驻华英使蓝普森在武汉晤国民政府外交部长陈友仁,陈向蓝普森宣布国民政府外交政策,略谓:国民政府决意取消不平等条约,收回领事裁判权,实行关税自主,反对协定关税;对外侨生命财产,当负保全之责。14 日,陈向蓝普森指出,国民政府势力范围已占中国之半,南部关税收入应归国民政府。

　　△　国民党中央党部及国民政府北迁第二批人员,由谭延闿率领

离广州经韶关北上。张静江因病暂时留粤。

　　△　浙军第三师师长周凤歧在衢县就任国民革命军第二十六军军长。

　　△　孙传芳复电杭州总商会拒国民革命军入浙,电称:可允浙人自治要求,惟一条件为党军不入浙境。

　　△　武汉各界 10 余万人集会欢迎国民政府北迁,大会总主席唐生智。宋庆龄、徐谦、孙科、陈友仁、鲍罗廷、宋子文等均发表演说,激励民众努力革命,巩固根据地,以期北伐成功,废除一切不平等条约,跻中华民国于国际平等地位。

　　△　驻防磁县之吴佩孚军张汝田部与南下至磁县之奉军发生冲突。

　　△　蒋介石复苏浙皖三省联合会函,谓"欲求和平统一、独立自由,舍加入革命合作无他途"。

　　△　张作霖在天津蔡园召集李志熙等五名直隶省议员及工厂、学校代表 30 余人开谈话会,宣布天津已入戒严时期,禁止结社集会,要大家回去劝导工人、学生"切勿以身试法"。张并宣称,上月 25 日由租界引渡之 15 名国民党员,"念其年少无知,不欲深究"。

　　12 月 12 日　蒋介石电国民党中央党部军人部,不准擅派党代表。14 日电宋子文,准撤财政部党代表。

　　△　蒋介石任命邓锡侯为国民革命军第二十七军军长,田颂尧为第二十八军军长。

　　△　吴佩孚在郑州召集魏益三、马吉第、齐燮元、田维勤、寇英杰等人,会商奉军援豫问题,各人意见不一,无结果。

　　△　北京政府农商部训令京、沪交易所停止买卖"九六公债"。略谓:近日"九六公债"市价暴落已出常轨之外,并有奸人从中操纵,影响市面,扰乱公安。按照《交易所法》第二十八条第三款之规定,所有"九六公债"部分营业暂行停止,听候派员查办。

　　△　上海自治运动各团体举行代表大会,200 余人出席,通过宣言及告市民书,要求实行市民自治,市民公会筹备组织上海特别市政府;

拒绝奉鲁军南下,拒用军用票。

△ 武汉总工会开办工人运动讲习所训练工会干部,是日开学。全市已成立工会 300 余个,近 30 万工人入会。

12 月 13 日 国民党中央执行委员及国民政府委员孙科、徐谦、蒋作宾、柏文蔚、吴玉章、宋庆龄、陈友仁、王法勤以及鲍罗廷等在武昌举行紧急会议决定:在中央执行委员会政治会议未迁到武昌开会之前,由国民党中央执行委员和国民政府委员组织临时联席会议,执行最高职权,处理决定各项重要问题。联席会议成员为宋庆龄、孙科、徐谦、蒋作宾、柏文蔚、吴玉章、陈友仁、王法勤、唐生智、邓演达、詹大悲、宋子文、董用威、于树德、叶楚伧等。会议推徐谦为主席,叶楚伧为秘书长。

△ 中共中央政治局在汉口召开政治局特别会议(即政治局与国际代表维经斯基、鲍罗廷的联席会议),陈独秀在会议上作政治报告,指出从江西战场胜利以后,我们和国民党的关系发生许多新变化,出现许多危险倾向,使联合战线随时都有破裂的危险。报告提出挽救联合战线破裂的七项策略,其要旨为:防止党外右倾,反对党内"左"倾;改善我们同国民党的关系;扶助左派建立以汪精卫为领袖的文人政府。会议通过了《关于国民党左派问题议决案》。在土地问题上,陈独秀与多数同志反对毛泽东提出的激进政策,主张实行减租减息的政策。为此,会议通过了《关于湘鄂赣三省农民运动决议案》。

△ 海牙国际法庭书记长通知北京政府驻荷兰公使王广圻出席答辩中比条约交涉案。北京政府外交部饬王广圻访晤法庭书记长,该书记长表示,中国既签字公断条约,如不到庭答辩,将受缺席裁判;不如到庭答辩申述,犹可以使人明了中国之理由。王广圻即将比国政府之提案报告北京政府外交部,并请示应付办法。

△ 浙江省议会议长沈钧业偕蒋尊簋等人抵杭州,邀各界人士会议,陈仪亦列席。金主浙省即日宣布自治,与国民革命军合作。陈仪表示消极,愿下野以谢浙人。翌日,浙江各界联合会成立,举蒋尊簋等 25 人为委员,负责办理一切。

　　△　中国科学社发表宣言,反对东方文化事业总委员会上海分委员会议所通过之议案,反对"以提倡研究为名,行文化侵略之实"。

　　12 月 14 日　蒋介石在南昌召开军事善后会议分组会议,谓此后军需、军医须独立;各军不得截留税收;军饷不能再在粤增抽,须湘、赣鄂各负担一部。

　　△　蒋介石任命熊雄为中央军校代政治部主任。

　　△　蒋介石电催何应钦,径率第三、第十四师入浙。

　　△　国民革命军攻浙前锋部队一部抵桐庐、富阳,一部由衢县向建德前进。

　　△　国民军刘郁芬部占灵宝后又入陕县。吴佩孚令柴云陛坚守待援,令洛阳张治公驰援,又任田维勤为援陕总司令,协调豫南军队前往增援。

　　△　湖南各县人民响应国民革命军提出之"铲除土豪劣绅"口号,捕捉一贯鱼肉乡民之豪绅。华容劣绅张祚荫被当场打死,汉寿豪绅梅实被扭送县署,立时枪决。各县土豪劣绅纷纷逃亡。岳阳、南县民众强烈要求处决省议员周嘉淦、夏炎,唐生智初意彼"罪不至死",后以未便强拂民意,准于是日枪决。

　　12 月 15 日　国民党中央政治会议代主席张静江等由广州动身北上赴武汉。

　　△　国民党浙江省党部筹组浙江省临时政府,设政治会议为最高权力机关,设政务委员会和财政委员会为执行机关;提名张静江任政治会议主席,褚辅成任政务委员会主席,陈其采任财政委员会主席。

　　△　杭州局面改变后,孙传芳令驻沪杭铁路军队前进至长安镇。是日,孟昭月率第八师第十六旅赶赴松江,与原驻松江部队会合担任前线。白宝山第五师、冯绍闵第七师亦由徐海移宜兴,从侧面威胁杭州。浙军在临平附近拆毁铁路一段,阻孟师前进。

　　△　国民党中央执行委员暨国民政府委员临时联席会议开会,议决:由中央工人部于明年 1 月在武昌召开全国邮务工会代表大会,在此

以前各省邮务工人不得罢工；鄂、赣、闽、湘及国民政府其他统辖区域，应即征收产销新税；财政部发行整理湖北金融公债 2000 万元，整理湖北财政公债 1500 万元。

△　广东省政府奉政治会议令发布告称："现北伐胜利，粤各界当共维后方治安，即劳资间有纠纷，亦应静候解决，不容有轨外行动。"布告规定工会不得擅自拘人，工人不得持械游行，不得擅自封锁工厂商店，不得没收工厂商店一切器物。

△　湖南全省第一次工农代表大会是日起分别举行工代大会和农代大会，由各地代表分别报告职工运动及农民运动概况。农民代表提出减租废押、解散团防、铲除土豪劣绅、组织农民自卫武装等要求。

△　上海市各团体联合会为黄阿大于 9 月 19 日被日人枪伤致残要求赔偿而未得事，通电全国要求声援，"对此不合人道公理之事应群起力争"。

△　留日陆军士官学校第十八期全体学生发表退学宣言，略谓：该校对吾国留学生差别待遇，稍关重要之学科皆秘不教授，且学校当局无端凌辱，伤及国家体面，忍无可忍，遂全体签名退学，襆被回国。

12 月 16 日　广东省政府决定：一、责成农工厅拟定减收田租四分之一的具体办法；二、设改良佃户会；三、限制最高借贷利率，不得超过 20%。

△　南昌召开市民大会，七万余人冒雨参加。蒋介石到会演说，略谓："我们要达到自由平等的目的，就非打倒帝国主义及奉系军阀不可。"大会通过六项提案：一、通电全国一致反抗英帝国主义之暴行；二、电苏、浙、皖三省民众，声援三省驱逐孙传芳，阻止奉鲁军南下的自治运动；三、致电国民政府，要求严重抗议天津英工部局引渡国民党人与奉军；四、通电否认任何国家借款给军阀，延长战祸；五、声援上海总工会被封，并勖勉继续奋斗；六、要求政府严惩反动分子。会后游行。

△　安庆各法团通电声明脱离军阀羁绊，实行划境自守。

12 月 17 日　国民政府正式通告各国政府：本政府迁武昌后，所有外交事宜概由政府负责,非本政府承认或接受之事件及文书,在中国地域概不生效。同时,本政府愿与世界各国为平等的友谊的缔交。国民政府外交部并函各省政府:实行统一外交。如各国领事径向外交部以外各机关递公文,应即退还。各机关亦勿向外国领事送公文。

　　△　蒋介石任命陈仪为国民革命军第十九军军长。

　　△　国民革命军第九、十军进据宜昌,杨森部退往四川,于学忠、张福臣部退往鄂北,卢金山、阎得胜两部归附国民革命军。20日第十五军刘佐龙部又克沙市、荆州。

　　△　孙传芳委孟昭月为第三方面军司令,令孟率所部第八师,并节制王森第十一师、李俊义第十四师及第四师王雅之旅,应付浙江军事。

　　△　国民革命军总政治部颁发解决民团与农军纠纷办法10条,规定民团须在省主管厅立案,各县长不得批准成立民团;民团以乡为单位,不得抽捐;已有农军之乡而无民团者,不得再成立民团。

　　△　顾维钧内阁全体阁员向张作霖、张宗昌、吴佩孚、孙传芳、阎锡山发出第三次辞职电,表示决不恋栈,请各方赶速主持,迅组新阁。

12月18日　北京外交团开会,讨论中国时局及对策。英国驻京代使欧迈尔提出《英国变更对华政策建议案》,略谓今日中国时局,政治上虽见分歧,惟对于强有力之国民运动,应予以同情而加以谅解。英国政府建议由各国政府发表宣言"声明拟将修改条约之事及其他悬案,俟华人自行组成有权力之政府时即与之交涉",并施行一种建设政策,以求合于目下变迁之环境。《建议案》主张各国"声明俟中国国定新税则规定颁布时,即承认中国关税自主之权";"对于华会附加税,应以无条件准中国全国立行征收";"所收附加税进款,不必由各税务司解交上海保管银行","如何支配储存各问题,应由中国主管官署自行决定";"裁撤厘金";反对"以整理外债为关税会议目的之一";"法权调查会报告书内之建议与其他改良办法,在现时局势之下可以见诸实行";对于不合时宜之条约,"莫如调节条约权利,以副中国平允之要求";如华人不顾条约或有攻击外人应享之利益,各国当协同从事。26日,英驻京使馆公布《建议案》全文及 5 月 28 日因关税会议问题致美国政府之备忘录。

　△　蒋介石电召吕超为河南招抚使,任命陈铭枢兼第四军第十师师长,任命袁家声为独立师师长。同日,电嘱军法处处长戴任赴浙江办党。

　△　蒋介石电宋子文,商派孙科、蒋作宾为代表赴奉。

　△　何应钦率国民革命军第一军第三师和第十四师进驻福州,与李生春等会晤。

　△　张宗昌率大批随员自济南南下,孙传芳亲赴浦口迎接。下午,张、孙在南京举行军事会议,张即宣布委褚玉璞为前敌总司令,许琨为副总司令,程国瑞、徐源泉、王栋为第一、二、三路司令,许琨兼第四路司令。

　△　国民党中央执行委员暨国民政府委员临时联席会议发布保障民产布告,宣布:"国民政府保障人民资产安全,非依法律不得查封及没收,其已经查封没收之逆产,概由财政部管理。嗣后无论何人,不得挟嫌诬报,无论何机关,除财政部外,不得执行查封。商民人等务各安心营生。"

　△　蒋介石发表《告武汉工界同胞》和《告武汉商界同胞》两文。《告武汉工界同胞》中称:国民党是个代表全民利益的党,工友必须集中在本党之下,受本党的指挥,非但不该仇视商人,并且须在可能范围内急谋谅解。在《告武汉商界同胞》中称:商人们的利益,本党是当然尊重的。在国民革命战线中,商人、工人地位相等,生死相依。本党与国民政府断乎不会蔑视商人。

　△　北京政府外交部条约研究会举行会议,讨论中比条约交涉案,决定仍提交明年国际联盟大会,即电驻荷公使王广圻向国际法庭接洽;并电驻比公使王景岐通知比政府保留中国原案。

　△　奉军万福麟部在河套五原与国民军宋哲元部接触受挫,溃退归绥。张作霖急调黑龙江省骑兵第三旅入绥应援。

12月19日　浙江各界联合会开会,通过蒋尊簋所拟之《浙江省政府组织大纲》九条,并即依《大纲》第三条选出蒋尊簋、陈仪、张载扬、蔡元培、周承菼、褚辅成、黄郛、周凤歧、陈其采九人为省府委员,依《大纲》第四条选出蒋尊簋为军政长,陈仪为民政长。陈仪派周承菼赴南京与孙传芳商议,请撤去联军,让浙江实行自治。

△　国民革命军第一军第一师王俊部在建宁遇周荫人残部,战三昼夜,周部溃散。

△　江西政务会议下令取消"张天师"名号,并没收其财产。第六十三代"张天师"张恩溥自龙虎山逃九江赴上海。

△　美国新任驻汉口、广州、天津总领事巴烈特等接政府训令:对华仍持亲善人民的方针,对南北两方不作左右偏袒。

△　上海市民公会开会,对张宗昌抵宁、孙传芳将来沪一事,决定发表宣言,指明孙如来沪,战端必启。会议推定四人起草告各界民众书和罢市宣言。

12 月 20 日　蒋介石电复何应钦,福建暂设临时政治会议,请其为代理主席。

△　浙江各界联合会开会,通过《自治宣言》电文及《浙江省政府监察会条例》10 条,举王孚川等 29 人为监察员,汪大燮等为候补监察员。《自治宣言》宣布:一、浙人治浙,组设人民自治政府;二、反对任何军人假自治名义割据;三、政治公开;四、现有军队服从省政府;五、集会、结社、言论、出版绝对自由;六、废除杂税苛捐。

△　张作霖在天津蔡园邀靳云鹏、潘复等人会商,请靳组阁,掌握北京政权,央潘与之合作。靳允诺,着手筹备。

△　潘复提议发行"奥国赔款担保二四库券"240 万元渡过年关,在家宴请各银行行长,请分认承销。安格联以奥款每月还不能定有三万,仅允备案,不允担保。

△　北京政府电告国际联盟秘书长,拟以海关增征之洋货税1.5%,抵付中国所欠国际联盟会费百余万元。

△　孙传芳、张宗昌协议在宁成立五省联军及直鲁联军联合办事处,由杨文恺、唐在礼主持。

△ 湖南全省第一次工人代表大会和第一次农民代表大会欢迎毛泽东和农民国际代表卜礼慈。毛作《工农商学联合的问题》讲演,阐述"国民革命的中心问题,就是农民问题。无论是打帝国主义、军阀或土豪劣绅,或者是发展工商业,都必须依靠农民问题的解决"。卜礼慈报告俄国十月革命的胜利及苏联现状。

△ 唐山开平煤矿发生爆炸事件,死 20 人,重伤 16 人。北京政府农商部调查后议决:一、该矿玩忽人命,除抚恤外要求特别赔偿;二、该矿设备不周,屡次肇祸,应令从实保障人命设备;三、应令开滦局仿各国通例,出资为工人保险。

△ 闽江南岸瓜山等 96 乡灾民 9000 余人进省请愿,要求国民革命军严惩张毅并赈恤。请愿群众手执白纸旗,上书"十室九空,妻离子散,纵兵殃民,请诛张贼"。

12 月中旬 新编为国民革命军第二十六军之周凤歧部,由衢县向桐庐、富阳推进,并与陈仪部在萧山之西兴镇、闻家堰部队取得联系,以阻孟昭月部之进犯。第一军第一师王俊部由建德向新登(今属富阳)方面推进。

△ 刘镇华部自陕败退入豫,沿途大事抢掠。新安、渑池、洛阳之红枪会,聚众四五万人反抗刘部抢掠,抵制勒派给养支应支差,抵制各县预征民国十八年、十九年丁漕。

12 月 21 日 蒋介石电任戴任、经亨颐为浙江政治会议委员。

△ 驻京日使芳泽向日驻京记者表示,反对英国驻京代使所提之中国关税案,谓日本遵守华会条约,附加税必须由关税会议决定。

△ 国民军三路攻击镇嵩军,柴云陞、张治公放弃渑池东走。国民军联合樊钟秀部乘胜再进,占领洛阳东南龙门山。

△ 张宗昌、孙传芳、陈调元在南京议定合作办法,决定以陈调元部在皖境沿江防御国民革命军东下,直鲁军由皖进攻九江,孙传芳部以全力对浙。张宗昌要求沪宁路及淞沪路归直鲁军,孙未允。会后,张宗昌返济。

12 月 22 日　孟昭月被孙传芳委为浙军督战司令,在嘉兴召开沪杭路驻军将领会议,即令所部第八师第二十九团、第三十团、补充团及第四师第十三团等约 4000 余人开进杭州。陈仪部驻杭州之第二团及骑兵营被缴械,余部退绍兴与主力会合。孟昭月通电斥浙江自治为"捏造民意,胁迫士绅,阳托自治之名,阴行抢夺之实"。奔走自治之人士均走避。24 日,孟部前锋开抵富阳,周凤歧部退桐庐。

△　新任英驻京公使蓝普森抵天津与张作霖会晤,劝张用和平手段解决国是,并提出南北分疆治理之意见。张答称:中国历史上向重统一,且只有北方征服南方,决无南方来北方统一之事;华人之事应由华人自了,不应引外人主持。张指责国民政府"所引者复为赤化之俄人","外国对赤化遏抑不遗其力,奈何任其在中国横行。一息尚存,必当反对到底"。

△　宋子文在汉口华商总会设宴招待商界代表 80 余人,就整理金融事交换意见。宋谓:整理金融确有把握,公债担保亦确实,希望商界支持政府。宋并谓:工商利益相依,应互相谅解。劳资双方应放大眼光,只要工人不过分要求,商人自应谅解。工人生活得到保障,商业自然发达,商人仍一样有利。国民政府对于农工商学兵一样尊重,对于商人财产一律保护。

△　苏浙皖三省联合会分电北京外交使团、银行公会及安格联,请阻止实行附加税及承办"二四库券",免资北方军阀财源,延长内乱。

△　湖南全省第一次工人代表大会和农民代表大会继续举行,是日起讨论并通过各提案。工代大会通过工人武装自卫案、统一工人运动案、拥护国民党中央关于工人之政纲案、接受共产党湖南区第六次代表大会关于工人政纲以为奋斗之标准案等。农代大会通过 40 项议案,包括农村自治自卫、铲除贪官污吏土豪劣绅、拥护国民党和国民政府、接受共产党湖南区第六次代表大会对农民目前最低限度要求之主张、加入农民国际、成立全国农民协会等。

△　殴毙小贩陈阿堂之日轮"万里丸"两凶手,经日本长崎地方裁

判所判定,一处四年徒刑,一处两年徒刑。是日,日驻沪领事署付慰藉金 3000 元,请上海交涉署交陈阿堂家属。

△　河南省财政厅发行公债 200 万元,名"金融有息正券",定三月后分期还本,派员分赴各县摊销。

12 月 23 日　北京政府外交部条约研究会讨论中比条约交涉案,决定:比国政府虽向海牙国际法庭提出,我国仍保持原提议,不向国际法庭应诉。

△　邓锡侯、刘文辉、田颂尧及旅长以上军官 64 人通电称:三部组一联合办事处,求军民财政统一及川局安定。推刘为正处长,邓、田副之。

△　孙传芳饬淞沪戒严司令李宝章、警察厅长严春阳,取缔苏浙皖三省联合会及全苏公会、全浙公会、全皖公会等团体集会,缉拿其领袖蔡元培、褚辅成、董康、许世英等 70 余人,声称提倡自治即是"赤化"。26 日,孙在《申报》第一版刊登《启事》,谓"有人假借苏皖浙三省公团名义,希图破坏三省之安宁,离间芳与三省父老昆季之感情",表示"军法所在,绝不宽贷"。

△　北京政府司法部函外交部称:比国在华之民刑案件,无论已审未审,均应移归中国法庭审理,不得由会审公堂办理,请通饬各地查照。

12 月 24 日　国民革命军第二军第四、五、六师全数移驻上饶、余干一带,准备入浙。鲁涤平之军司令部设进贤。

△　奉军万福麟部步骑共五旅两团进驻包头,国民军张万庆部退五原。

△　北京外交团开会,再讨论英国所提对华新政策案,英驻华新使蓝普森亦出席。各使未接本国政府复电,讨论未得结果。

△　江苏省长陈陶遗、安徽省长高世读辞职,孙传芳委任金陵道尹徐鼎康为江苏省长,安徽省财政厅长何炳麟为安徽省长。

12 月 25 日　蒋介石电唐生智、邓演达等人:不日将召开军务善后会议,讨论划一国民革命军之编制、军费问题,对奉之作战计划等,所有中央执行委员、国民政府特派员、参谋长、各总指挥、各军长、独立师长、总部各处长、苏联顾问均须列席;并令各军长和处长先期集中南昌分组开会。

△ 周凤歧以国民革命军第二十六军军长名义通电宣称:本人已奉蒋介石电令,有指挥全浙军队及现奉派来浙国民革命军各师之权,誓当速了战祸,以慰全国之望。

△ 国民革命军第十四军第一师熊式辉部由闽入浙,直趋温州;另有两团抵兰溪。

△ 陈仪到南京向孙传芳辞浙江省长职,孙慰留。

△ 重庆国民党左右两派连日殴斗,是日晚,刘湘饬卫戍司令解散右派之省党部,禁止《中山日报》、《长江日报》、《江州日报》发行。

△ 上海非基督教大同盟于23日至28日举行反基督教运动周。是日,上海大学、同文书院、复旦大学等20余校分别举行讲演会,并上街宣传,散发传单。虹口非基督教大同盟分会会员高士林等八人在进入教堂宣传中被警察拘捕。原定是日在公共体育场举行之全市市民大会,亦为军警当局所阻而未能开成。

△ 长沙各团体组成之反文化侵略大同盟召开讲演大会,5000余人参加,徐特立、李维汉、朱剑凡、周以粟、夏曦等10余人相继演说。同日,各学校上午在校内开讲演会,下午组织200余宣传队分赴各街衢、庙宇宣传反对帝国主义文化、宗教侵略,张贴写有"革新教会教育"、"援助教会群众自由斗争"、"严禁教会学校强迫学生读圣经做礼拜"等字样的标语。

△ 日皇大正病故。翌日,北京政府顾维钧等亲往驻京日使馆吊唁,并破例令下半旗七日志哀(惯例只下半旗三日)。

12月26日 何应钦收编福建各路民军为国民革命军新编第一军,以谭曙卿为军长兼东路军第三路指挥官,统辖:独立第一师,卢兴邦任师长,卢兴明、卢兴荣分任第一、二旅旅长;新编第一师,吴威任师长;新编第二师,郭凤鸣任师长;独立第一旅,高义任旅长;独立第一、二、三团,叶定国、陈国辉、杨汉烈分任团长。各部留闽训练。

△ 福建成立政务、财政两委员会,张贞等人为政务委员,何玉书等人为财政委员。

△ 孙传芳发表宣言,宣称:"今日中国之病,莫烈于赤祸。在赤祸未清以前,决不容有其他之主义,惟有唯一之讨赤主义。"并标榜其召集国民大会、省民联合大会以解决中国或各省"应采之主义及办法"之主张,表示将于国民大会省民大会召集之日"解兵去职,而以国之军与民之政还之国人,省之军与民之政还之省人"。

△ 孟昭月部自杭州江干分向萧山、富阳进迫已编为国民革命军第二十六军之周凤歧部及浙江第一师陈仪部。开向萧山之一团在渡钱塘江时,被对岸之浙一师守部炮击所阻,两军隔江对战。

△ 武昌各界民众五万余人在阅马厂举行反英市民运动大会,推徐谦等九人为主席团,董用威为总主席。董略述帝国主义种种侵略情形,谓中国今欲谋一生路,非农工商学大联合不可。陈潭秋等 10 余人演说,严重抗议英国支持奉系军阀和干涉中国革命的暴行,并呼吁全国"实行对英经济绝交,要求政府立即收回妨害革命工作的租界"。会末通过议决案 12 条。同日,汉口市民反英运动大会有 10 余万人参加,推周星棠等人为主席团,李立三为总指挥,向忠发等九人演说,通过决议案六项。

12 月 27 日　张作霖偕韩麟春、张学良等午后自津抵京。

△ 张作霖免安国军总务厅长郑谦职,以谈国桓代。

△ 广东省农工厅拟定解决罢工法草案,提出调解劳资纠纷办法,其中规定:商人不得无故开除工人,不得禁止工人参加革命,在工人罢工时不得雇佣他人;工人不得擅拘或侵害他人,不得封锁商店工场,不得携武器游行,未经官厅许可不准成立工会等。

12 月 28 日　英国新任驻京公使蓝普森赴北京政府外交部访晤顾维钧,面述英国政府对华政策意见。

△ 北京外交团开会,讨论交还上海公共租界会审公廨。会议决

定:若上海交换公文已毕、、则预定明年1月1日起,中国临时法庭可以接理一切。

△　张作霖赴国务院访顾维钧等,劝勉继续维持中枢。同日,张又访王士珍、赵尔巽等,商议筹组靳云鹏新阁问题。

△　安国军总司令部外交处长吴晋访晤各国驻京公使,告知张作霖不日将亲往访晤。

△　吴佩孚通电再免靳云鹗职。吴责靳云鹗失守汉阳,不事反攻,以及散布诋毁文件,特罢免其讨贼联军副司令兼前敌总指挥职,所有前敌军务交由田维勤、魏益三两副司令承商寇英杰副司令负责办理。

△　蒋介石任命暗中派员输诚之吴佩孚部将领魏益三为国民革命军第三十军军长。

△　汉口农工商学联合会向政府提出十项要求:一、半年内禁绝鸦片;二、取消盐斤加价,禁止奸商居奇;三、取消杂色军队,限期肃清土匪;四、严惩土豪劣绅;五、实行统一财政,禁止自由抽收捐税;六、速令官营、私立工厂开工;七、确定教育经费,取缔教会学校;八、推广中央钞票兑现;九、速颁工厂法;十、严禁妇女缠足,发展女子教育。

△　湖南全省第一次工人代表大会和农民代表大会闭幕。是日,毛泽东向大会报告革命战线联合问题,略谓:“反革命方面已有国际、全国和全省的联合战线组织,革命方面也应有同样的联合战线来抵抗他们。”毛泽东斥责了“惰农运动”之类的反革命宣传,指出:“现时湖南虽然是由国民政府所统治,但实际上还是国民政府与赵恒惕的余孽——土豪劣绅共同的统治,他们的势力还很大。”勉励代表们加强斗争。

12月29日　国民党中央执行委员暨国民政府委员临时联席会议议决:武昌设最高法院,广东大理院改为分院;组织接收保管湖北官产委员会;在汉口旧新市场设立中央人民俱乐部,为政府人员与人民接近谈话之场所。

△　孟昭月在杭州就浙江总司令职。其所部与周荫人残部向富阳、绍兴发动攻势。

12 月 30 日　张作霖亲赴东交民巷——访问荷、英、日、法、美驻京公使,致意四事:一、拟组织强固之中央政府;二、安国军对外债虽不全认,亦不否认;三、希各国援助打倒"赤化";四、修约问题,主张渐进。翌日,日使芳泽回访张作霖。荷、英、法、美等使派员持片回报张之访问。

△　浙军第一师在绍兴正式改编为国民革命军第十九军,军长仍列陈仪名,由石铎代。

△　靳云鹗部任应岐师对靳被解职不满,在许昌拆毁铁路从事抵抗,旋被田维勤、魏益三、寇英杰等部击溃。

△　海牙国际法庭对中国提出中比条约案不应诉诸法庭之申辩理由,认为有研究之余地,已收受。

12 月 31 日　张静江、谭延闿、顾孟馀、丁惟汾、何香凝自广州到南昌。晚,蒋介石欢宴谭延闿等,席间致词表示,第一期要肃清长江流域东南几省,第二期要用全力直捣北京,两年之内实现全国统一。

△　国民政府外交部长陈友仁致电美国国务卿凯洛格,略谓:美国政府对于英国 18 日主张立即征收附加税及将所征税款交与征收口岸当局之提案表示同意,但英国提案将税五分之三归于国民政府之政敌,以供战费,有三弊害:一、北洋军阀不但将得新税之收入,且得一绝好抵押品,使其可借巨款,以救济其金融破产;二、将使各通商口岸为各军阀争夺之地,使割据制度永难消除;三、上海有附税十分之四,本无须大战即可归之国民政府,现恐变为血战之地,外国商业或将永远受害。"英国提案有危及国民主义之前途",请美国政府勿予依允。

△　北京政府外交部照会驻京法使玛太尔改订《中法陆路通商条约》,原定两个月内开始谈判,至明年 1 月 6 日期满,请于 6 日以前开始谈判。

△　出席关税特别会议之中国委员举行常会,讨论英国政府新提案,主张倘若英案在使团会议不获通过,中国亦须自行定期开征附加税;惟所收款项仍应由税务司解送北京,不分拨与南方。

12 月下旬　范石生抵粤,与李济深等商议讨伐唐继尧事。讨唐军除范石生部外,还有新编为第二十五军的黔军周西成部,川军赖心辉一部,第七军三个旅,以及滇西镇守使罗树昌部,范为讨唐各军总指挥。

是月　上海工人开展反对压迫、要求增薪的罢工斗争:老怡和纱厂工人反对外国监工无故处罚工人,于 1 日罢工;公大纱厂 3200 名工人反对日人殴打工人,4 日至 15 日罢工;三新纱厂工人为抗议职员无故殴打女工,罢工六天;估衣业职工要求增加工资不遂,14 日起罢工;法商电车公司 400 余工人提出不得打骂工人、不得借故开除工人、增加工资等六项要求未获答理,罢工两日;3000 押当伙友要求加薪未遂,于 25日罢工;杨树浦纱厂 1500 余人因工头压迫女工罢工;南货业职工 4700人要求加薪、改良待遇而于 30 日罢工。

是年　全国煤总产量 2304.0119 万吨,其中外国资本控制下的为1224.2069 万吨,占 53.1%。全国生铁总产量为 22.8352 万吨,其中属外国资本控制下的为 21.6054 万吨,占 94.6%。

△　全国粮食等农产品输入数量为:米 1870.0797 万担,小麦415.6378 万担,面粉 428.5124 万担,烟叶、烟丝 75.9508 万担,棉花274.5017 万担,棉纱 44.9282 万担。

△　全年出口贸易总额为 8.64294771 亿两(海关两),其中 67 种手工业出口值占总出口值 32.3%。

△　全年海关岁收 7810 万两,比去年增加 823 万两。

△　东三省发生 20 年来未有之大旱灾。安徽发生 60 年未有之大水灾,冲毁田园 10 万亩。湖北有 64 县发生旱灾。山东水灾亦 20 年来所未有,黄河南岸堤坝冲塌,沉没 800 平方里,损失 2000 万以上。除上列各省外,水旱灾并遍及直隶、江苏、河南、江西、浙江等省。

1927 年(民国十六年)

1 月

1月1日　国民政府明令定都武汉,以武昌、汉口、汉阳三镇合组为"京兆区",并指定财政、外交、交通三部长,武昌、汉口二市长及武汉卫戍司令等九人为京兆区委员会委员。

△　蒋介石在南昌召开军务善后会议,讨论军制、军政,并商订长江下游作战计划。国民党中央常委会代主席张静江、国民政府代理主席谭延闿、第三军军长朱培德、第六军军长程潜、第七军军长李宗仁、第八军军长唐生智、第十一军军长陈铭枢、第十五军军长刘佐龙、总政治部主任邓演达等均参加。

△　蒋介石令国民革命军东路军总指挥何应钦将衢、严、宁、绍各路军队即日调集富阳,迅速向杭州总攻。

△　北京政府接收上海公共租界会审公廨,改组为临时法院,由代理领袖领事挪威总领事奥尔、英总领事巴尔敦与廨长关炯之移交与江苏交涉员许沅、临时法院院长徐维震。国民政府发表宣言,正式予以否认,仍贯彻无条件收回的主张。

△　靳云鹗被吴佩孚免去"讨贼联军副司令兼前敌总指挥"后,所部高汝桐、庞炳勋、梁寿椿等在罗山会议,决定集中部队,分布郾城、驻

马店铁路沿线,向吴佩孚方面进攻。高汝桐部旅长刘培绪已通电讨吴,并将许昌至临颍间铁轨完全拆去。3日至6日,刘培绪部与寇英杰部冲突五次。

△　国民党湖北省党部第四次全省代表大会在汉口开幕,各县、市代表188人,特别委员42人出席。11日,选出孔庚、徐谦、孙科、张国恩等15人为执行委员,刘季良等八人为监察委员。13日,通过宋子文所提财政原则,大会闭幕。

△　湖北全省总工会在武汉召开第一次工人代表大会,出席代表500余人,代表全省30万会员。大会通过经济斗争、女工童工问题、工农联合、省民会议等20多个决议案。李立三、向忠发、刘少奇、许白昊等35人当选为执行委员。10日,大会闭幕。

△　国民党江西省党部在南昌召开第三次全省代表大会,到各县代表200余人,方志敏为临时主席。2日,蒋介石召开"中央政治会议",指使中央组织部长陈果夫提出《国民党第三次全省代表大会选举省党部执行委员、监察委员办法》。12日,大会仍一致选出方志敏、李松风、罗石冰、朱由铿为执、监委员,但蒋介石却根据上述《办法》,圈定了段锡朋、周利生、洪轨、王镇寰、程天放、王礼锡等为执行委员;熊育锡、姜伯彰等为监察委员,并以段锡朋、周利生、洪轨等为常务委员。

△　南昌市政府成立,张定璠任市长。

△　南昌总工会成立,选出正副委员长各一人,执行委员七人,候补执委五人,并特聘全国总工会特派员陈毅和市党部工人部季恨秋为高级顾问。

△　川康绥抚委员会于重庆成立,国民政府委刘湘、刘文辉、赖心辉、刘成勋为委员,刘湘为委员长。在四川省及西康特别区政府未正式成立前,所有该省区政务、军事由该委员会负责处理。

△　武汉国民政府财政部通告,湖北省境内本日起实行征收暂时内地税,税率与广东所行者同,普通品征二厘五,奢侈品五厘。

1月2日　武汉国民政府改革司法,其办法为:一、改用二级二审制;二、中央法院设最高法院(设于国民政府所在地,各省得设分院)与控诉院(设于各省)二级,地方法院设县市法院(设于县或市,得由二三县并设一院)与人民法院(设于镇或乡村)二级;三、非有社会名誉之国民党员兼具三年以上法律经验者不得为法官;四、废止法院内行政长官制,组织院内行政委员会,处理全院行政;五、废止检察厅,于法院内酌设检察官;六、参用参审制及陪审制。

　　△　上月 25 日开幕之国民党广东省党部第二次全省大会是日闭幕,并发表宣言,要旨为:打倒一切反动势力,拥护农民利益,使全省工人职业得保障,改善士兵生活,保障工业家投资,发展工业,增加教育经费,支持女子解放,注意华侨利益。何香凝、李济深、陈树人、孙科、古应芬等 45 人被选为二届执行委员,宋子文、许崇清等 15 人为监察委员。

　　△　广东机器工会率数百人,用手枪炸弹围攻粤汉铁路总工会,相持一小时许,经警备部及公安局派军警制止。粤汉、广三、广九三大铁路工人向当局请愿,如无解决办法,即行罢工。3 日,机器工会复围攻广三铁路总工会,击伤工人,炸毁车辆房屋。

　　1 月 3 日　武汉国民党中央执行委员暨国民政府委员联会第九次会议议决,以联席会议名义,通知在鄂召开国民党二届三中全会。

　　△　武汉各界举行庆祝国民政府迁鄂及北伐胜利大会。是日下午,中央军事政治学校宣传队在汉口英租界附近江汉关前演讲,英帝国主义故意寻衅,突派大批水兵武装登陆,驱逐听讲群众,并以刺刀冲戮,当场伤我群众五人,内重伤二人,全市震愤。在场群众不顾牺牲,无不愿以赤手空拳与英水兵决一死战,经党政当局赶到向民众宣示对付办法,愤怒民众至晚 7 时许方渐散去。是夜,汉口各团体纷纷集合,决定以惨案真相电告各地,请求政府严重抗议,并定次日在汉口商会召集各界紧急联席会议,筹商对付办法。

　　△　晚,武汉国民政府外交部长陈友仁就汉口惨案向驻汉英领事葛福口头抗议,令其立刻撤退水兵及义勇队,由中国军警接防,否则不负责任,英领事答称须缓至 24 小时后,俟请示其驻京公使,始有答复。

　　△　蒋介石反对中央政治会议去年 11 月 26 日作出的迁都武汉决定,是日在南昌召集中央政治会议第六次临时会议,议决中央党部和国民政府暂驻南昌。同时决定 3 月 1 日在南昌召开二届三中全会。

　　△　福建临时政治会议成立,以何应钦、戴任、江董琴、何玉书、陈季良、方声涛、黄展云、丁超五、王允恭等为委员,何应钦为代理主席(蒋介石兼任主席)。

　　△　芜湖驻军陈调元部约 1000 人左右,因欠饷哗变,抢劫店户千余家。繁华市街,无一幸免,各银行、钱庄、商店及住宅,甚至邮局,均被劫掠一空,损失在 200 万元以上。

　　△　北京政府内阁总理顾维钧召集临时关税委员会及阁员联席会议,通过梁士诒所提立即实行征收附税案,并决定由内阁命令公布。

　　△　武汉国民政府接管汉口税关,派员监督所有关税事务。

　　△　武汉国民政府交通部长孙科电召苏联顾问阿骚尔赴汉,洽商完成粤汉铁路及建筑韶(韶州)赣(赣州)公路计划。交通部限本年内完成韶赣公路,由财政部自 3 月份起每月筹拨筑路费二万元。

　　△　国民革命军第二十六军周凤歧部由桐庐进至富阳,与孙传芳联军孟昭月、王淼部作战,不支退桐庐,旋奉命于 9 日至衢州附近集结。是役团长钱峻牺牲。周部攻缙云之周荫人部亦以众寡不敌,于 12 日退龙游与该军各部会合。

　　△　张作霖委褚玉璞为直鲁联军副司令兼前敌总司令;是日,褚在徐州就职。

　　1 月 4 日　陈友仁照会驻汉英领事葛福,谓此次肇事英舰,在本案未解决前不得离开汉口,否则遇有事故,国民政府概不负责。

　　△　收回汉口英租界。昨夜,驻汉英领事葛福因见英租界形势更形严重,知非解除戒备,由中国军警接防,无法维持。晨,英领事将英水兵义勇队全撤,仅留巡捕岗位。群众进入租界,撤除沙袋电网,随即占领工部局、税关、银行,封闭英人商店。晚 7 时,武汉卫戍司令部派兵三连进驻英租界。总工会派纠察队协助。5 日,又派军队一连,由营长一

人、党代表一人率领进驻英巡捕房办公。所有治安由中国军队维持。至是,中国人民终于第一次依靠自己的力量收回了帝国主义霸占的租界地。

　　△　午后,汉口各界代表500人开各团体联席会议,对英水兵惨杀民众事件通过五项决议:一、要求政府八项:对英领事提出严重抗议,要求英政府赔偿死伤民众损失,惩办凶手,撤退驻汉英舰及撤除电网沙袋,向我道歉,英租界内华人集会、结社、游行、言论绝对自由,解除英捕及义勇队武装,英租界须由中国政府派军警管理。如三天内无圆满答复,要求政府自动收回英租界、海关,取消英国内河航行权和领事裁判权;二、决定5日午后2时举行对英示威大会;三、组织武汉市民对英外交委员会;四、组织经济抵制委员会;五、通电世界宣布英人暴行。晚8时,国民政府委员徐谦代表政府向民众报告,谓中央对所提八项要求完全接受,并已派军队入驻英租界维持秩序,政府与人民完全一致。

　　△　中法越南商约延期五个月,至本月6日又届期满。是日,驻京法使玛太尔与北京政府外交总长顾维钧在外交部开始谈判该约。

　　△　毛泽东启程到湖南农村考察农民运动。4日至9日,先后在湘潭县的县城、银田、韶山一带考察。9日至14日,到湘乡县考察。15日至23日,到衡山县考察。24日回到长沙,将湘潭、湘乡、衡山三县的调查情况向中共湖南区委负责人作详细报告。1月27日至2月3日到醴陵县考察。4日回到长沙。5日,历时32天的湖南五县考察结束。

　　△　湖南省政府会同省党部组成"湖南审理土豪劣绅特别法庭",推派谢觉哉、何叔衡、仇鳌等为审理委员。

　　△　国民党中央政治会议广州分会拟定解决农民与地主纠纷办法,在各县设立改良佃户局,仲裁农村争议,并经广东省务会议议决,将租金减去25%。是日,广东省政府通令所属一体遵照。

　　△　上海法租界当局应上海防守司令部要求,将设于该租界的国民党上海特别市党部查封。8日,又将特别市民公会查封。苏浙皖三省联合会主要负责人因被孙传芳通缉,亦疏散他处。

1月5日　汉口英租界临时管理委员会成立,负责英租界内一切公安市政事宜。该委员会由外交、财政、交通三部代表、卫戍司令部代表及党代表共五人组成。同日,外交部宣布:所有界内中外居民生命财产,概由国民政府完全保护,希望民众协助维持秩序。晚,外交部正式照会英领事知照。捕房招牌已撤下,改换中央联席会议特派党代表办公处招牌,并改悬党旗、国旗。

△　午后2时,武汉市民在汉口济生三马路举行反英示威大会,农、工、商、学各界30万人参加。大会通过各界联席会议所提之八项议案,并通电全国。会后游行,沿途高呼"打倒英帝国主义"、"取消不平等条约"、"收回租界"等口号。

△　自汉口英水兵惨杀民众事件发生后,武汉各团体、国民党江苏省党部、上海特别市党部等纷纷发出通电、宣言,严重抗议英兵暴行。是日,全国学生总会在上海召集执委会,议决通电各地学联立即群起声援,并提出撤退英国在华海陆军、收回汉口租界、惩办凶犯、抚恤死伤及正式向我国政府道歉等项要求。

△　驻上海法总领事那齐雅将法租界会审公廨民事部分交还我国审理。

△　北京政府外交部训令驻苏联代办郑延禧向苏联政府抗议率先承认广东政府。

△　张宗昌与孙传芳商定,收编桂、粤马济、刘志陆各军。是日,陆荣廷由南京赴济南,与张宗昌会商收拾桂省军事。

1月6日　徐谦领衔与宋庆龄等致电南昌,要求中央党部及国民政府遵照已定策略来鄂,提议组织中央政治分会于武昌。同时提出派一二同志赴南昌解释。

△　蒋介石在南昌拟订长江下游作战方略,以先攻略杭、沪,击破孙传芳主力,会师南京为目的。并将全军兵力重加区分为三支:东路军,由何应钦任总指挥;中央军,由蒋兼任总指挥,下分江右军(总指挥程潜)、江左军(总指挥李宗仁);西路军,总指挥唐生智。

△　陈友仁访驻汉英领事葛福,谓我国民众运动为反对英水兵暴行而起,对英国侨民绝无仇视之意,对英侨的生命财产当尽力保护。同日,陈约法领事及重要英、美商人晤谈。法领事问陈,是否有意接收法租界。陈答称:此时无此意,但租界非可永远存在,终有接收的一日。又郑重向外商声明:政府决力保外侨安全,希各照常营业,不必自相惊扰。

△　收回九江租界。下午 3 时,九江英水兵与码头工人冲突,伤工人二人,民众激愤。英舰发炮示威,群情益愤,商民相率罢市,以谋应付。英领事及租界官吏无法维持租界秩序,逃避他去。7 日下午 4 时半,国民革命军独立第二师贺耀组部与工人纠察队进入九江英租界,派第三团团长龚宪驻扎租界内维持治安。8 日,在国民革命军总政治部主任邓演达主持下,组成“九江英租界管理委员会”,宣布接管租界的公安和市政事宜。

△　驻华比利时公使华洛思正式向顾维钧表示愿意商洽改订中比商约。中比商约交涉,自我国宣布废止旧约,比向海牙国际法庭提出诉讼后,已成僵局。近因我国革命运动高涨,比使始有此举。13 日,比使华洛思照会北京政府外交部,为表示“始终未变之调和精神”,愿开始会商新约,“在会商时期以内,中止在海牙国际永久法庭之诉讼”。次日,北京政府外交部复照驻京比使,建议本月 17 日开始谈判新约。

△　张作霖、张宗昌等在北京举行高级将领会议,决定催直军前进,奉军大举入豫,止于郑州,为陇海、京汉两路策应;津浦路及长江下游鲁军适当集中,俟直军攻鄂,鲁军即攻浔,收夹击之效。

△　汉冶萍公司汉阳、大冶等厂已经停闭,仅存萍乡煤矿,近因无款接济,亦有破产之势。萍乡总工会等组织赣西人民维持萍矿委员会,派代表至湖南请求维持。是日,湖南总工会召集各公法团讨论维持办法,决定组织湖南人民维持萍矿委员会,电促汉冶萍公司早日开工,否则由湘、鄂、赣三省人民收回自办,并派代表赴武昌请愿。

△　上月 29 日在长春开幕的东蒙王公会议闭幕。出席各旗王公及代表 44 人,讨论防范“赤化”、整顿内政及与奉天联络等问题。

△　中华海员工业联合会湖南分会自去年 10 月成立后,即开展改良待遇运动,上月 13 日正式向各轮船公司提出改良海员工人待遇条件 12 条,公司迁延多日,迄无结果。是日,全体工人议决限各公司于 9 日圆满答复,否则实行罢工。

△　据《申报》载:北京警厅设检查新闻特务委员会,检查沪、津来京各报。

1 月 7 日　武汉中央临时联席会议议决:一、英租界临时管理委员会改由外交、财政、交通三部长组织,以外交部长陈友仁为主席委员;二、电九江贺耀组转工商各界,对英交涉由外交部长负责办理,民众运动应避免直接冲突;三、电统辖各省保护英人生命财产。同日,外交部长陈友仁、交通部长孙科、财政部长宋子文就汉口英租界临时管理委员会委员职。

△　武汉中央临时联席会议议决:国民政府地点问题,待中央执行委员会全体会议决定。在未决定时期,武汉政局有维持之必要。

△　蒋介石在南昌召集中央政治会议第七次临时会议,讨论徐谦 6 日电报,决定中央党部与国民政府仍暂驻南昌;迁移问题,留待 3 月间中央执行委员会全体会议解决。同时决议在武汉组织政治分会,派宋庆龄、徐谦、宋子文、孙科、陈友仁、蒋作宾、陈铭枢、唐生智、邓演达、王法勤、李宗仁、刘骥、董用威等 13 人为政治委员。

△　南昌军务善后会议闭幕。会议通过有关编制及作战计划,蒋介石主持闭幕式并致词,要求国民革命军有条理,有系统,有统计,研究主义,增进编制、纪律、精神。

△　武昌市民 20 余万在阅马厂举行对英示威大会,通过决议四项:一、拥护政府外交政策;二、拥护各团体所提八项要求;三、厉行对英经济绝交;四、拥护武汉市民反英大会决议案。

△　安国军总司令张作霖通电表示维持顾维钧内阁,并劝顾补充阁员,统筹政费。

△　直鲁联军总司令张宗昌电令直鲁联军前敌总司令褚玉璞等,

长江战事不久将有发展,务速准备。

△ 国民党广州政治分会决议解决铁路、机器两工会纠纷办法:一、双方不得寻仇残杀;二、双方所虏工人交政府办;三、不得强迫对方工人加入己方工会;四、被对方强迫离工之工人应即复职;五、被殴伤工人由政府查明,着双方偿医药费;六、某方杀死工人,由某方交凶,否则政府依法裁判。次日,粤汉、广三、广九三大铁路工人要求政府暂缓实行并复议"解决机工、路工纠纷方法"。

1 月 8 日 国民革命军总政治部主任邓演达等在贺耀组师师部召开九江各界联席会议,通过向英领事抗议并组织九江市民对英行动委员会等项决议。

△ 吴佩孚电复张作霖,赞成维持顾维钧内阁,并通电各省,表示所有阁员补充及政费筹划,悉听张作霖主持。

△ 哈尔滨当局决定是日起一切交易以大洋计算,取缔日本货币金票。

1 月 9 日 蒋介石偕加仑将军、海外部长彭泽民、宣传部长顾孟馀、妇女部长何香凝等自南昌赴武昌。

△ 九江市民对英外交行动委员会成立,通电中宣布保护租界治安。

△ 上海《民国日报》被迫停刊。

△ 孙传芳军刘士林第十三师与段承泽旅渡钱塘江,连占萧山、绍兴等县,直迫宁波,浙军第一师退守曹娥江。

△ 安国军司令部公布:奉军第八军万福麟部占领五原。

△ 五省联军总司令孙传芳、江苏省长徐鼎康电令上海、苏州、镇江各海关即日增收二厘五及五厘附加税,并列举三项理由电告三地交涉员:一、华会条约订明附加税由关税特别会议决定,今该会停顿,实为自行放弃权利;二、南方各省早经征收,按海关统一征收制度,应予一律征收;三、敌方各省海关早经征收附税,辖境内各海关亦应同等待遇。

1 月 10 日 全国总工会发表宣言,指出汉口事件"是革命势力的发展与帝国主义的崩溃当中必然产生的现象",号召"加紧整顿我们的军容,预备把帝国主义的寿命登诸鬼录"。

△　九江成立英租界临时管理委员会,外交部委赵畸、周雍能为委员,管理租界,恢复交通秩序,并知照外侨照常居住,毋自惊扰。

△　北京外交团会议讨论汉口、九江英租界问题,以此案关系各国对华政策,决分电各本国政府请示办法。英、美、日等国大增驻华海军。英派驱逐舰八艘赴汉口,又向威海卫调第二舰队兵舰,共24艘,过镇江赴汉口,向武汉人民示威。

△　上海公共租界工部局与孙传芳官厅合谋,取缔政治集会、游行及宣传,并搜捕马路行人。是晚大戒严后,搜查革命党人住宅,捕去百余人,当时引渡,次晨即枪杀许椠一名。

△　直鲁联军副司令兼前敌总司令褚玉璞在津浦路南段检阅军队后,至南京与孙传芳磋商作战计划。

△　武汉中央临时联席会议委吴玉章为鄂西特派员,王法勤为河南特派员,分别办理鄂西、豫南善后事宜。

1月11日　武昌总司令部欢宴蒋介石总司令,鲍罗廷发表演说,解释孙中山三大政策,谓"什么是中山先生的三大政策呢? 第一是联俄政策,第二是联共政策,第三是农工政策"。

△　驻北京英公使蓝普森遣参赞欧玛利及书记官达曼乘津浦路车南下转道到汉,与国民政府交涉汉口事件。汉口民众满贴"打倒帝国主义"标语,以示坚决抗议。

△　国民革命军第一军第三师师长谭曙卿升任第一军副军长,第十四师师长冯轶斐任东路军第二路指挥官,是日就职。

△　孙传芳五省联军军官张凤岐、岳思寅、唐福山、白家骏、侯全本前在南昌焚杀劫掠,残害民众,江西人民恨入骨髓,革命军攻克南昌,该五逆悉数被擒,经国民党江西省党部及各人民团体组织人民审判委员审讯后,判处死刑,是日在南昌贡院执行。

△　中华海员工业联合会湖南分会以工人工资收入太低,无法维

持生活,向各轮船公司提出改善待遇条件十二条,经湖南省党部工人部等调解,本国商人于是日签字承认。但外商仍未接受,外轮海员乃开始罢工。

△ 英军舰两艘在湖北武穴故意撞沉我盐船、货船数百只,淹没百余人,损失百余万元以上。21 日,国民党湖北省党部及济难会湖北总会特派周延埔、蒋宗文前往武穴调查惨案真相。

△ 比利时政府答复上年 12 月 18 日英驻京代使欧迈尔在北京外交团会上所提《英国对华新政策备忘录》,声明赞成立即无条件准中国征收华会新定之附税;立即实行关于治外法权之条陈与改良,但反对各国联合宣布对华政策。

△ 孙传芳派万鸿图携款 30 万元,子弹两车,并“讨赤”计划书一册,到郑州献吴佩孚。

△ 据上海《新闻报》载:湖南省党部、省教职员联合会、省学生联合会等 120 余团体,联合组织反文化侵略大同盟,专门进行反对教会学校,各县成立分会,依照总会所定办法,一致运动。

1 月 12 日 北京政府内阁改组。顾维钧内阁会议决定:以国务院摄行大总统命令任命各部总长:外交顾维钧兼署国务总理,内务胡惟德,财政汤尔和,陆军张景惠,海军杜锡珪,司法罗文幹,教育任可澄,农商杨文恺,交通潘复。

△ 蒋介石一行到汉口。蒋出席群众欢迎大会,会上群众质问其何故违抗国民党中央迁都武汉的决定及扣留国民党中央委员。国民政府顾问鲍罗廷也对蒋压迫工农、反对共产党的行动提出批评。

△ 中共中央为汉口英水兵枪杀和平民众事发表宣言,号召全国工人、农民及一切被压迫民众,公开表明对国民政府的赞助;要求英国人承认汉口 1 月 5 日群众大会所提条件;要求撤退英国驻华海军,取消治外法权,收回英租界,撤退各帝国主义驻华军队,并望国民政府坚持到底,勿对英帝国主义让步。

△ 北京政府命令 2 月 1 日起实行征收二五附加税。是日顾维钧

内阁发布三令：一、政府制定之关税定率条例，现距实行之期不远，所应行筹备各事宜，着外交部、财政部会同税务处详加拟议，并由财政部迅将裁撤厘金进行方法妥为筹议，分别呈候核夺施行；二、华盛顿会议关于中国关税税务条约第三条规定，裁厘之前，进口货按值百抽二五附税，奢侈品抽百分之五，自民国十六年2月1日起分别征收；三、着外交部迅催续开关税特别会议，将前次提议增抽之过渡税商洽进行。此项附加税及过渡税应分别指充筹备裁厘、整理内外债、建设事业、紧要政费等项之用，着财政部会同各主管部署妥筹分配。

△　北京国务院电孙传芳，谓中央政府已宣布征收附加税，事关国家财政根本计划，望与政府取一致措置。

△　江苏省决定实行借征田亩捐一次，以二五关税附加税作抵，作为不发行直鲁军军用券之条件。

△　吴佩孚委陈善同为河南省省长。陈于19日接任。26日，毅军司令米振标通电反对陈善同到任，派员进驻省署。

△　程潜率第六军抵九江，接任英租界警备。

△　驻京英公使代表欧玛利访国民政府外交部长陈友仁，要求退还汉口英租界，为外交部拒绝。

△　陈友仁致电各省军民长官，报告办理汉、浔事件经过，并令切实保护外人生命财产，以利外交进行。

△　广东省政府主席李济深宴请日本条约局长佐分利。佐氏演说称："视察广州情势，已脱离阶级政治，各书报谓民党赤化，现知系谣传……本人返国……报告国人，俾定方针。"2月3日，佐分利启程返东京。

△　东方被压迫民族联合会在汉口成立，参加成立大会的有中国、印度、朝鲜、越南代表200余人。该会以团结被压迫民族，反抗帝国主义为宗旨。大会通过简章及成立宣言，选举执委15人，内中国籍四人，印度籍11人。

△　湖南洋务工会组织对英罢工委员会，昨日罢工，海员工会湖南

分会响应不复工,划夫工会亦加入罢工。是晨,英水兵由长沙怡和码头武装登陆。午后 1 时,长沙召开市民紧急大会,到团体 300 余,约八九千人。议决对英条件五项:一、撤退英舰;二、惩办舰长;三、驱逐英领;四、释放被扣海员,赔偿洋务工人损失;五、圆满解决"汉案"。

△ 上海先施公司职工因反对资方开除组织工会的工人和要求增加工资,提高待遇,举行罢工。次日,先施工厂工人 700 余人加入罢工,结果取得胜利,于 17 日复工。永安、新新、丽华三大公司职工亦在先施罢工的影响下相继罢工(永安由 15 日至 25 日,新新由 16 日至 18 日,丽华由 22 日至 25 日),均取得胜利。

1 月 13 日 顾维钧就 2 月 1 日起实行征收附加税决定,照会关系各国驻华使馆,内称:关税特别会议常处于停顿状态,关税自主延不宣布,附税不克实行,中国财政经济之发展无从促进,不得已自动宣布关会已议决之实行国定关税定率日期及实行增抽进口附加税。

△ 英亚洲舰队总司令泰伟德自上海赴长江上游侦察。同日,美亚洲舰队总司令威廉士抵上海,奉美政府训令,有便宜行事之全权。

△ 上海公共租界电车公司机务部工人要求加薪举行罢工。16日,公司董事会对工人所提条件逐条批驳。17 日,工人实行第二次罢工。

△ 天津总工会为援助"汉案",在法租界召开全市工人代表大会,被法工部局巡捕包围,捕去总工会委员长吴雨铭及代表 50 余人。

△ 吴佩孚准张英华辞兼河南省长职,专任筹饷督办。

1 月 14 日 武汉政府为补助国库,调济金融,公布发行国库券 900万元,分三个月发行,六个月后偿还本息。

△ 广东省政府通令 3 月 1 日起执行解放奴婢案。

△ 魏益三电吴佩孚请暂与北伐军议和。吴召集会议,决定解决该部。

△ 五省联军段承泽部占领宁波。革命军第十九军(即浙军第一师)各部自新昌、台州突围,向温州集结。

△ 武汉国民政府外交部长陈友仁答复驻汉口英领事葛福及英使馆赴汉委员所提交回英租界之要求,称:一、英兵戕杀华人,必须有满意的道歉和惩凶;二、为维护国家主权,虽牺牲在所不惜。

△ 福州西班牙天主教"仁慈堂"因屡次掩埋大批死婴,为群众侦知,认为有毒害儿童嫌疑,报告省、市党部。当经军警搜查,又发现堂内存尸 20 余具,女教士已逃逸,群众强烈反对,拥入该堂,捣毁器物。至16 日,波及外国教堂、学校、医院 13 处。何应钦派军警前往包围,搜查证据,并制止群众行动。

1 月 15 日 武汉联席会议议决"临时联席会议暂时继续进行"。

△ 广州民众声援汉、浔事件示威周第一日。民众 5000 余人集会,并有宣传队数十组,分赴市内各处演讲。沙面特别戒严。同日,广东省府主席李济深答日本森田总领事称:蒋总司令鉴于近日情形,严令勿使在后方发生事故,故决不使示威游行队伍通过沙面附近,如强行通过,则严予取缔。

△ 武汉国民政府今起在九江征收二五附税,海关未为代征。

△ 武汉国民政府开始鼓铸中山像银币。

△ 上海公共租界华人团体对于选举华董三人加入工部局董事会,已多赞同,且从事于选举手续的讨论。法租界亦由法总领事委派华人五名、西人 13 名组织临时行政委员会,共同参与该租界行政。

△ 北京国务院总理顾维钧以摄行大总统令:特任财政总长汤尔和兼盐务署督办;孙润宇辞国务院秘书长兼职,以许宝蘅继任。

△ 安国军总司令张作霖命张学良由京汉路、张宗昌由陇海路大举入豫援助吴佩孚。是日,张学良视察京汉沿线驻军,为入豫援吴作准备。

1 月 16 日 广州各界对英示威被当局阻止未举行。各界代表千余人改在省党部礼堂开援助汉口事件大会,通电全国表示支援,并致电武汉国民政府,希望坚决抗议,粤民誓为后盾。同日,全国学联会、粤工代会等均有通电声援。

△　驻成都英领事因该地民众反帝声势猛烈,是日自行关闭领事馆,率全体馆员赴重庆。

△　奉天省宣布自本日起实行撤废日商只纳输入品之正税,免纳其他各税的专照单制度,日本领事吉田提出抗议,并策划对抗办法。24日,日使芳泽复就此事向北京政府提出抗议。

1 月 17 日　国民党中央执行委员会在武汉开临时会议,在武汉及南昌来汉之中央执行委员出席,蒋介石在会上说明中央暂驻南昌之必要,及中央政治会议与各分会的关系。

△　中比改订新约会议在北京外交部正式举行。顾维钧致词,谓新约当以平等及互尊土地主权为基础。比使华洛思致答辞,谓尊重协调精神,在交涉期内,决不将条约破弃问题付诸国际法庭裁判,并准备将 1902 年条约规定之天津比租界交还中国。顾维钧告以日内即派专门委员接管租界。中方专门委员为钱泰、朱鹤翔,比方为杜佛、兰勃脱、克慈。

△　北京政府阁议通过中国、墨西哥商约,内容以平等互惠为原则,与智利、波兰等国商约同。

△　北京教育界为"汉案"致函英国议会,声明汉口事态应由英方负责,收回租界为我国国民一致主张,英国应自动取消在华一切不平等条约,并立即停止一切违反国际平等精神的行动。

△　长沙市民两万余人举行黄爱、庞人铨烈士被害五周年纪念大会。群众强烈要求立即枪决凶手李佑文。湖南省府允于 3 日内交审判土豪劣绅法庭依法处决。

1 月 18 日　蒋介石离鄂返南昌。

△　总税务司安格联由上海到汉口,与国民政府外交部长陈友仁、财政部长宋子文商洽关税问题,数次会商结果:一、二五附税决定不由海关附征,另设机关办理;二、安格联对联席会议决定征收海关河工附加税表示绝对服从,并通知中国银行先付附税垫款;三、陈友仁要求将关余分拨一部与国民政府,其成分以南方所辖各海关收入总数与全国

总数平均支付,安格联未答应。

△　武汉国民政府财政部通告:一、鄂、湘、赣三省通用之大洋券,中央银行汉口分行开幕后,一律兑现;二、湘、赣、桂三省毫洋券,俟筹设三省分行后,再行收兑;三、总部发行之临时兑换券,另行收兑。

△　中华全国总工会在《广州民国日报》上发表告全国各工会书,宣告该会将于 2 月 7 日迁至武汉,在广州设办事处。广东工农团体昨开会欢送。

△　广州千余人开促进开辟黄埔商埠大会,议决请政府督促殷富按抽租捐办法认缴股款。19 日,广州政治分会议决政府月拨黄埔商埠股款 10 万元,分期拨足 1000 万元。

△　上海公共租界电车公司机务部工人自 13 日要求增加工资实行罢工以来,是日车务部开车、卖票等工人又相率罢工。

△　寇英杰日前电吴佩孚请将督理河南军务一缺裁撤,所有驻豫各军直接隶吴指挥。吴复电批准,另委寇英杰为"讨贼"联军第三军团长,统辖寇自兼的第十三军、陈德麟的第十四军、贺国光的第十五军,并通电各方废除督军制。寇英杰是日在郑州就职。

△　顾维钧以摄行大总统令:特派汤尔和、罗文幹为关税特别会议委员会委员。

△　北京政府外交部训令天津交涉员庄景珂筹备接收比租界事宜。

△　驻华美使马瑞慕奉召离北京赴奉,取道日本归国,参加美国对华方针的讨论。旋接美政府电称中国时局严重,尤以上海情况最须警戒,着即返北京。27 日马瑞慕返回北京。

1 月 19 日　孙传芳重整部队,以图再举,将所部编为五个方面军:第一方面军兼司令及第二师师长孙传芳;第二方面军司令兼第十师师长郑俊彦;第三方面军司令兼第八师师长孟昭月;第四方面军司令兼第五师师长白宝山;第五方面军司令兼第十二师师长周荫人。

△　北京外交团决议全力防备沪租界,遇警即以武力制止。

　△　武汉中央临时联席会议决定组织"援助内蒙古委员会",以鲍罗廷、徐谦、孙科、刘骥为该会委员。

　△　湖南省颁布《惩治土豪劣绅暂行条例》。

　△　湖南省政府公布《湖南省银行派募股款章程》,规定省银行资本为 1000 万元,凡人民有资产 5000 元以上者,即派募 50 元,多者递加;其财团法人如祠、庙、寺等以及地方公产,凡值 2000 元以上者,亦派募 50 元,多者递加。

　△　汉口市教育局颁布《取缔外国学校条例》,凡九条。

　△　湖南 2000 余邮务工人罢工,要求改良待遇,收回湖南邮政管理权,反对帝国主义分子饶略把大宗邮余解交北京政府,拒交湖南和武汉革命政府。

1 月 20 日　吴铁城代表蒋介石秘密赴日,交涉中日间政治问题。

　△　驻京比国使馆参赞到汉口会见陈友仁,探询武汉政府对该国政府与北京政府交涉修改中比商约及交还天津租界宣言的反应。陈友仁答称:"北京政府无代表全国之能力与权威,不能缔结任何有关全国权利与义务之条约。假若比国政府与北京政府缔结任何条约,国民政府保留审察此项条约之权利。"

　△　北伐军东路军前敌总指挥白崇禧到衢州,召开军事会议。

　△　安国军总司令张作霖函知国务院:为"礼罗耆硕,集思广益"设外交、财政、政治三个讨论会,聘孙宝琦、陆宗舆为外交讨论会正副会长;曹汝霖、叶恭绰为财政讨论会正副会长;梁士诒、曾毓隽为政治讨论会正副会长。

　△　北京政府以伊犁镇守使牛时扑灭伊犁步兵团长刘连科等谋乱,是日阁议通过牛时升为陆军中将。

　△　西班牙公使嘎利德与北京政府外交总长顾维钧交换改约意见。顾拟定:一、开议地点在北京或马德里,请西班牙政府择定;二、开议时间,北京政府希望于本年 5 月 10 日废止旧约,即日商订新约。西班牙政府仅允修改旧约。

△　上海江海关今日起征收二五附税,奢侈品附税率在未公布前亦暂收二五,由中国银行代收暂存。

△　汉口银行行员工会提出增加工资、改善待遇等要求八条,武汉政府议决由仲裁委员解决。双方达成协议,中国银行共32家是日正式签字。

△　据上海《时事新报》载:广州岭南大学已由纽约董事局代表与广州同学会商定改组,决定交回我国办理。原有董事局改为协进会,另由华人13人、西人五人组织新董事会,执行该大学的最高管理权。此为中国收回教育权的首次纪录。

1月中旬　武汉国民政府以北京政府之实施附加税不脱协定关税之范围,表示反对。陈友仁向汉口海关税务司指出:在上海所征收之关税必然移充某方之军费,故南方至必要时期将扣留、管理关税。

△　上海领事团应工部局要求,“为防杜国民政府步汉、浔之后,接管上海租界”,特商定办法,遇必要时以水兵登岸,由英国出兵1500人、美国1300人、日本1000人、法国1000人、意国500人组成陆战队。

1月21日　蒋介石与张静江、谭延闿于是日及22日联名致电武汉,谓:“前由中央议决设武汉政治分会,于中央与政府未迁以前,武汉分会应即成立,联席会议毋庸继续。”旋武汉复谓:“中央临时联席会议在南昌中央政治会议未开会以前,暂不取消。”

△　武汉国民政府是日起实行征收下列新税:一、在上海关免除附税之输入品,汉口仍征附税;二、现行船舶吨税之外,再课吨税半额附税;三、新课关税五厘为堤防税;四、对一、二特别区(即旧德、俄租界)之房屋所有者特别征收房租一个月;五、对中国船客以船票价格为标准,课以通行税同样的税。

△　武昌市政厅成立,黄昌谷任市长。

△　蔡元培、马叙伦等因北伐军在宁波失利,由浙境退至福州。

△　何应钦在福州对“仁慈堂”事件采取严厉镇压手段,是日枪杀捣毁教会医院之群众七人。

△　中日修订商约会议在北京举行,北京政府外长顾维钧致辞,希望以相互平等原则为基础订立新约。日使芳泽谦吉致答辞,称此为非正式会议,暗示北京政府尚未经使团正式承认。

△　北京外交团会议讨论中国自动征收二五附税事,除日使芳泽表示反对外,其余各国公使多依其本国政府政策,取默许态度。

△　孙传芳任蔡璞为浙江省长。次日,蔡由杭赴宁与孙商决处置浙事办法,23 日晚回杭接事。

1 月 22 日　武汉国民政府发表对外宣言,答复上年 12 月 18 日英国对华宣言。略谓:深望以谈判及协议手续,解决中国与列强间一切问题,并愿单独与任何外国开始谈判,讨论修改两国条约及其他附属问题。但此项谈判须根据经济平等、互相尊重主权之原则。声明汉口事件处置办法,与"上述政策完全符合"。

△　北京政府国务院函告各机关附加税暂以 2500 万元为额,其分配为:一、整理内外债 400 万元;二、教育建设费 150 万元;三、司法改良费 150 万元;四、平民生计费 150 万元;五、国际联盟会费 50 万元;六、中央政费 800 万元;七、各省建设费 600 万元;八、使领经费 200 万元。

△　湘、鄂、赣三省农民运动讲习所已组成筹备处,由湖南省党部推举周以栗、毛泽东、陈克文,湖北省党部推举陈荫林、张眉宣、李汉俊等为筹备员。筹备处暂设省农协。是日,周以栗召集第一次筹备会议,议决经费、学生名额、考试、开学日期等项,并举陈克文为筹备主任。

1 月 23 日　武汉市民对英委员会议决六项:一、组对英经济绝交委员会;二、组财政委员会;三、定下月 4 日在济生路开追悼汉口等处惨案死难同胞大会;四、定 26 日在新市场召集各团体代表大会,请政府报告交涉经过;五、请政府令汇丰、麦加利两银行复业,并禁止两行现金出口;六、请政府向安格联交涉,将最近关余及两行所存中国贪官污吏之逆款交出。

△　广州工代会为省政府批准恢复店东在旧历正月初二日有权自由撤换工人一事,向省政府请愿。省政府未作明确答复,致使 5000 左

右工人被解雇。

△　驻长沙美领事范宣德通告停办湖南湘雅医院,院方以停发工人工资和护士津贴,并运走重要公物相威胁。是日,该院职工奋起对付,阻禁帝国主义分子劫运公物。

1月24日　汉口英商经华商警告及陈友仁与欧玛利交涉结果,于本日复业。

△　驻汉口英领事葛福因对"汉案"措置失当,被调回国。陈友仁通令各省政务会议保护英人生命财产,地方外交事件应报部交涉,不得直接办理。

△　中、比修约二次会议,首由比使报告比政府自动撤销海牙国际法庭诉讼经过,次讨论会议进行程序,议定审议事项,分别交付专门委员协议。

△　日本海军省宣布巡洋舰四艘开往上海。次日,驻日英使访日外相币原,商共同"防守"上海事。币原答称此刻尚无使陆战队登陆或派遣陆军的必要。

△　江苏所征二五附税税款,经张作霖向孙传芳交涉,是日,孙电复顾维钧表示可解交中央。

△　据中美社伦敦电称:英国战舰12艘,英印军队约1.6万名,铁甲车一队、坦克炮一队及航空队两队,现已奉命分别由英国、印度、香港向上海方向开拔。

1月25日　蒋介石在南昌召开军事会议,认为北伐军战线延长,应配备兵力55万人,每月军费1600万元。

△　福建省临时政治会议代主席何应钦委戴任为福建政务委员会主任,宋渊源、丁超五、黄展云、詹调元、黄炳林、卢兴邦、王孝缜、陈乃元、江新等为政务委员。戴任未到任前,由张贞暂代。是日,福建政务、财政两委员会同时成立,以何玉书为财务委员会主任。

△　上海总工会与上海学术团体分别发表宣言,声明废除一切不平等条约为全国一致之热望,收回租界亦全国人民合理之要求。上海

总工会主张:反对汉口"一三"事件,反对英国以二五附税帮助北方,要求撤退英国驻华海陆军,收回租界与抵制英货。上海学术团体揭露英帝国主义歪曲"一三"事件为"少数暴民所为",阴谋制造各国共同对付我国之局面,并正告各国勿为英政府宣传所蒙蔽。

△ 江苏省教育会、国民大学学生会、北京大学学生会、中华全国警钟会、中华民国学生联合总会、商务印书馆工会等团体分别发表宣言,反对英军来华。

△ 英国陆军部发表公报,上海防军兵力三旅,总司令邓堪今日启程赴沪。

1 月 26 日 武汉中央联席会议议决,由省、市党部通知总工会、商民协会等各约束会员,不得自由捕人及其他越轨行动,如发现反革命分子及反革命事件,须报告政府办理。

△ 国民军联军总司令冯玉祥由平凉抵西安。

△ 张学良、张宗昌、于珍等在北京开重要会议,决定四路出兵援助吴佩孚。

△ 北京政府财政部公布《奥国赔款担保二四库券规则》,该库券用作年关政费。

△ 美国务卿凯洛格发表对华政策宣言,谓美国准备与中国谈判新条约,如属必要,当离他国而单独行事,但在新约未签字及未经参院批准前,美国不能废除现有条约。

△ 中法越南商约会议在北京开二次会议,顾维钧偕朱鹤翔,法使玛太尔、参赞韩德卫等参加。先讨论陆路商约原则大纲,次就陆路边界税则问题交换意见。

1 月 27 日 驻北京英公使蓝普森与英国公使代表欧玛利分别向顾维钧、陈友仁提出对华新政策,内容七项,其中第一、二、三、五项为有条件地准备承认中国新式法庭及法律,并放弃英代表听审权;第四项为准备使英侨照纳不歧视英人英货且为各处中国人民照缴之合法捐税;第六项为准备讨论并协定英租界市政管理法之修正,应使与旧有租界之特殊中国行政相似,或与旧有租界现归中国管辖者相似,或将租界警权移交中国当道;第七项为准备接受"英教士不得复有在内地购置地基之权"之原则,教育与医药机关之教士及中国教徒服从中国法律条例,不得借条约以谋保护。

　　△　蒋介石委柏文蔚为国民革命军第三十三军军长,柏是日在武穴就职。

　　△　奉军入豫,已得吴佩孚认可。吴是日致电张作霖,谓豫南叛军业已解决,全军即将反攻,望其"迅令直边部伍,急筹出援"。29日,张作霖电复吴佩孚:"弟本合作之旨,决倾全力以济,刻电直边军队,准备相继出发。"

　　△　据伦敦电称:英政府派赴中国之全部兵力在1.9万至2.1万人之间,已开1000,本星期内续开1.1万,均步兵。英海军部宣布泊在中国之英舰有巡洋舰八、驱逐舰八、炮舰15、潜艇12、灭鱼雷艇一,其他小舰不计,尚待添派20舰,大小不等。

　　△　北京外交团会议讨论"旅居南部各省外人之治安问题",英使极力主张"共同出兵至上海及其他各省"。会议无结果。

　　1月28日　东路军总指挥何应钦由闽入浙,新编第一军军长谭曙卿留守福州。何应钦临行以张贞为福州卫戍司令。

　　△　中共中央发表《中国共产党对于时局宣言》,指出由于北伐战争的胜利,国民革命运动日益高涨,工农力量壮大,帝国主义及其雇用的反动势力联合进攻,中国革命处于胜负的决战时期。帝国主义向中国国民运动的进攻,不但用武装的方法,而且还从国民运动营垒中诱惑所谓温和派,和他们妥协,以打击所谓急进派,破坏国民运动的联合战线。为此号召:"反对英国帝国主义领导的四国对华出兵协定!""巩固工人农民革命的军队及一切被压迫民众的联合战线!""解除奉直军阀的武装!""在乡村中城市中省会中建立革命的民众政权,召集革命民众的国民会议统一全中国!"

　　△　中日修订商约二次会议,讨论关税自主案及税则问题。

△ 湖南交涉署通知长沙领事团,将在长沙、岳州开征内地税。美领事范宣德、日领事糟谷提出抗议。省政府当即予以驳复。

△ 汉冶萍煤铁公司董事长孙宝琦在上海向日本八幡制铁所及横滨正金银行、日本兴业银行签订借款 200 万元合同,充作整理费。规定年息六厘,由汉冶萍公司每年供给日本生铁三万吨,铁砂 40 万吨,抵偿债务。另由正金银行添派常任视察员一人,对汉冶萍公司经营管理进行监督。

1 月 29 日 陈友仁答复 27 日英国备忘录及附件(即对华新政策),谓此种提议,仅能显示对于中国奴隶式条约之零星修改,国民政府不能认为满意;但在两种情形之下,国民政府可以讨论此种条件作为中英间各种问题圆满合理解决之基础:一、凡属于全国性质之各种问题,英国政府只能与国民政府谈判,不能与其他任何地方政府谈判;二、一切谈判,皆须脱离威吓之空气,如英国集中军队于上海所造成者。

△ 孙传芳通电反对英兵来沪,并另电诬指"汉口事件为少数赤党所挑起",叫嚣"全国一致歼除赤祸,然后与英国樽俎折冲"。

△ 浙江衢县北伐军分三路出击,一向汤溪,一向游埠,一向永昌,与敌激战竟日,旋克洋埠、游埠及汤溪县城。是夜敌第三方面军司令孟昭月由兰溪仓皇逃走,所部向严州、桐庐、浦江、诸暨方面分途溃退。

1 月 30 日 北伐军左翼总指挥袁祖铭、师长何璧辉、参谋长朱崧等因与吴佩孚勾结,屯兵观望,在常德被唐生智派师长周斓诱杀。

△ 北京政府以安格联不执行由各海关征收附加税命令,且赴汉与国民政府有所接洽,免其总税务司职,另委总税务司秘书长易纨士代理;又准免蔡廷干税务处督办职,由罗文干兼署。并宣布安格联免职后的内外债务,悉照旧办理。

1 月 31 日 北京政府外交部就英国借口保护英侨及上海租界派遣陆海军来华事,照会英使提出抗议,劝告该使转请英政府迅速撤回来华军队。

△ 五省联军松沪苏常镇扬区戒严司令官李宝章布告禁止工人罢工。

是月　驻新疆迪化(今乌鲁木齐市)苏联总领事向新疆省长杨增新提出,拟在伊犁设立银行,为杨拒绝。该行竟不经同意公然在伊宁正式开业。杨增新急电北京国务院报告,国务院着外交部向驻华苏联代办交涉禁阻。

　△　天津中元实业银行开业,资本 400 万元。总经理王承桓。

　△　武汉国民政府财政部令广东中央银行发行新票 500 万元,并预征捐税 10 日,以应急需。

2 月

　2月1日　武汉国民政府外交部长陈友仁对英国上月 27 日所提备忘录发表宣言,略谓英国借口护侨,集中武装军队于上海,且公然冠以"中国远征队"名称,国民政府视此为对中国民族主义勒迫之行为,"汉案"所商协定,非至英国停止威吓行动时不能签字。倘英国欲与中国缔结和平协定,一方满足英国民众愿望,一方保持中国民族主义尊严,则中英国交上未见不可辟一新时代。

　△　驻京英使蓝普森访北京政府外交总长顾维钧,抗议安格联免职事。同日,新税务督办罗文幹就职。代理总税务司易纨士托病不就职,也不应罗文幹召请。

　△　中法越南商约开第三次会议,北京政府要求在越南设领事馆(过去曾屡与法政府交涉,法方迄未同意),并要求取消越南入口华侨人头税苛例。双方争持甚久,无结果。9 日,开第四次会议,继续讨论上次会议所提各议题。

　△　奉天省署布告,自是日起实行征收二五附税。

　2月2日　武汉国民政府任命何键为第三十五军军长,周斓为副军长;刘兴为第三十六军军长,叶琪为副军长;李品仙为第八军副军长。同日,又明令废旅,师下设团。

　△　北京外交团为中国实行征收附税及安格联免职事举行会议。

日使反对附税最烈。英使侧重安格联之免职事。因意见不一,无结果。

2月3日 国民革命军东路军第二十六路军于2日攻占金华,孙传芳部属向浦江退走。是日东路军占领浦江、严州。

△ 日本政府派到国民政府活动的条约局长佐分利,是日离北京经东三省返国。

△ 上午 11 时 55 分、中午 12 时 58 分,上海发生地震两次,沪西震势较剧,屋中台凳、玻璃门窗等物砰然作响,屋宇动荡如水面船只。苏州、南京、松江、杭州、无锡、宝应、扬州、嘉兴、平湖、芜湖等地,亦同有震动。据上海徐家汇天文台报告,震中约在上海西北 200 英里处(南京西、霍山东)。

2月4日 美国政府饬驻京公使马瑞慕向中国南北军事当局提议,将上海公共租界划出战争区域以外。是日,美国代表将此项提议说帖分别交蒋介石、张作霖,副本交陈友仁。陈对此表示坚决抗议,指出此为侮辱国民政府之举动,与国民政府统一外交行动相冲突,将上海划为中立区,无异宰割中国之重要肢体。6日,陈友仁正式答复美政府,上海为中国领土,依主权完整原则,毋庸代谋中立;至上海租界侨民生命财产,于革命军到后,自有妥善安全办法。

△ 因黔军总指挥袁祖铭在常德被杀,唐生智分电袁部王天培、彭汉章、周西成等,取消黔军名称,此后各以军长名义直隶国民政府。

△ 新疆省长兼督办杨增新电北京外交部报告,土人夏米大麻拉到新疆宣传“过激”主义,业饬和阗县知事派警押送出境。

△ 安格联由汉口与陈友仁接洽后,转上海到北京,即访易纳士磋商应付免职令办法,易纳士益坚不就职,不发征收附税令。

2月5日 陈友仁在汉口中外人士集会上演说,谓英外相张伯伦等对于中国时局之宣言,均违背自由独立之大原则。英国的建议在武汉和北京分别提出,已区分中国为“武汉之国民中国”与“北京之封建中国”,但两者不能调和,英国欲其商业在独立的中国日臻发达,抑或在封建的中国继续堕落,今为其自决之日。

　　△　袁祖铭被杀后,所部一部向辰州、桃源、津市、澧县退走,一部为唐生智军缴械。蒋介石电准将袁部国民革命军第九军军长彭汉章免职,并交唐生智查办。是日,汉口前敌总指挥部在汉将彭捕获,旋解长沙。

　　△　国民党湖北省党部、汉口特别市党部联名急电南昌、武汉,敦促中央党部及国民政府立即迁鄂,内称:为对付外交紧迫,中央党部及政府主席留滞南昌,不能策应严重时局,务恳依照广州决议,刻日莅鄂主持大计。并通电全国各党部,呼吁一致电请中央迁鄂。

　　△　长沙市民会议筹备处开成立大会,由近效农协、商民协会、学联、总工会、教师会、卫戍军队公职员联合会等团体代表 36 人组成。主席朱剑凡报告筹备经过,宣布已于 1 月 18 日通过组织大纲,22 日选出执行委员会。

　　2 月 6 日　云南发生政变。昆明镇守使龙云突于是夜趁士兵索饷机会,急派所部堵截各城门要道,一面密电蒙自镇守使胡若愚、昭通镇守使张汝骥、大理镇守使李秉阳(选廷)及驻省各军,全部开省,围逼唐继尧,一面派代表进省公署面见唐氏。提出驱逐其亲信唐继虞、陈维庚等人,公开财政,拒绝北方代表,与国民政府联合等 12 项条件。唐被迫表示愿酌量容纳。龙云乃告示安民,略称:本省军民两政素称不良,此次由各镇守使联名呈请省长从速整理,以期适应世界新潮,贯彻民治精神,已得省长允许。10 日,唐继虞、陈维庚由龙云护送出境。

　　△　中日修订商约举行第三次会议,讨论以下事项:一、关税自主问题;二、中日特别互惠协定问题;三、自主条款细目。14 日第四次会议,继续讨论关税自主及有关问题。19 日第五次会议,续议互惠协定。

　　△　据《时报》讯:张作霖已命荣臻率第十七军赴彰德(今安阳),此为最初入豫之奉军。

　　△　唐生智通电宣布彭汉章、袁祖铭蹂躏湘西,与吴佩孚、孙传芳勾结罪状,准将彭汉章交付湘西人民审判,并通缉湘西将领陈渠珍、廖湘芸、刘叙彝等。

2 月 7 日 国民党中央党部国民政府委员联席会议议决:一、英舰在武穴撞沉华船案,交外交、交通两部调查,拟取缔航行方法,并由外交部提出抗议;二、加派邵力子为世界反帝大同盟代表;三、由外交部长将最近帝国主义种种压迫国民革命之行为报告该反帝大同盟,要求该同盟宣传并设法防止帝国主义者用武力干涉中国国民革命运动,赞助中国民众取消不平等条约之运动。

△ 国民党中央党部国民政府委员联席会议议决司法部所提《反革命罪条例》交付审查,推于树德、林祖涵、徐谦为审查委员。

△ 据《申报》广州 7 日电:国民政府财政部增设次长,以孔祥熙担任,驻广州办公。

△ 武汉地区隆重召开"二七"纪念大会,江岸方面到 50 余万人,洪山方面到 20 余万人。一致表示继承烈士遗志,打倒军阀及帝国主义,达到国民革命成功。

△ 汉口上游约 60 里之长堤决口,武汉政府聘美人华洋义赈会总工程师杜德为湖北堤工顾问,进行监修。

△ 吴佩孚部寇英杰由郑州到徐州谒褚玉璞,洽商直鲁军援豫事。是晨褚决定由驻徐第六军第三十五师孙殿英部先发援豫,从陇海路西进。

△ 奉军三、四方面军团部发行兵站库券 320 万元,宣称可纳赋税,购路船票及官款出纳,商民交易,如官民拒收或挑剔折扣,按军法惩办。北京政府财政部令京、津各关卡一律收用。

△ 驻京荷使欧登科、英使蓝普森、美使马瑞慕、日使芳泽、法使玛太尔、意代办法勒斯,同赴北京政府外交部晤顾维钧,面交节略一件,抗议征收附税及安格联免职事。顾答称:安格联屡次违抗政府命令,不能再事宽假,惟各国既认为重要,亦可予考虑。

2 月 8 日 南昌国民党中央政治会议决定:中央党部及国民政府迁至武汉;"中央全体会议俟东南战事告一段落,另定日期召集"。

△ 安国军总司令张作霖发表宣言,宣布进兵河南,并称其起兵目

的"专为剿灭过激主义"。同日发表通电,内称:"豫中吴佩孚驻节,自任反攻,时阅半年,未闻豫军进展一步。兹分饬直鲁联军及三、四方面军分途前进,誓收武汉,进取粤、湘。其豫中将士,但系宗旨相同,即无歧视。"并另分电吴佩孚及其将领,望协同动作,勿生误会,倘有甘心抗阻义师者,愿将士一致讨除。

△　上海公共租界纳税华人会因英人已有交还租界提案,决定停止华董选举,另组临时委员会,与工部局协商一切进行事宜。

2月9日　武汉国民政府外交部答复驻汉美领事,拒绝划上海为中立区;同时北京政府对此亦作同样之声明。

△　武汉国民政府汉口交涉署函告各国领事,中央执行委员会对于华洋讼案,已命汉口市法院办理,以后会审公堂不得开审,夏口县也不得受理,领事官员陪审之资格同时取消。

△　奉军决定入豫,是日张学良特由济南赴徐州,与已集中徐州的鲁军主力作最后协议,以期彻底解决豫事。

△　北京政府派叶夏声出席太平洋联合会檀香山法学会议。

△　是日至16日,国际反帝国主义大会在比京布鲁塞尔举行,出席代表147人,代表37个国家134个团体,中国国民政府代表廖焕星被推举为执行委员。各国代表一致表示援助中国民族独立运动。大会通过中国代表团提出的关于中国问题五项决议案,并议决组织"反抗帝国主义赞助民族独立大联盟"。

2月10日　北京政府准外交部呈请组织"接收天津比国租界委员会",并派张煜全、徐谳、庄景珂为接收委员。

△　吴佩孚为奉军入豫事电复张作霖称:"请先示兵数,若暂缓由彰德前进,则佩孚当图各驻屯军与奉鲁军之疏通,俾避免因双方误会以致冲突。"入豫奉军先锋荣臻军,已先后占领彰德、卫辉(今汲县)、辉县,与吴佩孚部发生小冲突。

△　湖北人民审判委员会在武昌开庭审判反动军阀湖北督理陈嘉谟、第八师师长刘玉春。由徐谦任主席,审判委员为刘芬、张国恩、向忠

发等 13 人。人民代表刘季良、国家代表梁元芳指控陈嘉谟、刘玉春反抗革命军,杀害党人及民众,守武昌时焚烧劫掠、勒筹粮饷等等罪行。审讯毕等候判决。

△ 广州市商会等召集各行商家万余人赴省府请愿,要求保持商店年初二自由用人权。被开除之工人千余人亦到省府请愿,要求打破年初二除人恶习。至晚 9 时,省政府答复:由商会、工会、实业厅、工农厅、省商民部、工人部派代表 12 人组织仲裁会解决。

2 月上旬 武汉国民政府外交部委任张肇元为湖北省交涉员,董维键为湖南省交涉员,周雍能为江西省交涉员兼九江关监督。

△ 武汉国民政府交通部布告,凡大小轮船不得沿用北京交通部执照,应具呈该部注册领照。下旬,交通部再发通令,限长江湘、鄂、汉、渝各线及内河往来大小轮船,从 3 月 1 日起三个月内到部注册领照,逾期从严处罚。

2 月 11 日 孙传芳联军第十五师师长刘宝题在安徽祁门向革命军接洽归诚。是日,蒋介石委刘宝题为国民革命军新编第三军军长。15 日,刘在祁门就职。

△ 孟昭月以第八、第十三、第十四等三师及孙传芳之卫队旅进攻浙江桐庐,第三旅、补充团及周荫人残部进攻诸暨。次日至 14 日,由新登向桐庐屡次猛攻,均为北伐军所阻。15 日,北伐军击溃敌右翼,敌退新登、富阳,第二十一师乘胜占新登。16 日,第一师进占富阳。同日,北伐军右翼军击破攻诸暨之敌,进占萧山。

△ 安格联免职事件解决。由税务处以公函褒奖其在华服务劳绩,一年内仍给薪俸,以全其面子。安格联即办交代与易纨士。英使署亦表示妥协。同日,易纨士就任代理总税务司职。武汉国民政府否认北京政府有任免海关洋员资格,以陈友仁、宋子文、孙科组织收回税关研究会,计划由国民政府收回海关。

△ 直隶省是日起开征二五附税,由附税管理处办理。津海关亦于同日征收附税,欧美商人均完纳,日商不缴。日领事冈本提出抗议,

谓在关税会议未解决及中日商约未修订前,绝对不纳附税。14 日,日商因不缴附税不能进口,且存放栈房租金甚昂,故声明保留索价,暂时缴纳。

2 月 12 日 田维勤、魏益三、王维城、贺国光等通电,公推靳云鹗为河南保卫军总司令,以抵御奉军南下。15 日,靳云鹗复齐燮元等电称:已移驻信阳,并定日内北征。

△ 武汉国民政府交通部通告北京邮务总办:凡国民政府辖下各省邮务长均须呈交通部委任,如不经本部委任者,概不生效。14 日,北京邮务局总代办斯兰德电复国民政府称:"此事与北京政府无涉,尊处之通告,难以允诺。"

△ 湘鄂赣农民运动讲习所筹备会议通过三省农民运动讲习所《章程》,由三省党部呈请中央党部批准后施行。《章程》规定:"本所以养成深明党义之农民运动实际工作人员为宗旨。"

△ 奉军前锋荣臻第十七军两旅约千余人渡过黄河,在荥泽惠济桥一带集中,并扼守黄河铁桥、铁路。在河北之直军阎治堂部一团由奉军第二十三旅收编,其余王维城部 2000 人完全退往西子河。

2 月 13 日 奉军完全占领河南省黄河以北地区。吴佩孚命第二十二军集中郑州,以备万一,又派毅军一部及王维城部、张治公部对付归德(今商丘)方面鲁军。15 日,奉军前敌总指挥于珍赶回北京报告,张作霖即召集各将领开紧急会议。

△ 奉军第十七军副军长胡毓坤通令前线各部,凡来投附者一律改编。奉军渡过黄河后驻荥泽,齐燮元部一混成团全部向奉军投降,即由旅长武汉卿收编。

△ 湖北省党部、汉口特别市党部在省党部召集临时联席会议,到执监委员徐谦、孙科、孔庚、李汉俊、董用威等 40 余人。议决党务宣传四大要点:一、解释民主集中制及国民党总章与中央党部之地位;二、要求从速开中央执行委员会;三、欢迎汪精卫复职;四、恢复党的权威,统一党的指导机关。

△ 共产主义青年团江西省委员会机关刊物《红灯周刊》复活期出版。团省委书记袁玉冰主编,先后共出 15 期,对当时反对国民党右派叛变革命及南昌人民反"AB团"的斗争起了重要作用。

2 月 14 日 吴佩孚 11 日已将军事交齐燮元。齐知大势已去,是日,在郑州通电宣布下野,解除"讨贼联军副司令"职务。

△ 广州后方政治工作联席会议议决统一币制案:凡国民政府统治区域之金融,一律以中央纸币为本位,各省十足通用,并禁止外币在境内流通。

△ 欧玛利将英外相张伯伦 10 日在英下院之声明转达陈友仁,声明调遣来华军队之大部分将不集中于上海,而改向香港进发。是日,陈友仁向欧玛利发出书面声明:英国武力在上海集中之原定计划之改变,国民政府视为一种让步。此项让步使"汉案"交涉有签字之可能,但英国仍有少数军队已在上海登陆,实无法律根据,国民政府对此提出抗议。原定今日签字之《收回汉口英租界协定》遂展期。

△ 鲁军一部开至开封,旋向中牟出动。王栋第五军第十一师潘鸿钧部开往归德。是日,褚玉璞通令各军先在中牟集中,俟黄河北岸奉军大部过河,再向郑州出动。

△ 新任巴西驻华公使福兰科向北京政府呈递国书。

2 月 15 日 国民党宣传委员会在汉口举行会议,到邓演达、顾孟馀、张太雷等 30 余人。宣传部长顾孟馀报告党务宣传问题:一、巩固党的权威,一切权力属于党;二、统一党的指导机关,拥护中央执行委员会;三、实现民主政治,扫除封建势力;四、促汪精卫销假复职;五、速开中央执行委员会全体会议,解决一切问题;六、以打倒西山会议派的精神,对付党内昏庸老朽的反动分子;七、军队在党的指挥下统一起来,准备与奉系武装决斗。

△ 刘郁芬就任国民联军驻甘总司令。

△ 中山学院筹备处在西安发布启事,说明办院宗旨为"养成指导农民运动、办理党务及军队中政治工作人材"。3 月 10 日,学院成立。

院长刘含初及李子洲等中共党员参加领导工作。7月冯玉祥反共后，该校被迫结束。

△　广州工商纠纷仲裁委员会开会，讨论仲裁范围等问题。各工会因所提要求未能解决，乃封锁商店，停止营业。公安局长邓彦华奉李济深令强加干涉，并拔去商店门前纠察队小旗。

△　戴季陶乘日本邮船"山城丸"赴日。17日抵门司，对日本记者团称：此行"乃以国民党同志资格求日本朝野谅解本党真意"。

2月16日　英国军队本哲白队、克洛西德队及窦汉队等共2680余名，已在沪登陆，分驻沪埠各营房内。是日，又有苏福克联队印兵旅1700名到沪。据《大晚报》报道：英要人宣称，驻沪英兵以4000名为限，其已由英出发来华的英兵，非大局急变，均不来沪，将在香港或远东其他英国属地登岸。

△　驻京比利时使署通知北京外交部，比国政府据中国政府要求，已商准海牙国际法庭，自本月15日起中比诉讼案完全撤销，并约期重开会议。

△　中华全国铁路工人第四次代表大会在汉口召开。到代表42人，代表全国14万铁路工人。大会号召铁路工人在北伐革命战争中踏着"二七"先烈血路向前奋斗。大会重要议案计有目前的政治形势与铁路工人的责任；组织问题；教育宣传问题；纠察队与交通队问题等。

2月17日　吴佩孚电张作霖反对奉军入豫，谓"敝部屯驻京汉线者十余万，道路之腾挪甚难，战线之分配不易……各军分子复杂，非简单命令所能处理"，奉军南来，"自不能相安无争"，盼速令停止前进，以便从长计议对赤作战办法。次日，张作霖电复吴佩孚称：非入豫不能进兵，师已出发，万难中途停进，并指责吴包庇靳云鹗。

△　孙传芳命令在富阳、临安、余杭前线各军开往嘉兴一带布防。其司令部设松江。孟昭月于15日逃回杭州，勒款300余万元，是日率残部退出，因列车不足，万余人未及退出，夜大掠杭垣。

△　国民党武汉、南昌两中央政令两歧。武汉中央党部国民政府

联席会议电四川省党部及各军长,撤销四川省议会及县议会,原有经费分别划归省、县党部作为经费。同日,南昌中央执行委员会秘书处电告川康绥抚委员会及四川省党部,谓常务会议议决四川省议会及各县参议会应即取消,省议会经费照数解中央,县参议会经费在中央未定各省统一办法以前,暂解省党部,由省党部酌量分配。

△ 国民党湖南省党部电请中央党部实现下列各项主张:一、巩固中央威权,统一本党指挥机关;二、集中民主势力;三、促开中央全体执行委员会,欢迎汪精卫复职;四、反对张静江充任中央执行委员会主席。

△ 国民党赴苏代表谭平山由莫斯科返抵广州。同行者有第三国际工人代表团秘书士多里提,及美人蒲鲁华、印人奈尔、英人汤姆等,旋赴汉口等处考察党务政治。

△ 广东省政府议决"开化黎、瑶民族"案,内容为设琼崖化黎局、连阳化瑶局,分期举办宣传队、简易识字学校、辟路局、土产交易所、储蓄银行、警察保安队、人事评判所等。

△ 广州工商促裁会开第二次会议,议决暂行办法六条。在未解决"年初二案"(即资方在年初二日有自由任免店员工伴权)以前工商暂允遵守。

△ 广州工人向农工厅请愿,要求停止公安局干涉罢工。该厅称:经调处不服者仍得干涉,惟因"年初二案"罢工者,则停止干涉。

2 月 18 日 上海总工会为响应北伐军,推翻军阀统治,建立上海革命民众政权,是日召集工会代表大会,议决发布总同盟罢工命令。

△ 北伐军之中央军进驻杭州,右翼军占萧山,左翼军主力占临安、余杭。

△ 北京邮务总办是日将国民政府辖下各省区邮务长姓名开列呈交通部加委。交通部部长孙科任命下列邮务长:江西阿林敦、广东阿杜林、广西张文令、湖南饶略署、福建科登署、湖北乍配林。交通部于各邮区特设邮政监理,凡各区事务,须监理副署方生效力。并已电令北京总局将邮余全数缴呈汉口交部保管。

△　据《时报》载称：广东农工厅调查，全省工会共 385 个，会员达 51.185 万人。

2 月 19 日　下午 7 时，《收回汉口英租界协定》由陈友仁及欧玛利在汉口正式签字。协定规定：3 月 1 日（后改至 3 月 15 日）英租界当局召集纳税人年会，届时英国市政机关即行解散，租界区域内之行政事宜，由华人新市政机关接收办理。次日，《收回九江英租界协定》亦在汉口签字。

△　上海工人在中国共产党领导下，自是日起开始总同盟罢工，并发表宣言与政治经济总要求 17 条。其要旨为：继续反帝国主义运动，消灭军阀黑暗政治，肃清一切反动势力，建立真正保护人民利益的政府，人民有集会、结社、言论、出版、罢工自由，增加工资等。参加罢工人数达 15 万以上。孙传芳勾结公共租界工部局进行血腥镇压，上海防守司令部大刀队将工人蔡建勋、史阿荣两人杀害"示众"。次日，因散发传单又被杀害 31 人，被捕 54 人。

△　河南保卫军总司令靳云鹗、副司令米振标、田维勤、魏益三，镇嵩军总司令刘镇华，建国军总司令樊钟秀，军长王为蔚、庞炳勋、陈文钊、梁寿恺、王维城、于学忠、任应岐、贺国光、陈德麟、贾万兴、张治公、柴云陞、王振等联电张作霖，列举其破坏统一、蔑视中枢、谋复帝制、密约卖国、蹂躏民权、摧残同胞六大罪状。电末指出："如其不以为然，则请翻然改图，退出关外，与民休息"，"如以为然，尤应力修德业，另建新猷，与人共见。"

△　国民革命军总司令部以第九军第一师师长贺龙，攻击鄂西颇著战绩，特提升为独立第十五师师长。

△　北京政府财政部公布《海关进口附加税征收章程》，凡 11 条。

△　第二十六军周凤歧部入绍兴，将孙传芳卫队旅及周荫人残部缴械。

2 月 20 日　中共上海市执行委员会发表《告上海市民书》，号召"革命的上海市民更应和革命的国民政府军队结合起来，推翻帝国主义及军阀的统治势力,建立民众政权的市政府,解放各界市民多年的苦痛,创造独立自由的新上海",并提出共同政纲 12 条作为上海各界市民奋斗的最低要求。

　　△　中华全国总工会自广州迁武昌,是日召集扩大执行委员会,到委员及各省市代表 52 人,参加会议的各机关、各团体代表及各工会工友 3000 余人。会议通过《全国工人阶级目前行动总纲》26 条,要求国民政府、中央党部迁鄂,汪精卫复职及拥护孙中山联俄、联共、扶助农工三大政策,并决定全国工人于 2 月 28 日罢工一小时以抗议英兵来华。

　　△　蒋介石利用中央党部和总司令名义,改组江西临时政务委员会为江西省政府,派李烈钧为主席,姜伯彰为民政厅长,周雍能为财政厅长,熊育锡为建设厅长,程天放为教育厅长,徐元诰为司法厅长;段锡朋、洪轨、周利生、王震寰等为省府委员。李烈钧等是日宣誓就职。

　　△　武汉国民政府委任李烈钧为代理海外部长,是日,李通电就职。

　　△　北伐军江右军总指挥程潜率所部分别进至安徽东流、大通、祁门、石埭等处。

　　△　是日至 28 日,江西省第一次农民代表大会在南昌举行,出席 54 县农民代表 141 人。大会制定《江西农民运动宣言》和《江西省农民协会章程》,通过扩大对英经济绝交、惩办土豪劣绅、减轻田租、统一农民协会组织、建立农民自卫军组织大纲、促成省民会议等 18 项决议案,选出方志敏等 13 人为执行委员,正式成立江西省农民协会。

　　△　吴佩孚委任周鸣岐为"讨贼"联军直鲁豫皖临时别动第一路司令。是日周在郑州就职。

　　△　张宗昌在北京与张作霖商定:河南方面军事完全由奉方主持,专任京汉路;鲁军全力援助宁、沪,担任津浦路;援苏事交张宗昌、褚玉璞主持;由陇海路入豫鲁军将开浦口。

　　△　吴佩孚因奉军南下,召开紧急会议,决定:一、派王为蔚、王维城在黄河北岸布防;二、派靳云鹗向开封开动;三、调张治公警卫郑州。

豫西战事改取守势。

　　△　国立武昌中山大学开学。该校系由原武昌大学、商科大学、法科大学、文科大学、医科大学五校合并组成。学校负责委员有徐谦、顾孟馀、李汉俊、周佛海、章伯钧,政治训练员为詹大悲。担任讲学的有李四光、周建人、周作人、钱玄同、顾颉刚、陈望道、沈雁冰等。该校办学原则为学习科学知识,建设革命新文化,造就革命人才,拥护农工利益,建设民主的新社会。大革命失败后,该校不少学生加入叶挺、贺龙部队;一部分学生则深入农村,进行武装斗争。

　　2月中旬　武汉国民政府航空处发起粤汉航空营业会,发起人为李济深、邓演达、陈可钰、张发奎等。招股20万元,凡党员均可入股,设筹备处于武昌。

　　△　国民革命军第七军军长李宗仁按照南昌军事善后会议决议,将该军编为三个师:第一师,师长夏威,副师长李明瑞、尹承纲;第二师,师长胡宗铎,副师长杨腾辉;第三师,师长钟祖培,副师长陶钧。

　　2月21日　在汉口的国民政府委员与国民党中央执监委员举行扩大联席会议,通过如下重要决定:一、结束临时联席会议;二、中央党部、国民政府即日在武汉开始办公;三、中央执行委员会于3月1日前召集全体会议,并通告各地中央执监委员如期到会。同日,临时联席会议结束,中央党部及国民政府在汉正式开始办公。

　　△　武汉国民政府就租界及国际居留地问题发表声明:国民政府政策,非用武力实行更改任何或一切租界与国际居留地的地位。凡在华租界以及国际居留地地位的改变,除国民政府本身外,一切地方当局或其他中国当道都不能与外国谈判。

　　△　南昌国民党中央政治会议第六十二次会议议决组织上海临时政治委员会,派吴敬恒、蔡元培、钮永建、杨树庄、蒋尊簋、陈其采、何应钦、陈果夫、郭泰祺、叶楚伧、杨铨、林焕庭、杨贤江为委员,吴为代理主席。

　　△　蒋介石在南昌总司令部第十四次纪念周上演说,公开反对武汉联席会议,反对为防止军事独裁而开展的提高党权运动,捏造共产党

员对国民党员"施加一种压迫"和"有排挤"的趋向,声称"要对共产党员的活动进行制裁",要"取消"汉口联席会议。

△　国民党四川省执行委员会电中央党部提出六项建议:一、一切权力属于党;二、一切指导及行使权完全属于中央执行委员会;三、实行民主集中制,扫除封建独裁制;四、促汪销假视事;五、请中央执行委员速开全体会议解决一切;六、请中央全体委员会驱逐党内昏庸腐化分子及西山余孽。

△　国民党湖北省党部与汉口特别市党部致电中央党部要求:一、中央党部、国民政府立即在鄂开始办公;二、速开中央执行委员会;三、促汪精卫克日销假;四、肃清党内昏庸老朽破坏党务分子。

△　贵州省政府通电:推选周西成、杨元桢、周恭寿、窦觉苍、傅启钧、马空凡、杨权等为黔省政务委员,即日成立委员会,改组省政府。23日,选周西成为省政府主席。

△　李楠青在郧阳就任暂编第七军军长。

△　湖南省各团体代表联席会议通过全省《行政大纲》,分民政、财政、建设、教育、军事、司法、土地、一般与农工九类,共112项。

△　国民革命军第十九军余宪文部第一、二两师分水、陆两路由台州到达宁波。第十七军曹万顺部余仲麒师亦抵达。浙东孙传芳联军段承泽部及周荫人军受北伐军及义军攻击,纷纷北逃,浙东诸县悉告收复。

△　中法越南商约第五次会议,讨论华侨在越南销货入口问题及法国放弃云、贵采矿优先权问题。

△　直隶省银行因滥发纸币发生挤兑。该省当局以"扰乱金融"罪,杀害挤兑商民二人。事后为维持钞票流通,财政厅通令各县,于向省解缴粮赋等税收时准搭省钞五成,省钞多的县亦可全部解缴省钞。

△　大宛(大兴及旧宛平)农工银行改组为中国农工银行,是日开业,资本定为1000万元,北京政府特准给予发行钞票特权。总行设北京,天津、上海设分行。首任董事为吕调元、冯耿光、王大贞、周家彦等人。

2月22日　南昌国民党中央政治会议第六十三次会议议决,在党部与政府未迁以前,武汉"不得以中央党部暨国民政府名义另行办公"。

△　上海工人总罢工人数激增至36万以上。下午6时,总罢工转入武装起义。海军"建威"、"建康"两舰响应,炮击高昌庙兵工厂,闸北、南市工人与军警发生巷战。因发动起义时间过迟,部分罢工工人已在上海防守司令李宝章残酷镇压下复工。北伐军先头部队在沪郊莘庄停止前进,工人纠察队陷入孤军作战境地,上海工人第二次武装起义失败。

△　武汉国民党中央常务会议议决于3月1日召集二届三中全会,并决定"即日用中央名义通电各地中央执行委员如期到会"。

△　湖南国民党右派、地主"保产党"刘岳峙等暗组"左社"破坏农民运动,是日在《国民日报》发表所谓《湖南农运计划》,诬指农民协会会员为"流氓地痞"。

△　孙传芳以五省联军总司令名义发表《联省自治建设大纲》,凡四章14条。

2月23日　武汉国民党中央常务委员会增选唐生智、蒋作宾、宋庆龄、彭泽民、吴玉章五名政治委员,在武汉组织中央政治委员会。

△　武汉国民党中央执行委员会通告各地中央执监委员、候补中央执监委员,3月1日前在武汉开第三次全体会议。

△　江西省第一次工人代表大会在南昌举行。大会制定《工人运动宣言》和《工会组织章程》,通过统一工会组织、工人的经济要求、工人的政治要求、改善工人待遇、工人纠察队、反对英国派兵来华等十项决议案,选举陈赞贤等九人为执行委员,推陈赞贤为江西省总工会副委员长。同日,江西省总工会正式成立。

△　国民革命军东路军总指挥何应钦抵杭州。北伐军占领嘉兴,前线集中松江附近之明星桥。松江孙传芳军全部溃退。是晚,前敌总指挥白崇禧至嘉兴视察。北伐军因蒋介石不主张在上海用兵,故未再前进。孙军在沪杭路三十一号桥布防。

△　广州各界在中山大学召开欢迎国际工人代表团大会。

△　广东潮梅海陆丰十七属农民代表大会及劳动童子代表大会开幕,出席代表 381 人,大会发出请省农会发起组织全国农会等项通电。次日,罗绮园在大会作《广东省农民运动报告》,彭湃作《潮梅海陆丰办事处会务报告》。

△　武汉国民党中央政治会议决定,捐助上海罢工工友五万元。

△　张宗昌抵南京,所部接防南京各要塞。

2 月 24 日　驻上海之北京政府海军总司令杨树庄因 22 日发生两舰响应上海工人起义、炮击兵工厂事件,下令黄浦江中各舰一律开出吴淞口,集中三夹水。

△　上海总工会发布复工令,指出此次罢工斗争,"市民暴动迭起,革命的海军,开炮对敌人轰击,表示革命的工人与兵士联合的伟大征兆";"鉴于奋斗之时方长,不宜孤立作战,致损失过甚……一律复工,养精蓄锐,准备更大奋斗"。

△　武汉三镇国民党员 15000 余人于武昌集会,进行恢复党权运动。大会议决:一、巩固中央权威,统一本党的指挥机关;二、速在武昌开全体中央执委会,解决党内一切问题;三、欢迎汪精卫即日销假视事;四、肃清党内一切昏庸老朽的反动分子;五、拥护国民政府的统一外交,打倒党内与帝国主义者及其工具谋妥协的反动分子;六、积极反对奉军进攻河南,并准备与奉系军阀作最后决斗。

△　北京政府公布《海关附加税保管委员会条例》,凡 15 条,并派财政总长汤尔和、审计院院长庄蕴宽、税务处督办罗文幹兼海关附加税保管委员会委员,王士珍、赵尔巽、梁士诒、王宠惠、王克敏、袁金铠、韩德铭、陈汉第为该会委员。

△　武汉国民政府外交部长陈友仁致电古巴,抗议该国政府虐待华侨及驱逐国民党党员事件。

△　直鲁联军第五路总指挥兼第八军军长、渤海舰队司令毕庶澄奉张宗昌、孙传芳令率所部开入江苏分驻沪宁线。毕是日抵沪。26

日,毕布告宣称其来沪目的系"恢复各界工作,保护中外商民","有违反此旨者,悉行认为公敌"。

△　鲁军入南京后,商店拒用军用票,是日开始罢市。

△　驻京法使玛太尔向北京外交部抗议 22 日上海海军炮击法租界事件(按海军炮击高昌庙兵工厂,炮弹误落法租界),要求保留赔偿损失权利。

△　驻京英、法、美、日、荷、意、德、葡、比、瑞士、巴西、智利、西班牙13 国公使对上海海军开炮事件发表联合宣言,宣称对地方各党派间的政争,保持中立,盼中国当局防止此类事件发生。

△　靳云鹗在新郑召开紧急军事会议,讨论布防计划,分配如下:一、高汝桐、任应岐两部布防荥泽、郑州;二、李振亚、阎曰仁两部驻新郑;三、陈德霖、马吉第、萧广传两部调驻汴洛线;四、秦德纯、王为蔚两部为黄河北岸总预备队;五、贺国光、张占鳌两部调驻通许、中牟一带。

2 月 25 日　冯玉祥以各方军情通告各将领:一、山西方面,阎锡山先后派河东道尹崔廷献、警务处长南桂馨来接洽,表示诚意合作,现已拟定联合办事处及确实进行方法;二、河南方面,刘镇华已委为驻豫军总司令,并言确实合作到底。靳云鹗遣代表,本日可到长安接见。齐燮元等通电,拥靳云鹗为保境总司令;三、汉中方面,前吴新田代表王霈已接受第十六路总司令委任状;四、已派孙连仲为第十四路总司令,进出商南一带,打通陕、鄂交通。

△　上海租界内之外国军队越界布防,英军占据梵王渡车站南面之阵地,日军驻江湾区内,意军驻杨树浦一带。公共租界各处遍布铁丝网,堆置沙袋,并派重兵驻守。

△　英、美等国增调陆海军到沪。美海军陆战队 1200 名是日抵埠,合英、美、法、日海陆军,共达万余人。同日又到美舰六艘,总计泊沪外舰不下 35 艘。

2 月 26 日　吴佩孚在郑州召开军事会议,决定抵抗入豫奉军,以靳云鹗任北路,守京汉线,巩固黄河;田维勤任东路,由陇海路进展;王为蔚任后方,策应两路;魏益三任南路,维持信、郑间交通;张治公任西路,严守陕、洛。

△　张宗昌电令陇海路徐源泉第六军,兰封孙殿英部三十五师及所有入豫直鲁军,一律撤回徐州,转津浦路开往浦口渡江,再由沪宁路前进,并令航空队全部南下助战。同日,张宗昌、孙传芳由南京赴上海布防。

△　蒋介石因违抗迁都武汉,在武汉群众欢迎大会上受到群众严厉质询及鲍罗廷的批评,恼羞成怒,是日指使南昌中央政治会议致电第三国际中央执行委员会,要求撤回代表鲍罗廷。

△　戴季陶访日外务省,与出渊次官、亚洲局长木村等会晤。戴称中国革命决不采过激手段,俄人援助只为精神的,说国民党赤化者全属误解,并力说中日必须提携,望日本朝野谅解与援助。

△　南京总商会以直鲁联军在江苏省强行十足使用军用票,金融动荡,商民恐慌,要求孙传芳与直鲁联军洽商,在江苏境内免予行使,在未商定以前,准按济南军用票市价,加扣汇费,公平行使。是日,张宗昌决定按济南市价使用,暂以六折为标准实行。

2 月 27 日　北伐军江右军总指挥程潜以安庆既定,即令主力进取芜湖,分兵由宣城攻溧水。

△　入豫奉军已与靳军在中牟一带接触。是日,朱仙镇、兰封亦起冲突。京汉线中路部分奉军已渡黄河。

△　张作霖在北京召开军事会议,以豫局关系最重,一致主张速照原计划进行,由京汉、陇海两路同时进发,腾出直鲁军专力援助东南。后方防务由吉、黑两省各抽调一师兵力,驻扎京奉线,俾随时可以开拔应援。

△　上海英防军司令邓堪少将昨晚由伦敦抵沪,是日在礼查饭店设司令部。

△　据《申报》讯:2 月 19 日至 24 日上海地区罢工人数如下:一、中、英、日纱厂共 12.15 万人;二、电气邮务业 243 人;三、印刷业 6000

人;四、手工业1091人;五、店员5210人;六、铁厂252人;七、码头194人;八、丝厂3.51万人;九、电力丝织1500人;十、其他杂业不下九万余人。

2月28日 胡若愚、龙云等通电主张改组滇省政府为会议制,先组划一军政机关,再改革民政、财政。唐继尧答允三条件:一、改组省政府;二、查办宵小;三、维持省长职权不中断。胡等认为无诚意,率兵由蒙自进逼滇垣。第十六军军长范石生以云南已内变,拟以第十六军军长名义让胡,自任党代表,呈请国民党中央核办。

△ 张宗昌与孙传芳在南京开军事会议,决定:一、孙传芳坐镇后方;二、苏省军事由张宗昌主持,皖省则由褚玉璞主持;三、援苏军队以许琨为前敌总指挥,毕庶澄副之;四、在最短时期内将直鲁军运送前方。

△ 全国总工会通告各工会:本日全国举行总罢工一小时,反对英军来华,支援上海罢工。上海于上午10时至11时总罢工,并发表反对外兵越界宣言。武汉三镇各工厂、轮船、火车上午10时汽笛齐鸣,全市罢工,参加人数达50万人。湖南长沙一处,罢工人数即达15万人。其他如四川、江西、江苏、浙江、广东、广西、陕西、福建等省,亦有盛大反英示威运动。

△ 夜,上海制造局炮弹工场突然失火,毁炮弹40余箱及工场全部。

△ 湖北阳新县土豪劣绅勾结红枪会(又名圈子内)包围县城,搜捕农民协会会员及工会干部,用煤油活活烧死省农民协会特派员成子英等九人,复将县党部抢劫一空。是为"阳新惨案"。

△ 广州工人代表大会发表对工商交涉宣言,指出"年初二"问题,原是不成文之习惯,如一旦变为成文的法律,则工人将永远受其束缚,工人绝对不能忍受。如商界终不觉悟,不本互让精神以谋解决,广州20余万工友必为生存权与劳动权而奋斗,任何牺牲亦所不惜。

2月下旬 何应钦抵杭后,与白崇禧制定北伐军进攻宁、沪计划如下:以前敌总指挥所属之第一、第二、第三各纵队,沿沪杭路前进,攻略上海;以东路军直属之第四、第五、第六各纵队及中路军之第二军,以宜兴、溧阳向常州、丹阳前进,进占该两地后,以一部右旋回向无锡、苏州,协同第一、第二、第三各纵队围歼淞沪地区之敌,以主力左旋回向南京前进,与江右军协同攻略南京。

　　△　武汉国民政府鉴于北京政府断绝部分驻外使领馆经费,拟从广东、汉口、厦门海关收入中支付。北京外交部向代理总税务司易纨士交涉阻止。

　　△　武汉国民政府设立军事政治学校四川分校,蒋介石任命刘湘为该分校校长。

　　是 月　武汉国民政府明令委任广西省政府委员九人:李宗仁、白崇禧、粟威、朱朝森、雷沛鸿、黄蓟、伍廷飏、俞作柏、黄绍竑。除李宗仁、白崇禧在外领兵外,粟威兼民政厅长,朱朝森兼司法厅长,雷沛鸿兼教育厅长,黄蓟兼财政厅长,伍廷飏兼建设厅长,俞作柏兼农工厅长,黄绍竑兼军事厅长。

　　△　中山军事政治学校在西安成立。共产党员史可轩为校长,邓小平为政治部主任,刘志丹等担任教官。6 月,徐州会议后,冯玉祥追随蒋介石反共,将邓小平等遣送别处。7 月间,史可轩带领千余人离开西安,该校宣告结束。

3　月

　　3 月 1 日　浙江临时政治会议前经蒋介石任命张静江、周凤歧、韩宝华、陈其采、经亨颐、宣中华、蒋梦麟、蔡元培、褚辅成、戴任、马叙伦等为委员,张静江为主席。张未到任前由蔡元培代理。该会于 1 月 8 日在宁波成立,是日在杭州执行职权。

　　△　邓锡侯、田颂尧联名通电,分别在成都、潼川就国民革命军第二十八军军长及二十九军军长职。至是四川省内所有军队皆隶国民政府。

△　直鲁联军第七军军长许琨奉孙传芳、张宗昌命令,以陈调元与党军结合,将其驻蚌埠部队缴械。

△　靳云鹗改编吴佩孚部为 16 个军。决定以王为蔚、田维勤、张治公等十余人分任正副军长。

△　韩麟春下令,限河北省内奉军七日内全部渡河,十日内会师郑州。

△　苏联商轮"巴米亚列宁那号"自长江上驶,开赴汉口装运茶叶,在浦口被张宗昌部搜查。船上国民政府顾问鲍罗廷之夫人,苏联外交递信员三人并船员六人一起被扣留。6 日,被押至济南,商轮仍被扣于浦口。

△　中、比修约会议在北京重开。顾维钧提案未提出,先组专门委员会讨论细目。

△　利济公司"逍遥津"小轮装载旅客 70 余人及该轮拖曳装有兵士百名及家具之民船五只,由大通开往芜湖,在繁昌县荻港附近江面被英商怡和洋行轮船"吉和号"撞沉,乘客无可逃命,获救者不满 20 人。是日芜湖镇署得报,即将"吉和"轮扣留以备交涉。

△　北京政府特派王士珍为海关附加税保管委员会委员长,王宠惠为副。

△　北京农立银行开业,总行设北京,各大商埠设代理处。该行通告称:为协助农民事业,集股 200 万元,实收股本 100 万元,专营定期存款,着重经营不动产抵押放款。

△　湖北省各界成立援助上海罢工委员会,并决定募捐办法多项。

3 月 2 日　孙传芳与张宗昌商定:前线军事交直鲁军负责,任毕庶澄为前敌总指挥;孙传芳部开通州(今南通)、扬州、清江、海州(今东海)等地整训。同日,南京城由直鲁军接防。

△　中牟附近靳云鹗所属高汝桐、任应岐、阎曰仁、马吉第等部在白沙布防,与奉军赵恩臻部及毅军米国贤部炮战一小时。

3 月 3 日　南昌国民党中央政治会议第六十六次会议议决:"中央

党部、国民政府于本月六日全部迁鄂,全体委员于是日起程赴汉,于十二日总理逝世二周年纪念日开中央执行委员会全体会议。"

△　北京政府陆军总长张景惠、吉林督办张作相、黑龙江督办吴俊陞联电吴佩孚,责靳云鹗阻止奉军南下,请勿祖护,俾奉军早日入豫。

△　上海交涉员许沅因英兵在沪西越界设防,向驻沪领袖领事挪威总领事亚尔提出严重抗议,指出英当局此举侵犯中国主权,应即撤退。

△　关税会议第二股委员会讨论日本要求最惠国待遇问题,决定先议国税条例,再与日本磋商互惠条约。

△　汉口、九江英租界问题已解决,国民政府赔偿英人在九江事件中所受损失四万元。英使代表欧玛利是日赴沪绕道回北京。

△　总工会命令封锁英国人在杭州经营之广济医院及附属医学校,并由国民党浙江省党部、总工会、学生联合会等代表组织收回委员会,协议善后。在杭英侨除税关员及邮务长外,全部离杭。

△　以樊钟秀之盟弟飞天龙为首之红枪会二万人,奉靳云鹗之命,将黄河桥之螺钉拆去 13 公尺,与奉军战于亢村(在河南获嘉县南 35 里)东十里,死伤 600 余人,不支溃退。

3 月 4 日　五省联军安徽总司令陈调元在芜湖就任国民革命军北路军总指挥兼第三十七军军长,军务帮办王普就任第二十七军军长,叶开鑫旋就任新编第五军军长。此三军即改编为北路军。次日留守安庆之第一混成旅旅长杨世荣亦宣布服从国民政府。至此,芜湖、安庆均归北伐军范围。

△　国民革命军第六军军长程潜率部抵祁门,前锋达安庆。贺耀组部两团抵大通。是日,江右军第十九师亦进驻青阳。同日,江左军一部进抵潜山、英山一带。

△　孙传芳命联军总指挥卢香亭偕总部参谋长刘宗纪等赴上海,与李宝章接洽撤军事宜。

△　武汉国民党中央政治会议通过外交部所提《收回九江英租界

协定》及《汉口第三特别区市政章程》,并着外交部迅速交涉收回汉口法、日两租界及广州沙面英、法两租界。对英烟厂罢工事件,令外交部会同劳资仲裁委员会调处,并通知总工会勿再赴外交部请愿。

△ 北京举行中日商约第七次会议,讨论互惠条款,日方坚持最惠国待遇,顾维钧主张须有范围与时间的限制。

△ 湖北全省农民第一次代表大会(又作湖北省农民协会第一次全省代表大会)在武昌开幕,至22日闭幕。到会代表184人,代表36个县农民协会有组织的农民约81万余人。此外还有30个特别委员。毛泽东、邓演达等被聘为大会名誉主席。大会通过重要决议案35件,内有铲除封建势力、建设农民协会自身的联合战线等八件。选举执行委员陆沉、邓演达等17人,候补执行委员陈耀寰等九人。在大会推动下,湖北省农运发展较快,至是月底,加入农民协会的农民由1926年的七万余人猛增到110多万人。

3月5日 毛泽东从1月4日起至2月5日止,实地考察了湘潭、湘乡、衡山、醴陵、长沙五县农民运动后,写成《湖南农民运动考察报告》一文,在是日出版的中国共产党湖南省委机关刊物《战士》第三十五、第三十六期合刊上发表。

△ 中共上海特委会开会讨论上海暴动问题。陈独秀、罗亦农、周恩来、彭述之、赵世炎等出席。周恩来报告军事方面的准备情形。陈独秀提出发动时机,归结为:"一、松江下。二、苏州下。三、麦根跟与北站兵向苏州退。三条件有一个就决定发动。"关于暴动的指挥人,陈独秀决定"党的方面,士炎(即赵世炎)代理书记"。罗亦农提出整个行动由特委指挥,紧急时罗亦农、周恩来、何松林、陈独秀。赵世炎提出:"明天所有消息集中仲甫(陈独秀)。"即实际上由陈独秀为总指挥。会议最后拟定了市政府15个成员名单,共产党方面有:罗亦农代表C.P.,汪寿华代表工会,顾顺章代表店员,丁晓先任秘书长,侯绍裘代表国民党,刘荣简代表学生,王承伟代表手工业者等。

△ 苏联大使馆就直鲁联军在浦口扣留苏联商轮及苏联外交人员

事,照会北京政府外交部提出抗议,提出此事违背世界公法,要求将所扣船只及船员立即释放,并保留赔偿因延误航期等而发生之损失。

△　瑞典人斯文赫定组织远征队考察我国西北地质、古物,并拟将所窃得材料运往国外。是日,北京文、博、图书界 12 团体在北京大学开会,以我国保存古物法、古物出口法、古物采集等法,政府至今未曾规定,议决组织北京学术团体联席会,作为永久机关,其任务为:一、严密监视外人,不准随意购买或假名窃取及发掘我国古物等;二、互相交流、采集保存学术材料,主动联合举办科学探险发掘。

△　国民革命军第六军程潜部、第七军李宗仁部与第三十三军柏文蔚部共约七万人,向安庆、芜湖、大通、宣城集中。6 日,程潜抵大通。

△　孙传芳、张宗昌令免安徽总司令陈调元本兼各职,遗缺以江西总司令郑俊彦兼署,在郑未到任前,以第七军军长许琨代理。

△　韩麟春奉张作霖命赴山西与阎锡山商合作出兵事,无结果。是日,致电张作霖谓:冯、蒋、靳、阎共同一气,请分兵驻守石家庄,以防晋军由娘子关冲出,并命高维岳军分扎察哈尔、绥远境内,以备万一。

△　上海沪宁铁路开始罢工,罢工运动日渐扩大。12 日晚,北伐军便衣队和工人在真如附近拆毁沪宁路轨一段,直鲁军军事运输大受影响。

△　上海招商局海员前因孙传芳扣轮运兵,致"江永"轮被炸,罢工抗争已阅四月。招商局基本承认海员工会所提反抗运兵、抚恤死者等条件,是日海员复工,各轮重新开航。

△　重庆工、农、商、学、兵联合举行全市反英示威大会,参加群众十余万人。通过拥护国民政府外交政策,拥护汉口民众提出对英条件,以实力援助上海罢工工人,请四川当局拥护农工政策等 15 项议决案。

3 月 6 日　北伐军部署应付奉军军事计划:一、以唐生智为北路总司令,出武胜关,由京汉路北进,以唐部第八军为主力,王法勤、魏益三豫军均供调遣;二、以李宗仁为江左总司令,由黄梅、宿松、太湖图皖北,以李部第七军为主力,陈调元、王普、柏文蔚等皖军均听调遣;三、以程潜为江右总司令,由皖南宁国前进,以程部第六军为主力,贺耀组之第四十军供其调遣;四、以何应钦为东路总司令,白崇禧为东路前敌总指挥,由嘉、湖进窥苏、锡,以何应钦第一军为主力,周凤歧、曹万顺、赖世璜、余宪文等部均供调遣。

△　驻赣新编第一师国民党代表倪弼,在蒋介石指使下,伙同"AB团"分子贺其燊、土豪刘甲第诱骗赣州总工会委员长、江西省总工会副委员长陈赞贤到县公署,威逼解散工会,陈威武不屈,倪弼、郭巩、刘甲第等人即开枪射击,陈身中18弹殉难。南昌工人罢工三天表示抗议,并派出二百多名代表到南昌、武汉请愿。全国人民纷起响应,愤怒谴责国民党反动派,要求惩凶。蒋介石在全国人民强大压力下,不得不表面同意将首犯倪弼"撤职查办",但又故意先在报纸上发表消息,后发命令,使倪弼得以闻风脱逃。

3月7日　下午6时,国民党第二届中央执行委员会第三次全体会议在汉口开预备会。此会原定3月1日召开,因南昌方面要求推迟而延期。谭延闿、何香凝、李烈钧、丁惟汾、陈公博等由南昌到汉参加,蒋介石、张静江、朱培德未到。

△　中央农民运动委员会决定将湘、鄂、赣三省农民运动讲习所改由中央办理。是日,中央农民运动讲习所在武昌正式上课。邓演达、毛泽东、陈克文三人为常务委员(系农讲所最高领导机构),聘周以栗为教务主任,陈克文为训育主任,李刚为事务主任,郭增昌为总队长。恽代兵、彭湃、方志敏等担任讲课。第一期优先录取来自全国各地从事农运的共产党员、共青团员和积极分子800名,其中以湘、鄂、赣籍学员最多。

△　张作霖命令入豫之于珍、荣臻、赵恩臻三军长是日对河南靳云鹗部开始总攻击。张学良已于5日晚赴卫辉帮同韩麟春指挥。

△　中法修约会议讨论越南华侨待遇问题,决定先组织一特别委员会研究细则,议定中方派钱泰,法方派宾氏为委员。

△　中华全国邮务总工会第一次代表大会在汉口开幕,至16日闭幕。出席代表54人,代表10省邮区。大会通电宣称:"从此领导我三

万遍及全国之邮务工人,一致与侵略我主权之帝国主义者争斗,而为收回邮务管理权与国民革命之前锋。"大会通过工会与邮局之关系等问题决议案。

3 月 8 日　湖北全省妇女代表大会在武昌开幕,至 19 日闭幕。到会代表百余人,来宾有第三国际妇女部代表、中央党部代表等共五百余人。会议宗旨为:检阅妇女界的力量,确定以后革命方针,以谋本身的解放,进而谋全世界妇女的解放。目前最迫切的工作,是打倒帝国主义、军阀官僚、土豪劣绅,铲除封建势力及一切欺人的旧礼教,并集中力量作政府的后盾。蔡畅向大会作《中国妇女运动状况》报告。大会通过要求中央妇女部速即召集全国妇女代表大会、湖北妇女总要求、放足运动、教育问题等决议案多件,选出执行委员蓝淑文、刘清扬、蔡畅等17 人。

△　广州四万余妇女集会纪念三八国际妇女节,日、苏、美妇女代表均参加。会后列队向省党部政治分会请愿,要求速制定男女平等法律及妇女劳动法,女子享有财产继承权及受教育权,实行一夫一妻制,婚姻自由,禁童养媳制。同日,武汉各界 20 万人在汉口举行"三八"纪念会,会后游行,向国民政府请愿,要求制定男女平等法律、婚姻自由、提高女权等。湖北劳动妇女亦提出八小时工作制,男女工资平等,产假两个月,在工厂附近设儿童寄养所,给妇女哺乳时间,设立乡村妇女补习学校等项要求。

△　鲁军第五军王栋部占领当涂。

△　英公使蓝普森致北京政府外交部两照会:一、解释英国提议召开中英非正式会议"原因",提出先议天津英租界及英国在华各地治外法权两项,关税问题较复杂,此次不加讨论;二、开列中英谈判委员詹姆生、康特、荣思等三人名单。同日,北京政府决定,除刁作谦已委派为中英谈判主任委员外,加派徐谟(内务部参事)、庄景珂(天津交涉员)为天津租界问题委员,郑天锡(司法部参事)、金问泗(外交部参事)为法权问题委员,着即准备与英方进行交涉。

△　上海特别市市民公会为英国增兵上海事,发出忠告英当局电与致全国民众电。

△　宁波邮局职工要求改良待遇,提出 19 项条件,未得满意答复,是日举行大罢工,并发表罢工宣言,声称"非达到目的,决不甘休"。

3 月 9 日　武汉国民政府外交部设立条约委员会,担任关于条约改订之研究及规划事宜,并公布条约委员会规则六条。

△　云南省务委员会成立,总裁唐继尧及省务委员胡若愚(主席)、龙云等宣誓就职。

△　张宗昌、孙传芳令委鲁军第八军军长兼渤海舰队总司令毕庶澄继李宝章为淞沪防守司令。所有五省联军一律让防,毕所辖区域由苏州起至松江止。

△　张作霖接韩麟春电称:奉军分三路渡河,中路为于珍部,总数约五万;东路荣臻部及万福麟之骑兵队已开入郑州以东防线;西路赵恩臻部由孟津方面向虎牢关进展。

3 月 10 日　国民党二届三中全会在武汉举行首次会议,出席委员33 人,谭延闿任主席。徐谦报告武汉党员大会请愿恢复党权 11 项决议,决议全部容纳。徐谦继续报告中央联席会议成立原因及经过,议决承认中央联席会议为必要的组织,所议决各案仍继续有效。旋又通过《统一党的领导机关案》及《中央执行委员会军事委员会组织大纲》。

△　武汉国民党员在血花世界开恢复党权运动大会,孔庚任主席,通过巩固先总理联俄等三大政策、反对军事专制、纠正个人独裁的封建制度等 11 项决议案,由主席团携向中央执行委员会请愿,经徐谦、谭延闿、顾孟馀、孙科代表答复,表示完全接受,并在最短期间切实执行。

△　武汉卫戍司令兼第十一军军长陈铭枢已于 6 日离职。是日,国民党中央执行委员会令武汉卫戍事宜着唐生智暂行负责。唐复将武昌卫戍事着第四军副军长张发奎负责,汉口卫戍事着第八军副军长李品仙负责。

△　东路军总指挥何应钦由杭州出发经湖州赴泗安督师。

△ 国民党南昌市党部电武汉中央执行委员会,要求查办和改组反动的江西省党部。

△ 上海东方纺织公司工人 3000 余人因反对公司开除工人,是日起举行罢工,坚持 40 多天,后因发生四一二政变而失败。

△ 广东反文化侵略会召集各界开收回教育权运动会议。

△ 上海海员工会召集海员代表 80 余人开会。决议八项:一、恢复"五卅"罢工失业海员工作;二、增加工资;三、雇用海员须用中华海员工会会员,并由海员工会介绍及签订合同;四、八小时工作;五、不得无故开除工人;六、死伤给予抚恤金;七、疾病由公司负责治疗;八、不准外国船员打骂中国船员。并决定推派代表参加市民会议。

△ 苏联大使馆为直鲁联军扣留苏联商轮及鲍罗廷夫人等事件,照会北京政府外交部提出第二次抗议,警告北京政府须负责被拘诸人之安全。

3 月上旬 国民革命军后方总司令部改为广东行营,李济深任行营主任,代行总司令职权。

△ 靳云鹗以吴佩孚名义委米振标为"讨贼"联军第四军军长兼毅军总司令,张继武、米国贤分任毅军第一、第二军总司令。

△ 张宗昌、孙传芳会委王栋、徐源泉、许琨为前敌副司令,许兼第二路副指挥。

3 月 11 日 国民党二届三中全会举行第二次会议,出席委员 28人,孙科任主席。根据"统一党的领导机关案"议决下列各项:一、改选常务委员,汪精卫、谭廷闿、蒋介石、顾孟馀、孙科、谭平山、陈公博、徐谦、吴玉章九人当选;二、改选中央党部各部部长,组织汪精卫(吴玉章代),宣传顾孟馀,农民邓演达,工人陈公博,商民陈其瑗(旋改王法勤,由经亨颐代),妇女何香凝,海外彭泽民,青年孙科;三、改选中央政治委员,除中央常务委员九人兼政治委员外,宋子文、陈友仁、邓演达、林祖涵、王法勤、宋庆龄六人当选;四、选蒋介石等 15 人为军事委员会委员,汪精卫、唐生智、程潜、谭延闿、邓演达、蒋介石、徐谦为军事委员会主席团;五、选汪精卫等 28 人为国民政府委员,孙科、徐谦、汪精卫、谭延闿、宋子文为国民政府常务委员。

　　△　国民党中央执行委员会因中央军事政治分校学生 10 日在血花世界与工人宣传队冲突,发生殴伤并捕去工人事件,特训令相互劝勉,勿中反动派分裂阴谋。

　　△　冯玉祥布告出师,内谓:"国民革命军肃清江表,正以五十万大兵,长驱北上。靳总司令云鹗,倡义豫中。……本总司令业与阎督办锡山约定,以晋军横截新乡、石家庄、大同各路,以刘总司令镇华为我东路总司令,进兵河北。本总司令亲率二十万兵力,东出潼关,会师许、郑。其在南路方面,已令第十六路吴总司令新田,孙总司令连仲,张总司令维玺,共率二十余万兵力,东出武关,与唐总指挥生智所部结合并进。我北路军则随商副司令震进攻察、热,直捣幽燕。"

　　△　北京政府顾维钧内阁以安国军总司令部下令用飞机袭击郑州,不啻对吴佩孚宣战,是日阁议讨论总辞职。

　　△　张宗昌在徐州召集军事会议,议决褚玉璞坐镇南京,许琨驻蚌埠,程国瑞驻徐州,巩固后方,张宗昌往来徐州、南京间,策应全局。

3 月 12 日　国民党中央党部通告:孙中山逝世二周年纪念,一律志哀,党员、军队缠纱三天。是日,武汉各界分别在武昌、汉口和汉阳三地举行纪念大会,参加群众不下百万。武昌大会通过:拥护总理联俄、联共、农工三大政策;提高党的权威,恢复民主集中制,反对个人独裁;实现中央及各省联席会议最近政纲;要求蒋介石明白表示对总理政策的态度。北京各界赴碧云寺致吊者,"素车白马,络绎于途"。

　　△　上海各团体举行临时市民代表大会,到 200 余团体代表 200 余人,选举钮永建、虞洽卿、罗亦农、汪寿华、丁晓先等 31 人为临时执行委员。大会宣言指出:"本会之责任,即在执行全市公民之意志,接收上海政权,建设民选市政府,而对于军阀之走狗官僚、土豪劣绅之流,当依国民政府颁布之条例行之,为民除害,决不宽容。"

　　△　入豫奉军在韩庄被毅军击败,退至距开封十余里护城。次日,

靳云鹗部刘培绪师,马吉第军进攻开封。

△　新加坡华侨纪念孙中山逝世二周年举行游行,与巡警发生冲突,巡警开枪打死华人六人,伤 11 人。中国学生示威抗议,又被枪伤多人。14 日,北京政府外交部电令驻新总领事详报真相,并向新加坡英当局严重抗议。

△　北京学生总会上年因三一八惨案被武力解散,近以革命潮流日趋扩大,各校学生代表乃起而重议恢复北京学生统一机关,议决根据全国学生联合总会统一全国学生组织案,重新起草章程,并改名为北京学生联合会,是日该会正式成立。

3 月 13 日　国民党二届三中全会举行第三次会议,出席委员 32人,徐谦任主席。根据"统一革命势力案"议决:一、中国国民党与中国共产党联席会议须立时开会,讨论一般的合作办法,主要内容有:1. 统一民众运动,特别是农民与工人运动,共同指导;2. 国内少数民族问题;3. 由共产党派负责同志加入国民政府和省政府。二、派代表团三人参加共产国际会议。此外并议决:一、国民政府增设劳工、农政、教育、实业、卫生五部。二、修正政治委员会组织条例。三、通过内蒙古国民党问题案,内蒙古国民党接受中央指挥。四、通过外蒙古国民党关系案,决定派驻库伦代表一人,并要求外蒙古派驻中央代表一人。五、国民政府外交部长陈友仁报告外交事务,说明汉、浔两案交涉经过。

△　中共中央为肃清军阀势力及团结革命势力,致函中国国民党中央执行委员会,斥责蒋介石在南昌总部第十四次纪念周上的言论,指出蒋此举已是奉行日本帝国主义和奉天军阀"以赤制赤"的反革命策略。

△　全国总工会就赣州驻军倪弼枪杀工人领袖陈赞贤事致电蒋介石,指出总司令部为革命最高指挥机关,与赣州近在咫尺,此种开明军阀所不忍为之摧残工人运动情事,竟至再至三,令人百思不得其解,为革命前途利益计,请严行查办。同日,通电呼吁全国同胞一致奋起力争,以救革命危机。

△　长沙市国民党党员二万人集会,通过致蒋介石电及致国民党中央和各省通电,主要内容为:反对军事独裁,巩固党的权威,拥护中央联席会议议决案,拥护中央执行委员会在鄂开会等。

△　太原总工会被国民党右派首领苗培成等率领流氓百余人捣毁,孙中山遗像及工会旗帜被撕得粉碎,重伤工友七人,轻伤20余人。

△　苏联大使馆为直鲁联军扣留苏联商轮事发表声明,略称:商轮"巴米亚列宁那号"赴汉确系装茶,外间所传船中发现军火及其他违禁品,全属捏造。乘客中有苏联外交信使三人,持有赴汉护照,竟被拘留,此种举动不能不视为违背国际公法及国际礼貌,苏联政府要求即行释放该船及被拘诸人。

△　奉军占领中牟车站,前锋抵北河镇,距郑州数十里,黄河铁桥南岸豫军全部撤退。

△　前北京政府陆军总长吴光新在上海就任淞沪商埠督办。

△　张宗昌、孙传芳在上海以二五附税作抵,发行1000万库券并向中国银行、交通银行借款500万。国民党江苏省党部除函中、交两行拒借外,是日发出宣言,忠告上海金融界拒绝。

△　中国棉业银行以国内战事频繁,是日经临时股东会议决解散。该行于民国十年开办,总行设上海,资本总额100万元,专营纱花押汇押款及汇兑业务。

3月14日　国民党二届三中全会举行第四次会议,出席委员27人,顾孟馀主席。议决:一、由常务委员会赶速筹备,从速决定召集第三次全国代表大会日期;二、广东、江西省党部、广州特别市党部执监委员之选举违背总章,应交常务委员会从速改选;三、通过《北伐军费支给案》。

△　国民党中央政治委员会第一次会议通过谭平山为农民部长,苏兆征为劳工部长,孔祥熙为实业部长,顾孟馀为教育部长,刘瑞恒为卫生部长。

△　驻上海之北京政府海军总司令杨树庄向北伐军投诚,正式宣

布就任国民革命军海军总司令职,并派"楚同"、"楚有"、"楚谦"三舰越过江阴、镇江、南京诸防线,驶至九江,候会同陆军攻打南京。

△ 广东省政府财政部颁布《禁用外币条例》,凡八条,即日施行。

△ 湖南各界举行救党示威运动大会,到十万余人。议决:一、反对军事独裁的蒋介石,打倒昏庸老朽的张静江;二、纯洁革命队伍;三、拥护联俄、联共、农工三大政策;四、实行民主政治。

△ 孙传芳将金陵军官学校移设清江浦。

3 月 15 日 国民党二届三中全会举行第五次会议,出席委员 27人,谭延闿主席。丁超五报告"阳新惨案"详情,议决组织委员会,指定邓演达、吴玉章、毛泽东三人为委员,与湖北省党部、湖北省政务委员会、省农民协会开联席会议处理。并议决要案如下:一、指定谭延闿、孙科、徐谦为党员服兵役法征集委员;二、以财政部长兼江、浙财政处长,以统一财政案;三、批准湖北省党部《惩治土豪劣绅条例》及《审判土豪劣绅委员会条例》;四、通过总政治部组织大纲;五、裁撤中央军人部;六、任邓演达为总政治部主任等。

△ 国民政府正式收回汉口、九江两地英租界。汉口英租界纳税人年会据《收回汉口英租界协定》,将英租界正式交还中国,改组为第三特别区,国民政府外交部委黄昌谷为第三特别区管理局长,办理接收事宜。九江英租界同时正式收回。

△ 河南全省武装农民代表大会是日至 21 日在武昌雄楚楼中央农民运动讲习所举行,出席代表 69 人,代表 45 县 40 万武装农民。推王法勤、于树德、陈克文、邓演达、刘莪菁、郭安宇等 13 人为主席团。陈克文、毛泽东、陆沉、郑振宇在大会上分别作广东、湖南、湖北、河南四省农运状况报告。李立三作中国职工运动报告。大会通过拥护中国国民党及国民政府、反对奉鲁军阀、发展河南农民协会组织等案。又规定河南全省农民自卫军组织大纲,并选举农民自卫军临时执行委员汪慕憨等五人。

△ 国民党广西全省第二次代表大会开幕,提案如下:一、严定军

官资格,改良军人生活;二、妥定农佃制度及保障农民利益;三、取缔苛细杂捐;四、兴林筑路;五、积极宣传党义。

△　沪宁铁路工人自 5 日罢工后,沪杭路司机及伙夫亦有四五十人先后离职。上海港务处亦有工人参加罢工行列,至是日沪杭路及港务工人大罢工。港务处工人全体离职,沪杭路机务处空无一人。至下午 6 时半,上海南北两站数十部机车均无人驾驶。

△　北伐军东路军主力向宜兴、溧阳进攻,前敌各部亦开始向松江、青浦、吴江攻击。同日,第二军占溧水,鲁军王栋部退秣陵关。次日,何应钦部占领溧阳。

△　何键、叶琪在常德就任第三十五军正副军长。

△　靳云鹗部马吉第军第十五师击退奉军,占领中牟。

3 月 16 日　国民党二届三中全会举行第六次会议,孙科主席。通过:一、大会对全体党员训令,对全国民众宣言及对全国农民宣言;二、修正农民问题案;三、令外交部严重抗议新加坡英警惨杀华侨案。

△　国民革命军第四军、第十一军中校以上官佐通电拥护国民党二届三中全会议决案。

△　中国共产党广东区委员会、中华全国总工会广州办事处、广州工人代表会、香港总工会、中华海员工业联合总会、中华全国铁路总工会广东办事处和广东省农民协会联合发表对时局宣言,指出革命军"对于与日本帝国主义者和北方军阀的妥协,无论以任何口实,丝毫都不容许"。

△　段锡朋、周利生奉蒋介石命,解散拥护孙中山三大政策的南昌国民党市党部,通缉市党部执监委员,封闭学生会,通缉学生会执监委员,并查封《贯彻日报》。

△　北京政府欠发驻外使领馆经费已 20 个月,驻比公使王景岐是日抵京索款。先后回国的尚有驻奥黄荣良、驻日汪荣宝等。

3 月 17 日　国民党二届三中全会举行第七次会议,徐谦主席。通过下列主要议案后即闭幕:一、以王法勤继陈其瑗任商民部长;二、三一八案要犯贺德霖交中央政治委员会组织人民审判委员会,照反革命罪条例审判;三、令外交部抗议英水兵在芜湖登陆事件;四、通过湖南省民会议大纲及其组织法,并决定 5 月 1 日召集;五、通过财政统一案、外交统一案;六、通过《国民革命军总司令条例》及关于军事政治学校案等十余案。

△ 蒋介石昨由南昌至九江,是日指使总司令部特务处处长杨虎、副处长温健刚组织青红帮流氓百人,捣毁拥护三大政策的国民党九江市党部和九江总工会,在市党部打死三人,在总工会打死一人,伤六人。工人纠察队捉获流氓数十人。蒋介石又派卫队弹压工人,掩护流氓出市,并借保护为名占领市党部和总工会。工人愤极,决定次日举行总罢工。蒋介石连夜派第六军留守司令唐蟒为九江戒严司令官,严禁罢工,并密令九江警卫团:如有工人罢工,立即拘捕。18 日,蒋介石乘“楚同”舰东下安庆。

△ 冯玉祥通电称,所有前国民军第一、二、三、五军等名目一律取消,业经改为各路军,悉按新编制办理。

△ 程潜、贺耀组部自 15 日起开始会攻皖南当涂,经过两日激烈战斗,将直鲁军第四军、第五军及孙殿英部击溃,直鲁军第四军军长孙宗先仅以身免。是日,北伐军进驻当涂,连克采石、慈湖。敌纷向南京及江北岸溃逃。

△ 奉军第十七军完全占领郑州。吴佩孚逃往洛阳、巩县一带,靳云鹗部退新郑、许昌、郾城。

△ 东路军赖世璜部克宜兴,敌白宝山、冯绍闵、郑俊彦三师退常州。赖军跟踪追击,21 日占常州。直鲁军在沪宁铁路联络已被截断。

△ 新降奉之米振标部响应靳云鹗反攻奉军。是日,靳军马吉第部占领开封,遂决定以米振标全部为先锋队,火速前进,王为蔚为左翼,魏益三为右翼,靳自率高汝桐、马吉第等师为总预备队,指挥一切。同日,占领内黄、兰封。奉军及直鲁军退至归德以西之柳河小坝,掘壕固守。

　　△　苏联大使根据上海苏联领事调查报告,确认苏联商轮行驶合法,拘捕外交公差实属侮辱苏联,违背国际法基本原则,是日特向北京政府外交部提出第四次抗议,要求立即释放被扣商轮及被拘人员。

　　△　安国军总司令部发表扣留苏联船只及鲍罗廷夫人声明书,谓"列宁号"因载违禁宣传品被拘,依1924年中俄协定互禁有碍他方面之宣传条文,其责任实在苏联政府。北京外交部已将此意电驻苏代使郑延禧答复苏联政府,并称所拘船员有查办必要,碍难释放。

　　△　云南日报公会通电声讨英政府派兵入寇滇边江心坡一带地方,内称:"现刻英国驻江心坡官兵计约四千有余,马匹不下千余匹,并在该地附近设营安寨",以配合驻在我国沿海、沿江之炮舰实行侵略。

　　△　北京政府财政部发现前总税务司安格联串同现任总税务司易纨士,从内国公债基金项下擅拨40万镑与伦敦汇丰银行,是日特发表长篇宣言,叙述事情经过及与现任总税务司易纨士交涉情形,并指出"此种恶例断不可开"。

　　3月18日　北伐军东路军第二十一师严重部克吴江,向苏州进展。

　　△　蒋介石委任云南航空处处长刘沛泉为东路军航空司令,归东路军总指挥何应钦节制。是日刘在杭州就职。

　　△　唐生智致电云南将领,劝其彻底改革,受国民政府节制,勿再拥戴唐继尧。同日,另电促国民革命军第十六军军长范石生积极准备入滇。

　　△　江左军全部进入合肥、六安之线,皖军马祥斌部投降北伐军。

　　△　孙传芳因北伐军逼近南京,形势危急,是日秘密离南京赴扬州。

　　△　张宗昌委直鲁第三军副军长兼一百零七旅旅长常之英为苏州、吴江、常州、无锡四县总指挥。

　　△　南昌市各界群众数万人,在大校场举行追悼陈赞贤烈士大会,会后数千人到蒋介石总司令部请愿,要求惩办凶手。

△ 驻长沙美领事范宣德致函湖南交涉员董维键,声明自动取消观审权。董复函表示欢迎,并望自动放弃领事裁判权。

3 月 19 日 国民党中央执行委员会第二届常务委员会第一次扩大会议讨论南昌、九江事件处置办法:一、电令蒋介石报告真相;二、训令江西各驻军绝对保护江西各级党部及一切民众团体;三、对于非法选举之江西省执行委员会严加处办。

△ 浙江省政治会议第六次会议据杭州郑宗衍等函控章太炎于上年 8 月间通电全国,违反民意,阿附孙传芳,不惜牺牲五省人民生命,请剥夺其公权,并将财产没收,议决宣布章太炎罪状,褫夺公权,没收其财产,但不牵及亲属,交政务委员会执行。

△ 直鲁军第六军徐源泉部约三个混成旅,粤军谢文炳部一个混成旅及白俄兵一个团,是日正午分向贺耀组部阵地濮塘镇、朱门镇反攻,势甚危急。次日,程潜总指挥因敌已先发动,乃将原订 3 月 21 日总攻日期提前一日开始。

△ 张作霖任张宗昌为海军总司令,毕庶澄、沈鸿烈为副司令,节制东北、渤海两舰队。

△ 晚,张作霖在北京召集张学良、杨宇霆、吴俊陞、张作相、于国翰开军事会议,决定今后军事方略,对豫西取守势,中路与东路取积极攻势。

3 月 20 日 武汉国民政府新选任委员在武昌国府礼堂举行宣誓就职典礼。国民党二届三中全会选出国民政府委员 28 人,是日出席宣誓就职委员为:谭延闿、孙科、宋子文、徐谦、陈友仁、谭平山、孙庚、宋庆龄、吴玉章、彭泽民、唐生智、顾孟馀、王法勤 13 人。国民党中央党部代表林伯渠恭读总理遗嘱后,举行国府委员就职宣誓。誓词曰:"余敬谨宣誓,余将恪遵总理遗嘱,服从党义,奉行国家法令,忠心并努力于本职,并节省经费。余决不雇佣无用人员,不营私舞弊,及接受贿赂。如违背誓言,愿受本党最严厉之处罚。"参加典礼的各团体代表共 500 余人。

　　△　武汉国民政府通电公布国民党二届三中全会选出国民政府委员 25 人名单,计:汪精卫、孙科、宋子文、于右任、徐谦、冯玉祥、程潜、谭延闿、陈友仁、李宗仁、谭平山、钮永建、蒋介石、柏文蔚、王法勤、吴玉章、何应钦、孙庚、彭泽民、经亨颐、黄绍竑、杨树庄、陈调元、朱培德、唐生智、李济深、宋庆龄、顾孟馀。国府常务委员五人:孙科、徐谦、汪精卫、谭延闿、宋子文。

　　△　北伐军东路军前敌总指挥白崇禧下令进攻淞沪。以第一师薛岳部担任正面,以第二师刘峙部、第二十一师严重部为左翼,攻苏州,以第二十六军之第二师斯烈部为右翼,由金山卫、张堰、松隐,从得胜港斜来庙渡河,经闵行抄莘庄、明星桥。另派先遣队李明扬部由青浦之朱家角进至安亭,截其归路。同日,右翼即由浦南抄出明星桥,断直鲁军与上海之联络,直逼上海;正面已达三十一号桥,逼攻松江。

　　△　何应钦部占领横林、奔牛、吕城、丹阳等地。

　　△　北伐军第十军军长王天培抵武穴,第二十八师前队已入霍山。

　　△　驻镇江直鲁军奉令连夜撤退。张宗昌由南京返徐州。

　　△　北京政府派外交部参事刁作谦等抵天津,与英使馆代表詹姆生等开始商谈交还天津租界事。

　　△　沪宁、沪杭两路罢工已旬日,参加人数达 3000 以上。是日,罢工委员会决定:提出两路全体工友总要求 21 条;组织纠察、宣传、交通队各一百余人;对纠察队施加军事训练。

　　△　宁波总工会被宁波市商民协会部分会员焚烧,店员公会被捣毁,是晚,市总工会发出紧急命令,决定次日起全体罢工。

　　△　武汉新闻记者联合会开成立大会,到会员 82 人。议决要案四件:一、拥护国民党恢复党权运动;二、拥护中央执行委员会三次全体会议一切议决案;三、欢迎汪精卫主席复职;四、电斥蒋介石摧残江西舆论及党务。

　　3 月中旬　蒋介石命令取消第十九军。军长陈仪免职。

　　△　靳云鹗部于去秋入驻信阳洋河一带,一切给养皆仰赖地方,居

民不堪其苦,此次庞炳勋奉靳令开拔北上,临行又向各村拉夫派米,当地红枪会起而聚众反抗。

3 月 21 日　上海工人举行第三次武装起义。晨,中共江浙区委书记罗亦农代表区委宣布当天中午 12 时举行上海工人总同盟罢工,立即分闸北、沪西、沪东、南市、虹口、浦东、吴淞七个区举行起义。12 时,在周恩来、罗亦农、赵世炎等直接领导下,上海 80 万工人遵照总工会发布的总同盟罢工令,一齐罢工。工人纠察队向预定地点紧急集合。在一小时内,七个地区分别围攻警署,夺取枪械,展开激烈巷战。至晚,各路纠察队先后占领南市、沪东、沪西、浦东、虹口、吴淞六个区。闸北区因敌人兵力众多,军事据点达 20 多处,敌人又以铁甲车、大炮作掩护纵火反攻,英军亦越界助敌,战斗极为激烈,经过反复争夺,直到 22 日午后 4 时余,除北站外所有各据点敌人均投降。周恩来立即命令工人纠察队对北站据点发起总攻击。经一个多小时猛攻,直鲁联军纷纷溃逃。午后 6 时,战斗结束,上海工人阶级终于在中国共产党领导下,全歼 3000 直鲁联军和 2000 反动警察。联军前敌总指挥毕庶澄逃入租界。南市开欢迎北伐军大会,到五万人。

　　△　程潜、贺耀组、鲁涤平部先后克复江宁镇、秣陵关、龙都镇。22 日又克板桥、淳化镇。

　　△　北伐军东路军第二十六军昨日渡过黄浦江,进逼松江,第二师及先遣队沿铁路向松江城猛攻,是日占领松江城,毕庶澄所部四个混成旅被解决。鲁军凌晨 1 时起陆续退沪北站,本日龙华发现北伐军别动队,英租界震动,派装甲车出巡。同日,东路军第二十一师严重部占领苏州。

　　△　上海市民代表会议执行委员会召开紧急常务会议,汪寿华主席,通过紧急命令,号召全市各界人民从本日正午 12 时起,一致行动,实行总同盟罢工、罢市、罢课,以响应北伐军,消灭军阀残余势力,建立国民政府指挥下之民选市政府。

　　△　上海总工会刊登启事,命令工人纠察队协助北伐军维持秩序,

以绥地方。

　　△　何应钦至吕城,令赖世璜部东攻无锡、江阴;冯轶裴、曹万顺部分经镇江、汤水、白虎、新塘市攻南京。次日,何应钦入镇江。23日,冯轶裴部方至栖霞街东流镇时,南京已为江右军攻克。25日,何应钦率冯轶裴部进驻南京。

　　△　武汉国民党中央政治委员会得悉北伐军克复上海消息后,当即作出三项决议:一、派外交部长陈友仁、财政部长宋子文、交通部长孙科赴沪指导一切;二、派吴敬恒、侯绍裘、张曙时、汪寿华、杨杏佛、白崇禧、钮永建等组织政治委员会上海分会;三、令总政治部主任邓演达派郭沫若为上海革命军政治工作指导员。

　　△　武汉国民政府军事委员会在汉口开始办公。委员会下分设总政治部、秘书、参谋、陆军、经理、航空五处及革命军事裁判所,并任命邓演达为总政治部主任,林祖涵为秘书处长,龚浩为参谋处长,刘骥为陆军处长,孙科为航空处长,谢晋代理经理处长,徐谦为革命军事裁判所长。

3月22日　上午9时余,白崇禧偕薛岳抵龙华。因白已奉蒋介石按兵不动命令,是日下午,当工人攻打上海北火车站最紧急时刻,总工会代表汪寿华请白出兵援助,竟遭拒绝。后经力争,薛岳方率部开入麦根路。时直鲁军纷向虹口及沿租界溃退,缴械投降者颇多,其一部图攀外兵所设之铁丝网逃窜,外兵用机关枪扫射,伤亡达百余名。另一部千余名向外兵缴械,租界当局启栅收纳。再1500余名,至某日人花园被缴械。至此北伐军完全占领上海。

　　△　上海市民代表会议第二次会议宣布,经上海政治分会及市党部指定白崇禧、钮永建、杨杏佛、罗亦农、汪寿华、虞洽卿、郑毓秀、陈光甫、王晓籁、林钧、谢福生、侯绍裘、王景云、王汉良、李泊之、何浩、丁晓先、陆文韶、顾顺章为上海特别市临时市政治委员。25日,武汉中央政治委员会议议决通过。

　　△　武汉国民政府任命连声海为国民政府秘书长;特任顾孟馀为教育部长,孔祥熙为实业部长,谭平山为农政部长,苏兆征为劳工部长。

任命孔祥熙代理广东财政厅长,陈耀祖代理广东建设厅长。

　　△　冯玉祥派刘骥为驻武汉全权代表,李鸣钟副之。

　　△　武汉国民政府外交部委派郭泰祺为芜湖交涉员,张国辉为福州交涉员,林实为厦门交涉员。

　　△　国民党中央执行委员会宣传部主办的《中央日报》在汉口出版。中央宣传部长顾孟馀兼社长,陈启修任主撰,孙伏园任副刊主撰。

　　△　上海《民国日报》复刊。

　　△　安徽省党部第一次全省代表大会在安庆开幕。会后,伪安徽省总工会组织暴徒在总司令行辕门前行凶殴打省党部执行委员光升。蒋介石对行凶暴徒竟不予惩办。

　　△　赣州各界举行追悼陈赞贤烈士大会。会后整队护送烈士遗体回南康原籍安葬。此后,吉安、雩都、抚州、上饶、都昌、永修、丰城、永新等十多个县接连发生屠杀工农惨案。

　　△　张学良、韩麟春由郑州通电全国,主张停止内战,促进和平,一致对外。

　　△　张作霖任命褚玉璞为江苏保安总司令,荣臻为河南保安总司令。

　　△　唐生智电复蒋介石,谓西路除令第四、第十一两军照冬(2 日)电迅向指定地点集中协同江左军向皖北进展外,并饬第八、第三十六两军集结柳林、武胜关、孝感县一带,乘机增援靳云鹗部。

　　△　国民革命军第十四军赖世璜部由常州进驻无锡。

　　△　上海各商业团体联席会议决定组织"上海商业联合会",是日该会成立,上海县商会、闸北商会、银行公会、钱业公会、交易所联合会、纱厂联合会等 60 余团体参加。虞洽卿、王晓籁、吴蕴斋、钱新之、顾馨一、荣宗敬、王一亭等 15 人任常务委员,虞洽卿、吴蕴斋、王一亭任主席。该会宗旨为:"对外应时势之需要,对内谋自身之保障。"

　　△　北京政府为安格联于免职后,擅将关税余款挪充别用,影响公债基金,特令财政部会同税务处拟具惩处办法。

△　上海《申报》讯:驻华美使马瑞慕通知北京政府,谓奉美政府训令,撤销关会美代表团。

3月23日　北伐军占领南京。北伐军逼近南京城,直鲁联军恐被北伐军围困,决定退守徐、蚌,是日令南京城内外驻军急退浦口。北伐军第二军第四、第五、第六师、教导师,第六军,独立二师等兵临城下。第六军攻占雨花台后,第十九师由中华门冲入南京城。入晚,各军分路进入南京。敌三万余人被缴械,余溃散,一部由下关抢渡逃回浦口。

△　武汉国民党中央政治委员会议决,以程潜、何应钦、鲁涤平、钮永建、柳亚子、李富春、李隆建、侯绍裘、张曙时、江董琴、顾顺章为江苏省政务委员会委员,程潜为主席。26日,武汉中央执行委员会常务委员会又议决增加林祖涵、高尔柏、杨溥生、李世璋、戴盆天为江苏政务委员。

△　上海临时市政府常务委员会决定:一、由市民代表会议发布全市复工令;二、推举钮永建、白崇禧、杨杏佛、王晓籁、汪寿华五人为常务委员;三、贴布告声明上海军事由白崇禧负责,治安除正式军队外,由总工会纠察队、警察保卫团维持。

△　武汉国民党中央政治委员会议决对上海外交策略:一、由外交部长发表对外宣言,以上海战事已结束,要求撤退驻上海外兵;二、由党部指导民众作广大宣传,要求撤退驻上海外兵,并用谈判方法收回上海公共租界。

△　上海新疆路天保里等处便衣军拒绝缴械,与白崇禧部发生武装冲突。

△　驻沪各国领事前往龙华司令部,访谒北伐军东路军前敌总指挥白崇禧,询问革命军到沪后一切方针。白对于劳资问题答称:在国民政府指导下,工人有所要求,必先与资本家开诚接洽,若使劳资双方相持不下,则政府将来自有劳资裁判所公平解决。

△　昆山毕庶澄部四千余人被北伐军缴械。

△ 国民党中央执行委员会电令江西省党部改选执监委员,停止职权,听候查办。

△ 安徽省工会(鲁班阁)、安徽农民协会、安徽商民协会、安徽省学联、安徽省妇女协会等于上午组织市民大会,欢迎蒋介石。并用每名四元身价收买流氓打手,纠集百人敢死队,定出赏格(轻伤者 100 元,重伤者 500 元,丧命者 1500 元),令其在大会中杀害革命分子。会后,安徽临时省党部及各合法民众团体统被捣毁,革命同志六人被殴伤,酿成安庆"三二三事件"。

△ 香港英政府因广州政府未与之合剿海盗,适又发生"合生"轮船被劫案件,即派英舰五艘、飞机四架、士兵 200 余人,在惠阳属稔山地方,焚毁华人村户 2000 余家,杀死 10 余人。26 日,陈友仁向广州英领事提出抗议,谓:此系侵犯我领土主权,借口剿匪,惩罚良民以为报复,尤为近代法律观念所不容,要求道歉,保证以后不再有此行为,并保留要求赔偿权利。

△ 天津收回租界交涉,因英委员持观望态度而停顿,是日刁作谦离津返北京。

△ 国民党广州政治分会将制定出《解决工商纠纷办法》六条函送省政府,饬农工厅执行。办法中确定店东每年旧历年初二有自由去留店伙权。

△ 广州各界在东校场举行促汪(精卫)销假复职运动大会,议决:一、团结一切革命势力,与帝国主义、军阀作坚决斗争,消灭最反动之奉系军阀;二、拥护国民党二届三中全会关于请汪克日销假复职,以及关于指导机关之统一、外交政策之统一、财政政策之统一、革命势力之统一四大政策。

△ 数日来,北京军警当局捕去各大学学生 39 人,各校教职员、学生人人自危,纷纷出京避祸。是日,国立九校校长校务讨论会推定北大代理校长余文灿、工大校长马君武等访杨宇霆营救被捕学生。

3 月 24 日 北伐军大队进入南京城后,城内反动分子乘秩序混乱,煽动溃兵及流氓进行抢劫,袭击英、美、日领署及侨民,外国人死四至六人,伤六人。美、英帝国主义者借口侨民及领事馆受侵害,下令驻下关各军舰开炮向南京城内轰击,死30余人,伤数十人,毁坏房屋财产甚多。是为"南京事件"。

△　程潜、贺耀组、鲁涤平到南京。城厢内外,张贴总司令蒋介石、总指挥程潜、副党代表林祖涵之安民布告,宣示革命宗旨。程潜入城后,即派队镇压骚乱秩序者,并就地枪决抢犯多名。第六师师长戴岳、党代表萧劲光发出告示维持军纪,谓奉总指挥令,凡抢劫财物者斩,无故放枪者斩,借故滋事者斩,造谣生事者斩。

△　蒋介石由安庆抵芜湖,得宁讯后,即派参议林石民赴芜湖日本领事馆,恳请日领事转达英、美当局,谓党军无恶意,蒋本人决亲赴南京负责解决。

△　上海总工会通告,是日10时起,除武装纠察队外,一律复工。

△　张国威在扬州叛离孙传芳,就任国民革命军第二十六军第三师师长,所部被段承泽缴械。次日,孙传芳、卢香亭等率部由扬州退淮阴。

△　海军总司令杨树庄率"海筹"、"应瑞"各舰开回高昌庙原防,其余各舰仍分布闽、浙、苏沿海各要隘驻防。同日,厦门海军及各机关举行易党旗礼,表示正式服从国民政府。

△　靳云鹗部高汝桐乘铁甲车反攻郑州,为奉军包围击毙。

△　张学良、韩麟春通电欢迎吴佩孚回郑州主持在豫联军。

△　毕庶澄、吴光新由沪逃抵青岛。次日,毕庶澄奉张宗昌命赴徐州报告军事。

△　革命军昨抵镇江。英领事怀雅特致函交涉署,声明拟于午12时将镇江租界内巡捕岗位全撤。是日,沈交涉员会同警察厅厅长、丹徒县县长、商会会长、商团团长率同警察、商团团员前往租界接岗。6月18日,镇江市公安局将租界内之第五区署改为特别区署,前英租界工部局遂无形取消。

3月25日　何应钦、程潜、鲁涤平、贺耀组会衔在宁出示布告,保护外侨生命财产,违者严惩。同日北伐军派队护送集合在金陵大学的外侨百余人至下关江岸,转登外舰。

　　△　蒋介石由芜湖抵南京下关,何应钦、程潜、鲁涤平等登舰与蒋商议军事。

　　△　武汉国民党中央政治委员会第六次会议决定徐谦、孙科、邓演达、宋子文、孔庚、詹大悲、董用威、张国恩、恽代英、邓希禹、李汉俊等11人为湖北省府委员;徐、李、宋、孔、董、张分别兼任司法、教育、财政、建设、农工、民政各厅厅长。

　　△　武汉国民党中央政治委员会决定李宗仁、光升、常恒芳、朱蕴山、麦焕章、沈子修、李光炯、高语罕、朱克靖九人为安徽省政务委员,李宗仁兼主席。

　　△　武汉国民党中央政治委员会第五次会议电复承认上海市民大会选出之市政府委员19人为上海市政府临时委员。

　　△　上海总工会执行委员会委员长汪寿华致函公共租界工部局,声明"此次上海总罢工,纯系对内之政治运动,无与外人或厂方为难之处";并抗议公共租界当局屡次非法逮捕工人,断绝华租交界处交通,破坏工人复工,要求限期切实圆满答复。

　　△　据《申报》载:与我国修约关系各国在北京交换修约意见,认为北京政府未能代表半个中国,所议结果,将来更不能得到全中国承认,故一致取消极态度,并有两国主张即此停议。

　　△　美舰二艘护送从南京下驶之商船,至江阴与当地驻军互相轰击。

　　3 月 26 日　国民党中央常务委员第三次扩大会议议决:派刘一峰、李松风、邓鹤鸣、傅惠忠、黄实、方志敏、王枕心、李尚庸为改组江西省党部筹备员。

　　△　冯玉祥奉武汉国民政府命令在西安发布总动员令,分三路向河南出动,沿陇海路东进,以京汉线为目的。于右任为前敌总指挥,邓宝珊为副总指挥兼第一路司令,陈希圣为第二路司令,李云龙为第三路司令。

△　北伐军派队严密保护各国驻宁领署及侨商,各军政治部合组临时外交委员会办理外交事项。军法处将捕获乘机抢劫人犯 11 名枪决示众。南京是日一律开市。

△　蒋介石乘"楚同"军舰抵上海,即以新西区交涉公署为行辕。法租界当局当即派政治部主任程子卿率包探黄金荣等到署"照料"。法总领事以特别通行证送蒋介石,允许他带武装卫兵 10 名自由出入租界。公共租界工部局亦特派西探罗斯送去特别通行证。蒋表示:"保证与租界当局及外国捕房取得密切合作,以建立上海的法律与秩序。"

△　上海商业联合会主席虞洽卿致函英、法租界当局表明:已与军事当局及总工会商妥,维持治安,保证无轨外行动,请合作。

△　上海总工会因歹徒散布总工会将攻击租界捕房谣言,通告上海中外居民,指出"本会对于租界之收回,本所主张,但无须即用武力解决",并声明"本会已通知所属各工会严究造谣之徒"。

△　贺耀组在江宁行营就第四十军军长职。

△　武汉国民政府交通部宣布:收回苏、皖、湘三区邮政权,并任吴尚鹰为湖南、湖北两省邮务监督。

△　吴新田在南郑就国民军第十六路司令职。

△　驻北京英、美、日公使协商南京事件,英、美公使主取强烈对付中国办法,并力劝日使与英、美两国采一致行动。日使谓南京等处详细报告未到,且损害似非外传之甚,应持冷静态度。

△　日本外相币原就南京事件电令驻沪总领事矢田,设法警告蒋介石"应尽早赶赴南京处理事态纠纷"。30 日,矢田会见蒋介石,要求"对维持上海治安必须加以特别深刻的考虑"。蒋表示"充分体察尊意,定当严加取缔"。

3 月 27 日　晚,蒋介石在上海交涉公署开重要会议,张静江、蔡元培、白崇禧、周凤歧及参谋秘书等出席,讨论后方布置、肃清江北、上海治安等问题。

△　白崇禧令先遣司令李明扬办理接洽改编淞沪杂色军队事宜。

△　武汉国民政府军事委员会特派林祖涵、郭沫若、许甦魂为代表往宁、沪一带慰劳前敌将士；河南、四川及各省各军宣慰使等名义，决一律裁撤。

△　上海总工会在闸北召开全上海工人代表大会，三百余团体参加，因租界当局阻断交通要隘，以致沪东、浦东多数工会未能参加。大会由执行委员长汪寿华报告第三次暴动经过及工会今后责任，并议决抗议南京英、美军舰开炮惨案等七案。

△　蒋介石会见上海商业联合会主席虞洽卿，声称绝无用武力收回沪租界的用意，要虞告商界放心。29 日，上海商业联合会委员虞洽卿、王晓籁、吴蕴斋等 29 人往谒蒋介石，提出"希望原有经济制度不可破坏过甚"。蒋答称："此次革命成功，商界助力亦匪浅鲜，此后仍以协助为期。至劳资及维护商业问题，旦夕间即有具体办法，所有上海地方秩序与中外人民生命财产，自由鄙人完全负责。"后上海银行界提供一笔 6000 万银元的贷款支持蒋介石。

△　蒋介石任命陈调元、蒋作宾、程潜、朱培德、李宗仁等 20 人为安徽政务委员会委员，以陈调元为主席。

△　武汉国民政府为统一财政，特派财政部长宋子文至上海主持，是日电令上海各机关，所有江、浙财政均须经过宋子文办理，否则概不承认。

△　陈友仁在英文《汉口日报》发表声明，要求各国在沪驻军速行撤退，国民政府对公共租界不日将进行和平交涉。

△　南京交涉员李石民代表蒋介石访问日总领事森冈，对南京事件表示遗憾。

△　渤海舰队"海圻"等舰，奉舰队司令张宗昌命令进攻吴淞口，扰乱北伐军后方，为驻沪舰队击退。

△　上海艺术协会成立，以黎锦晖、田汉、陈望道、欧阳予倩等九人为执行委员。

3 月 28 日　蒋介石指使吴敬恒、蔡元培、张静江、李石曾、古应芬等在上海举行国民党中央监察委员会常委会会议,通过吴敬恒所提"纠察共产党行为"案,当经决定发动"护党救国运动"。

△ 蒋介石令白崇禧即日宣布上海水陆戒严。

△ 上海总工会因闻纠察队将有被缴械消息,是日派代表质问蒋介石。蒋诡称:"纠察队本应武装,断无缴械之理。如有人意欲缴械,余可担保不缴一枪一械。"当代表陈述恐有流氓乘机捣乱时,蒋保证"严行制止,尽可放心"。

△ 上海总工会召开第一次执行委员会议,推举汪寿华、王梅卿为正副委员长,张昆弟为组织部长,李泊之为宣传部长,龙大道为经济斗争部长,赵子敬为交际部长,顾顺章为纠察部长;并议决由正副委员长联合各部长组织常务委员会。同时就夺回租界谣言发表宣言,严正指出:本会认为收回租界并不是本会的单独行动所能成功,收回租界特别是上海租界的伟大工作,须民众政府与军事势力,一致起而为政府作后盾。

△ 中央军事委员会总政治部任林祖涵为该部驻宁办事处主任,林未到任前,由李富春代。

△ 中央农民部在武昌召开各省农协执委联席会议,邓演达、陈克文、毛泽东、周以栗、陆沉、方志敏、陈子林等出席,决定组织中华全国农民协会临时执行委员会,领导全国农运。时全国有组织的农民已达800万人。

△ 南京市民举行欢迎北伐军大会,到会群众五万人,通过四案:一、拥护江右军程潜部改造南京;二、拥护孙中山三大政策;三、敦请汪精卫销假;四、拥护中央执行委员会第三次会议议决案。

△ 国民党中央政治会议议决:南京东南大学改组为中山大学,并派定吴敬恒、杨杏佛、侯绍裘、柳亚子、顾孟馀、郭沫若等七人为筹备员。

△ 杨增新电告北京政府,科布多蒙兵攻入新疆,图在兴河驻兵,请政府向苏联提严重抗议,召回其驻蒙军事顾问。

△ 绥远近以丈量余荒、夹荒,激起民愤。是晨市民五六千人在归

绥(今呼和浩特市)城南之孤魂滩聚集示威,并散发传单,略谓:辛亥革命成功不过换了一块中华民国的新招牌,所有专制时代的腐朽遗物与帝国主义的思想,完全保留。并历数各级长官罪状。旋整队赴新城都统署请愿。都统商震闻讯,紧闭城门,只由代表数人入见。代表提出反对丈量余荒、夹荒;反对开放烟禁;反对扣发流通券等要求。商震皆允照办。

3 月 29 日 上海特别市临时市政府成立。蒋介石借口"为完成政治统系及确定市政制度计",函令市政府暂缓办公。

△ 驻京法使玛太尔就宁案向北京外交部提出抗议,要求保留赔偿损害权利。

3 月 30 日 武汉国民党中央政治委员会修正公布《国民政府组织法》。

△ 武汉国民政府任命朱培德、杨赓笙、姜济寰、张国焘、刘一峰、李松风、萧炳章、黄实、王均、刘芬、李尚庸为江西省政府委员,朱培德兼主席。杨、黄、刘、萧、姜分别兼任民政、财政、司法、教育、建设各厅厅长。原任委员李烈钧(兼主席)、徐元诰、周雍能、程天放、周利生、王镇寰等已于 26 日免职。

△ 蒋介石任命陈其采、陈光甫、钱永铭、虞洽卿、钮永建、杨杏佛、王伯群、吴荣鬯、秦祖泽、汤钜、顾馨一、王晓籁、徐国安、柳亚子、汤济沧 15 人为江苏兼上海财政委员会委员。

△ 国民革命军第十四军赖世璜部熊式辉师占领江苏靖江,孙传芳率残部向泰兴方面溃退。

△ 北伐军前锋便衣队突在津浦路出现,一部昨夜袭凤阳关,临淮、蚌埠形势紧急。是日,李宗仁部占领定远。陈调元部第六师由全椒到滁州。31 日,北攻蚌埠。

△ 湖南、广东、湖北、江西四省农民协会代表和河南省武装农民自卫军代表,在武昌召开联席会议,选出彭湃(粤)、易礼容(湘)、方志敏(赣)、陆沉(鄂)、萧寅谷(豫)及毛泽东、徐谦、孙科、谭延闿、邓演达、唐

生智、张发奎、谭平山 13 人为全国农民协会临时执行委员，谭延闿、谭平山、毛泽东、邓演达、陆沉五人为常务委员。毛泽东兼任组织部长，主持全国农协临时执委会工作。并决定在 5 月 15 日召开全国农民代表大会，代表名额 680 人。

△　杭州总工会自成立以来已发展会员 20 万余人，金、衢、严、处四府近忽由右派另组职工会，号称 10 万。是日在钱塘门头小校场集会后，率众手持木棍，图捣毁总工会。总工会聚集纠察队二三千人对抗。次日，杭州总工会在西湖公众运动场开会，驻杭留守东路总指挥行营部派队弹压，公安局并捕押游行工人数人。总工会当晚发出罢工命令，并提出复工条件六项。4 月 2 日，被拘工人获释，所提条件经杭州当局圆满答复，杭州各工会工人遂复工。

△　河南红枪会接受奉军委任，破坏信阳北部 18 里间铁道数段，阻止讨奉援军北进。是日又聚众包围信阳，国民革命军第三十军军长魏益三派员前往，晓以利害，悉置不听，遂开枪射击。

△　蒋介石声明解决宁案步骤：先组调查委员会调查，若骚扰者确系革命兵士或与革命军有关系者，愿负全责解决。

△　国际工人代表汤姆、白劳德、多理越、秘书施端理，偕广州总司令部招待员包惠僧由九江到汉口。

3 月 31 日　武汉国民政府外交部长陈友仁向英、美驻汉领事当面抗议英、美军舰炮轰南京事件，指出南京之骚扰事件系反动派所为，使外人受伤者六人、死亡者四至六人，而华人死伤于英、美炮舰者则为一与百余人之比。国民政府一方对于外人之被袭击表示甚深之歉意，一方对于英、美兵舰炮击南京一举提出严重之抗议。

△　国民党四川省党部为抗议英、美军舰炮击南京侵略暴行，声援南京人民反帝斗争，召集重庆工、农、商、学各界三四万人，在打枪坝举行"反对英美兵舰炮轰南京"市民大会。国民革命军第二十一军军长刘湘，秉承蒋介石的旨意，对重庆反帝爱国民众运动进行镇压，下令重庆卫戍司令王陵基调动军队包围大会会场，上午 11 时许，又令兰文彬部

更换便装,携带武器冲入会场,对手无寸铁的爱国同胞任意砍杀,打死
400 余人,打伤 1000 余人,制造了骇人听闻的"三三一"大惨案。同时,
又派人捣毁莲花池国民党四川省党部、重庆市党部、中法大学。当晚,
王陵基、兰文彬封锁杀人现场,又令军队搜捕逃亡者,捉住后均送交兰
文彬枪决。是日,四川省党部监察委员陈达三、重庆市党部常委、《新蜀
报》主笔、大会主席漆南薰遇害。4 月 6 日,中共四川省委书记、国民党
四川省党部常务委员杨闇公被刘湘杀害。

　　△　武汉国民政府外交部长陈友仁为驻粤外侨准备离粤事致函驻
粤各国总领事称:保护外侨之生命财产,已经国民政府屡次声明,外侨
之恐怖或系惑于反革命派所布之谣言。国民政府已训令广东省政府及
广东军留守总司令,命其益加意保护,俾无疏忽。

　　△　国民革命军总司令部移驻南京,汉口总部行辕人员是日均离
汉赴宁。

　　△　郭沫若在武汉《中央日报》(附刊)发表《请看今日之蒋介石》一
文,指出蒋介石"已经不是我们国民革命军的总司令",而"是流氓地痞、
土豪劣绅、贪官污吏、卖国军阀、所有一切反动派——反革命势力的中
心力量了"。呼吁:"现在凡是有革命性、有良心、忠于国家、忠于民众的
人,只有一条路,便是起来反蒋!""要打倒他,消灭他,宣布他的死罪!"

　　△　奉军占领许昌。4 月 3 日进逼漯河。

　　△　康有为在青岛病逝。

　　3 月下旬　武汉国民党中央政治委员会电令冯玉祥在西安筹设政
治分会,处理西北政治。指定冯玉祥、于右任、于树德、郭春涛、杨明轩、
薛笃弼、刘伯坚七人为委员。

　　△　武汉国民政府军事委员会委张发奎继任第十一军军长,陈洪
代理第四军军长,并令程潜、唐蟒、王均分别兼管南京、九江、南昌卫戍
事宜。

　　△　武汉国民政府军事委员会免蒋光鼐第四军第十师师长,准戴
戟辞第十一军第二十四师师长。另委蔡廷锴为第十师师长,许志锐为

副师长;叶挺为第二十四师师长,方伟为副师长。学兵团团长张治中辞职照准,委黄仲恂暂代。又准第十一军代理师长范汉杰辞职。

　　△　蒋介石委朱绍良继彭汉章为第九军军长。

　　△　中央军事政治学校武汉分校改为中央军事政治学校,国民政府军事委员会指定邓演达、恽代英、顾孟馀、谭延闿、徐谦为该校委员。

　　△　国民党广西省党部选出黄绍竑、周炳南、李宗仁、黄华表、盘珠祁、伍廷飏、黄家直、梁六度、李岱年、黄旭初、裴邦焘、曾象质、黄同仇、雷沛涛为二届执行委员,白崇禧、甘乃光等31人为候补执行委员,俞作柏、粟威、黄琨山、李光华、蒙民伟、周瑞桓、伍廷飏、陈锡光、毛振先、刘扬廷、雷沛涛、盘珠祁、朱朝森、韦拔群、甘乃光为监察委员。

　　△　美国使馆关闭长沙、重庆领事馆。

　　△　武汉国民政府通令14省海关,无论正附税,均不得解北京。

4 月

　　4月1日　武汉国民党中央政治委员会议决:一、通电蒋介石及各军事长官,须尊重二届三中全会议决之《总司令条例》,以及外交、财政、交通统一各案,违者以反革命论;二、关于上海纠察队问题,认为此种组织为必要而且合法,决定通电各军事长官,如有希图解散上海纠察队者,即以反革命论。

　　△　汪精卫自欧洲回国,经莫斯科于是日抵沪。

　　△　武汉国民党中央政治委员会以重庆卫戌司令王陵基于上月31日市民大会饬部开枪,造成血案,议决将王撤职,交刘湘查办。

　　△　武汉国民政府任命戴修瓒、翁敬棠试署最高法院庭长,胡心耕为最高法院首席检察官。

　　△　国民党南京市党部开会议决,省、市党部各派代表三人,总指挥部、政治部及在宁各军、师政治部各一人,组织联席会议办理苏省一切事宜。江苏省党部是日由沪迁宁办公。

△ 湖南各界五六万人在长沙开会欢迎第三国际代表罗易及谭平山、蔡和森等,郭亮主席。罗易发表演说,谓第三国际是为解放被压迫民众,联合世界无产阶级,打倒帝国主义与军阀,希望中国民众努力奋斗。蔡和森演说,指出:"现在革命发展,第一当注重的是农运问题";"建立革命武装,根本问题在武装农民起来。"

△ 全国学生联合总会应各地学生联合会请求迁鄂。是日武汉各团体在省党部开会,庆祝该会在武昌开始办公,到各界代表二千余人。唐鉴委员演说,谓中国革命以农工为主力,学生运动须与农工及被压迫民众相结合,方有成效。他勉励学生为革命需要和本身的改造应"到农村中去"、"到军队中去"。

△ 江苏兼上海财政委员会主任委员陈光甫在银钱业中积极为蒋介石筹款,是日由银行公会垫借 200 万元,钱业公会垫借 100 万元,以二五附税作抵。

△ 福建省临时政治会议议决:发行短期金库券 200 万元,以全省各项税收为担保,明年 4 月还清。

△ 国民革命军第二军第四师张辉瓒率部渡江,沿津浦铁路进展。5 日到达滁州。

△ 阎锡山宣布废除山西督办名义,改称晋绥军总司令,将所部山西、绥远各军队改编为晋绥军。

△ 苏联职工会中央理事会汇寄 10 万卢布救济南京事件难民,并致电上海总工会表示慰问。

△ 北京政府公布优待比侨办法,大略为:一、依照国际法保护比侨;二、比领事裁判权取消;三、通商税则照现行法。

△ 中日长途电话通信是日开始,北京、天津、洮南、奉天、大连、旅顺等城市皆可与日本通话。

△ 北京外交团会议讨论对天津各租界警备问题,决定在现状下仍请中国官厅协助维持,至必要时取相当手段。同日,天津英领事布告,租界内居民均应受中国官厅管辖;有涉及仇视阶级、反对外人、阴谋

暴动等事者,即拘案严办;中国当局如有要求,均可引渡。

△　日本外务大臣币原训令驻沪总领事矢田,日本政府认为蒋介石"对于管束共产党的跋扈缺乏信心",应促其迅速采取反共行动。当日,矢田向蒋介石的代表黄郛转达了币原的意旨,"促蒋深刻反省与注意"。

4月2日　李济深、黄绍竑应蒋介石急电邀约由粤抵沪,参与蒋介石、白崇禧等清党密谋。

△　国民党中央监察委员会在上海开全体紧急会议。蔡元培、李宗仁、古应芬、黄绍竑、张静江、吴敬恒、李石曾、陈果夫八人出席。通过吴敬恒所提"请查办共产党"呈文,决定通知军警机关对共产党员及革命分子197人分别实行看管监视。对汉口联席会议及二届三中全会之决议,认为有疑问,应请中央执行委员按酌事实分别接受或搁置。

△　武汉国民党中央执行委员会训令蒋介石"克日离沪赴宁,专任筹划军事","对于外交,未得中央明令以前,切勿在沪发表任何主张,并切勿接受任何帝国主义口头或文字之通牒,以强迫帝国主义直接与国民政府交涉"。同日,严电申斥蒋介石擅委郭泰祺为上海交涉员,下令拿办郭泰祺并开除其党籍。

△　武汉国民政府令:《国民革命军总司令条例》,已依中央执行委员会第三次全体会议之决议公布,关于总司令之职权,限于该条例所定在前方得指挥军民财政各机关,但任免文武官吏,非经国民政府或军事委员会发布命令,不生效力。

△　武汉中央土地委员会成立,推徐谦、顾孟馀、谭平山、毛泽东、邓演达为委员。原定订出一个实行分配土地给农民的步骤,以"造成乡村间普遍的革命现象"。后经三次会议讨论,无具体结果。

△　南昌市各界千余人举行群众大会,控诉"AB团"反动罪行。方志敏、邹努等带领工人纠察队占领江西省党部,解散省党部纠察队,先后捕捉程天放、罗时实、关麟徵等30余人。"AB团"首领段锡朋、周利生、王镇寰潜逃,省主席李烈钧逃福建。各民众团体发表宣言,指出:

"四月二日,是江西民众历史上最光荣的一页。四月二日,是江西民众用民众革命手段来裁判反革命分子的一日。"

△　黄郛向矢田转达蒋介石的意见,对日方的意见"表示谅解和衷心感谢"。并称"整顿国民党内部已下决心,现正召集将领仔细讨论中,一俟准备就绪,将立即断然采取行动"。黄透露蒋的具体计划首先是解除工人武装,然后由在沪的国民党中执监委员"取代武汉派,夺取中央党部,排除共产党"。

△　据北京《晨报》讯:天津洋务华员公会为宁案发表宣言,提出七项要求:一、废除不平等条约;二、撤退中国境内外国军队军舰;三、收回英国租界;四、赔偿宁案损失;五、英美当局向我国道歉;六、禁止外国通讯社传播不正确消息;七、惩戒命令开炮凶手。

4 月 3 日　汪精卫是日至 5 日与蒋介石、李宗仁、白崇禧、黄绍竑、吴敬恒、李石曾、蔡元培等十余人,在上海举行秘密会议,讨论蒋介石提议:一、赶走国民政府顾问鲍罗廷;二、分共。汪不赞成立即分共,经反复策划后决定:一、定 4 月 15 日召集国民党四中全会解决共产党与国民党问题,在开会之前各地共产党员暂时停止一切活动,听候开会解决;二、武汉国民党中央和国民政府所发命令可以拒不接受;三、由各军队、党部、团体、机关的最高长官和主要负责人对"在内阴谋捣乱"者,予以制裁;四、凡工会、纠察队等武装团体,应归总司令部指挥,否则认其为对政府之"阴谋"团体,不准存在。

△　蒋介石发表支持汪精卫复职通电,内称:"自汪归来,所有军政、民政、财政、外交皆在汪指挥下统一于中央,本人独司军令,俾专责成。"

△　蒋介石阻止上海临时市政府成立,激起市民代表大会执行委员公愤。后经呈准武汉国民政府,市民政府遂得宣告成立。是日市政府特将此消息通告各国领事。

△　南昌二百余团体群众三万人在公共体育场举行"欢迎朱(培德)主席改组省政府暨中央特派员改组省党部大会",会间,纠察队押送

程天放到场,群众高呼"打倒反革命",要求当场枪决,结果由民众团体组织裁判委员会处置。

△　湖北麻城县土豪劣绅利用红枪会策动武装暴乱,残杀革命干部和军民,包围麻城县城。毛泽东从农民运动讲习所学员中组织学生军300名,于14日开赴麻城,平息暴乱。

△　福州举行所谓"拥蒋护党"运动大会,议决肃清跨党分子等16条。新编一军二师四团党代表范毅威表示反对,竟被挟以游街,旋在南台大桥头被枪杀。

△　湖北省各团体在汉口举行欢迎国际工人代表团及全国总工会委员长苏兆征大会,到会群众达50万人,通过致全世界无产阶级及被压迫民众公电、致全国宣言及对各国海陆军宣言。晚,国民党中央党部、国民政府欢宴国际工人代表团。

△　汉口日水兵两名欲共乘一人力车,车夫以违背警章不允,遭日水兵刺倒于地。群众激愤,起而追捕,擒获水兵六名及嫌疑者四人,押解总工会。日舰水兵竟武装登陆,开枪击毙群众九人,伤八人。酿成汉口"四三惨案"。

△　上海学生联合会发起上海各团体关于南京惨案代表大会,到工商学各界80余团体代表百余人,通过发起反英帝国主义大同盟等项决议。大会通电指出:英帝国主义制造之南京惨案比之万县事件,有过之无不及,此系英帝国主义一贯之炮舰政策,此次在宁故意开炮,更为严重,直接帮助直鲁反动军阀,延长中国内乱。一致议决即日起对英经济绝交,望全国同胞扩大对英经济绝交运动,非达收回英租界,撤退英国在华一切海陆军,废除一切不平等条约,誓不终止。

4月4日　中央农民运动讲习所举行开学典礼,中央党部、国民政府及各团体代表百余人参加,国际工人代表团亦莅会。农民运动讲习所发行《开学纪念特刊》,载有《中央农民运动讲习所开学宣言》和《中央农民运动讲习所规约》等文件。《宣言》指出该所培养目标为"训练一般能领导农村革命的人才","实行农村革命,推翻封建势力"。6月18日举行毕业典礼。许多学员后来成为湘、鄂、赣等地区的农民优秀干部。

　　△　蒋介石任命原孙传芳部第九师师长李宝章为国民革命军第十八军军长。

　　△　福州革命派为抗议反动派举行"拥蒋护党"大会及枪杀党代表范毅威事件在店员总工会组织游行,为军长谭曙卿派兵解散,福州戒严,大捕革命派。

　　△　武汉国民政府外交部发表对汉口"四三"惨案方针:一、避免冲突;二、调查事实真相;三、严重交涉。同日,汉口当局鉴于日兵登陆,形势严重,除派兵防守日租界周围外,由唐生智亲访日本总领事高尾表示歉意,并声明极力维持治安,请日本撤退登陆水兵。日总领事断然拒绝。

　　△　武汉各团体在市党部召开"四三"惨案紧急会议,全国总工会刘少奇报告惨案情形。一致决议组织武汉人民对日委员会,提出立即撤退日水兵、惩凶、赔偿、道歉等七项要求,并派代表向政府请愿,与日领严重交涉。

　　△　国民党湖北省秭归县党部致电武汉政府外交部,报告本月 2 日英国军舰护送英商轮二艘通过新滩,不服检查,用机枪向岸上射击,死二人,伤 26 人,请外交部严重交涉。

　　△　驻北京各国使馆卫队长官在美国兵营开会,会商"防卫"使馆界问题,英、美、法、意、日、荷六国统军长官均到会。英国卫队长谓:北京使馆界内共有英、法、美、意、日五国驻兵 1102 名,骑、炮兵皆全,可保卫使馆界内各巷口,惟防区之分担及是否增兵华北两问题请公决。大致决定:如必要时,即推美国卫队长官詹贝苏为领袖指挥一切;防区之分配,看将来情形而定;界内各处根据《辛丑条约》,不得容许中国武装兵士闯入。

　　4 月 5 日　汪精卫与陈独秀在上海发表《联合宣言》(即《告两党同志书》)。宣称:"中国共产党坚决的承认中国国民党及国民党的三民主义在中国革命中毫无疑义的需要";"国民党最高党部最近全体会议之议决,已示全世界,决无有驱逐友党、摧残工会之事。"表示国共两党"万希各自省察,勿致为亲者所悲,仇者所快"。当晚,汪秘密乘船赴汉口。

△　武汉国民政府任蒋介石为国民革命军第一集团军总司令,冯玉祥为第二集团军总司令,杨树庄为海军总司令。又以何应钦为第一方面军总指挥,程潜为第二方面军总指挥,李宗仁为第三方面军总指挥,唐生智为第四方面军总指挥,均归第一集团军统辖。同日下讨伐张作霖令,着蒋介石、冯玉祥两总司令各率第一、第二集团军,务于最短时期予以歼灭。

△　蒋介石以总政治部迁移上海后不向总司令部报到,下令东路军前敌总指挥部派兵前往查封,并逮捕办事人员19名。

△　蒋介石下令将驻上海之第一军第一、二两师调往南京,以原浙江周凤歧第二十六军接替"沪上防务"。同日,蒋宣布上海戒严。

△　国民党上海特别市党部工农部在各报刊登紧急启事,表示支持上海总工会,要求查究地痞流氓董福开、张伯岐等设立的"上海工界联合总会"。

△　武汉国民政府任命陈启修、郭沫若、刘湘、刘文辉、杨森、田颂尧、刘伯承、邓锡侯、廖划平、杨闇公、李筱亭、刘公潜为四川临时省政务委员会委员,并指定陈启修、郭沫若、刘湘、刘文辉、杨闇公、杨森、李筱亭为常务委员。

△　国民党中央特派员方志敏、刘一锋、李尚庸、邓鹤鸣等八人到南昌代行国民党江西省党部职权。

△　国民党广州政治分会接胡若愚、龙云等输诚电,即派蒋子孝、邓鸿渠、罗衡等赴滇筹备省党部。

△　湖南省审判土豪劣绅特别法庭在长沙枪决惨杀湖南劳工领袖黄爱、庞人铨之主犯李佑文。

△　成都各界代表大会讨论援助"三三一"惨案办法,决定:一、电请国民党中央派专员到川,会同省党部召集民众团体组织委员会办理此案;二、警告刘湘及渝中各将领,不许再有此种惨剧发生,须负责将王

陵基、蓝文彬、曹蕊阳、申文英等监禁,听候查办;三、成立后援会。

　　△　湖南各团体联席会议决定组织湖南人民收回海关委员会,并拟定收回长沙关办法五项。翌日,委员会致电武汉国民政府财政部称:请政府暂派员保管税款文件,并遵照中央党部议决案迅予派员接收。7日,省政府派员接收长沙关,洋税务司毕尚将关防文件交出,以后税款解省金库。

　　△　阎锡山电告赵丕廉:"本日已下动员令,并向省民宣布服从三民主义。"

　　△　张学良、韩麟春致电北伐军各将领,颠倒是非,指责北伐军失纪,致引起外舰炮击南京,死伤数千无罪同胞,要求"整饬军纪,保全社会秩序,以回天下之观听"。

　　△　毕庶澄奉张宗昌电召,由青岛抵济南见褚玉璞。褚奉张令,以毕在沪曾暗通北伐军,贻误大局,即将毕枪决。

　　△　北京政府阁议停开,阁员只二人,顾维钧报告张作霖,谓政令无从发布,请速备继任人选。

　　4月6日　张作霖派武装军警300余人,串通北京外交团,包围北京东交民巷苏联大使馆,搜查苏联远东银行、中东铁路驻京办事处及其他官舍,逮捕中国共产党创始人之一李大钊等60余人,抢去大使馆大量档案。驻华苏联代理大使齐尔内赫于事件发生后,亲至外交部访顾维钧提出抗议,因是日适为假日,未晤;午后6时,又派人赴警厅要求立刻释放所捕大使馆人员,警厅未予承诺。

　　△　晚,张作霖等开紧急会议,商议处置东交民巷所捕全案,决定对刘之龙等非共产党人没收其财产,李大钊等待判决。

　　△　蒋介石决定四路北伐计划:第一路由津浦路进攻,以程潜、鲁涤平等四个军担任;第二路由陇海路进攻,以李宗仁、陈调元等三个军担任;第三路由京汉路前进,以唐生智所属三个军及刘佐龙部担任;第四路由江北前进,以何应钦、曹万顺等三个军担任。

　　△　上海总工会纠察队3000余人,在青云路大旷场举行授旗典

礼,共产党上海执行委员会、共产主义青年团上海执行委员会、特别市党部、中国济难会、商总会、学联会、中央军事委员会等83团体出席参观,蒋介石假意赠送"共同奋斗"旗帜一面。

△ 蒋介石命令,从本日起,所有武汉发来之电报、函件,武汉各报"妨碍革命"之记载及总政治部等各种"反宣传"广告,一概不许刊登及转载;如有故意违抗者,在戒严期内,应按戒严条例惩办。

△ 南昌市举行庆祝克复沪宁郑州及军民联欢大会。会上群众提出六项提案:一、通电国民政府从速收回上海租界及向各国提出从速撤退来华之海陆军;二、质问蒋介石最近摧残民众运动的反动行为;三、要求政府立即下令通缉反革命分子段锡朋、周利生等22人;四、要求政府对已捕之反革命分子按群众意见裁判,严格执行。

△ 芜湖市20万民众集会反对陈调元大向商民索饷,纵兵抢劫。

△ 午后1时,武昌、汉口人民同时举行追悼"四三"惨案死难烈士大会。两地到会群众70余万,一致表示严守革命纪律,督促并拥护政府严重交涉。大会通过废除中日间一切不平等条约、收回日本租界及惩凶、赔偿、道歉等多项决议案。次日,长沙20万民众为"四三"惨案举行反日大示威。

4月7日 蒋介石到上海后即商由法租界青帮黄金荣、杜月笙、张啸林等另组"中华共进会",专事反共。是日上海公共租界工部局警务处获得情报,称"共进会"正准备奇袭上海总工会办事处,并解除居住在内人员之武装。奇袭将由青帮分子负责,由便衣士兵协助。

△ 武汉中央政治委员会推陈友仁、孙科、徐谦、顾孟馀、邓演达组对日外交委员会,协同外交部办理对日交涉。

△ 苏联代理大使齐尔内赫在各报发表昨日向北京外交部所提抗议书,内谓华方军警不应侵入使署进行搜查,军警对于被拘诸人举动极为野蛮,且苛待署中妇女。

△ 上海苏联领署被公共租界巡捕、商团包围,出入行人亦被搜查。同日,天津警厅会同法巡捕搜查苏联远东银行、中东路办事处、苏

联使署商务办事处、蒙古贸易公司等机关。

　　△　顾维钧向苏联代理大使齐尔内赫提出"抗议",谓俄大使馆区域内,收容中国共产党,"以谋紊乱治安",为国际公法所不许,且违犯中俄协定。

　　△　英国军用飞机数架是晨及午后先后两次侵入上海高昌庙兵工厂、吴淞炮台一带上空侦察。

　　△　武汉国民党中央政治委员会临时紧急会议决定:为适应革命势力之新发展及应付目前革命之需要,中央党部及国民政府迁至南京,并由军事委员会准备以南京为中心之作战计划。8 日,上述决定由中央执行委员会扩大会议通过。

　　△　国民党中央军事政治学校全体党员为重庆"三三一"惨案,通电指斥蒋介石新任特派四川整理党务人员向传义、吕超、石青阳等嗾使刘湘部江巴卫戍司令王陵基下令枪击群众,死伤无数,同时捣毁省、市两党部及中法、中山、巴师、巴中四校,并高喊"杀共产党"口号,显系出自蒋介石之意旨。

　　△　国民革命军新编第五军叶开鑫部与第三十三军柏文蔚部克复皖西正阳关。同日,克颍上。

　　△　奉军占领郾城,任应岐被俘,靳云鹗军退至漯河以南。

　　4 月 8 日　蒋介石由沪赴宁,临行前颁布《战时戒严条例》,以白崇禧、周凤歧为淞沪戒严司令。

　　△　"上海临时政治委员会"成立,以吴敬恒、蔡元培等 15 人为委员。该会掌握上海市一切军事、政治、财政之权,并有权指导当地党务。

　　△　武汉国民党中央执行委员会欢宴第三国际代表罗易。

　　△　武汉国民党中央执行委员会为英、美兵舰轰击南京事件,发表《告美国民众书》,揭露美国步英国后尘,采取武力干涉中国政策,表明美国历次对华宣言毫无诚意。指出今日有人欲向已经奋起力争自由之中国民众作流血之战争,是不可能的,唤醒美国人民制止其政府勿再陷于流血之屠杀。

△　镇江北伐军与孙传芳军隔江炮战。突有英舰二艘,自南京驶往下游,被流弹击中,英舰乃向镇江北伐军开炮,先后发炮 80 余发,击毁镇江炮台。午刻又有英国军用飞机两架在江阴炮台及停泊江阴兵舰上空,往来飞行达半小时之久。

△　汉口日本帝国主义实行经济封锁,所有在汉日人工厂、银行、会社、商店一律停业,致使中国工人 1.49 万余人失业。是日汉口工人在血花世界集会,提出四项要求:一、对日本严重抗议,要求撤退水兵;二、救济失业工人;三、拍卖日本工厂及商店现存之货物;四、请政府接管日本工厂,继续生产。

△　日海军 700 余人在上海邮船码头登岸游行示威。

4月9日　国民党中央监察委员邓泽如、黄绍竑、吴敬恒、李石曾、蔡元培、古应芬、张静江、陈果夫等在沪联名通电"护党救国",该电指责武汉联席会议及二届三中全会的种种措施和决议,认为有"不合者二","可痛心者十一"。电文称:"险象如此,讵能再安缄默?"望全体同志"共图匡济,扶危定倾"。

△　四川省刘湘、刘文辉、邓锡侯、杨森、刘成勋、赖心辉、田颂尧联名通电反共。

△　孙传芳委任第四师师长彭德铨兼任联军副司令;是日,彭在江苏淮阴就职。

△　北京警厅会同安国军及外交部开始检查苏联大使馆所捕全案。安国军对该案有交法庭与军事裁判两种主张。各将领复电多主从严。因之军事裁判说占优势。

△　苏联副外交人民委员李维诺夫向中国驻苏代使郑延禧提出通牒,指出张作霖搜捕苏联使馆一举,系破坏治外法权,违反国际公法,苏联政府对此严重抗议,并提出下列要求:一、立即撤退监视军警;二、立即释放俄员;三、交还在使馆武官室抄去之文件;四、军警劫去之钱物簿籍即交还原主;并声明在北京政府履行此项要求之前,当召回驻北京之代使及职员,仅留领事,以示抗议。通牒并声明苏联政府完全了解北京

内阁系受帝国主义者之利用,但苏联政府决不受任何方面之挑拨,当尽力防卫两国国民之和平;苏联政府深信此志必受各国劳工连同中苏人民之友谊赞助。

△　北京国立大学九校校长开会议决分途营救李大钊等,推定北大代理校长余文灿、师大校长张贻惠往见张学良,提出如下要求:一、在押各生盼速释放;二、认为情节重大之学生请移交法庭办理;三、李大钊系属文人,请交法庭审讯。

△　晨,蒋介石抵南京。午后,暴徒数百人在蒋的纵容下将江苏省和南京市党部捣毁、封闭。省、市党部常委及工作人员侯绍裘、张曙时、戴盆天、高尔柏、刘少猷等俱被殴伤,并被执送公安局。

△　福建全省戒严。厦门警备司令部奉福州政治分会令通缉兴泉政治监察陈文总、罗扬才等 11 人,罗等六人被捕。是日厦市召开"拥蒋护党大会",陆战队及"永健"舰水兵数百人游行,高呼"拥蒋迎汪"及"肃清共产分子"等口号。总工会要求释放罗扬才等,取消"拥蒋护党"及恢复工会集会自由,并组织总罢工。下午,工人集会,军警前往制止,总工会被监视,市党部被接收。

△　成都《九五日报》及各工会被清党纠察队捣毁。

△　财政部长宋子文奉武汉国民政府命令到沪,设立财政部驻沪办事处,接理江、浙财政,宋兼任江浙财政处长。同日,蒋介石另委陈光甫等组织的江苏兼上海财政委员会亦在沪正式成立,陈任主任委员。

△　河南刘镇华镇嵩军李万如率部从陕州(今陕县)向新安东进,在该地强征民国二十年(1931)及二十一年(1932)糟粮,衣服 2500 套,鞋子 3000 双,面粉 1000 袋,缝衣妇 500 名。红枪会群起反对,镇嵩军发兵镇压,自上月 29 日起至是日,新安铁门、辛庄等 17 个村庄被李万如部洗劫一空。

△　上海公共租界百余英兵越界包围大夏大学,侵入办公室、图书馆、实验室及各寝室搜查并殴伤同学数十人。上海交涉员郭泰祺接受学校及学生陈请,于次日向驻沪英领事巴尔敦提严重抗议。

△　驻外使领由陈箓领衔电北京外交部催款,并要求尽月内筹汇,否则下月将下旗归国。是日,北京外交部电复各使,当即筹汇少数,望勉维现状。

4月10日　蒋介石任命冯轶裴为南京戒严司令,宣布自是日下午6时起,南京一带实行戒严,并公告《戒严施行条例》,凡12条。

△　南京市民举行"肃清反革命派大会",25万人到会。通过请保护省市党部、总工会、查办公安局等案。随即游行至总司令部请愿,请愿代表数批被扣留,请愿队伍被打散。当晚,侯绍裘、谢文晋等开会商议应付办法,亦被捕送公安局看管。

△　蒋介石电令解散武汉国民革命军总政治部,蒋在电中指斥政治部主任邓演达等"援引私人,充塞部曲",总政治部"几为少数跨党分子及少数投机少年所独占",总政治部的宣传训练等工作,"破坏国民革命军之战线,分散国民革命之力量",为防止其军队"受蛊惑而分离,因分离而崩溃",特下令封禁。

△　宁台温防守司令王俊奉蒋介石密令,以特别戒严为由,先派兵包围宁波市党部,次又派兵搜查总工会、农民协会及民国日报社,捕去市党部常委杨眉山、总工会委员长王鲲、《民国日报》经理庄禹梅。事件发生后,王俊派兵禁阻召开市民大会,与群众发生冲突,结果群众伤亡20人。次日,宁波全市罢工、罢市、罢课,通电抗议王俊暴行。

△　后方总政治部主任孙炳文应邓演达电召自广州赴鄂,准备出任军事委员会总务兼军事厅长职。12日,李济深令公安局逮捕孙炳文,不获。13日,李济深以总司令名义委任广东省党部执行委员兼工人部长曾养甫为总政治部留守主任。

△　阎锡山日前在军署召集会议,筹商改组省政府,已推定阎锡山、商震、南桂馨、徐永昌、王世卿、罗任一、郭载阳、台林一、李勉之为省府执行委员,赵戴文等六人为候补执行委员,并决定先布置军备,巩固省防,一面即改组内部。是日,阎锡山下令取消北京任命之督办名义,自翌日起以"晋绥总司令"名义统辖军民两政。

△　驻汉英国领事以英、美、日、意、法五国代表名义至国民政府外交部,约期面晤陈友仁部长。陈答须遵守三条件方允接见:一、非联合通牒;二、接见不能认为是接受通牒;三、此次接见不能成为后来的成例。

△　上海交涉员郭泰祺为英国军用飞机于 7、8 两日在我国作战戒严区及机要重地上空擅行侦察一事,致函驻沪英总领事巴尔敦提出严重抗议。英方置之不理,飞行如故。27 日又提第二次抗议。

△　直鲁军配合孙传芳在津浦路反攻,是日进迫浦口。

△　张宗昌令山东勒征两个月军饷,除由各征收机关筹垫若干外,计划发行盐余公债 400 万元,以山东盐余作担保,分两年偿清。此外,省政府并令盐商垫交八厘税金 100 万元,限半月缴清。

△　据上海《时报》讯:沪总工会所组织之儿童团,全市已有 1.2527 万人参加,团员年龄约为七岁至 16 岁。

4 月上旬　阎锡山连发三道命令:一、令军队信服三民主义;二、宣布太原戒严,严禁暴乱之徒扰乱治安;三、取消亩捐,另定公允办法。

4 月 11 日　武汉国民党中央政治委员会第十一次会议议决,电蒋介石等停止在南京召开中央执行委员会。

△　苏联代使齐尔内赫向顾维钧提出抗议,要求撤退使署军警,释放被捕职员,发还文件,并声明撤回驻华大使,但仍维持和平。

△　陈友仁在汉口分别接见英、美、法、日、意五国代表并接受各该国同样内容的通牒。通牒内称奉本国政府训令,向外交部及蒋介石分别提出立即解决南京事件的条件:一、统兵各司令负杀害侮辱损毁之责,予以惩办;二、总司令书面道歉,并负责制止各种对于外人生命财产之暴动与鼓噪;三、完全赔偿个人之伤害与物质之损毁。并称:假令国民政府不能使有关系各国认为满意时,关系各国将不得已采行其认为适当之方法。同日,英、美、法、日、意五国驻沪总领事访交涉员郭泰祺递交同一通牒,并向新闻界发表一文,将其制造惨案之责任,推到中国人身上。

△　上海青帮头子黄金荣、张啸林、杜月笙等通电反共,动员其党

羽"揭竿为旗，斩木为兵"，消灭共产党。

　　△　晚8时，上海总工会委员长汪寿华被杜月笙骗至法租界，旋被暗杀于枫林桥。

　　△　杭州职工联合会伙同士兵搜捕省党部之丁济美、戴学南等20余人，并押同游街，高呼"打倒把持政权的跨党分子"等口号。总工会及其纠察队被解散，党务养成所亦被封闭。同日，杭州军警当局以共产党嫌疑捕去查人伟等19人。

　　△　国民党中央农民部电告各省党部农民部就地择期举行农运宣传周。

　　△　北京国立九校当局在北大三院开会讨论经费问题，决定如一星期内政府毫无办法，则九校立即提出总辞职，呈请教育部接收。

　　4月12日　上海发生"四一二"清党。晨4时，白崇禧在上海亲自执行蒋介石清党大屠杀密令。停泊在高昌庙的军舰发出信号，公共租界出动大批"共进会"组织的武装流氓，袖缠"工"字符号，冒充工人，分头袭击闸北总工会会所，以及南市、沪西、浦东、吴淞、江湾等14处工人纠察队。工人纠察队奋起抵抗，发生激战。事前在这一带布岗、巡逻的第二十六军周凤歧部武装官兵，借口工人"械斗"，以维持、援助为名，将"双方"枪械收缴。二十六军部分军队还直接参加屠杀。上海2700名武装工人纠察队全部被解除武装，总工会会所也被占据。上海工人死伤达300余人。反动派出动流氓及军队在1.5万以上。全沪工人和市民纷纷集会要求惩办祸首，发还枪械。数万工人在闸北青云路广场开大会后游行，并一举夺回总工会会所。总工会立即召开工会代表大会，议决即日宣告全市总罢工，以示反抗。南市体育场群众大会有30万人参加，会后冒雨到龙华向白崇禧请愿。

　　△　蒋介石、李济深电粤省党部、省政府，对中央迁鄂后一切命令，不准执行。是日，广州工人代表大会致电武汉中央党部，拥护中央第三次全体会议关于国民政府迁鄂决议案。

　　△　北伐军在津浦路失利，定远、寿县相继失陷，直鲁军自寿县进

迫合肥,张宗昌军队亦迫近浦口,其飞机向浦口及南京投掷炸弹,两军夹江对峙。

△ 江北孙传芳军在瓜洲、泰兴集中,准备渡江进攻沪宁线北伐军。是日,泰兴孙军一部向南岸出动,用民船载运过江,被南岸北伐军机枪扫射,不遑折回。

△ 武汉国民政府布告,蠲除河南人民一切苛税杂捐,并承认红枪会为河南人民自卫合法武力,准许购枪自卫及保存所俘奉军枪炮。

△ 武汉国民政府任命冯天柱、赵恩绶、邓寿荃、董维键、唐生智、李荣植、张翼鹏、夏曦、吴鸿骞、朱剑帆、凌炳为湖南省政府委员,以冯、赵、邓、董、唐、李、张分别兼民政、财政、建设、教育、军事、司法、土地各厅厅长。

△ 湖南人民收回海关委员会接收岳州关。岳州税务司阿客海出境。同日,湖南省政府因长、岳两关概行收回,为统一财权起见,特电国民政府速派两关税务司正式接办。次日,汉口税务司费格逊来电干涉,要求将长沙关税收汇交总税务司,非经总税务司许可不准支付。15日,长沙关代理税务司魏荔洲去电驳复称:非本国政府命令,概不接受。

△ 安国军发表文告,声称苏联大使馆内搜获之文件,内有在中国各地的苏联军事专家及密使之报告,苏联军事专家与国民军、国民党领袖之函件等等。

△ 北京警察厅释放上月所捕学生19人,尚有14人在押。是日,北京公、私立25所大学校长开会议决,要求将未释学生速送法庭。

4月13日 上海总工会发布总同盟罢工宣言。各业工人不顾蒋介石高压,热烈响应号召,参加罢工人数约计在20万人以上。

△ 上海总工会为纠察队被缴械事,通电全国揭露军事当局与帝国主义勾结,发动四一二政变真相,同时电南京质问蒋介石"曾表示承认此民众之武力,何以今日竟发生此类似军阀之行动"? 要求:一、交还工人纠察队枪械及所抢衣物银钱文件;二、保护上海总工会;三、惩办下令攻击纠察队的军事长官;四、惩办流氓,肃清一切反动派;五、向帝国

主义者抗议指使流氓由租界武装进攻纠察队。

　　△　上海总工会为纠察队被缴械事,上午在闸北青云路广场召开工人群众大会。会后游行请愿,赴宝山路第二十六军第二师司令部要求立即释放被拘工人,交还纠察队枪械。队伍行至宝山路三德里附近,即遭第二十六军开枪屠杀,立毙百余人,伤者不计其数。反动派为掩盖其血腥罪行,立即下令戒严,禁绝行人,用大卡车把死者运往荒郊埋掉,重伤未死者,亦竟被装往郊外活埋。南市工人群众举行示威,也遭到反动军队开枪射击,被打死工人十余人,伤数十人。是日下午,上海总工会发表第二次宣言,号召全沪工人坚持总同盟罢工,誓死奋斗。

　　△　武汉国民党中央执行委员会对上海驻军将工人纠察队包围缴械严重事件电蒋介石、白崇禧,指出:一、总司令及总指挥未能事前防范,应依法予以严重处分,并饬令退还纠察队枪械;二、令将肇事部队官长拘捕惩办。

　　△　上海总工会纠察队被缴械后,东路军前敌总指挥即委派董福开、张伯岐等14人为专员,占领总工会会所,宣布取消上海总工会,并于是日成立"上海工联总会"(后又改名为"上海工会统一组织委员会"),委邓禹为主任,专事镇压、破坏工人运动。

　　△　蒋介石委黔军袁祖铭旧部李燊为第四十三军军长,胡刚为副军长。

　　△　武汉国民政府决定将武汉市政收回直辖,另组市政委员会,是日任命陈友仁、苏兆征、陈公博等11人为委员。16日,由武昌市政厅、汉口市政委员会、汉阳市政委员会合并组成武汉市政府。

　　4月14日　国民党中央执监委员胡汉民、吴敬恒、蔡元培、李石曾、张静江、邓泽如、萧佛成、柏文蔚、陈果夫、甘乃光、黄绍竑等在南京举行四中全会预备会议,胡汉民主席,决定全体委员会于4月15日上午10时举行,并电催汪精卫等来宁。

　　△　郑振铎、胡愈之等以目击者身份就昨日宝山路发生的大惨杀,致函国民党上海临时政治分会委员蔡元培等,抗议反动派血腥屠杀。

抗议书指斥"受三民主义洗礼之军队,竟向徒手群众开枪轰击,伤毙至百余人。'三一八'案段祺瑞之卫队无此横暴,'五卅'案之英国刽子手无此凶残,而我神圣之革命军人乃竟忍心出之"。严正要求蒋介石:一、严惩此暴行中直接负责之官长兵士;二、保障军队不向徒手民众开枪射击,军队不干涉集会游行。

　　△　上海国民党临时政治委员会派东路军前敌总指挥部政治部主任陈群、潘宜之、吴倚沧、罗家伦为上海市党部指导委员。在陈群等人的指使下,军警分头出动搜查和封闭上海临时市政府、市党部、学生联合会、平民日报社和中国济难会等机关,共逮捕共产党员和革命分子1000 余人,全部解送龙华东路军总指挥部扣押讯办。市党部成员多数转入地下,坚持斗争。

　　△　沪杭甬路及沪宁路沿线松江、嘉兴、湖州、宁波、苏州、无锡、镇江等县市国民党党部均被封。

　　△　上海学生联合会议决罢课三日,要求当局发还工人枪械。

　　△　陈友仁将武汉国民政府关于南京事件的复文,送交驻汉英、美、法、意、日五国总领事,略称:国民政府对于各国侨民所受损失准备给以适当与必要的赔偿;关于惩凶与道歉,应由政府派员或组织国际调查委员会调查后再行交涉。对英复文提出五卅、沙面、万县三案,对法复文提出参加沙面炮轰案等,要求一并加以调查。复文并指出,"切实保护外人生命财产之最好保障,在除去中国与列强现仍保持不平等条约者间现有纷扰之根本原因"。

　　△　杨增新函北京政府,谓新疆与俄国所订局部临时协定已告成,请予核复。

　　△　上海英兵 80 余人搜查中华法政大学,学生多人受伤,物件亦遗失很多。学生全体大会决议,请交涉署对英严重抗议。

　　△　靳云鹗、魏益三率部连日反攻许昌,奉军损失甚重,几濒于危。韩麟春急调第八军万福麟部南下应援,是日万率 3000 人离郑赴许昌。

　　4 月 15 日　广州发生"四一五"大逮捕。李济深自上海赶回广州积极布置清党,是晨 2 时起广州戒严,钱大钧首先派出军队控制电报、电话,随即包围全国总工会广东办事处、广州工人代表会、省港罢工委员会、粤汉铁路总工会、广九铁路总工会、广三铁路总工会等地,中山大学、妇女解放协会等地则由公安局派保安队搜索,总计被捕共产党员及革命分子共 2100 余人,黄埔军校是李济深的清查重点,逮捕 500 人。22 日,刘尔崧、李森、萧楚女、何耀全、沈春雨、刘剑雄、邓培、容保辉、陈辅国、熊锐等 11 名共产党员遇害。

　　△　国民党二届四中全会原订是日在南京召开,因武汉方面委员未到,改开谈话会,柏文蔚主席,依据萧佛成之提议,决议取消武汉中央党部及政府。

　　△　南京国民党中央监察委员会电各中央常务委员,促刻日遄赴南京执行职务。

　　△　自上海总工会被封后,昨日上海警察厅又发布查禁工人集会命令,于是各工会组织均被查抄封闭,工人集会与罢工概以"反革命"论罪。截至是日,共产党员、工人领袖及革命群众被捕者 500 人,被杀害 300 人,逃亡失踪者 5000 余人。为避免无谓牺牲,总工会颁布命令,于是日召开追悼总工会委员长汪寿华大会后,一律忍痛复工。命令指出:"此后本会仍本初衷,领导全上海工友作政治与经济的奋斗。各工友仍当继续团结,勿为反动权势所惑,勿因暂时挫折而气馁。死难烈士之精神不死,全上海工友团结在本会旗帜之下,继续死难烈士之精神以奋斗。"

　　△　汕头代理潮梅警备司令罗权奉蒋介石密令,于是晚 10 时许紧急戒严,断绝水陆交通,搜捕共产党员。首将罢工委员会纠察队枪支缴去,接着搜查各工会、农会,捕去市党部执行委员李春涛等三四十人。外交后援会、岭东《日日新闻》等亦同时被钉封。次日又钉封工会、农会、商民协会等 80 余所,捕去工会重要人员 50 余名。

　　△　湖北全省总工会通电讨蒋,痛斥蒋介石镇压上海工人纠察队;破坏南昌、九江、安庆、南京省市党部、总工会及各人民团体,惨杀陈赞

贤;破坏上海民主市政府等革命机关,惨杀汪寿华;破坏孙中山三大革命政策并勾结帝国主义分裂革命运动种种罪行,要求国民党中央开除蒋介石党籍并撤职查办。

　　△　武汉国民政府任命叶挺兼管武昌卫戍事宜。

　　△　武汉国民政府特派汪精卫、谭延闿、孙科、宋子文、苏兆征为战时经济委员会委员。25 日,公布《战时经济委员会条例》,凡八条。

　　△　蒋介石委刘纪文为南京市市长。

　　△　李景林在天津日租界招募别动队,密谋响应北伐军,事泄,乘轮逃日。天津当局奉张作霖令是日前往截阻出口日轮"长安丸",军警登船搜捕,仅搜得李景林部属及前绥远都统马福祥数人。张作霖悬赏两万元捕捉李景林。日公使芳泽当晚赴北京外交部访顾维钧面递抗议,要求放行船只,所受损失要求保留交涉权利。18 日,李景林部八人被直隶省会军警督察处捕获,在津枪决。

　　4 月 16 日　汪精卫在武汉致电各级党部、各地方政府,斥责蒋介石违背中央命令,围缴工人纠察队枪械,谋开西山会议式之会议,反抗中央。

　　△　汪精卫在武汉以国民党政治委员会主席团名义,召开"国共两党联席谈话会",讨论应付时局方法。18 日,决定先行北伐。

　　△　湖北省农民协会通电讨蒋,指责蒋介石反抗中央、压迫党部、摧残工农兵、背叛孙中山、背叛党等 12 条罪状,表示誓率全省农民,联合全国革命的同胞,"与此獠决一死战,虽牺牲一切,亦在所不惜"。

　　△　广东北江农会和海员工会等联合陈嘉祐部,在韶关宣布脱离广东省政府,同时收缴第五军驻韶部队枪械,扣留韶关中央银行 50 万元,组织广东农民总指挥部及南韶连政务处,动员各界组织党权运动大同盟。20 日,李济深派队镇压,并调广西军队前往协助。

　　△　上海商业联合会致电南京国民党中央执监委员会,表示坚决支持蒋介石清党主张,"愿为后盾"。

　　4 月 17 日　南京国民党中央政治会议决定:加派萧佛成、蔡元培、李石曾、邓泽如、何应钦、白崇禧、陈可钰、陈铭枢、贺耀组九人为政治会议委员；复推选胡汉民为中央政治会议主席；国民政府于本月18日开始在南京办公，同时举行庆祝典礼。

　　△　陈友仁致驻汉日本领事高尾建议书一件，提出：一、国民政府与日本成立相当妥协，日本须恢复长江流域旧日之态度，国民政府并严厉取缔排日运动；二、日本脱出五国联合通牒，对于国民政府外交上问题，须根本采取独立性质；三、国民政府与日本在列国对复牒未有表示前，即组设宁案调查委员会，双方互派代表在发生地点谈判，解决一切问题。

　　△　北京政府外交部为搜查苏联大使馆事令郑延禧复照苏联政府，诡称：苏联外交等机关人员图谋颠覆驻在国政府，破坏驻在国秩序，故不得不取断然之处置，且按国际法遇事实上必要时，检查使馆亦非绝对不许之事。

　　△　武汉国民政府为打破蒋介石与帝国主义者经济封锁，是日特下令禁止现金出口，并颁布《集中现金条例》，封存各银行之现金400多万元，规定凡完纳国税、流通市面均以中央、中国、交通三银行所发行之汉口通用钞票为限，凡持有现银或其他商业银行纸币者，准换成以上三行钞票使用，一律不兑现。次日，上海银行公会议决即日与汉口各行暂停往来。20日，北京银行公会电上海银行公会取一致态度。

　　△　上海银团续垫借300万元，以二五附税作抵，供蒋介石军需及苏省政费之用。

　　△　武汉国民政府议决发行直鲁豫陕国库券900万元，分三个月发行，每月发行300万元，流通市面，与现金一律行使。

　　△　梧州军警当局奉令逮捕共产党人，解散苍梧书社。

　　4月18日　南京国民政府成立。上午9时，政府委员蒋介石、吴敬恒、张静江、胡汉民、柏文蔚、蒋作宾、蔡元培、邓泽如、李石曾、陈铭枢、甘乃光、陈果夫、叶楚伧等举行就职典礼。由蔡元培授印，胡汉民代表受印。国民党中央政治会议发表《建都南京宣言》。同日，各团体在公共体育场举行"庆祝建都南京与恢复国民党党权大会",蒋介石、吴敬恒、胡汉民等莅会并发表演说,通过"请中央执监联席会议严厉取缔跨党分子"、"请中央执监联席会议训令各级党部从事清党运动"等案。会后举行游行和阅兵式。

△ 南京国民政府发出密字第一号令,通缉共产党首要和国民党"附共分子"197人。通缉令称:"查此次逆谋,实以鲍罗廷、陈独秀、徐谦、邓演达、吴玉章、林祖涵等为罪魁,以及各地共产党首要、次要危险分子,均应从严拿办。"

△ 武汉国民政府下令免蒋介石本兼各职。令称:"蒋中正屠杀民众,摧残党部,甘心反动,罪恶昭彰,已经中央执行委员会议决,开除党籍,免去本兼各职。着全体将士及革命民众团体拿解中央,按反革命罪条例惩治。"同日又令:"国民革命军第一集团军所统率之第一、第二、第三、第四各方面军及总预备队,着均归军事委员会直辖。"

△ 北京警察总监陈兴亚通令各区郊警署,检查界内书肆书摊,禁止宣传共产主义书籍发行。又令此后凡到新书,务须先送警厅审查,始准售卖。

△ 天津戒严司令部奉命将今春在英租界国民党天津市党部捕获之革命者赵遵三等15人就地枪杀。

△ 张作霖委徐寿椿为第二十二军军长,是日徐在河南赊旗镇就职。

△ 晨,江北直鲁军炮击南京下关,北伐军散兵壕数处被毁。上午9时在浦口上游四英里处又发生激战,鲁军炮弹命中北伐军"永绩"舰尾。北伐军发炮还击。停泊江面英舰"满梯斯号"以机枪射击北伐军,炮声始息。

△ 《中日通商条约》至本月19日届期,是日第十五次中日商约会议议决延长三个月。

4月19日 武汉国民政府在武昌南湖举行第二期北伐誓师典礼及庆祝军事委员会成立大会。中央党部及国民政府委员全体出席阅兵。唐生智任总指挥(名义是第四方面军),统率三个纵队。以张发奎为第一纵队司令官,任右翼,指挥第四、第十一两军及贺龙独立第五师,经汝南、上蔡攻开封、归德;以刘兴为第二纵队司令官,指挥第三十五、第三十六两军向京汉路正面前进;以新收编的河南保卫军田维勤、靳云鹗部及暂编第三军梁寿恺、暂编第五军庞炳勋、新编第十四师安俊才、新编第十六师张万信等部为第三纵队任左翼,沿京汉路西侧地区前进,限 4 月 29 日前集中完毕。总计武汉政府攻击部队人数共六万,步枪 4.5 万支,参加抗击郑州以南号称奉军精锐之 14 个旅七至八万人,步枪五万,大炮 500 门,坦克 10 余辆。

△ 自是日至 5 月 6 日,武汉中央土地委员会共举行五次扩大会议,正式讨论解决土地问题。出席人数最多者为 40 人,代表 15 个省区。会议经过激烈争论,大致认为理论上土地须全数收归国有,但根据目前客观情况,只能做到政治的没收(部分没收)。小地主及革命军人的土地应加以保障,地主及佃农制度尚未能完全消灭。根本解决土地问题的办法,中央只能规定一个原则,详细办法应由各省酌情自行拟定。会议通过决议案多项:一、解决土地问题之纲领;二、解决土地问题之意义;三、农民政权与解决土地问题;四、佃农保护法;五、革命军人土地保障条例;六、处分逆产条例;七、解决土地问题等。后《解决土地问题决议案》提交武汉中央政治委员会通过时,又决定暂时保留,不予公布。

△ 南京举行国民党中央政治会议,决定成立两部:一、财政部,推定古应芬为部长;二、外交部,拟推伍朝枢为部长,伍未到任前,仍由代部长陈友仁负责,办理宁汉交涉。

△ 贵州周西成突于是日自铜仁进驻湖南辰州(今沅陵),与袁祖铭旧部将领会议,决定向长沙进兵。驻辰州黔军刻向常德前进。常德黔军王天章、毛鸿绪两师,已向长沙进发。唐生智急令何键返湘,调集各军防御黔军。

△ 苏联代理大使齐尔内赫率馆员 30 余人离北京返国。21 日,

北京英、美使馆接收苏联使馆管理权。

　　△　上海各路商界总联合会电贺南京政府建都南京。

　　△　上海拥蒋之各界召开"国民政府建都南京、恢复国民党党权大会"，通过拥护中央执监联席会议，驱逐鲍罗廷，通缉徐谦、邓演达等决议。江、浙各地亦开同样大会。

　　4 月 20 日　中共中央在汉口发表《中国共产党为蒋介石屠杀革命民众宣言》，完全支持国民党中央执委会关于罢免蒋介石国民革命军总司令，开除党籍和拿办的决定。指出"蒋介石业已变为国民革命公开的敌人，业已变为帝国主义的工具，业已变为屠杀工农和革命群众的白色恐怖的罪魁"。号召形成一个巩固的革命民主主义的战线来对付与战胜帝国主义、军阀、封建、资产阶级的联合势力。

　　△　江苏兼上海财政委员会在南京成立。委员会主席陈光甫暨委员陈其采、钮永建、虞洽卿、汤筱斋、汤济沧、吴震修、王晓籁宣誓就职，即开首次会议，讨论整理江苏省财政事宜。

　　△　国民革命军川军各路总指挥刘伯承等为重庆"三三一"惨案致武汉国民政府呈文称：假革命刘湘，昔称臣于袁氏，乃帝制之余孽，屡构衅于川战，实四川之祸魁。自任革命军长之后，犹阳奉阴违，近复乘重庆各界反英大同盟开会之际，勾结右派，制造 3 月 31 日大屠杀，罪恶滔天。应请中央政府免其军职，明令讨伐。

　　△　第四军副军长黄琪翔率第十二师、第二十五师开赴河南驻马店。29 日，第一纵队指挥官兼第四军、第十一军军长张发奎率十一军到达驻马店。

　　4 月中旬　中共中央从上海迁至武汉。在武汉的共产国际代表团和中共临时中央，连电催促在上海的中共中央赴汉，认为国民政府在武汉，一切问题都应集中力量在武汉谋解决。《汪陈宣言》发表后，陈独秀及中共中央多数领导人离开上海赴武汉。本月中旬，中共中央机构正式移驻武汉。

　　4 月 21 日　武汉军事委员会通电全国，号召一致努力完成北伐及肃清蒋介石等叛党分子。电称:"沪宁克复,长江肃清,已取得革命工作第一期之胜利,但张作霖、张宗昌恃帝国主义者之后援,盘据直鲁关外各省。而反革命派蒋介石等又复甘心叛党,在沪宁粤一带,屠杀革命民众,使已得解放之东南人民,再入痛苦之境地。我国民革命军,承总理之遗训,受党国之重托,为解除全国人民痛苦,完成北伐起见,已在武昌南湖举行北伐誓师典礼,尚望全国民众及我革命将士,一致努力,以竟全功。"

△　蒋介石通电宣布军事委员会由广州迁移南京,于本日开始办公,否认武汉中央政府。

△　广州发现由中华全国总工会广东办事处、省港罢工委员会、广州工人代表大会、香港总工会等五团体署名之布告,号召全市工友为反抗蒋介石、李济深等的摧残和恐怖,于22日举行政治总同盟罢工一天。当局当晚捕去80余人。22日又枪杀散发传单者五人,但仍有部分工人罢工。23日各报停刊,海员、轮渡、油业等工人一律罢工。

△　张宗昌令山东省财政厅向各县征收军事特捐1000万元。

4月22日　武汉国民党中央执行委员、国民政府委员、军事委员会委员联名通电讨蒋,斥责蒋介石反抗中央进而自立中央,抵沪以后,与帝国主义妥协,借反共产为名,不惜屠杀民众,为其赞见之礼物。号召革命民众"依照中央命令,去此总理之叛徒,本党之败类,民众之蟊贼"。

△　南京国民党中央执行委员会常务委员会派吴倚沧、靳鹤声、左景烈、洪轨、甘家馨为南京市党部改组委员,接管该党部。

△　江苏兼上海财政委员陈光甫等由宁抵沪,下午即会同在沪委员开第二次会议,继续筹划财政事宜,并决定设沪宁分会。宋子文原设之财政部驻沪办事处及附设之江苏财政处撤销。

△　九江工人举行反对蒋介石示威,部分军队亦加入。卫戍司令贺耀组部与反蒋军队发生冲突,两军在九江市内开枪互击,死亡10余名。贺耀组宣布全市戒严,禁止游行集会。

4月23日　国民党中央军事政治学校各期学生召集武汉各界在

阅马厂举行讨蒋大会,除全体学生外,第四军、第八军、第十一军、第十五军及武汉各团体百余,共 40 万人参加。

△ 驻汉日本副领事访国民党中央工人部部长陈公博商议维持商业、交通问题。当经外交部、总工会及日商业会社代表等谈判,决定日商准于本月 27 日复业。

△ 湖南省政府发行不兑现之省金库流通券 50 万元,以募集之省银行股款为准备金,俟省银行开幕发行票币时,即行收回。是日公布条例九条。

△ 北伐军由南京幕府山用大炮向浦口猛轰,鲁军铁甲车及大炮均被击毁,死伤甚重,丧失战斗力。

4 月 24 日 蒋系海陆军将领由何应钦、杨树庄领衔在南京发表陆海军会议宣言,公布拥护南京"国民政府"、反共、一致完成"北伐"等六项议决案。

△ 武汉国民党中央执行委员会为严防帝国主义者挑衅,通告各党部、各军政治部、各工会、各农会宣传外交政策,略谓:中央为应付此严重局面,已制定战时外交策略宣传大纲,并组织武汉各界临时联合会指挥一切。惟尚须各级党部及人民团体一致动员,集中全部精力向民众作广大宣传,方能使中央外交政策得民众之拥护。

△ 蒋介石改委第四十军军长贺耀组为南京戒严司令兼沪宁路要塞司令。

△ 云南国民党省党部正式成立。胡慈愚、龙云等九人为执委。

4 月 25 日 武汉国民政府军事委员会特任阎锡山为第三集团军总司令。

△ 蒋介石以吴敬恒为总司令部政治部主任,陈铭枢、刘文岛为副主任,是日三人于南京就职。

△ 北京当局对李大钊案决定组织特别法庭,由安国军总司令部军法处、京畿卫戍司令部、京师高等审判厅、京师警察厅组成,性质属军事范围。是日特别法庭在警察厅正式成立,安国军总司令部委何丰林

为审判长,各方面所派人员共 13 人。

△　黄埔学生军到宁共 1000 余人,自第二十一师严重部队开往苏州、昆山一带,随去约 300 余人。余下在宁不过 700 人,已在成贤街组织黄埔同学会,会长蒋介石。该会之黄埔学生是日成立清党委员会,从事清党反共。

△　杨虎、陈群在各报发布命令,悬赏缉捕共产党人及工人运动领袖林钧、王守谦、余泽鸿、吴广吾、李泊之、朱义权、龙大道等 20 人。

△　上海商业联合会募集 300 万元,为蒋介石军队"筹饷慰劳"。

△　在彭湃、罗绮园领导下,古大存、宋魏公等集合武装农军 5000 余人,是日在广东五华县属安流渡地方游行示威,高呼"拥护汉口联席会议"、"打倒蒋介石"等口号,并声明组织苏维埃劳农政府,实行农工专政。5 月 8 日,五华县省港澳工商联合会电请广东省政府"迅派得力军队围拿究办"。

△　接收天津英租界委员会在北京开会,北京政府外交、内务、财政、司法四部,每部二人,安国军委员六人,委员长吴晋、总参议杨宇霆均出席。会议由赴津各委员报告谈判经过,并讨论业经中英签字关于接收英租界之草案。

△　南京方面之李宗仁、王天培军对驻九江之武汉方面朱培德军从事防御。在津浦路作战之鲁涤平军全部与程潜军一部表示服从武汉国民政府,潜行退至安徽,图袭取南京。

△　武汉国民政府劳工部、外交部、湖北总工会等代表与日副领事商定非正式解决"四三"惨案条件六项:一、日本撤兵,并撤各种防御武器;二、日商复业,发给华人工资;三、国民政府撤退驻防华界军警及纠察队;四、工人绝对服从政府命令,决不仇视日人;五、国民政府负责保护日人生命财产;六、"四三"案保留,俟至适当时期,再开谈判。

4 月 26 日　南京政府通电接受南京国民党中央执行委员会政治会议反共议决案:一、对各地共产党首要分子经党部举发者,由就近军警分别看管监视;二、所有汉口联席会议及二届三中全会中央执行委员会议产生之机关所发之命令,一律否认。

△　川军总司令熊克武等七人前在粤以勾结陈炯明嫌疑被捕,软禁于虎门炮台,是日南京政府议决释放,电粤执行。

△　南京政府任命钮永建、何应钦、叶楚伧、白崇禧、杨树庄、陈铭枢、郑毓秀、朱炎、高鲁、张乃燕、陈和铣、甘乃光、陈光甫、何玉书、贺耀组、张寿镛为江苏省政务委员会委员,钮永建兼民政厅长,何应钦兼军事厅长,叶楚伧兼建设厅长,陈光甫兼财政厅长,张乃燕兼教育厅长,陈和铣兼司法厅长,甘乃光兼农工厅长。

△　南京国民党中央政治会议议决,派张静江、蒋介石、蔡元培、何应钦、周凤歧、庄崧甫、陈其采、马叙伦、蒋梦麟、邵元冲、朱家骅为政治会议浙江分会委员。该会即日成立。

△　政治会议上海分会议决限钱永铭、虞洽卿、冯少山、王震、潘宜之等克日前往接收上海总商会,并通令缉拿该会会长傅筱庵,押解戒严司令部讯办。

△　湖南各界在长沙举行反对国际帝国主义及讨伐蒋介石示威运动大会。全城罢课、罢工、罢市,参加人数达 20 万之多。

4 月 27 日　是日至 5 月 9 日中国共产党在汉口召开第五次全国代表大会。出席代表 80 多人,代表党员 5.79 万余人。共产国际代表罗易、鲍罗廷、维经斯基出席大会。国民党代表徐谦、孙科、谭延闿亦应邀出席。大会通过《中国共产党接受共产国际第七次大会关于中国问题决议案之决议》、《政治形势与党的任务议决案》、《土地问题议决案》和《职工运动议决案》等。陈独秀仍被选为中央总书记。

△　武汉国民党中央政治委员会通过《关于指导江西、湖南党务案》,派陈其瑗为江西特派员,林祖涵为湖南特派员。

△　国民革命军第二军教导师师长陈嘉祐率全体官兵致电武汉国民政府,痛斥南京伪政府。

△　南京政府任命蔡元培、李石曾、汪精卫为教育行政委员会委员;汪精卫为东南大学校长,褚民谊为中法工业专门学校校长,周凤歧

兼任浙江军事厅厅长。

　　△　浙江省政务委员会改称浙江省务委员会，是日成立省政府。主席张静江暨各委员、厅长就职。

　　△　武汉国民政府为肃清反革命，特组织武汉保安委员会，并公布《武汉保安委员会暂行条例》。该委员会由国民政府委员代表、外交部长代表、武汉公安局代表、武汉卫戍司令及总工会纠察队代表等组织之。该会有审判及处决在武汉逮捕反革命犯之权，惟执行死刑须呈报国民政府军事委员会核准。

　　△　李济深在广州召开"清党及庆祝迁宁大会"，发表所谓《护党救国宣言》。各马路密布军警，搜查行人，公安局门前交通几断。

　　△　吉林省为安置 30 万直隶、山东出关难民，特订定安抚冀鲁难民办法。

　　4 月 28 日　李大钊在北京被张作霖杀害。是日上午 10 时特别法庭秘密开庭，审判长何丰林以"扰乱治安"罪宣判李大钊、路友于、谭祖尧、张挹兰等 20 人绞刑。同日下午在警察厅看守所执行。李大钊临刑时神色不变，首登绞台，从容就义。次日，特别法庭续判舒启昌等 10 人徒刑。

　　△　新编第五军军长叶开鑫在宁改就蒋介石所委第四十四军军长职。

　　△　蒋介石令杜起云将驻南京附近程潜第六军第十九师杨源浚部三个团解除武装。

　　△　南京国民党中央执行委员会常务委员会议决，任潘宜之、陈群、吴倚沧、汤济沧、黄惠平、冷欣、陈德征、冷隽、俞国珍、张晴川、周志逸为上海特别市党部临时执行委员，并指定潘宜之、陈群、吴倚沧为常务委员。

　　△　国民党战区农民运动委员会在鄂成立，该会宗旨为"执行国民党之政纲，发展农民组织，解除农民穷苦，并建立国民革命军与农民之亲切合作"。

△　蒋介石以国民革命军总司令部名义发出布告,嗣后凡有汉口地名之中国、交通两银行钞票不得在他省兑现。次日,南京政府通电,令长江下游各地禁止现金运往武汉,并禁汉票在各地行使。

△　广州无线电台成立,此后沪、粤消息可用无线电直接通讯,不必再经香港水线传递。

4 月 29 日　南京国民党中央政治会议通过《国民政府军事委员会组织大纲》,凡 12 条。该会为南京政府军事最高机关,委员由中央执行委员会遴选,交"国民政府"特任;互选五人或七人为常务委员,由常务委员中选一人为主席;在战时得设革命军总司令,由中央执行委员于军事委员中遴选一人,由"国民政府"特任。

△　南京国民党中央政治会议决定改组广州政治分会,任古应芬、李济深、黄绍竑、戴季陶、陈孚木、甘乃光、陈可钰、朱家骅、李福林、李宗仁、白崇禧、宋子文、何香凝 13 人为委员。

△　南京政府任命周西成、何应钦、王天培、李燊、周恭寿、李仲公、熊逸滨、杨元桢、彭俊、窦觉苍、平刚、杨权、熊杰、傅启钧、马空凡 15 人为贵州省政务委员会委员。

△　蒋介石令白崇禧将驻镇江程潜第六军第十七师邓彦华部包围缴械。后该部改编归白节制。

△　唐生智由武汉出发赴河南前线指挥第二期北伐部队。

△　安徽太湖民众二万余人举行反蒋示威运动。全城罢市、罢工、罢课,乡间农民亦前来参加。通过决议案,一致拥护武汉中央党部和国民政府,打倒叛徒蒋介石,取消南京伪政府。

△　上海交涉员郭泰祺正式照会各国领事,并转达各国政府,通告南京"国民政府"已于 18 日成立。

△　英、美、日、法、意五国公使在北京日使馆会议宁案第二次通牒事。英使对华态度依然主张强硬,法使反对武力对华,日使支持法使主张。决定取消前次起草之通牒,另行起草,词句改采缓和。

4 月 30 日　武汉国民政府电冯玉祥称,国民政府已下讨奉令,任冯为第二集团军总司令；已令唐生智所部于本月15日以前集中汝宁、驻马店一带；第三方面军李宗仁部已达蚌埠，第一、第二方面军何应钦、程潜部正衔尾由津浦线北进，嘱冯军即日出关会师。

△　广东东江共产党人联络农军，集中海陆丰及潮阳、揭阳、普宁各地准备起义。其在海陆丰者系由彭湃领导，吴振民为总指挥。是日农军在海丰成立农民政府，颁发拥护武汉中央政府口号，实行去年国民党联席会议决议案。5月9日，农民政府因力量孤单，被惠州警备司令胡谦派兵一团解决。

△　于珍坚辞奉军第十军军长及北京卫戍司令职，张作霖命王树常暂代第十军军长，王是日在开封接任。5月23日，邢士廉正式代理京畿卫戍司令。

△　北京警察厅布告禁止秘密结社，限令实践社、新军社、四川革命青年社、新滇社、革新社、琼岛魂、琼崖协进会、中山学社、新中学社等团体即日解散。

△　收回天津英租界交涉，驻津英领事詹姆生提出二条件：一、工部局所发行之600万元公债，须中国承认偿还；二、以前所有英国人职务，租界交还后一律蝉联，不得更动或降黜。是日安国军外交处处长吴晋在北京召集会议研究应付办法。

△　吉林省临江农商教育会等为日人谋在临江设立安东领事馆分馆事致电北京政府外交部，略称：临江向无日侨，本无设领之必要。彼之垂涎者以临江地居鸭江中枢，其用意无非扰我沿江政权，排我经济发展，请外交部予以拒绝。

是月　英、日等国为保持其在华特权，对武汉政府采取各种手段实行经济封锁，如故意停闭工厂、银行；唆使奸商、买办向中央银行挤兑；将大批现金偷运上海；图谋从武汉运出燃料、食料等等。截至4月份，由于货运稀少、码头冷落等原因，武汉失业工人已不下30万人。武汉政府特设湖北失业工人救济局，每人每日发洋二角救济。

△　驻津美领事白格通知直隶交涉署称：奉美使训令，放弃1880

年中美条约规定之观审权,凡美人控诉华人之案,由中国新式法庭
审理。

5 月

5月1日 冯玉祥在西安就任国民革命军第二集团军总司令职,
任石敬亭为总参谋长,何其巩为秘书长,刘伯坚为政治部长,吴锡祺为
参谋处长,张自忠为副官处长。冯并将该集团军之编制及部署通令各
将领:一、中央军直辖六路又三师、骑兵四旅、炮兵一旅,由冯亲率,经灵
宝、陕州、洛阳向郑州前进;二、东路军总司令刘镇华直辖四路,由孟津
渡河,绕攻京汉路郑州之后方;三、南路军总司令岳维峻直辖两路又两
师及五旅,集中雒南,经卢氏、洛阳前进;四、右路军总司令孙连仲直辖
本路及三旅,又汉中张耀枢师集中龙驹寨、荆紫关一带,经南阳向郑州
前进;五、左路军总司令徐永昌直辖本路及第九路之一部,由陕北假道
晋境,出娘子关,攻敌后路;六、北路军总司令宋哲元直辖第七路及三独
立师,集中宁夏石嘴子,待命出发。

△ 蒋介石决定三路"北伐"作战计划:第一路以何应钦任总指挥,
统率第十四、第十七军及第一、第二十六两军之一部,由镇江、常熟渡江
北上,肃清江北;第二路蒋介石自任总指挥,以白崇禧代理,前敌总指挥
陈调元,统率第一军之一部及第三十七军、第四十军并第六军之一师,
由浦口渡江北上,任津浦路正面作战;第三路以李宗仁任总指挥,统率
第七、第十、第二十七、第四十四及第十五各军之一部,与原在皖北之第
三十三军、马祥斌、王金韬之独立师,由芜湖渡江袭津浦路直鲁军侧背,
北上解六安、合肥友军之围,联合进攻陇海路。限5月8日集中完毕,
10日开始攻击。

△ 唐生智抵驻马店召开高级军官会议,决定攻击奉军计划,并赴
前线视察。同日,第三十六军军长刘兴率部由广水至驻马店集中,会合
靳云鹗部向郾城、漯河之奉军攻击前进。

△　蒋介石总司令部特务处处长杨虎、东路军前敌总指挥部政治部主任陈群等致电质问汪精卫到武汉后与前在沪言行何以判若两人,并分电促孙科及宋庆龄离汉赴宁。

△　广东省军事厅成立,徐景唐任厅长。总司令部后方办事处结束。

△　陕西全省总工会在西安开成立大会,到会 30 余团体工人1000 余人。大会通过关于宣传教育、统一工会组织、接受全国总工会决议案、接受国民党对工人政纲等九项决议,及致全国总工会和赤色职工国际以及拥护国民党中央执行委员会开除蒋介石之决议等电,并通过章程,选举张含辉等 13 人为执行委员。

△　张学良、韩麟春电北京张作霖,报告收编豫军情形及改组后新名义:李振亚部为第十九军,于学忠部为第十二军,张治公部为第二十一军,徐寿椿部为第二十二军兼暂编第三师,阎曰仁部为第二十三军,郭振才部为暂编第一师,李鸿羲部为第二师,李光藻部为第四师,马文德部为第五师。

△　开封中州大学因外人告密暗通北伐军,被军队捕去教职员及学生 20 余人。10 日,开封警备司令宣布,除校长曹理卿等五人外,余准开释。

△　北京政府外交部与驻华比使商议接收天津比租界事,拟先在北京开一非正式会议,再在天津开正式会议,比界地亩决备价收回,码头、马路、工部局房屋亦拟给价。

5月2日　南京国民党中央政治会议通过《国民革命军总司令部组织大纲》。其要点为:凡作战之陆、海、空三军,均归总司令指挥统辖,未加入作战各军由军事委员会直辖,必要时总司令得咨请调遣之。战时政务委员会由政府特派民政、财政、交通、外交等部人员组成,受总司令指挥,处理作战区域内政务,并任作战上各种要素之筹备调节分配。

△　江苏省政府在南京成立,省政务委员钮永建等 10 人就职。

△　南京政府任命方声涛、杨树庄、陈季良、郑宝菁、陈培锟、丁超

五、宋渊源、谭曙卿、张贞、卢兴邦、殷汝骊、黄琬为福建省政府委员。方声涛兼军事厅长,陈培锟兼财政厅长,黄琬兼教育厅长,丁超五兼建设厅长,郑宝菁兼民政厅长。

△　蒋介石在上海发表《告工界书》,宣布新劳工政策 16 条,内称每日工作八小时,加增工资,但须以不得"破毁"工业为前提,并称反对共产党鼓动罢工,解散上海各共产党工会。

△　广东北路总指挥钱大钧率部进攻韶关陈嘉祐军。陈以英德已陷,3 日率队退出韶关,7 日由乐昌九峰退湖南郴州。钱大钧乃入据韶关。

△　武汉国民政府任命段国璋为国民革命军第四十一军军长。

△　长沙市民会议第一次代表大会开幕。主席朱剑凡报告指出:此次市民会议是全省之第一次,全国之第一次,不仅为省民会议之基础,且可为国民会议的基础。

△　山东省当局将鲍罗廷夫人及其他三名苏联人员由济南押解北京。

△　苏联政府向驻莫斯科中国代办郑延禧声明,闻由苏联大使馆附属机关内捕去之俄员有将受军法会审之消息,其结果或恐与李大钊等陷于同一命运,如有上述情形,苏联政府将认为重大之事情。同日,郑延禧将此项声明转达北京外交部。

△　北京中日商约第十八次会议,对最惠国待遇及互惠协定,芳泽强要广义的互惠,顾维钧主张互惠货税,最惠待遇须有限制及确定范围。

△　英、美军舰各一艘开至江阴拦门沙,向南岸驻军开炮猛击,死伤颇多,毁屋无算。国民党江阴县党部电蒋介石等要求扣留该舰,并请严重交涉。

△　奉天日商制麻会社职工约 40 名要求加薪。日警署以"煽惑罢工,宣传过激"为词捕去二人。3 日,织布工 300 余名散发传单,同盟罢工。4 日,棉布职工百数十名参加,日警署又捕去四人,拘禁拷问。5

日,全体参加罢工,日警先后拘捕工人13人。

5月3日　晚,蒋介石与李宗仁、白崇禧、朱绍良议北伐作战计划,提出先向津浦路前进,再右旋以迫胁江北逆敌于海滨。

△　上海交涉员郭泰祺为上海外军非法搜查大夏大学,割断中国地之电话线,越界侦察、筑垒、屯兵、飞行及捕人等事,再次向驻沪外国领团提出书面抗议。

△　北京汇丰银行以该行华人经理邓君翔亏款匿迹为由,拒付各行4月30日存入之款。是日,北京银行公会集议对付办法,当推代表前往警告。7日,银行公会更采积极措施:一、通电全国金融界与汇丰断绝往来,或先将此意通知汇丰银行;二、派代表谒见政府当局,剥夺该行关盐余存放权;三、延聘律师向香港法院控诉,求公平之裁判,同时呈请北京政府外交部对英政府提出严重抗议。

5月4日　武汉国民政府任命陈嘉祐、罗绮园等为南韶连政务委员会委员,并派陈嘉祐为主席。

△　刘湘就任蒋介石所委国民革命军第五路总指挥。

△　南京政府任命王伯群为代理交通部长,周佩箴为上海中央银行行长,钱永铭为上海中央银行副行长。同日,南京国民党中央政治会议议决任命钱永铭为财政部次长。

△　国民党中央政治会议上海临时分会通过成立上海劳资仲裁委员会(后称劳资调节委员会),并订定《上海劳资仲裁委员会暂行条例》及《解决工商纠纷条例》。13日,正式公布《上海解决劳资纠纷暂行条例》,其中规定工厂、商店每年有一日得自由解雇工人;工商业之雇主及劳动者发生纠纷,经劳资委员会裁决后,由政府强制执行。

△　上海各学校、团体在蒋介石控制下,在南市公共体育场举行五四运动纪念大会,通过改组全国学生总会,讨伐武汉政府,杀徐谦、邓演达,驱逐鲍罗廷等决议案。

△　上海当局枪杀曾任工人纠察队指挥之共产党员何大可等五人。

△　中荷商约 8 日期满,是日南京中央政治会议讨论该约废止事。荷京中华会代表林满志、荷属华侨代表林思温列席,请求废止陆徵祥所订中荷旧约,另订新约。议决:一、由外交部对荷提出旧约期满,重订新约之牒文;二、电荷属华侨,告以政府力争新约,望为后盾;三、电各省党部在一周内作废约运动,期间自定。

5 月 5 日　南京国民党中央常务委员及各部长联席会议议决组织清党委员会,并通过清党原则六条:一、清党时期停止入党;二、所有党员经三个月之审查再发党证;三、"土豪劣绅、贪官污吏、投机分子、反动分子及一切腐化、恶化分子"混入本党者,一律清除;四、所有党员须每半个月向所属党部报告其工作,无故一月不报告工作者,党部加以警告,三月不报告工作者,取消党员资格;五、海军及海外清党办法另定;六、任邓泽如、吴倚沧、曾养甫、萧佛成、段锡朋、冷欣、郑异组织中央清党委员会。

△　南京国民党中央常务委员会第八十八次会议议决筹设中央党务学校,推定叶楚伧、曾养甫等为筹备员。后第九十二次中常会又议决任命蒋介石兼任校长。第九十三次中央党部执委会派戴季陶为教务主任,罗家伦为副,丁惟汾为训育主任,曾养甫为副,陈果夫为总务主任。

△　刘湘奉蒋介石令出兵武汉,任命第二十军军长兼川鄂边防司令杨森为前敌总指挥,率领约七个师兵力东下。是日,杨森通电拥蒋反共,并于当日占领鄂西秭归。7 日入宜昌,将总工会、农民协会等团体解散,干部数名被枪决或监禁。

△　第四十三军军长兼第六路军前敌总指挥李燊率在湘、鄂的黔军四万人向武汉国民政府进攻。15 日,李自巴东电告其驻宁办事处,称已联合杨森、夏斗寅等进攻武汉,前锋已过宜、沙。6 月 8 日李部占津(市)、澧(县)。

△　冯玉祥电告武汉国民政府军事委员会:已令方振武之第一路、孙良诚之第三路、马鸿逵之第四路、石友三之第五路、韩复榘之第六路,共精兵十余万出关讨奉;又令张维玺之一路及刘汝明、佟麟阁、赵守钰

各独立师,集中西安附近,陆续出关。岳维峻南路军五万余人,亦已出动。刘镇华已允就东路军总司令职,即日东进。于学忠、张联陞结合反对革命,已令孙连仲率部出老河口,务于最短期间扑灭。

△　武汉国民政府特派员陈其瑗奉命到江西宣布中央政策,是日在南昌召集江西省、市党部同省政府联席会议,决定完全接受新的经济和外交政策,收回教育权暂缓实施,对教会财产及外人生命一律保护。

△　上海大学是日被国民党查封,学生被驱逐。

△　上海特别市商民协会筹备处等发起全沪商业团体庆祝"国民政府"迁都南京大会,议决组织国民革命军商民后援会,为蒋介石筹饷。

△　北京盐务稽核所英会办斐立克以各省自留盐税,认为引岸制度被破坏,向北京政府财政部建议,拟于 8 月 1 日起将各省分所一并就近归海关办理。

△　新疆省长杨增新致电北京政府称:在喀什噶尔地方有美国纽约某博物馆远征队一批。因未领得外交部护照,已将其采集之件扣留。

△　荷属东婆罗岛华侨举行"五五"纪念,遭当地殖民政府派警挨户搜查,拘捕华人领袖二人,并开枪击毙 10 人,伤 30 人。7 日,中华侨商联益会致电南京政府,要求严重交涉,务达惩凶、道歉、恤偿,并担保以后不发生同样事件。

5 月 6 日　武汉国民党中央就上海、南京、广州、北京、天津各地新旧军阀最近大肆屠杀革命人士一事发表宣言,指斥蒋介石、张作霖对革命民众的屠杀,系"以革命的民众之血,为献媚帝国主义之礼物",表示将"继续已死者之生命,完成已死者之志愿"。

△　武汉国民党中央常务委员会扩大会议讨论重新组织政治委员会广东分会及北京分会,决议:指定陈嘉祐、蒋隆芬、邓中夏、彭湃为广东分会委员,暂在湖南成立组织;王法勤、顾孟馀、徐谦、江浩、于方舟、李希逸、李秀容、李北海为北京分会委员。北京分会因李大钊牺牲,改在武汉成立,由吴玉章、陈公博参加指导。10 日,北京分会在武汉举行第一次会议,决定有关配合北伐军事计划等事项。

　　△　武汉国民政府批准第三军军长朱培德辞职,以王均继任;特任朱培德为国民革命军第五方面军总指挥兼国民革命军第九军军长;批准第二军军长谭延闿辞职,以鲁涤平继任。

　　△　武汉国民政府所辖第十四独立师师长夏斗寅由宜昌驱军东下进攻武汉。13 日,夏斗寅发出进兵武汉反共通电。14 日至沙市,15 日至嘉鱼,16 日入咸宁之汀泗桥,拆毁武昌、长沙间铁轨八里余。杨森军则在江北岸配合行动,17 日到岳口。

　　△　李宗仁部第三路第二十七军及第十军两个师分别由芜湖、大通渡江,向合肥前进。

　　△　南京总司令部政治部以各书局发行之教科书,受共产主义影响颇多,决定下令各书局呈送审查,否则不准发行。

　　△　越南华侨在言论、居住、迁移等方面,备受当地政府之压制和虐待,甚至于被施以鞭笞、课以重税,无法为生。近已起而组织“人权运动大会”。是日通电海内外呼吁支援。

　　△　中日修约第十九次会议,继续讨论最惠国待遇问题之税则部分,因对关税最惠国待遇附条件与不附条件问题,意见不一致,故北京方面提议,将最惠国待遇问题暂行停议,另议其他问题。

　　5 月 7 日　南京政府公布《中央法制委员会组织条例》,凡 12 条,规定该会受中央政治会议及“国民政府”之命草拟并审查一切法制。13 日,南京政府任命胡汉民、丁惟汾、伍朝枢、戴季陶、钮永建、罗家伦等为法制委员会委员。

　　△　陈仪旧部新编第十五师,奉蒋介石令改编为第六军第十九师。

　　△　云南省龙云、胡若愚等通电反共拥蒋。

　　△　中荷商约明日期满,北京外交部照会荷使馆提议改约。

　　5 月 8 日　张学良日前由郑州至蚌埠晤张宗昌洽商豫境奉军与皖北直鲁军联络事。入豫奉军已由豫东向皖北移动。许昌方面奉军以冯玉祥军大举由陇海线进取洛阳,郑州动摇,正面又受北伐军严重压迫,是日全部向郑州撤退。

△　北京中央观象台、农商部地质调查所、内务部古物陈列所、教育部历史博物馆、北大考古学会等各学术团体与瑞典人斯文赫定组成之西北科学考察团,是日由北京起程。该团体系根据中国学术团体协会会章第七、第八两条,规定外国人在中国调查采集时,以不伤害主权、不以物品报酬为原则组成。

5月9日　武汉国民政府公布三项法令:一、《禁止民众团体及民众自由执行死刑条例》;二、《处分逆产条例》;三、《佃农保护法》。

△　南京国民党中央政治会议据教育行政委员会提议,决定设立中央研究院筹备处,并派蔡元培等为筹备员。

△　南京国民党中央政治会议议决将上海江湾之模范、游民两工厂,改设国立劳动大学,并派蔡元培、李石曾、张静江等11人为筹备委员。筹备委员会于5月13日成立。

△　据《晨报》载:自清党以来,一个月中,上海一埠共产党之被逮捕者已达二百余名,而奉蒋介石命令被杀害者近百人。蒋介石有电至沪:凡共产党一经讯实,立予"正法",不必久押。

△　西班牙公使嘎利德赴北京政府外交部,与顾维钧交换改订新约意见。28日,外交部电驻西班牙代办宋善良,饬迅即严催西班牙外交部令嘎利德公使与北京接洽订期开议,若仍延宕,将采适当办法。

△　武汉国民政府任命耿丹为国民革命军第十五军副军长;徐谦准辞兼革命军事裁判所长,由江浩继任。

△　阎锡山禁止纪念国耻集会。太原共产党员假国民师范学校举行追悼李大钊大会,被军队包围,捕去首领四人。

△　厦门鼓浪屿工部局制止群众纪念国耻集会,拘捕林幸福等数人,又开枪驱散群众,引起厦鼓各界公愤,组织厦鼓外交后援会进行交涉。10日,向领团提出惩凶、道歉、保障集会自由等项要求。

5月10日　武汉国民政府军事委员会免去杨森第二十军军长职,遗缺以郭汝栋继任。另委王缵绪为第二十一军军长,李家钰为第二十二军军长。

△　武汉军事委员会决定:中央军事政治学校学生编为中央独立师,以侯连瀛为师长,杨树松为副师长。

△　南京政府令准上海中央银行副行长钱永铭辞职,遗缺由张寿镛兼任。又准中央政治会议咨开财政部次长钱永铭未到任以前,所有部务暂由江苏财政厅长张寿镛代拆代行。

△　张作霖在苏联大使馆所拘苏联人员,及由济南解京之鲍罗廷夫人等共 19 名,经北京当局决定移送普通法庭。警察厅遂于是日移交,先送高等检察厅略为预审,旋送看守所拘押。19 日,高检厅将鲍罗廷夫人等,先行移送高审厅预审。

△　广东惠州警备司令兼第十八师师长胡谦、汕头警备司令何辑五奉李济深令,分别由惠阳与揭阳、棉湖进攻彭湃等建立的海陆丰苏维埃。是日,胡谦部攻入海丰,农军一部分退守村落,一部分乘帆船十余艘退往香港。23 日,胡谦部继由海丰攻陆丰。

△　北京中国学术团体协会呈准北京教育部立案。该协会以采集保存国境内所有学术材料为主旨。

△　中国共产主义青年团第四次全国代表大会在汉口举行。

5 月上旬　广州因前年省港罢工迄今失业尚有三万人,向由省府拨给生活费用,自"四一五"大逮捕后,李济深特向广东总商会筹拨 100 万元,拟每人发给 90 元予以遣散。

5 月 11 日　南京政府任命古应芬代理财政部长;免去陈友仁代理外交部长职,特任伍朝枢为外交部长。

△　蒋介石派杨虎继白崇禧任上海警备司令,令陈群主持上海政治工作。

△　第二路前敌总指挥陈调元率所部第三十七军由马鞍山分乘"决川"、"浚蜀"两舰渡江,占领西梁山。同日,克和县。鲁军第十军杜凤举、第七军许琨等部退全椒。

△　李宗仁由芜湖乘轮西上,次日至湖口,与朱培德晤谈,对宁、汉双方暂缓冲突,分途北进,取得一致意见。

△　鄂北于学忠、张联陞军联合向汉口出动。是日,于学忠部犯应山,前锋攻广水。12日,张联陞部3000人侵入孝感以北之陆家山,拆毁铁路一段。唐生智自广水调军一旅击退。

△　蒋介石司令部特务处以上海《青天白日报》为上海共产党发行印刷品之总机关,是日会同公共租界新闸捕房将该报主笔李仲苏、钱一飞枪杀。

△　东路军政治部会同上海法捕房查封法租界徐谦所办之法政大学。

△　汉口英水兵寻衅,枪伤怡和码头工人一人,工人闻讯云集,外交部派员到场调查,作为交涉根据,工人始散。次日,武汉码头总工会提出撤退英水陆军、道歉、赔偿等五项要求,呈请全省总工会转呈国民政府外交部对英交涉。

5月12日　武汉国民政府特任陈嘉祐为国民革命军第十三军军长,谭道源为副军长;张辉瓒为第二军副军长。

△　白崇禧第二路杨杰部由江宁镇、慈湖镇分别渡江。

△　国民党随县县党部电告湖北省党部称:“孙连仲部约五师出荆紫关进驻老河口。”14日,孙连仲抵襄阳,17日,孙部克内乡,为牵制于学忠、张联陞部,不使进犯汉口,复以全力进攻邓县。

△　何键派第三十五军陶广师部经理科长黄慧僧,专程至湖南约第八军第一师师长张国威发动反革命军事叛乱。张因对唐生智态度不甚了解,表示犹豫,并因与何有宿怨,不乐受何驱使,以主力已开岳阳为辞进行拖延。中旬,为何键在湖南策划军事叛乱的代理人余湘三,因见第三十五军教导团兵力单薄,特商请湖南省代理主席兼军事厅长张翼鹏以增防长沙为名,将驻湘乡、湘潭整训的许克祥第三十三团调来长沙共谋叛乱。

△　北京政府财政困难,外交部令大裁驻外领事馆12处,英国伦敦、法国巴黎、德国汉堡、苏联列宁格勒等领事馆皆在内。所有领事职务或归所在国公使馆办理,或归附近领事馆兼理。

5 月 13 日 李宗仁第三路第四十四军叶开鑫部协同第二路陈调元之一部攻克安徽含山。

△ 吴佩孚率部万余人离巩县孝义镇绕道赴南阳依于学忠。该地附近有于学忠、田维勤、徐寿椿、郭振才、李振亚等部共五万人。15 日抵登封。20 日,吴率残部 3000 人经叶县、襄城抵南阳,张联陞、于学忠悬灯迎接。

△ 南京政府任命马叙伦、蒋梦麟、陈其采、周佩箴、程振钧、阮性存、朱家骅、蒋介石、邵元冲、徐鼎年、张世杓、黄人望、孙鹤皋、蒋伯诚、周觉、陈希豪、陈屺怀为浙江省政务委员会委员。马叙伦兼民政厅长,蒋梦麟兼教育厅长,朱家骅兼农工厅长,陈其采兼财政厅长,周佩箴兼土地厅长,程振钧兼建设厅长,阮性存兼司法厅长。

△ 南京政府公布《江海关二五附税国库券条例》,凡 14 条。此项库券由江苏兼上海财政委员会奉命发行,定额 3000 万元,5 月 1 日发行,充作国民政府临时军需及其他建设之用。应付本息以江海关二五附税全部作抵,到民国十八年(1929)12 月本息偿清。

△ 中日商约会议对最惠国待遇问题已讨论 18 次,毫无结果,是日第二十次会议暂时中止。

5 月 14 日 武汉国民政府公布《取缔擅行逮捕令》,规定逮捕须依以下手续:一、司法机关依法执行;二、武汉公安局奉上级机关命令执行;三、当场拿获之现行犯,须交由政府之法定机关审讯。

△ 武汉北伐军主力在汝南、上蔡、东西虹桥与奉军接触。

△ 厦门各界会议决定积极进行收回鼓浪屿运动,并致电要求南京政府向各国公使提出收回办法。

△ 武汉国民政府公布《禁止擅行没收人民财产令》,规定:凡不依《处分逆产条例》而擅行没收人民财产者,政府当予以严厉之制裁;其为团体行动者,解散其团体,并对于负责之个人加以处罚。

5 月 15 日 广西省政府成立,黄绍竑任主席。

△ 武汉北伐军第三十六军第一师占领西平。同日,第十一军第

二十五师完全击溃上蔡奉军,俘虏 5000 余人,夺获大炮 30 余门。

△ 田维勤月初由运城至郑州会见张学良、韩麟春,是日又由郑州至北京谒张作霖,表示愿接受奉方改编,请接济饷械。18 日,田赴前方遂平督师。

△ 白崇禧第二路第四十军贺耀组部由下关、大胜关间渡江,未遇抵抗,即占领江浦。直鲁军败退滁州。

△ 厦鼓外交后援会对工部局答复鼓浪屿"五九"案之条件不满意,决定以洋务工人总罢工为对付。

5 月 16 日 蒋介石委周凤歧兼任浙江省戒严司令。是日,周在杭州就职,即日宣布戒严令。

△ 阎锡山应蒋介石电邀,派代表赵丕廉由沪到宁,商洽晋省军事、政治和党务。

5 月 17 日 国民党中央清党委员会在南京正式成立,邓泽如为主任委员。

△ 夏斗寅叛军进抵武昌城外之纸坊,武汉震动。武汉国民政府急派叶挺率第二十四师及中央独立第一师进剿,并急召在九江、武穴方面的第二军与第六军部队回援。时原与夏斗寅相约内外夹攻之何键部已开赴河南。第十五军刘佐龙等部亦未敢轻动。

△ 余湘三、王东原(第三十五军教导团团长)、陶柳(第三十五军留守处主任)、李殿臣(第八军教导团团长)、许克祥、晏国涛和魏镇等在许克祥团部策划发动事变,决定由许克祥担任指挥官,其第三十三团为主力。第三十五军后方留守处部队及其他驻长沙部队配合行动。发动日期大致决定在 5 月 21 日晚。许克祥承担军事叛变首难之责后,即加紧叛变步伐,制造反革命舆论,挑拨军工关系,瓦解人心。是日,湖南方面谣言大起,有谓武汉已为夏斗寅袭取者;有谓湖南不日将包围者;有谓农民自卫军要夺取第三十六军同第三十五军的枪械者。军队以此为借口在驻扎地点布置沙包,各商店纷纷罢市,形势紧张。

△ 陈嘉祐部协同农军反攻坪石、乐昌,钱大钧调兵一团由韶增

援,陈部不支退郴州。

△　白崇禧第二路军杨杰部击溃鲁军许琨、杜凤举部,克全椒,鲁军残部退向滁县方面。次日,邓振铨师克滁州。张宗昌因直鲁军节节失利,下令总退却,命在蚌埠、临淮集中。

△　英政府撤回其驻武汉代表牛敦。牛敦撤退时照会陈友仁,攻击武汉国民政府"完全缺乏实践文明国家责任之能力"。陈友仁驳复牛敦指出:"此种攻讦,本外交部不得不愤然加以摈斥",并郑重声明:"中英间今日之危殆关系,英政府之政策及行为应负完全责任。"

△　《京津日日新闻夕刊》载:蒋介石特派赴日代表刘厚生在日积极活动,谋取得田中首相谅解,曾表示如次意见:一、南京政府决不企图赤化中国,及谋世界革命运动;二、南京政府为国民党之中心机关,不得与武汉共产党政府相提并论;三、关于南中国方面之外交关系,应以南京政府为正式之对手。

△　上海各界为反对日本旅大船坞修理奉鲁军舰是日举行大会,决定发表宣言警告日本政府,并电请南京政府提出严重交涉。20 日,江苏交涉员郭泰祺就此事向驻沪日领事抗议。

△　汕头罢工委员会及汕头总工会所属各工会,均被潮梅警备司令封闭。总工会执委李春涛、廖伯鸿等被捕。至是日共被捕去2000 人。

5 月 18 日　武汉国民政府以独立第十四师师长夏斗寅"称兵谋叛",下令褫职拿办。

△　武汉各界纷发通电声讨夏斗寅。是日,国民党湖北省党部、汉口特别市党部通电指斥夏勾结杨森、张联陞、于学忠称兵犯顺,进犯嘉鱼、蒲圻,并节节进逼,沿途解散党部,屠杀党员,摧残工会农会,勒索商民,要求褫职讨伐。

△　中共中央为夏斗寅叛变发表《告民众书》,指出:夏斗寅一类的反动派,以反共产为借口,实行反革命反国民政府的阴谋。他们想联合在城乡的各种中等阶级于反革命旗帜之下,以反对中国共产党,他们又

制造共产党将破坏中等阶级的谣言，以引起社会的恐慌。声明共产党竭诚与国民政府协同共进，维持与中等阶级的联盟，保持中等阶级的利益。号召工农群众随国民政府之后削平夏斗寅的反叛，中等阶级应急速与工农携手共同保障革命。

　　△　南京政府任命黄郛为上海特别市市长。

　　△　南京政府公布《中央财政委员会组织条例》，规定该会依中央政治会议之议决指导全国财政；由中央政治会议委员三人及财政部长、次长共五人组织之。

　　△　第八军第一师张国威部移驻汉阳、分防兵工厂、铁厂、黑山分厂、龟山等处。同日，第二军第六师戴岳部亦抵武昌。

　　△　钱大钧部蔡熙盛团入赣州，缴去卫队连及一团枪械，扣留官佐十余人。蒋介石委钱大钧为新编第一师师长，蔡熙盛为副师长，代行师长职权。

　　△　张学良离北京赴郑州，专任豫西军事指挥。豫南方面指挥由韩麟春担任。

　　△　沈鸿烈指挥渤海舰队"海圻"、"肇和"、"威海"、镇海等舰袭击吴淞要塞，旋被击退。

　　△　上海外籍诈骗商人设立之东方储蓄银公司突然倒闭。各储户组织债权团，向上海临时法院提出起诉。按：该公司成立于1920年6月，未向中国有关部门注册，资金10万元，以办有奖长期储蓄吸收储户4800余号，一次可收储金5.8万余元。

　　5月19日　武汉国民党中央执行委员会训令各级党部，称："长江流域之农工团体，以突飞进展之故，幼稚之病，潜然不自觉而发生……忽视共同作战之工商业者同盟者……更使国民革命之基础，日益摇动"，特令国民政府执行以下决议：一、制定劳资仲裁条例；二、制定劳动法；三、制止工人及店员过度要求；四、严禁工会或纠察队对店员或厂主恐吓罚款及擅自逮捕；五、外人在华经营工商业者应由外交当局根据上列四项原则办理。并强调指出：此为巩固国民革命同盟战线之政策，凡属党员如有违反及不执行者,各级党部应加严厉之制裁;各级党部不能领导民众服从上项决议,中央必予相当惩戒。

△　晚,第三十五军留守处部队在长沙公开寻衅。当工人纠察队巡经留守处时,留守处驻军诬称纠察队企图夺取枪支,公然鸣枪挑衅,缴去纠察队员枪支。同晚,许克祥等唆使伤兵与维持秩序的工人纠察队闹事,打伤工人纠察队员数人。伤兵亦被纠察队逮捕数人。

△　武汉三镇分别举行讨夏(斗寅)大会。武昌方面同时举行欢迎第二军大会。议决五项:一、请中央明令讨伐夏斗寅;二、拥护中央外交政策及现金集中政策以巩固后方;三、拥护北伐将士肃清奉系残余军阀;四、肃清武汉一切反革命派,消弥谣言;五、要求中央武装革命民众,并通过讨夏通电三则。同日,发表大会告民众书,号召"联合工农商学各界同胞,一律武装起来,与反动派作最后的战斗"。

△　湖北总工会为稳定由夏斗寅叛变而引起的社会震荡,是日特发出通告,希望各工会负责人不应轻举妄动,退出队籍,私自迁避;对于一般市民搬家应立即制止,以免扰乱市面秩序。如有违反中央决议的,各工友可自动依照议案执行,并即时报告总工会核办。同晚,国民党中央秘书处召集全国总工会、湖北全省总工会、全省农民协会、总商会、商民协会、公安局、卫戍司令部、学生总会代表商定组织"临时各界联合会",进行宣传,镇定人心。

5 月 20 日　武汉国民党中央向各级党部发出关于"纠正农运"的训令,略称:"剥削农民与压迫农民必须行迹显著,证据确凿者,始得交由法定机关依法惩办,至乡里公正及丰裕之户不反对国民革命者,皆在国民政府保护之列。""其有藉端扰乱破坏公共秩序以快意者,既有损于革命之利益,即无异于反革命。"同日,又发出"制裁越轨行动"训令称:中央已决定组织特别委员会亲赴各地指导,切实执行中央决议。

△　武汉国民政府任命赵佳白为京汉铁路监护司令。

△　国民党湖南省党部与省政府为防止反革命采取应急措施,派熊亨瀚、石醉六等去岳州联合当地驻军防止夏斗寅部入湘,并发布《什

么人是反革命》的文告,宣布:宣传蒋介石主义者、捏造或传播谣言者、暗盘操纵或捣乱金融者、阻绝交通者、侵犯军人家属者、阻碍军米者、扰乱市面治安者、受反动派利用,以离间挑拨手段破坏革命者,均是反革命。

　　△　是日至 29 日,江西省党部重新召开第三次代表大会,选出刘一峰、王枕心、王均、方志敏、李桂生、姜济寰、罗石冰、李小青、李松风、邓鹤鸣、朱克靖、黄实、黄道中为执行委员,萧炳章、李尚庸、涂振农、邵式平等为监察委员。

　　△　南京国民党中央政治会议以"闽、浙、苏等省政治监察委员徒乱行政系统,实无设立之必要",议决取消。

　　△　何应钦第一路军卫立煌率部第十四师由下关渡江,并协同第二路军贺耀组部自浦口。东进,次日占领瓜埠。孙传芳军向六合退却。21 日,贺耀组第四十军克六合,孙军向扬州、天长、仪征方向溃退。

　　△　李宗仁第三路军夏威、胡宗铎部克定远。鲁军程国瑞、徐源泉、许琨、刘志陆等部向凤阳、临淮关溃退。此役第十五军军长马济中弹阵亡(一说马在合肥北被红枪会击伤不治而死)。次日,克凤阳。

　　△　陈嘉祐部退醴陵,驻韶桂军陆续入湘。

　　△　刘镇华任第二集团军东路军总司令后,仍盘据洛阳、新安,第二集团军不得不施以攻击。刘见实力消灭,是日乃通电下野,所部归各将领自辖。

　　△　是日至 26 日,太平洋劳动代表会议在汉口血花世界开会。日本、朝鲜、法国、苏联、中国、美国、英国、爪哇等国代表 32 人参加,共代表 1450 万劳动者。大会通过重要议案多项:一、赞助中国革命,反对帝国主义干涉中国内政;二、为消弭太平洋地区未来的大战而奋斗;三、赞助印度、朝鲜、爪哇、菲律宾、拉丁美洲等国的独立运动;四、采八小时工作制、施行工人保险等 10 项计划;五、特设秘书厅于上海,由上海总工会二人、苏联总工会二人、日、英、美、法各国工会代表各一人组织之,每六个月召集会议一次,由该厅发行《太平洋工人》及《太平洋劳动大会公报》。

　△　驻镇江英领事署奉英公使训令暂行撤销。英领事怀雅特撤离时表示：镇江租界英政府愿意交还，惟界内电灯自来水价值约六万元，将来最好由华商备价收回。

5 月 21 日　许克祥在叶琪、何键指挥下发动"马日事变"。晚 11 时，由第三十三团团长许克祥统一指挥，第三十五军教导团团长王东原、第三十五军留守处主任陶柳等率部分途袭击湖南省市党部、省总工会、省农民协会、省党校及省农民运动讲习所等机关，解除农民自卫军与纠察队武装，搜捕革命分子。国民党湖南省党部及共产党湖南省委对敌人袭击，事先未作充分准备，致使工人纠察队和农民自卫军完全处在被动地位，但仍作坚决抵抗，绝大部分均英勇牺牲。共产党员、国民党左派分子及工农革命群众一百余人遭到捕杀。革命机关概被摧毁，所有监狱人犯全数释放。此后反动派在长沙和各县日夜进行劫掠屠杀。

　△　夏斗寅叛军被叶挺师击溃，武汉人心大定，宣布解严。

　△　南京国民党中央清党委员会通告各省市党部，该会已开始办公，嗣后有关清党事宜，须向该会接洽。同日，中央执行委员会颁布《清党条例》，凡 11 条。该条例指出：共产分子及遇有阻挠清党进行者，当地清党委员会得直接通知该地军警或行政机关缉拿。25 日，南京政府通令全国各行政机关遵行《清党条例》。

　△　南京国民党中央政治会议通过胡汉民、蒋介石、邓泽如、阎锡山、王伯群为国民政府委员。

　△　广州八大领袖工会代表联席会议议决组织广东全省劳工团体总同盟，要求公安局长邓彦华尊重总理扶植农工政策及要求政府严惩贪官污吏、土豪劣绅、腐化分子。

　△　刘兴第三十六军克郧城。

　△　英、美、法、日、意五国公使因革命军北进，在北京集议增防华北。

5 月 22 日　蒋介石对东方通讯社记者宣称，"夏斗寅之起而宣言反对共产，与杨森、刘湘同受余之命令"。

　△　驻粤桂边之第十六军军长范石生因滇军已有归附南京之表

示,特电南京蒋介石,愿移师"北伐","先清湘赣、继捣燕京"。

　　△　何应钦第一路军第十七军曹万顺部五十八团克仪征。孙传芳军第八师崔锦桂部悉退扬州。孙令所部速经邵伯向高邮方面退却。

　　△　李宗仁第三路军叶开鑫部克临淮关,夏威、胡宗铎部克蚌埠。张宗昌、褚玉璞残部纷向徐州溃退。同日,张宗昌致电北京,谓已决定将大队撤至淮北符离集、南宿州,并商由孙传芳迅出宿迁、睢宁,袭国民党军之背。

　　5 月 23 日　武汉国民政府对湖北省总工会发出三项训令:一、工人有违反纪律者,工会得加以制裁;二、违反纪律的工人,如情节重大时,交政府机关办理;三、总工会对工人以外之人,不得擅行逮捕、罚款及加以其他压迫之情事。

　　△　云南省务委员会总裁唐继尧在昆明病殁。

　　△　济南警厅查抄徐家花园国民党山东省党部后,21 日又接连在第一中学、第一师范、山东大学、齐鲁大学等处捕去革命分子 40 余人,是日,在南门外杀害八人。

　　△　本月上旬,邓锡侯与刘文辉、田颂尧商定出兵武汉办法两项:一、刘湘、杨森部各抽编八师即日出兵宜昌、沙市;二、邓锡侯、刘文辉、田颂尧三部共抽编 12 个混成旅,由邓统一指挥与刘湘部衔接东下,会攻武汉。是日,邓函驻宁代表,谓已编就 12 个混成旅,下令动员出发。

　　△　何应钦第一路军第十四军赖世璜部熊式辉师克靖江。孙传芳部退黄桥。

　　△　第十七军曹万顺部杜起云师克扬州。孙传芳部分两路退却,一沿运河退淮阴;一自南通经如皋、东台、盐城、阜宁退守海州。

　　△　南京政府教育委员会派蔡无忌、胡刚复等接收东南大学。

　　△　湖南国民党右派分子在长沙戒严司令部成立"中国国民党湖南救党临时办公处",推定许克祥、周荣光、王东原、李殿臣、张敬兮五人为"救党"临时主席团。当即发出命令:以后非经"救党"临时办公处命令,各部队不得擅行拿办暴徒分子。29 日,正式成立"救党"委员会,并

发表反共就职通电。

△ 国民党上海特别市党部等单位发起组织之上海房租协助北伐军饷委员会成立。该会勒令各房客缴纳房租三成,由江苏财政委员会派员收取助饷。

△ 晨 6 时 32 分 47 秒,甘肃省古浪发生八级强烈地震,波及兰州、武威、华亭、永昌、民勤、张掖等 20 余县。人民生命财产遭受严重损失。官方统计仅武威一县即死亡 2.5 万余人,马、牛、羊 22 万余头,倒塌房屋 41.8 万余间。凉州原有户口六万,古浪原有户口 4000,震后均罕见人烟。

△ 武汉国民政府公布财政部《有奖债券条例》。

5 月 24 日 武汉国民政府令各省政府分饬所属各机关,一律严禁侵犯军人土地财产,凡已被侵害者,务须清查发还。

△ 唐生智自河南以"敬电"致湖南省政府代理主席兼军事厅长张翼鹏,对"马日事变"提出处置办法:一、长沙各部队非有命令,不许有何举动;二、以长沙军界全体会议名义贴出拥护中央党部、拥护三大政策、打倒蒋介石等标语;三、所缴枪支一律发还。

△ 驻常德熊震部包围搜查国民党常德市、县党部和总工会、农民协会、工农干训所、湘西民报馆以及各人民团体。枪杀工人纠察队队员、共产党员及群众 80 余人。衡阳、醴陵、武冈、益阳、湘阴等地均先后发生屠杀惨案。

△ 南京国民党中央执行委员会颁布《总理纪念周条例》,凡八条,规定每周月曜日(周期一)上午为举行期,凡各级党部、各机关、各军队须一律举行。

△ 南京国民党中央政治会议议决,加推冯玉祥为中央政治会议委员,以李鸣钟代表出席。

△ 蒋介石在南京对将士训话称:对武汉共产党即下讨伐令。

△ 国民党广州特别委员会结束,广州政治分会成立,李济深任主席。

△　二五库券基金保管委员会在上海成立,李馥荪等五人为常务委员。此后江海关逐日所收附税悉归入保管公库。

△　武汉北伐军第十二师协同贺龙独立第五师占领逍遥镇(位于临颍东南)。

△　唐生智电武汉国民政府,奉军第十一军军长富双英已投降,任富为第二十一师师长,归第四军朱晖日指挥。

5 月 25 日　豫东红枪会 10 万余人在农民自卫团联合办事处领导下,响应武汉北伐军,齐起暴动,包围杞县,激战约五小时,破城,捕获伪县长及土豪劣绅 20 余人。同时该办事处因恐奉军反攻,派代表至第四军军部报告,请求立派大军镇压及接济经费。

△　何应钦第一军第二师刘峙部克南通,午后克如皋。孙军李宝章部向海安撤退。

△　南京国民党中央清党委员会电告各报馆:经第九次会议议决委任陈德征、陈群、黄惠平、高方、冷隽、潘宜之、陈超、周致远、桂崇基、俞国珍、冷欣为上海特别市清党委员;又第十次会议议决委任李济深、林云陔、曾养甫、李国端、詹菊似、谢治平、罗纬疆、谢瀛、陈策为广东省清党委员;李家英、邓彦华、李悦义、邓文仪、刘石心、何思源、陈森为广州特别市清党委员。

△　武汉国民政府下令讨伐杨森,第二军全部奉令出发。28 日开始总攻。29 日,戴岳师联合李云杰师进攻潜江。

△　鲍罗廷偕武汉政府特派员谭平山、陈公博、彭泽湘、周鳌山、邓绍芬由武汉出发赴湘查办"马日事变",当晚到达岳州,得许克祥等电称,将逮捕鲍等就地枪决,鲍等即折返武汉。

△　李宗仁第三路军柏文蔚部及王普部克六安。

△　何应钦第一路军第十四军第二师谢杰部克泰县,孙传芳第十五师宋福田部向宝应、兴化溃退。

△　蒋介石唆使其御用上海学生联合会举行援助"北伐军"大募捐,自是日起至 30 日止在上海华租两界实行挨户强捐,并勒逼各校全

体学生一律出动。

5 月 26 日 冯玉祥部攻入洛阳,俘获奉军二万人。万福麟东遁,张治公窜南山。

△ 李宗仁第三路军第十军王天培部占固镇。28 日克宿县。

△ 上海英兵赫白脱劳于 4 月 23 日闯入居民家中强奸华妇案,在英按察使署开审,证据确凿,因被告否认,竟判无罪,当场开释。

5 月 27 日 冯玉祥部石友三第五路军攻占孟津,续克偃师。

△ 李宗仁第三路军新编第十一军马祥斌部占领寿州、凤台。

△ 蒋介石赴津浦路沿线视察,6 月 3 日返宁。

△ 北京外交团举行会议,英、日、美、法、意各公使说明关于华北护侨方针,及本国政府对出兵计划之意见。

△ 北京政府外交部接驻苏代办郑延禧电,称苏联政府要求将在东交民巷所捕苏人 15 名、鲍罗廷之妻等四名所犯罪名告知被告人。是日外交部电复称:"该俄人等现已移交法院,依照法律程序办理,现正从事侦查预审,在此期间应严守秘密,不便向外宣布。"

5 月 28 日 武汉北伐军占临颍。奉军自郾城溃败后,企图固守临颍,集中其第八、第九、第十、第十一各旅会合第十七军及吴佩孚残部据守十里头、王庄之线。并调第三十四、第四十五旅为预备队,控制临颍。主帅韩麟春亲赴许昌指挥。从 26 日午后 6 时开始至是日,北伐军第三十六军刘兴部在漯河、临颍一带与奉军展开决死战,唐生智檄调张发奎第一纵队加入,是日大败奉军,占领临颍城。第十一军二十六师第七十七团团长共产党员蒋先云担任正面,英勇顽强,三次负伤不下火线,终于英勇牺牲。北伐军在战斗中损失也极大,仅第四军第十二师,伤亡即达 8000 人以上。第七十七团牺牲营长两人,连长六人。参谋长亦受伤。

△ 日本政府发表出兵山东声明,借口济南形势紧张,不能依在长江沿岸各地之海军保护侨民,决派驻满洲部队 2000 名赴青岛。

△ 第二十五军军长兼第六路军总指挥周西成统率黔军大举出兵

武汉,是日致电蒋介石,报告所部犹国材师 25 日占洪江,复向辰、溆进攻,前锋已达安江一带。

△　何应钦第一路军第一军第二师刘峙部克东台。孙传芳退宿迁。其第九、第十二、第十三、第五、第七各师,退盐城、海州附近。

△　南京国民党中央清党委员会议决:任命黄绍竑、伍廷飓、黄旭初、蒙民伟、黄华表、李天和、陈锡珑七人为广西省清党委员会委员;黄展云、林赤民、李大超、林寿昌、李文滨、秦望山、林寄华、罗兆修九人为福建省清党委员会委员;柏文蔚、葛晓东、李次宋、路锡祉、陈紫枫、汤志先、陈杰民七人为安徽省清党委员会委员。

△　南京组织清党审判委员会,是日由总政治部、黄埔同学会清党委员会、中央军事政治学校留宁官生办事处、江苏第一监狱署各代表委员在第一监狱署开始审理案件。

△　南京政府训令:代理财政部长古应芬到任前所有部务由次长钱永铭暂行代理。钱是日到职。

△　香港当局以中华海员工会香港分会与中华海员慈善会领导罢工,抵制英货,宣布将其解散,并派警察包围,捕去八人,没收会内所有物品。

5 月 29 日　山东省督办张宗昌、省长林宪祖接到日本驻青岛总领事矢田部保吉出兵山东的通知后,特电北京国务院、外交部,要求速向驻京日使严重抗议,并声明对于侨商安全始终负全责。次日,张、林再电北京国务院、外交部,催请迅与日方交涉,内称:"迭据地方法团全体推举代表来署请愿,群情愤激,纯系出于爱国思想,实有不可遏抑之象。"

△　南京政府训令军民各机关保护宗教团体,谓民众不可误解打倒帝国主义,而以排外排教之性质利用任何势力压迫或侵害中外人民信仰之自由。

△　朱培德电武汉国民政府,报告江西军事政治不稳情形,请派陈公博、何香凝、朱霁青三人赴赣指导党务。

△　朱培德在江西将第三军全部政治工作人员 142 名遣送出境。

△　自"马日事变"后,湖南省农民协会执行委员兼秘书长柳直荀到湘潭、湘乡等县发动和组织农军,并在湘潭建立农军总指挥部,准备进攻长沙。湖南省政府分兵三路进行抗拒:第三十三团许克祥部向湘潭,第三十五军第一师第三团李仲任部沿株萍铁路向株、醴,省防军第二师范转帆团由宝庆、湘乡包围合攻。是日三路同时动员。

△　长沙河西第十区农民协会委员长易子义等集众 3000 余人,在白著铺齐天庙开会,约期联合长沙 18 镇乡农民协会、纠察队向省城进攻,并推易子义为总指挥。易荣贵为副指挥。

5 月 30 日　张作霖亲访驻华日使芳泽,询出兵事件。芳泽当即口头通知日本出兵山东理由,谓"全在保侨"。同日午后,芳泽至北京政府外交部将同一内容通知顾维钧,"希望谅解"。顾表示"日本出兵,殊违常轨","自未可默认"。

△　山东各界开会,宣布日本派兵来华系帝国主义侵略,决请当局禁阻日军在青岛登岸。同日,当局向驻青岛日本总领事提抗议,请电日本政府中止出兵。

△　武汉国民党中央训令各县党部,不得干涉地方行政,如再有自由逮捕惩罚人民情事,定将该县党部解散,并对负责人员惩治。县以下各级党部及各种团体均照此规定办理。

△　武汉国民党中央派朱培德、黄实、陈其瑗三人组织江西特别委员会,以朱培德为主席,执行武汉国民党中央各种训令。

△　国民党中央政治会议西安政治分会在潼关成立,并举行首次会议,冯玉祥、于右任、杨明轩、薛笃弼、刘伯坚、郭春涛等出席,通过组织大纲,议决调集 20 万将士,会合唐生智、阎锡山各部乘胜直捣北京。

△　全国农民协会对湘、鄂、赣三省农民协会发出重要训令,谓农民运动已有相当发展,必须采用新政策,首要的即为继续发展农协组织及创设区乡县自治机关,建立区乡县民主自治政府。此种民主政府以大多数农民参加,其他中等阶级及一切非土豪劣绅非反革命派均得充

分参加。此种乡村自治机关必须严厉对付一切反革命派;切实保护革命军官家属的利益;使农民自卫军成为乡间惟一的武装势力;改良贫农生计;保障佃农雇农生活。

△　湖南省政府接到各地战报如下:一、湘潭农军约三万人,枪三四百支,由刘昭植统率,分布于湘潭易俗河、窑湾、姜畲、云湖桥、炭塘子一带,昨今两日,许克祥团前往镇压,农军退湘乡;二、株、醴方面农军约一二万人,由柳直荀亲自指挥,前线在距长沙 60 里之易家湾,已将距省 30 里小托铺地方铁路轨道拆毁。29 日,叛军李仲任团占领易家湾,农军退向株洲,30 日再退醴陵;三、宁乡县报告,29 日有湘潭农军军长刘忠恺率自卫军枪兵数百,梭标队数千,集中县属道安一带;四、衡州地方农民于 27 日开会,议决在衡州成立湖南劳农政府,图谋大举,被驻衡州省军俞业裕商同陈嘉祐所部师长李蕴珩将其解散。

△　五卅惨案二周年纪念,武昌、汉口、硚口、汉阳四处同时举行,并追悼南北死难烈士及开济难运动周宣传大会。武昌方面在阅马厂举行,到 10 万人以上。主席董必武报告指出:自从革命势力进展到长江一带,帝国主义结合新军阀蒋介石及旧军阀张作霖等,在各地屠杀我们的同志,希图破坏革命。全国济难会代表祝目音报告:今年 1 月到现在,我们的同胞及革命的同志,在广东、广西、湖南、湖北、上海、南京、浙江、安徽、江西、天津、北京等处,被新旧军阀与帝国主义及土豪劣绅所惨杀的,约有 1.4 万余人。大会通过革命民众团结于中央党部及国民政府指导下,继续五卅精神与反革命势力斗争等六项议决案,并电唐生智要求防止反革命派扰乱。

△　上海、南京等地举行五卅惨案二周年纪念日,通过取消不平等条约、收回租界、撤退驻沪外国海陆军等议案。

△　冯玉祥第二集团军克孝义,骑兵向汜水、郑州方面追击。同日,第三十六军刘兴部下新郑。

5 月 31 日　日本陆军第十四师团第三十三旅团步兵共 2000 余名在日司令官乡田兼吉率领下,昨日由大连分乘"长平丸"及"香港丸"出发,是晚抵青岛。次日上午 8 时全部登陆。

△ 东京中国国民党支部及中国留学生总代表至日本外务省,递交反对日本对华出兵之抗议书。

△ 日使芳泽原定今日离北京返国,昨午忽接日政府训令,以中国时局紧张,暂缓回国。

△ 英、日、美、法、意五国公使会议,决定起草关于华北防务之列国协同声明书,俟本国政府指示后即宣布。

△ 上午 11 时余,浏阳农民军三千余人分两路进攻长沙:一路攻小吴门,一路攻浏阳门,在距城三里之杨家山、陈家陇一带散开,分攻陆军医院、中央军事政治第三分校与第三十三团团部。张翼鹏令省城驻军分途抵抗,相持一小时左右,农军不支,由东屯渡向浏阳方面撤退。

△ 湖南省政府公布:前省党部关于土地收归公有的决议案宣布无效。

△ 冯玉祥第二集团军先遣队骑兵于昨日抵郑州。是日,石友三第五路军全部抵郑。

△ 张作霖因豫、皖战事失利,晋阎态度不明,决定放弃郑州、开封、徐州,退守山东、直隶,入豫奉军是晚全部退至黄河北岸,设司令部于新乡。直鲁军开始由徐州向韩庄集中。

△ 晚,张作霖在北京召开重要军事会议,杨宇霆、吴俊陞、张作相参加,决定任张作相为前方指挥,担任京汉线防务;吴俊陞任后方指挥,以固津榆一带防务。张作霖并电东三省军事长官,谓前方军事,刻趋紧迫,所有派定援军应迅速出发,限电到后三日集中预定地点。

△ 南京政府财政委员会成立。以古应芬、钱永铭、胡汉民、蒋介石、张静江为委员,成立会上讨论财政整理及建设事项,订于下月 15 日在宁召集各省财政厅长会议讨论一切。

是月 冯玉祥在西安公布《临时劳动法》,凡 41 条,并宣称:"在国民政府未颁布劳动法以前,本军区域内皆适用此劳动法。"

△ 郑州豫丰纱厂以百业凋零,产品出售困难为词,突然宣告停

工,致使 4800 余工人失业。工人代表向厂方要求:一、规定开工日期;二、停工期间发给维持费;三、否则发给路费,俾可各自回家,以免流落他乡。厂方对此一律拒绝,致多数女工沿门求乞。

6 月

6 月 1 日　共产国际给鲍罗廷、罗易的 5 月"紧急指示"传到中国,要求实行土地革命;吸收工农领袖充实国民党中央;动员两万名左右共产党员,加上五万名工农革命军组成一支可靠军队;组织革命法庭惩办反动军官等。中共中央立即举行政治局会议进行讨论,决定回电莫斯科:"命令收到,一旦可行,立即照办。"5 日,罗易将国际指示泄露给汪精卫,并要他"接受电报的要旨","否则就将同国民党一刀两断"。汪拒绝接受,并指责说:"你们破坏了协议。"

△　武汉国民政府外交部长陈友仁就日本出兵山东事件向日本政府提出抗议书,内称:日本政府之派兵,足认为对全体华人之重大挑战,是无异于"二十一条"政策之复活。日政府"此举适足激怒中国国民,致使国民政府终不能制止其出于经济的抵制之行为"。

△　南京政府外交部长伍朝枢电日外务大臣田中抗议日本出兵山东。谓日本于"本政府军队征伐军阀将到山东境内之时",突出此举,"于公法上既毫无根据,于本国领土主权复有妨害,本政府不得不提严重抗议",要求即日撤军。

△　北京政府外交总长顾维钧就日本出兵山东事件照会驻华日使提出正式抗议,要求迅予转达日政府中止派兵赴青,其已开到该埠者,应令勿遽登岸。

△　山东各法团通过反对日本出兵山东通电及致日本领事馆公函。通电称:"鲁人为国家权利计,为同胞人格计,一息尚存,誓与奋斗。"致日领函要求切实致电日本政府,将已登岸之陆军全数撤回。

△　第三十六军刘兴部由临颍沿京汉线向郑州追击前进,是日与

第二集团军会师郑州。

△ 阎锡山代表李庆芳昨今两日与安国军接洽,表示晋方仍守保境安民之旨,对奉决无积极压迫之事。同日,据东方社北京电称:张作霖代表到山西,请阎锡山出兵陕西,截断冯玉祥军退路。阎答:"本人始终以保境安民为旨,苟冯军不侵犯本省,决不动兵。"

△ 第八军军长李品仙等通电主张从速解决长沙事变,略谓:湖南农工运动幼稚之病,非深加整顿,诚属危机,惟整顿权衡,应在中央。此次长沙事变,中央已决定方针,派员处理,武装同志应服从中央调处与唐生智总指挥电令,并请政府查明真相,从速解决,以免久延时日,别行枝节,如有不听调解,惟有从严惩办。

△ 南京国民党中央政治会议议决,国民革命军总司令部政治部改称总政治训练部,吴敬恒为正主任,陈铭枢、刘文岛为副主任,王昆仑为秘书长,罗家伦为编译委员会委员长;各军、师政治部改为军、师政治训练处。

△ 南京政府任命戴季陶为国立广州中山大学校长,朱家骅为副校长。

△ 南京国民党中央政治会议第一百次会议议决:加推古应芬为中央政治会议委员;县采县长制。

△ 南京国民党中央政治会议议决南京改特别市,市区包括下关。是日,南京市政厅改称市政府,各局正式成立。6 日,南京政府公布《南京特别市暂行条例》。

△ 古应芬就任南京政府财政部长,并发表整理财政计划。

△ 南京国民党中央清党委员会议决,任命吴敬恒、叶楚伧、王柏龄、葛建时、叶秀峰、余心一、李一平、靳鹤声、刘季洪、周曙山、李寿雍为江苏省清党委员会委员。

△ 无锡公安局在铁路饭店逮捕共产党员 27 名。20 日,南京政府又以反蒋嫌疑下令无锡当局逮捕徐明英等五人。

△ 是日至 8 日,陕西省召开全陕第一次农民代表大会,出席代表

84 人,代表 32 个县农协组织。大会通过政治报告及拥护全国农民协
会、组织审判土豪劣绅特别法庭、苛捐杂税、田赋租税、农民自卫军、红
枪会等决议案 26 件。选出共产党员王授金、张含辉、李维平等为农协
领导。在省农协领导下,各县农协组织蓬勃发展,迄 6 月止,遍及 60 余
县,会员 50 余万人,武装农民 10 万以上。其中以长安、鳌屋(今周至
县)、鄠县(今户县)、渭南、华县、三原、绥德等县农运发展最快。

6 月 2 日　晨,宁方李宗仁第三路军前敌总指挥王天培部占领徐
州,直鲁军退驻山东韩庄。

△　何应钦第一军第二十一师陈诚部克高邮。3 日,克界首。4
日,克宝应。孙传芳部向宿迁、海州溃退。5 日,又克淮安。

△　阎锡山派兵开往东天门,并派军队若干至运城、大同。5 日,
阎电张作霖解释派兵原因,谓"贵军北退,诚虑临时布防不易,派少数队
伍进驻东天门,即令停驻井陉,不再前进"。

△　武汉国民党中央对各级党部发出训令:一、对党员之选择,务
须严格,决不可使投机分子乘间而入,已经厕名者务须淘汰;二、注意对
党员进行主义之认识、政策之运用、服从纪律之习惯等方面的训练;三、
对民众应先注全力于宣传党义;四、注意克服各种民众运动的幼稚
举动。

△　湖北全省总工会、汉口市商民协会等团体发表《工商联席会议
宣言》,内称:工商之间"对于过去的一切纠纷,已经双方考虑,议定很好
的方法解决"。因为"我们双方所受的痛苦,是一切帝国主义和买办军
阀所给予我们的。因此,我工人和一般中小商业者就应该互相联合起
来,进行国民革命,打倒共同敌人,救得双方解放"。

△　南京政府中央财政委员会召开第一次会议,胡汉民、张静江、
古应芬、钱永铭出席,讨论统一财政、确定预算、确定国立银行基金、改
革币制、整顿盐务等案,并定 6 月 15 日召开各省财政厅长会议。

△　原建国豫军总司令樊钟秀在随县就任国民革命军西路军
指挥。

　　△　湖南"救党"委员会通告各县市党部组织分会厉行清党,规定所有国民党员均须重新登记。

　　△　驻北京英、法、美、日、意五国公使在日使馆再次开会,讨论增兵华北数目、驻防区域与联络防守办法等。

　　△　著名国学家、清华大学国学研究院教授王国维投北京颐和园昆明湖自杀。

6 月 3 日　阎锡山布告取消晋绥陆军原有编制,改称国民革命军。是日起山西省改悬青天白日旗。

　　△　全国农协通电声讨许克祥,并请武汉国民政府立予免职查办,内称:许克祥破坏党部,屠杀农工,称兵谋变,扰乱后方,已属罪不容诛,复拒绝中央特派专员赴湘查办,违抗唐总指挥敬电指示解决方法,倘若再予姑容,则彼或将误认为政府默许,其行动而日益凶横,愈难制止。

　　△　何应钦第一路军赖世璜部与刘峙部克盐城。

　　△　奉军在新乡召开军事会议,决定设三道防线:第一道在卫辉,由第十六军军长胡毓坤及第十七军军长荣臻负责,以副军长丁喜春为总指挥;第二道在彰德,由王树常、赵恩臻率所部第十、第十一两军负责;第三道在正定,由万福麟、汲金纯两部为主力,另以高维岳第九军补充之,以于芷山等部驻扎保定、大名方面以作后防。

　　△　南京政府批准贵州省政务委员会推选周西成为该省政府主席。

6 月 4 日　中共中央致函武汉国民党中央执行委员会,提出削平湖南反革命主张六项:一、宣布长沙叛徒许克祥等所组织之委员会系反革命;二、另委合法的省政府;三、火速派兵讨伐叛乱,与唐生智总指挥以派兵之权削平之;四、取消叛徒窃据之省党部,另由国民党中央下令改选新省党部,行使职权;五、国民政府宣布工农组织及共产党在湖南得享完全的自由;六、武装农民以防御反革命暴乱之发生。

　　△　中共中央发表《告全国农民群众书》,指出:"湖南农民是整个农民运动的先锋,应当反对大地主豪绅及反动的军阀。你们应当在乡

村中建设民权自治政府及土地委员会。你们应当把大地主资本家公司与基督教会的土地收归公有。你们应当破坏豪绅的政权。你们应当将豪绅所霸占的所谓公有田地,以及庙宇祠堂的田地拿回来,交与乡村自治政府中的土地委员会。你们应当武装起来与反动势力奋斗,而保持革命中所得之胜利。长沙的反动军阀应当推翻。"

△　武汉国民党中央及湘、鄂、赣三省党部联席会议通过关于成立农村自治机关的决议案,其内容大致如下:因国民政府农政部所拟县区乡自治暂行条例草案尚未公布,为应付此过渡时期,应即设置县区乡自治筹备会,使在国民政府农政主管机关特派员指导下,担任县区乡民会议及县区乡政务委员会之筹备,并代行县区乡民会议及县区乡政务委员会之职权,以杜民众之幼稚及不合于中央训令之行动。

△　据东方社汉口电:武汉国民党中央执行委员会向各省市党部军事政治部发出电令,大要为:一、国民党对入党者须严加选择;二、工农运动使无职业工人参加,有害真正之民众运动,国民党期改善工人运动,以达成国民革命;三、地方行政与工会、农会、妇女协会等之关系,在中央方法未确定以前,谋与军队疏通意思,使过激派无跋扈之余地。

△　白崇禧第二路军第四十四军叶开鑫部克宿迁。

△　冯玉祥电令孙连仲部进攻邓县,岳维峻部由内乡取南阳,方振武部由襄城会攻南阳。

△　美军陆战队 1500 名已在天津登陆。驻华美军陆战队旅长浦脱勒、驻津美军步队旅长卡斯提纳及统领美国驱逐舰第三队海军提督布力克莱,是日联袂入北京,与英使马慕瑞商洽对付华北时局,迄 7 日止,在津陆续登陆之美兵共达 2000 人。

6 月 5 日　武汉国民政府解除苏联顾问鲍罗廷、加伦等 140 余人的职务。

△　2 日,第一纵队司令张发奎率第四、第十一、第二十军由临颍出发,向东急攻开封,是日克开封城。至此,黄河以南已无敌踪。7 日,张率部离开封南下回汉。

△　山西各界二万余人在太原集会。大会一致公推阎锡山为国民革命军北方总司令,并通过电请省党部厉行清党,及通电拥护南京"国民政府"等议案。

△　晋军前锋已至河北省获鹿县,骑兵队一部抵摄头镇。晋军李德懋第七师开驻枕头,孙长胜骑兵第三师驻获鹿,卢丰年第十师驻井陉,王嗣昌第六师驻娘子关,关福安第五师驻平定,张荫梧第十四师驻潞安,杨效欧第十一师由太原向石家庄输送。阎锡山决定以徐永昌为各路总指挥,总制一切,司令部设井陉。

△　朱培德在江西"分共"。江西省政府主席朱培德将江西省党部、南昌市党部及革命群众团体中的共产党员刘一峰、方志敏等 22 人遣送出境。同日,江西省总工会和农民协会等团体亦被查封。

△　武汉 50 余团体为讨伐许克祥,特推举向忠发等为请愿主席团,向武汉国民政府和国民党中央党部请愿,并至第八军军长李品仙处表示拥护唐生智敬(24 日)电。请即日出兵讨伐许克祥。

△　何应钦第一路军第十七军杜起云部占领涟水,孙传芳军彭德铨部第三团缴械投降。

△　日在野党一致反对田中内阁出兵来华,是日在东京举行反对出兵大会。日本各地亦有同样集会。日劳动农民党发表宣言,呼吁对日政府出兵反抗到底。

△　天津各国驻屯军司令官在日本司令官高田宅讨论京、津"防备"问题。上海英防军司令邓肯北上。南下视察之英使蓝普森亦自上海启程回任。

6 月 6 日　武汉国民党中央执行委员会电湖南省政府通知解决长沙事件办法五项:一、湖南省政府暂维现状,由中央根据情况决定改组办法;二、湖南省党部、省农民协会及省总工会均应改组;三、长、岳一切部队均归副军长周斓指挥,越轨军人由周查办;四、军队及农工武装团体均应即行停止军事行动,两方绝对不得有寻仇报复举动;五、其他一切事宜均归特别委员会办理。

△　武汉国民政府派第三十六军副军长周斓抵湘处理"马日事件"。次日,周邀集全体军官开军事联席会议,周荣光、许克祥、李殿臣、李仲任、王东原等团长皆参加。决定:一、各级党部及农工团体一概停止活动;二、各地聚集的农工全部解散,各归原地;三、省政府暂维现状;四、各军队停止军事行动。

△　阎锡山在山西太原就任国民革命军北方总司令职,蒋介石代表彭凌霄、冯玉祥代表刘治洲参加。阎在就职宣言中称:"今兹三民主义已深入北方民众心坎,一切反革命之势力,已到最后崩溃之时期。凡我南北真实之革命同志,急宜集中革命势力,以打倒军阀帝国主义,俾统一的国民政府得以早日实现。"

△　武汉国民政府鉴于冯玉祥态度不定,派邓演达至潼关谒冯,请冯至郑州开会。同日,武汉国民党中央政治会议主席团汪精卫、徐谦、谭延闿、顾孟馀、孙科等由武汉赴郑州。

△　据上海《民国日报》讯:南京国民党中央宣传部审查标语,取消"严防右倾分子"、"打倒西山会议派"、"打倒国家主义派"等口号。

△　北京政府前总理唐绍仪在上海通电主张各方息战,划地分治,各修内政。

△　杨森部自沔阳、潜江、天门分三路出动,拟切断京汉路,被第八军击败,溃至潜江。8日进攻仙桃镇之敌,亦被第八军所部击退。

△　南京东南大学学生为复校事向教育行政委员会请愿。该会常务委员褚民谊答称:东南大学改组为第四中山大学,任张乃燕为校长,一月内开学。

△　安国军外交处长吴晋在北京对中外记者谈称:奉军此次撤退河北,系因红枪会、天门会等农民组织风起云涌,无法对付,以及阎锡山态度不明之故。吴对记者鼓吹蒋、奉、阎三角联盟,略谓蒋介石既已反对共产党,并镇压群众运动,与张作霖主张相同,阎锡山已出任调停。而蒋介石最近又表示愿与张作霖合作,张作霖自无不赞成。

△　英军一营乘"哈米那斯号"舰自上海开赴天津。同日另一营开

赴威海卫。

6 月 7 日　驻华英使蓝普森及驻沪英军司令官邓肯等抵北京。是晚即召集在沪英军长官开重要会议,讨论华北英军布防、英使馆迁移海滨及上海英军北调等问题。8 日晚,英柬约克州军团一队开抵北京。

△　广州总政治部为反对日本出兵山东事召集各校校长及新闻记者等开会,决定举行示威运动、令各界组织反对出兵宣传委员会、由教育厅令各校学生组织排日宣传队等多项对付办法。

△　上海妇女对英兵强奸华妇案后援会通电抗议英兵兽行,提出四项要求:一、撤退一切驻华海陆军队;二、收回租借地;三、依法严惩罪犯并对中国国民道歉;四、负责赔偿被害人损失。

△　南京政府财政部电各省市商会等称:“前由政治会议议决停铸袁币,改铸先总理像币,又据中央财政委员会议决,先总理像币织像镌模需时……准暂用民国元年所铸先总理纪念币旧模先行铸用,成色分量,均暂照袁币办理。”11 日,南京造币厂开铸孙中山纪念币。

△　全国农协训令各级农协,指示适应新环境的新政策五项:一、巩固组织,严肃纪律;二、保护革命同盟之利益;三、注意改良乡村旧日习惯之步骤;四、开始乡村建设事业;五、加紧宣传工作。

6 月 8 日　南京政府依 5 月 30 日中央政治会议之决议,训令国民革命军总司令部暨各省政府,于惩办土豪劣绅之案,除当事人实系共产党,仍归清党机关办理外,事犯在 4 月 15 日以前者,概令具结保释,事犯在 4 月 15 日清党以后者,仍应依法办理。

△　阎锡山派政务处长兼警察厅长南桂馨赴北京,与张作霖商议晋奉宁三角同盟事。9 日,杨宇霆、韩麟春向南桂馨转达奉方意见,略谓:对三民主义东北不反对,但先决条件在共同讨赤。晋方既主张奉晋宁三角同盟,应先由三方面摊派队伍会剿赤化军。至国是问题,俟赤化秋平,听由国人从长计议。10 日,南桂馨变更预定南京之行,遄返太原,向阎锡山报告与奉方接洽经过。

△　汉口《民国日报》发表湖北全省工会组织部调查:全省工人人

数 80 万,有组织者共 51.3408 万人。工人俱乐部及工人学校共二三百处。

6 月 9 日 阎锡山下令取消省长,裁撤省公署、省议会、参事会、自治筹备处、道尹、镇守使署,决定自兼山西省政。并任命各厅长如下:民政南桂馨,财政李鸿文,建设王禄勋,司法冀贡泉,教育陈受中,农工赵丕廉,实业马骏,总司令部省政秘书厅杨兆泰。

△ 南京国民党中央清党委员会议决,任命张静江、蔡元培、陈希豪、沈定一、姜绍谟、蒋伯诚、卢仲英、洪陆东、李超英为浙江省清党委员会委员。

△ 夏斗寅叛军由武长路东退,是日占领大冶,武装工人纠察队顽强抵抗。

△ 白崇禧第二路军第四十四军叶开鑫部克海州。孙传芳部冯绍闵师及郑俊彦师各一部被歼,周荫人残部由海道退青岛。白宝山部李奇峰等率部投降。13 日,蒋介石令白宝山降部改编为第三十一军,委郑绍虞代理该军军长,李明扬为副军长。

△ 高桂滋电武汉军事委员会称,所部克复归德,孙殿英仅以身免,陇海东段敌已肃清。13 日,武汉国民政府任命高桂滋为暂编第十九军军长。

△ 日本复照送达北京政府外交部,诡称日本出兵山东,除护侨外无其他目的。18 日,北京外交部对日出兵提出第二次抗议,略谓:日方答复对于中国政府要求各节毫未容纳,而所述派兵不得已之理由,中国政府亦不能认为充足。务希转达日政府迅予撤军,尤盼勿再向胶济沿线及济南等处移动。

6 月 10 日 汪精卫等与冯玉祥在郑州举行会议,历时两日,谭延闿、徐谦、孙科、顾孟馀、于右任、唐生智、王法勤、于树德、邓演达、张发奎、鹿钟麟等均出席。会议结果,河南和西北军政大权交冯独揽,武汉政府部队则按"原定计划"班师回武汉。主要决定如下:一、成立河南、陕西、甘肃三省政府,以冯玉祥为河南省政府主席,于右任为陕西省政府主席,刘郁芬为甘肃省政府主席;二、组织开封政治分会,以冯玉祥、于右任、徐谦、顾孟馀、王法勤、杨明轩等 11 人为委员,以冯为主席,指导陕、甘、豫等省政务,北京及西北两政治分会裁撤,以乌桂曼诺夫为开封政治分会顾问;三、冯玉祥之第二集团军扩编为七个方面军。此外,冯玉祥提出调和宁、汉之议,但未商得明确办法,由冯酌办。

△ 据上海《民国日报》讯:南京国民党中央执行委员会通过张静江提议,恢复西山会议派张继、谢持、林森、覃振、邹鲁、居正、石青阳、傅汝霖、何世桢等国民党党籍。

△ 据《民国日报》讯:南京国民党中央执行委员会第九十五次会议议决任戴季陶为中央工人部部长。

△ 蒋介石任命夏斗寅为新编第十军军长,是日夏在蕲水防次就职。

△ 孙传芳由枣庄到济南,与张宗昌、褚玉璞、寇英杰协商应付时局办法。

△ 天门会与红枪会聚众六七百人围攻邯郸县城。13 日,又聚众五六千人再攻县城。

△ 南京政府外交部长伍朝枢致电英使蓝普森,抗议英国飞机迭在广东黄埔军校上空及上海警戒区域飞行。

△ 伍朝枢致电南京政府,称中法商约将期满,乘时务尽能力将其废除,另订互惠新约。

△ 日、英、法、比、荷、西六国公使在北京召开联席会议,讨论各国对华修约所取态度,均认为中国时局不靖,修约会议可不必举行,一俟南北问题解决后,再与负责当局交涉。

△ 直隶交涉署以美国增兵天津,英、法、意、日等国亦有增兵情事,是日,特向驻津各国领事提出抗议,请即速转致该国军事当局,注意华府会议尊重中国主权议决案,务将所增军队一律撤退。

6 月上旬 宁方"北伐"第四期作战计划已制定,分三路进兵:第一路由徐州出发,沿津浦线进展,趋滕县、兖州、泰安而至济南;第二路由宿迁、邳县入山东境,经沂州、蒙阴、新泰、莱芜、博山、淄川以断胶济路;第三路由海州、赣榆进兵,趋日照、诸城、胶州而达青岛。

△　日军自青岛登陆一周来,肆无忌惮进行侵略活动:一、派员侦察青岛地形;二、3 日晚日司令官乡田赴济勘定驻军地址后,第六十三联队约 200 余人奉令于 7 日晨开赴济南;三、由日本运到青岛大批子弹粮秣,足够该军一年之需。

6 月 11 日　武汉国民政府军事委员会主席团命令:一、豫军樊钟秀、梁寿恺、任应岐、蒋世杰、王乃文及王耀珊所部,归第二集团军冯玉祥节制指挥;二、河南保卫军应予裁撤,归冯玉祥严行编组。

△　第二集团军第五方面军总指挥岳维峻分两路进攻方城、南阳。是日,占领镇平、南召。

△　宁方第四十四军叶开鑫部占郯城、赣榆。孙传芳嫡系第二、第四、第八、第十四等师共 43 个混成旅全溃,向临沂退却。

△　北京政府外交部就美国在天津增兵事向美使馆提出抗议照会,要求立即撤退所增军队,内述理由四点:一、违反《辛丑条约》规定;二、华北外侨向无受害情形;三、未得中国政府同意,违背华会精神;四、侵犯中国主权。

△　南京各界民众 20 万人举行反对日本出兵山东示威大会,通电全国一致反对日本出兵,并致电日本社会民众党制止日政府出兵中国。会后游行。

△　湖南省、市党部及民众团体请愿代表团为"马日事变"向武汉中央党部及国民政府请愿,并提出七项要求:一、明令讨伐许克祥;二、恢复湖南省党部及各市县党部;三、请唐生智回湘恢复省政府职权;四、枪毙许克祥等;五、解散湖南"救党"委员会;六、恢复湖南总工会;七、救恤被难同志。代表团对于汪精卫迁延不下讨伐许克祥明令表示失望。16 日,湖南代表团通电痛陈"马日事变"后许克祥之流屠杀和镇压革命民众和革命组织罪行。

6 月 12 日　汪精卫、谭延闿、孙科、顾孟馀、徐谦于郑州会议结束后,是日返武汉。于右任附车同行。

△　绥远都统商震奉阎锡山命在绥就任北方"国民革命军"第一军军长职,并颁令改悬青天白日旗。

△　豫军樊钟秀部克枣阳。

△　法兵 500 名由沪抵津。

△　上海各界 60 万人分别在南市、闸北、江湾三处举行反对日本出兵来华大会。大会发出警告日本政府及忠告日本民众两电。南市大会通过反对日兵来华办法多项:一、国民经济绝交,其办法为人民不用日货,商店不售日货,交易所不拍卖日货,不用日钞,不存款入日银行;二、国民停止合作,其办法为日人工厂职工、日船海员、日人商店住宅职工一律罢工;三、海关对日封锁;四、请国民政府对日断绝国交。

6 月 13 日　武汉国民政府任命冯玉祥、孙岳、鹿钟麟、薛笃弼、靳云鹗、方振武、凌勉之、刘治洲、载修瓒、梁寿恺、刘镇华为河南省政府委员,指定冯玉祥为主席;于右任、邓宝珊、茹欲立、李元鼎、石敬亭、井岳秀、过之翰、惠有光、杨荃骏、段韶九、王授金、邓长耀、严庄为陕西省政府委员,于右任为主席;刘郁芬、宋哲元、杨慕时、胡毓威、马鹤天、赵元桢、韩骏杰、马麒、蒋鸿遇为甘肃省政府委员,刘郁芬为主席。又任命第二集团军一至七方面军总指挥为孙良诚、靳云鹗、方振武、宋哲元、岳维峻、于右任、刘郁芬。

△　武汉国民政府军事委员会讨论解决"马日事变"办法,会议根据汪精卫的综合报告,认为鄂西、鄂北等地均在用兵,对"马日事变"不用武力解决,以免引起纠纷。同意唐生智请求亲到长沙以和平方法改组农民协会及实行乡村自治条例等计划。同时,武汉政府批准湖南省政府代理主席兼军事厅长张翼鹏辞职,以周斓继任。

△　唐生智等返抵武汉。同日,武汉中央政治委员会决议,"马日事变"交由唐生智全权处理。

△　武汉国民党中央江西特别委员会命令恢复农工活动,是日撤退驻守农会、工会的军队。

　　△　南京国民党中央政治会议决定：一、设立中华民国大学院，为全国最高学术教育行政机关，任蔡元培为院长；二、设外交委员会，推胡汉民、蒋介石、吴敬恒、李石曾、伍朝枢为委员。

　　△　日本前任陆相山梨大将奉日首相田中之命来华访问，是晚抵北京。次晚晤张作霖。28 日，上海《时事新报》发表题为《请国人注意山梨》一文，称山梨来华，一为以调和为名，促成南北双方妥协，使中国革命不能彻底；另一则准备将来奉军溃灭时，引诱张作霖独立于东三省，则日本可用并吞朝鲜之故技并吞满蒙。

　　6 月 14 日　夏斗寅部再次向武昌进攻，由仓子埠进迫距武昌 30里之青山，另一部由骆驼湖绕攻汉阳。武汉震动。

　　△　阎锡山发表北方"国民革命军"各军司令人选：第一军商震，第二军杨爱源，第三军徐永昌，第四军傅存怀，第五军傅汝钧，第六军丰玉玺，第七军张荫梧，第八军谭庆林，第九军郑泽生，第十军李维新。

　　△　云南省政府主席胡若愚通电宣布解决龙云经过，略谓："本省前次改革政治，误于龙云作梗，毫不彻底，昨奉国民政府密令，已于六月十三日夜，将该员职务、武装一并解除。"同日，龙云通电辞去本兼各职，所属各部队概交政府管辖指挥。

　　△　冯玉祥就河南省政府主席职，发表施政方针六项：一、统一军政；二、刷新吏治；三、整理财政；四、党化教育；五、抚恤灾黎；六、肃清盗匪。

　　△　阎锡山电复北京当局，谓奉军请求晋军出兵黄河北岸分担防务，除非奉军改称国民革命军及悬挂青天白日旗，未便照行。

　　△　湖南省政府军事厅发出分路清乡电令 15 条，规定令到后 10日内一律肃清。自此许克祥、周荣光等部即深入湖南各乡县镇压农民运动，无日不杀数十人。各县原国民党党部、农民协会及各革命机关悉被摧毁。

　　△　湖北省总工会召开代表大会，到代表二千余名，中央党部蓝辛田、湖南代表简传良、江西代表邹努等出席。主席向忠发作报告，代表

一致要求政府：一、下令平定湖南叛乱；二、继续向东南进攻，打倒蒋介石。

△ 张作霖为摆脱危境，安抚内部，是日设宴介绍张宗昌、孙传芳、吴俊陞、张作相、杨宇霆、韩麟春、汤玉麟等重换兰谱，表示合作到底。席散后，即召开重要会议，决定以下事项：一、军事两大干路（京汉、津浦）分工严防；二、致电阎锡山，劝其表明态度，以三方面出兵讨赤为妥协先决条件；三、推潘复组阁。

△ 南京国民政府布告保护外侨，命令军人"对于各国之兵舰商船，不得擅施射击，外人之生命财产，军行所至尤须随时加意保护，以重邦交"。

△ 杭州各界举行反对日本出兵大会。蒋介石出席作反共演说，对日本出兵事未置一辞。大会发电两通：一致日本内阁，反对日本出兵。一致日本国民，宣布中国民众将实行以下步骤：一、一致抵制日货；二、在日军撤退后，如日方工厂船只仍顽抗，则实行罢工；三、若日本仍坚持帝国主义对华政策，则海关拒收日货，直至断交。

△ 全国律师协会电英首相鲍尔温，请其训令沪上英员对英兵强奸案执行复审。

△ 山东阳谷县五万农民在共产党领导下是日起围城 10 日。

6 月 15 日 武汉国民政府将唐生智之第四方面军扩充为第四集团军，以唐生智为总司令。下辖两个方面军，以第八军、第三十五军、第三十六军为第一方面军，唐生智兼总指挥；以第四军、第十一军、第二十军为第二方面军，张发奎为总指挥。黄琪翔为第四军军长，朱晖日为第十一军军长，贺龙为第二十军军长。又第一集团军（蒋介石部）之第一、二、三、五各方面军仍归军事委员会直辖。

△ 武汉三镇约百万人冒雨参加欢迎第二期北伐将领及武装同志凯旋大会。并举行罢工示威。大会议决：一、欢迎北伐将士凯旋；二、讨伐蒋介石；三、恳请中央党部及国民政府坚决拿办许克祥；四、抗议江西驱逐工农领袖、停止工农运动；五、反对帝国主义派兵来华；六、抚恤伤

亡将士家属。会后,各团体向武汉中央党部和国民政府请愿。

△　据汉口《民国日报》讯:武汉工会代表大会通过对目前政府情形决议案,谓大会认为要使革命继续发展,必先肃清一切反革命派。要求国民政府立即实行下列八条:一、接受湖南代表团的八项要求;二、明令拿办许克祥并解散一切反革命机关;三、明令恢复原有之党部、工会、农会等一切民众团体组织;四、发给工人纠察队与农民自卫军的枪械要明令保护;五、明令保障工农组织的绝对自由;六、严惩一切摧残工农运动的反革命分子;七、讨伐蒋介石;八、明令制止驱逐工农领袖等一切反革命分子的行为。

△　第八军第三师李云杰部克沙市,杨森部向宜昌方面溃退。

△　南京国民党中央党部派萧佛成、周启刚、吴公义、陈肇燊、邓丹魂组织海外清党委员会。

△　南京国民党中央青年部电令全国学生总会筹备会从速迁宁,并指令宁特别市党部负责指导改组。30 日,全国学生总会改组筹备处由沪迁宁办公。

△　蒋介石总司令部特务处已由上海迁南京,另设“国民革命军警备司令部”驻上海。是日,杨虎就任上海警备司令。

△　孙传芳、张宗昌、杨宇霆、韩麟春、张作相等在北京开会,决定推潘复组阁。又讨论组织新国家党问题,声称提倡国家主义,主张四民平等,劳资调协,反对共产主义,反对阶级斗争,并决定立即成立组织。

△　《中央半月刊》出版。吴敬恒主撰。该刊为南京国民党中央宣传部定期刊物。

△　新任驻宁日领事浅户正美偕同武官随员等 30 余人抵宁。晚,伍朝枢欢宴。席间伍希望日政府即日将山东日兵撤去,详述日无出兵华北理由。浅户氏允转电回国。

6 月 16 日　孙传芳、张宗昌、吴俊陞、张作相、褚玉璞、张学良、韩麟春、汤玉麟通电拥戴张作霖为海陆军大元帅,“讨赤救国”。

△　张作霖通电表示始终讨赤,暗示“非赤者”可以媾和,“不特从

前之敌,此时已成为友,即现在之敌,将来亦可为友"。

△ 顾维钧通电辞职,由胡惟德代总理,王荫泰暂代外交总长。

△ 张宗昌因济南危机迫在眉睫,通告日当局将不负日侨安全之责。

△ 上海开始清党。以陈德征、潘宜之、陈群、杨虎等 13 人为上海市清党委员会委员。清党对象为:共产党员、贪官污吏、土豪劣绅、"反动"分子、恶化分子、学阀之类。准人"报告"且可代其保密。次日,该会开三次会议,陈德征又将缉拿权限扩大,随时随地知有共产党等分子,立可调派军警镇压。

△ 国民党上海市党部呈请中央执行委员会,以学阀之名通缉章太炎、黄炎培、沈恩孚、张君劢、张东荪、凌鸿勋等 15 人。

△ 浙江省开始清党。国民党浙江省党部彻底改组。张静江、蔡元培等九人任省党部改组委员。

△ 湖南赵恒惕、袁华选(士权)到宁谒蒋介石,商解决两湖办法。

△ 中央通讯社正式发稿。南京设总社,国内外各大埠设分社。7月 12 日,南京政府通令称,该社既为中央通讯机关,于党国要政以及各方面消息,不但具有迅速宣传之能,且负有精密审查之责,为此通令军政各级机关,以后所有新闻消息,务赶先尽量供给该社,不得延缓简略。

△ 湘、鄂、赣三省农民协会一月来多为反动派所摧残,农民牺牲者达一万数千人,是日全国农协临时执行委员会常务委员谭延闿、谭平山、邓演达、毛泽东、陆沉呈请国民政府采取下列措施:一、明令保护农工组织及工人纠察队、农民自卫军,惩办一切屠杀工农、扰乱后方之反动派,使工会、农会、共产党等革命组织,享有完全自由,团结革命势力,实行讨伐蒋介石;二、肃清湖北各县勾结逆军土匪屠杀农工之土豪劣绅及其他一切反动分子,巩固武汉;三、明令惩办许克祥、仇鳌、彭国钧、萧翼鲲,解散其"救党"委员会等反动机关,恢复湖南省政府、省工会、省农协及一切被摧残之革命团体,接受湖南请愿代表团之请愿,并令唐生智从速镇压湖南之反动派;四、恢复江西工农团体,并严惩江西各县屠杀

民众之反动派。

△　山东省银行因时局影响,加上奸商操纵,发生挤兑风潮。是日,为男子兑现期,六人被挤倒,一人毙命。次日,为女子兑现期,六人挤毙,其中三名为怀孕妇女。

6月17日　蒋介石偕冯玉祥驻宁代表李鸣钟、方本仁等由宁抵徐。

△　北京高等审判厅对鲍罗廷夫人及苏联三信使进行第一次预审。鲍夫人等拟聘请侨津美国律师化克士出庭辩护。闭庭时中国律师等要求提出关于犯罪之证据及下次出庭之证人。

△　武汉国民政府代表孔庚到太原,阎锡山发起驱孔,并以"保护"为名,令孔寓督署内,不得外出一步,不许自由谈论军政,并由省党部派人监视。19日,经孔庚抗议后,阎始送孔离开太原。与此同时,南京政府派中央党部视察员刘芙若及蒋介石代表何亚农、彭凌霄到晋,省党部开会欢迎。

△　南京政府任命蔡元培为大学院院长,王世杰为法制局局长,李晓生为印铸局局长。

△　安国军总部外交处代表顾泰来对记者谈称:张作霖就任大元帅后,各军名称一律称安国军,以昭统一,断无再有鲁军或孙军之分。至军事方面,暂取守势,俟军队改编完成,再谋从新发展。

△　上海反对日本出兵运动委员会开紧急执委会,议决以下各项:一、通告各商埠组织劣货检查处;二、请各地团体组织对日经济绝交运动会;三、请上海学生联合会组织后援队,从事后援;四、请上海学生联合会通告码头工会不装卸日货;五、请各路商会总联合会通告各商店,不许贩卖日货,由警察厅通知各署,取缔奸商乘机渔利;六、通知各娱乐场、电影院映演日本侵华影片;七、通告各报馆不许登日本广告,违者处罚;八、通告警察厅、学生联合会撤去街上日本广告;九、通告中国妇女协会,日用装饰品不用日货。

6月18日　"中华民国军政府"成立。张作霖在北京就任陆海军大元帅,就职誓词为"拥护共和;发扬民治;刷新内政;辑睦邦交"。孙传芳率文武官员贺张。张招待各国公使,谓照约保侨,但不欲各国干涉内政。修改不平等条约,当照外交手续,不欲强制取消。

△ 张作霖公布《中华民国军政府组织令》,大要为:一、陆海军大元帅,统率中华民国陆海军;二、大元帅在军政时期,代表中华民国行使统治权,保障全国人民法律上之权利;三、军政府置国务员,辅佐大元帅政务;四、国务员设总理、外交总长、军事总长、内务总长、财政总长、司法总长、教育总长、实业总长、农工总长、交通总长;五、大元帅命令,总理副署,但任免国务员不在此限;六、国务院与各部官制另订;七、6 月17 日前法令,不抵触本令者适用之。同日,特任潘复为国务总理,组成安国军政府。

△ 驻沪日代理总领事清水就上海反对日本出兵运动事,向郭泰祺交涉员提严重抗议,要求"取缔排日宣传,及其他一切排日行动"。

△ 广州各团体五万人举行反日出兵大会,通过实行经济绝交、不准商民购运日货等议决案十余项。

△ 宁方军队奉令以主力向日照、沂州、枣庄、临城线上之敌攻击,以一部向鲁南津浦路诸要点挺进。各路军任务如下:第一路军之第十四军、第十七军向日照攻击;第二路军向沂州攻击;第三路军以主力自津浦路正面向韩庄、台儿庄、枣庄、临城攻击,以一部分向济宁、兖州等要点挺进。

△ 福建财政处牌照局税丁偕巡警两名赴伞店征收税捐,双方发生冲突,巡警开枪打死店伙,激起民愤,捣毁局长住宅。全市商店罢市。闽江船户亦定自 21 日起停航。各界向当局提出枪决局长及税丁等要求。

6 月 19 日 冯玉祥由开封抵徐州。蒋介石率李宗仁、白崇禧等将领到车站欢迎。冯在车站发表演说,声明唯蒋介石马首是瞻。

△ 南京国民党中央宣传部、总政治训练部、外交部为谋统一国际宣传起见,发起合组国际宣传讨论会,是日在南京成立,公推刘霆为主

席,谭葆慎为副主席。以中央通讯社及国民通讯社为发表机关。

　　△　南京国民党为统一上海宣传机关,设中央宣传部驻沪办事处,以陈群为主任,刘霆、潘宜之为副主任。并另组上海宣传委员会,推定陈群、潘宜之等13人为宣传委员。次日,中央宣传部驻沪办事处正式成立。

　　△　是日至28日,中华全国总工会在汉口召开第四次全国劳动大会,到会代表420人,代表290万有组织的工人。赤色职工委员长及英、俄、法、美、日本、印度、爪哇等国代表均参加。主席团为苏兆征、李立三、刘少奇等。大会总结北伐以来的工会工作,讨论如何对付蒋介石叛变问题,驳斥"工农运动过火"论,决定扶助农民运动,巩固工农联盟的方针,特别强调组织工人武装的重要性。大会通过会务报告、关于工会组织、关于童工女工、关于失业问题等决议案多件。并决定7月1日全国各地各业工会同时举行追悼死难工农同志及革命领袖大会;在最严重压迫之下,亦必须在工作所在地举行飞行集会,以表示工人阶级艰苦卓绝、一致团结反抗到底的奋斗精神。

　　△　省港罢工两周年,广州二万多工人集会纪念,并示威游行,提出"保护罢工工人的一切权利"、"释放一切政治犯"、"保持四月十五日以前工人和资本家所订的条约"等口号。

　　△　日清公司日轮"南阳丸"由汉过宁驶沪,在下关违例不靠码头,不接受检查。由于该轮不鸣汽笛突然开驶,以致撞沉四艘划子,溺死乘客150人以上,损失行李无数。江宁交涉员蔡公时照会驻宁日领事田岛,提出严重抗议,并声明保留要求赔偿权。27日,经蔡公时与日领事交涉结果,日领事承认以后日商轮抵埠须靠码头,接受船舶检查所检查。

　　6月20日　蒋介石与冯玉祥举行徐州会议。胡汉民、吴敬恒、张静江、李石曾、蔡元培、李烈钧、钮永建、黄郛等专程到徐参加。李宗仁、白崇禧、黄绍竑、李鸣钟、何其巩等前敌将领亦均出席。吴敬恒主席。会议讨论事项为:一、党之问题;二、目前政治建设问题;三、对于共产党之办法;四、继续北伐问题;五、武汉政府问题;六、政治部改良问题;七、国民会议筹备问题;八、军事问题。对于北伐军事问题,蒋欲使冯军以一部沿平汉路直下武汉;国军主力溯江西上,以最短时间,削平"叛部"。冯以为当面之奉鲁军乃真正敌人,宜先以全力击灭之,武汉方面乃一家人,不宜兵戎相见,予敌以反攻机会。蒋以冯氏意见虽左,对奉鲁军阀尚能同仇敌忾,遂决定先用兵鲁南,予敌人以重创,再行回师西征武汉。会期两日。

△ 潘复通电就任安国军政府国务总理。张作霖任命潘复内阁成员如下:外交王荫泰,军事何丰林,内务沈瑞麟,财政阎泽溥,司法姚震,教育刘哲,实业张景惠,农工刘尚清,交通潘复兼任。以夏仁虎为国务院秘书长。

△ 蒋介石委樊钟秀为第四十五军军长,取消原有建国军名义;委李纪才为暂编第二军军长,石德纯为新编第六军军长,张德胜为新编第二十一军军长,沈明玉为新编第八军军长。

△ 上海开展大规模抵制日货运动。是日起实行下列措施:一、各报纸禁登日商广告;二、学生团体分派至各街道将日货招牌广告摘下;三、抵制日货委员会通知各商店禁止向日本定货与发卖日货,有不遵行者须因于特制之木笼内数日,以示惩戒。

△ 南京商民协会各区分会联席会议决定对日经济绝交,并举杨仲麒等 11 人为委员,组织委员会。次日,在下关设检查所检查日货进口。

△ 苏联与奉方签订《俄满长途电话协定》。经费 150 万元,奉方半数由东铁红利下支付。于哈尔滨与赤塔间架二线,哈尔滨与海参崴间架四线。

6 月 21 日 徐州会议继续开会,至午散会。今日最后议决,冯表示由彼个人请武汉政府取消,与蒋介石联名北伐。同日,冯电武汉政府汪精卫、谭延闿诸人,促鲍罗廷解职归国;劝在武汉之政府委员除愿出洋休息外,余均可合而为一;望唐生智调集所部于郑州,协力"北伐"。

△ 蒋介石、冯玉祥联名通电北伐。谓："兹当会师鲁豫,更益进行之际,谨拘诚悃,为海内外告:中正、玉祥与数十万将士,为三民主义信徒,谨偕全国民革命军,誓为三民主义而奋斗,凡百诱惑,在所不顾……必期尽扫帝国主义之工具,以完成国民革命之使命而后已。"

△ 南京国民党中央执行委员会常委及各部长联席会议决定委任陈铭枢、何应钦、李宗仁、白崇禧、陈可钰、曾扩情、陈立夫、马文车、潘佑强、吴醒亚、王昆仑11人为军队清党委员。

△ 北京军政府潘复内阁首次会议,通过下列主要议案:一、根据组织令于国务院分设九部,变通组织大纲;二、明令国务院限期修正现行官制官规;三、对现有人员,应酌量调用,其余候考试分别录用。所有积欠薪俸,由财政部议定,呈候核夺施行;四、简任外交次长吴晋,军事部参谋次长于国翰,军事部陆军次长杨毓珣,军事部海军次长温树德,军事部航空次长刘光克,内务次长齐耀珹,财政次长朱有济、段永彬、董士恩,实业次长田步蟾,农工次长刘敬宜,交通次长常荫槐。

△ 在我国人民舆论压力下,日本不敢公开遣兵,青岛日兵是日起改换便衣,每日搭乘胶济车赴济南,迄24日止已开济1000余名。

△ 驻上海日代理总领事清水访问署理东路总指挥部参谋长张定璠,要求"取缔"上海人民反日运动。会谈历二小时,张答应"取缔过激运动"。

6月22日 南京政府财政会议开幕,广东、广西、浙江、福建、安徽、江苏六省财政厅长、海关监督、烟酒印花税局长、两淮两浙广东盐运使等以及中央财政主管机关负责人参加。会议主要讨论财政统一及补救预算问题。蒋介石每月军政费需1600万元,而收入不及半数。古应芬要求各省"协力担负",并宣布其方针为量出为入。解决办法为所有中央收入一律解交财政部,各省不足之开支应由各省自行筹补。各省不得截留税款及擅行任免财政部直辖机关人员。27日,各案议毕,决定8月1日实行裁厘加税。

△ 蒋介石派杨虎、陈群到宁波调查清党,杨等到宁波后,即大事

拘捕革命分子,前国民党市党部常务委员杨眉山、前市总工会会长王鲲被杀害。

　　△　第十五军军长刘佐龙由汉口到南京谒蒋介石,共商"讨共",并即日赴前线慰劳已出发之部队。

　　△　日轮"瑞阳丸"乘客宋伯华等七人乘该轮由沪赴宁,至镇江时因该轮多索酒资,致起冲突。日人竟令水手茶房数十人围打宋伯华等,其中一人被抛江溺毙,其余亦皆受伤。宋等到宁报告船舶检查所。次日,船舶检查所请当局严重交涉。

　　△　张宗昌在济南召集金融维持紧急会议,提出办法三项:一、丁漕每亩加洋四元,共可收入 2000 万元,以 1000 万维持省银行钞票;二、会同两商会查明省银行未发行钞票,一律封存,每日兑回之钞票不准再流通;三、酌设兑换所四处。23 日兑现仍极拥挤,又挤伤二人。

6 月 23 日　南京国民党中央清党委员会电各省市速办清党,限派定之各省及特别市清党委员于 7 月 5 日以前成立委员会;已成立者限同日以前报告工作,违者以懈怠工作处理。

　　△　南京政府财政部布告:自本年 7 月 1 日起实行值百抽五十之卷烟统税,废除卷烟旧有一切捐税。同日,财政部公布《全国卷烟统税暂行简章》,凡 12 条。

　　△　广州沙基惨案纪念日,武汉三镇分别举行群众大会,并纪念"六一一"惨案(1925 年 6 月 11 日汉口惨案)烈士、阵亡将士与各地死难同胞。通过一致反对帝国主义出兵华北;请第二、第三集团军出师北伐,消灭张作霖;请政府讨伐蒋介石,肃清东南等项决议。同日,广州、南京、徐州等地亦举行大规模纪念会。

　　△　上海总商会、各路商界总联合会及纳税华人会,以上海租界当局定 7 月 1 日增加巡捕捐 2%,是日特召集上海租界市民反对增加巡捕捐代表大会,通过提案多件:一、如不增加,照付;二、如须加收,连原数亦不付;三、如用压迫手段,采用必要表示,以示坚决。又议决扩大租界纳税华人会,凡租界纳税人均须参加,不得限于公共租界。定名为

"上海租界纳税华人会",设临时执行委员会,人数定为21人,加倍选举,交上海特别市党部圈委。

△　上海交涉员郭泰祺答复驻沪日代理总领事清水对上海人民抗日运动之抗议,称"决极力设法阻止此种不稳运动",但仍希日政府早日撤兵。

△　白崇禧指挥第二路军向鲁南临沂攻击;李宗仁指挥第三路军之第七、第十两军向临城,第三十三军及暂编第十一军向鱼台、金乡前进。

△　冯玉祥部占领曹州。

6月24日　南京国民党中央政治会议议决任王宠惠为司法部长;改组广东省政府,省政务委员全体免职,另任李济深、邓泽如、李文范、陈可钰、陈融、古应芬、冯祝万、张难先、曾养甫、李禄超、朱家骅11人为委员。

△　何应钦第一路军之第十七军自赣榆向日照前进。第十四军由东海经沙河镇向莒县前进。28日,两军分别攻克日照、莒县。

△　第二军张辉瓒部克宜昌,杨森部溃不成军,所部向成杰师投降,其余纷向川边溃窜。

△　李宗仁第三路军第四十军(5月29日起归第三路军指挥)贺耀组部克台儿庄,程国瑞第三军及王翰鸣第十一军等部向峄县溃退。次晚,进克峄县,敌又向枣庄溃退,贺部乘胜追击。26日晨,克枣庄,敌向滕县方向逃遁。

△　广东北路总指挥钱大钧由粤至宁面谒蒋介石报告军事。

△　北京英、美、法、日、意五国使团会议,讨论两事:一、对于北京改制、张作霖就任安国军大元帅事应持何态度,决分电各该国政府请示;二、美、意、法三国以中国时局紧张,主张使馆应即移津。英、日两国主张不迁,必要时以武力保护,讨论无结果。

△　据上海《民国日报》讯:奉天洮安县农会会长李迎春、镇东县苏邦公与蒙旗辅国公、北京蒙古参议员寿明阿等发起组织内蒙垦务公司,

以哲里木盟科尔沁右翼后旗荒地四百余万亩为垦区,资本奉大洋十万元。

6 月 25 日　南京国民党中央政治会议议决:一、追认阎锡山为国民革命军北方总司令;二、在广州之监察院即日结束,全部迁宁;三、由中央监察委员会、中央清党委员会、司法部、总部军法处各派一人组织特别临时预审法庭,其组织法由中央法制委员会起草。

△　张作霖发表"和平革新令",宣称"自今更始,一切外交内政均以民意为归"。同日,通电声称与孙中山多年交谊,宗旨本属相同,凡属中山同志一律友视,其有甘心赤化者,仍当贯彻初旨,问罪兴讨,意在与蒋介石、阎锡山反共势力谋求妥协。

△　浙江省政府训令各县自 7 月 15 日起减轻田租 25%,所减系照原有额征数计算,若原纳实数已达于减轻 25%定率或超过者不在此例。

△　国民党湖北省党部及武昌市党部召开联席会议,发表训令九条:一、民众对外交上不得作无责任之主张及发言;二、农民运动应取慎重态度,避免增加小农小商之不安,而致使其与大资本家联合反抗;三、民众不得缚束他人之身体财产及行动之自由;四、力图刷新地方行政;五、统一各级党部之权限;六、禁止私刑;七、处分逆产须照政府所公布之规定施行;八、禁止民众自由拘捕个人;九、保护革命军人财产。

△　上海华人纳税会会员与市党部代表开联席会,议决拒绝交纳新增之二成巡捕捐,并郑重宣言:"上海为中国领土,外军无权侵入……吾华人于不得市政权利占得工部局内相当地位之前,决无一人出资交纳增税。"

△　方振武部克南阳,吴佩孚率残部千余人窜邓县,余部悉降。吴抵邓县后,仅于学忠部听命,张联陞、秦建斌部均归附冯玉祥。时孙连仲部大举进攻,吴率残部走鄂境,准备渡汉入川往依杨森,张联陞奉命截击。7 月 2 日,吴佩孚在樊城上游 30 里之竹筱铺与张联陞军遭遇,吴仅率其妻子及卫士数百人逃遁,其参谋长张其锽被击毙,于学忠易服

逃走。吴佩孚势力至此完全消灭。21日,吴率残部抵四川巫山,杨森亲迎吴至万县。

　　△　夏斗寅军为叶挺师追击,一个团退至安徽太湖。

　　6月26日　唐生智抵长沙查办"马日事变",是日致电武汉中央,称"马日事变"系"工农运动领导失人,横流溃决,迭呈恐怖。中央明令保护军人家属,则视同具文";"投机分子更从而推波助澜,寻仇报复";"留省军人目睹恶化,身受压迫,乃作自决自卫之谋"。其处理办法则为:一、党部及民众团体停止活动,听候改组;二、政客仇鳌、张敬兮等开除党籍,许克祥从轻记过一次。

　　△　蒋介石通电各地军事当局,令选派参谋一员,到宁组织点验编练委员会,并派张治中为委员长。

　　△　中共江苏省委在上海成立。陈延年任书记。同日,因叛徒告密,陈延年被捕。7月4日,陈延年被杀害。

　　△　李宗仁第三路军王天培部第二十九师占领韩庄,敌顾震、张继善、刘金彪等部向临城方面溃退。王部经沙沟直达临城。

　　6月27日　武汉国民政府因冯玉祥有驱逐共产党的提议,决定让步:一、解散工人纠察队;二、逼农政部长谭平山、劳工部长苏兆征辞职;三、停止宣传工作。至于党务问题及对鲍罗廷等苏联人之解雇问题,留待下次中央全体执行委员会讨论。又决定如冯玉祥不满意而更诉诸武力压迫,则武汉国民政府以湖南、湖北为根据地,以唐生智、程潜、张发奎、李品仙等之力防御之。

　　△　中共中央致函第四次全国劳动大会,指出当前反对革命的势力,不只是帝国主义、张作霖、蒋介石,"凡是被革命高潮所吓退而接受帝国主义教唆的,都会自觉不自觉的走到反革命那边去"。所以中国革命,"不但要集中工人阶级自己的势力,而且要领导农民阶级和小资产阶级,以结成工、农、小资产阶级的革命联盟,向共同的敌人作战"。

　　△　唐生智、周斓令湖南公安局密拿散发传单要求恢复各级党部与民众团体活动之工人、学生数十人。翌日,曹树生等四人在长沙被杀害。

　　△　南京政府任命陈铭枢为国民革命军总司令部政治训练部主任。

　　△　南京国民党中央政治会议议决:任命原浙江省教育厅长蒋梦麟为第三中山大学校长、原江苏省教育厅长张乃燕为第四中山大学校长,并决定大学区制先在江、浙试办。按:南京政府原定粤省为第一大学区,鄂为第二大学区,浙为第三大学区,江苏为第四大学区。

　　△　南京国民党中央政治会议议决将所辖各省盐务稽核分所一律停止职权。29 日,英、法、日三国领事谒伍朝枢,要求照常办理,并请对原有办公人员勿遽调动。

　　△　南京中央政治会议议决,8 月份起,所有粤、桂、苏、浙、闽、皖六省厘金及与厘金性质相同之通过税一律裁撤。入口关税除特定物品烟酒等依特定税征收,奢侈品值百抽不过三十,普通值百抽一二点五,由财部切实进行,俟各省统一陆续仿照办理。

　　△　李宗仁第三路军第十军第二十九师占领临城,许琨率残部向兖州溃退。鲁军第十二军马玉仁部投降,由第十军收编。孙百万、章斌各部亦均投降。张宗昌以直鲁军第三军作战不力,下令免第三军军长程国瑞职,调任直鲁联军训练副监,所部归第五军改编。

　　△　张宗昌因韩庄、临城已失,退至兖州南之界河设防,济宁战事在进行中。

　　△　蒋介石电白崇禧停止进攻临沂,调主力西上进攻武汉政府。后因白崇禧不愿放弃临沂,未实行。

　　△　日本政府召集东方会议讨论对华政策,主持人田中首相,参加者有陆军省、参谋本部、关东军以及驻华的使领馆官员等数十人。会议议题有:对华投资、出兵山东、改订中日通商条约及“满蒙”利益等涉及对华侵略的各方面问题,尤以对中国东三省最为注重。

　　△　上海国民外交后援会代表张四维等与驻沪日领事清水谈判,要求日政府于最短期间撤退在华军队。日领事允转达政府。

　　6 月 28 日　第三十五军军长何键在汉口对官兵发出反共训令,要求武汉中央与唐生智"明令与共产党分离",宣称"此而不去,祸将不堪"。

　　△　湖北省总工会自动解散工人纠察队,将械弹交武汉政府卫戍司令部。卫戍司令李品仙复下令解散劳动童子团。同日下午,第三十五军官兵至全国总工会索要房子,汉阳、汉口各重要行业工会亦先后被三十五军官兵占领。

　　△　中共中央在汉口鲍罗廷住宅召开紧急会议,决定公布 25 日中华全国总工会作出的解散工人纠察队的命令,实际编入张发奎部队;中央机关主移武昌,与国民党中央脱离接触,并准备军事斗争。

　　△　冯玉祥致电豫、陕、甘省政府,令其与南京一致行动:一、不准跨党;二、共产党跨党领袖,一律解除职务,开除党籍,必要时,得以严重监视;三、在国民革命期间,不准以共产党名义活动,亦不准假国民党名义作共产党工作,违者按反革命条例治罪。

　　△　张作霖派北京卫戍司令邢士廉赴太原与阎锡山再商妥协问题,驻京山西代表李庆芳偕行。

　　△　南京国民党中常会公布《政治会议分会条例》。规定:政治分会依照政治会议之决定于其特定地域内指导并监督最高级地方政府。

　　△　蒋介石委马祥斌为暂编第十军军长。是日马在砀山就职。

　　△　李宗仁第三路军王天培第十军第三十师克滕县。

　　△　冯玉祥第二集团军占领大名,冀南、鲁南已无敌踪。

　　△　张宗昌、孙传芳等在济南举行军事会议,决定以许琨为前敌总司令、王栋为副司令,分守兖州、滕县间铁路线;以徐源泉为第二路总司令,率部驻守大汶口、泰安府;杜凤举为西路总司令,扼守济宁及运河沿岸;胶济路方面以郑俊彦为总司令,指挥第五、第十两师防守胶州、潍县,并派彭德铨为前敌司令,率部分布诸城;另调孟昭月部两师,守莒、峄、泗水之线。

　　6 月 29 日　晨,李品仙部机关枪连在汉口占据全国总工会、湖北总工会,并发生抓捕工会成员事情。经劳工部长苏兆征与李品仙交涉,是晚军队始撤去。工会仍归纠察队防守。

△　武汉国民政府农政部长谭平山称病辞职。湖北省民政厅长张国威、农工厅长董用威均辞职。军事处长刘骥辞职赴郑州。

△　广州警备司令部和公安局以广州工人前在省港罢工纪念日及沙基惨案纪念日大游行中,高呼革命口号,散发拥护武汉政府,收复广东等标语传单为借口,举行第二次清党,大肆搜捕革命工人,围搜工会50余个,被捕200余名,其中主要人员13名在黄埔被枪杀。

△　第十六军军长范石生在广西平马通电率师入湘"讨伐湖南共党"。

△　南京国民党中央政治会议推阎锡山为政治会议委员,先以赵丕廉代表出席。

△　南京国民党中央政治会议通过财政部长古应芬提议,发行民国十六年盐余国库券6000万元,以江、浙两省盐税全部收入作抵,自7月1日起发行。

△　李品仙第八军第三师克澧州(今澧县),黔军李燊部向合口(在澧县西50里,与临澧县互界)溃退。熊震师在桃源重创陈渠珍部。

△　英、美、法、日、意五国公使在北京开会讨论警备华北及保护侨民问题。英使主张划出华北相当区域为各国保卫区,双方军队作战时不得侵入40华里以内。保卫区域由各国分段担任警备,均以天津为根据地。美使提议"护侨"办法,即在京、津增兵,并声称此系"根据辛丑条约"。结果决定由各使向本国政府请示。

△　英商太古轮船公司裁员减薪,激成中外海员总罢工,是日起全部停航。

6 月 30 日　中共中央召开扩大会议,通过《国共两党关系决议案》。决议仍然承认国民党"当然处于国民革命之领导地位",表示"工农等民众团体均应受国民党之领导与监督","工农武装均应服从政府之管理与训练","现在参加政府工作之共产党分子,为图减少纠纷,可以请假"。

△　武汉国民政府军事委员会训令汉口卫戍司令李品仙、武汉公

安局长江董琴,指出湖北全省总工会自动将纠察队全部解散,系为"巩固联合战线","避免奸人藉口",但两日以来,外间竟有"捣毁工会,抢劫财物"情事发生,令迅饬所属对各工会严加保卫,严密缉拿惩办造谣捣乱者。

△　武汉国民政府改组湖南省政府,任命唐生智、周斓、刘兴、赵墨龙、冯天柱、李荣植、黄士衡、谢晓钟、曹伯闻为省府委员。唐为主席兼军事厅厅长。冯、赵、曹、黄、李、周分别兼民政、财政、建设、教育、司法、土地各厅厅长。

△　山西西北革命同志同盟会首领胡遽然被国民党山西省党部及卫戍司令部逮捕。

△　张宗昌以前方军事紧急,调孙传芳军大部加入津浦路作战。两日以来孙传芳部陆续由胶济路经过济南南下,以泰安、界首、万德、张夏四处为该军驻防地。

△　张作霖颁布统一税收令,由财政部会商各省区将现行一切赋税杂捐严加综核,分别厘正、酌量裁减,嗣后非经中央核准,各省区不得擅加捐税。

6月下旬　冯玉祥派李鸣钟为驻宁总代表兼军事代表,韩竹坪为政治代表,毛以亨为财政代表。

△　南京金陵关关余二万余元,前被第六军军长程潜扣留。后驻宁各国领事纷纷返宁,旧案重提,要求将该款退还,以重外债。关督蔡公时痛加驳复,声明除以前关余无须交还外,即以后之税收亦须一律保留。各领事无法反驳,只得照办,并有照会致监督署表示承认。南京政府遂下令各关督即日起所有税收悉仿金陵关办法完全保留,以免外人把持。

是月　苏联副外交人民委员李维诺夫就北京政府审讯三名苏联外交人员事,向驻莫斯科代办郑延禧提出严重抗议,内称:"该三外交员所持各项中苏护照及保证文书,于职务全无错误,并已由北京政府承认,决不应加以逮捕或审讯",此举实为"违反国际公约之行为",要求北京政府即时释放。

△　美国圣本笃会在北京所办公教大学,改名为辅仁大学,推陈垣为校长。

7　月

7 月 1 日　武汉、南京、广州等地纪念国民政府成立二周年。湖北省党部发布《告民众书》,称:"我们纪念国民政府之成立,纪念以往一切胜利之牺牲,与未来光荣的期望,唯一就只有打倒蒋介石!"蒋介石在南京军、政、党各机关团体纪念会上演说,声称"武汉伪政府及共产党甘为俄共驱使,阴谋破坏国民党政策,若不将此革命大障碍消灭,则中国无统一希望"。广州各界纪念会电请南京下令讨伐武汉及反对日本出兵山东。

△　南京国民党中央清党委员会议决加派张志韩、胡遄、张裕光、许鸿图为福建省清党委员;邓祖禹为江苏省清党委员;姜善一为湖北省清党委员;沈毅、何觉甫为广东省清党委员。

△　云南改悬青天白日旗。

△　宁方赖世璜第十四军奉第二路代总指挥白崇禧令协攻临沂,是日到达汤头镇,以一部位置葛沟;陈调元第三十七军第一师同时到达青驼寺,第三师主力位置义堂集,包围临沂。白崇禧亲率叶开鑫第四十四军猛攻临沂城,鲁军方永昌部乘夜屡图突围,均被击退,回城固守。

△　宁方第十军王天培部由界河向邹县进展,一部由右翼四基山方面进袭曲阜。次日,王部傅觉民纵队追敌至曲阜,与鲁军徐源泉部激战两小时,俘官兵中有白俄军官二人,俄兵 170 名。

△　国民革命军第二集团军总司令冯玉祥下令各军限 15 日全部渡黄河。4 日,孙良诚率部自郑州正面及西路巩县孟津北渡,石友三率部自开封柳园口北渡。7 日,孙良诚部吉鸿昌师克新乡,沁(阳)、孟、温、武(陟)各县奉军次第肃清。14 日,占彰德,前锋抵直隶(今河北)省境。

△ 全国印刷业总工会在汉口举行第一次代表大会,到湖南、湖北、广东、香港、江西、大连、天津、四川、杭州、上海、广西等地代表50余人,代表有组织的印刷业工人9.465万人,武汉国民政府、中央党部及各界来宾1800余人参加。国民党中委彭泽民讲话,号召工人"团结自己力量,去裁制反革命宣传";"拥护国民政府,去图谋本身利益"。

△ 南京市总工会成立。该会章程称:"全市各工会无论政治的或经济的罢工,必须有上级工会之命令";"所属各工会,如有共产及'反动'分子混入其间,凡会员应尽量举发呈报本会,转请当局严密拿办,倘有藏匿或庇护者,一经查明,治以同罪。"

△ 南京政府自本日起实行出口附税,加征百分之二点五。5日,北京外交团开会讨论对付办法,意见未一致。

△ 武汉金融因受下游封锁影响,陷于困境,国库券已发900万元,是日纸币价格跌至六折,普通物价概涨四成,粮价涨至一倍,殷实商界广帮、宁(波)帮避匿,土著商家亦多停业。

△ 冯玉祥通知河南各县,西北军用流通券听商界自由折扣,不得再有高抬物价及售货不找零钱等情事发生。通告一出,郑州市上西北流通券一元折价五角,2日开封竟跌至二角八分。3日,河南财政厅长薛笃弼召集开封商会各董开会,要求最低价格每元维持在六角以上。

△ 晨,徐州各界民众一万余人开第二次反对日本出兵大会,通过反对日本出兵山东、驱逐日本在华海陆军、取消中日一切不平等条约等九项决议。会后游行示威。同日,福州中学生召开反对日本出兵中国大会,呼吁对日经济制裁。

△ 上海公共租界工部局不顾市民反对,悍然于是日起实行增加巡捕捐二成,其他捐税一二成不等。租界纳税华人集会,决以休业方式示威反抗。3日,公共租界商店罢市示威;法租界方面,因有取消增捐之望未休业。

7月2日 南京政府训令军、政、司法各机关饬属解散各地共产党机关,并分别逮捕看管共产党员,"毋稍宽纵"。

　　△　湖北全省总工会为解散工人纠察队事发表《告军士及工友宣言》，称工人纠察队自动停止武装的意义是为了顾全革命利益，消灭反动派的借口，而使兵工更加巩固起来。

　　△　下午，湖北孝感土豪劣绅入城，抢去自卫军枪支，党部、农协被抄毁一空，各负责人被捉者即被惨杀，并高喊杀尽党员及农协、妇协会员等口号。驻军何键第三十六军教导营坐视土劣猖獗而不顾。

　　△　中共江苏省委代理书记赵世炎在上海北四川路志安坊住处被上海警备司令部逮捕，19 日被杀害于枫林桥畔。

　　△　南昌市民数万人集会，要求恢复工农运动，发还工农武装，严惩反动派。全市罢工、罢课、罢市。

　　△　北京军政府发布大赦令。令称："各种犯囚，除伤尊罪在不赦外，其余应照本令分别赦免减刑"，限令到七日内一律开释；"涉及共产主义之罪犯，业经判决确定处刑，或经该管法厅裁判认为嫌疑重大者，仍暂羁押，由司法部速拟管束条例，呈候核准施行。"5 日，北京释放因犯 97 名。

　　△　孙传芳联军周荫人部师长陈以燊、陆殿臣率领三师两旅在胶州通电宣告独立。3 日，陈受冯玉祥委为革命军援鲁总司令兼第三十九军军长，陆为第四十军军长；陈等并胁迫青岛鲁军祝祥本部取一致行动。7 日，鲁军三个师集结潍县，以褚玉璞为总指挥，进攻陈以燊部，孙传芳亦派兵从胶济路攻陈。9 日，胶州方面陈部受日军压迫，卸下青天白日旗。12 日，鲁军占胶州，陈部退日照。14 日，陆殿臣部为孙传芳收编，开济南集合，陈部向苏鲁边境退却。

　　△　鲁军第十二军马玉仁部三个团共 3500 人请降无诚意，在徐州被李宗仁全部缴械遣散。

　　△　南京下关装载火药之民船失慎爆炸，死伤百余人，房屋炸毁百余间。

　　△　上海民众对日经济绝交大同盟执行委员会通过《惩办奸民条例》及禁止日货进口等经济绝交要案多件，《条例》规定："在本年六月十

二日市民大会议决对日经济绝交后,全国人民如再有向日商私定私买日货,由本会执行委员会查明确实者,处拘禁木笼十日以下及游街五日以下惩戒,并将货物充会。"同日,上海各团体反对日本出兵来华运动委员会登报警告私进日货商人:"若再不悟,一经调查确实,定当严厉处置。"

　　△　广东全省开始停办日货。

　　△　广州市公安局派队搜查织造工会及鲜鱼工会,捕去革命分子11人。

　　7月3日　武汉学生在武昌举行代表大会,反对蒋介石封锁武汉。恽代英代表中央到会演讲称:现在武汉金融之所以如此困难,完全系蒋介石勾结帝国主义及资产阶级,实行经济封锁政策所造成,中央认为欲革命成功,必须打倒蒋介石。大会通过向中央党部、国民政府请愿讨伐蒋介石等决议案。

　　△　福建省政府改组。举杨树庄、方声涛、郑宝菁、陈培锟,殷汝骊为常委,杨树庄为主席。

　　△　奉方于上月底派代表邢士廉赴晋商谈合作,卑辞厚礼,仍未得与阎锡山见面。邢在晋勾留两日,不得要领,是日自晋返北京复命。

　　△　厦门是日起禁止日货入口,凡赴日商店购货者,罚戴纸帽游街。7日,汕头实行抵制日货,违者充公。

　　7月4日　汉口国民党各级执监委联席会议发表《对时局宣言》,称:"我们要下革命的决心,谋我们的出路,打倒捣乱武汉的主谋者蒋介石,并且要使蒋介石覆没之后,永无同样继起之人,换言之,不仅要打倒蒋介石个人,尤其要打倒蒋介石所代表的一切恶劣势力及帝国主义。"

　　△　中共中央常委举行扩大会议,讨论反动到来时如何保存农村革命力量问题。陈独秀提出,国民革命各军招兵时,农民协会的会员和自卫武装可应征加入。蔡和森主张上山。毛泽东、陈独秀也同意上山。会议在讨论对付湖南反共事件时,仍然坚持联唐(生智)反蒋的政策。

　　△　南京国民党中央执委会对日出兵山东发表宣言,希望日本政府"以同洲同文之关系,敦睦两国之亲善,毅然变计,立即撤退山东日

兵,以平众愤,而弭衅端"。

△ 国际联盟原北京政府代表朱兆莘在日内瓦以南京"国民政府"名义发表声明,谓此次三国海军会议或其他会议,中国未出席及未平等参加讨论者,苟有何关于中国之决议,中国政府与人民决不承认。12日,北京外交总长王荫泰着驻瑞士公使萧继荣查办朱氏。

△ 南京国民党中央政治会议通过蔡元培、李石曾提议,设立中央建设委员会,实现孙中山《建国方略》统一各省建设行政案,及广州中山大学定名为国立第一中山大学案。

△ 津浦线鲁军徐源泉等部自界河反攻,王天培第十军教导第三师、第二十九师不支,退运河南岸,滕县、临城先后为鲁军攻占。

△ 鲁军第二十二师董鸿逵部及王冠军旅由泗水、蒙阴间道增援临沂,白崇禧急令第三十七军进攻蒙阴,以第六军第十七师接替费县防务。是日,第三十七军第一师进抵瓦子坪(青驼寺西北),第三师到达青驼寺,第二师由费县北进,第六军第十七师接替费县防务于员外庄、永康庄之线,对泗水方面警戒。

△ 第四十军贺耀组部由曲阜绕至石门山,与第四十四军叶开鑫部夹攻孙传芳军。次日午占新泰。孙部退莱芜,张宗昌部退徂徕山。

△ 江西省清党委员会成立,委员李烈钧、蔡公时、杨耀唐、陆杰、范振亚、董开福就职。洪轨、甘家馨、王礼锡、周利生等未到,会后全体党员会认为洪等不莅会有消极帮助"反革命"行为,一致议决呈请中央撤惩。

△ 上海警备司令杨虎、特别军法处长兼各军政治部主任陈群,在沪搜捕共产党人,被捕入狱者数百人。中共江苏省委书记陈延年自上月 26 日被捕后化名陈友生,因被叛徒韩步先出卖,真实身份暴露,是日被上海警备司令杨虎杀害。

△ 各国向华北增兵,截至是日,日兵 2300 名,美兵 2850 名,法兵2700 名、炮兵一大队,意兵 1200 名,均以天津为大本营。

7 月 5 日 晚,蒋介石宴沪绅商报界人士,席间蒋称:工潮问题,望自谋解决;"政治方面请以军事告一段落,三个月后为期,如仍无成绩,胥本人之罪"。黄郛称:当局已出期票,国民解除痛苦有望,惟欲期票有信用,须尽量维持"银行",望商界一致为后盾。李馥荪代表金融界要求维持公债。穆藕初要求维持实业。蒋答称:维持实业为政府之重要政策;公债事望开诚商洽。

　　△　汉阳50余团体代表500余人举行讨蒋反帝大会,通过请武汉国民政府严重抗议帝国主义出兵华北,请立即下令讨伐叛党叛国的蒋介石等10项议决案。

　　△　上午8时,陈调元第三十七军第一师抵侍郎宅北,与敌王冠军部遭遇,激战至下午2时,王部不支退蒙阴,一师占北桃墟。次晨一、二两师会攻蒙阴,10时克之,王部向新泰溃退。

　　△　上海浦东日华纱厂职工会、海员工会、中华书局职工会等400余团体联名电请南京政府、中央党部明令永除汪精卫国党两籍,严拿究办。

　　△　中华海员工会联合总会发表宣言,抗议香港政府解散香港分会,号召海员工人团结一致,誓死奋斗,并彻底反抗国内反动派提取会款,封闭各地分会。

　　△　南京政府训令财政部转饬江海关监督查禁北洋军阀在沪购粮。

　　△　日本政府决定将驻青岛日军全部开赴济南,并由大连派兵2000维持青岛及胶济路治安。6日,经日皇裁可,日政府发布出动令。7日,日以护侨为名出兵济南,由乡田少将统率,共到2000余人。乡田布告声称:"本军抵境,实因保护日侨,确无干涉内争之意;若有不逞,加累日侨,或对日军表示敌意,定当立惩。"

　　7月6日　南京政府特任胡汉民、冯玉祥、阎锡山、李烈钧、蒋介石、杨树庄、李济深、何应钦、李宗仁、温寿泉、李鸣钟、李福林、朱培德、王天培、白崇禧、朱绍良、陈铭枢、赖世璜、曹万顺、周凤歧、陈调元、柏文蔚、王普、贺耀组、叶开鑫、杨森、刘湘、赖心辉、刘成勋、邓锡侯、田颂尧、刘文辉、周西成、胡若愚、陈可钰、黄绍竑、钮永建、商震、鹿钟麟、向传义、张之江、陈绍宽、陈季良、李景曦、陈仪、樊钟秀 46 人为军事委员会委员。

△　汪精卫向武汉中央政治委员会提出"东征"案。

△　蒋介石在上海国民党员欢迎会上作《关于党务问题》演说,宣称:一定要取消武汉政府,赶走共产党,武汉军队重回河南前线作战。

△　驻沪日代理总领事清水在沪公共租界见蒋介石,要求对抵制日货问题适当取缔,对日出兵济南事予以谅解。

△　武汉国民政府发出关于农工运动布告,谓各界不得妨害农工团体之运动,农工团体亦不得擅行逮捕惩罚善良,对一切反动分子勾结土匪,捣毁农工团体,杀害农工群众,定必严惩。

△　谭平山组织"农政调查团",率大批干部离汉,转往九江。

△　据汉口《民国日报》讯:近数月来湖北各属反动势力残杀民众,据省农协统计,自 2 月至 6 月,大冶、宜都等三十余县被屠杀而死者 4700 余人,伤者无数,屠杀方式用活埋、烧死、钉死、锤死、枪杀或挖眼、割舌等等,惨不忍闻。

△　浙省残杀省、县党部革命分子,五、六两日在杭州陆军监狱被秘密杀害者即达 22 人。

△　上海总商会奉令通告禁止现银出口,中外军民凡由上海携带现币出口,须有财部护照。每人所带银币不得过 50 元,毫银不得过 100 元,违者没收。

7 月 7 日　蒋介石在上海总商会等团体欢迎会上作《国民革命与经济的关系》的演说,向资本家宣传反共,宣称:上海是全国经济枢纽,"如落在共产党人的手里,不特经济破产,商人不能安居乐业,全国国民亦必受其祸";"中国没有资本家,如果三民主义实行,那么个个人都可有四五十万的财产";"不论何人的财产,在国民政府统治之下,都在保护之列";"经济关系国民革命的成败,必须求其安定发展";"希望上海工商界与国民革命站在同一条战线,赞助政府,建设新上海"。

△ 南京中央政治会议议决任命李济深为广州政治分会主席。

△ 南京中央政治会议通过吴敬恒提议,凡因反对共产党而被通缉之国民党员,一律取消通缉。

△ 南京国民党中央清党委员会委任苗培成、李江、郭树棠、杨笑天、王振钧、梁永泰、南桂馨为山西省清党委员,是日,各委在太原就职。

△ 冯玉祥在洛阳官佐及总部人员朝会上宣布清党:"对于共产党之办法,第一要注明何时入党何人作保;愿意走者发给川资,其不愿走而愿加入国民革命之战线者必须宣言脱离共产党,听国民党之指导,守国民党之规则,然后收容之。至于各级各处政治人员一律开缺,俟调开封训练后再行另派职务。"9 日,全军政治人员一律被冯解职,加以甄别。武汉派往豫、陕政治人员一律被冯遣回。

△ 上海特别市政府成立典礼,蒋介石主持。设土地、工商、公益、工务、教育、卫生、港务、公安、公用、财政十局。市长黄郛就职。

△ 北京军政府阁议,决裁撤京畿卫戍总司令一职,所有维持治安事宜,交由军事、内务两部负责办理,派高金山接收卫戍区域防务事宜。

△ 自上月 27 日至是日,日本首相田中义一在东京外相官邸召开有政府代表、驻华外交官和军事首脑参加的"东方会议",策划侵略中国,图谋独占东方。是日会议闭幕,田中在闭幕词中发表侵华根本政策,宣称"确保远东和平,造成日华共荣",是日本对华政策的原则;中国东三省和日本帝国的生存"有重大利害关系",中国战乱一旦"波及满蒙",日本决心"不失时机地作出适当措施"。25 日,田中上奏日皇裕仁,报告"东方会议"侵华决策,提出"对满蒙的积极政策",主张以"铁血主义"占领中国东北;并声称:"如欲征服支那,必先征服满蒙;如欲征服世界,必先征服支那。"

△ 上海法租界纳税华人会致函公董局,就增税等事提出三条件:一、尊重法租界纳税华人会,凡关于法公董局一切设施,须经纳税华人会承认或否认定之;二、此次公董局所增房捐、地捐及车摊杂捐,要求一律免加,仍照旧额收取;三、公董局之华董须由法租界纳税华人会产生。

△　北京政府驻意公使、国际联盟代表朱兆莘宣布脱离北京军政府而任南方代表,国联下届开会时将代表南京政府出席。

7 月 8 日　南京政府公布《修正省政府组织法》,规定省政府由"国民政府"任命委员九人至 15 人组织省政府委员会行使其职权;省政府下分设民政、财政、建设、军事、司法各厅,必要时得增设教育、农工、实业、土地等厅分管省行政事务。

△　南京政府公布《财政部民国十六年盐余国库券条例》,规定该项国库券用于整理实业,补助国库,定额银元 6000 万元,以江、浙两省全部盐税收入作抵,月息八厘,7 月 1 日开始发行,六个月后分月偿还,至民国二十一年(1932)2 月底偿清。

△　叶开鑫第四十四军屡攻临沂不下,白崇禧令陈调元第三十七军是日自青驼寺全部撤至义堂集,杨杰第六军第十七师主力撤至卞庄、向城一带,赖世璜第十四军第二师移驻李家庄,同时集合各部炮兵向临沂射击,援助第四十四军攻城。

△　南昌工会代表大会决议恢复江西全省总工会和南昌市总工会。13 日南昌市工人数万人分别到总工会祝贺,张贴"拥护总工会"、"讨伐蒋介石"等标语。

△　美舰 15 艘、英舰一艘,意大利舰二艘开抵青岛。

△　张作霖在北京大捕学生,一日内被捕 67 名。

7 月 9 日　南京政府任命商震、杨爱源、徐永昌、傅存怀、傅汝钧、丰玉玺、谭庆林、郑泽生、李维新分别为北方第一、第二、第三、第四、第五、第六、第八、第九、第十各军军长,张荫梧为北方第七军副军长。

△　南京政府令免广东省政府委员陈树人(兼民政厅长)、许崇清(兼教育厅长)、陈孚木(兼农工厅长)、何香凝、宋子文(兼财政厅长)、徐权伯(兼司法厅长)、李禄超(兼实业厅长)、孙科(兼建设厅长)、李济深(兼军事厅长)、周佩箴本兼各职;11 日,任命李济深、邓泽如、李文范、古应芬、陈可钰、朱家骅、曾养甫、陈融、张难先、冯祝万、李禄超为该省政府委员,李(文范)、陈(可钰)、陈(融)、李(禄超)、古、朱、曾、张、冯分

别兼民政、军事、司法、实业、财政、教育、建设、土地、农工各厅厅长。

△　武汉国民政府任命贺锦斋为国民革命军第二十军第一师师长;贺龙兼国民革命军第二十军第二师师长。

△　蒋介石以第四期"北伐"计划已实现,即进行第五期计划,决定从设立点验编练委员会,整理各军着手。18 日,点验编练委员会在南京成立,白崇禧在成立会上代蒋声明此后每月拨西北军军饷 200 万元。

△　鲁军总司令张宗昌以累欠各军军饷,兵士滞留缓进,决定缩编裁军,是日下令裁撤孙魁元之第十四军、王毓秀之第十八军。

△　拂晓,贺耀组第四十军主力由万里闸(位于台儿庄西鲁运河)渡河攻击鲁军徐源泉部,激战至午,将徐部击退,即与王天培第十军第二十九师协同作战,下午 3 时克韩庄。

△　乐昌桂军胡凤璋部入湘境,击散农军,占领桂阳。

△　江西停止工农运动已一月余,是日九江码头总工会通电全国,略称:为应付革命环境暂停工农运动,在当局固属善意,孰知竟予反动派以可乘之机,四出造谣,捣毁工农团体,牺牲不少同志,顷已电请国民党中央江西特别委员会即日明令恢复工农运动。

7 月 10 日　贺耀组第四十军克复峄县。次日下午 4 时,王天培第十军再克临城。鲁军退守官桥附近之南沙河。

△　白崇禧下令弃蒙阴、费县,并撤临沂之围,抽兵南下,以作应付长江上游武汉军之准备。

△　各地民众纷纷成立反日团体。是日扬州各界民众三万人举行对日经济绝交大会,并游行示威。11 日,杭州对日经济绝交同盟成立。12 日,河南民众反日出兵运动大会筹委会推定省党部筹委会、教职员联合会等 11 团体即日组织反日运动执行委员会,负责开展反日运动。南宁反日会、徐州对日经济绝交大同盟委员会于同一日成立。

△　江苏交涉员郭泰祺,据上海市郊农协俞汉强电称,英兵驻扎虹桥路,侵害我国主权,特函驻沪英总领事巴尔敦抗议,略称:英兵在华界沪西虹桥路航空场附近扎营操练,实属侵害中国主权,违反国际惯例,

请速撤回租界。

△　冯玉祥驻晋代表刘治洲离太原返河南,临行语人,称蒋、冯既已确实合作,冯业明白反共,阎锡山对军事将有所表示。

△　天津华人自营进出口货事业之协和贸易公司受时局影响倒闭,负债 500 余万元,金融界大震动。

7 月 11 日　南京中央政治会议议决加推王宠惠为国民政府委员。

△　胡汉民在中央党部纪念周作反共报告,声称"我们军事政治的力量,如果不严重的逼迫过去,所谓真的清党,是断难实现于两湖的",要求动员全体党员力量去"完全消灭"共产党。

△　日本续派军队 2000 名自大连到达青岛。同日,北京外交部致牒驻京日使馆再提严重抗议,要求速撤济南、青岛两处日兵,并中止再由大连增兵青岛。19 日,日使芳泽答复北京外交部,声称山东出兵为保侨需要,如山东今后无军事行动,方能议撤。

△　南京政府任命蒋梦麟为第三中山大学校长,张乃燕为第四中山大学校长,郑洪年为国立暨南大学校长,朱家骅为广东省教育厅厅长。

△　据汉口《民国日报》讯:鄂北农运有突飞猛进发展,计已成立13 个区农协、132 个乡农协,会员约 3.4 万余人。土豪劣绅等组织"厉山会议"和"安居宣传社"向农协反攻。

△　国民革命军暂编第十五军军长刘伯承退出四川泸州,是日抵汉口。

7 月 12 日　冯玉祥分电南京、武汉政府竭力调停,要求双方"化除意见,努力北伐",并称"凡有妨碍北伐者,即是反革命"。

△　南京政府公布《修正中华民国国民政府军事委员会组织大纲》。

△　中共中央改组,成立由周恩来、张国焘、李立三、李维汉、张太雷五人组成之临时中央常务委员会,代行中央政治局职权。总书记陈独秀停职。

△　北京高等审判厅主任推事何隽宣告鲍罗廷夫人案预审终结，鲍罗廷夫人及苏联外交通信员三人无罪释放。何亦于当日呈请辞职，出京赴津，避不露面。14日，何隽因判释鲍罗廷夫人事，住宅被封，家属被监视。16日，高等审判厅厅长沈家彝亦因此被张作霖免职。

△　林祖涵称疾向武汉国民政府请辞国民革命军第六军党代表兼政治部主任各职。

△　阎锡山厉行反共，是日颁发《各军事长官连带负责办法》，规定军队中如发现有共产分子，由各该管长官负连带责任，"如有隐徇情事，即唯负连带责任之该管长官及设有党部之执行委员等是问"。

7月13日　中共中央发表《对政局宣言》，指斥武汉国民政府"公开的准备政变，以反对中国人民极大多数的利益及孙中山先生之根本主义与政策"，声明中国共产党"永远为工农兵学小资产阶级广大的民众利益而奋斗，决不能对于国民党中央现时这种政策负责"。决定撤回参加国民政府的共产党员，但共产党员不退出国民党，不抛弃与国民党合作的政策。宣布共产党将继续绝不妥协地反对帝国主义和军阀，反对一切封建余孽，继续增进工人利益和解放农民的斗争。

△　武汉国民政府军事委员会政治部主任邓演达因汪精卫集团背叛孙中山的三民主义，革命形势逆转，无力挽回，于上月末化装成检查电线的工人离汉北上郑州，转西安赴苏联。是日发表《辞职宣言》，声明："此次革命势将重蹈民国元年失败之覆辙。此殊与予素愿相违，故不得不辞职让贤。"

△　南京政府发布军事时期巩固后方之重要通令，内举当前便利进行之急要政务五条：一、剿匪；二、整理交通；三、党不干政；四、抚恤战区人民；五、修整道路、桥梁、渡口。

△　白崇禧致书第六军军长程潜，力劝"以党国利益为前提，勿为共党所利用"，并请一致清党。

△　白崇禧令赖世璜第十四军重行围攻临沂，陈调元第三十七军主力集结大店崖、傅家庄、黄土堰之线，截敌外援。14日起扫除敌外围

据点。18 日夜间自东、南、西三面攻城,19 日开始,昼夜炮击城内达三日之久。张宗昌部凭城固守,白为南下援徐,遂于 21 日再撤临沂之围。

△ 晚,王天培第十军因右翼贺耀组部侧击成功,复克滕县,与鲁军在界河相持。

7 月 14 日 晚,武汉国民党中央政治委员会主席团秘密召开"分共会议",兼有国民党籍的共产党员都被排斥而不得参加。汪精卫在会议上极力主张"分共",陈友仁代宋庆龄发言极力反对,称:"联俄、联共和扶助农工三大政策是总理手定的,有了三大政策,革命才能够发展成今天的局面,抛弃三大政策就必然要向帝国主义和蒋介石屈服。"会议决定派重要人员赴莫斯科说明联俄政策乃是三民主义联合共产主义,三民主义的中国联合共产主义的俄国,并讨论"切实联合"办法;对于"违反主义政策"之言论行动的共产党员予以制裁。

△ 宋庆龄因汪精卫集团排斥中共,写成《为抗议违反孙中山的革命原则和政策的声明》,18 日在汉口《人民政坛报》公开发表。《声明》指斥汪精卫集团企图改变孙中山的三大政策,实行相反的政策,"使革命政党丧失了革命性,变为虽然扯起革命旗帜而实际上却是拥护旧社会制度的机关","他们便不再是孙中山的真实信徒,党也就不再是革命的党,而不过是这个或那个军阀的工具"。严正宣布:"对于本党新政策的执行,将不再参加。"

△ 共产国际在苏联《真理报》上发表《关于中国革命当前形势的决议》,指出"武汉政府的革命作用已经终结,它现在已成为反革命力量",号召中国共产党员毫不迟疑地退出武汉政府;严惩镇压工农的一切罪犯,揭发武汉政府的路线政策;仍留国民党内,加强群众工作,领导无产阶级当前的斗争,开展土地革命,建立党的秘密战斗机关以对付镇压和杀害。

△ 冯玉祥、徐谦、孔祥熙自洛阳致电宁、汉政府,力陈内讧妨害对外,主张召开开封会议,专议党内问题,双方停止向皖、赣征调军队,共图和平;凡会议公认负咎之人,均当服从众议下野。18 日,胡汉民、钮

永建、吴敬恒自宁复电赞成携手反共,惟对汪精卫等上月复冯袆(22日)电中所称"南京决难宽恕"之言及武汉倒蒋之行动表示不满。22日,冯玉祥再电汉口汪精卫劝和,并提开封会议办法。24日,汪等复电赞同,声明反共,愿迁都南京实行宁汉合一;如宁方赞同,可在开封开预备会议,不必拘会议形式。汪并另电致冯,称对蒋只有公愤,别无私仇,但"政府法统必以死争"。

△ 南京国民党中央清党委员会委员周震鳞、覃振、刘岳峙、萧汉藩、袁同畴、潘佑强、仇鳌等16人为湖南省清党委员。同日,广西省清党委员会成立,以黄绍竑、黄华表、伍廷飏、黄旭初、蒙民伟、陈锡珖等为委员。

△ 南京中央政治会议决议:一、派张继、林森为浙江政治分会委员;二、特任陈训泳、蒋作宾、方声涛、何成濬、孙岳、方本仁为军事委员会委员,交由国民政府任命;三、浙江省政务委员会应即改组为省政府;四、任命张静江、蒋介石、马叙伦、颜大组、蒋梦麟、程振钧、阮性存、李伯勤、周凤歧、蒋伯诚、陈希豪、陈屺怀、邵元冲、马寅初为浙江省政府委员,马(叙伦)、颜、程、阮、周、李分别兼任民政、财政、建设、司法、军事、土地各厅厅长。

△ 南京积极备战,李宗仁军及王普第二十七军过芜湖开赴安庆,夏斗寅回皖太湖防次,指挥反武汉军事。武汉军主力在武穴。

△ 南京政府公布《上海特别市暂行条例》,规定以上海、宝山两县所属原有之淞沪地区为上海特别市行政范围。

7月15日 武汉国民党汪精卫集团发动"七一五分共",召开中央常务委员会扩大会议讨论"分共"。汪以政治委员会主席团名义报告《容共政策之最近经过》,悍然宣称中共中央7月13日《对政局宣言》是"破坏本党容共政策之最大表示",共产党既然退出国民政府,"则在国民革命军中、各级政府机关中,亦无须存在"。会议通过《取缔共产党》案,正式和共产党决裂。随即在武汉大捕共产党人,在育才学校、文化书社等处一日即捕20余人。中共中央从武汉开始转移和疏散人员。

武汉中央军事政治学校解散。

△ 武汉国民党中央执委会扩大会议决议，邓演达辞职照准，以陈公博继邓演达为军事委员会总政治部主任；以陈克文继邓演达代理中央农民部长；并推陈公博为军事委员会委员。

△ 武汉政府任命叶剑英为国民革命军第四军参谋长，张联陞为国民革命军第十四军军长。

△ 武汉政府在工会组织中清党，特组特务委员会，改组各级工会，并通缉前全省总工会执行委员长向忠发。

△ 孙科在汉口《民国日报》上发表《革命与民众》一文，要求民众坚决拥护和实现下列两个主张：一、国民革命的领导，要统一于中国国民党；二、革命政权之行使，要统一于武汉政府。

△ 南京政府军事委员会改组成立。17 日，第一次会议选胡汉民、何应钦、李鸣钟、阎锡山、杨树庄、李宗仁、李济深七人为常务委员。

△ 南京纪念北伐出师，举行阅兵式。蒋介石演说，声称："共产党不打倒，武汉政府不消灭，国民革命便不能成功，从今起一年中一定要打倒共产党。"

△ 张作霖以安国军大元帅名义任孙传芳、张宗昌、张学良、韩麟春、张作相、吴俊陞、褚玉璞分别为第一、第二、第三、第四、第五、第六、第七方面军团长。

△ 阎锡山军占领石家庄。

△ 长沙市公安局搜捕共产党人，是日共捕 21 人。当局并训令各学校、警署，严禁秘密集会，实行清查户口，五家联保，无保者不准在长沙市居住，分别予以监视、检查、驱逐、拿办。

△ 日本民政党开对华特别调查会，讨论出兵山东问题，认为日本两次出兵山东，均无明显理由，除予中国民心以反感外，无何效果，一致表决务请政府立即撤兵。

7 月 16 日 武汉国民党中央政治委员会主席团发表声明，诬指共产党破坏联合阵线，声称"六月初旬，政治委员会突然由某一共产党负责同志交付一项秘密决议案,而此项决议案之内容,实不啻对本党生命予以根本之危害"(按指罗易交与汪精卫的共产国际给中国共产党之《紧急指示》);"中共中央执委会复声明撤回其参加国民政府之共产党员","本党容共政策,已被破坏无余"。

△ 武汉国民党中央执行委员会向各级党部发出两项训令:一、《保护共产党员个人身体自由之训令》,诡称:共产党员受党内之纪律与国民党员无异,本月 15 日限制共产分子的提案,并非妨害共产党员个人身体自由,若压迫共产党员而妨害其身体自由,或指诬他人为共产分子,妄图倾陷者,依法严办。二、《保护农工之训令》,诡称:并不因限制共产分子而停止农工政策之活动;对于农工团体,须极力保护,对于农工利益,须加意维持,若违背党义,少加摧残,唯有执行革命纪律。

△ 唐生智部第三十五军军长何键宣布反共,所部占汉阳,次日又占汉口,反对鲍罗廷之传单满贴市中。共产党要人均避匿,鲍罗廷昨已赴牯岭。

△ 上海苏联远东银行因被控有接济共产党经费情事被军事当局协同工部局捕房搜查,至晚又被加封。21 日,南京派陈光甫到沪组织委员会对该行进行清查。8 月 15 日,清查结果表明,该行犯罪行为不能成立,上海临时法院遂宣布准予启封。

△ 上海清党委员会公告,宣称共产党自首者免予追究,复能检举者给奖,并准其加入国民党。

△ 驻京英、法、日三国公使对中国扣留盐税事,向北京军政府总理潘复提严重抗议,要求北京军政府反省。

△ 阎锡山到井陉,令商震沿滹沱河一带布防。

7 月 17 日 南京政府令上海市长黄郛、警备司令杨虎审慎对外行动,防止罢工,如有不受约束,即严行惩办。19 日,南京政府特派叶楚伧到沪,与学商界领袖商洽对日应取态度。21 日,杨虎及驻沪特别军法处长陈群等会衔布告称:"近来上海排外运动益见激烈,甚至强迫停业,擅封商店,此种不智行为,何异临敌自杀",此后如再有自由拿人封店及其他一切扰乱秩序妨害金融等举动,惟有执行政府命令,严予惩处。

△ 武汉军事委员会对付蒋介石之军事行动积极进行,由张发奎、程潜、朱培德、贺龙各部合组之东征军集中江西,分由三路行动:一、由九江、湖口向安庆;二、由赣东攻浙江;三、由鄂东趋皖北。蒋系驻皖之王普、夏斗寅电南京告急。

7 月 18 日 南京中央政治会议决定于 9 月 1 日实行裁厘,同时宣布关税自主,将苏、皖、闽、浙、粤、桂六省境内一切通过税全裁撤,进口货物改照国定税率征收,工厂制造货物照《出厂税条例》征收。23 日,南京政府公布《国定进口关税暂行条例》、《裁撤国内通过税条例》、《出厂税条例》。

△ 南京政府外交部发表对日声明,指出田中 7 月 7 日对华问题演说,意在力谋"二十一条"政策之复活;日对满蒙特殊地位之伸张,则较"二十一条"更扩大其范围,所谓"划出该地域为中外人安全地带",其要求实有恢复列强从前在中国施行之势力范围政策之企图;对日本认为利权有危险时实行自卫手段之借口,表示绝不能承认。

△ 甘肃省政府成立,以刘郁芬、宋哲元、蒋鸿遇、马麒、胡毓威、杨慕时、马鹤天、赵元贞、韩骏杰为省府委员,刘郁芬为省府主席,胡、杨、马(鹤天)、赵、韩分别兼任民政、财政、教育、建设、司法各厅厅长。

△ 陕西省政府改组,省府委员石敬亭、宋维窳、邝实荣、井岳秀、过之翰、邓长耀、杨荃骏、段韶九、严庄、惠文、倪卓京就职。以石为省府主席,邓、过、杨、段、严分别兼任民政、财政、教育、司法、建设各厅厅长。

△ 武汉中央政治委员会议决,所有国民政府领域内之佃农,自本年起一律照去年租额减租 25％。

△ 湖北省政府委员兼农工厅长董用威向武汉政府辞去本兼各职。同日并辞去汉口《民国日报》经理。

△ 武汉国民党中央宣传部派杨绵仲接管汉口《民国日报》,23 日派曾集熙继任该报经理。

△ 中共中央机关报《向导》周报被迫停刊,是日出终刊号第二百零一期。

△ 山本条太郎、松冈洋右分别被任命为"满铁"正、副社长。

△ 京汉线奉军主力撤至保、石间之定县,24日复退至定县以北,晋军不战占正定。

7月19日 武汉政府军事委员会训令各军取缔共产党,略称:共产党谋组织军队七万人,用以消灭国民革命军,此举所以绝国民革命军之生命,亦即所以绝国民党之生命,为此各军长官务须于最短期间,查明所属军队中军事负责及政治工作各人员,其有共产党员已经知名者,切实劝导与共产党脱离关系,否则停止职务;至于共产党之未知名者,应随时留心查察,禁止一切秘密会议,并考核其言论行动,如有违反本党主义及政策者,立予惩办。

△ 李立三、邓中夏奉中共中央命令到达九江,与谭平山、恽代英、聂荣臻、叶挺、吴玉章、林祖涵等一起会商南昌暴动事,认为"应该抛弃依张(发奎)之政策,而决定一独立的军事行动",决定在军事上赶快集中南昌,运动第二十军实行南昌暴动,解决第三、第六、第九军在南昌之武装;在政治上反对武汉、南京两政府,建立新政府。

△ 杨树庄、李济深等于10日致电唐生智等申述对蒋态度,劝以一致团结,"继续北伐"。唐生智、朱培德、张发奎等15人于是日联名复电,指出蒋假除共之名,行独裁之实,欲以一手囊括中央,成立南京政府,分裂国民党;并称"有蒋则无党,有党则无蒋……蒋如不去,党必沦亡"。

△ 南京政府通令自8月1日起禁止重利盘剥,规定最高利率年利不得超过20%,如敢违反,从严治罪。

△ 安国军第七军团长褚玉璞亲督徐源泉第六军、许琨第七军分三路围攻临城,王天培第十军弃临城,撤至韩庄以南。

△ 张作霖任张宗昌为海军总司令,沈鸿烈为第一舰队(东北舰队)司令,吴志馨为第二舰队(渤海舰队)司令。

7 月 20 日　武汉政府任命王法勤为劳工部长;陈克文为农政部秘书长,暂代部务。

△　武汉政府任命孔庚、李书城、李品仙、朱霁青、叶琪、詹大悲、李汉俊、喻毓西、刘永阊、王祺为湖北省政府委员,孔、李(书城)、詹、李(汉俊)、刘、王分别兼任民政、建设、财政、教育、司法、农工各厅厅长。原任省府委员孙科、邓演达、刘芬、董用威、张国恩、詹大悲、邓希禹、李汉俊、恽代英、宋子文、孔庚免职。

△　武汉中央政治委员会决定仿照湘、赣成例,任命孙科、潘云超、孔庚三人为湖北特别委员会委员。

△　南京政府令广东省政府,凡在民国十四年 8 月 20 日以后至十五年 3 月 20 日以前因政变在广东被通缉之人,除朱卓文一人外概予取消通缉。

△　晚,驻北京日本武官本庄繁中将宴杨宇霆、南桂馨等,希望奉、晋合作,拒冯玉祥北来,谓冯与俄关系过密,北京若为其掌握,共党必活跃。

△　蒋介石之驻晋代表何澄到北京晤杨宇霆等,并已电宁请派代表到北京议和,惟迄无复电。是日,张作霖与张作相、吴俊陞、杨宇霆、韩麟春等在帅府商谈南北和议事,决俟宁方有无复电再议。22 日,奉方代表葛光廷到宁商南北妥协。

△　青岛日兵肇事。下午 5 时,日本水兵在市场路殴伤人力车工人,并用刺刀刺伤前去排解之警察三名,华警一区第一分驻所被捣毁,枪支被收缴,日陆战队 60 名在山东路口架枪示威。次日青岛商会讨论应付办法,议决请当局严重交涉。24 日,青岛商埠局照会驻青日领事馆表示抗议,并提要求五项:一、处分驻青日海军司令;二、惩凶;三、赔偿损失;四、道歉;五、担保以后不再发生此种行动。8 月 13 日,日方同意惩凶、赔偿、道歉等项要求,此案正式解决。

7 月中旬　国民党江苏省党部颁发第九号通令,将郭沫若永远开除国民党党籍。

　　△　武汉政府军事委员会通过郭沫若兼任第四集团军第二方面军总指挥部政治部主任。

　　△　据外人蒲脱南调查,各国驻华军队共近 10 万人,计:英国 4.4万,日本 2.9 万,美国 1.4 万,法国 6000,意大利 1200,其他各国 2000。

　　7 月 21 日　南京政府发表关于对日出兵山东交涉之宣言,声称政府依总理遗嘱直任对日外交全部责任,望民众为政府后援,切戒与政府政策相矛盾之举动,"日本出兵山东,为其传统的侵略政策之一部;中国而欲制止其政策者,决非枝枝节节之事,必遵依总理所遗留整个的对外政策,一致进行"。

　　△　中日修改商约展期三个月,昨已期满,是日北京阁议通过续延三个月。25 日,北京外交部据此通知驻京日使馆。

　　△　北京军政府阁议议决,派张学良为陆军大学监督,韩麟春为校长。

　　7 月 22 日　武汉国民党中央决定 8 月 15 日召开四中全会,讨论政治委员会主席团所提之《统一本党政策案》,凡未除名之执行委员均通知参加。

　　△　第一路军总指挥何应钦在上海市党部独立区分部全体党员欢迎会上演说称:"目前最要紧的工作,一、继续北伐;二、讨伐共产党。"

　　△　张宗昌部寇英杰军第十师师长薛传峰在鲁西朝城宣布独立,改树国民革命军旗帜,驱逐朝城、范县、观城三县知事,收缴警备队枪械,复收容本地红枪会二万余人,合本部共约 2.4 万之众,设大本营于朝城。

　　△　武汉与南京间战机益迫,蒋介石抽调津浦路"北伐"军队五万人西迫湖口、九江;以周凤歧、郑绍虔各军集中浙江衢州,威胁南昌。

　　△　上海公共租界工部局强制征收新增巡捕捐,30 余家拒绝付款商店被勒令停业,并派捕严重监视。纳税华人会紧急会议议决坚持到底,并函交涉员严重交涉。30 日,工部局允撤驻店监视之巡捕,各商店复业。

7 月 23 日 武汉国民党中央执行委员会发表政治委员会之《统一本党政策案》,称:一、凡列名本党之共产党员,在本党各级党部、各级政府及国民革命军中有职务者,应自即日起声明脱离共产党,否则一律停止职务;二、在国民革命时期内,共产党员不得有"妨碍"国民革命之活动,并不得以本党名义,作共产党之工作;三、本党党员未经本党中央许可,不得加入他党,违反者以叛党论。

△ 武汉国民党中央发表《中国国民党告国民革命军将士书》,谓蒋介石自立中央,分裂党国,摧残第二方面军,勾结帝国主义对武汉经济封锁,阻止第四方面军北伐,摧残农工,屠杀民众,是党国惟一敌人,号召革命军人"专心致志"打倒蒋介石。

△ 晚,武汉政府招宴团长以上各将领,到唐生智、张发奎、魏益三、鲁涤平、何键、刘佐龙等 90 余人,席间唐生智演说称,"望努力打到南京去,方可得着出路"。

△ 南京国民党中央密令江苏省政府,称:"对日政策应力避冲突,免日人有所借口,公然援助军阀,或与他帝国主义者结合。所有关于反对日本出兵事件,务依中央计划进行,在未议定对日排货以前,只宜以文字或演说宣传,不得径行有罢工及排货之举。"

△ 南京政府公布,定于 9 月 1 日为裁厘之期,同日宣告关税自主,即将江苏、浙江、安徽、福建、广东、广西六省境内各种通过税完全裁撤,并将进口货物改照国定税率征收,工厂制造货物依照出厂税条例征收。

7 月 24 日 直鲁军乘李宗仁、贺耀组部南调对付武汉之隙攻占徐州;王天培第十军争先撤退。蒋介石令贺耀组复回津浦线督师。次日,蒋亲率第一军之第二十一师抵蚌埠部署反攻,并电冯玉祥派队夹击。26 日,蒋下达攻徐州作战令,各军限 28 日前集中兵力于八义集、任桥集、符离集、黄口附近,向徐州分进合击。

△ 鲍罗廷在庐山居留多日,召集共产党重要领导人瞿秋白、李立三、邓中夏、张太雷等会议,对党务、军事均有秘密计划。是日因工作完毕,返回汉口。

7 月 25 日　南京国民党中央政治会议议决派阎锡山、南桂馨、张继、童冠贤、马约、张砺生、丁惟汾、李石曾、赵戴文为中央政治会议太原临时政治分会委员。

△　南京政府任命蒋作宾、周雍能、张秋白、李宗仁、刘复、何世桢、李因、冯玉祥、柏文蔚、陈调元、王普、王天培、马祥斌、韩安、管鹏为安徽省政府委员。蒋、周、张、李(宗仁)、刘、何、李(因)分别兼任民政、财政、建设、军事、司法、教育、农工各厅厅长。

△　南京政府电令上海特别市长黄郛及警备司令杨虎劝止市民排外运动。

△　浙江省政府成立,张静江、蒋介石等 14 委员就职。下午第一次省务会议选张静江为省府主席。

△　陈布雷就南京国民党中央执行委员会书记长职。

△　南京政府聘任美国人那文为高等顾问。

△　冯玉祥在洛阳总部纪念周报告最近军政情形,略谓石家庄以南已无奉军,现奉方新旧派倾轧甚烈,张学良派代表携亲函到洛,极愿让出直隶,举青天白日旗,彼此停战。

△　李品仙奉唐生智令,就任武汉卫戍司令。

7 月 26 日　汪精卫准备在庐山开反共会议,通知贺龙、叶挺到庐山参加,并令所部集中德安。贺龙、叶挺、叶剑英、高语罕、廖乾吾在鄱阳湖小船上开紧急会议,研究对策,决定不去庐山,部队亦不去德安,而按第二十四师、第二十军顺序速向南昌开进。是日,贺龙第二十军到达涂家埠。

△　南京政府任命贵州省政府各厅厅长:民政杨元桢,财政彭俊,军事周西成,司法窦觉苍,教育周恭寿,农工傅启钧。

△　南京国民党中央常务会议议决:一、委派刘纪文、邱鸿钧、靳鹤声、陈葆元、甘家馨、郎良、周曙山、萧锡祥、许锡勇、萧同兹、邓青阳 11人为南京特别市清党委员;二、加派贺其燊、张抱之、李人祝、饶宝书四人为江西省清党委员;三、军队清党困难,停止进行。

△ 武昌第二十军留守部失火。炮弹炸裂。驻防之张发奎第四军与新到之何键第三十五军因误会互相炮击终夜。

△ 陕军麻振武部困守大荔,是日冯玉祥军张维玺、刘汝明等部掘地道攻击,克大荔城,麻负伤逃遁,死于途,余众散,多被活埋。

△ 潮梅警备司令部奉蒋介石令,在汕头枪毙周荫人部第一师师长张毅。

△ 日驻安东副领事田中作率日兵 500 余名,携机枪九挺、山炮两尊,武装入侵临江县,强行设置安东领事馆临江分馆。是日,临江民众万余人聚集江边誓行抗拒,并组拒绝日领团,实行对日经济绝交。次日拒绝日领团及临江县知事袁葆真等电北京外交部请示对付办法。

7 月 27 日 武汉国民党中央执行委员会发表《告中国共产党书》,指责共产党不接受国民党的决议和纪律,要"夺取中国国民革命的领导权",声称如不放弃对国民党的敌视态度,"不能不执行相当的纪律"。

△ 中共前敌委员会在南昌成立,以周恩来、李立三、恽代英、彭湃四人组成,由周任书记。周在江西大旅社召开前委扩大会议,朱德、刘伯承、恽代英、彭湃、叶挺、聂荣臻及江西省党组织负责人等均参加,讨论南昌起义部署,决定 7 月 30 日晚起义。随后成立军事参谋团,由周恩来、贺龙、叶挺、朱德、刘伯承、贺锦斋、蔡廷锴等人参加,以刘伯承为参谋长,贺龙为第二方面军总指挥,叶挺为前敌总指挥。

△ 武汉国民党中央党部通令各省党部、省政府、军部严防共产党活动,略谓第三国际执委会对中国共产党之训令中有"共产党员应在国民党内创设非法战斗机关"之称,与国民党及国民政府之存在有直接之关系,除另电莫斯科询问该项训令是否确实外,希各级党部、机关"加以注意,严加防范"。

△ 武汉国民党中央政治委员会议决改组湖北省党部,以孔庚、郝绳祖、罗贡华、孙科、潘云超、朱霁青、张国恩、李汉俊、邓希禹九人为改组委员。

△ 武汉国民党中央政治委员会议决:一、由军事委员会严令各军

迅即退出各工会;二、湖北全省总工会及各种工会,应完全受中央工人部及湖北特务委员会指导监督,如有违反本党主义政策及革命纪律时,有纠正及改组之权;三、店员总工会改为店员总会,归当地党部商民部指导监督。

△ 鲍罗廷离汉口乘京汉路车北上郑州,转道陕、蒙回苏联,汪精卫、谭延闿、孙科等到车站送行。

△ 武汉反共后仍有倒蒋口号,张发奎且有率部回攻广东之谋。是日李宗仁、白崇禧、李济深等联名致电警告张发奎,谓张近标反共倒蒋口号,为亲者所痛,仇者所快,促其勿再倒蒋,"觉悟来归"。

△ 冯玉祥第二集团军郑大章部夜攻东平,鲁军未战即退肥城。

△ 冯玉祥代表熊斌到宁,表示西北军一致讨奉反共,服从中央命令。

△ 冯玉祥、张之江、鹿钟麟电宁,就军事委员会委员职。

7月28日 夜,汪精卫偕孙科、张发奎等离汉口赴九江,次日到庐山,密商加紧"清共"。唐生智、朱培德、黄琪翔、金汉鼎均与会。会议决议:一、严令贺龙、叶挺限期将军队撤回九江;二、封闭九江市党部、九江书店、九江《国民新闻报》馆,并逮捕其负责人;三、第二方面军实行"清共",通缉恽代英、廖乾吾、高语罕等人。

△ 南京国民党中央政治会议议决组织特种刑事临时法庭,审判关于"反革命"及土豪劣绅之案件,并通过《特种刑事临时法庭组织条例》,8月20日南京政府以明令公布。

△ 国民党中央执行委员甘乃光前因附逆嫌疑被开除党籍,后据查实,并未参与,是日武汉中央党部通告所属,恢复甘之党籍。

△ 冯玉祥自洛阳抵郑州布置攻鲁,即日起冯军向徐州方面移动。

△ 上海浦东英美烟公司工厂反对征收烟草新税,是晚宣布停工,7000工人被辞退。

7月29日 武汉国民党中央执行委员会作出关于时局之决议四条:一、提高党的威权;二、统一军政、民政、财政;三、打破割据局面,消灭地盘思想;四、党员全体动员,组织民众,训练民众。武汉政府是日发表宣言,接受中央之决议,表示努力奉行,必于最短期间使其实现。宣言抨击蒋介石"挟持党军,遂进而挟持党部,个人独裁之结果,使国人知有蒋中正,不知有党,此实为党所不容"。提出要提高党的威权,"务使党的威权高于一切"。

△　张国焘以中共中央代表身份在九江连发两封密电致南昌中共前委,称"暴动要慎重",要等他到南昌再决定是否起义。次晨,张赶到南昌,在前委召开的紧急会议上提出"起义须得张(发奎)的同意"等,遭到前委周恩来、恽代英、李立三、彭湃等反对。争论数小时未决,原定起义计划推迟。

△　南京国民党中央清党委员会通告各地清党限 8 月底截止,军队除外。

△　南京政府派何成濬到北京,与杨宇霆、韩麟春等商谈南北妥协事。杨提出南北双方在国家政治上可以合作,内部之事则各自为政,双方不必过问;先军事后政治,第一步商停战办法,第二步定合作方案。何对此无负责表示,谈判无结果。8 月 1 日,何离北京赴大同。

△　北京军政府驻日公使汪荣宝电外交部称,日本政府屡催解决满洲土地商租权问题,究竟政府对此态度如何。是日北京军政府外交部复电,谓该案属中日间重大问题,在政局安定以前,难以商议此事。

△　国民党上海市党部宣传部发表《告全市民众书》,要求审慎对日经济绝交,宣称:"稍一不慎,动误大局,经济绝交于是不能不审慎,抵制日货之方式于是乃有细加考核之必要,若因抵制日货而引起排外举动,而引起外交纠纷,因外交纠纷而妨碍军事进行,因妨碍军事进行而危害国民革命……则攻败垂成。"

△　褚玉璞、孙传芳抵徐州督师,直鲁军第一、第五、第六、第七各军及孙传芳联军第四、第七、第八、第十各师已抵徐集中。

△　冯玉祥军孙良诚部先遣队抵石家庄。

△　英国下议院讨论政府对华政策,外交大臣张伯伦答复质问时

声称:英国对华政策不变,须待有负责政府后再商订合宜新约。

△ 傍晚,武汉1000余人力车工人与军警冲突,捣毁第七警署,军警开枪弹压,击毙工人二人,伤10余人。军警亦伤数人。30日,华洋两界全体人力车工人罢工,汉口全市戒严,人力车工人被捕去五人,全国总工会及湖北省总工会枪弹被李品仙派队收缴,湖北省总工会被解散,办事人员走避一空。武汉《工人日报》被勒令停刊。

7月30日 渤海舰队(第二舰队)司令吴志馨被东北舰队(第一舰队)司令沈鸿烈在青岛拘捕,"肇和"、"华甲"两舰舰长同时被扣。

△ 李征五月前受蒋介石电请斡旋南北和平,是日李到济南与张宗昌密商南北妥协。

△ 据《申报》讯:第三十五军军长何键宣布反共后,在汉口大捕共产党,市党部即捕去百余人,重要者均被枪杀。

7月31日 晨,南昌中共前委继续开会,经数小时辩论,张国焘最后表示服从多数,会议决定8月1日上午4时举行南昌起义。后因叛徒告密,前委决定从晚9时开始全城戒严,起义时间提前两小时。

△ 潘复奉张作霖命,是日往济南与张宗昌商洽军事,并征求对时局意见。8月2日,潘返北京报告,谓"徐州现有兵力达十万,布防已妥,党军反攻,可以无虞,张且表示对军事进止,悉听政府命令"。

△ 南京国民党中央执委会发表《拥护农民利益促进农民运动宣言》,宣称:全国农民"欲图真正之解放,惟有信仰三民主义,及在本党指导之下组织团结,努力奋斗,始能达到目的",要求国民党员尽其力之所能及从事农民运动工作。

△ 胡汉民电粤邀唐绍仪去南京商外交。

△ 武汉商家拒收国库券,有以修房为名停止营业者,有以无货应市为借口者。是晚,武汉当局在各交通要道,高悬"要革命先维持国库券"、"谁不用国库券,谁就是反革命"等标语。8月1日,市政府复布告,称国库券价格日落,显系奸人破坏,此后倘有故意折扣,及拒绝收用者,定当严惩。

7月下旬　长沙自集中现金令实施后,当局滥发纸币,近日发生军人流氓向商店强迫兑现情事,激成全城罢市风潮,经周澜应商界之要求出而制止,风潮始息。

是月　武汉国民党为严密控制工人运动,由中央工人部发出通告,声称:以后各级党部工人部、各产业工人特别党部对于工人团体应切实指挥监督,运用一切有效方法指挥其工作,使工人群众的一切行动,都根据本党的策略行动。并列举对工人团体实际指导方法四条:一、严密党与工会的关系;二、严密工会特别党部的组织;三、加紧工会里党团的组织;四、使有力的党员在工会活动。

△　谭平山、苏兆征向武汉国民党中央提出辞职书,声明退出武汉政府,略谓:第三次中央全体会议之议决案,已为中央自身所背弃,共产党员同意于加入政府之基础已经消失。共产党员既为革命的国民党党员及共产主义者,则在此种状况之下退出政府,乃其天职。

△　南京国民党中央常务会议议决,工人部部长戴季陶辞职,以叶楚伧代理。

△　共产国际执行委员会派罗明纳兹及纽曼到华指导中共工作。罗易回苏。

△　台湾民众党领导之兰阳总工会、台北印刷从业员组合、台南木材工友会等 29 团体联合成立台湾工友总联盟,以李友三为联盟书记长。

8 月

8月1日　周恩来、贺龙、叶挺、朱德、刘伯承率领北伐军二万余人在南昌举行武装起义。参加起义部队有朱德第九军军官教导团和南昌公安局两个警察队,贺龙之第二十军,叶挺之第二十四师和蔡廷锴之第十师等。凌晨,1时开始,战斗主要在鼓楼、贡院街、天主堂等地发生,敌军六个团约 6000 余人,经过五个小时激战,至黎明,战斗胜利结束,歼敌朱培德部一个警卫团,王均第三军之第二十三、第二十四两个团及一个宪兵营,金汉鼎第九军之第七十九团、第八十团之大部和程潜第六军之第五十七团。起义军占领南昌城。中午,聂荣臻率周士第第二十五师第七十三团全部和第七十四、第七十五团各一部在马回岭起义,向南昌进发,在德安将尾追之敌第二十五师师长李汉魂所率卫队包围缴械,次日入南昌,与市内起义部队会师。

　　△　中共前委在南昌召开有共产党员和国民党左派人士参加的"国民党中央委员及各省区特别市和海外各党部代表联席会议",成立"中国国民党革命委员会",推举宋庆龄、邓演达、张发奎、谭平山、于右任、陈友仁、何香凝、吴玉章、彭泽民、林祖涵、贺龙、郭沫若、苏兆征、江浩、黄琪翔、恽代英、朱晖日、叶挺、周恩来、张国焘、彭湃、张曙时、李立三、经亨颐、徐特立 25 人为委员;并以宋庆龄、邓演达、谭平山、张发奎、贺龙、郭沫若、恽代英七人组成主席团。会议通过《联席会议宣声》及《中央委员宣言》等文件。

　　△　国民党中央委员中的共产党员和国民党左派宋庆龄、邓演达、谭平山、彭泽民、林祖涵、吴玉章、于树德、恽代英、恩克巴图、杨匏安、柳亚子、高语罕、谢晋、白云梯、毛泽东、董必武、江浩、韩麟符、夏曦、许甦魂、邓颖超、屈武在南昌联名发表《中央委员宣言》,痛斥蒋介石背叛革命,勾结军阀买办,残害同志,屠杀民众;汪精卫屈服于军阀武力,巧鼓簧舌,举止反常,保障唐生智等屠杀党员及工农。指出党中旧的领袖大半为敌人软化,武汉与南京所谓党部政府,皆已成为新军阀之工具,国民革命之罪人。号召革命同志反对武汉少数中央委员假借中央党部所发布之训令决议;拥护孙中山之三民主义与三大政策,反对一切曲解或背叛主义政策之主张;继续为反对帝国主义、新旧军阀与解决土地问题而奋斗。

　　△　南昌"国民党中央委员及各省区特别市和海外各党部代表联席会议"发表《宣言》,提出革命委员会的政治纲领六条:一、确立革命的新根据地;二、筹备召集第三次全国代表大会;三、坚持总理革命的三民

主义与联俄、联共、农工三大政策；四、实行本党第一、第二次全国代表大会及去年联席会议、今年中央委员会第三次全体会议之宣言、决议案；五、继续不妥协地反对帝国主义；六、继续为解决土地问题，解放农民，打倒乡村封建地主之反动势力而奋斗。

　　△　斯大林在联共中央委员会和中央监察委员会联席会议上作题为《论中国》的演说，指出今日中国革命正处在其发展的第二阶段上，共产党人的任务是：尽量利用党、无产阶级（工会）、农民（农会）和一般革命的公开组织，推动武汉的国民党人向左走，向土地革命的方面走，把武汉的国民党变为反对反革命斗争的中心，变为工农的未来的革命民主专政的核心。

　　△　武汉国民党中央执行委员会训令湖北省党部，由改组委员会即日接收该省党部，各种工作代理人员分配如下：组织部郝绳祖，宣传部邓希禹，农民部张国恩，商民部罗贡华，工人部朱霁青，青年部李汉俊，常务委员孔庚、张国恩、潘云超。次日，湖北省党部由改组委员会接收。各级党部进行改组，共产党员被排斥。

　　△　湖北全省总工会委员长向忠发发动工人总罢工。4 日，武汉中央工人部及湖北特别委员会特派张铁君接收全省总工会。11 日，省总工会发布《告工友书》，要求各工会严厉"清共"，实行工兵联合，拥护"东征"后方，打倒蒋介石。21 日，张铁君在省总工会第四次会议上宣称已有机器、肠业、钟表、海员、车总、棉总、烟总等 16 个工会改组。

　　△　南京《革命军日报》记者访冯玉祥之代表熊斌、王彭年，王称冯已决定服从南京命令，与蒋介石一致"讨共北伐"。

　　△　广东省政府改组成立，新任省府委员陈可钰、古应芬、朱家骅等正式就职，李济深仍任省府主席。

　　△　南京政府公布《财政部特办爱国捐章程》，总额以募足 3000 万元为度，称此款用于"接济北伐饷糈"。

　　△　南京政府军事当局以上海英文《字林西报》"妄登战报"，令上海邮局禁寄。

△　蒋介石督师反攻徐州。是日,李宗仁第三路左翼第十军王天培部于萧县东北之毛庄、姚楼一带与鲁军接触,逐次击退敌人,占领九里山、卧牛山及云龙山附近一带高地,其第三十师直薄徐州城下,第二十八师攻占津浦、陇海两车站,自西北面围攻徐城。第三路右翼第四十军贺耀组部拂晓攻占颜山高地,续向十里堡攻击,被高家营附近之敌所阻。

△　张宗昌以军需孔急,而山东省银行资金不足,各县之 2400 万元军事特捐又缓不济急,是日手谕山东各征收机关垫解军事借款 400 万元,自 8 月 1 日起,到 9 月 10 日止,分四期解完,逾期不解者处罚。

△　北京京师警察总监陈兴亚释放前因党案被捕之学生 20 余人。

△　浙江省务会议议决将前浙江省立甲种工业专门学校、浙江省立甲种农业专门学校分别改组为国立第三中山大学工学院、农学院,另筹文理学院,合三院组织国立第三中山大学。大学区成立。

8 月 2 日　下午,南昌各界在贡院侧举行群众大会,庆祝"八一"起义胜利和革命委员会成立,革命委员宣誓就职,到数万人。委员誓词略称:"誓以至诚恪守总理遗训,根据本党主义及政策及各次大会决议,履行革命职责,为全国大多数民众利益奋斗到底,绝不妥协,以完成国民革命工作。"

△　武汉政府下令进攻南昌起义军,令称:贺龙、叶挺即褫军职,照"谋叛律"治罪;张发奎初抵九江,即逢事变,从宽免予置议,着即饬部赶紧"进剿";朱培德即饬驻赣东南各处驻军严密兜截;唐生智抽调湘、鄂驻军合力"围剿"。同日,张发奎军与起义军在南浔路沿线激战。

△　中共中央致书国民党革命同志,指斥武汉政府如今变成军阀政府,与革命公敌蒋介石等类毫无差异;汪精卫等类伪左派领袖已经暴露自己的真面目,对革命主义和政策实行叛变,压迫工农运动,和共产党破裂,因此不能代表国民党群众的迫切希望和要求,不配称国民党的领袖,要求国民党员推举革命的领袖。

△　南京国民党中常会议决,以刘纪文、靳鹤声、甘家馨、洪轨、周曙山、陈焕东、刘季洪、罗家伦、罗芳炯九人为南京特别市党部执行委

员；以陈铭枢、陈立夫、黄居素、叶楚伧、钮永建五人为监察委员。

　　△　武汉政府劳工部布告告诫工人，当此东征之会，不得听信谣言随意罢工。同日，武汉政府下令大捕共产党，在泰康里九十五号等处捕去数十人。

　　△　中国国民党革命委员会主席团任命吴玉章为该会秘书长；刘伯承为参谋长；林祖涵为财务委员会主席；郭沫若为宣传委员会主席，郭未到任前，由恽代英代理；张国焘为农工委员会主席；李立三为政治保卫处处长；张曙时、彭泽民、韩麟符、徐特立、王积衡、穆景周、林超伯、朱蕴山、孟湘鉴、陈日新、林钧、邓鹤鸣、张馀生、王一德、张开运为党务委员会委员，张曙时为主席。

　　△　中国国民党革命委员会任命贺龙兼代国民革命军第四集团军第二方面军总指挥，黄琪翔任前敌总指挥，未到任前叶挺代；郭沫若任总政治部主任，未到任前章伯钧副主任代。下辖三个军：贺龙兼第二十军军长，党代表廖乾吾；叶挺兼第十一军军长，党代表聂荣臻，蔡廷锴兼代第十一军副军长；韦杵为第九军军长，朱德为副军长；周逸群为国民革命军第二十军第三师师长。总共 16 个团四个营，共三万余人。

　　△　胡汉民、钮永建、吴稚晖、李烈钧复冯玉祥转汉敬（24 日）电，谓"汪精卫前存意气，故未能开诚相商，只须汉实践四月开执监大会之宿诺，则其重要分子来柄大权，亦所希望"。次日，汪精卫、谭延闿、孙科、唐生智、程潜等联名电冯表白彻底反共，谓已通告于一个月内开执监会议，"俾进行讨共及对北战事"。8 日，李宗仁、蒋介石、胡汉民等 11 人电谢冯玉祥。宁汉妥协成立。

　　△　日本在临江强设领事馆事，中国官民一致反对，日政府则坚持不肯退让，令驻奉总领事吉田与奉天省长谈判。北京军政府外交部电安东道尹绝对否认，并劝人民勿对日暴动，静候解决。

　　8 月 3 日　武汉国民党中央执行委员会下达加紧各军政治工作令，宣称"革命"濒于危险时期，一方须裁制共产党，一方须讨伐新军阀，若不加紧政治训练，"则军队非离开革命战线，即易入于腐化之途"，要求自后对于党的政治训令诚意接受，对政工人员密切联合，共同奋斗。

△　汪精卫等电冯玉祥，表示愿与宁方一致努力，消灭共产党。汪称：如宁方"果能尊重中央，南讨共贼，北伐奉鲁"，他个人的进退，无关轻重。

△　中共中央发布《湘鄂赣粤四省秋收暴动大纲》，要求四省于秋收期间，以农会为中心，团结一切接近农民的会门力量实行暴动，夺取乡村政权归农会，歼灭土豪劣绅及一切反革命派，没收其财产，实行土地革命，对反动政府抗纳捐税。并指出这次暴动政治上的重要意义，"必然的可以使农村革命的势力得到新的集聚和训练，可以促进农民夺取武装和政权的决心，发达其根本消灭土地私有制的意识，同时党内对于土地革命的认识，亦将得到进一步的明确"。

△　南昌国民党中央执监委员会发表《对时局宣言》，指出："武汉中央最近之行动，三大政策既被根本破坏，三民主义亦被曲解，党之纪律与权威既扫地无余，党之名义早成为一二私人之工具"；"武汉中央既已表现反革命行动之事实而与南京政府无异，本会决不能姑息盲从，亦必将以对待南京政府之手段对待之。"

△　南昌起义部队开始撤离南昌，南征入粤。部队分两路南下，以朱德率领之第九军为第一纵队先遣队，以蔡廷锴第十师为第二纵队。4日，叶挺率第二十四师向抚州出发。5日，革命委员会各机关，直属部队，贺龙第二十军全部离南昌。6日，警卫队南下。7日，周士第二十五师最后撤离，向抚州出发。

△　唐生智、朱培德、程潜自汉电何应钦、白崇禧、李宗仁、李济深、黄绍竑，请"合力堵截"贺（龙）、叶（挺）军。

△　武汉政府在汉口召集总商会、商民协会代表讨论维持国库券，通过办法四项：一、即日通令各税收机关尽量收回国库券；二、限四个月内将国库券全部收回；三、各商店可存放国库券于中央银行，俟中央钞票印出，凭折兑换，并领取利息；四、由财部饬中央银行多发辅币券，以利流通。

△　宁方李宗仁第三路军攻徐州失利,左翼王天培第十军撤离津浦路,退萧县;右翼柏文蔚第三十三军退保淮河。

8月4日　武汉、南京两政府迅速调集部队进攻南昌起义军。是日,张发奎部在德安附近与起义军开火,并将该地占领;张部军队数千人从武汉开抵九江;黄绍竑部韦云淞、黄旭初两旅奉命集中南雄;长沙卫戍司令张国威派队将叶、贺两部在湘机关解散,并俘叶部新兵 120 余名。次日,朱培德由汉到浔,与张发奎、黄琪翔商攻南昌;张发奎先头部队抵涂家埠,向南昌进攻。钱大钧部自南雄至赣州驻扎,连营数百里,堵截起义军南下。

△　起义军第十师师长蔡廷锴在进贤被第二十八团团长陈芝馨说动脱离起义队伍,是日率第二十八、第二十九两团出进贤东门三里许停驻,将共产党在该师之主力范孟声(亦名范荩)第三十团解决,旋开赴闽浙边受陈铭枢收抚。

△　蒋介石在蚌埠电胡汉民转监察委员吴敬恒,谓:"时局重要,除开军事委员会全体会议外,可否同时召开中央执监委联席会议,解决一切重要问题,请于本月十二日以前召集如何?"

△　汪精卫致书西山会议派许崇智,对容共表示认错,并对许颇多推崇,要其"出而负责,置党于最安全之地"。

△　武汉政府任命张肇元为财政部次长,并署理财政部长。

△　冯玉祥军奉蒋介石命令攻徐州,以鹿钟麟为东路军总司令,率杨虎城军及新编之李元藻、王鸿恩、王钰芬、常好仁各师约 2.5 万人,日夜兼程自陕州、豫南驻地出发,是日抵达徐州城郊,与直鲁军徐源泉部相持于马牧集、杨集之间。但蒋介石因攻徐受挫,已于前一日决心撤兵。

△　北京军政府外交部为苏联抗议北京军政府检扣苏使馆留京人员密电事,致电驻莫斯科代办郑延禧,称:"苏远东司长所称之驻京总领事馆,在法律上及事实上均无根据,中国政府碍难承认,且外交通信秘密权只能在相当范围内适用于领馆馆长,苏俄留京人员既无法律上之

资格,复值我国军事时代,自不能任其享受该项特权。"

△ 青岛渤海舰队反对张宗昌、沈鸿烈拘捕舰队司令吴志馨及舰长二人,是日大小舰六艘开出港外,列炮示威,提出释吴、发清欠饷、自举司令等要求。9日,经外国驻青各领及商埠督办调解,渤海舰队风潮解决。条件为:一、欠饷在10日正午以前发给;二、吴志馨与渤海舰队断绝关系,立即送还济南;三、保留渤海舰队之名,不归东北舰队司令官沈鸿烈指挥。

△ 驻奉日总领事吉田茂与奉天省长莫德惠开谈满蒙交涉,吉田态度蛮横,对东北当局"着手进行的满铁并行线问题(按即关于吉海铁路和打通铁路之敷设)及用暴力阻止(日本)在帽儿山设领事分馆等事,要求中国方面反省";否则停止京奉路军车通过"满铁"附属地。

△ 北京军政府阁议通过教育部所拟改组北京国立九校计划。九校教职员忠告教育总长刘哲,勿使国校随政潮而转移。

8月5日 武汉国民党中央第二十三次常务扩大会议决定改组汉口特别市党部,指定曾集熙、李午云、李叔模、赖特才、詹大悲、梁寒操、唐爱陆、李星亚、刘赓藻九人克日组织改组委员会,着手进行。

△ 南京政府通令各机关,取消莫斯科孙逸仙大学名目,全国不得再送学生前往。

△ 武汉政府诬指共产党为民众仇敌,决以武力镇压共产党活动。是日卫戍司令李品仙布告,宣布共产党"罪状",借以大捕共产党,并枪杀多人。

△ 上海工会组织统一委员会委员长陈群发布紧急通告,宣称:"本会为上海工人团体最高机关,所有上海工友应在本会指导下组织工会,始能认为真正工人之集团,凡未经本会指导组织之工会,本会认为自外于国民党,不准其设立",如敢故违,当以"反革命"加以制裁。

△ 第二集团军总司令冯玉祥发表《敬告全国同胞及革命同志书》,主张彻底肃清奉鲁军阀,劝共产党退出国民革命之联合战线,停止农工运动之阶级斗争。

△ 第二路军白崇禧部在陇海东段战斗失利,脱离战场南撤。7日,撤至睢宁、宿迁。

△ 蒋介石于蚌埠策定淮河及江北防守计划,是日对淮河、运河地区下达防御令,各区分右左两地区,依据淮河之线及淮阴、阜宁两据点扼要固守。

△ 驻华日公使芳泽到沪,接见日记者称,日本反对中国关税自主,"如南京政府准于九月一日断行关税自主,日本当有相当之应付办法"。

△ 南京商民协会发起拥护关税自主运动,上海商民亦有同样举动。

8 月 6 日 张发奎传檄进攻南昌起义军。次晨最后一批起义军自南昌撤走,下午张之第四军第二十五师李汉魂部及第十二师缪培南部、第十一军二十六师许志锐部开入南昌城,8 日,张率本部进城。

△ 张发奎在九江大捕共产党人,九江市党部、总工会、劳动组合的主要领导人等 70 余人悉被捕。9 日,共产党员 26 名在九江被杀害。

△ 南昌起义军陆续到达抚州,杨如轩、杨池生部不战而逃。当地工农群众及青年学生四百余人参加起义军。12 日前后,起义军离抚城。王均第三军会同张发奎部至宜黄堵截。

△ 南京政府特任陈训泳、蒋作宾、方声涛、何成濬、孙岳、方本仁为军事委员会委员;任郭泰祺为外交部次长,仍兼江苏交涉员。

△ 南京政府教育行政委员会通令各省区教育行政机关,所有学校采用校长制,废除委员制。

△ 广州商民二万余人包围广东省政府,要求取消奢侈税。次晨 3 时,省府宣布戒严,借口请愿团内有共产党欲谋刺省府要人,派兵 2000 弹压,并派救火队以水龙射击,相持三小时,群众被驱散。

△ 冯玉祥军郑大章部骑兵军自菏泽取道金乡、巨野进攻济宁,是日将济宁包围。经直鲁联军调集大军应援,内外夹击,郑部乃于 8 日撤退至菏泽附近,济宁围解。

　△　鲁西范县、朝城一带,是日起被红枪会3000余人包围攻城,与鲁军第十师薛传峰部激战十昼夜,15日范县围解,朝城红枪会不战而退。

8月7日　武汉政府军委总政治部发表《为讨蒋告九江民众书》,称讨伐蒋介石是革命势力和反革命势力的决斗。为打倒新军阀,为提高党的威权,为解放东南民众,非打倒蒋介石不可。

　△　汪精卫在国民党湖北特委会临时宣传大会上作反共演说,声称:"我们今日已经到了决斗时期,要和共产党,和一切假革命派决一死战。"

　△　中共中央在汉口召开紧急会议(即"八七"会议),出席会议的有中央委员12人,候补中央委员三人,共青团中央委员五人,地方代表二人。共产国际代表罗明纳兹和中共中央秘书处负责人也参加了会议。陈独秀未能与会。瞿秋白、李维汉主持会议。罗明纳兹代表共产国际就召开这次会议的重要性和紧迫性以及它要解决的问题作报告。瞿秋白代表中共中央临时政治局常务委员会作报告。瞿秋白在报告中分析了大革命失败后的形势,指出了中共中央领导人的右倾错误给中国革命带来的严重危害,提出了中共以后的工作方针和任务。会议在共产国际的帮助下,总结了大革命失败的经验教训,就国共两党关系、土地革命、武装斗争等问题进行讨论。会议坚决纠正了以陈独秀为代表的右倾投降主义,确定实行土地革命和武装反抗国民党反动派的总方针,并把发动农民举行秋收起义作为中共当前的主要任务。会议通过了《告全党党员书》、《最近农民斗争的议决案》、《最近职工运动议决案》、《党的组织问题议决案》。选举了中央临时政治局,瞿秋白、李维汉、苏兆征、向忠发、罗亦农、顾顺章、王荷波、彭湃、任弼时九人为委员。周恩来、邓中夏、毛泽东、彭公达、李立三、张太雷、张国焘七人为候补委员。

　△　奉天商界厉行排日,商会令华商禁进日货,复令日人工厂华工总罢工,是日起与日商交易一律停止。

8 月 8 日 武汉国民党中央政治委员会第四十四次会议议决,开除跨党共产党员之国民党党籍:一、由中央党部下令,凡列名南昌革命委员会之跨党党员谭平山、林祖涵、吴玉章、恽代英、高语罕,开除党籍,并免职通缉拿办;二、列名国民党执监及候补执监委员之跨党党员杨匏安、毛泽东、董用威、邓颖超、许甦魂、韩麟符、于树德、江浩、夏曦等,一律开除党籍并免职。

△ 武汉国民党中央执行委员会决定清查共产党员办法四项:一、各级党部及国民政府各行政机关任职人员,须一律登记,声明有无跨党,以凭考核,而定去留;二、著名之共产党分子,应由地方军警严重监视,如有"反革命"行为,应即拿办;三、有共产党嫌疑者,令其于三日内登报声明反对共产党或发表文字反对共产党;四、如有共产党分子"潜伏"各级党部、各行政机关,既不退出,又不声明脱离共产党者,以"反革命"论。

△ 李宗仁、白崇禧、何应钦、蒋介石、胡汉民、李烈钧等电武汉汪精卫、谭延闿等,谓"伏读江(3 日)电,喜极而涕","前电明令,共党全退出党部,则党只有整个善后,并无两派争执,开一中央全会,以促大会之进行,早望彻底整理,自亦宜之。然南京集会,汉上同志早有决议,翘请汉同志,及早莅临,以践夙诺"。

△ 武汉国民党中央决定改组湖北人民团体办法两项:一、湖北全省人民团体应即停止活动,听候改组;二、改组人民团体,由中央各部会同湖北省党部改组委员会负责办理。

△ 南京政府令各省政府清查留学生,"如有共产党及跨党分子即停止公费"。

△ 孙传芳、张宗昌军由徐州分两路南下:中路占固镇,向蚌埠推进;东路由宿迁向江北发展。贺耀组第四十军等撤至淮河南岸。

△ 北京军政府外交总长王荫泰与西班牙公使嘎利德在外交部举行中西修约正式会议。

8 月 9 日 中共中央临时政治局第一次会议,选举瞿秋白、苏兆征、李维汉为临时中央政治局常务委员。

△　武汉东征军总指挥唐生智通电讨蒋,谓:"长江各省之痛,皆中正所造成;共产党徒之作乱,亦即中正之暗示。"痛斥蒋介石操纵党权、军权、政权于一人之手,以反共为名,叛党抗命,自立政府,屠杀异己,要求海内共起平乱。

△　武汉汪精卫等通电全体国民党员,首述反共经过,继谓国民党之危机,因反共已去其一,惟分裂不可不及时解决,决于一个月内召开四中全会,解决党内纠纷。11日,武汉国民党中央执委会通告各执行委员,预定本月15日召集之四中全会,延期至9月15日在南京举行。

△　晚,胡汉民、蒋介石在南京总部宴日使芳泽,席间胡演说称:"国民党在历史上与日本亲密,仍望携手。"芳泽答称:"中日间时有不幸事件,由于壤地相接,望双方谋了解。"蒋称:"希望赞助国民革命成功。"

△　南京各市民团体致函芳泽,请将中国人民对于关税自主、实行裁厘加税之决心转达日政府。

△　第九军军长金汉鼎、第十一军军长朱晖日到南昌,布告"讨共"。同日,第十六军军长范石生抵韶关,旋赴乐昌督师,出发湘边"讨共"。

△　孙传芳部第二、第四、第八、第九各师迫近淮河北岸,主力向怀远附近之柏文蔚第三十三军第二师阵地猛攻,相持至10日午后,占怀远。第三十三军第二师退至淮河东岸冷水店附近。

△　驻日公使汪荣宝以日本拟以强硬手段胁迫地方与之商议东三省问题,特电北京军政府外交部迅定处置方策。内称:田中首相托出渊面告,"东方会议决定对东三省方针,拟将各种悬案与地方当局'诚意'商榷,以求得解决",吉田总领事迭次通知莫省长协商,惟该省长始终不肯负责,再三警告,仍无效果,近更有排日之举,日方拟以强硬手段对付,要求政府严令该省长变更态度,否则日本将有不得已之举动。14日,北京军政府外交部电汪荣宝称,"出渊所称各节意近恫吓,自应持以镇静,免为所乘"。

8 月 10 日 武汉国民党中央政治委员会第四十五次会议议决,列名革命委员会之共产党徐特立、李立三、张国焘、彭湃、周恩来等一律通缉拿办,"其跨有本党党籍及任职者,并即开除党籍及免职"。

△ 汪精卫、谭延闿、唐生智等电李宗仁,谓:"弟等对于共贼,防制过迟,致酿成南昌之变,至深内疚;只以责任所在,应先谋补过,然后向第四次全体会议引咎,请求处分。"并谓:"诚使第四次中央全体会议能开,则不但个人负责问题,即机关改组问题,亦可于此解决。……由此会议,可能产生真能统一全国之政府,则一切分崩离析之现象,完全消灭之,顾诸同志深念之也。"

△ 安徽省政府成立,管鹏为省政府主席。

△ 湖北省农民协会改组委员会成立,以孔庚、亢振华、张国恩、郭树勋、邓良生、李汉俊、丁陶庵七人为委员。

△ 安国军第三军团长张学良在北京对记者谈南北妥协称:"双方虽有此愿望,然商谈以来,皆系私人资格出面斡旋,以期接近之后再为正式谈判。"

△ 蒋介石将前方作战部队撤至浦口、泰州、扬州等地整顿,另抽调第一、第七、第十五各军抵御南下之孙(传芳)军。

△ 北京外交团集议反对南京政府加征吨税,主张各国船舶应纳吨税仍照旧率缴本国领署保管。

△ 奉天总商会等团体因日召开"东方会议"举行反日运动,新组外交后援会,推总商会会长郑鸿文为执行委员长,计划以奉天为中心,推及全满,其目标为:一、"二十一条"之撤废;二、治外法权之撤废;三、反对"东方会议"议决事项及田中内阁之对满政策。

△ 奉天全省商工组织拒日临江设领外交后援会,并通电各省军民,坚决反对临江设领。14 日,该会在总商会招待日本记者,代理委员长杜重远称:"临江设领,即其'东方会议'侵略政策之先锋,吾人对此侵略政策,如不极端反对,是直俯首贴耳任其宰割,故临江设领誓死不能承认,假令不幸设领成为事实,则吾临江同胞与全国父老一致抗争。"17

日,临江设领问题解决,奉天日领与该省当局议定,日领日兵撤回,设领问题待中日外交当局日后商定。

△　李济深、黄绍竑联名通电分别就第八路军总指挥及代理总指挥职,并宣布进兵湘、赣"讨共"。

△　北京军政府将北京国立北京大学、法政大学、医科大学、农业大学、工业大学、师范大学、女师范大学、女子大学、艺术专门学校合并为国立京师大学校,教育总长刘哲自兼校长。是日教部派参事陈任中、司长刘风竹等分别将九校接收。

△　河南省政府令各县将红枪、黄枪等会一律取消,改编为民团,以作河南"革命成功刷新民治之后盾",受各该管县长监督。

8月11日　冯玉祥电南京李宗仁等,建议在安庆召开中央执监会预备会或筹备会,进行"宁汉合作"。12日,李宗仁等复电同意在安庆开筹备会,"先聚一堂,融洽感情"。蒋介石亦署名。

△　第十军军长兼前敌总指挥王天培,于反攻徐州作战时,擅自由前线退却,并残害同志、扣发军饷,引致军队哗变,蒋介石于8月9日将其拘捕,是日在南京枪决。

△　湖北省政府委员、第十五军军长刘佐龙是日不经裁判擅杀其副军长兼政治部主任耿丹。武汉政府为此免去刘职,并予逮捕,其部被改编为湖北省防军第一师、第二师。

△　张作霖特任褚玉璞督办直隶军务善后事宜。

△　久悬未决之中东铁路存款问题,由中(北京)苏两方理事成立协定,以半数1600万元拨交中方保管,是日先付500万元。

8月12日　南京国民党中央执监委会议,蒋介石以北伐受挫,宁汉谋和之压力,提出辞国民革命军总司令职,军事方面交何应钦,李宗仁、白崇禧三总指挥负责。晚11时30分偕白崇禧、黄郛暨随员、卫队离南京赴沪。

△　李宗仁、白崇禧自宁联名通电汪精卫、谭延闿、唐生智、程潜、朱培德、张发奎、陈公博等创议宁汉联合,内称:诸公毅然清党"讨共",

"已与宁方一致,其他党内问题自可迎刃而解,而介公蒋介石以其所抱清党去鲍罗廷目的已达,对于总揽戎机之权,急须卸脱仔肩,离宁休养,所有总司令之职权,交军事委员会接收";"党内政治问题,亟须推诚计议,迅谋解决,请速电示进行方针,以便合宁汉全力一致北伐"。

△　津浦路贺耀组第四十军等部因受孙传芳部自怀远及五河两翼侧背之威胁,是夜由淮河阵地撤退,第四十军及第二十一师经定远趋含山,第三十三军趋合肥。

△　孙传芳军先头部队到达西坝,白崇禧第二路军已全部撤离淮阴。第一路军何应钦令第一军之第二师、第六军之第十九师及第十七军在宝应湖以东地区作攻势防御;第一军之第二十二师驻守六合附近;第十一军于盐城附近作坚固防御。

△　武汉政府劳工部为严密监督工人,使一切工会成为"国民党化的工会",特规定严密工人团体组织,严防共产党等六条办法,训令鄂省切实执行。

△　原黔军袁祖铭旧部、前第九军军长彭汉章以"在叙浦、泸溪一带杀人劫财"罪,经武汉军事裁判所判决死刑,是日在阅马厂执行。

△　河南新乡农、工、商、学、兵各界 2.5 万余人集会,决议打倒奉鲁军阀,实行对日经济绝交。次日,举行示威大游行,要求武汉政府对日严重交涉,限期撤兵。开封、郑州亦分别于 14 日、19 日举行 10 余万人参加之群众大会,反对日本出兵山东。

△　广州东沙角共产党机关被破坏,共产党员九人被捕。17 日,广州警备司令部连日按所获名册捕人,截至本日,共捕共产党人 59 名。

8 月 13 日　蒋介石在沪通电宣布下野。蒋氏辞职宣言,申述反共经过,并期望同志实行三事:宁汉合作,并力北伐,彻底清党。并谓:"即应自劾而归去,解除职权,以谢天下。"同日下午,乘轮赴宁波转奉化原籍。

△　南京政府外交部发表宣言,废除北京政府与各国所订不平等条约。略谓:"凡经前北京政府与各国所订各种不平等条约,现今再无

存在之理由,当由国民政府以正当之手续,概予废除。至此等条约中规定修改期限而现已期满者,更应即予终止,由国民政府与关系各国,分别改订新约。嗣后任何条约协定,非经国民政府缔结,概不发生效力。"

　　△　武汉政府外交部长陈友仁反对宁汉合作,是日借赴日内瓦国际联盟为名离汉。

　　△　武汉政府令免魏益三第三十军军长职,调任军委会参赞,以该军副军长彭振国代理军长。魏知有变,旋即率部数团向皖境避去。横店、黄陂魏部被唐生智部第三十六军缴械,余部悉被彭振国收编。

　　△　沪商赞助武汉政府迁宁,是日各银行商号拨款 200 万元,作新政府经费。

　　△　孙传芳军占淮阴,先头部队到淮安,白崇禧第二路军纷退扬州。同日,孙军第二师李宝章部到蚌埠。

　　△　据上海《民国日报》讯:上海英侨法尔斯在租界发起组织"上海法西斯蒂团",宣布十项主张:一、拥护租界之地位;二、协助当局维护法律及秩序;三、协助当局于租界内设立不受任何政党势力支配之法庭;四、反对一切未经条约认可或未经关系各国同意之中国捐税;五、保持中国海关及盐务之管理权,至中国所负各国债务偿清后为止;六、反对一切政治团体在租界内活动;七、驱逐共产党人和工潮之发动者;八、反对中国军人以租界为庇护所,一切交战者不得入租界范围之内;九、随时保护租界内遵守章程之中外居民;十、协助当局保护守法居民,科罚恶徒。

　　8月14日　白崇禧、夏威、胡宗铎电汪精卫、谭延闿、唐生智等商宁汉合作,内称蒋已离宁赴沪,总司令职权交军委会接收,现双方所争持者皆不成问题,至因争持期间所发生之诸问题而必须先解决者,仍由代表赴浔面商。

　　△　南京国民党中委胡汉民、张静江、蔡元培、吴敬恒、李石曾等到上海挽留蒋介石,蒋已返奉化。胡等亦继蒋而辞职。同日,胡等电冯玉祥谓,"夫议而至于会,会且必赴各非所居之安庆,则双方尚有不可思

议之小隔阂可知。……虽弟等自信能至议席让步,然何如介兄(蒋介石)早让之直捷","故现亦幡然改其安庆之行,一了即百了",并谲冯"一柱擎天"。

△　冯玉祥接李烈钧报告蒋介石辞职电,即复电李烈钧转蒋挽留,"务请刻日还宁,主持大计";并称:"如必欲退休,忍将垂成之业,付诸东流,则本人自揣智力,不及万一,亦惟有一同退隐。"

△　唐生智以许克祥"灰(10)日窜入祁阳,大肆劫掠,勾结湘粤边匪,蹂躏地方,行同枭獍",下令严缉,并没收其财产,拘拿其家属。

△　孙传芳部第七师自淮阴南下,迫近宝应。宁第一路军总指挥何应钦一面严令第十九师固守宝应附近之黄浦镇阵地,一面电令扬州第十四军确实占领天长、六合。

8 月 15 日　日本外务省森次官、芳泽公使、儿玉关东长官、吉田奉天总领事、武藤关东军司令官、三井财阀代表等在旅顺开第二次"东方会议",密议满蒙政策,决定如下原则:将满蒙和中国本土分开;对满蒙取门户开放、机会均等主义,不问何国欲向满蒙开发产业,发展经济,概不拒绝,但无论何种场合,日本必须占有地理的和历史的优越地位。并决定:一、对于满蒙秩序,日本必尽力之所及与以援助而维持,如有扰乱,日本将不辞以武力镇压,日本政府对以维持满蒙秩序自任之张作霖与以援助;二、废除在东三省的治外法权,获取商租权,容许日人内地杂居,赋以与中国人同等之权利;三、彻底取缔关于满洲的增税与排日运动;四、吉会、洮索等满蒙六大铁道建筑计划,依既定方针实行;五、山东撤兵暂观形势;六、南京增税决采强硬手段。张作霖之顾问松井、町野二人亦列席,代张提出 1000 万元借款要求,日方允借 300 万。

△　南京军政要员集议挽留蒋介石、胡汉民等,并决定由中央执监委员、中央党部各部长,政治会议委员,政府委员、部长,军委会常委等组织联席会议,推李烈钧为主席,决定大计。

△　武汉汪精卫、谭延闿迭接南京要求合作电报,是日复电请李宗仁等赴九江协议。

　　△　汪精卫在武汉国民党中央党部总理纪念周作报告,宣称"中央党部与国民政府,都只有一个,谁亦不能任意把持……我们坚持我们主张,务必达到提高党权的威权",武汉政府早已决定要迁往南京。

　　△　李济深、黄绍竑联名发出两电:一致冯玉祥,望支持宁汉合作;一劝武汉要员与南京双方以诚相见,共除共产党及奉鲁军阀。

　　△　武汉国民党中央政治委员会核准财部整理国库券办法三项:一、人民手中之现金,准在政府辖境以内自由流通,车船输送千元以上须得财部许可;二、特税、盐税及内地税应付现金,此项税收所得拨归整理国库券之用;三、11月15日以抽签办法收回国库券300万元;11月15日以后,每月收回100万元,至收完为止。

　　△　武汉政府为筹补饷糈,举办湘鄂赣三省绅富捐,是日公布之《绅富捐条例》规定:凡不动产价值满5000元者,自百分之一起累进计征。

　　△　直鲁联军第十三军军长刘志陆率部取道巨野,会合第二十四军潘鸿钧部及骑兵团等进攻菏泽冯玉祥军郑大章部;17日占新集,19日夜占菏泽。

　　△　津浦路孙传芳部迫近滁州。

　　8月16日　武汉政府任命第三十五军军长何键为第四集团军江左军前敌总指挥,第三十六军军长刘兴为江右军前敌总指挥。

　　△　南京政府下令改革司法制度,自10月1日起一律裁撤检察厅(将原有检察官酌置各该级法院内仍行使检察职权),将各省高等审判厅改称高等法院,其分厅改称为分院,地方审判厅改称地方法院,其已设地方分厅分庭者亦照改。

　　△　武汉政府交通部长孙科电令上海各航业公司刻日恢复沪汉航行。

　　△　南京政府任命徐景棠、许崇清、梁漱溟为广东省政府委员。

　　△　安国军大元帅张作霖下令取缔排日。

　　△　陈铭枢电南京政府军委会请辞总政治部训练部主任职;次日

又电辞第十一军军长职。

　△　宁方杨杰第六军第十九师余宪文部在宝应以北之泾河镇为孙传芳部所败,向界首退却。

　△　沪领事团集议南京政府实行新税问题,决拒绝缴纳,即日照会南京政府。

　△　上海英军用飞机一架落于江湾,当地驻军扣留机翼作为交涉依据,并由交涉员郭泰祺向英领事巴尔敦抗议。英领事及英军事当局反采逆袭手段,以哀的美敦书致交涉公署,限 17 日上午 11 时以前交还飞机,否则断绝沪杭路交通。17 日下午 4 时半,果将梵王渡桥路轨拆毁,并派兵把守。18 日,由日海军陆战队军官调停,一方归还机翼,一方修复铁路,至午刻始解决。

8 月 17 日　南京政府军事委员会以各军转战过久,疲困不堪,需有长时期休整,而敌追踪即至,宁汉合作又难实现,是日将江北前方所有部队撤至长江南岸,凭江扼守。孙传芳军旋即跟踪追至江北沿岸,占领和县、含山、六合、扬州、泰兴等县,征集船只,企图渡江。午刻,孙军前锋一个旅抵达浦口江边,晚后续部队开到,开始攻击南京,与狮子山守军隔江互相炮击。

　△　南京政府通电各军长官,在蒋介石未回以前,所有总司令职权交军事委员会负责执行,至一切行政事务,概由南京政府负责办理。

　△　南京国民党中央党部决议,挽留蒋(介石)、胡(汉民)及吴(敬恒)、张(静江)、蔡(元培)、李(石曾)诸委员回宁,推定刘霆、潘佑强分别赴沪、甬劝驾。次日,南京政府明令留蒋;李宗仁、何应钦、白崇禧联名函胡等再出视事。

　△　江苏交涉员郭泰祺奉南京外交部令,再向日总领事矢田致送觉书,促速撤山东日兵,并声明保护山东日侨。

　△　武汉国民党中央政治委员会决议,以连声海署理中央海外部部长。

　△　上海总商会电南京财政部,反对于内债登记时认购债额十分

之一之盐余国库券办法。

　　△　国民党江西特别委员会为防止共产党活动,暂令中等以上学校一律停办。

　　△　北京军政府正式否认关税自主,谓政府之政策,不欲作反常之改革,此举非先商诸外交团,决不为之。

　　8月18日　南京国民党中央政治会议议决,要求武汉继续清党,将中央党部、国民政府照在广州未迁移前状态改组。

　　△　中共湖南省委在长沙北郊沈家大屋召开会议,讨论和制定秋收起义计划,决定以共产党的名义组织工农革命军;没收地主土地财产分给农民;废除苛捐杂税;建立工农民主政府。并决定成立领导秋收起义的党的前敌委员会,以毛泽东为书记;以长沙为中心,在湘潭、宁乡、醴陵、浏阳、平江、安源、岳州七处同时发动起义。

　　△　武汉政府以暂编第十五军军长刘伯承在南昌起义时就起义军参谋团参谋长职,着即免职拿办;任命黄慕颜署理暂编第十五军军长。

　　△　张发奎派军长朱晖日到粤会商堵击贺(龙)、叶(挺)军事计划,是日朱抵广州,旋赴梧晤商李济深。

　　△　北京军政府阁议议决简任汤玉麟为热河都统,高维岳为察哈尔都统。

　　△　是日至28日,中华基督教协进会举办的基督化经济关系全国大会在上海举行,出席中西男女50余人,其中英、美、日人占三分之一,主要讨论我国工农业问题及基督教伦理。大会决议声称:"本会主张劳资合作,建议国内各种工业及商店设立雇佣调节委员会及仲裁机关,以弭纠纷";"大田产制为造成农佃制中各种弊端之主要原因,故建议由政府公布法令,限制大田产制";"基督徒须研究现行经济制度,批评各种学说,灌输基督精神于经济生活,合即赞助之,不合即改革之。"

　　8月19日　武汉政府依据国民党中央执委会扩大会议决议,通电宣布迁都南京,并以中央执委会名义发表《迁都南京宣言》,称:"今者蒋中正既解除兵权,以听命于党,李宗仁等复环请中央党部及国民政府即由武汉迁都南京,以实行四月初旬之决议,而亟谋全党之统一",经中央执委会扩大会议决议,中央党部及国民政府克日迁都南京,并以党员应服从党纪,抵抗帝国主义侵略,肃清军阀,合力铲除共产党,以党治军等四端相勉励。

△　武汉国民党中央执行委员会第二十五次扩大会议通过汪精卫提议,将中央前次对于胡汉民、蔡元培、吴敬恒、李济深、张静江、蒋介石、古应芬、萧佛成、陈果夫等开除党籍之处分撤销,俟四中全会解决。

△　汪精卫、谭延闿电南京李宗仁、何应钦、白崇禧,促宁方一意渡江作战,声明东下诸军"只有急难之谊,并无他图"。

△　南京政府军事委员会任命白崇禧为淞沪卫戍司令。

8 月 20 日　晚,汪精卫、谭延闿、孙科、唐生智、于右任、顾孟馀等乘轮东下,次晨抵九江,下午至庐山举行军事会议,与前方军事领袖程潜等会商军事及政府迁宁等问题。

△　南京政府特任薛笃弼为民政部长。

△　南京国民党中央政治会议议决,准陈希豪、马叙伦辞浙江省政府委员职;任庄崧甫、陈其采、斯烈为浙江省政府委员,陈、斯分别兼任财政、民政各厅厅长;张静江未回任前,由周凤歧暂代省政府主席。

△　武汉东征部队陈嘉祐第十三军前锋抵湖口。

△　渤海舰队"海圻"、"肇和"、"海琛"等七舰奉张宗昌命秘密南下,是晨驶进吴淞口,向吴淞要塞炮台轰击,经炮台开炮还击,互战半小时后,相率逃出海口。

△　大连日本当局以共产嫌疑拘捕华人 51 名。

△　安南(今越南)海防发生排华暴动,自 17 日至本日,死华侨五人,伤约百人,被拘 150 人,商店被抢 30 家。22 日,广州交涉员韦玉向法领事抗议,要求法政府切实保护华侨。

8 月 21 日　南京军事委员会决定裁并军队,裁撤不重要军事机关,归并杂色军队,缩小政治部范围或取消政治部,整顿兵站,以节省经费。

△　蒋介石在奉化溪口接见美国记者卡登堡等,当记者问及仍否继续国民革命时,蒋答:"今虽下野,党员资格仍旧存在,当然不能脱离革命关系",并对记者微露出洋游历之意。

△　何键第三十五军抵安庆,原驻安庆之蒋系王普、夏斗寅两军让出驻地,开赴大通。安徽省政府、省党部迁往芜湖。25日,唐生智抵安庆指挥军事。

△　西山会议派张继就宁汉合作问题致电南京李烈钧、何应钦、李宗仁等,略谓:"值此危疑震撼之际,团结内部,实为唯一要图,其办法似宜统一汉、宁、沪三党部合组,南京、武汉两政府同属一家,无正统与非正统之可争,先后反共,更无谁胜谁负之可夸","精卫对内外皆失信仰,暂避要路,东南大局更有赖焉。"

△　北京军政府财政拮据,外交部限制驻外使领经费每月为10万元,是日将驻葡萄牙、墨西哥、瑞士、瑞典、挪威、秘鲁、古巴、巴西八国使馆裁撤。

△　英国海军陆战队百名,借口警卫和记工场,在南京登岸。

8月22日　南京代表李宗仁抵九江,旋赴庐山与汪精卫会谈宁汉合作,谭延闿、孙科、陈公博、唐生智、朱培德等均参加。会议决定:谭、孙23日先偕李宗仁赴宁详商一切;武汉东征军暂行停止前进;武汉中央党部、政府、军委会一星期内迁宁;南京拱卫暂令第七军负责,前方军队限即日肃清津浦路南段。

△　武汉国民党中央政治委员会主席团决议,设立武汉政治分会,以指导党务、政治、军事,并特派唐生智、顾孟馀等为武汉政治分会委员。

△　白崇禧在沪宣布,依南京第一〇二次政治会议议决整顿上海,其中关于军事者九条:除专设防守长官外,总指挥部及其他军事机关分别裁并迁移;特务处调宁;东路军前敌政治部取消;各军政治部不得干政;义勇队及警备司令等名目均取消;除防守司令及公安局两机关外不得任意捕人等。杨虎、陈群畏罪逃避,杨部警备队被改编。

　　△　广州受南京政局变动影响,发生挤兑风潮,市内纸币交易几停,当局筹款救济,并枪毙拒用中央纸币者三人,拘捕40余人,下令禁携50元以上现银出口。

　　8月23日　杭州受南京政局变动影响发生政潮,周凤歧系在省渐占优势,杭州市长邵元冲乘南京政局变动之际,将公款七万余元汇沪保存,被公安局扣留,交省府查办,是日邵呈请辞职。9月5日,邵致书南京中央政治会议,驳浙江清党委员会报告书,谓该会王讷言等对于调查汇款之报告书所称,有"湮没事实、图入人罪之行为,本人在党中之言行历史,尤不能任人之诬陷而置之不问",要求为公正之处置。

　　△　何应钦第一军开沪宁路,其第二师刘峙部在常州将刘宝题新编第三军军部包围缴械,刘亦被捕。

　　△　孙传芳军进攻南京,浦口、南京间炮战激烈。下午,孙传芳部用榴霰弹轰击,下关车站站长室及货栈被焚毁。

　　△　北京军政府阁议议决,特派王景岐充国联代表,并代理行政院代表。

　　△　渤海舰队又袭吴淞,是晚驶近吴淞口外40里许,知陆上有备即离去。

　　△　上海公共租界巡捕捐风潮解决,纳税华人会接受该会委员虞洽卿调解,于抗议之下照缴新增二厘捐税,以后工部局如再增捐,须与纳税华人代表磋商方可决定。

　　△　中日合办之奉天本溪湖煤矿公司工人1300人,因奉票贬值,要求按时价折合大洋补足,恢复原工资水平,实行总罢工。公司派日本守备队弹压,激起各矿华工6000人示威,日又派陆军二中队及警察守备队、宪兵队捕杀,是夜共捕矿工约300人,伤30余人,死四人。28日,本溪湖采煤工人在日本军警高压下复工,日本守备队撤退。

　　8月24日　武汉政府任命杨赓笙、陈礼江、熊育锡为江西省政府委员,杨、陈分别兼民政、教育厅长,李尚庸兼建设厅长。

　　△　孙传芳军两次偷渡长江。拂晓,孙军约一团于大胜关上游兔

耳矶(属和县)方面偷渡,被胡宗铎第十九军第一师守兵开炮击退。午,江宁镇采石矶对岸乌江镇孙军乘民船数十艘自驻马河入江向南疾驶,又被守兵、军舰协同击退。

　　△　程潜第六军由九江开往湖口。

　　△　驻华日公使芳泽持田中手书及礼物在北京访晤张作霖,向张提交《满蒙觉书》,要求从速解决中日间一切"悬案"。张以"不知详情"为由,约定由杨宇霆出任交涉。26日,北京军政府以芳泽访张事引起北京外交团之注意,特发表声明,称日方对满蒙问题并未提何交涉,仅向驻日汪荣宝公使送达一种声明书类之觉书。

　　△　驻京英、美、法、意、日五公使集议应付南京政府9月1日实行裁厘加税方法,无结果。

　　8月25日　下午,贺龙第二十军在瑞金以北30里之壬田市与敌左翼军钱大钧部第五十、第六十两个团遭遇,激战至次晨,敌向会昌方面溃退。26日,革命委员会及后卫全部到达瑞金城,教导团第一、第二总队追敌至距瑞金50里之谢坊为止。

　　△　江西省党部改组,武汉国民党中央执委会委托黄实、李尚庸、萧淑宇、刘来元、曾振五、许德珩、李篠青为该省省党部改组委员会委员,江西特别委员会即撤销。

　　△　叶楚伧电南京政府、中央党部辞党政本兼各职。

　　△　宁代表方声涛离郑赴晋,冯玉祥派刘治洲为代表与方偕行,敦促阎锡山出兵攻奉。同日,张宗昌派李凤山到晋商晋奉合作。奉方承认晋不易帜,希望晋方撤防石家庄,准德州、保定等地奉鲁军由该处通过进攻河南冯玉祥;晋方表示石家庄让防事可办到。

　　△　上海总商会及各省区商民协会代表会议等纷请南京政府展期实行裁厘加税,惟赞成关税自主。

　　△　晨,台湾台南附近有剧烈地震,死10人,伤百人。毁屋200余间。

　　8月26日　晨3时许,孙传芳军段承泽等三个师,乘雾夜由长江北岸望江亭、划子口、大河口三处向乌龙山、栖霞山及龙潭一带强渡,占领栖霞山、龙潭车站,沪宁交通断绝,情势危急。何应钦第一军会同李宗仁第七军由南京、镇江夹击,并由陈绍宽率海军在江面截击,激战一昼夜,27 日将栖霞山孙军击溃缴械,夺回栖霞山及南北象山高地。龙潭孙军仍据江岸抗争,并有大部队陆续渡江增援。

△ 南京政府任命张定璠为上海特别市市长。原任黄郛托病辞职。

△ 湖北省政府议决镇压"反革命"派办法,由省政府、卫戍司令部等单位组织"镇反"委员会,并组挨户团清查户口,派兵驻守学校,对职员、学生和工人实行连保连坐。30 日,"镇反"委员会成立。

△ 北京军政府不满出席国联代表王景岐催索国联欠费,改派驻葡公使王廷璋为出席国际联盟代表及行政院代表。王景岐亦以北京外交部不允照向例筹汇代表用费 14000 元而电辞代表职务。

8 月 27 日 武汉国民党中央执行委员会发出停止李稚、包惠僧、曾华等 27 名共产党员该会职务的通告,并饬所属"严密注意,不得录用"。

△ 武汉政府劳工部对全国工人发布训令,要求工人必须"恪遵善用"武汉政府所下一切命令,"严密防范共产党",在国民党领导下组织工会,工人活动不容离开武汉政府之监督。

△ 自武汉国民党中央训令湖北全省党部及人民团体停止活动后,各地土豪劣绅乘机活动,挟嫌报复,同日黄冈学员李蕴玉等向省报称,该县近日土劣流氓肆行暴动,惨杀党员数十人。

△ 宋庆龄自上月离汉经沪,是日偕陈友仁抵海参崴,旋赴莫斯科。

△ 广州官商会议讨论维持中央纸币,决组"商界临时存款中央银行经理委员会",由该会封存纸币 300 万元,贷与政府,政府以二五附加税作担保。总部令禁军人挤兑,并在繁盛市街设市民兑现处,每人限兑一元。

△ 是日至 9 月 3 日，第八届远东运动会在上海举行，中国得足球、排球、网球三项锦标，日本得田径、全能运动、棒球三项锦标，菲律宾得游泳、篮球两项锦标，日本得总锦标。

△ 驻华日使芳泽与张作霖之代表杨宇霆在北京开谈满蒙问题。杨提出满蒙交涉仍应由地方办理，望芳泽转告驻奉总领事吉田改变傲慢态度。芳泽仍主张与北京直接交涉。31 日，杨向记者宣布日本提案之具体要求为：一、反对中国资本家建筑与日本利益冲突之铁路；二、反对海关二五附加税；三、在满洲增设日领事署若干处。

8 月 28 日 宁、汉将领杨树庄、陈季良、陈绍宽、陈训泳、唐生智、程潜、朱培德、鲁涤平、王均、李品仙、金汉鼎、何键、李宗仁、何应钦、白崇禧、周凤歧、赖世璜等 29 人联名通电，宣称会合各军继续"北伐"。

△ 冯玉祥致电阎锡山，表示决无图晋之心，并称已派刘治洲入晋面商对奉方策。

△ 沈鸿烈整顿鲁海军，改委渤海舰队各舰长，并将官兵分别裁汰编练，其与前次风潮有牵连者均被惩办。

△ 广州各界举行拥护裁厘加税大会，各店悬拥护关税自主大旗。

8 月 29 日 孙传芳五省联军 10 个师四个混成旅约五万余人，聚集龙潭一隅，向何应钦第一军阵地发起猛烈进攻。南京军委会令何应钦、李宗仁、白崇禧分别率第一、第七两军主力及第十九军第一师反攻，以第四十军等分兵应援。30 日，第七军第一、第三两师和第十九军第一、第二两师在夏威、胡宗铎指挥下，自栖霞山向东进攻；何应钦指挥第一军第二、第二十二、第十四师之一部自东阳镇出发，会攻龙潭，与逆袭之孙军激战终日，至下午 5 时克龙潭。

△ 何键暨程潜部向津浦线侧击，浦口孙传芳军开始退却。

△ 南京政府任命张仲苏为国立同济大学校长。

△ 北京军政府财政困难，财部特设"关盐两税抵借外债委员会"，以资筹措，并令各地速将关款解京，以备拨付外债后用作军政费用。

△ 著名记者戈公振在日内瓦国际新闻界会议上发表声明，谓会

议对于取缔外国新闻记者之决议,不适用于世界全部国家,缘中国无权干预在国内之外国新闻记者,因彼等具有由中国发送不负责任之新闻之特权。

　　△　湖南共产党密定于 30 日大暴动,为当局发觉,指挥人员名单被搜去,国民党军警即在长沙大检查,捕去 300 余人。9 月 1 日,省党部委员、省府厅长联席会议决定处置办法:由省党部、军事厅、民政厅、法院、卫戍司令部、公安局共组特别法庭会审,凡在马日事变以前有显著工作,在马日事变后继续工作,与在马日事变后始加入共产党者,一律处以死刑。其余分别情节轻重,予以禁锢或交其家属领回看管。

　　8 月 30 日　南京政府外交次长郭泰祺通知英、美等 12 国驻沪领事,称因时局关系,暂缓裁厘加税,至关税自主政策则始终不变。

　　△　钱大钧部九个团集结会昌一带,构筑工事防守,桂军黄绍竑部约七个团集结白鹅墟附近,与会昌成犄角之势,企图堵击南昌起义军。是日,起义军向会昌发起总攻击,首由朱德指挥的教导团和第二十军第三师第六团向城东北之敌发起进攻,后叶挺第十一军第二十四师和第二十五师赶到,向城西北敌之阵地进攻,激战至下午 4 时,起义军占领会昌城。敌南路总指挥钱大钧率残部向筠门岭方向溃退。9 月 2 日,叶挺部又击溃援敌黄绍竑部 2000 余人,敌退洛口墟。叶部伤亡 200 余人。

　　△　北京军政府交通部令派程崇为唐山交通大学校长。

　　△　日本政府正式发表山东撤兵声明,定 9 月 7、8 两日由青岛全部开拔完毕;并称日本政府"希望中国内乱从速终息","日侨众多地方再无因战乱祸及日侨之虞,而不至使帝国政府不得不讲机宜自卫之措置"。同日,驻北京日使馆一等书记官西田向北京外交部提出山东撤兵节略。

　　△　广州金融风潮益烈,中央银行纸币停止兑现,财政厅长古应芬为维持中央纸币发短期公债 1000 万元,召商会银行公会代表会议,迫令五日内每日缴 200 万元。商人纷纷以现银运藏沙面租界。9 月 1

日,保安队会同警察查封银行、银号、商店多家,至各店认缴公债 40 余万后始启封。商会所属各商店被迫认借者已达九成以上。次日中行纸币十足通用,挤兑风潮结束。

△　国民党上海特别市清党委员会函复旦大学,声称该校学生陈曷德、谢国慈、罗元英等 12 名确系共产党员,应即开除学籍。

8 月 31 日　龙潭大捷。晨 5 时,孙传芳部猛攻龙潭水泥厂及龙潭车站。何应钦、白崇禧于龙潭下令第一、第七、第十九等军协同反击。孙军除一部由柴洲等地渡江北窜外,其余均被缴械俘虏。此役双方出动兵力 15 万之多,成为北伐以来一场大血战,宁方俘虏孙部官兵三万余人,高级军官数十名,缴械四万余支,孙部死亡及溺毙万余人,第一、第七两军伤亡亦达 8000 余人。

△　南京军事当局以吴淞、镇江炮台附近均有外国军舰商轮停泊,有利孙军掩袭,令交涉员郭泰祺向领事团抗议。

△　湖北农工厅布告实行减租,自本月秋收起,依照原订佃约租额减纳 25%;原租额不及收获量 40% 者,得由当地地方政府会同农民协会按照当地情形规定之。

△　南京政府以汕头、广州等地广帮拒用中山新币,影响金融安定,是日训令各省一律使用,以广流通。

9 月

9 月 1 日　南京政府外交部致电上海外交交涉公署,以英舰连日无端炮击乌龙山、幕府山等炮台,令速向英总领事严重抗议。

△　上午,香港英舰五艘以捕盗为名开入大鹏湾,英兵数百人在张坝登岸,毁村屋 40 余间,继赴方洛港,又毁村屋五所,午后方离去。

△　南京政府传令嘉奖龙潭战役有功将士,称:“总指挥李宗仁、何应钦、白崇禧,海军司令陈绍宽等调度有方,各军将士忠勇效命,得于最短期间,俘敌五万余人,缴械四万余支,孙逆仅以身免,党国转危为安,

言念殊勋,洵堪嘉慰。"

△ 午后,奉军渤海舰队"海圻"、"海琛"等四舰驶至吴淞口外鸭嘴沙,探得有备未进;夜经川沙海面,与防军开炮互击,旋即逃逸。3 日下午,"海圻"等四舰又驶近吴淞轰击炮台,双方各发 20 余炮,为防军击退。

△ 第十一军军长陈铭枢致电南京政府称,9 月 2 日扶病东渡就医,军长职务交由副军长蒋光鼐代理。

△ 唐生智电汉报告已抵安庆,并称安徽省政府组织完竣,军旅布置就绪。同日,何键奉唐命出任安徽省政府主席。

△ 桂省大捕共产党,是日省清党委员会在南宁枪杀共产党员高孤雁、雷沛涛、邓哲、罗如川等 13 人。7 日又在梧州逮捕一百数十人,在南宁杀害 12 人。

△ 驻华日使芳泽在北京接见日记者,声称外交团接南京政府裁厘加税延期及保留关税自主之通告,甚为满意;满蒙诸悬案向来作为地方问题,在奉天就地折冲,以东三省实际之主要人物张作霖为对手最为妥当,地点、日期未定;中日修约尚未商定续议日期;山东撤军全系自主行动,无向中方要求今后保障之必要。

△ 孙传芳军渡江进攻南京时,曾有日轮两艘停泊乌龙、幕府两山间之江心洲江面,掩护孙军偷渡,经交涉员郭泰祺向日总领事矢田七太郎交涉。是日,日总领事函复交涉署,称因避两岸炮火故停江心,否认有屏蔽孙军情事。

△ 北京外交团讨论驻华外军等问题,决先撤退天津、青岛驻军,开往上海防区。至沪卫戍司令部通告军事期内禁止外轮入长江事,认为妨碍各国航行权利,决饬沪领事团提严重抗议,并饬外舰保护,决不因此停航。

△ 汉口《中央日报》是日起停刊。

△ 纸烟统税开征后,因外商拒缴,以无税之廉价纸烟行销,致华烟税高价昂,无人过问,势将停业,是日南洋兄弟烟草公司特致函沪总

商会,请代向南京财政当局呼吁挽救。

9月2日 南京政府军事委员会电令第一、第三两路军一部渡江肃清江南残敌。同时命第十八军军长杨杰、第四十军军长贺耀组、第三十三军军长柏文蔚等分途渡江北追,并命海军派舰游弋于和州、采石、南京、镇江、江阴、南通一带江面,掩护陆军渡江。

△ 孙传芳军在怀远与何键军激战。同日,鲁军前敌总司令许琨由济南赴蚌埠,与孙传芳协商军事。

△ 日军舰、商船不遵吴淞炮台特别戒严令,直驶入警戒线,中国军队开枪射击,日舰还击。晚,日舰"桃号"驶过江阴,又对该地炮台发炮。3日,驻沪日总领事矢田反向交涉署提抗议,沪领事团亦决定与沪交涉员郭泰祺交涉。

△ 香港英舰借口悬英旗之中国商轮在广东西江临阳峡被劫,纵火焚烧石峡太平湖村,并发炮10余响,进行恫吓。

△ 张作霖、张宗昌为实施攻豫计划,是日再派常运衡赴太原与阎锡山接洽。4日,常抵太原,阎称病不见。

△ 沪银行、钱业两公会致电南京政府,抗议古应芬在广州勒借巨款,封闭银号,摧残金融事业,谓"此乃共党在武汉所不敢为,而古为之";又谓古在宁时种种设施悖谬妄行,致使政府财政陷于绝境,社会经济濒于破产,除请救济外,并要求罢斥古之财政部长职务。

△ 长沙人力车2400辆车工约3000余人在共产党领导下罢工抗捐。市公安局等集议对付办法,决对罢工抗捐首领从严拿办,并议定办法数条,凡"煽惑车夫罢工,希图集会反抗者,以暴动论";"车栈主因车夫积欠车租者,得以押租扣抵,不得捎照不发,致生事端"。4日,市党部恐久延酿成重大事端,特商公安局将扣留之车释放,劝令车工先行复工,听候调解,并将月捐二元减为一元六角,工潮始平息。

△ 贺龙第二十军南昌起义先头部队由瑞金向长汀开拔,5日大部到达长汀。

9月3日 南京开祝捷及挽蒋大会,到各机关团体代表三万余人,通过提案多件：通电挽留中央五委员及蒋介石、电请全国严厉清共、请中央监委会清除中央执委会之共产分子、请中央于 12 月 10 日以前开中国国民党第三次全国代表大会等。

△　驻沪日总领事矢田致函上海交涉署通知山东撤兵，妄称：将来日侨居住地方，无论何处，"为维持治安并避免再受祸害起见"，彼时日本政府将"为不得已而施行机宜自卫之措置"。同日，济南日军开始撤退，至 8 日驻鲁日军全部撤尽，除炮兵二中队、工兵一小队赴大连外，余撤回日本。

△　上月下旬奉天本溪湖煤矿发生之工潮中，工人数十名遭日兵惨杀，是日奉天省长莫德惠令交涉员高清和向日总领事抗议，并电北京向日使交涉。

△　南京外交部以英舰不顾邦交，连日无端炮击乌龙山、幕府山等炮台，致电沪交涉公署速向英总领事严重抗议。同日，海军总司令杨树庄为英舰停泊吴淞炮台附近，函饬交涉员郭泰祺向英总领事交涉，令该舰即刻离开，以免纠纷。

△　北京大元帅府军事会议讨论孙传芳军渡江失败后对付时局之方针，决定对豫暂取守势，将孙军主力撤至蚌埠，许琨、王栋两军由褚玉璞指挥，向徐州、蚌埠增援，以备由安庆入侵之敌，务固守长江以北之安徽、江苏。

△　汉口中华全国总工会奉令改组，以陈公博、王法勤等 11 人为改组委员，是日第一次会议推选王法勤、薛修、梅哲之三人为常委，张铁君为秘书长，朱力一为组织部长，戚报捷为宣传部长，负责指导全国各工会改组事宜，在改组期间摄行全国总工会职权。

△　上海租界纳税华人会据罗重等函报告，公共租界之公园不准华人游览。是日特函公共租界工部局称："租界内之公园等公共场所，均由市政捐所建设，而所有市政捐，华人独占多数，华人岂反无享受此项场所之权利，且只限华人不得入内，尤属不平"，要求将公园等公共场所无条件开放。

　　△　清史馆馆长赵尔巽在北京病故。赵前清时曾任四川总督,民国成立后曾任奉天都督,曾负责编修《清史稿》。

　　9 月 4 日　日、张(作霖)满蒙交涉消息传出后,东北民众反日斗争复形高涨。是日,奉天国民外交后援会成立。沈阳民众六万余人举行反日示威游行,每人手执白旗,上书"打倒田中内阁侵略政策"、"拒绝日本临江设领"、"取消二十一条"等标语。7 日,吉林各团体集会反对"满蒙交涉",表示为此不惜一战。9 日、10 日夜间沈阳城内满贴"打倒军阀张作霖"标语。学生反日游行被禁止。14 日,洮南民众一万余人集会反日。20 日,齐齐哈尔数万人示威游行,齐呼"打倒日本帝国主义"、"誓死反对日本"等口号。

　　△　广州各界十余万人举行挽蒋大会,通过四案:一、挽留蒋介石及南京政府五委员;二、拥护李济深;三、巩固后方;四、援助海防华侨。旋游行示威。同日,李济深电奉化劝蒋复职。

　　△　被俘孙传芳军前淞沪防守司令李宝章等在南京处决。

　　△　劳动大学筹委会推易培基为校长。

　　9 月 5 日　宁汉合作大致商妥,是日汪精卫偕顾孟馀、徐谦、陈公博、何香凝、朱培德等自九江抵南京,惟南京遍贴反汪标语。同日,武汉代表谭延闿、孙科自京赴沪,与胡汉民等协商合作办法。

　　△　拂晓,宁方右翼军左纵队杨杰第十八军由大港镇及镇江渡江,驱逐孙传芳军警戒部队,7 日占泰州、扬州、仙女庙等地,8 日克邵伯,9 日克高邮,10 日占宝应,11、12 两日紧蹑敌军梁鸿恩、陆殿臣两部之后,破敌于淮安、淮阴一带,克淮阴,敌向宿迁方向溃退,14 日先后克涟水、泗阳等地。按:蒋介石将程潜驻南京附近的第六军第十七、第十九两个师缴械后,另拨浙军第十九军余宪文师,重建第六军,委杨杰为军长,以后杨的第六军改番号为第十八军。程潜在江西收容残部仍建第六军,程为军长,后被李宗仁缴械。

　　△　李济深通电发表时局宣言,呼吁党内合作,蒋汪合作,称"拥汪倒蒋或拥蒋倒汪,均属失当";主张暂时保留总司令制度,认蒋为"最适

之军事领袖";宁、汉一切重大问题应由不跨党之第二届中央执监会议解决,并宣称:"宜巩固党基,勿令共党重来。"

△ 武汉政府下令将监察院监察委员、共产党员李永声褫职拿办。

△ 叶挺第十一军南昌起义军大部由会昌回到瑞金,7 日先头部队由瑞金向长汀开拔,9 日到达长汀。

9 月 6 日 宋庆龄偕陈友仁抵莫斯科,苏联外交人民委员代表及莫斯科工人代表等到车站欢迎。宋发表声明,对苏联人民给予中国革命的帮助表示感谢,并对列宁格勒《真理报》发表声明,表示将同苏联工人"继续并肩作战,打垮我们的共同敌人——世界帝国主义和一切反动势力"。

△ 拂晓,宁方新编第十军夏斗寅部由采石附近渡江,占和县;同时,贺耀组第四十军之先头部队由浦口渡江,占浦镇。10 日,第十军杨胜治部占全椒,第四十军进至花旗营,两军协力向滁州之敌攻击,14 日占滁州,孙传芳部退明光。

△ 宁方右翼军中央纵队之赖世璜第十四军由江阴渡江至靖江,8 日以主力经姜堰,以一部经泰兴向泰州前进,嗣向邵伯、高邮、宝应,于16 日到达淮安。

△ 唐生智部第三十六军军长刘兴率部由大通入驻芜湖。

△ 广东省金融风潮,省政府查出财部、财厅重要职员乘机操纵,有获利数十万者。是日广州政治分会查办此案,财部禁烟处长李海云等古应芬系人物数十名被逮捕监禁。古因此辞财政厅长职,由冯祝万继任。民政厅长李文范、司法厅长陈融等亦相继辞职走避香港。

△ 上海英兵分批撤退,第一批 1800 名前已离沪;是日第二批 1900 名登轮,另有 1800 余名自香港到沪填防;10 日第三批 1700 名离沪。

△ 上海戈登路日商同兴纱厂工人 1600 余人罢工,提出增加工资、不准打骂工人、撤换三日人监工、担保以后不得任意开除工人等要求;后又提启封工人俱乐部、不得无故开除工人、失业工人优给川资、释放被捕之工人家属三人等要求。经市党部工农部调停,厂方答应解决,

29日全体复工。

9月7日　冯玉祥电责靳云鹗勾结孙传芳、张宗昌等蓄谋反动,免其第二方面军总指挥职,以马吉第、秦德纯代总、副指挥。是日靳复电声称:"此次驻军京汉,不即东进,系遵国民政府迭次密令,防止我公异图,巩固党国根本。"同日,冯军开始对靳军攻击,第一方面军孙良诚由北向南,第二方面军孙连仲由南向北夹击。

　　△　江苏交涉员郭泰祺致牒驻沪日总领事矢田,指出日撤兵声明中所称日本政府将"为不得已而施行机宜自卫之措置"一节,有损中国主权,表示绝对不能承认。

　　△　唐生智部何键第三十五军由和县侧攻津浦线,断孙传芳军归路,孙军不战退蚌埠。

　　△　黄琪翔代张发奎率第四军及第十一军余部回粤,是日抵赣州,次日向南雄进发。

　　△　谭延闿、孙科等在沪力劝胡汉民、蔡元培、张静江等回京复职,胡等以"于大局无裨"为词表示拒绝。

　　△　阎锡山在太原举行军事会议,决定暂时维持石家庄防务,对冯、奉两方仍照常联络。

　　△　东三省反日运动扩大,是日,日使芳泽奉政府令向张作霖面提警告,要求严重取缔。同日,张作霖电奉天省长莫德惠设法阻止定于10日举行之对日示威运动。

　　△　广东陆丰农军攻克大安,次日直取陆丰县城。

9月8日　晚,南京政府军事委员会李宗仁等设宴欢迎武汉抵宁中委,汪精卫演说,声称宁汉分裂是由于"工作上之注意点有所分歧","一方注意于清党,一方注意于提高党权";并称今日必须团结,"要以十二分的诚意和十二分的勇气,来纠正既往,补救现在,开济将来"。

　　△　国民党粤省市党部联席会议通电赞成宁汉合作,声称"前因反共联共而分裂,此日大可由清共绝共而合作",并力主挽留蒋介石及五委员。

△　南京政府军事委员会密令第一路总指挥何应钦,以第十四军军长赖世璜屡次作战,畏葸不前,对于该军饷糈尤多克扣,应即免职拿办,军长职务由该军参谋长刘士毅暂代。14 日,赖在沪北站被第一军宪兵扣留,旋解龙华淞沪卫戍司令部禁押。12 月 31 日,南京军委会下令将赖枪决。

△　唐生智抵安庆,在各机关团体欢迎会上讲演,谓共产党南昌之变及成立政府,皆系蒋成立南京政府之恶例所引起;并否认宁汉合作之说,谓系武汉中央政府迁都南京,不能说是两个政府合作。同日,唐令安徽省党部听候改组。

△　李宗仁、何应钦、白崇禧联名致电唐生智,请赴宁列席中央执监委全体会议。唐复电拒绝,称党国大计,悉由会议决定,军事意见,已向主席团陈述,无列席会议必要。

△　长沙卫戍司令张国威为防共产党于中秋节暴动,宣布是日起特别戒严五日。次日,枪杀王谦吉等三名,斩杀苏毅一名。

△　黄绍竑抵韶关,指挥各军入赣堵截南下叶、贺起义军。陈济棠率第十一师及第三十三师两团趋潮(安)梅(县)"围剿"起义军,并派"飞鹰"等舰由水路进攻。

△　冯玉祥、靳云鹗两军在许昌开战。驻马店、确山方面之冯军孙连仲部与靳军有小接触。靳在郾城,拥兵约四万。9 日晚,郾城靳军北上至临颍,冯军被迫退许昌。10 日,靳军马吉第师在临颍北大石桥与冯军交战。

△　海丰农民军克青坑,次日驱逐梅陇敌团队,公平驻军一连投降。至此,海陆丰除海丰城以外,皆为农军克复,敌千余人集中海丰县城固守待援。

△　北京军政府教育部通令各校禁用白话文。

9 月 9 日　湘赣边界爆发秋收起义,由中共中央特派员毛泽东和中共湖南省委领导,原武汉国民政府警卫团,平江、浏阳农民军和安源的工人武装等参加。起义部队编成工农革命军第一军第一师,卢德铭任总指挥,余洒度任师长,毛泽东任中共前敌委员会书记,下辖四个团。是日,起义铁路工人和农民按计划破坏粤汉线岳阳至黄沙街、长沙至株洲两段铁路,切断敌交通运输。第一团从江西修水出发,向长寿街进攻。10日克朱溪厂,旋越湘赣边界,续克湖南平江县龙门厂。时原收编之土匪武装邱国轩第四团在金坪圩叛变,一团背腹受敌,激战两小时,伤亡200多人,被迫向浏阳方向转移。

△ 汪精卫、谭延闿、李宗仁、白崇禧、孙科、朱培德、李烈钧、陈公博、甘乃光等为挽辞职五中委回任,并与在沪执监委交换团结意见,是日自京到沪。汪在北站接见记者,宣称汉宁两派在军事方面现已一致,政治方面亦非一致不可,两派合作已不成问题。

△ 杨宇霆奉命答访日使芳泽,疏解奉天排日事件,称张作霖已迭电严加制止,此后当不至再发生类此事端。次对满蒙问题交换意见,杨称北京外交当局拟将日方所提觉书中五项,择其易于解决者由地方磋商,较难解决者实行搁置。

△ 宁方右翼军右纵队(第三十一军之张中立第九十二师)于江阴南星镇一带渡江,循水道经南通、如皋,11日晚到达海安,13日拂晓到达盐城,14日克阜宁,敌向东坎(今属滨海县)退走。

9月10日 蒋介石在奉化雪窦寺对《大陆报》记者谈称,拟作海外游五年,考察各国政治经济生活,并声称将来中国必循共和之道发展,此后即共产党之名称,亦必不令其再见于中国史乘;中国将来之发展,必循美国之途,俄国既不可恃,中国必视美国为惟一之良友。

△ 汪精卫在沪对《申报》记者发表谈话,称颂蒋反共"有先见之明",并称自己"自从五月间奋斗起,一直到现在为止,都是主张分共的"。又称彼此"反共之方法与政策不同,以致把党分裂","关于政治问题,在军事时期,不得不提高党权,实行以党治军,以党治国"。

△ 汪精卫等电奉化蒋介石到沪"会商党国大计"。

△ 上海海陆军要员杨树庄、周凤歧等欢宴汪精卫,会场揭"国民党大团结"之标语,蔡元培演说,主张宁汉合作,"烧去旧帐,从新做起"。

　　△　夜,工农革命军第二团王新亚部在安源起义,次晨赶到萍乡外围,强攻县城,战斗一天多未下,敌从宜春增派援兵。中午,二团停攻萍乡,改攻老关,占领之。12 日,在农军配合下攻占醴陵城。15 日晨占浏阳县城。16 日,陷入优势敌人(张国威部)重围,在突围中大部损失,浏阳复失。

　　△　宁方左翼军柏文蔚第三十三军得农军红枪会五六千人之助,围攻定远孙传芳军,血战至次晨,孙军溃散,第三十三军入定远城。

　　△　汉口店员代表 30 余人为店东借故裁退店员事,向武汉国民党中央党部请愿,称:店东利用中央排斥共产党之机裁退店员,不及月余,失业店员达 2000 以上,特提出店东不得借故关门或辞退店员、不得推翻工商以前合订之一切条件、即日恢复失业店员工作等项要求。

　　△　无锡广勤、申新、庆丰、豫康等纱厂因日商放价大购新花,棉贵纱滞,无法维持,是日起停闭,两万余工人失业。12 日,县分署、商民协会、总工会等电南京政府,请禁国棉出口。

　　9 月 11 日　国民党汉、宁、沪(西山会议派)三方中央要员在沪戈登路开谈话会,商统一党务及宁、汉政府合并改组办法,汪精卫、谭延闿、孙科、伍朝枢、李烈钧、褚民谊、李宗仁、程潜、张静江、蔡元培、杨树庄、李石曾、于右任、叶楚伧、邹鲁、张继、谢持、覃振、许崇智、王伯群、居正 21 人出席,推谭延闿为主席。胡汉民、吴敬恒、蒋介石、陈公博、顾孟馀拒不出席。会议连开三日,辩论甚烈,宁派力主非汪下野无以平党员之愤,汪决暂退。会议决定:一、由宁、沪、汉三方面各推委员六人(另候补委员各三人)及共推委员 14 人合组中央特别委员会,为行使党务政治之最高机关;二、中央政治委员会及中央政治会议暂撤销;三、宁、汉两政府合并改组,由特别委员会另选国民政府委员,并委派军事委员会委员暨各部部长;四、特别委员会除行使中央执行委员会职权外,应负责统一各地方之国民党党部,并于三个月内筹开第三次全国代表大会,解决党内纠纷;五、推汪精卫、谭延闿、蔡元培、谢持起草统一宣言;六、推张继、于右任、何香凝、李石曾、蔡元培五人代行监察委员职权。因宁、沪两方否认三月间武汉召开之第三次全体会议为合法,遂改四中全会为中央执监委员临时会议。

　　△　陇海路鲁军前锋张敬尧第二军在刘堤圈(属河南省虞城县)与冯玉祥军发生激战,冯军向野鸡岗撤退。

　　△　南满铁路总裁山本条太郎因中国有收回中东铁路之计划,赴哈尔滨视察。

　　△　工农革命军第三团在毛泽东领导下,在铜鼓起义,占白沙镇。次日占浏阳东门市。14日被唐生智部新八军两个团及地主武装包围夹击,激战六小时后,向浏阳上坪撤退。

　　△　长沙乡村农民响应秋收起义,是日暴动,解散团防局七处,缴枪80多支,杀土豪劣绅七八人。同日,醴陵农民起义,镇压土豪劣绅,夺取反动军队枪支。

　　△　唐生智自安庆抵芜湖,获悉冯玉祥、靳云鹗发生冲突,是日即由芜折回汉口出任调停。

　　△　上海公共租界工部局越界在虹桥路设立捕房,沪各团体请交涉员郭泰祺向领事团交涉撤回。

　　9月12日　湖南省政府代主席周斓与长沙卫戍司令张国威制订"会剿"由安源入醴陵之工农革命军计划:一、令张(国威)师所部谭(崇鄽)团从姚家坝向阳三石前进;二、令独立团长罗定派队向醴陵包围,断其后路;三、派第三十五军教导团团长王东原率一大队由西乡神福港前进,夹攻革命军。13日晚,谭、罗两部到达姚家坝与老关,立即与工农革命军接触,相持至14日,谭、罗两部陷醴陵。

　　△　贺龙第二十军攻抵上杭,闽西南之连城、宁化、清流、永定、龙岩、长汀、武平一带均为起义军所占领。

　　△　程潜应南京军事委员会之邀抵沪,与何应钦、白崇禧、李宗仁会商进攻徐州计划。

　　△　鲁军总司令张宗昌电徐州前敌总指挥部委任攻豫各路指挥:第一路张敬尧;第二路徐源泉;第三路程国瑞。

9 月 13 日 汪精卫偕顾孟馀秘密离沪赴牯岭。行前顾致书南京中央党部称:"此次东下,系专为出席第四次中央执监会议而来,现闻在沪同志多主张暂时不开此次会议,此外其他会议,孟馀已无参加之必要。"汪电中执委会并通电全党,自认对共产党"防制过迟",自动下野,并听候处分。

△ 武汉政府停止办公,结束一切。迁宁第一批人员已于昨日出发。

△ 李济深发表宣言,劝说汪蒋合作,汉宁提携,并提出如下主张:一、党之各派彻底统一;二、蒋介石复任总司令,汪精卫不可引退;三、党之军事首脑以蒋最为适任;四、速开中央执监委员联席会议解决党内诸重要问题。

△ 武汉各界代表大会提出要求 18 条,决议推代表即日携赴南京请愿,要求中包括肃清一切反革命派、根据三民主义确定建设非资本主义国家的纲领、继续北伐、实行关税自主、厉行军队党代表制、贯彻农工政策、严办向农工进攻的土豪劣绅及一切反革命派等。

△ 日本阁议讨论满蒙交涉及排日问题之应付方法。日兼外相田中发表声明,谓在排日运动镇静以前,满蒙交涉暂行中止;对华方针决不因排日运动而变更。

△ 北京军政府外交部复日使撤兵节略,声明以后负责保护日侨。

9 月 14 日 唐生智在汉口召集重要军官会议,协商省防问题,决调第八军二师进驻武胜关,防守鄂北一带;长江下游派第三十五军、第三十六军布防;宜昌派第二军防守;湘省防务归第三十七军担任;并决定暂缓北伐,以巩固湘、鄂、皖三省防务为目的,由唐任三省联军总司令,何键、刘兴、周斓任副司令。

△ 第十五军军长黄绍竑由韶关入赣,是日抵信丰,17 日赴雩都指挥各军入闽,追击贺、叶起义军。蔡廷锴第十师由蒋光鼐接统,由雩都(今于都)、瑞金兼程入闽边来击贺、叶起义军。

△ 毛泽东在浏阳上坪以前委书记名义通知秋收起义各部队到浏

阳文家市集合。19 日,各路起义部队约 1500 人在文家市会师。次日离文家市,向罗霄山脉中段进军。25 日,克莲花县城。29 日,到达江西永新县三湾村,进行"三湾改编",确立共产党对军队的绝对领导,部队缩编成一个团,改称工农革命军第一军第一师第一团,人数不足一千。

△ 陈公博因第四次全体执监会议改为中央执监委员临时会议,致函唐生智转中央,声明及时引退,并即日离沪赴粤。

△ 靳云鹗军秦德纯、马吉第两部被冯玉祥军韩复榘、石友三部压迫,是日自许昌大石桥退至郾城,继又向上蔡退却。

△ 陈济棠在惠州就任代理第八路军前敌总指挥。

9 月 15 日 国民党中央执监委员临时联席会议在南京举行,宁、汉、沪(西山会议派)三方代表 20 人出席。谭延闿主席,报告中央执委谭平山、林祖涵、于树德、吴玉章、杨匏安、恽代英,候补执委白云梯、毛泽东、许甦魂、夏曦、韩麟符、董用威、屈武、邓颖超及中央监委高语罕,候补监委江浩,因隶共产党籍予以除名。决定开除"附逆有据"之彭泽民、邓演达党籍;徐谦、陈公博、谢晋、詹大悲、邓懋修有无"附逆"嫌疑,交中监委审查;恢复王宠惠党籍;设"中国国民党中央特别委员会",推定委员 32 人:沪方(西山会议派)为林森、邹鲁、许崇智、居正、谢持、覃振六人,候补茅祖权、刘积学、傅汝霖;宁方为李宗仁、李石曾、蔡元培、王伯群、伍朝枢、李烈钧六人,候补叶楚伧、褚民谊、缪斌;汉方为谭延闿、孙科、何香凝、于右任、朱培德、程潜六人,候补为顾孟馀、甘乃光、陈公博;三方公推汪精卫、胡汉民、张继、吴敬恒、戴季陶、张静江、蒋介石、唐生智、冯玉祥、阎锡山、杨树庄、李济深、何应钦、白崇禧 14 人。以张继、于右任等五人代行监察委员职权。特别委员会之任务及职权为:一、受中央党部之委托,分别行使中央执行、监察委员会之职权,至第三次全国代表大会开会时为止;二、统一各地方国民党党部;三、筹备第三次全国代表大会,以十七年(1928)1 月 1 日为开会期。对汪精卫自请处分案,决定应无庸议。并决定劝汪、蒋及胡汉民等速出任事。

△ 唐生智自武汉通电劝冯(玉祥)、靳(云鹗)息争,称靳"去岁反

吴,今年讨奉,艰苦卓绝,再接再厉,皆忠实同志,党国干城"。

　　△　唐生智调李品仙第八军第二师吴尚部及中央警备第一师戴斗垣部至武胜关。次日信阳冯玉祥军忽自动向明港、确山撤退。唐军入信阳。

　　△　安国军高级干部会议讨论军事,议决:一、津浦路正面,令孙传芳军担任,军费由北京设法援助;二、陇海路之直鲁联军乘冯、靳两军冲突,开始积极行动;三、京汉路方面因与晋军之关系,暂维现状;若晋军退却,即令第三、第四方面军前进。

　　9 月 16 日　宁、汉、沪三方合组之国民党中央特别委员会在南京成立,即开第一次大会,决议要案多件:一、发表修正后之国民党宣言;二、改组中央党部,设秘书处及组织、宣传、工人、农民、商民、青年、妇女、海外八部;三、改组国民政府,设内政、外交、财政、司法、农工、实业、交通七部及大学院与军事委员会;四、设置监察院;五、推谭延闿、于右任、张静江、李烈钧、张继、谢持、李宗仁、白崇禧、朱培德、程潜、杨树庄等 11 人协商中央党部、国民政府及军事委员会人选。

　　△　北京续开停顿日久之中日修约会议,交换通商、航海意见,无具体结果。日方代表重光葵,中方代表唐在章。

　　△　奉天省当局不顾日方阻挠,兴工修筑打通路(自锦州打虎山至通辽县),因该路有衔接京奉、四洮两路,使北满货物直达葫芦岛之功用。

　　9 月 17 日　国民党中央特别委员会开第二次会议,讨论改组国民政府及军事委员会案。议决推丁惟汾、于右任等 47 人为国民政府委员,以汪精卫、胡汉民、李烈钧、蔡元培、谭延闿五人为常务委员;于右任等 67 人为军事委员会委员,以蒋介石、胡汉民、谭延闿、何应钦、汪精卫、李宗仁、白崇禧、冯玉祥、阎锡山、朱培德、程潜、唐生智、李济深、杨树庄 14 人为主席团;通过大学院院长、各部部长名单。

　　△　南京政府致电慰留蒋介石,促其"克速回宁,完成北伐使命"。

　　△　徐谦为南京疑其"附共"交中监委审查事通电自辩,谓"谦在武

汉分共政策未宣布前,主张分共甚力",曾反对鲍罗廷,且对南京"主张调和,力阻东征"。

△　武汉军事委员会以第二十一师(按系奉军富双英旧部改编)"谋叛有据",令江右军总指挥刘兴迅即给资遣散,该师师长郭广炎、副师长周培调汉。21日,该师在芜湖被缴械遣散。

△　海丰、陆丰两县农民发动第二次武装起义,以刘琴西为工农革命军总指挥,林道文为大队长,是日攻克海丰城,重建人民政权,并采取没收官僚、地主之工商企业,镇压反革命分子等措施。25日,在敌陈学顺补充团和戴可雄之保安队、民团反攻下撤出县城,转入中峒革命根据地。

△　南昌起义军主力已由闽入粤。粤第八路代总指挥黄绍竑急令右翼东路两军速向贝岭、兴宁进出,然后各军并进,向海边压迫包围,加以歼灭。

△　湖南特别法庭在长沙成立,以唐斌为庭长。是日下午,杀害共产党员三人,并在长沙县郊大捕农军多批,解送特别法庭讯办。

△　冯玉祥电国民党中央执委会、国民政府称,靳云鹗"抗命通敌,破坏革命,背叛党国",请明令通缉,以儆反侧。10月6日,国民政府据冯电下令将靳褫职,并严缉究办。

△　驻扎顺德(今邢台)一带之晋军是夜开始撤退,声言"让防",大部集中高邑,准备北退。

△　日轮"现德丸"因贪利载重逾量,违背行船规则,在青岛附近沉没,淹毙乘客数百人。

△　上海各路商界总联合会率30万会员致电忠告日本政府,称日本撤兵山东之同时,已实施满蒙侵略政策,筑铁路,设领馆,无所不用其极,并利诱张作霖缔结借款,私订条约,中国人民万不承认。

9月18日　张发奎第二方面军前队黄琪翔部六七千人到达韶关,余数万人陆续回粤。张发奎赴香港休养,由黄琪翔暂代第二方面军总指挥。

△ 南昌起义军贺龙部攻入大埔,旋沿韩江直下,19 日占三河坝。叶挺部亦于次日到达。随后分兵,由朱德率第九军教导团和第十一军第二十五师扼守三河坝,总指挥部率主力续向潮汕前进。在三河坝、隰隍间击退潮梅警备司令王俊部四个团,23 日克潮安。王俊率部分路向汤坑退却。农军千余人入据汕头市。24 日,南昌起义军先头部队进入汕头。

△ 云南唐继虞军一部攻击呈贡,21 日黎明攻至省城昆明。龙云军据城鏖战一昼夜,次晨唐部向西退却。

△ 于右任、谭延闿等屡电冯玉祥为靳云鹗说和,是日冯复谭电称:"逆军破坏党体,为害殊甚,若不趁时扫荡,豫局何堪收拾";"目下交锋胜利,和复何益,未和于未战之先,而和于逆军溃退之际,再三筹思,似非得计。"

9 月 19 日 国民党中央特别委员会开第三次大会,张继主席,决定:一、推汪精卫、蔡元培、谢持为常务委员,叶楚伧为秘书长;推定中央党部各部委员:组织汪精卫、陈树人、谢持等八人,宣传戴季陶、顾孟馀、胡汉民等八人,工人陈公博、居正等四人,农民甘乃光、陈果夫等五人,商民褚民谊等五人,青年傅汝霖、邹鲁等四人,妇女何香凝、陈璧君等六人,海外邓泽如、林森等四人;二、中央政治委员会(或称政治会议)及各地政治分会一律取消,其职权分别由中央党部、省党部、国民政府、省政府执行,各地政治分会限 10 月 1 日前取消;三、以前各级党部及国民政府(指宁、汉、沪三中央党部及宁、汉两政府)立即合并于新组织之中央党部及国民政府,所属机关立即移交。

△ 中共中央由武汉迁回上海。同日,中共临时中央政治局在沪举行会议,通过《关于"左派国民党"及苏维埃口号问题决议案》,提出在革命斗争新高潮中成立苏维埃。

△ 广西省政府主席黄绍竑请假离省三月,经省政府委员会公推伍廷飏代理主席。是日伍在南宁就职。

△ 冯玉祥下令通缉靳云鹗,并派东路郑金声军自陈留进攻周家

口(即周口,在商水县北部),中路石友三及郑大章骑兵师由郾城进攻上蔡,截击靳军后路。20日,上蔡靳军一旅为冯军缴械,余部逃汝南。

△ 据《晨报》讯:奉天省长莫德惠根据北京外交部电示,已与驻奉日总领事吉田等协订《取缔东三省韩人协定》六条,主旨在解散韩党,缴其枪械,并依日方所指,逮捕韩党首领引渡于日本。

9月20日 国民党中央特别委员会产生之国民政府委员及军事委员会委员同时在南京举行就职礼,张继代表中央特别委员会致训词后授印。蔡元培代表国民政府委员接印,并致答词。接着,蔡元培代表中央特别委员会向军委会致训词,伍朝枢代表国民政府向军事委员会授印,程潜接印并致答词。至此,沪、汉、宁三方合流之国民政府产生,武汉政府正式结束。

△ 国民政府发表成立宣言,其要旨如下:一、继续北伐;二、力求贯彻废除不平等条约主张;三、"肃清"共党;四、建设"革命"秩序,厉行"革命"纪律;五、实行总理建国方略、建国大纲之建设程序。实行平均地权,节制资本,并建设国家资本;六、扫除文武官吏贪污腐败积习。

△ 湖北省、汉口市两党部改组委员会致电汪精卫及中央执行委员会,对南京成立特别委员会提出疑问,略称:报载中央执监委员会临时联席会议指定数十人组织特别委员会,代行中央执行委员会职权,而所指定之特别委员中,有不少业经总理及全国代表大会除名之人,究竟第二届中央执行委员会仍否存在,第四次全体会议仍否举行,本党党章及历次全国代表大会决议案是否尚属有效。

△ 何应钦奉军事委员会令,将驻无锡、松江、杭州三地之白宝山旧部:第三十一军之蒋毅、第九十三师李奇峰、第九十一师缴械,称其有勾通孙传芳情事。

△ 湖北省党部、省政府公布《处置共党新条例》,内称凡在"马日"以前有显著工作,"马日"后继续工作或继续加入共党者均处死刑,非属以上三项者仅予监禁。

△ 湖北省党部、汉口市党部改组委员会临时紧急会议讨论救济

武汉金融办法,议定请军委会及省政府组织临时特别机关,全权处理中央及地方财政,并整顿金融。

△　浙江省政府下令严缉共产党人萧澄等 84 名。

△　杨宇霆赴奉天调查排日案。奉反日运动渐形沉静。

9 月中旬　武汉政府军事委员会准李宗仁辞第七军军长兼职,以夏威继任;第七军留广西后方之第三师改编为第十五军,任黄绍竑为军长。

9 月 21 日　汪精卫、顾孟馀、唐生智等返汉,依据上月 22 日国民党武汉中央政治委员会之议决案,于是日成立中央政治委员会武汉分会,与南京对峙。指定委员 23 人,以唐生智、顾孟馀、陈公博、孔庚、邓寿荃五人为常务委员。

△　汉口徒手士兵数十名拟搭日轮"沅江号"赴长沙,为日水手拒绝,发生冲突。武汉卫戍司令部应日海军要求派兵弹压,因语言不通,解释无效,日兵竟开枪射击,华军死军官一人、士兵二人,伤数人,日兵亦伤二人。日方要求道歉,并予日兵将来之保障。22 日,卫戍司令部参谋长张翼鹏访日司令官荒城表示道歉,日方亦派员至卫戍司令部对死伤者表示同情。

△　第二方面军代总指挥黄琪翔偕师长缪培南率前队 2000 人入广州。该军政治部所贴标语中有"拥护汪精卫、李济深、张发奎及军事委员会"、"反对个人代表党"、"建设革命的新广东"等。次日发表第二方面军返粤《凯旋宣言》,号召农工商学兵联合起来,"打倒贪官污吏土豪劣绅,打倒一切军阀,打倒帝国主义,肃清藉党营私的投机分子,打倒冒充三民主义的信徒,揭破腐化党员的假面具,打倒代表土豪劣绅的腐化分子,打倒争夺国民革命领导权的共产党,打倒叶挺、贺龙"。

9 月 22 日　国民政府第二次会议议决,设财政监理委员会及外交委员会。

△　国民党武汉政治分会设立财政委员会,以孔庚、邓寿荃等为委员,管理该分会辖境内之财政事宜。

△ 江西省政府主席朱培德呈请辞职,10月5日国民政府指令慰留。

△ 广东海军"广金"舰自琼州运税银毫洋60万、纸币30万返广州,途中舰员勾匪劫纸币30万元逃亡,舰由伙夫驾驶抵广州。广东省当局派员赴香港查捕各犯。

△ 阎锡山委前第六旅旅长高鸿文为第十六师师长;绥远都统商震为左路总指挥。

9月23日 蒋介石自宁波抵上海,与胡汉民、吴敬恒等会晤,表示小住数日即出洋。浙江省政府委员会议决拨蒋出洋旅费五万元。

△ 石家庄民众两万余人举行拒毒示威运动,反对日人贩卖金丹、吗啡,驱逐贩毒日人出境,将华友洋行日人及两名贩金丹日人送太原总司令部转送天津日领署惩办。按:据拒毒会调查,石家庄每年行销西北之吗啡、金丹,价值在500万元以上。

△ 南京短波无线电台落成,与广东、洛阳、上海、宁波、厦门、菲律宾、东沙岛可直接通报。

9月24日 国民政府军委会为对付唐生智军东下,决定向安徽三路进兵,将唐军逐出皖境:中路由李宗仁、贺耀组、叶开鑫三军担任,沿长江直趋芜湖;南路由陈调元、王普两军担任,自宣城出兵,经祁门、景德镇入赣,联络朱培德第三军攻九江;北路由柏文蔚、张克瑶、王天锡三军担任,自合肥、桐城进攻安庆。程潜、白崇禧两军担任后方应援。

△ 第二路总指挥白崇禧由宁到沪挽留蒋介石,国民政府委员蔡元培、褚民谊等12人亦因挽蒋及胡汉民等到沪,蒋出洋意甚坚决,无法相强。

△ 黄绍竑抵梅县,指挥所部向大埔前进。同日,薛岳、黄旭初部占大埔。

△ 上海虹口日巡逻水兵在乍浦路殴伤华童陈启荣,华捕干涉,亦被殴辱,大队华捕乃将肇事日兵两人拘押汇山捕房。日侨闻讯,麇集捕房门前滋扰。当晚捕房将滋事水兵交武官领回。日海军即向捕房要求

恢复日海军名誉及保证不再发生类此事件,限时答复。

△ 杨宇霆就时局问题在奉天发表谈话,称:一、满蒙交涉,在排日问题未镇静以前,无续开之望,交涉在北京决定大纲后,在奉天协议细目;二、外交后援会不能急于解散,亦不能加以弹压;三、莫省长提出辞呈,虽系事实,但不能使其负排日问题之一切责任。

△ 奉天旅津同乡五百余人在南开中学集议满洲问题,议决:一、组旅津奉人对日外交后援会;二、公开日本侵略满蒙之真相;三、研究中日交涉悬案内容,直陈政府参考;四、通电全国,请组对日外交后援会,一致力争;五、通电各国民众,声述日本破坏东亚和平无异破坏世界和平,请主持正义;六、劝东省父老提倡工商,调查货物,以求经济独立。

△ 石家庄晋军徐永昌部主力自是日至 26 日,撤至获鹿及井陉。

9 月 25 日 浙江总工会在杭州举行"浙民救党运动大会",参加者约 5000 人,国民党省、市党部代表均演说,通过"否认南京特别委员会之决议事项"之提案,理由为"南京会议使西山派归复,实属破坏革命精神之谬举"。

△ 汪精卫通电国民党各级党部、各报馆,声称"政府职务虽已解除,党员责任未敢放弃",表示仍愿"以党员资格,奔走各方"。同日汪电黄琪翔,称当回粤候命,"为指臂之助"。

△ 粤第八路各军于梅县附近集中完毕,代总指挥黄绍竑下令东路军以一部进占丰顺城,主力进占汤坑,与中央军联系后,向白坟铺、潮安进攻;中央军与东路军取得联系后,由黄金市进攻隬隍,渡过韩江左岸,断南昌起义军退路;右翼军务于 29 日到达新渡墟,渡过韩江左岸,断起义军退路,潮梅军务于 9 月 27 日向揭阳进攻,阻断起义军陆丰、海丰之通路。

△ 北京军警大捕学生,包围搜查国立九校及私立各大学,以共产党嫌疑捕去学生百余人,并枪杀赵全霖、陈国华等 10 人。

9 月 26 日 何应钦通电即日起解除第一军军长兼职,专任第一路总指挥;并称第一军部队有十师以上,已奉准编为三军,以刘峙为第一军军长,顾祝同为第九军军长,钱大钧为第三十二军军长。

　　△　南昌起义军在潮汕休整三日,是日第二次分兵:第二十军第三师由师长周逸群率领警备潮汕;第十一军第二十四师、第二十军第一师会合彭湃东江工农自卫军集中揭阳城。敌潮梅军退丰顺附近。

　　△　张宗昌在济南开军事会议,决定由邯郸、曹州、陇海三路大举攻豫,每路配兵三万。

　　△　南京国立第四中山大学正式成立,开始授课,10 月 7 日补行开学典礼。

　　9 月 27 日　中央特别委员会第四次会议议决,废止中央财务委员会,改中央党部农民部为农人部,商民部为商人部。

　　△　江苏省、浙江省、南京特别市国民党党部联名通电,否认南京中央特别委员会,谓特别委员会之组织破坏党的系统,破坏第二次全国代表大会之决议;特别委员会中分子有曾反对北伐者,有曾充贿选议员者,有曾反对收回法权者,有吸食鸦片、人格破产者,有军阀之走狗蜕化而来者。同日,山东、奉天、直隶、绥远、吉林各省及北京特别市等党部亦发宣言否认特别委员会。

　　△　国民党武汉政治分会由唐生智、顾孟馀、孔庚、邓寿荃、陈公博五人以常委名义,委任何键为安徽省政府代理主席;王大桢、汪钟祥、袁家普、胡升骐、许恒芳、王星拱分别代理该省民政、财政、司法、建设、农工、教育各厅厅长。

　　△　国民党武汉政治分会财政委员会为整理财政,决定收回票券办法:中央、交通、中国三银行纸币折价兑现,每元兑洋二角,武汉各银行自 10 月 12 日起,停止支付两个月,在此期间,所有钞票悉行兑现;借征武汉三镇房捐两个月,专为收回国库券之用,缴纳房捐时,以国库券一元作现洋一角。10 月 12 日,汉口中央、交通、中国三行钞票开始兑现,一元作二角。

　　△　粤第八路代总指挥黄绍竑令中央、东路两军同时向揭阳进攻,右翼军进攻三河坝,潮梅军于汤坑附近集结后,向揭阳进攻。

　　△　湖北省、汉口市两党部代表大会通过四项通电：一、反对南京特别委员会代行中央职权；二、促开第四次中央全体会议；三、挽留汪精卫复职；四、拥护武汉政治分会。

　　△　张发奎由港返粤，晚李济深在宅邀宴，张主张先巩固广东，次补充部队，再行"北伐"。

　　△　晋、奉形势骤变，晋军商震部乘奉军不备，折毁京绥路轨，阻断张家口与京绥路西段交通。其前卫在柴沟堡西直隶、山西省界处，与奉军于珍部冲突。

　　9 月 28 日　晨，蒋介石一行 10 人自上海搭日轮"上海丸"赴日本。次日抵日本长崎，发表谈话称："此次来日，乃欲观察及研究十三年以来进步足以惊人之日本，以定未来之计划……并愿藉此与日本名流相晋接。"

　　△　国民党武汉政治分会通电全国，否认南京特别委员会与中央执委会有同等权力，指摘南京特别委员会代行中央职权违反党章，不能承认；声明在党的合法机关未经恢复职权以前，吾人仍可视特别委员会所产生之政府为事实的政府，而在对外、对军阀、对共产党数种事件上与之作条件的合作，但特别委员会关于党务、政治上一般之决议，则不能承认其有效。

　　△　第二集团军总司令部通电称，张树声在苏、皖一带组织军队，委任军长至 34 人之多，极招摇之能事，特免除张所有职务。

　　△　中东铁路理事会开会，中国代表依原条约要求退还中国股本 500 万两，连 30 年利息共 1500 万两。俄代表认此为政治问题，应由两国政府解决。

　　△　南京全国学生联合会颁布各省市县学生联合会及各校学生会临时组织法，通告各地学生联合会、学生会按此法改组。

　　△　汉口全国学生联合会总会因宁成立特别委员会代行中央职权，议决暂缓迁宁。

　　△　汉口《民国日报》经理曾集熙辞职，由范予遂接任。

　△　周凤歧电南京国民政府辞浙江省政府主席兼军事厅长各职。29日又电军事委员会辞第二十六军军长职。

　△　南昌起义军贺龙主力第二十军第一师及叶挺第十一军第二十四师向汤坑攻击前进,第二十军第二师为后续部队。行至汤坑附近与王俊潮梅警备旅、陈济棠第十一师、薛岳新编第二师等接战。经过两日夜鏖战,至30日,起义军弹药将尽,损失过半,退揭阳。晚,揭阳复沦入敌手。

　△　粤海军"飞鹰"、"民生"两舰在英、日、美、法等帝国主义军舰配合下在汕头登陆袭击南昌起义军,被警卫团击退。

　△　上海各报登载蒋介石答复对其家事来书质疑之启事,称:"民国十年原配毛氏与中正正式离婚,其他二氏本无婚约,现已与中正脱离关系,现在除家有二子外,并无妻女。"

9月29日　阎锡山电国民政府报告誓师讨奉。同日,晋、奉战事开始,晋军分两路向奉军进攻:右路军由阎亲自指挥,沿京汉路前进,第二、第三联合军由获鹿、平山一带进至滹沱河南岸,次日第二军于滹沱河北就攻击准备位置,第三军在平山以北地区集结。左路军以商震为总指挥,率第一军、第九、第七联合军沿京绥路方面进攻,是日下午先后占领丰镇及平地泉;奉军检阅使于珍及特派员赵侗在丰镇为商震截获。

　△　国民党武汉政治分会成立后,汪精卫由汉回牯岭。是日,孙科派曾仲鸣赴九江劝汪回宁。

　△　北京学生因张贴打倒军阀字样标语,连日被当局逮捕50余人。

9月30日　傍晚,黄绍竑部攻陷潮安。南昌起义军因潮汕联系被敌隔断,汕头失掉保护,为避免损失,于是晚主动撤出汕头,向流沙方面转移。

　△　上海日水兵在虹口被拘事,经日驻沪总领事矢田及公共租界工部局总董费信惇调解,工部局复文日海军陆战队司令部表示歉意,保

障以后不干涉日武装海军,惩办负责巡查及华捕。日海军陆战队指挥官松本认为满意。

△　国民政府电饬四川将领刘湘、刘文辉、赖心辉、邓锡侯、田颂尧、杨森通缉吴佩孚。

△　奉方以与阎锡山开战不利,是日由张学良电阎言和,提出释放于珍,停止军事行动,将晋军撤回原地,修复商震拆毁之路轨等和平条件。阎答称两军冲突系起于商震之误解,奉方要求决全部容纳。

9 月下旬　中央特别委员会电令 10 月 1 日撤销广州政治分会。李济深等电特委会请收回成命,或准另设与政治分会职权相同之机关。10 月 3 日,广东省政府电南京国民政府,称当此西南多事之秋,万难将广州政治分会裁撤。

△　何香凝辞中央特别委员会委员,离南京赴日本休养。

△　军事委员会改编第十八、第十九两军,委杨杰为第十八军军长,郝国玺为副,胡宗铎为第十九军军长。第十九军由第七军之一部及刘佐龙之第十五军第二师所编成,第十八军系第六军第十九师扩编。

△　湖北黄、麻地区爆发农民武装暴动,从 26 日起,七里、紫云、乘马、顺河等区农民武装数百人搜捕土豪劣绅,没收地主财产,打击反动势力,恢复农协,发展农民武装。不久因魏益三第三十军窜扰,武装暴动暂处停滞。

△　山东淄川华坞岭中日合办之煤矿,淹毙华工一百八十九十名。

是月　中共琼崖特委领导琼崖起义。在中共琼崖特委书记杨善集及冯平、王文明、冯白驹等领导下,在定安、琼山、万宁、陵水、乐会(今琼海市)、文昌、琼东、儋县、临高等地先后发动起义。起义后创建了工农革命军,开展游击战争,建立了琼崖革命根据地。1928 年 8 月中旬,成立了琼崖苏维埃政府,王文明为主席。

△　白崇禧任南京中央军事政治学校校长。

10　月

10月1日　国民政府财政部和孙科、外交部长伍朝枢、交通部长王伯群、司法部长王宠惠、大学院长蔡元培在南京宣誓就职。中央党部代表李烈钧致训词,勉以"治心为本,治国为末",一致努力排除"为世界障碍之帝国主义与国家主义,为国家障碍之地方主义与地盘思想"。孙科发表就职通电,大旨为出纳公开,厘剔弊害,力求财政统一。

△　李济深之第八路军总指挥部在广州正式成立,后方总司令部同时结束。后方总司令部原属之军队及军事机关并张发奎第二方面军概归第八路总指挥部统辖。

△　冯玉祥与阎锡山议定,以阎牵制奉军,由冯全力攻鲁,是日阎下令对奉军总攻击。京绥路奉军3日全线被晋军击破,放弃张家口,向宣化退却。

△　京汉路晋军第二军在滹沱河开始攻击,下午1时占正定城。5日下午,第二、第三联合军占新乐城,入夜第二军先头部队占定县,并在望都附近与奉军激战。第十军骑四旅于同日攻占安国县城。

△　北京大元帅府决定,京绥路以张作相为总指挥,汤玉麟副之;京汉路以张学良为总指挥,韩麟春副之。

△　南昌起义军在距揭阳约40里之炮台渡过榕江,次日至贵屿,3日到达普宁县流沙镇附近之乌石,遭陈济棠第十一师和徐景唐第十三师伏击,起义军第一、第二师与革命委员会机关、第二十四师被切断。数小时后,第二十四师、革命委员会机关被打散,突围部队千余人由董朗和颜昌颐率领,于7日到达陆丰,与当地农军会合,后建立红二师。

△　梅县方面第三十二军钱大钧部沿韩江北岸向三河坝起义军朱德部第二十五师发动进攻,激战终日。次日占三河坝。起义军渡江占三河坝对面之高地,隔江对峙。

△　南京军事委员会裁并不足额之军队,第十四军(赖世璜旧部)

被编为中央独立第一师,以熊式辉为师长;第二十七军(王普部)改编为独立第三师,以徐琻为师长。

△ 杭州《民国日报》因登江浙暨南京市党部联衔否认中央特委会之通电,被勒令停版。

10 月 2 日 孙科、伍朝枢由南京前往牯岭劝汪精卫复职。同日,汪电南京谭延闿、蔡元培、李宗仁等称:"政府职务,虽已辞谢,党员责任,未敢放弃,拟以党员资格奔走各方。"

△ 李济深在广州邀宴张发奎、黄琪翔、朱晖日、缪培南等各军将领,李声称要肃清贪官污吏土豪劣绅及冒充三民主义信徒之投机分子,以巩固革命策源地之广东。张致答辞,声明拥护李济深;又称只认从前武汉党部、政府为正统,应打倒昏庸老朽分子。

△ 唐生智将截获之"决川"等舰编为长江第一舰队,以丁延龄任队长。

△ 新编第二师师长薛岳率 2000 人入汕头。次日黄绍竑、王俊亦到,即召集军事会议,决定由薛派两团向澄(海)、揭(阳)追击南昌起义军,王派一团入潮阳。王复任潮梅警备司令。

△ 张作霖通电讨伐阎锡山,历数阎无端兴戎之罪,谓为维持大局,不得已饬军讨伐,倘阎能悔过息兵,仍当宽其既往。4 日对阎下讨伐令。

△ 张作霖任吴俊陞为东三省边防司令兼保安总司令。

△ 全国拒毒运动周第一日,上海禁烟局举行拒毒演讲会,局方一科长宣称该局进行之方针,完全以禁烟为目的,非以筹饷为目的,当场焚去红丸 9400 余盒及白粉、吗啡、烟具等。

10 月 3 日 湖南省务会议议决,请驻湘苏联领事馆人员限期出境,由交涉员萧恩承照会苏领事。22 日,长沙卫戍司令部查封驻湘苏领事馆,领馆人员"监护出境",苏、华人役一律被驱逐。

△ 南京中央特别委员会第五次会议通过《党员统一登记条例》。

△ 张作霖特任刘尚清为奉天省长,原任莫德惠调任农工总长。

△　朱德率起义军第二十五师在三河坝与敌钱大钧部 10 个团激战三昼夜,歼敌千余人,于是夜率 2000 人突围撤出战斗。

△　工农革命军到达宁冈县古城,毛泽东在文昌宫主持召开前敌委员会扩大会议,总结秋收起义经验,讨论在井冈山开展游击战争、建立革命根据地问题。7 日进抵茅坪。27 日到达井冈山中心茨坪,和当地的农民革命武装王佐、袁文才部汇合,开始建立井冈山革命根据地。

△　靳云鹗军残部于学忠、刘培绪两师退集凤阳,是日为直鲁联军第十五军军长陈文钊收编,即以此成立第十五军。

△　蒋介石到神户,即与宋子文同赴有马温泉见宋母,请其允诺与宋美龄之婚事。宋母允其所请。

△　上海英美烟草公司浦东分厂工人 8000 名,华商恒丰纱厂工人 2200 名,招商局码头工人五百余名,因要求增加工资,开始罢工。

10 月 4 日　国民政府下令讨奉,令称:"北京伪政府,倒行逆施,秽德彰闻,久为人民所痛恶。自张作霖窃踞幽燕,益复勾结残寇,扰害闾阎,恶焰弥天,怨声载道。其爪牙孙传芳、张宗昌,负隅海岱,图抗义军,日暮途穷,凶氛犹炽,致使大江以北,庐舍荡然,火热水深,民不堪命","凡我将士,咸应发扬蹈厉,戮力同心,直指朔方,殄灭巨憝。"7 日,国民政府令军委会筹划克日出师"北伐",策应晋军。

△　中央特别委员会委派沈定一等为浙江省党部特派员,王讷言、萧明新等九人为执行委员,于是日接收浙江省党部改组委员会。同日,杭州《民国日报》由萧明新接收。

△　国民政府议决接济冯玉祥军饷 100 万元,交财政部拨付。

△　阎锡山通电向张作霖宣战,责张为华北和平之扰乱者,且妨碍新中国之建设,号召奉军士兵协力讨张。

△　晋军李生达第十五师由蔚县进至宣化以南,奉军放弃宣化退守怀来。次日,晋军第十五师协同第五师及左翼队占领张家口、万全、宣化一带。

10 月 5 日　国民政府任命蔡元培、何应钦、朱家骅、陈其采、程振钧、蒋伯诚、蒋梦麟、马寅初、阮性存、陈豈怀为浙江省政府委员,以何应钦为主席,朱、陈、程、蒋(伯诚)分别兼任民政、财政、建设、军事各厅厅长。

　　△　国民政府任命郑洪年、张寿镛为财政部次长,张仍兼江苏财政厅长。

　　△　李济深请保留广州政治分会及增设军事委员会广州分会一案,是日经中央特委会议决,政治分会应予取消,军事委员会分会应否增设交国民政府核办。

　　△　前王普第二十七军改编之独立第三师约 5000 人,在南京下关附近被第七军李宗仁部包围缴械。军委会宣布该师暗通孙传芳军。

　　△　阎锡山致电张作霖称,兵戎相见,实违初心,苟有解决途径,仍当开诚相与。7 日,张复电称,既相见以兵戎,成败利钝,惟力是视;背叛共和,拔五色帜而易赤帜,谓为顺应潮流,不敢奉命。

10 月 6 日　南京军事委员会议决分别电勉阎锡山、冯玉祥、唐生智协力进攻张作霖。谓该会决定一律动员,大举北伐,务希督饬所部努力前驱,以成革命大业。

　　△　南京外交部长伍朝枢致日公使芳泽照会,抗议日本对华政策,谓日本对华之满蒙新政策,拟系复活"二十一条",甚或变本加厉,此种政策必至引起中国人民之公愤,恐将酿成阿尔萨斯、洛林问题于远东,危及世界和平。

　　△　国民政府据特委会第四次会议议决,致函军事委员会转饬淞沪卫戍司令部,设立健全侦缉机关,严厉逮捕上海共党。

　　△　广西清党,梧州枪杀学生胡宝凤等 13 人,14 日桂林县杀害共产党员赵世恪等 18 人,19 日梧州又杀害 19 人。

　　△　前武汉政府苏联军事总顾问加伦及其夫人并随员一名,已得日本政府准许,是日由上海启程经日本回国。

　　△　清晨,朱德率南昌起义军第二十五师约 2000 人撤出三河坝,南下接应潮、汕方面起义军。在饶平与潮汕起义军约 200 人会合。

10月7日　国民政府议决任命刘峙、钱大钧、顾祝同、黄琪翔为军事委员会委员；准裁撤江苏军事厅，并免何应钦所兼厅长职。

△　朱德率领第二十五师、第九军教导团及从潮州撤出的第三师一部约2500人，从饶平出发，向平和方向转移，16日到达闽、赣交界的武平。17日，在武平击退尾追之钱大钧部两个团的进攻。朱部损失亦重，仅存兵力约1500人。

△　军事委员会令将第十八军改编为四个团，拨归程潜节制，仍在扬州原地担任警戒。该军军长杨杰已通电辞职。

△　张宗昌连日与孙传芳、褚玉璞、张敬尧、程国瑞等在济南开军事会议，集议陇海、津浦两路军事，是日决定孙传芳军扼守津浦路，所有津浦路及东路直鲁军尽调鲁西及陇海沿线，以备大举对豫。

△　苏州铁机工人3000余人以三星纺织厂无故停业，不允发放工人津贴，是日起全体罢工援助三星厂工人。15日，市公安局会同市党部召集各团体、机关代表讨论解决办法，决定：一、由商会负责我资方出面磋商办法；二、工方负责保障资方身体安全；三、限三日内（自15日下午1时至18日上午12时止）解决。

10月8日　国民政府公布《续发江海关二五附税国库券条例》，发行总额2400万元，充作本年军需政费预算不足及归还短期借款之用，以二五附税全部收入作为本息基金，月息七厘，10月1日发行，至1931年12月底本息全部还清。

△　国民政府重申前令，严禁军人干涉省政，擅委官吏。

△　财政部长孙科发表《告全国商界书》，称国民政府对于"所借各种款项，必完全负责，依约履行；以前债务亦必次第整理，妥定办法，决不使人民有意外之损失"；要求全国商界与政府"同心协办，始终合作，以度过目前之难关"。

△　军事委员会议决军队编制案。以军为单位，军之上分路，各路负责者总指挥，以数目字表示之。军之编制，每军三师，一教导团，一骑兵队，一炮兵团，一工兵营，一通信队，一宪兵队，一军乐队；师分两种：

甲种四团,乙种三团,一特务营,一炮兵营;一团三营,一迫击炮连,一机
关枪连,一卫生队;每营四连。

　　△　日芳泽公使、本庄繁中将在北京晤杨宇霆,非正式要求续开满
蒙交涉。

　　△　汉口英领函交涉署,拒绝汉口第三特区新局长张履鳌到任,声
明如必欲令张履任,恐将演成严重局势,应由中国当局负责。交涉署于
19 日函英领事波特据理驳复,责英方违背尊重条约之国际义务,并声
明:英国政府苟欲公然背弃其全权代表所签条约,而规避签字后发生之
国际义务,将使英国负其全责。

　　△　第二十六军军长周凤歧、副军长斯烈相继辞职,南京军事委员
会委陈焯继任该军副军长兼代军长。是日陈在沪就职。

　　△　第八路代总指挥黄绍竑由汕头抵广州谒李济深,报告潮汕解
决起义军经过;并请解除第八路代总指挥职,在粤第七军亦请调桂补充
休养。24 日黄自粤回桂。

　　△　张作霖颁发京汉、京绥、陇海三线总攻击令,以张学良、韩麟春
率领三、四方面军团所辖各军,由保定向石家庄进发;张作相、汤玉麟率
第五方面军团所辖各军,由下花园经宣化、张家口向大同进发;万福麟
部仍照原定战线进攻;张宗昌、褚玉璞率二、七方面军团各军,由济南、
徐州经东明、曹州、夏邑等地向开封、郑州、运城进发。同日,京汉线奉
军左翼第二十九军戢翼翘部占领安国。

　　10 月 9 日　冯玉祥第二军团开始攻击直鲁军。第一路鹿钟麟等
部自归德附近东进,10 日上午与直鲁军在杨集以西遭遇。11 日,直鲁
军褚玉璞部及袁家骧部合力进迫,沿铁道附近之冯军阵地被突破,损失
甚重。12 日,冯军败退归德,袁家骧部自永城方面向冯军右翼包围。
14 日,冯令第一路军放弃归德,向太康、柘城附近南撤。该路军以攻击
猛烈,不易脱离,且刘镇华部叛军已截断退路,致第十军及王金韬师被
围于归德,王鸿恩师受困于虞城,其余各部几经转折方撤出。王金韬师
至 16 日始突围南撤。

　△　朱培德向各方周旋之结果,李烈钧在赣东之省政府,钱大钧在赣南之行政委员会均经撤销,江西政令至此统一。

　△　晋军第四军第十师抵进定县西南二十里铺附近,与奉军遭遇。奉军迫近定县。

　△　驻华日使芳泽向北京军政府外交部致送节略,通知汕头日水兵为护侨登陆,请予谅解。

10 月 10 日　汪精卫偕宁方代表孙科、伍朝枢等自九江抵汉口。次日宁方代表与汪精卫、唐生智及李济深之代表等在汉会谈,汉方代表唐生智、顾孟馀等提出解决"党的纠纷"主张如下:一、在宁召开第四次中央执监会议;二、恢复中央执行委员会常务委员会;三、追认中央特别委员会;四、规定中央常务、特别两委员会之职权;五、恢复中央监察委员会。13 日,宁方代表孙科等携此提案返宁。

　△　南京举行国庆祝典,由国民党中央党部谢持等主持,通过向国民政府请愿继续"北伐"、平定物价、"肃清"共产党等项提案。

　△　广州各界庆祝国庆大会,通过迎汪通电及请当局整理省市县各级党务、迅释因清党被陷分子、促开第四次执监联席会议、保障农工利益、肃清贪官污吏等项提案。会后十余万人游行。

　△　粤省新编第十三军在广州长堤成立,以方鼎英为军长。由湘入粤之许克祥部归其编配。

　△　陈铭枢之第十一军由副军长蒋光鼐率领入福州。市中遍贴反谭(曙卿)标语。

　△　南昌起义军第二十军 2000 余人由第一师师长贺锦斋率领撤退到陆丰,是日被陈济棠军缴械,士兵被改编,军官被押送至汕头遣散。贺率手枪队百余人向汕尾方向转移。

　△　日本南满铁道株式会社社长山本条太郎抵北京,次日与张作霖秘密会谈,15 日达成所谓《满蒙新五路协约》的谅解。《协约》规定由日本政府承包修建下列五条铁路线:一、自敦化经老头沟至图们江岸线;二、自长春至大赍线;三、自吉林至五常线;四、自洮南至索伦线;五、

自延吉至海林线。并规定:中国不能将打虎山至通辽之线延长至通辽以北;不能修建开通(属通榆县)至扶余铁路。

△ 山东省政府是日起征收奢侈品入口新税,税率自 4％至 20％,国货减半优待。外商方面由驻济南日本领事藤田荣介向该省提出抗议,要求取消。

△ 奉军全线总攻击后,是日京汉路奉军第二十九军戢翼翘部占领定县,晋军第二军右翼在清风店附近被包围。阎锡山令各部队撤退,12 日,第二军撤至获鹿,第三军至平山,第十军至灵寿,第四军至行唐,第六军协同第八军至曲阳。奉军占新乐、正定。

△ 晋军谭庆林部约百名出没于北京门头沟西北,图袭北京,被奉军击退。

10 月上旬 国民党湖北省党部通告,以前误入三民社者,皆须自首及呈报该社一切印刷物,得予免究,否则一经查出,即行严办。按:湖北省党部委员罗贡华、汉口特别市党部常委刘叔模等在鄂暗组三民社,图夺该省党、政诸权,因该社社员李培文等自首,罗、刘等被该省省防军公安局捕获。

10 月 11 日 国民党广州政治分会决定拒绝南京中央特委会取消该会之议决,并通过在该会下组织临时军事委员会,以李济深、黄绍竑、张发奎、李福林、黄琪翔、陈可钰、徐景唐、陈济棠、戴季陶为委员,如戴不就,以陈公博补充;如汪精卫回粤,则随时推举加入。该会受政治分会指导及监督,对政治分会辖内陆海空军及一切军事机关有指挥整理之权。

△ 冯玉祥电南京报告协同讨奉计划,略称晋军任京绥、京汉两路,冯军进攻徐州、济宁、大名,请南京派大军向津浦路挺进,并于何应钦、白崇禧、李宗仁三人中择一前往督师。

△ 汉口英侨 250 余人集会,要求英国政府向南京国民政府提强硬通牒:一、中国军队撤出特区;二、修改陈(友仁)阿(马利)协定,使市政不受政治干涉;三、保证界内警察官吏执行职权不受军令或其他干

涉;四、管理局内增加英籍职员。

△ 李福林第五军由东江回师广州,在市内东堤附近与张发奎军冲突,交战数小时,李军被缴械,退珠江南旧根据地,决与张军对抗。

△ 晋军第四师傅作义部向涿州城进攻,奉军在南门据民宅及天主教堂竭力抵抗。12日,晋军占涿州城。

10月12日 国民政府特任伍朝枢为外交部长,孙科为财政部长,王宠惠为司法部长,王伯群为交通部长,蔡元培为大学院院长;任命连声海为国民政府秘书长,黄惠龙为副官长。

△ 国民政府再电李济深应照前令依限取消广州政治分会。

△ 京绥路晋军商震部第一、第三、第五、第十五等师及骑兵第二、第六、第七等三师与奉军第九、第十二两军及增援之步兵四旅、骑兵两旅激战于下花园。同日,商震部奉令撤退。

10月13日 南京谭延闿、程潜、李宗仁、何应钦、白崇禧、孙科、伍朝枢联名致电汪精卫,赞同在汉所议各项办法,并定11月1日在宁召开第四次中央全体会议,请汪邀同武汉、粤、浔各中委赴宁集会。17日,汪电广州陈树人等,谓宁方已赞成开第四次中央全体会议恢复中央执委会,武汉委员将东下,请陈等到沪会齐,或到汉同行。18日,汪致电各地中委,提出两项意见:一、如四次中央全体会议不得已延期,似宜再行通告;二、党务重要议案似宜留待全会公决。

△ 唐生智通电各报馆请一致声援阎锡山讨奉。

△ 方声涛自太原抵郑州,代表晋阎锡山谒冯玉祥,详商讨奉计划。

△ 南京军事委员会令第一独立师改编为第十三军第一师,师长仍由熊式辉担任;原第十军部队合编为第十三军第二、第三两师;第十三军军长由白崇禧兼任。

△ 闽局发生变化,蒋光鼐与海军联络,在招宴席上将新编第一军军长谭曙卿扣留。是午,新一军与第十一军在福州冲突,巷战三小时,新一军三个团被缴械。27日,闽南新编军高义、杨汉烈等组织闽南军

事委员会,共拒海军收编。

10 月 14 日　广州海员及各业工人二万余人集会游行,高擎铁锤镰刀红旗,公开拥护赤色工会和共产党,并驱逐工会改组委员会,夺回海员工会会所,由海员 25 人组成维持委员会,进驻办公。晚,游行工人 27 名被警察捕去。

△　国民党广州政治分会讨论修正临时军事委员会大纲,议决以李济深为主席,陈可钰为参谋长,黄绍竑、张发奎为副参谋长,陈公博为政治部主任。

△　安国军第五军团长张作相下令对宣化晋军实行全线攻击。汤玉麟、高维岳指挥第二十九军三师二旅同时猛攻。晋军第七军据城抵御,力不能支,向张家口退却。奉军入宣化。15 日,晋军陆续撤至柴沟堡附近之永嘉堡以西及折儿岭、大高崖、西洋河一带,高维岳、汤玉麟部占领张家口。

△　第一路军总指挥何应钦令驻沪宁路之第一军集中于镇江、扬州、邵伯一带,第九军向滁州附近,第十七军向阜宁附近,第二十六军向淮安、淮阴等处分别集中,均限 10 月 20 日集中完毕,准备讨奉。

△　江苏省政府政务会议通过加征本年冬漕,米每石加征正税二元,合原有正附各税每石共征七元。

10 月 15 日　军事委员会特别会议讨论津浦路作战计划,为策应冯玉祥、阎锡山两集团军作战,决定大举北伐。

△　阎锡山为固守山西门户,以获鹿附近为第一线阵地,由第八师防守;井陉以西一带高地为第二线阵地,左翼地区由第三军担任,右翼地区由第二军担任;第十军在平山附近,第八师之一营在石家庄担任警戒。17 日,石家庄第八师一营受奉军压迫,由正太路撤回。27 日,第八师之一旅移守盂县,第六师、第六旅及第三十二团移守阳泉。

△　奉军集中兵力三万余人在第八军军长万福麟指挥下,连续两日向涿州城发动猛烈攻击,未果。19 日起,张学良率第八军、卫队旅及炮兵团,对涿州城连续五次总攻,由坦克冲锋,以炸药炸城墙,在地下潜

掘地道,空中派飞机投弹,架云梯强行爬城,遭晋军傅作义部守军反击,未能奏效。

　　△　国民党武汉政治分会财政委员会召集湘、鄂、皖三省财政会议,由三省财政厅长报告各该省财政情况及整理方法。17日,会议决议保障各省财政机关独立、设立安徽财政分会、整理两湖盐税等案。

　　△　粤军第二十五师李汉魂部到惠州接防,将蒋系赣军第十八师留守部队两连缴械,师长兼惠州警备司令胡谦被扣。师长一职由副师长苏世安升充。18日,胡谦于解省途中被杀。

　　△　中日合办之吉敦铁路全线通车。

　　△　汉口英国总领事波特致交涉员甘介侯通牒,谓英美烟公司罢工以来,英方因此所受之一切损失,应由国民政府并地方官宪负责。

　　10月16日　汕头姚雨平率海军袭击贺龙、叶挺军,曾越日兵防线,回舰时,恰遇日兵丢失一枪事件发生,日人疑为姚军取去。是日,日舰“癸菊号”封锁港口,派兵将“安平”舰缴械,除华旗,易日旗,硬指华兵抢去一枪,要求交回。“飞鹰”舰长据理力争,始交回“安平”舰械,交涉署向驻汕日领事内田严重抗议。19日,汕市工农商学兵五万余人举行反日示威游行,向驻汕日领提警告。

　　△　张宗昌命青岛军舰“江利号”扣留烟台盐税,英舰开赴烟台保护存放该款之汇丰银行。

　　△　中日合办之图们江铁桥(位于吉林省延吉县之开山屯)落成,是日行落成礼。

　　△　直鲁军三路会师归德,冯玉祥军退守兰封(今合并于兰考县)。

　　10月17日　武汉方面第三十六军受南京方面程潜第六军之压迫,是日起陆续由芜湖向繁昌、大通方向撤退。18日,第六军及第三十七军向驻芜刘兴第三十六军开始攻击。

　　△　国民党武汉政治分会令湘、鄂、皖三省党部一律限期改组。

　　△　广州工人代表会特委会议决24日总罢工,要求释放4月15日后被捕工人,恢复铁路工会,废工代会,白旗易赤帜等。19日,广州

市公安局奉李济深令派警拿办,一路赴东园罢工纠察委员会,捕去 70 余人;一路将海员工会解散,捕去 30 余人,并枪杀海员领袖二人。

△　晨,奉军第十五军汲金纯部占领石家庄,晋军向娘子关方面退却。

△　上海英美烟草公司浦东一、二两分厂工人罢工后,该厂工会与厂方谈判复工条件迄无结果,是日上海工会组织统一委员会通令,依照劳资条例规定,在罢工未解决前,不得自由复工。18 日,浦西三分厂工人 1000 余人决议罢工声援。

10 月 18 日　国民党广州政治分会临时军事委员会正式成立,取消李济深之第八路总指挥及张发奎之第二方面军名义,并声明俟第四次中央全体执监委员会议后,中央特别委员会取消及中央军事委员会组织健全时,该委员会即行取消。

△　冀东张明远等率领农民万余人攻占玉田县城,次日杨春林又率遵化农民 2000 余人到玉田与张会合。旋因警察、民团数千人攻城,暴动农民被迫退至城北郭家屯,正式建立农民军,后又改编为“京东人民革命军”,以杨春林为总司令,刘自立为总参谋长,张明远为政治部主任,于方舟为党代表。11 月 7 日,队伍在遵化鲁家峪遭民团、军警围攻,于方舟、杨春林、刘自立、解学海(中共玉田县委书记)等突围,至丰润池家屯再次遇敌被捕。12 月 30 日,于方舟等被杀害于玉田。至此,玉田农民武装暴动失败。

△　晋军骑兵 4000,向京西门头沟妙峰山下袭击,被奉军王琦旅击溃,王旅占斋堂。

△　苏州铁机工人因总商会狡黠敷衍,逾限未见资方出面与工人谈判,激起公愤,工人 2000 余人拥入总商会,将商会会长庞天笙等 13 人捆缚游街,旋送市党部。经市党部调处,决定由总商会借给工人洋 5000 元,被监视之商会人员由庞天笙保释。19 日,总商会开紧急会议,讨论商人自卫办法,议决电请军委会、中央党部饬究。同日,上海商界电请中央党部制止苏州铁机工潮。

△　张作霖在北京枪杀北京师范大学教授高仁山等九人。

10月19日　国民政府特任于右任、白崇禧、朱培德、李烈钧、李宗仁、李济深、何应钦、何键、汪精卫、胡汉民、唐生智、孙科、陈铭枢、张发奎、黄绍竑、程潜、冯玉祥、蒋介石、阎锡山、谭延闿等67人为军事委员会委员。

△　长江两岸武汉东征军总退却,是日南京军委会令李宗仁第三、程潜第四两路军分江北、江南两路向西追击。同日,陈绍宽率"楚有"、"楚同"、"永健"、"永绩"、"江贞"各舰西驶,占芜湖。

△　国民党广州政治分会加派陈公博、甘乃光、陈孚木、何香凝为广东省党部改组委员。

△　粤国民党中委李济深等电汪精卫、谭延闿等,拟请先开执监预备会,决定党政军事纲领,然后正式开四次执监会议,人数不必限宁、汉、沪各六人。

△　冯玉祥令马鸿逵第四军即夜放弃兰封,西退30里,诱敌深入。20日,鲁军第六军占兰封城。

△　张宗昌扣留烟台盐款事,驻京英、法、日三使多次要求发还,是日又函北京军政府外交部抗议。

△　上海浦东日华纱厂工人约2500人罢工,援助英美烟厂工人,浦东南洋烟厂、大英烟公司工人亦罢工声援。

△　招商局"爱仁"轮自香港开赴厦门途中遭匪劫,至大鹏湾被英舰窥见,开炮轰击,全船焚毁,伤四人,失踪24人,救出241人。

10月20日　国民政府依军事委员会议决下令讨伐唐生智,免唐本兼各职,交军委会依法治罪,并宣布其罪状为:勾结张作霖,阴谋破坏党和政府统一,把持财政,剥削人民,擅增军队,窃据湘、鄂、皖省政府,并于清党之后复用共产党员等。

△　国民政府任命李仲公为交通部次长;朱兆莘、郭泰祺为外交次长;王征兼中央银行行长。

△　国民政府特任刘峙、钱大钧、顾祝同、黄琪翔为军事委员会委员。

△　北京中日商约交涉展限之期已满,双方同意再展期三个月。

△　北京大元帅府参谋长于国翰以私人名义致电阎锡山请释放于珍,并称希望奉晋关系复旧。

△　贺耀组第四十军、叶开鑫第四十四军由南京下关渡江,沿津浦路北进。

△　京汉路右翼奉军第十军王树常部占阜平。

△　冯玉祥军孙连仲部克汤阴,解彰德梁寿恺部之围;直鲁军孙殿英第十四军退隆集一带。

10 月中旬　日商"宜阳"轮在秭归不服驻军检查,其护送舰开炮四发,击毙第十六军兵士 20 余人,伤者甚多。

△　上海英兵因浦东英美烟厂工人罢工,借故登陆入厂把守。江苏交涉员郭泰祺致函驻沪英总领事巴尔敦抗议,要求迅饬登陆水兵撤走。

10 月 21 日　唐生智以国民党武汉政治分会名义,宣布与南京国民政府断绝关系,指责南京破坏赴汉委员团与武汉所商妥之约束。

△　国民政府决议改组安徽省政府,同日任命陈调元、柏文蔚、张秋白、何世桢、韩安、汤志先、雷啸岑、陈中孚、宁坤为安徽省政府委员,以陈调元为主席,汤、陈(中孚)、何、张分别兼任民政、财政、教育、建设各厅厅长。

△　国民政府以实业部暂缓设置,准实业部长孔祥熙辞本兼各职。

△　国民政府任命杨胜治为第十三军第二师师长;王天锡为该军第三师师长。

△　南京军事委员会发表《告唐(生智)部将领书》,盼与政府合作,劝唐下野。

△　北京当局以整理教育为名,与驻京比使商议提用比退庚款、发行 500 万元公债,是日比使复照北京外交部称,此案与原协定不符,不便擅专。27 日,北京又令张弧为委员,会同外长王荫泰再向比使交涉,比使提出将中比旧约延长五年之对案,交涉遂停。

△　是日至 23 日,由芜湖溯长江上驶西征宁军约二万,陈调元、李宗仁、程潜等均抵芜指挥。江北胡宗铎第十九军及夏威第七军之一部过和县、含山。江南陈调元第三十七军过大通。

△　陇海路直鲁军三路前进,右翼第十三军刘志陆部占新旧考城,中路第六军徐源泉部 22 日至兰封,左翼第二军张敬尧部向睢(县)、杞(县)前进。

△　海陆丰粤军李济深部陈学顺团进攻农军防地黄羌,被农军及起义军第二十四师之一排毙伤 20 余人。

10 月 22 日　国民党武汉政治分会发表宣言,否认南京特别委员会,在中央执监委员会成立前,政治分会辖下各省党务、政治、军事完全独立。

△　国民党广州政治分会分电宁、汉汪精卫、谭延闿等,主张:一、速开四次执监大会,克日恢复中央党部;二、唐生智部即日退出皖境,不能因军事而阻党务,更不能因军事而致四次执监大会不能开会,皖政俟中央解决。25 日,谭等复电赞同不因军事中止四次执监会议之主张,盼届时齐集开会。

△　南京财政部长孙科等在沪宴绅商,劝认二五国库券,沪商联会主席虞洽卿答称商民皆愿援助“北伐”。

△　孙连仲接冯玉祥攻鄂命令,于是日派一师兵力迫武胜关,与防守该地之鄂军开火,鄂军退守广水车站。23 日,唐生智急调李云杰师自汉口北开增援。

△　第十六军范石生部两师奉令由乐昌、仁化向湘边开拔,以牵制唐生智军。

10 月 23 日　蒋介石在日本各地漫游 20 天,是日自伊东到达东京,发表《告日本国民书》,呼吁“中日亲善”,称:“中日两国根本之亲善,决非利用军阀所能成功,亦非少数人之互相结合所能奏效……切望日本七千万同文同种之民族,对于我中国革命运动彻底了解,而予以道德及精神上之援助。”

△　长沙卫戍司令部下令查封苏联领事馆,将领馆人员"监护"出境。

△　广州临时军委会讨论出师讨唐及布防粤边计划,议决由李福林率第五军入湘。同日,李部第四十三团乘粤汉车北上。

△　皖战发生前,李烈钧电冯玉祥共同讨唐(生智),冯主慎重。是日李又电冯,谓时机成熟,不宜再缓,促冯即日对唐出兵。

△　北京借口冯、阎间谍嫌疑,大捕学生。是晨中国大学学生被军警捕去三四十人。次晨北京大学理科宿舍被包围检查,又带走七人。25 日,军警联合办事处在天桥枪杀学生、工人 10 名,其中有京津工会会长赵铨林等。

10 月 24 日　中央特别委员会追认国民政府讨伐唐生智命令,次又决议,唐"叛党通敌,破坏统一",依国民党总章第七十五条,永远开除唐之党籍。

△　汪精卫自汉口秘密抵沪,知南京有反对特别委员会即为反革命之宣传,次日转赴广州。

△　财政部长孙科在国民政府纪念周报告,指责汪精卫、顾孟馀等倒行逆施,组织武汉政治分会与财务委员会,破坏中央党、政、军事、财务统一,延长党内纠纷。

△　甘肃张兆钾残部和韩有禄、黄得贵等 3000 余人溃散于平凉、泾川间地区,据地扰民,后入陕投陕军田玉洁,据三原、泾阳。宋哲元部发起围攻。是日克三原,27 日克徐家堡,田玉洁逃,29 日又克泾阳,韩有禄中炮弹毙命,黄得贵易服逃亡,乱事遂平。

△　安庆唐生智部第三十五、第三十六两军向西退却,其在桐城之一部被宁西征军胡宗铎第十九军俘缴殆尽。第十九军、第七军已越桐城、孔城镇之线。

△　夜,唐生智将驻武昌鲁涤平部张辉瓒第二军之一团缴械。同日,鲁涤平电令驻宜昌第二军各师长率部东下讨唐。

△　打通线(打虎山至通辽)连接京奉、四洮两路之工程告竣,是日

正午第一次京奉列车到达通辽车站。

10 月 25 日　下午,蒋介石在东京应日外务省招宴,与外务省事务次官出渊胜次就亚洲情势交换意见达三小时。

△　国民政府修正公布《省政府组织法》,凡 17 条。

△　国民政府公布《中央银行条例》,规定中央银行为特定国家银行,由国民政府设置经营,资本总额定为一万万元,由国库支给,其一部分经政府核准,可由国内银行分认。并规定该行特权如下:一、发行兑换券;二、经理国库;三、募集或经理公债事务;四、铸造及发行国币。

△　国民政府通令各省政府,嗣后无论公私事项,一律遵用阳历。

△　南京西征军第二舰队司令陈绍宽率舰将刘兴第三十六军之掩护部队击破,先后占枞阳、安庆。未及撤退之刘兴部 2000 人被缴械。该军第四师贺对庭部约 5000 人在南陵投宁,后被改编为独立第二师。

△　苏州铁机工潮相持日久,资方避沪,工人生计将绝,是晚苏州各业工会代表讨论援助办法,议决组织募捐救济铁机工友等办法四项。

△　上海英美烟厂工人罢工后援会成立,议决通电全国民众一致抵制英美烟厂香烟,实行不吸、不贩、不运三不主义;请政府设法救济罢工工人等。

△　上海市小学教员 270 人罢教,要求增薪,最低月薪以 25 元为限度。

10 月 26 日　国民政府任命卫立煌为第九军副军长兼第十四师师长;蒋鼎文为第一军第一师师长。

△　京绥线奉军拂晓起开始攻击,以第九军一部并第十二军全部攻柴沟堡;第三十军主力攻怀安,一部攻蔚县。第九军军长高维岳赴万全督战。次日,奉军占柴沟堡,晋军李生达、张荫梧两师向永嘉堡、阳高退却。

△　南京国民党中央党部商人部通告,嗣后各地店员工会应一律改称店员总会,概归中央党部商人部指挥监督。

△　广州警署解散沙面罢工总机关,28 日复将广州罢工委员会纠

察队一队缴械。

10 月 27 日　李宗仁部入驻安庆。何键第三十五军退黄梅,刘兴第三十六军退武穴。讨唐军分三路入鄂,海军陈绍宽任中路,程潜、朱培德部为左路,李宗仁部为右路。

△　冯玉祥军进攻兰封、考城、杞县之线,与直鲁军血战五日,至31 日将敌全线击溃。11 月 1 日冯军孙良诚部占兰封,3 日敌刘志陆、潘鸿钧等部自考城撤围。至是进攻陇海路之直鲁军全部崩溃。

△　驻北京英、法、日三国公使访张作霖,对张宗昌扣留烟台盐税事,口头再提严重抗议。

10 月 28 日　国民政府第十一次常务会议通过改组江苏省政府案,决议任命钮永建等 11 人为江苏省政府委员;任命朱培德等九人为江西省政府委员。

△　南京各级党部各机关团体约五万人开讨唐大会,通过议案数件:一、通电全国一致讨唐;二、彻底清共;三、请特委会严防投机分子;四、请严办与唐联结之詹大悲等 11 人。

△　汪精卫偕甘乃光等 10 余人自沪抵香港。汪语记者主张三点:一、开四次中央全体会议,恢复中央执监两委员会;二、宁汉之战,可待党之决议解决,各自任意冲突,不能承认;三、广东各派应团结一致,整顿军民两政。

△　日前上海苏联领事馆被搜查,苏联共产党员数名被上海卫戍司令部逮捕,是夜解往南京军事委员会处理。

△　东方文化事业总委员会在北京开第三次大会,出席委员日方五人,中国 11 人,委员长柯劭忞主持,通过《研究所暂行章程》及《图书馆筹备章程》,选举研究所职员,柯劭忞为总裁,王树枏及日人服部为副总裁。

10 月 29 日　汪精卫抵广州,政治分会、省政府、省党部及各界均派代表到西堤欢迎。同日,汪与何香凝、甘乃光电邀南宁黄绍竑到粤商量政务。11 月 3 日,黄复电称将桂省政务略为处置,即行下粤。

△　国民政府令各省政府裁撤司法厅。

△　据《申报》讯：国民政府决定网罗人才新方针，为求才得其用，将设一机关调查登记国内外专门学校毕业生，以使逐渐分配适当工作，并将逐渐推行考试制度。其理由为：目下用人之弊，在但凭亲故请托，一遇上级官长更动，即致全部易人，于事业甚多障碍；而大学毕业取得专门学术之人才，觅一位置而不可得，甚或学非所用。

△　何成濬、危道丰等奔走奉晋和议，是日何自沪电北京危称：晋方愿修旧好，请询明奉方条件。31日，危复何电称：如果晋方能先电此间，声明以前误会，愿修旧好，则奉方决不变更初衷。

△　第九军第二十一师步哨张明政在上海宝山路口巡逻，被越界英国巡查兵开枪击伤。沪卫戍司令部函交涉署向英领事严重交涉。

10月30日　国民党在粤中执监委汪精卫、李济深、何香凝、李福林、陈树人、陈公博、甘乃光在广州开联席会议，决定联名通电主张克日在广州开第四次中央全体执监委员会议，解决党务、政治、军事；并令中执委会之常务会议及秘书处恢复办公，成立中央执监委员通讯处。同日，汪等七人联名电促各中委齐集广州开四中全会。

△　国民政府任于右任、宋哲元、石敬亭、岳维峻、井岳秀、邓宝珊、张维玺、邓长耀、过之翰、严庄、段韶九、黄统为陕西省政府委员，并委于右任为主席，于未到前，由宋哲元代理，邓（长耀）、过、严、段、黄分别兼任民政、财政、建设、司法、教育各厅厅长。

△　李宗仁、白崇禧等电催汪精卫、陈公博等入京，并解释特委会之产生，系各方在沪所共同议定。

△　皖中军事发动后，武汉金融更形紧张，中央钞票跌至每元仅值现洋一角二分。是日，武汉财政委员会布告，略称近有渔利之徒收积大批中央钞票到行挤兑，操纵捣乱，兹定31日起中央票停止兑现，以武、阳、夏三镇两月房捐及营业牌照捐十分之五，委托汉口总商会及商民协会担任收兑钞票库券。

△　京绥路奉军骑兵占领永嘉堡。晋军退守天镇。

△ 海陆丰工农武装在红二师配合下,举行第三次武装起义,次日占海丰城,旋克陆丰,11 月 19 日又下捷胜,获全胜。

10 月 31 日 国民政府对武汉实行经济封锁,是日发出禁止自上海向汉口运银、制造军器之金属、纸、煤等之通告。日本领事高尾亨认为违反条约,且关系日商利益重大,于 11 月 1 日向交涉员甘介侯提出严重抗议。

△ 谭延闿电促汪精卫、李济深刻日到宁开第四次中央全体会议。李宗仁、白崇禧再电汪等劝驾。

△ 南京军事委员会对第一路军下达进攻蚌埠命令,第一路军及第二、第三两路军之一部,由津浦路向明光、蚌埠之敌攻击,苏北方面第一路军之一部,由泗阳向蚌埠东方威胁敌之侧背。次日,第一路军总指挥何应钦令第一军即向滁州、乌衣一带集中,而以第二十六军及第十七师于泗阳附近,第十七军及独立第一师于阜宁附近,依决战防御部署,监视宿迁、海州之敌。

△ 奉军董怀清骑兵第一旅占领天镇;次日,第九军高维岳部。第十二军汤玉麟部占阳高,进迫大同。

10 月下旬 粤临时军委会通过,留粤第四军改为新编第四军,以李济深为军长;由汉回粤之第四军名称仍旧,以黄琪翔为军长。

△ 何键之代表何宣往宁洽降回鄂,途经武穴被刘兴枪决。

△ 朱德、陈毅率起义军约八九百人自信丰到达赣、粤边大庾,旋进行整编,编为一个团,对外采用国民革命军第五纵队代号,朱德任司令,陈毅任指导员,王尔琢任参谋长。

是月 中华民国大学院在南京成立,继教育行政委员会办理全国教育行政事宜,并负学术机关之管理、扩充等责。教育行政委员会同时结束。

11　月

11月1日　宋庆龄、邓演达、陈友仁在莫斯科以中国国民党临时行动委员会名义发表《对中国及世界革命民众宣言》，声明继承孙中山遗志，坚持反帝反封建斗争。宣言称该临时行动委员会之责任，在"宣告南京、武汉的伪党部中央之罪过，以革命手段中止其受第二次大会委托之职权，并临时行使革命指导之机能。一面迅行筹备召集全国各省市代表大会，以选出临时中央执行委员会，行使中央执行委员会的职权；一面筹备第三次全国代表大会，以解决一切革命问题，并重行选举正式中央执行委员会"；并称该会职权，到全国各省市代表大会成立之日起即行取消。

△　唐生智第四集团军全体将领 33 人通电称，程潜等部乘芜湖驻军渡江"北伐"之际施以袭击，轻启衅端，甘为戎首，武汉政治分会忍无可忍，分遣各军，一致征讨，并声明"护党纲，除腐化，促开第四次执监大会，恢复中央，巩固党权"。

△　国民党四中全会因汉、粤各中委未到而延期召开。是日，谭延闿、孙科等电促汪精卫、李济深、顾孟馀等各方国民党中委赴宁开会。

△　广州铁路、火柴工人 1000 余名举行"援助三大铁路及火柴工人恢复工作"大示威，列队向葵园汪精卫住宅请愿，要求：一、实行联共政策；二、严办右派分子；三、停止讨唐；四、恢复广州工人代表会；五、释放清党时被捕工人。汪拒见，遣人告以事属政府权限，未便干预。工人大呼打倒汪精卫、李济深，军警弹压，捕去马璜等 21 名。

△　驻华日使芳泽在北京对日记者称，满蒙交涉杨宇霆已谅解，不久可继续开议。

△　上海交涉公署就英兵枪伤华兵张明政案向驻沪英总领署抗议，要求惩凶、道歉、给医药费，并保证以后不得再有此等事件发生。同日，上海市党部宣传部发表《告民众书》，称此案应认为英帝国主义者蔑

视中国主权,除惩凶、道歉、赔偿外,并应根本撤退英国在沪驻兵。3日,驻沪英总领事巴尔敦致函交涉公署表示歉意,允偿受伤中国兵士医药费等。

△　国民政府任命钮永建、叶楚伧、张寿镛、陈和铣、高鲁、张乃燕、刘云昭、茅祖权、陈世璋、何民魂、何玉书为江苏省政府委员,茅、张(寿镛)、陈(世璋)、何(玉书)分别兼任民政、财政、建设、农工各厅厅长,钮永建为省政府主席。

△　国民政府任命陈季良为海军第一舰队司令,陈绍宽为第二舰队司令,陈训泳为练习舰队司令。

△　司法部奉国民政府令准改革司法制度,是日起裁撤检察机关,各法院内原设之检察长及监督检察官一律改为首席检察官;各级审判厅分别改为高等法院、地方法院。

△　夜,鲁涤平第二军自宜昌开往荆州,杨森军第八师第十六旅进入宜昌城,两军合力讨伐唐生智。

△　宜兴农民在中共江苏省委领导下举行秋收暴动。是日,共产党人万镒率领农民武装 2000 余人,项缠红布,手执木棍、农具,占领宜兴县署,围攻公安局,解除警察武装,成立工农兵苏维埃政府,搜捕贪官污吏、恶霸地主、土豪劣绅 30 余人。次日,第十三军两个营及第一独立师开宜,与县署卫队、水陆警察及商团合力弹压,起义农民被捕杀 20 余人,余撤离县城。8 日,起义领袖万镒、蒋三大、陈世明因坏人告密,在长兴被地主武装张鸣皋部所捕,于 23 日被杀害于宜兴体育场。

11 月 2 日　蒋介石在日访问曾任日文部大臣之犬养毅。同日,与在高田炮兵联队见习时代之长官长冈外史(第十三师团长)和飞松宽吾(野炮兵第十九联队长)欢叙。蒋书赠长冈"不负师教"条幅。次日,访问"满铁"总裁山本条太郎,晚应头山满邀宴。

△　中央特别委员会第八次会议议决:一、通过李烈钧、蔡元培等所提早日成立监察院及最高法院案,决定推谭延闿等先审查修改前广东所颁监察院组织法;二、请国民政府特任张继等五人为监察院委员,

监察院委员不得兼行政官;三、为已故日本宫崎寅藏、犬塚信太郎、田政建碑纪念,宫崎碑拟建在总理陵墓侧,犬塚碑树在大连山,田政碑树惠州;四、孙中山先生诞辰,令全国各级党部举行纪念大会。

△　国民政府公布《禁烟条例》,规定自民国十七年(1928)起,限三年内将鸦片烟禁绝。

△　国民政府临时会议,军委主席团程潜等提议,请派定军事进展区内政、财、党务机关负责人员随军进发,免启军人干预政治、党务。议决政治交各部筹划,党务由中央党部核办。

△　财政部长孙科等电沪三北轮埠公司总经理虞洽卿并转冯少山、顾馨一、林康侯、沈联芳、王晓籁等,称:"劝募绅商二五库券,承先借垫二十五万元,现西征北伐,全赖后方接济,务请赶为凑集五十万元,于十日前解宁。"

△　广东省党部改组委员会决定各部负责人:组织张发奎,宣传张难先,工人陈孚木,农民徐天深,妇女何香凝,青年朱家骅。

△　晋左路军商震下达缩短战线防御令,以第六军仍位于台怀镇一带,为防御之右地区;张荫梧指挥阳原各部队退守繁峙方面,为防御之中央地区;柴沟堡附近各部队退守雁门关以东,以第三师防守广武镇一带,为防御之左地区。

△　上海台湾学生会声明:亚洲民族大同盟为日人机关,台湾民众洞悉其奸,拒绝参加。

△　陈铭枢由日返国抵福州,复任第十一军军长。

△　北京中西(班牙)修约交涉,北京外交部长王荫泰称,该约 10 日到期,不再继续,在新约未成立前,另定过渡办法四条:一、使领关系仍旧;二、西货入华照其他外国同样纳税,华货入西享最低税率国权利;三、西承认放弃领事裁判权,过渡期内另订法律条款;四、六个月内成立新约;临时办法即以六个月为期,如展期须双方同意。西使嘎利德允请示西政府后再答复。10 日,西使见王荫泰,称接西政府复电,对北京所提临时过渡办法不能承认,仍请延长旧约。

11 月 3 日 汪精卫在广州各界欢迎大会上演说,声称此次回粤惟一目的系"提高党权",商量"以党治军,以党治国",主张在粤恢复中央党部,速开四届执监联席会议,解决党内一切重大问题。何香凝演说,力主打倒南京非法特别委员会。

△ 汪精卫在广州葵园召集在粤中委开谈话会,讨论如何答复谭、孙等 1 日电。决定照李济深所提折衷办法,在未正式开会前,先在广州或上海开一预备会议,确定正式开会地点。

△ 财政部长孙科通电全国各团体、各银行,称北方军阀拟以比国退还庚款作为基金,发行美金公债 500 万元,并以延长旧约若干年为互利条件,实属增订不平等条约,应据理力争,不使实现,要求各界万勿承受该项公债,倘有私自押借购买情事,国民政府概不承认。8 日,国民政府又发同样内容通电,并称北方军阀先借比国庚款积存 110 万元自由支配,除警告比使及中外银行否认外,望全国民众对此事奋起而攻之。

△ 李济深致电孙科称,决与宁合作,一致讨唐,惟在战事时期,两广每月应解中央之款,须暂行停止,以济军需。

△ 陈绍宽率"楚有"、"江贞"两舰逼攻龙坪,激战竟日,4、5 两日"永键"、"永绩"两舰加入作战,唐(生智)军"楚振"等舰逃遁,遂下龙坪。

△ 第三中山大学区通令各市县自民国十六年度第二学期(1928年 2 月)起,初高级小学一律不得再用古语文之教科书或教材。

△ 中共鄂东特委在黄安县七里坪召开黄(安)、麻(城)两县党的活动分子会议,决定举行武装暴动,夺取黄安县城,建立革命政权和革命军队。14 日,黄安农民自卫军及农民义勇队等二万余人在潘忠汝、吴光浩、戴克敏等领导下攻克黄安城,活捉县长贺守忠。18 日,黄安县农民政府成立,曹学楷为政府主席,制定了《施政纲领》。政府主张实行土地革命、推翻豪绅地主、保护商业贸易、建立工农政权、反对帝国主义、打倒国民党蒋介石等。同时,黄、麻两县农民自卫军宣布成立中国工农革命军鄂东军,以潘忠汝为总指挥。

11 月 4 日　汪精卫、李济深、宋子文、陈公博、李福林、甘乃光、何香凝、陈树人电宁、沪、汉各中委谭延闿、孙科、胡汉民、顾孟馀等，称若谭等坚持在宁开第四次中央全体会议，则中央特委会应即取消，最低限度亦应明白宣布停止其职权，并宜于正式会议以前，在广州或上海先开预备会议。

△　蒋介石在日与澁泽荣一子爵会晤，就中日经济提携问题交换意见，历三小时之久。张群、添田寿一、儿主谦次、白岩龙平等均在座。

△　国民政府议决特派何应钦、白崇禧、李宗仁、程潜、朱培德分别为第一、第二、第三、第四、第五各路军总指挥，负"北伐"、西征责任；并设湘鄂临时政务委员会与临时党务委员会，处理西征军之政务及党务，以程潜、李仲公、王世杰、张肇元、甘介侯为政务委员会委员，程为主席。

△　国民政府第十三次常会决议，以上海公共租界临时法院院长卢兴原背职越权，擅委推事及其他职员，干涉裁判，将其停职交监察院法办。

△　李济深电令前方各讨唐军同时前进。中央军方鼎英部奉令后立由坪石进攻宜章，右翼军范石生部由城口进攻汝城。唐军因缩短防线，已撤宜章、临武、郴州、资兴、永兴、汝城、桂东各处防军。5 日，方鼎英部不费一弹占宜章，范石生部占汝城。8 日，方鼎英部占郴州。

△　直鲁军谢玉田、袁振青等部三万余人围攻彰德，7 日占彰德、汤阴、淇县。

11 月 5 日　下午，蒋介石与日首相田中义一在东京青山私邸会谈，张群偕往。蒋为反共并建立其统一政权请求日本支持。田中答称："此时从全局观点看，首先解决长江以南问题为当务之急，除了你以外没有其他人能够实行。""倘若长江以南问题不解决，不久共产党成长起来，暂时摘掉了嫩芽的共产党会重新爆芽生叶。"日本"对贵国共产党的跋扈断难旁观"，"对于反共产主义的你的巩固南方的措施是寄予很大希望的。为此，在国际许可的范围以及日本利权不作其他牺牲的范围内，对你的事业不惜充分的援助"。蒋称：中日"两国的利害是共通的"，日本有必要帮助我们"早日完成革命,排除国民的误解,而如果能这样做,满蒙问题也容易解决,排日运动会绝迹",要求日本对中国进行干涉和"援助"。

△　汪精卫在广州中山大学演讲《武汉分共之经过》,宣称:"联俄与容共政策,为应付时代和环境的一种政策,不能与三民主义同样有长久的时间性。时代与环境变了,政策也即随之而变化的。""容共之后,必定分共,是不可免的。不过容共时候,不能说出来,犹之明知到上海后必然分路,不过从香港到上海的路上,大家都不说出来便了。"

△　国民政府公布《湘鄂临时政务委员会组织条例》,规定该委员会在战事时期秉承国民政府处理湘、鄂两省民政、外交、财政、交通等事务,处理政务则以时机紧迫须急切处理者为限,但仍随时呈报国民政府及该管部;俟两省政府成立,临时政务委员会即行裁撤。

△　国民政府特任张继、邓泽如、黄复生、曾继梧、林翔为监察院委员。

△　浙省农民要求国民党兑现"解放工农"口号,实行减租。省党部曾核定佃六业四,较前减除二成,后农人部更规定照额(即四成)只可七成半收租,违则将田没收。是日,省党政联席会议通过《本年佃农缴租实施办法》,规定缴租原则为:以正产全收 50% 为最高租额,佃农依最高租额减 25% 缴纳。

11 月 6 日　在宁中委谭延闿等坚持在宁开四中全会,是日复电汪精卫等称,在宁开四次中央执监会议系汪之主张,而宁所赞同,若复变更,转生枝节,"负有其他职务者,未必能远离赴会,设以不足法定人数,致会不能开,转非迅求解决纠纷之初意。弟等以为仍如原议,在宁开会为便"。8 日,谭延闿、孙科等又电汪等称,"特委会乃根据沪议成立,同人等数人固不能宣布取消,即停止其职权亦觉非同人等权力所及",此问题宜待中央全体会议解决;先开预备会一节,亦极赞成,地点在上海较为适中。

△　武穴刘兴军不战退黄梅,何键军略行抵抗后退广济。唐生智

以前线不支,夜乘"永兴"轮到汉口,即向绅商勒索巨款 200 万元。

△　粤临时军委会决议委黄绍竑为北路总指挥,率部讨唐生智。

△　宁暂编第十一军军长马祥斌前在徐撤退时被直鲁军张敬尧部俘获,屡劝不降,是日在济南被张宗昌处决。

△　阎锡山因无力独当奉军全部势力之压迫,为保全实力计,乃于是日下三路总退却令,北路退雁门,中路退蔚县,南路退井陉。

△　甘肃教育厅决定,将中山学院及公私立法政专门学校改办为兰州中山大学。

11 月 7 日　中央特委会依李济深之调停办法,决在四中全会开会以前,特委会暂停职权。同日,南京外交委员会议决,派西山会议派许崇智、张继、居正赴日。9 日,特委会正式决定派许考察欧美、日本党务,张、居为驻日代表。

△　国民政府任朱培德、熊式辉、胡曜、杨赓笙、陈礼江、熊育锡、李尚庸、黄实、王均为江西省政府委员,以杨、黄、陈、李分别兼任民政、财政、教育、建设各厅厅长,朱培德为省政府主席。19 日,又加任彭程万、伍毓瑞为该省政府委员。

△　宋子文奔走蒋汪合作,汪已允诺,是日,宋自粤启程返沪,称粤宁提携已经成立,拟更为之斡旋,以谋切实之办法。

△　陈绍宽第二舰队进抵武穴,唐军向蕲水、蕲春退却。次日李宗仁第七军追至蕲水,何键第三十五军凭河抵抗。9 日,李军猛攻,何军不支,弃蕲春城西溃。11 日,陈绍宽率舰不战下蕲春。同日,第四十四军叶开鑫部由蕲春渡江向鄂城追击。

△　军委会令将驻皖之暂编第十一军马祥斌旧部改编为独立第五师,以刘和鼎为师长。

△　冯玉祥部第五十三师师长王鸿恩以守虞城建奇功,升任第三十七军军长。

△　苏联十月革命十周年纪念,中国各地苏联领事馆均举行庆祝,上海、天津发生大队白俄包围攻击苏领馆、掷石、扯旗情事。同日,广州

工人在太平戏院举行庆祝会时,被军警围搜,十余人被扣;赴会苏领汽车亦被截搜。奉天白俄皆佩丧章,揭帝俄国旗,吊祭前俄皇。

11 月 8 日　津浦线何应钦第一路各军开始向孙传芳军总攻击。上午,顾祝同第九军第十四师击破孙军第八师崔景桂部,占领红心铺。9 日,第二师占明光。10 日,第二师进至安子集附近,第二十一师进至王营子附近,第三师进至桥头子附近。孙军第八师及第十三混成旅退集临淮关、凤阳等处。

△　广州取消省港罢工工人权利。是日政治分会、省政府借联合邀宴省港罢工工友代表之名,突在席上宣布解散省港罢工工友会,并称由政府发给各工友津贴,每人百元,内现金六成,金库券四成,童工及家属每人现金 10 元。10 日,广州公安局奉令将罢工工友会解散,开始发给现有罢工工友三万余人遣散津贴,限 27 日遣散完竣,停给伙食,由公安局接收各宿舍。

△　午后,第一路新编第十军夏斗寅部占领殷家涧、陈家桥(安徽定远北)之线。孙传芳军第十五师及第十六混成旅退据林桥子,隔河对峙。

△　柏文蔚第三十三军奉令攻击怀远,是日以第一师经洛河、新集前进,攻击怀远之正面,以第三师绕攻孙传芳军郑俊彦部之侧背。13日,第三师占怀远,敌向固镇退却。14 日,敌由蚌埠增兵反攻,第三师被迫退出怀远。16 日拂晓,柏文蔚军第一师到达,与第三师配合进攻,下午再克怀远。18 日又占固镇。郑俊彦部向南宿州方向退却。

△　北京军政府阁议通过,中西商约期满后决照前次对中比商约办法宣布废约;中法商约 6 日期满,决延期两月。

△　华洋义赈会宣布调查山东旱、蝗、兵灾结果:灾区 56 县,面积 24 万余方里,占全省十分之六;灾民 2100 万,占全省人口一半以上。

11 月 9 日　唐生智在汉口召集所部高级军官会议,决弃鄂守湘。长江下游退汉唐军纷转武长路退湘。

△　国民党留沪中央执委顾孟馀、王法勤、王乐平及临委潘云超应

汪等电召是日上午到广州，下午汪并约在粤中委陈树人、何香凝、甘乃光、李济深、陈公博等同到葵园开谈话会，讨论在粤恢复中央党部及召集第四次中央会议事，各委以兹事体大，主张详细计议，会议直至深夜无结果而散。

△ 中央特委会第九次会议通过中央各部组织大纲及处理军事区域党务条例；议决派许崇智赴日本、欧美视察党务；决定赣、川、鄂三省党部委员人选；加派潘云超、褚民谊为监察委员。

△ 是日至 10 日，中共中央临时政治局在上海召开扩大会议，瞿秋白主持，通过《中国现状与共产党的任务决议案》，在策略上反对退却，要求继续发动工农武装暴动。

△ 无锡农民 3000 余人在共产党人严朴、杭果人等领导下，在安镇等十余村镇起事，手持农具或古式刀枪，所举大旗上书"农民革命军"字样，并张贴"农民暴动起来打倒土豪劣绅"、"实行耕者有田"等标语。无锡公安局为防农军攻城，派警察严密守卫，并由第十三军第一师下乡追捕，农军闻风向江阴、常熟方向撤退。

△ 奉军攻涿州不克，拟商和平解决，是日，晋人周望英奉张作霖之命赴涿游说傅作义，被傅所拒。傅称两月后如果援断粮绝，彼当通电下野，或以身殉职。

△ 奉军郭希鹏骑兵师占绥远城，次晨前锋至包头。

11 月 10 日 蒋介石自日乘"长崎丸"返抵上海，即电促汪精卫赴沪晤商党务，并谓欲使党从破裂复归完整，非互相谅解，从速举行四中全会恢复中央党部不可。汪接蒋电，即在葵园会议席间传阅。各委以蒋对开四中全会既表赞同，此后一切纠纷不难解决，似可不必坚持在粤举行，遂表示同意，即席公推汪精卫、李济深二人为代表，赴沪与宁、沪各中委磋商。

△ 汪精卫在广州黄埔军事政治学校演说联蒋，声称当时蒋介石"分共"，并非操之过急，自悔当日之过，以后当与蒋益加团结。

△ 何键在兰溪登"九华"舰夜驶汉口，所部第三十五军溃散，自

11 日至 12 日陆续抵汉口集合,除沿途死伤逃散者外,全军只足两师之谱。

△　驻鄂西北鲁涤平、方振武、杨森、李燊等军共组讨唐西路军,是日开始东下,以鲁军为右翼,向钟祥、京山进攻;方、李等军任中路,向德安(今随县、安陆一带)、云梦进攻;樊钟秀军为左翼,向孝感进攻。

△　唐生智令调第八军第一师张国威部、第二师吴尚部东下。晚,张师一部过汉下驶兰溪,即被围缴械,张乃退回汉口。

△　沪东华商纱厂罢工扩大,自厚生纱厂罢工后,是日,纬通纱厂与申新纱厂第五工场相继罢工。日陆战队指挥松本大佐以“保护”为名,派兵进驻沪东各日商纱厂。

△　天津海河淤塞,大轮船不能入口,是日北京军政府阁议决定举办海河治标工程,拟自北运河北仓迤北开挖引河一道,与金钟河相会合经北塘入海,并于分流处建操纵机关,俾于必要时得以分泄永定河一部或全部之淤沙水量。

11 月上旬　北京警厅调查内外城四郊户籍,共人口 129.7 万余人。

△　浙省实行减租,今年田粮收入,业主每亩约得三元,以较上年可收八九元者减去三分之二,各地业主组织产权联合会进行反抗。省党部恐酿成事故,特密令取缔,并发布《劝告全省业主书》,声称:农人生活窘迫,“容易被人煽动,甚至走到暴动那一条路上去”,“我们主张减租,实在为防止祸患”,“目前虽然少收了几斗谷,似乎有点损失,而无形中的收获是不可限量的”。

11 月 11 日　唐生智以蕲春战败,沙市失利,方振武部进逼孝感,省防军不稳,湘南粤军进逼,部将迫其解职,是日深夜召集高级军官紧急会议,决定下野,随发下野通电,乘日轮东渡,所部分向鄂西、岳阳撤退,武汉秩序由省防军以卫戍副司令贺国光负责维持。

△　唐生智离鄂前,第八军第一师师长张国威因劝唐撤退,被唐在其私宅勒毙泄愤。唐离鄂后,张部搜得尸首,大愤,遂纵火焚总司令部。

　△　国民政府第十五次会议通过国民政府组织系统,决定增设内政部、实业部、农工部。14日,国民政府以明令公布国民政府直辖各机关系统表,除增设内政等三个部外,新增设监察院、最高法院。

　△　国民政府外交部为比使华洛思与北方军阀磋商,以比庚款发公债事令江苏交涉员郭泰祺向上海比领事抗议,请电北京比使立予拒绝,以重邦交。

　△　顾祝同第九军第三师、第十四师与夏斗寅新编第十军与安徽凤阳附近反攻之孙传芳部激战三小时,克凤阳城。次日孙军反攻,陷马鞍山,新十军被迫撤至殷家涧附近,第九军之第三、第十四两师撤至红心铺、黄泥铺一带。

　△　津浦线刘峙第一军第二师进攻安徽临淮关,激战一昼夜,次日上午11时占领之。敌第十师郑俊彦部退守淮河北岸。

　△　闽南新编军高义、郭凤鸣等部负隅抗命,陈铭枢第十一军与闽海军决定共同讨伐,由海军陆战队进攻惠安,第十一军进攻永春,并由第十一军会同陆战队取泉州。是日起第十一军第十师蔡廷锴部及第二十四师黄质胜部自福州南下,高义闻讯急派安海驻军增防,自率在泉部队入南安。21日,第十一军占泉州。

　△　苏联因国民党反共,勒令该党所派留苏研究军事之军官王懋功、贺衷寒等28人回国,是日,王等抵上海。

11月12日　唐生智部李品仙、何键、刘兴、周斓、叶琪、彭振国等电请国民政府息兵言和,称唐"不忍自相残杀,一再饬属退让,冀留合作余地,免深党军分裂之痕",劝宁勿进逼不已,师出无名。

　△　国民政府外交部长伍朝枢、交通部长王伯群、财政部长孙科、司法部长王宠惠由宁到沪,与蒋介石筹商国是。蒋接见记者,宣称"唯党之命令是从",但无再任总司令意。同日,大学院院长蔡元培对国民社记者称,蒋汪合作已属可能,胡汉民可望其出山。

　△　贺耀组第四十军第一师、第三师协攻蚌埠受挫,何应钦进驻明光指挥。

△ 北京军政府外交部致西班牙驻京公使嘎利德照会,通知前清同治三年(1864)九月初十日所订中西《天津条约》及附属专约期满,宣布自 11 月 10 日起失效,另与商订平等及相互尊重领土主权新约。14 日,嘎利德致外交部备忘录一件,否认北京政府有废止中西条约之权,谓仅得据该约第二十三条修改通商部分,并提抗议。王荫泰认为不能就旧约曲为解释,决置不理。

△ 张作霖委投奉之晋军郑泽生为安国军第三十一军军长,宝振荣为该军第一师师长,石杰为第二师师长,满泰为第三十师师长,王英为第三十一师师长。

11 月 13 日 经程潜与何键、李品仙往来电商结果,是日宁、汉双方一律下停战令,长江下游战事遂告结束。

△ 陈绍宽率舰进占鄂城、黄冈,何键第三十五军由水路退岳阳,刘兴第三十六军循武长路退长沙。

△ 是日和 18 日,陆丰和海丰两县先后召开工农兵代表大会,各开会四天,彭湃代表中共中央在两会发表演说。海陆丰工农兵苏维埃政府成立,通过并颁布施政纲领,内容有"没收土地和分田"、"镇压反革命"、"改善工人生活"、"改善士兵生活"、"取消苛杂"等项。

△ 第一路军总指挥何应钦下达进攻蚌埠令。16 日,第一路各军同时向蚌埠实施攻击,下午 4 时克蚌埠,孙传芳部第十师向淮河北退却。刘峙、贺耀组、夏斗寅各军继续北进。

△ 江苏海门县农民数千人在共产党领导下抗租,被县署派往弹压之警察格杀三人,捕走九人。

△ 香港总督克乃门抵北京,16 日出席英、美、法、日、意五国驻京公使会议,讨论剿除华南海盗、保护外国在华商业问题。27 日抵沪答记者称:驻北京各国公使已议定《惩治海盗条例》,第一步先用牒文警告南方政府,要求将防止海盗之详细规划答复,如答复不能满意,第二步即将《条例》付之实行。

11 月 14 日 陈绍宽率舰进占汉口,次日拂晓占武昌。同日,西征军第三路之夏威第七军、胡宗铎第十九军先后进抵汉口,叶开鑫第四十四军入武昌,程潜第六军占咸宁,陈嘉祐第十三军克通山、崇阳,魏益三第三十军由罗田进驻黄陂,第十一路军方振武部由襄樊进驻孝感。

　　△ 汪精卫在广州武装团体养成所演说"清党",声称:国民党"保护农工利益",以"打倒军阀"为对象,与共产党阶级斗争之农工政策,目的既异,取径自歧,故决心"清党"。

　　△ 讨唐西路军鲁涤平部占仙桃镇(属沔阳县)。

　　△ 张发奎被李济深所迫,将第二方面军军权交黄琪翔,赴港准备出洋。

　　△ 北京军政府外交部提议外交团,如中国警察查获有"破坏"嫌疑之外人,即予留询姓名、国籍,并通知其所属国使领馆派员认证是否属实,业经使团同意予以充分合作协助。是日,北京国务院密函内务部通知各省转饬各警察机关遵办。

11 月 15 日 汪精卫、李济深即将去上海出席国民党第四次中央全体会议预备会,黄绍竑应李之召自南宁赶抵广州,李即将粤省政军要务面嘱其负责办理。同日下午,汪、李离粤赴港,次晨转轮赴沪。粤方向预备会议之提案,经广州政治分会讨论决定:一、取消南京特别委员会;二、恢复中央执监委员会;三、召开第四次中央全体会议,筹备召集第三次全国代表大会。

　　△ 国民政府下令通缉唐生智,称唐"背叛党国,阻兵殃民",已畏罪潜逃,应即饬令陆海各军及各省市政府通令严拿归案惩办。

　　△ 南京各界举行反对日本侵略满蒙大会,到 200 余团体 10 万余人。大会通过"请中央党部通令各级党部领导民众共起反日"、"请外交部对日严重抗议,撤退东三省日本驻军、停建六大铁路"、"请国民政府通令全国海关不准日货进口"、"请国民政府通令对日实行经济绝交"等提案多件;并决议自 11 月 1 日起南京市各商号不准购进日货,16 日起南京以内不准再进日货,12 月 1 日起南京市各商号不准再卖日货。会后游行民众赴国民政府、军事委员会及国民党中央党部请愿。

△ 北京外交团会议，讨论华北各省征收货捐及各路增加运费，认为违背条约，并反对组织利商局，推荷领袖公使欧登科向北京军政府外交部交涉取消。

△ 国立音乐学院于上月在上海开始筹备，是日开课，27 日补行成立礼。

△ 北京军政府财政当局以筹措军费为由创办奢侈品税及特种物品税，金银、绸缎、杂货、玩物、木料、茶叶、煤油、布匹等均列入收税物品，是日各行商纷纷集议抵抗，要求豁免或缓办。

11 月 16 日 蒋介石在上海国民党员欢迎会上演说，声称因汪精卫力促，由日返沪，与汪合作不成问题，必须汪、胡等共同联合，始是真合作，但不赞成排斥西山会议派。

△ 晚，黄琪翔召集李福林、朱晖日、薛岳、顾孟馀、陈公博、陈树人、何香凝、王法勤、甘乃光、潘云超、王乐平等及所部各高级将领会议，决定发动军事政变驱桂，派队分头将李济深、黄绍竑部队缴械。

△ 是日及 19 日，冯玉祥连电上海孔祥熙，请代恳蒋介石复职。

△ 国民政府财政部长孙科以戒烟药品专卖包商浙江中兴公司、江苏信远公司行贿有据，决定予以撤销，改归该部自行设局办理，并没收其保证金，严办公司代表。

△ 陇海线直鲁军褚玉璞右路之刘志陆等部与冯玉祥军刘镇华部在考城以东激战三日后，于是日占考城，刘部退爪营、红庙之线。24 日，冯军左路之第三军及第四军由孙良诚指挥，向考城北及定陶迂回攻击，敌退守考城。次日，第三军吉鸿昌、梁冠英两师将刘志陆、潘鸿钧等部五万余人包围，至 26 日，除一部逸去外，余部全溃散，毙敌军长潘鸿钧，并俘旅长以上军官四名。

△ 奉军猛攻涿州，自是日至 19 日，用炮击及毒瓦斯弹攻城，均被守城傅作义部击退。人民因不明防护方法，死伤甚众。

11 月 17 日 张（发奎）、黄（琪翔）发动驱逐李济深势力之广州事变。晨，张发奎部第四军军长黄琪翔与第五军军长李福林、新编第二师师长薛岳等以"护党救国"为号召,声言"打倒新桂系","打倒南京特委会","打倒西山会议派",将第八路军总指挥部、临时军委会警卫团、黄绍竑驻新编第四军军部之部队、第七军办事处、陈济棠第十一师及徐景唐第十三师之驻省部队、省防军、黄埔军校工兵团、石井兵工厂、虎门要塞之守卫队等悉予缴械,并包围李济深、陈济棠、黄绍竑之住宅,搜捕黄绍竑未获。双方激战至上午10时即结束,死伤数十人,失踪者百余人。桂系部队匆忙向广西边境撤退。

△ 黄绍竑于广州政变前一日得讯潜赴香港,取道海防、河内转赴梧州,是日致电李宗仁、白崇禧,要求以反革命之理由逮捕汪精卫。黄认为广州政变系汪离粤前与张(发奎)、黄(琪翔)等共同策划。

△ 中共中央通过《对广东目前政治任务决议案》,正式作出在广州举行武装起义的决定,要求广东省委"发表宣言,号召全省工农暴动,建立工农兵贫民政权,以反对两广军阀私人战争"。

△ 唐生智部第三十五军军长何键派代表廖汉瀛到南京军委会洽降。廖称何始终未与唐合作,有数事足证:一、宁军西征,何率部节节撤退,未曾抵抗;二、唐严令死守团风,何未遵从;三、唐向不信任何,曾将其参谋长撤换,易以亲信。

△ 国民政府宣布,是日起对武汉方面煤炭、纸、银类输入解禁。

△ 国民政府最高法院成立,院长徐元诰在南京就职。

△ 西班牙公使嘎利德访北京军政府外交部长王荫泰,对中国废止中西条约提出第二次抗议照会,内称西班牙政府认为此次中国政府之举动殊乏睦谊,对西必须与修约各国所享受之优待与利益同样待遇,方能允开谈判,并称西政府保留将来一切权利与自由行动。

△ 上海重要工人团体因不满工会组织统一委员会之行动,得国民党市党部支持,于是日借市党部召开援助英美烟公司罢工大会之机,提出另结新团体之紧急动议,一致通过成立"上海工人总会",脱离工人组织统一委员会。

11月18日 汪精卫、李济深乘"亚洲皇后号"轮抵沪。汪在船上对各报记者谈称:"对于党内纠纷之解决,务避去激烈手段,而采用和平补救之方法,实为余之根本主张。"并称此来任务为代表在粤中委与宁、沪中委讨论党务、政治、军事解决办法。

△　上午,汪精卫与蒋介石在上海环龙路宋子文宅会见,交换党务、政务意见,蒋对开四中全会表示赞成。下午,汪在宅对记者谈称,主张恢复中央党部,并称:"极愿与蒋先生同时出而为党国努力。"

△　广州政治分会议决,请张发奎加入该会为委员,加派黄琪翔、朱晖日、范石生、方鼎英、陈济棠、冯肇铭为临时军委会委员。以张发奎、李福林、陈公博为临时军委会主席团,在李济深回粤之前,由张发奎代理军委会主席职务。同时议决褫夺黄绍竑军职,开除党籍,通缉究办。

△　张发奎、黄琪翔联名分电汪精卫、李济深报告粤变经过,称汪、李(济深)删(15日)夜启程,而黄(绍竑)已密令北江所属部队移动向第五军包围缴械,"为形势所迫,已奋起驱除,黄本人先时兔脱外,其余在广州市之部队已一律缴械,并拟于最短期内肃清北江",请汪、李会议事毕即回粤坐镇。

△　国民党在粤中委何香凝、顾孟馀、王法勤、甘乃光、陈树人、王乐平、李福林、潘云超电沪汪精卫并转谭延闿及中央、各省,称黄绍竑企图延长非法特委会生命,阴阻第四次执监全体会议,擅调第七军集中西、北两江,复挑拨粤中部队自相猜忌,深恐黄等此举足以助长"特委",危害中央,破坏革命,延长私斗,临时军委会诸委员以时机迫切,爰于筱日(17日)举行"护党运动",分别解散反侧部队,中央在粤同志承认此举为当然处置,并候呈四次执监全体大会加黄以处分。28日,黄绍竑具呈上海四中全会预备会议并各中委,对何香凝等电报所指各点进行声辩,要求主持公道,"加以相当之纠正",并严重处分发动广州政变之陈公博、李福林、黄琪翔、薛岳等。

△　黄琪翔派李汉魂、缪培南两师自广州赴英德袭击范石生军,范部驻英德乐村一师入湞江口,同日,李福林第五军前锋占三水,黄绍竑

军翁师退守高要。

△　黄绍竑令北江第七军"剿平粤乱"。

△　国民政府公布《惩治盗匪暂行条例》,凡 12 条。

△　第一路军总指挥何应钦进驻蚌埠,令主力集结临淮关、蚌埠、怀远一带整理补充,准备进攻徐州。

△　工农革命军攻克茶陵县城。下旬,建立湘赣边第一个革命政权茶陵县苏维埃政府,谭震林被选为政府主席。

△　苏州铁机工潮解决,是日苏州铁机丝织公会与苏州铁机工人联合会订立协定,条件为取消入厂保证金,增加工资,厂方不得无故开除工人、滥罚工资等。

11 月 19 日　汪精卫、李济深与蒋介石、谭延闿在上海晤谈,汪提出粤方中委关于"宁汉沪合作"之提案。

△　国民政府财政部为适应军事进展,整理财政,特设财政设计委员会,是日该会在南京成立。

△　国民政府特任潘云超、褚民谊为监察院委员。

△　前广西黄埔军校分校校长兼农工厅长俞作柏应黄琪翔召,到广州商量对付黄绍竑西、北江军事及收编桂军计划。俞在临时军委会席上报告收拾桂局计划。

△　柏文蔚第三十三军第二、第三两师,会同高桂滋第四十七军及王金韬独立第一师克蒙城、涡阳,孙传芳军北遁。

△　奉晋开战以来,北京学生、工人以共产党案被军警捕去约百名。11 日,中共中央北方局书记王荷波等 18 名被张作霖之军警办事处秘密杀害。是日,北京军警办事处令将在押嫌疑者 70 余名分批具结开释。

△　上海市公安局奉淞沪卫戍司令部令,严禁《群众》旬刊发行,并究办其印刷机关。

△　北京军政府阁议议决,出口华茶豁免关税,并减收内地厘税五成案,再展期一年。

11 月 20 日 下午,国民党南京特别市党部召开全市党员大会,蔡元培报告《特委会之经过及宁沪汉合作之始末》。当宣读《拥护中央特别委员会》提案时,中央党务学校学生黄杰一跃上桌,大数特委会不应存在之理由。市党部立将黄杰及该校其他三名学生左元白、曹明化、逄化文逮捕,拘于市党部。

△ 在粤国民党中委何香凝、顾孟馀、陈公博等联电汪精卫、李济深、蒋介石,请赞成设中央执监委员会办公处于广州。

△ 粤变发生后,汪精卫颇受各方指责,是日,汪在沪往访胡汉民,胡称病拒见。

△ 中央研究院筹备会及各专门委员会在南京开成立大会,筹备委员及专门委员谌湛溪、曾昭抡、吴洞东、蔡元培、李石曾、周鲠生、王世杰、彭学沛、张乃燕、张奚若、杨杏佛等 30 人参加。通过《中央研究院组织条例》,以大学院院长蔡元培兼研究院院长,先设立理化实业研究所、社会科学研究所、地质研究所、观象台,并推定各所常务筹备员。

△ 南京各界妇女 2000 余人开联欢大会,通过废除多妻制、扩大废娼运动、废除蓄婢制等案。

△ 日、鲜人在松花江、黑龙江、乌苏里江一带荒地种植水稻,获利颇丰,是日张焕相等组惠民公司,雇直鲁难民仿行。

11 月 21 日 中央党务学校学生数百人捣毁南京市党部,将"中国国民党南京市执行委员会"长牌击毁,满贴"打倒中央特别委员会"、"打倒国民政府"、"打倒军事委员会"等标语,并高呼"打倒南京特别市党部"口号。

△ 北京军政府外交部电驻美公使施肇基,略称:19 日美京路透电称华盛顿召集会议,讨论远东经济问题,倘美国果系贷款日本,即无异使日本假美国财力以侵我满蒙,希迅向美政府切实解释,设法消弭。次日,施复电称:南满铁路公司借款事美外部尚未决定办法,闻该借款系为偿还到期借款及推广路务之用。同日,北京外部电驻日公使汪荣宝设法密探并向驻日美使面询究竟。

△　黄琪翔在广州临时军委会报告军事,称新编第二师薛岳部已克韶关,范石生、方鼎英事先有联络,表示服从;西江方面,冯肇铭已与"护党军"联络,舰队均从军委会令;黄绍竑兵力有限,尽调桂军不过三师。

△　唐生智部第八军、第三十五军、第三十六军已退湖南,是日,军长李品仙、何键、刘兴及各师长并省主席周斓在长沙举行重要会议,决定:一、暂时保境休养,听四次执监会议解决;二、在长沙设第四集团军办事处,推定李品仙等七人为委员;三、支配防地,第八军驻湘中,第三十五军驻湘东,第三十六军驻湘南;四、推张开琏代理财政厅长,月筹军费 70 万元,并设财务委员会,推周斓等 21 人为委员。

△　宁西征军第七军夏威部两个师及第四十四军叶开鑫一部迫近岳阳,与李品仙部一度小接触,李部向汉寿、常德、桃源退却。23 日,西征军入岳阳。同日,宁舰队向城陵矶、岳阳进迫,与敌舰激战,至 25 日敌降,宁舰队奉命停止军事行动。

△　浙省当局以"谋危党部政府罪",在杭州大捕学生。是日,省政府致函第三中山大学,请缉学生,计 150 余人。

△　郑毓秀继张知本任上海法政大学校长。

11 月 22 日　南京各界举行讨唐(生智)胜利庆祝大会,通过"打倒西山会议派"、"取消特别委员会"等议案。会上中央党务学校代表(训育主任)谷正纲演说,大呼打倒西山会议派、打倒特委会,台下党务学校学生应声而和。会后游行,以党务学校学生居前列,行至复成桥,军警开枪,死二人,伤 75 人,酿成"一一二二"惨案。

△　张发奎决定进攻梧州,是日派黄琪翔、李福林指挥各军沿西江前进。27 日,李福林入湘部队回师抵韶关,次日开赴西江。

△　苏(州)常(州)旅沪学商分会讨论日本以"满铁"名义向美国摩根公司借款一案,金以南满铁道系在我国领土之内,应坚决反对其侵犯我国主权,决定电请驻美公使施肇基向美国务卿凯洛格声明我国国民一致反对之意,请顾全两国友谊,勿使此项借款实现。

11 月 23 日 国民政府外交部长伍朝枢向各国发表对外条约与协定宣言,略称:中国前政府与外国政府、公司及个人所订立之不平等条约及协定,实无存在之理由,应于最短期间内废止。业经期满之条约及合同,当然无效。任何中国官吏拟与任何外国政府、公司或个人订立任何条约或协定,凡未经国民政府参与或承认者,完全无效。凡国民政府未参与之中外条约或协定,均不能认为对中国有约束力。

△ 驻上海比领事范豪特函复交涉公署 11 日之抗议书,声明中比条约会议及庚款会议等并非事实,500 万美金公债比政府并无允意,惟北京政府曾拟预提全部比庚款,照 1925 年约定,拨作购买铁路材料、教育用途及慈善事业等,并拟先提 110 万元备还外债、付通行税及中国驻比使馆费用者,比政府或拟允准之。

△ 李济深在沪对各报记者谈称,粤变"纯系共产党支配一般骄将悍卒与失意政客,乘机作乱,夺取政权之表现"。次日,李电请国民政府、军事委员会讨伐发动粤变之张发奎、黄琪翔。

△ 白崇禧自南京抵汉口,与李宗仁商应付广州事变方法。

△ 国民政府任命何民魂兼南京特别市市长;张定璠为上海特别市市长。

△ 国民政府任命杜起云为第十七军副军长;邓振铨为第十七军第二师师长兼该军参谋长。

△ 何应钦第一路军第二十六军陈焯部主力到达众兴,27 日占宿迁。29 日,沭阳、刘马庄、新店子之直鲁军反攻,左翼战斗亦失利,第二十六军退出宿迁。30 日,直鲁军第七军许琨部复占宿迁。

△ 国民政府核定大学院制定之《教科书审查条例》,规定中、小学教科书,非经大学院审定者,不得发行或采用。

△ 华盛顿国际无线电会议,北京出席该会代表王景春等,反对日本根据现行无线电报公约,将旅大等作为该国属地,而增加设台投票权,坚持一国一票,将该公约第十二款依各国属地多寡而定票数之规定取消。

11 月 24 日　谭延闿、蒋介石、汪精卫、李济深联名在上海召集国民党第四次中央执行委员全体会议谈话会,到中央执监委员 23 人。胡汉民、李烈钧未出席。决定下月 3 日至 5 日在上海开四中全会预备会,并邀未列席谈话会之中委如期莅会。上海市区各党部、全国学生总会、上海学生联合会、南京市区各党部等派代表向与会各委员请愿,其要点为:一、促开中央全体会议;二、拥护汪、蒋及中央各委团结;三、肃清腐化的西山会议派;四、请蒋调解粤事纠纷;五、惩办南京惨案主谋。会议议决,公推谭延闿、蔡元培即日查办南京惨案。蒋介石就此事发言,称此案如何处理,为革命生死问题,不能坐视,如无正当办法,虽诉之革命手段,亦所不惜。

　　△　南京各界组成“一一二二”惨案后援会,参加单位有南京各区党部、中央党务学校、学联等。是日该会派代表五人到沪,向四中全会谈话会陈述惨案经过,要求缉凶,指西山会议派之特别委员邹鲁、居正、谢持、覃振、傅汝霖、潘宜之、王昆仑等人为该案之主使者。27 日,该会发行《救党特刊》,宣传打倒特别委员会,内列“潘宜之屠杀民众之铁证”一栏,称系潘下“市民暴动着武力解决”之手谕。

　　△　国民政府外交部照会西班牙驻法国公使德佩里蒂·德拉罗科,声明 1864 年 10 月 10 日所订中国、日斯巴尼亚(西班牙)条约期满作废。

　　△　国民政府交通部在上海设立监督招商局办公处,由部长王伯群兼任监督,赵铁桥充任总办。

　　△　程潜、李宗仁派袁家普、廖汉瀛赴湘接洽和平,是日抵长沙,与李品仙等晤谈,李表示服从。27 日,李品仙、何键等派代表曹伯闻偕袁家普等到汉,与程、李等商和平解决办法。

　　△　李烈钧接见《新闻报》记者,称粤变不致影响大局,湘局大致底定,政府已决定抽调“西征军”七万以上,分两路加入“北伐”,并称党外无党、党内无派,为事实情理所不易办到,惟见解不同,应推诚谦和商洽。

△　据《新闻报》讯：浙江省党部与省政府训令各地严密防范缉获共产党。嗣在绍兴破坏共产党机关,搜去浙江全省共产党员 1300 余人之总名册,其中大部分为青年学生,142 名已被捕。

△　省港罢工工人百余在广州露天集会,反抗政府解散罢工工人组织,遍插红旗,并散发反抗政府传单,工人邱生等 25 人被公安局当场捕去。26 日,广州当局派大队军警驱散省港罢工工人,将全市罢工工人之宿舍、饭堂取消;公安局并于 28 日将八名工人枪杀。

11 月 25 日　汪精卫在沪招待记者,声称广州事变之起因,并非由于对共产党问题,乃是由于对特委会之态度不同。黄绍竑遵照特委会决议主张率两广军队讨唐,张发奎、黄琪翔则认为西征纵有必要,但不能奉特委会之命而西征,以增加特委会之声势,由意见之冲突而形成武力之冲突。并称渠对此主张"和平补救",而陈公博、张发奎、黄琪翔等则主张"激烈反对"。

△　国民政府会议,讨论谢持、邹鲁等对南京事件之提案,谭延闿主持,谢、邹力主拿办凶犯及煽乱之人。谭称:"若单纯共产党暴动,悉行拿捕,自属易办,此事发动,由上海有人主持,实党内之争,为人所乘,拿捕愈加纠纷。"

△　何香凝由广州抵上海,晤记者表示,粤方各中委坚决反对特委会,称特委会之产生,无法律根据,特委会因名不正,故令不行。

△　国民政府公布《修正国民政府军事委员会组织大纲》,凡 11 条。

△　国民政府任命黄质胜为第十一军第二十四师师长,徐庭瑶为第一军第二师师长。

△　国民政府任命李宗仁部第十九军军长胡宗铎为武汉卫戍司令。

△　北京军政府外交部致驻华西班牙公使嘎利德节略,深以西所持态度为异,称以往西政府照会,曾承认中国可宣告废止税则商务条款,望西政府速议新约,使两国邦交立于公正平允之基础。

△　日本因南满铁路会社向美借款关系,对日美两国间悬案之中国无线电台交涉表示退让,是日由驻美日使松平与美国务卿凯洛格达成协定,日本对上海费德拉尔无线电台,美国对北京双桥无线电台,互认其优先权。

△　共产党人方志敏在江西弋阳窖头村主持召开弋阳、横峰等五县共产党员联席会议,通过"推翻帝国主义、打倒国民匪党","铲除贪官污吏、肃清土豪劣绅","废债分田分地、建立劳农政府"的武装起义纲领。12月,方志敏、邵式平、黄道等领导弋(阳)横(峰)暴动,暴动区域纵横遍及百余里,参加暴动农民五万余人。后建立赣东北革命根据地。

11月26日　国民党上海市各区党部联席会议议决,援助南京"一一二二"惨案,决定电述特别委员会屡杀民众之错误,请谭延闿、蔡元培严惩主犯,并决定对最近时局之口号为:取消南京特别委员会、打倒假革命的腐化派、肃清腐化分子、惩办"一一二二"惨案祸首、促开中央全体会议、杀尽中国共产党等。

△　中共广东省委作出在广州发动工农兵武装起义的决定,并建立起义总指挥部——革命军事委员会,由张太雷担任总指挥。28日,总指挥部公开发表《中国共产党广东省委员会号召暴动宣言》,动员广州的工人、农民和革命士兵为打倒反革命的国民党,建立苏维埃政权而战斗,并把原来以行业为单位分散组织的"工人自救部"、"剑仔队"和"省港罢工工人利益维持队"等工人秘密武装3000余人改编为统一的工人赤卫队七个联队,以周文雍为工人赤卫队总指挥。

△　蒋介石往访上海法租界捕房顾问黄金荣,道谢派探目保护国民党中委,并请转向捕房当局致意。杜月笙、张啸林亦在黄宅与蒋会晤。

△　陇海路冯玉祥军右路鹿钟麟部击破张敬尧等军,占睢县,27日收复归德,12月1日入虞城;同时,中路韩复榘、石友三两军大破直鲁军褚玉璞等部,到达砀山之线。

△　梧州桂军誓师东下,禄步有小战,四会有剧战。

11 月 27 日 湖北党务整理委员会在汉口成立,28 日通电声明:省市党部改组委员在法理上无存在理由,本会以整理职权所在,当切实奉行中央意志。

△ 程潜、李宗仁、陈嘉祐自湖北电汪精卫等,称湖北省市两党部对南京发表之湖北整理党务委员力持反对,请饬令该委员会停止活动;并称该委员等张贴"反特委会即是反革命"、"否认整理党务委员即是共产党"等标语。28 日,汪复电极表赞同,称取消特委会恢复中央党部实全体中央执监委员之一致主张,特委会本身既无存在价值,则其产生之整理党务委员会实不能"听其伪张为幻,贻害地方"。

△ 新编第四军第十一师师长陈济棠在汕头就代理第八路总指挥职。29 日,陈在汕誓师讨伐张(发奎)、黄(琪翔),即赴潮州阅兵,出发前方督师。

△ 上海各报载南京惨案代表招待各界报告,称潘宜之为西山会议派首领,主使惨杀民众。是日潘电上海各报馆声明称:"为人诬陷,蒙此恶名,冤愤何极,所称下令惨杀民众一节,更属离奇怪诞。"12 月 3 日,潘又在沪报刊登启事,要求"将伪造证据蓄意诬陷之徒宣布姓名",俾诉诸法律。

△ 私立金陵大学系由 1888 年美"美以美会"傅罗在南京创设之汇文书院改组而成,今春北伐军到达南京后,该校师生即进行收回教育权运动,西籍教职员陆续离校。是日成立新校董会,正式推举陈裕光为校长,从此该校行政由华人主持。

11 月 28 日 国民政府常务委员蔡元培、谭延闿、李烈钧等就南京事件下令引咎,谓政府"因一时保护之疏,酿成从来所无之变",除再严饬军事委员会、司法部依法究办,并抚恤疗伤外,军警及司法官吏以后对于保障人权,"务须特加注意,毋稍疏忽"。

△ 中央党务学校学生 200 余人舁南京惨案伤亡民众血衣及该校学生袁大煦遗体游行,李烈钧亲出表示引咎,允严办主使。谭延闿、李烈钧、蔡元培并以"待罪的国民政府常务委员"的身份发表声明:"这惨

案的负责者之罪""自然是政府,尤其是我们三个就职而办事的常务委员。"表示"决不愿有意的推诿"。

△ 国民政府通令各省政府,为尊重司法独立,所有现职法官不得兼任行政及其他官吏。

△ 国民政府任命陈诚为军事委员会军政厅副厅长。

△ 国民党广州政治分会依广州市党部之请愿,决定逮捕并严惩李济深、黄绍竑。

△ 张发奎通电否认有容共及联络陈炯明之事,自称其广州事变之行动为"护党",表明反对特委会而服从中央。

△ 驻广东江门陈章甫第十三师发出讨黄琪翔急电。粤临时军委会下令拿办陈章甫。

△ 第二十军军长杨森在四川万县将吴佩孚之卫队 800 余人解除武装,请吴夫妇至杨氏私邸居住,并派兵两连监视。是晚吴乘间逸去,逃至绥定,往依刘存厚。

△ 上海英美电车公司机务工人 600 余人,因向公司提出改良待遇及增加薪水等条件不准,于是日下午 1 时起全体宣告罢工。后迭经交涉,公司方面允加年赏 20%,罢工期内工资照给,大部工人遂于 12 月 22 日复工。

△ 武昌震寰纱厂因开除剪发女工激起风潮,中山大学女生往该厂演说,被驻厂军警击毙一人,伤二人。男生赶往援救,亦被围捕多人。次日,市学生联合会议决援助被捕学生及开除女工,大中学生 500 余人列队往厂质问,并捕该厂工会改组委员五人。保安队驰至,捕学生数名,余众至晚始散去。

△ 北京军政府交通部密派邮务司长顾宗林及秘书康诰前赴大连与南方邮务总局所派代表黄乃枢及钱春祺等,作成细目协定,由北京交通部统一其事务上之联络,双方议定自明年 1 月 1 日起实行。

11 月 29 日 西山会议派谢持、张继、居正、许崇智、邹鲁、傅汝霖发表《告同志书》,反对召开四中全会,声称中央特别委员会之产生,系由汉、宁、沪三方中央党部之正式决议,除第三次全国代表大会开会外,断不能以一方之意思变动。一方之第四次全体执行委员会欲凌驾三方成立之中央特别委员会,无一毫容许之理由。

　　△　李宗仁、程潜、陈嘉祐通电表示对四中全会意见:一、四中全会开会时,中央特委会可停止行使职权;二、特委会产生之国民政府军委会及一切军事行政机关,均暂维现状,不随特委会而取消;三、限制个人及一个系统代表党的行动发表宣言。

　　△　国民党广州政治分会据临时军委会呈称,截获李济深令陈济棠回师广州电,决定褫李军职。

　　△　湖北党务整理委员会将湖北省、汉口市党部解散,并代行其职权,所有该两党部职员由该会委员二人以上介绍,可仍到会办公。

　　△　白崇禧等通电对南京惨案表示悲愤,要求政府彻底查明真相,予以惩处。

　　△　杨宇霆在北京晤外报记者,声明美贷日款开发满蒙,奉方反对;日美两国所议解决无线电台协定,中国不能予以承认;葫芦岛开港及打通路建筑,并无英国投资,至满蒙交涉,上次停顿,迄未续议,外间所传,系日人故意宣传。

　　△　日外务省出渊次官与美驻华公使马慕瑞在日外务省会谈三井公司及费德理公司在华设无线电台问题,成立原则协定:一、日美两国政府承认将在华无线电信归中国经营;二、日本将三井公司依据双桥无线电局借款合同取得之权利返还中国,美国亦将上海费德理公司依合同所得之权利返还中国;三、三井、费德理在华所设无线电台建设费作为日美对华贷款,另换合同;四、两电台返还中国后,各配置日美两国技师及会计监督。

　　△　国民党中央商人部通令,拟于第三次全国代表大会时提出请求撤销全国商会,以商民协会为领导机关之议案,致杭、汉等地有提议撤销商会之举,是日,上海总商会分电国民政府、各省政府、省党部等请纠正民众此项错误行动。

11 月 30 日　上海市党部为南京惨案发表宣言,提出要求四项:
一、由谭、蔡两委员秉公查明主从各犯,尽法惩治;二、从优抚恤被难家
属;三、取消中央特别委员会,肃清腐化分子;四、由国民政府引咎自劾,
以谢国人。

△　驻华日使芳泽在北京接见日本记者团,发表反驳杨宇霆之谈
话,称杨向外报记者对满洲问题之谈话于中日间关系有害,且其内容有
与事实不符之处。日本对于本国之商业交易,无论何处皆可自由进行,
非第三者所能置喙,并责杨不顾国交。同日,芳泽口头要求杨宇霆将其
谈话中不符事实之点,予以更正。

△　上海英美烟厂工友罢工后援会成立以来,一方筹款救济工友,
一方劝告民众对该厂出产之卷烟实行不吸、不贩、不运,一致抵制。是
日该会又议决自 12 月 1 日起实行检查,如再遇仇货,立即扣留,当场
焚毁。

△　北京军政府外交部电驻美公使施肇基,称美国贷款南满铁路
公司,有侵略中国满蒙主权嫌疑,不能承认,应向美政府抗议。同日,另
电驻日公使汪荣宝,嘱探询条件内容,俾资应付。

11 月下旬　全国商会联合会致电驻美公使施肇基,请转告美国务
卿,国人反对美国借款资助日本对我满蒙实行侵略。

12　月

12 月 1 日　程潜据汪精卫上月 28 日电,咨达鄂党务整委会停止
活动,由原有各党部维持现状。是日整委会咨文驳复,谓附唐分子以不
足法定人数所把持之省、市两党部,自应随唐而覆灭,"敝会奉特委会命
令而来,亦当奉特委会命令而去",纵环境如何险恶,亦不易其初衷,并
指责程"以军治党"。

△　国民党湖北省党部改委会、汉口特别市党部改委会联衔电汪
精卫、谭延闿,称湖北党务整委会收买流氓地痞捣毁省党部,用暴力占

据市党部、民国日报社、楚光日报社,任意拘捕党员,请明示办法,以解党危。4 日,汪、谭电汉口程潜等查核办理。

△ 广州开"护党"运动大会,张发奎、黄琪翔、陈公博均出席,通过请中执监委到粤开四中全会等提案。

△ 国民政府参事谢荫粹、陈扬镳奉派办理南京惨案,是日赴惨案后援会调查。后援会要求:一、逮捕并严惩凶手;二、抚恤死伤;三、组织特别法庭公开审判;四、保障民众集会自由。

△ 国民政府颁布《特种刑事临时法庭组织条例》,规定特种刑事法庭分地方、中央两级,专司审判关于"反革命"之诉讼及上诉案件。

△ 冯玉祥电沪劝蒋介石"东山再起,主持一切"。同日,又电汪精卫,盼"出山主持,团结内部"。

△ 上海特别市市长张定璠电国民政府辞职。

△ 蒋介石与宋美龄在沪结婚,蔡元培证婚。蒋撰文《我们的今日》,称"余二人今日之结婚,实为建筑余二人革命事业之基础"。

△ 杨宇霆对记者发表谈话,声明山本条太郎来北京对满蒙修路等事,仅口头上略有陈述,张大元帅谓将来自有协商之日,现非其时。山本非日本政府外交特派员或外交当局,自无投递觉书义务。并称渠前之谈片中,言日将以摩根借款充政治用途,仅感想或将如此耳,渠为日相田中之好友,无意抨击之。

△ 国民政府外交部长伍朝枢电美国国务卿凯洛格阻止南满铁路在美借款,内称南满铁路并非仅一实业企业,乃外人统治中国之武器与象征。5 日,伍就此事向中央社记者发表谈话称,南满铁路乃日本在政治上、军事上及行政上管理满蒙之工具,美国政府贷款不啻积极赞助日本在满蒙之政治经济侵略,甚望阻止其成立。

△ 驻汉口英领事波特函交涉员甘介侯,否认欲以军队恢复英租界之传说,称:"迩来敝国以值此多事之秋,在汉口及其他口岸派有军舰,尽保护之责,一旦秩序恢复,敝国必撤退所派军舰。"

△ 国民政府外交部令江苏交涉员郭泰祺,函沪英、丹领事转北京

该两国公使,对北京电政当局向英、丹两公司秘密商借巨款,延长电信合同事提出抗议,声明以后电信事宜只可与国民政府外交部商榷,其他任何方面所订条约概不承认。

　　△　驻国际联盟代表陈篆致电北京军政府外交部称,中国任行政院主席事,英国《泰晤士报》攻击甚烈,国联正副秘书长态度冷淡,表示不合作,鉴此拟援例推延下届,免生枝节。旋北京外交部电复陈篆,称波兰与立陶宛两国问题关系欧洲和平,此次行政院主席能推延至下届,可免负重责。5日,国联行政院主席仍归中国,由陈篆正式就职。

　　△　东省特区教育厅与苏联成立《学务协定》五条,规定路立教育苏联子弟各校之管理及教授,应照中国现行学制及地方法令办理,中东路局学务处裁撤,中国收回该路教育权。

　　△　鲁商民反对当局强征煤炭军事特别捐,煤矿煤炭业者及商民间已成立三角同盟,博山、淄川地方进而成立中日双方不载运煤炭同盟,煤矿主亦组不开采同盟,截至是日止,华矿十分之七停止开采,日矿亦即日停工。

12 月 2 日　国民政府下令讨伐张发奎、黄琪翔,令称张、黄在粤谋变,罪应褫职拿办,即由军委会迅派军队分道进剿。

　　△　国民党粤方中委王法勤、甘乃光、陈树人、王乐平、潘云超到沪参加四中全会预备会,是日对《时事新报》记者谈,坚决主张取消中央特别委员会,否则不出席四中全会,并辩明张发奎非共产党,此次粤变系因对南京特委会见解不同,致生冲突。

　　△　国民党广州政治分会通过讨伐陈济棠令。

　　△　《新闻报》记者访问陈树人,询及粤变原因,陈称有二:一由于张发奎之反对特别委员会,一由于黄绍竑之压迫张发奎军队。

　　△　西江桂军黄旭初师在悦城(位于广东德庆县东)、禄步间与粤军缪培南师激战。粤军因有军舰掩护,前锋已入德庆,黄旭初师向封川、梧州急退。同日,四会方面范石生部经俞作柏师猛击,大部退广宁。

　　△　陇海路冯玉祥军第六军韩复榘部进占黄口,郑大章骑兵军进

占徐州城西之卧牛山。3 日,第六军直薄徐州城下,占领徐州北站,围攻城垣;鹿钟麟部克萧县,向徐州挺进。4 日,直鲁军调集援军猛烈反攻,西北军第五、第六两军及鹿钟麟部撤退至李庄、黄口之线扼守。5日,冯玉祥又增大军围攻徐州,血战两昼夜,直鲁军得孙传芳军由皖回援,至 7 日将冯军击退,直鲁军、孙军师、旅、团、营长共伤亡 50 余名。

△　湘鄂临时政委会于汉口成立,以程潜、张知本、甘介侯、白志鲲、赵世瑄为委员,程潜为主席,自是鄂省政权移于湘鄂临时政委会之手。3 日,武汉卫戍司令胡宗铎电宁,力保张知本为鄂省政府主席兼民政厅长,党务亦请责成张负责。

△　程潜据汪精卫俭(28 日)电意旨,分令武汉卫戍司令部、公安局保护省、市党部改委会。同日,汉口市党部改委会接收市党部、总工会及《民国日报》《楚光日报》。次日,两报照常出版,《民国日报》刊登启事,声明“在反动派占据本报数日中所发言论,自三六四号起至三六六号止,本报一概否认”。

△　冯玉祥致电阎锡山,约其联名通电拥蒋介石出任总司令,愿听其指挥以完成“北伐”。

12 月 3 日　宁、粤两方国民党中执监委在沪开谈话会,到蒋介石、汪精卫、谭延闿、蔡元培、李济深、何香凝、李宗仁、张静江等 29 人,以已足法定人数,临时改开四中全会第一次预备会议。蔡元培主席。会议对特别委员会之存废及处置粤变方针均有辩论。何香凝对南京对粤下讨伐令甚为不满,希望不用干戈,由四中全会解决。李济深对粤主战。汪精卫以张发奎、黄琪翔已有函表示服从四中全会,主张不用武力尽可解决。讨论良久,一致主张在四中全会解决。各委对取消中央特别委员会一节,皆无异议。会议议决南京惨案组织特别法庭审判,对该案被指控之谢持、邹鲁、居正、傅汝霖、王昆仑、高方、葛建时、潘宜之、覃振、任西萍 10 人即行停职监视。

△　午后,有自称“民众”者多人拥入汉口市党部,驱逐改组委员会人员,并拘捕数人,欢迎整理党务委员进驻党部恢复工作,同时并接收

总工会。惟《民国》、《楚光》两报截至是晚止，尚在改委会手中。

　　△　晚，武汉卫戍司令胡宗铎宣布全市戒严，禁止游行集会。5日，复奉南京军委会电令禁止党部及人民团体活动，并令《民国日报》暂行停刊，静候四次执监会议解决。

　　△　湘鄂临时政务委员会直辖之武汉临时财政整理委员会成立，推白志鲲、甘介侯、黄肇基为常委，负责接管鄂境内中央及地方各项财政事宜。

　　△　前唐生智之第三十军彭振国部驻花园、孝感第一、第三两师由方振武收编，驻刘家庙第二师由叶开鑫收编，军官给资遣散。

　　△　国民政府令照陆军上将阵亡例优恤新委第八军故军长张国威，宣称张"去逆效顺，尽瘁党国，此次西征之役，牵制逆军，因以被害"。

　　△　国民政府令任魏道明为司法部次长。

　　12月4日　国民党四中全会预备会开第二次会议，汪精卫主席，议决四项：一、特委会在中央全体会议开会之日取消，在开预备会议时，军政重要事项应由国府军委随时先与预备会议协商；二、中执会常务委员会应照党章组织，常委九人在全体会议中全部改选；三、中央党部各部组织案交审查，推李石曾、甘乃光、戴季陶、陈果夫组织审查委员会；四、湖北党务纠纷案电程潜等核办。

　　△　上海举行援助南京惨案市民大会，到各级党部等200余团体5000余人，由南京各界惨案后援会代表谷正纲报告惨案经过，大会通过拥护中央全体会议、根本取消特别委员会、粤事应由中央全体会议解决、严办惨案首从各犯、制止徐谦活动、请中央开除徐谦党籍等提案。

　　△　中共广东省委书记、广州起义总指挥张太雷召集第四军教导团200多名共产党员和积极分子秘密开会，宣布广州武装起义的决定。

　　△　孙传芳以第十五师师长宋福田在蚌埠战役中，"作战不力，擅自退却，并煽惑全师逃亡"，是日在济南将宋枪决。

　　12月5日　四中全会三次预备会因不足法定人数流会，宁派、桂派委员谭延闿、李济深、蔡元培、李石曾、李宗仁、何应钦、孙科、张静江、伍朝枢、吴铁城相约不出席,在南园李济深寓会商对粤。6 日,谭延闿等 10 中委续开谈话会,决对粤讨伐,并拟迫与粤变有关之何香凝等九委退出预备会,交监察委员会查办。三次预备会再延期一天。时隐寓在沪之徐谦,致函预备会议质问不使参加之理由,并攻讦汪历来袒共之事实。

　　△　国民政府常务委员蔡元培、谭延闿、李烈钧三人发表《一一二二惨案宣言》,自称为"待罪委员",表示对惨案之牺牲者,比"五卅"与"三一八"两案的牺牲者加倍的悲痛,要负责办理此案,对将来保障人权的手续要严密规定。

　　△　谢持、邹鲁、居正等向国民政府会议提出对南京惨案之提案。略谓"一一二二"惨案,曾于 23 日、25 日两次提请政府讨论究办,迄今未得主使与应负责任者,而别有用心者遂"诬指邹鲁、覃振、居正、谢持四人等为主使,其他同志某某等为实施,奔走呼号,传单标语应有尽有,大有造成积非成是之势,推彼辈用心,无非志在扩大范围,破坏党国大计",要求即付讨论,令催办理此案各机关迅速办理。

　　△　国民政府公布《中国与日斯巴尼亚国未订新约前临时办法》七条,要点为保护在华西侨,西侨须服从中国法律,讼事照无约国办理,西货按无约国税率纳税等。

　　△　国民政府公布《财政部有奖公债条例》,定额 500 万元,用作补助国库,指拨教育、储蓄银行基金及兴办实业。此项公债前两年定为月息一分,即以两年利息全数拨充奖金,两年以后每三个月抽签偿还本金一次,两年内分八次偿还,不另给息。

　　△　第十一军由闽回粤讨伐张(发奎)、黄(琪翔),李济深任第十一军军长,陈铭枢为东路总指挥,节制钱大钧、陈济棠两部,会同西路黄绍竑、南路徐景棠,合攻广州。

　　△　厦门国民党市党部暨民众团体联席会议电国民政府,请通缉参预粤变之顾孟馀、陈公博等。

　　△　第三十七军军长陈调元奉令调第一师岳盛宣部、第三师谈经

国部及第二师第五团往当涂、宣城、芜湖一带,堵截入皖之王天培旧部第十军;第二路总指挥白崇禧亦派大队在浙边防堵,以防该军自皖入赣去粤。次日,第十军被陈调元部包围于芜湖、当涂之间。11日,第十军表示服从,军委会令杨胜治所率一部归何应钦指挥,调津浦路前线。

△　第十二军任应岐部一个师袭击黄安县城,工农革命军鄂东军总指挥潘忠汝、中共黄安县委书记王志仁等牺牲,鄂东军撤出黄安城,29日转移至黄陂县木兰山地区,改番号为中国工农革命军第七军,吴光浩任军长,戴克敏任党代表,汪奠川任参谋长。

△　四川省立各校因经费无着,全体罢课。省署政务厅是日召集各校长、教职员会议,教育厅长万克明因拒绝学联会代表列席被殴。

△　上海中外纱厂,计华商25家,英商四家,日商32家,为统一对付工人罢工,于是日成立上海纱厂业联合委员会。

△　奉军将领张学良、韩麟春自保定急电北京国务院总理潘复请免奢侈品特捐,谓此捐众怨沸腾,"倘竟因此而酿成市变,非惟贻讥笑于友邦,抑亦留污点于史册"。

△　直隶省钞停止兑现,各征收机关一律征收现洋,省署政务厅决定市面流通可由总商会或银钱业自由规定行市,互相授受。6日,省署因总商会副会长王君直等与省署政务厅长交涉结果,准搭放省钞二成,完纳捐税,收回省钞即行销废,不再发行。

△　美商信济银行在哈尔滨成立,资本美金10万元,专营商业银行业务。

12月6日　国民党广州政治分会致电四中全会预备会,谓政治分会已命张发奎、黄琪翔等停止军事行动,惟广西桂军纷纷东下,陈济棠、徐景唐两师据地截留税款;并谓第十一军由闽向东江移动,如为个人行动,政分会只有命临时军委会移师讨伐。

△　国民党广州政治分会议决:胪列李济深罪状,呈四次执监会议处分,执监会未开前,先免李职;改组广东省政府,实业厅归并建设厅,裁撤土地厅;任何香凝、朱兆莘、李朗如、陈公博、李章达、许崇清、陈树

人、谢婴白、邹敏初、朱晖日、余湛恺为广东省府委员,以李章达兼民政厅长;准张发奎辞政治分会委员职。

△ 谢持、许崇智、居正、邹鲁、傅汝霖联名发表《再告同志书》,详述中央特别委员会成立之经过,尤注重汪精卫等与特别委员会之关系,声称:"中央特别委员会之成立,虽由沪、宁、汉三方之合并,但南京及武汉清党,乃由汉沪合作之议进为宁汉合作之议,清党之后,最初只有宁沪合作之议,终至于逼宁汉成立中央特别委员会。"

△ 王昆仑以宁案被控 10 人中列有其名,特致电吴敬恒、胡汉民、蒋介石、李济深等辩诬,略称:"仑任职中央组织部委员,甚少与南京任何民众团体接触,当场军警,亦迄未知是何部属,仑更以何资格能指挥军警,不知指控者何所据而指仑为主使",要求彻底查究。

△ 广东省党部、广州市党部电汪精卫、蒋介石,反对南京下令讨伐张发奎、黄琪翔。同日,李福林、张发奎、黄琪翔等电汪蒋,表示服从四次执监会及中央党部,反对特委会及该会所产生之机关。

△ 李品仙、何键、刘兴、周斓等在长沙举行军事会议,决定:一、第四集团军对外态度一致,分为两路,第一路属李品仙指挥,第二路归何键节制;二、联络程潜及鄂省改进会派(主要负责人为孔庚、李书城、邓希禹等)实行湘鄂联防;三、结合粤军,拒绝桂军假道;四、长沙以南,常德以东,决不许他军侵入。

12 月 7 日 四中全会预备会议是日复延会。宁方委员谭延闿等邀非粤派委员 21 人在沪南园晚餐,蒋介石、胡汉民、张静江、戴季陶未到。席间吴敬恒发言,主张中央特别委员会自动宣布取消。次由谭延闿报告连日南园会议经过。孙科提出停止粤派委员出席案。李济深、李宗仁认为粤变与共党有关,主张竭全力解决,词甚激烈。于右任、柏文蔚意主调停,劝勿分裂。多数意见主张:一、粤方委员应自动退出中央执监会议议席;二、执监会议开会地点须在南京;三、粤事决以武力解决;四、粤方委员退出议席后,应请胡汉民、程潜、陈嘉祐、萧佛成迅速出席。

　△　朝鲜亲日分子借口吉林取缔鲜人煽动排华,居住朝鲜南部华侨陆续撤退,经由仁川归国,其数达三四千人。14日,仁川突有十二三人一团之朝鲜人十余团,随处殴打卖菜之华人,受伤者数十人,日警并未制止。15日,暴徒啸聚数达千人,进击仁川外里华人住所,无一家不受其害,华侨受重伤者六七十名,轻伤者百数十名。16日,中国驻仁川领事分馆与商务总会商妥,将华侨集中收容避难。

　△　广州秘密举行工农兵代表会议,到代表80余人,选出工农兵代表执行委员会名单,决定12月13日举行武装起义。后因事泄,张发奎有解除教导团武装之说,乃决定将起义日期提前至11日。

　△　国民政府明令组织"一一二二"惨案特别法庭,以党部代表二人、江宁法院院长、军委会军法处长、江苏省府代表一人、南京市府代表一人、工农商学妇五团体代表各一人,共11人组成。

　△　湖北党务整理委员会通告,派柴晓泉等接收鄂省党部,郭英等接收武昌市党部,周济之等接收省农协会,李鹏升等接收省商协会,田逸生等接收省店员总会,毛道生等接收汉口市店员总会,王承绪等接收汉口市学联会,各接收人员限是午到会接收。

　△　何应钦离沪赴津浦路前线指挥攻徐军事。12日,何令津浦路各军向徐州总攻。

　△　奉方派代表周望瑛等入涿州,与傅作义洽和。9日,傅作义正式提出开城条件,较重要者有三:一、围城奉军于谈判条件签字后六小时内退至距城十里以外;二、准许城内晋军携带武器退往山西境内,沿途奉军不得阻滞及袭击;三、奉军入城签字代表,须为师长以上军官,保证履行条件。万福麟以条件过苛,未予答复。11日,奉方决定武力解决。

　△　奉天全省商工外交后援会通电反对日本以"满铁"名义向美国举债经营吉会各路,内称:日本侵略满蒙,"近者复由满铁会社以整理铁路为名,向美国举行六千万元借款,冀以日美经济之协作,促进满蒙政策之实现,斯种借款果得成立,非特华会之精神扫地,即满蒙之覆亡亦立至矣。"

△　北京外交团会议,以华北战事延长,决合力防卫天津租界。

12 月 8 日　四中全会预备会开第三次会议,粤方各委员仍出席,蒋介石主席,议决:一、《改组国民政府案》,以戴季陶、陈果夫、周启刚、陈树人、甘乃光组织审查委员会讨论之;二、《政治委员会组织案》,以丁惟汾、戴季陶、谭延闿、于右任、经亨颐组织审查委员会讨论之;三、《召集第三次全国代表大会案》,大会日期须由四次全体会议决定,特委会所定十七年元旦之召集期无效,会议地点在南京。中央监察委员会吴敬恒、张静江等五委联名提出对陈公博、汪精卫、顾孟馀弹劾案,请停止其出席正式会议。汪表示监委会业经特委会取消,此举系宁方对认为敌人者之应付,彼无所惧。李济深提案,要求令汪以外之在粤中委退出议席,提交监察委员会查办严惩。何香凝等致书预备会称李提案"显欲藉此破坏会议"。蒋发表《致中央执监委员诸同志书》,劝宁、粤各委息争,两方尽蠲前嫌,勿互相猜忌。

△　奉、直、鲁、豫、苏、皖、浙、闽、粤、桂、湘、鄂、赣 13 省国民党员朱济武等 1381 人具呈各中委提出 13 项要求,主要有:一、恢复党的正统,当以武汉之中央为中央,西山会议派已开除党籍,在党内无参预之资格,一律驱逐,蒋介石在南京私立中央,要以党的纪律制裁,四次会议之中央委员要负二次代表大会所交付之责任;二、履行第二次代表大会决议案,以维党纪;三、恢复二次代表大会后之正式的各省区党部,凡有以武力摧残各省区党部者,即处以叛党之制裁;四、严重处分屠杀民众的叛党新军阀蒋介石、李济深及现在南京之西山会议派;五、立即取消特委会所产生之党政军机关,并将列名供职于特委会之中委,一律停职一年,留党察看,西山派永远不准入党;六、收回本党势力所到地方之租界;七、对俄履行孙中山遗嘱及《致苏俄书》之友谊等。

△　返任之驻华美使马瑞慕晤北京军政府外交部长王荫泰,会谈中美无线电台案。马瑞慕称美国政府甚愿与中国再开交涉,外传美、日已协定办法,并非事实。至美银团贷款"满铁"事,美政府并未核准。美国政府对华亲善政策,毫不变更。

△　中比订立比退庚款用途第二次协定,规定以 40％拨陇海路,35％拨其他国有铁路,作向比购买材料之用;25％交由中比庚款委员会作为中比教育慈善之用。

△　浙江省政府令绍兴等县解放浙江堕民,要求通过设立独立的完全小学,津贴贫寒子弟升学,与普通平民同受中等或高等教育,使之增进知识、学问、技能,自拔于"卑贱"职业(指从事鼓乐、唱戏、抬轿、剃头、制糖、买破布古董等)之中,改善其生活,提高其身份,而达到解放压迫、消除这一特殊阶级之目的。按:堕民亦称丐户,相传为宋罪俘之遗,分置江、浙。

12 月 9 日　汪精卫、陈树人、陈璧君、顾孟馀、王法勤、甘乃光、王乐平、潘云超联名电广州陈公博、张发奎等实行"清共"。略称:"同人以反对特别委员会,主张开第四次中央全体会议,主张相同,一致努力。对于反共,既经中央决议于前,全体同志自应一致努力,无有异趋。……所部凡有纵容共党者,立即严加惩办,决勿稍存宽恕,贻误无穷。并饬军警严拿匿迹苏俄领事署内之共党,如苏俄领事有包庇情事,应即勒令出境。"并称贺、叶近在海丰、陆丰、五华、紫金、惠来等处建立苏维埃,请即派兵"合剿"。

△　汪精卫电张发奎解除教导团武装,驱逐赤卫队,搜查职工会。10 日,广州宣布特别戒严,日夜搜查户口,张令离广州部队向市区移动。

△　汪精卫密电广州陈公博、张发奎、朱晖日,称黄琪翔之容共,已为不可讳之事实,要求黄暂时退休,认真"肃清"共党。

△　汪精卫密电陈公博、张发奎、李福林称:"苏俄领事署为共产党活动机关,请派兵围捕,将俄领驱逐,共党一律拘拿,此为目前要着。"

△　四中全会预备会议因汪精卫要求而延会,汪派与李济深派各开小组会议,互谋对付之策。

△　国民政府第二十二次会议议决,特任赵戴文、张之江为国民政府委员。

　　△　冯玉祥、阎锡山先后电促蒋介石复任总司令,何应钦、贺耀组等亦联名通电拥蒋出山,主持军事。11 日,冯、阎联名电请国民党中央及国民政府起用蒋介石主持军政,并电促蒋复职。次日,冯又另致蒋电,谓此时军事非有统一枢纽,决难完成革命,非蒋出山,不能当此重任。

　　△　湖北党务整理委员会通电声讨黄琪翔;同日又电请南京特委会、军委等明令通缉汪精卫、顾孟馀、陈公博、甘乃光等,并请速出兵歼灭张发奎、黄琪翔。

　　△　石家庄奉军向正太线进攻,在获鹿附近北楼村李家庄与晋军接触。包头奉军被晋军击退,是日退回绥远以东。

　　△　驻南京第五军第十六师是日奉军委会令改编为独立第六师,以副师长王若周升任师长。

　　△　上午,驻九江英国军舰水兵乘码头工友上船运货,借口检查,肆行搜抢,发生冲突,水兵鸣枪向徒手工人射击,当场伤多人。

12 月 10 日　四中全会预备会开第四次会议,于右任主席,有力之反粤派李济深、李宗仁、吴敬恒等未出席。汪精卫等 11 名粤委突提议请蒋介石续任国民革命军总司令职案,即通过。汪并声明,如对其不能谅解,个人“尽可引退”。随即议决十七年(1928)1 月 1 日至 15 日在南京召集四中全会,由蒋负责筹备。关于军事、党务各案,分别并案交付审查。至是预备会议结束。

　　△　汪精卫密电广州陈公博、张发奎、李福林、朱晖日,略称:“今日预备会议议决,催促蒋介石继续执行国民革命军职务,并议决密令兄等围捕苏俄领署内共产党员。弟因黄琪翔掩护共党,例如著名共党廖尚果竟为四军政治部主任,灯塔第三、四期容共有据,已决引退。”汪并嘱陈等坚决反共,“如见之事实,则各方谅解”。

　　△　张太雷、周文雍、杨殷、聂荣臻、黄锦辉等在广州分头召开有第四军军官教导团、警卫团革命官兵代表和广州工人赤卫队指挥员参加的军事会议,部署武装起义计划。工人赤卫队改编为七个联队和一个

敢死队,分区集中待命。四军军官教导团、警卫团按原建制和部署不变动。叶挺由香港赶回广州,担任起义的军事总指挥。

　　△　晚 8 时,湘省共产党领导工农及学生数千人在长沙暴动,突袭湖南电灯公司、光华电灯公司及火车站,旋被李品仙、何键、刘兴、周斓分令军警击退,中共长沙市委书记涂振楚等百余人被捕后牺牲。

　　△　国民党南京特别市党部电促胡汉民回宁主政,并通电江、浙、皖、赣、川等省各级党部,请一致敦促。

　　△　直鲁军第三军程国瑞部、第六军徐源泉部联合第二军张敬尧部向砀山冯玉祥军猛攻,上午 8 时,冯军向西退却,直鲁军占领砀山。

　　△　上海交涉员郭泰祺奉国民政府外交部令,就比将庚款 120 万借与北京当局事向比领事范豪特抗议,要求此后对北京借款之请求一概拒绝,以全邦交。

　　△　北京军政府财政部拟征之奢侈品税,因各方纷起反对,决暂缓办。是日,北京外交部通知外商,谓在奢移品目未经修改完竣以前,暂不征收。同日,北京日人商工会决议,凡属该会会员一体不纳此税,声称中国政府于输入之际,已按奢移税加课五厘,近因筹措军费起见,复发布苛酷之奢侈品税条例,对外侨一律适用,诚属不法。

　　12 月 11 日　共产党人张太雷、黄平、叶挺、周文雍等在广州领导工人、士兵和农民二万余人举行武装起义。凌晨,国民革命军第四军军官教导团处决张发奎所派监视该团行动之代理团长朱逸芳和 15 名反动军官。3 时 30 分起义爆发,以教导团为主力,联合警卫团、工人赤卫队、农团,向指定目标进攻,激战二小时,至拂晓,除第四军军部等少数据点外,市内绝大部分地区及国民党党、政、军、警机关均被起义部队及工人赤卫队占领,并解除武装。6 时,广州苏维埃政府在公安局旧址正式成立,选出苏维埃政府领导人如下:政府主席苏兆征(未到任前由张太雷代)、政府秘书长恽代英、工农红军总司令叶挺、工农红军总参谋徐光英、人民内务兼外交委员黄平、人民肃反委员杨殷、人民劳动委员周文雍、人民土地委员彭湃(由赵自选暂代)、人民司法委员陈郁、人民经济委员何来。并发布工农民主政府政纲,主要内容有:一切政权归苏维埃(工农兵代表会议);打倒各式军阀及一切反革命派;实行八小时工作制;一切工人都增加工资;工人监督生产;银行、铁路、矿山、大工厂、大轮船均收归国有;承认中华全国总工会是全国工会的惟一最高组织;解散一切反动工会组织;一切土地收归国有,完全归农民耕种;镇压地主豪绅;各村各区立即成立工农民主政权;组织工农革命军,改善兵士生活;没收资产阶级的房屋给劳动人民居住;没收大资本家的财产救济贫民;取消劳动者的一切捐税、债务和息金;对外取消一切不平等条约,收回租界,联合苏联,反对帝国主义。

△　共产国际代表德国人纽曼(一译诺依曼)参加广州起义的领导。15 日,共产国际发表《关于广州公社告全体工人、一切被压迫者、资本主义军队的全体士兵书》。

△　陈公博、张发奎、黄琪翔、朱晖日等逃广州河南第五军军部,与李福林策划镇压广州起义,商定由李负责调驻韶关之陆满、周定宽两团,江门潘枝团,佛山林营、李营回省;黄琪翔负责调回西江前线军队,并利用英轮往接江门、黄埔、虎门驻军。英、日、法驻广州领事亦在沙面举行紧急会议,决定帮助张发奎等运输军队,并直接对广州起义军作战。同日,国民党海军"江大"舰,以英、日军舰作掩护,炮击长堤。晚,日海军陆战队数百人在长堤登陆,向起义部队进攻,被起义军击退赶回军舰。河南李福林军两个团在炮舰掩护下渡河向广州市区进攻,起义部队在长堤阻击,激战至半夜,将李部击退。

△　国民政府外交部令交涉员郭泰祺向驻北京美、日两国公使声明,否认无线电案交涉中北京政府与美、日所订合同之效力,国民政府一概不受拘束。

12 月 12 日　拂晓,李福林第五军两个团,由"江大"、"宝璧"两舰掩护分两路渡河,向广州起义部队进攻,教导团伤亡过半,赤卫队伤亡较重,李部多次冲锋未能登岸。黄埔黄慕松团,虎门许志锐团,江门潘枝团,韶关周定宽、陆满两团,佛山林营、李营先后迫近广州,进行反攻。

沙面帝国主义调军助战,英兵增至 2000 名,法水兵 400 名,日水兵 300余名,并派炮舰不断向市区轰击。起义部队内外受敌,入夜,陷入敌人包围之中,教导团大部和警卫团、赤卫队一部突围,连夜向花县转移,未及撤出之部分逐街逐巷逐屋与敌争夺。

　　△　中午,广州工农兵各界群众在西瓜园广场举行庆祝广州苏维埃政府成立大会,苏维埃政府代理主席张太雷到会讲话,宣布 1927 年12 月 11 日上午 6 时,广州苏维埃政府成立。时敌从东、西、北三面合围。散会后,张在驱车返回指挥部途中,遭敌机器工会体育队袭击,中弹殉难。

　　△　蒋介石致电张发奎,称两次"粤变",前则事后未能裁处,后则事先未能防范,应负其责,望张"戴罪立功"。

　　△　宁派中委在上海南园会议,讨论对付"粤变"办法,李宗仁、吴敬恒痛陈汪精卫危害两粤,主张速由政府下令逮捕何香凝、甘乃光等,宣布汪精卫罪状。

　　△　白崇禧因广州共产党起义,特于是晚赴宁商议"讨共"。

　　△　驻华日使芳泽在北京向日记者团谈,满蒙交涉已回复至杨字霆议论事件发生以前之状态,谬称"满铁向美募集公债属于满铁财政上之内部情形,若批评其可否,直与干涉满铁内政无异,自应力于趋避"。关于中、日、美无线电台问题,"颇冀由中、日、美三国间作圆满之解决,未闻由其中两国间予以解决之计划"。

　　△　英国陆军部代表向下院报告,宣称英军步兵 12 个团,业经准备常川驻扎中国;并称前此常川驻华英军只三个团,但自中国时局不靖后,已改以六个团常驻上海,六个团分驻香港及天津各地。

12 月 13 日　第四军新编第二师薛岳部自西江回师广州,与第五军李福林部会合,进击广州市区,反共最力之机器工会工人约千人亦组敢死队应援李军,在广州市内与起义部队短兵相接,巷战甚烈。起义军伤亡过重,势不能支,仅千余人于下午由东北方向突围,向花县转移,守卫苏维埃政府的起义部队全部牺牲。4 时,广州被国民党军重新占领,张发奎入城大肆捕杀,一时市民及共产党人被屠戮者枕藉于道,不下数千人。这次起义中,朝鲜革命者 100 多人牺牲,越南革命者胡松茂等24 人被捕,苏联驻粤副领事哈西斯以下馆员十余人,以及在馆工作的中国工人龙狄邦等十余人亦被杀害,正领事波吉伐林斯基被捕。

　　△　蒋介石在沪对记者发表对时局之重要谈话,说明时局主张:广东问题,决定责成张发奎务于最短期间消灭共产党;"汪蒋合作",尊重前辈同志及监委会的意见;对俄绝交,待至革命成功后,再来设法恢复邦交。蒋并主张暂时停止一切民众运动,等到政府确定办法和方针之后,重新再办;对复任总司令事,表示非到要消灭共产党、继续"北伐"时不出任事。

　　△　中央监察委员邓泽如致函国民党中央执委会,请拿办"粤变主谋"汪精卫、顾孟馀、何香凝、陈公博、甘乃光、王法勤、陈树人、潘云超、王乐平,并请国民政府克日出兵,"裁平粤乱"。

　　△　汪精卫因广州起义陷入窘境,反汪派借以对汪及张发奎竭力攻击,指其为共产党。汪为剖白其确非共产党,特于是日在上海报纸公布其致陈公博等反共密电数件:一、请黄琪翔暂时退休认真清共之青(9日)电;二、致李福林请驱逐俄领之佳(9日)电;三、致陈公博等请派兵会剿海陆丰等处共产党之青(9日)电;四、致陈公博令围捕苏俄领署内之共产党员之蒸(10日)电。

　　△　李济深对东方社记者谈称:广州事变不可轻视,汪精卫等与此事有关。李宗仁亦称汪等与此次事件有关,故中央全体大会应拒绝汪等出席。

　　△　粤方中央执监委员汪精卫、甘乃光、顾孟馀、何香凝、陈璧君、陈树人、王法勤、潘云超、王乐平联名发表宣言,略谓:"就昨今两日关于广州事变之各种电报看来,张发奎正和共产党作殊死战,那些以勾结共产党诬张发奎等,并以诬我们的是绝对的不确";"有些人似乎主张张发奎等如果是共产党固然要讨伐,不是也一样要讨伐,这无异帮共产党来打张发奎,希望不至于有此事实",望蒋介石悉心筹划广东各军力量,合

力消灭共产党。

　　△　军委会临时紧急会议,决令李济深统率黄绍竑、陈铭枢、陈济棠各部迅即"讨伐"广州共产党。

　　△　蒋介石电令张发奎戴罪立功自赎,听从李济深指挥,即率所部,会同陈铭枢等友军,于最短期间歼灭共产党。同日,蒋通电黄绍竑、陈铭枢、陈济棠等,声称:"此番变乱,足征向华(张发奎)实非共党,望毅然捐弃小嫌,誓死共维大局,即与向华协同一致,迅平共产党。"

　　△　汪精卫电嘱粤第五军军长李福林等服从蒋令,协力讨共,切勿再有其他顾虑,致分兵力。

　　△　张发奎、李福林、黄琪翔、陈公博急电汪精卫、蒋介石等,报告广州事件经过,并宣称是日拂晓已将广州共产党肃清,"仍望本党各同志益加奋勉,务将共产党徒一网杀绝,并与苏俄断绝邦交,此后我国只有惟一三民主义的中国国民党"。次日,汪精卫复电张发奎等,嘱将共党"去之务尽","即浮薄少年好为偏激之论者,亦宜痛斥,不可录用,民众运动在中央未确定方针以前,宜停止进行;农工运动中尤易杂入莠民,不可不防"。

　　△　国民政府令各省政府及军事长官整饬纲纪,内称:"完成统一,计日可期,根本之图,在端趋向,风声所树,咸应率从,断非旷涣之心,能起衰颓之象,尤非补苴之术,可策长久之安。"

　　△　津浦路直鲁军、孙军反攻,第一路军总指挥何应钦勒兵进击,大破之。15日,何令各军继续向徐州之敌进攻,西北军韩复榘等部复自其侧背加以威胁,直鲁军、孙军不支向鲁境韩庄一带溃退,次日,何应钦军再克徐州,与沿陇海路东进攻徐之冯玉祥第二集团军会合。

　　△　奉军顾问町野武马在东京往访田中首相及白川陆相,陈述华方对于满蒙交涉之意见,借求谅解。日政府已谅其意,决于日内再度开始关于解决满蒙各种悬案交涉。

　　12月14日　国民政府发布对苏联断绝邦交令,宣称:本月11日广东事变,共产党占领省垣,"究厥原因,皆由共党藉苏俄领事馆及其国营商业机关为操纵指示之地",其他各省地方,亦不无暴发之虑,为"维持治安,预防滋蔓"起见,应即将驻在各省之苏联领事馆一律撤销,所有各省之苏联国营商业机关,应一并勒令停止营业。

△ 中央特别委员会开会,以出席委员不足法定人数,改开谈话会,议决党务继续维持,俟第四次全体会议正式开会,即停止职权。

△ 国民党广州政治分会下令,略谓广州事件在粤军事长官事后虽能"敉平暴乱",惟事前不能"防患未然",临时军委会主席团张发奎、陈公博,第四军军长黄琪翔,公安局长朱晖日,着免本兼各职,听候查办。所遗第四军军长一职,由副军长缪培南升任。公安局长一职,由李朗如充任。

△ 浙江省党部致电蔡元培,历数汪精卫之罪状,称汪之逆迹已彰明昭著,请不准其参加四中全会。同日,旅宁粤人 2000 余开"讨共救粤"大会,向国民政府请愿,要求缉办汪精卫、甘乃光、顾孟馀、张发奎、黄琪翔、陈公博、王乐平、陈树人、何香凝、潘云超等人。

△ 东三省当局下令驱逐未入华籍之朝鲜侨民出境。令称部分在满鲜侨扰乱秩序,参加政治活动;其有职业者,多以垦荒耕作为生,有碍中国之土地主权,故对未入华籍之鲜民不得不予以取缔。是日,驻奉日总领事吉田茂向华方当局提出严重抗议。

12 月 15 日 国民政府外交部长伍朝枢及江苏交涉员郭泰祺赴驻沪苏联总领事馆,面交断绝国交通牒,并限苏领事一星期内出境。同日,外交部拟定中苏绝交办法四项:一、由交涉员向苏领事声明,自即日起,对于该领事撤销承认,并嘱该领事及领馆人员离境;二、所有苏联国营商业机关,如银行及轮船公司等,一律勒令即日停止营业,并派警严密监视;三、详查辖境内苏籍侨民总数,无正当职业而形迹可疑者,随时侦查拘禁,驱逐出境;四、凡苏籍侨民,均应领外侨执照。

△ 广州连日屠杀共产党人,除被公安局枪杀者外,军队方面是日枪杀 600 余人,17 日枪杀 400 余人,19 日又在北校场枪杀 100 余人。又据香港路透社 17 日电讯,广州共产党被杀者约 2000 人,街市尸骸累

累,景象凄惨。

△ 共产党武装数百人夜袭长沙电灯厂,旋为警备军击散。

△ 中央监察委员邓泽如、古应芬通电全党,宣布武汉召开之中央执委第三次会议不能承认,该会开除蒋介石等党籍之决议案为非法。

△ 李宗仁通电"护党",声称:"宗仁护国护党,无役不从","对党之观念自信与金石同坚,有与党为敌者,死生以之。"

△ 国民党上海市党部工农部慑于广州暴动,是日通令所属各工会禁止罢工。略称:在此严重时期内,不得罢工,已经罢工者赶即结束,若抗不遵令,即以"反革命"论。

△ 第十三军副军长熊式辉奉军长白崇禧命,在宁组织第十三军军部。军部乃由上海淞沪卫戍司令部所改组。该军共三个师,第三十七师师长熊式辉兼,第三十八师师长张定璠,第三十九师师长吕焕炎。第三十七师由十四军驻锡部队改编,第三十八、第三十九两师由第二路总指挥部五个补充团改编。

12月16日 国民政府下令查办与广州事变有关之汪精卫、顾孟馀、陈公博、甘乃光、王法勤、王乐平、潘云超、陈树人、何香凝,略称:汪等于事变后,或列席会议参与逆谋,或发表言论公然袒护,舆论哗然,嫌疑难释,特派邓泽如、古应芬迅往查办呈复。在查办时期,汪等居住所在,应责成当地军警注意监视。同日,江苏省党部、旅宁粤人等各界请愿团代表数百人向国民政府请愿,认为查办令过轻,力求改为通缉,经国民政府常委李烈钧解释,众始散去。

△ 汪精卫因受南京制裁,在国内无法立足,被迫于是日深夜登轮离沪,出国去马赛。濒行前向中央执监各委员发出引退通电,称其以参加反特委运动之故,备受特委方面之仇视,愿个人引去以息纠纷,并为张发奎等无共党嫌疑力辩。通电仍主张"第四次中央全体会议不可不开,中央执行、监察两委员会不可不恢复,特别委员会不可不取消"。20日,汪过港未登陆,召黄琪翔随同赴法。

△ 苏联政府外交人民委员契切林复照国民政府,称该政府驱逐

苏联领事、终止承认苏联领署令为非法,此举为南京僭权军人在帝国主义压迫下之行动。苏联从未承认该政府,苏联政府在中国所设之各领署,系 1924 年在北京所订中苏条约之结果,所派各领俱系北京政府所承认,苏联领署及商务机关,并无赤化宣传及指示广东工人农民等之革命运动。凡孰先与苏联政府取仇视政策者,其人必将首受其害。23日,国民政府外交部长伍朝枢在沪对记者发表对契切林复照之意见,声称:"苏俄设领显然得到国民政府承认,俄领署宣传赤化已得文据证明,此次取缔俄领纯出自卫。"

△　黄绍竑等在梧州誓师讨粤,誓师通电略称:真日(11 日)广州事件,实肇端于筱日(17 日)之变,而参预逆谋之中央委员陈公博等,实为主要负责之人,望一致讨伐。

△　鄂省政府及各厅由湘鄂临时政委会接收。

△　武汉卫戌司令部奉国民政府令大捕共产党人,是日在市内捕获 60 余名,法租界捕获约 70 名,特一区一元路截获 48 名,总共 100 余名,内有苏联人数十名。驻汉苏联领事馆被搜查,总领事普历澈夫妇、副领事美宁夫妇及馆员共十余人被拘押于交涉署,并于是晚"护送"出境,于 21 日由上海乘"长崎丸"取道日本回国。

△　何应钦所部陈焯第二十六军赵观涛师再克宿迁城,直鲁军皮华清、褚锦坤两旅弃城向皂河溃退。

△　中国工农革命军第四师在花县正式成立,由广州撤至该县之起义军及新参加之农民武装共约一千四五百人所组成。全师辖第十、第十一、第十二等三个团,以叶镛为师长,王侃予为党代表,袁裕(袁国平)为参谋长。

△　北京军政府外交部因越南华侨一再请求在越设领,而法政府迄未答允,是日电令陈篆向法外交部提议,于中法陆路商约未成立前,先在越南设一办理领事事务之委员,以便保护侨民。

12 月 17 日　陈铭枢在汕头与陈济棠、钱大钧、徐景唐等商议讨伐张发奎军,决联合闽、粤、桂各军进攻广州,由陈铭枢任总指挥,令黄绍竑、黄旭初军自西路,徐景唐、邓世增军自南路,范石生、方鼎英军自北路,与潮汕各军呼应,同向广州进发。

△　第八军军长李品仙命令所部搜查长沙共产党机关,捕获数百人。长沙城内苏联远东贸易公司被封闭,苏领事馆亦被包围。

△　上海是日起禁止苏联轮船进口。

△　张发奎被迫致电蒋介石表示服从,声称广州政治分会已将其免去本兼各职,"戴罪勉维善后",愿以党员资格,随从补过于将来,并宣称与共产党"义不共存",一息尚存,亦以歼灭共产党为职志。

△　下午7时,湖北省前财政厅长詹大悲、前教育厅长李汉俊在汉口日租界被卫戍司令部协同日巡捕逮捕,当晚9时在济生二马路被枪杀。18日,武汉卫戍司令部布告宣布"罪状",指詹、李为湖北共产党首领。夜,该省前民政厅长孔庚、前建设厅长李书城在法租界亚洲旅馆被捕。

△　曹万顺第十七军以独立第一师及该军第一师分由盐河两岸向灌云追击西撤之孙传芳军,是日午前占灌云,晚克海州,19日进克青口、赣榆,至此陇海路东段已无敌踪。

△　各省商会联合会在上海总商会开幕,主席冯少山致开会词称:"本会所负之任务,一在解除商人之苦痛,一在积极努力国民革命之工作,兼营并进,决无轩轾。""本会今后之任务,一方当力谋商人苦痛之解除,一方又当力谋各阶级间利益之融和,期以符合全民政治之党纲,而化除阶级斗争之惨剧。"蒋介石出席致训词,希望各省商会注意两点:一、商业不能脱离政治;二、商业之进展,须与农工各界联合。

12月18日　宋庆龄就国民政府对苏联绝交事,自莫斯科致电蒋介石,内称:"对俄绝交,驱逐俄领,此举如果实行,非惟自杀,实使党国孤立无援,后世历史上将以君等为误党误国之罪人,望静心三思,翻然觉悟,缓行前议。"同日,蒋复电力言对苏联绝交出于不得已,请回国考察事实后,再发表主张。

△　李济深令东路军、北路军、西路军分由东江、北江、西江三路会

攻广州,讨伐张发奎。张以地方指责严厉,补给困难,而第八路军又由东西两路渐次进迫,遂宣言下野,以所部交缪培南指挥。

△ 第五军军长李福林致电上海各中央委员,略称东西两路进兵相迫,谓粤为共,请主持正义,消弭兵争,静候中央会议解决,勿自相煎迫,并称一俟共产党完全消灭,即当弃职归农。

△ 冯玉祥电国民政府表示尊重中央,"嗣后交通回复,所有豫、陕、甘一切行政事宜,自应禀命中枢,呵成一气"。

△ 李石曾通启谢客养病,称从事反共之政治工作即告结束,自下月起当专事社会文化,不复参加实际政治。

△ 汉口震寰纱厂案被捕学生马红、梅玉科、陈梦兰、纪李华、许白池、许蕴达、田常、李子芳以"受向忠发指使纠众暴乱罪",被武汉卫戍司令部杀害。

△ 上海茶商 20 余家,年售苏联茶叶达 1400 万两,以中苏绝交,营业大受影响,百余万恃茶为生之人将有失业之虞,是日特推代表陈兆焘向外交部请愿,请示维持营业办法。22 日,处理苏俄在沪商业委员会决定,全俄中央合组协助会社、中东铁路经理处、俄商茶叶行、纺织公司、远东木材公司等得继续营业,称该协助会社等"乃个人商业公司,完全与政府无关"。

△ 无锡鱼商 300 余人因稽征所非法征税,擅扣鲜鱼,于是日聚众持香至该所请愿,所长朱焕霞避匿不理,致引起全体罢市,捣毁稽征所。20 日,又聚众持香至县府请愿,该县俞县长允布告暂停征鱼税,并将扣留鲜鱼发还,鱼商认为满意,于次日全体复业。

12 月 19 日 李福林就任国民党广州政治分会临时主席,薛岳为广州戒备司令,缪培南为第四军军长,朱晖日仍任公安局长。

△ 上海汪宅是日接宋庆龄致汪精卫电,竭力反对与苏联绝交,内称:"闻尔有与苏俄断绝关系及撤销苏俄领事署之提议,此事果成,实属自杀,而使中国孤立,且迟其进步,则历史上尔当负其责也。"

△ 国民政府明令改组湖北省政府,任命张知本、熊斌、张难先、杨

在春、石瑛、王世杰、胡宗铎、严重、李隆建、孙绳、张九维、王恒、李世光为湖北省政府委员，张知本为主席，杨、张（难先）、王（世杰）、石分别兼任民政、财政、教育、建设各厅厅长。原任省府委员孔庚（兼民政厅长）、李书城（兼建设厅长）、李品仙、朱霁青、叶琪（兼军事厅长）、詹大悲（兼财政厅长）、李汉俊（兼教育厅长）、喻毓西、王祺（兼农工厅长）、袁家普、郝绳祖免职。

　　△　白崇禧奉令赴汉慰劳西征军，并代李宗仁兼第三路总指挥职务，必要时统兵解决湘、粤，因电辞所兼淞沪卫戍司令职。

　　△　冯玉祥电国民政府，决先出兵五万，由京汉路渡黄河北上援晋。

　　△　北京军政府外交部照会日使芳泽，内称：据仁川吴领事电，16日晚，鲜人聚众袭击领事馆及中国街，幸华侨力御，未被侵入，现华商避居领事馆及商会者共千余，尚未脱险，特提抗议，请负责保护中国领事馆及华侨生命财产之安全。24日，日使馆复照北京外交部，称仁川领事言之过甚，朝鲜总督府对于鲜人暴动，自始即严厉取缔，且归咎于东省官厅之压迫鲜农。晚，北京外交部又照会芳泽，再提抗议，并附华侨损失表，要求赔偿。

12月20日　国民政府第二十五次常会议决，重新编定各路军总指挥名称，并任命各路军总指挥：第一路何应钦，第二路白崇禧，第三路李宗仁，第四路程潜，第五路朱培德，第六路刘湘，第七路邓锡侯，第八路李济深，第九路周西成，第十一路方振武，第十二路徐永昌。第二路军前敌总指挥陈调元，第七路军前敌总指挥田颂尧。

　　△　津浦路前敌将领31人由何应钦领衔通电条陈"救国大计"五项：一、促开中央全体会议，树立党权；二、各省酌留少数军队维持省防，其余参加"北伐"；三、敦促蒋介石东山复起，总领师干，统一军事；四、各级政府注意整饬，造成廉洁，以孚民望；五、"肃清"共产党，以求彻底建设。

　　△　黄绍竑电复蒋介石元（13日）电，力主讨伐第四军，声称："日

言清党而党不清,日言讨共而共乱不已,野火烧不尽,春风吹又生,故今日若言讨共,则应先讨掩护共党之军政要人。"

△ 黄绍竑亲赴西江前方督师,率黄旭初、伍廷飏、吕焕炎三部1.5 万人,三路直攻肇庆,第四军向三水方面退却,黄部旋占肇庆。

12 月 21 日 国民政府议决,授予李济深返粤整顿粤局全权。李旋即回到广东,亲自指挥对张发奎部的攻击。

△ 上海处理苏俄在沪商业临时委员会决定处理在沪苏联各商业机关,监视清理之机关计五处:远东银行、苏联义勇舰队公司、苏联驻沪商务代表处、乌苏里铁路运输处、苏维埃政府保险管理处。

△ 武汉卫戍司令胡宗铎下令解散讨唐救鄂团及各业店员工会,声称各业店员工会"违反党义,为共派操纵",成为一年来惹起武汉劳资纠纷之策源地,特将各该工会完全封闭;并将不服制止之店员工会会员加以拘捕,以共产党看待,予以最严厉之处分。

△ 武汉卫戍司令部通告,声称为防止共产党活动,令湖北党务整理委员会及省市改组委员会一律停止活动。

△ 国民党广州市党部电促蒋介石复职。

△ 国民党江苏省党部通令所属各市县党部,严密检查邮件,防止共产党活动。

△ 南京飞机队一、二队进驻徐州。

12 月 22 日 国民政府第二十六次会议通过通电严拿吴佩孚;令浙、皖两省政府对财政机关用人须尊重中央;司法审判制度决用四级三审制;实行教育经费独立等项议案。

△ 广州政治分会免去张发奎、陈公博之军事委员会主席团职,以方鼎英、缪培南继任。

△ 国民政府任王若周为独立第六师师长,朱锡麒为独立第一师副师长,贺国光为军事委员会主席团办公厅高级参谋。

△ 驻华德使博邺致函北京军政府外交部,称奉柏林训令,苏联政府请德国政府代理保护苏联在中国南方之人民及其利益,德政府按照

国际公法规例保护,已电令驻沪、汉、粤德领就领事权限范围内,代理苏联利益,但决不干预中国内政及苏联人民在中国一切政治活动,请中国政府谅解。

12 月 23 日　湘鄂政委会派张有桐、周星棠等接收武汉市政府。

　　△　苏联莫斯科、列宁格勒及新西伯利亚等城市举行群众大会,抗议广州杀害苏联人事件。外交人民委员契切林发表抗议声明书,谓鉴于中国南部因反苏而演进之流血罪恶,苏联政府保留采取认为必要的步骤之权利,此种野蛮行为,不能轻轻放过,必有以惩罚之。

　　△　上海苏联领署下旗。晚,领署职员自总领事柯兹罗夫斯基起共 18 人分两批登上苏轮"西山号"回国。苏联领署由驻沪德总领事蒂尔接管。

　　△　国民政府派往莫斯科中山大学留学之学生因广东事件被苏联政府限令出境,是日有 17 人由海参崴抵日本,转道归国。

　　△　日本以护侨为由,特派"长良号"巡洋舰载陆战队 200 名,于是日下午 2 时半驶抵青岛。同日,日白川陆相在阁议中声称,此后济南地方之日侨,若有陷于危险状态之形势时,得随时命令熊本第六师团出动。

　　△　龙云军击败滇军胡若愚、张汝骥部,是日龙军右翼第一、第四两师攻入黔境普安一带。

　　△　前北京政府教育总长范源濂于天津病逝。

12 月 24 日　蒋介石、何香凝自沪电粤促陈公博、甘乃光、陈树人赴南京出席四中全会,称"四次全体会议定可如期开成,一切党内问题,在会内公平解决"。

　　△　白崇禧奉命到汉口劳军,是晚在总指挥部欢宴海陆军将领席间演说称:目前最厉害的敌人是内部敌人,内部敌人这样猖獗,汪精卫应负最大责任;唐生智的叛变,大半是因汪代他撑腰,广州张、黄叛变,尤为汪所主使。

　　△　各省商会联合会通电反对日本出兵山东,称日此举"阳为保护侨民,阴实阻挠义师",如彼方始终不顾公理,全国商人为保卫国权起

见,自当本其决心,亟起对付。

△　据北京《晨报》讯,今春以来,直鲁人民移往北满者,数达 50 万人。

△　天津美孚油公司是日失火,延烧数日,中、美、法、英、意各国消防队均出救护,焚毁蜡烛仓库一座,煤油仓库六座,损失约数百万元,为天津稀有之大火。

12 月 25 日　上海各报载称:外交部长伍朝枢最近在上海对国民新闻社记者发表谈话,对外交、政务、党务表示悲观,称"数月之间,政局飘摇,大变四五次,小变六七次,影响外交";又称第二次代表大会所选举之执监委员已经满任,十七年(1928)元旦后开全体会议,"不过是一群前任之委员开会,以严格的法律论之,亦不合法";并称特委会即使不合法律手续,但使三分之党合而为一,以巩固革命势力起见,是否可以原谅。

△　国民党在沪中央执监委员多人发表谈话,指责伍朝枢谈话中有关中央全体会议之批评,"足以危害国民党之生命",伍以非法相诘责,则"此后党权从何行使",岂欲以"一言亡党";伍为特委会辩护,意欲破坏全体会议,"延长特委会之生命"。

△　甘肃省政府电国民政府,报告已严查苏联在甘经商机关,勒令停止营业。

△　桂军黄绍竑部向三水总攻击,防军李福林部向广州撤退。东江方面防备惠州之张发奎军约二师与钱大钧部发生冲突。27 日,桂军先头部队占三水车站,28 日,沿广三铁路搜索前进,便衣队抵广州市郊。

12 月 26 日　第四军新任军长缪培南、副军长薛岳通电率部离开广州,服从蒋介石,电称张发奎、陈公博等已引咎离粤,彼等不忍再起干戈,决定离开广州,东集潮梅,候令北发。是日起第四军全部出发东江,集中惠州、河源,缪培南、薛岳亦同时离省,广州治安由李福林之第五军维持。

△　国民政府据大学院院长蔡元培、财政部部长孙科提议,通令财政部、各省市政府切实施行整理学制,并保障教育经费独立。

△　国民政府常委李烈钧在南京接见记者称:"中央特委会准备结束;北伐兵力与敌接触者逾四十万,意再增二十万,陈调元、方振武均准备动员,白崇禧来电称,愿率师直捣燕京,政府已去电促之。"

△　国民党上海市党部召集各界代表500余人举行促蒋(介石)复职大会,通电全国一致敦促。各地纷电响应。

△　中华职业教育社在沪欢宴各省商联会代表,主席王正廷致欢迎词称:中国学校所学不切社会应用,人才普通者实多,专门者太少,欲救中国,非从职业教育入手不为功。次由办事主任杨卫玉报告该社设立旨趣及所办事业,称该社主旨,在使无业者有业,有业者乐业,十年来极力沟通职业界与教育界,以救中国之社会,如办试验学校、上海职业指导所、南京职业指导所,发刊《教育与职业》月刊、《生活周刊》,提倡农村事业、补习教育等。

12 月 27 日　国民政府第二十七次会议,讨论财政部部长孙科、次长郑洪年辞职案。伍朝枢主张,孙既感办事困难,不必强留;李烈钧、谭延闿表示所有困难均应共同负责。讨论结果,决定明令慰留。

△　程潜、白崇禧、鲁涤平等联名由汉致电南京,反对粤委员出席四中全会,电中列举汪精卫、顾孟馀、陈公博、陈树人、甘乃光、王法勤、王乐平、潘云超、何香凝九人"破坏党国"罪行,要求中央开除汪等党籍,通缉拿办。

△　冯玉祥及所部将领鹿钟麟、刘郁芬、宋哲元等 20 人通电,一致赞成何应钦等于 20 日发表之五项"救国主张",盛赞"确系洞见症结,解决时局之不二法门",应于最短期间促其实现。

△　浙江省党部发布《共产党自首条例》,规定"共产分子如有确被诱惑而无破坏本党之事实者,准其自首,予以自新";"自首应备下列手续:一、自首状;二、悔过书;三、最近四寸半身照片;四、声明此后行径;五、亲属保证;六、殷实商铺具保;七、详细住址;八、罚誓"。

△　东江陈济棠师因陈铭枢第十一军应援,于占领紫金后,联络钱大钧第二十师直迫惠州。是日陈部 3000 人在惠州北部与李汉魂第二十五师接触,陈亲督一师兵力猛攻,李师退守博罗,陈师占惠州。同日,第四军缪培南、薛岳统率所部二万人抵增城,联络许志锐师,向惠州反攻。

△　最近北京、天津发现出售山东聊城杨氏海源阁藏书不少,且多有为外人购去者,是日,北京军政府内阁总理潘复特电鲁省长林宪祖设法保护,并主张给价归公保存,或订给一种优越权利,为其世掌,以免散失。

12 月 28 日　南京国民党中央党部结束,中央特别委员会亦于同日正式解散。南京各团体欢迎蒋介石前往筹备四中全会。

△　国民政府特任徐永昌、刘骥、傅作义为军事委员会委员。

△　国民政府令:司法部长王宠惠因赴海牙国际法庭,未返以前,部务由次长魏道明代理。

△　甘肃等 15 省区回民代表赖家铎等到南京,声明拥护国民政府。

△　汉口交涉员甘介侯与英领事波特对第三特区问题交涉告一段落,是日,英籍董事亦因英领事命令出席市政局董事会,此案圆满解决。

△　广州总商会与李福林军议妥,以商会名义通电陈铭枢、徐景唐、陈章甫、钱大钧、黄绍竑,欢迎各军回省,到时李军定先移防。同日,商会代表胡颂棠等赴三水,迎西江各军返省。次晨桂军黄旭初师开入广州市,李福林军退驻河南。

△　各省商会联合会闭幕。冯少山(上海总商会)、张槭泉(汉口总商会)、苏民生(南京总商会)当选为该会总事务所执监委员会常务委员。大会宣言声称,该会"谋商人真正团结,谋各阶级利益调和,谋全国和平建设,望商人真切了解政治"。

△　皖省教育厅长雷啸岑通令各县教育局及各省立学校,提倡平民识字运动。令称:"据北京平民教育总会之统计,吾国不识字之民,几

占全国百分之七十有余,聚无数群盲以为国家,民治精神,何能发达。"并定本年寒假起,举行全省平民识字运动,以简单之工作,少数之经费,使全省未识字之人,得有识字机会。

△ 据上海《新闻报》讯:赈济会所传鲁省有 400 万人将成饿殍之说,已由鲁省外人证实,鲁省 107 县,有 35 县收成不足 10%,另有 30 县收成自 10%—40% 不等,人民多以树皮草根充饥。当局以灾荒诿诸亢旱蝗患,外人则称乃由内战及匪患苛捐所致,中国现无力筹此巨款以办赈济,急需外助。

12 月 29 日 李福林通电引咎辞职,第五军军长由第十六师师长邓彦华代理。邓就职后即电李济深、冯祝万、陈铭枢到广州主持。

△ 国民政府外交部长伍朝枢因国民党内部纠纷,呈国民政府辞职。同日,孙科、郑洪年二次呈请辞职。孙并声明自十七年(1928)元旦起,所有财部事务不能负责。

△ 国民政府军事委员会任命陶钧为第十八军军长,张义纯为副军长,林逸圣为第十八军第一师师长,严敬为第二师师长,李石樵为第三师师长,是日在武汉分别就职。

△ 江西省政府通令 81 县严捕共产党,"准就地枪决,事后呈报"。

△ 南京戒严司令部查出国民政府参事陈海澄以军政秘密私通奉鲁,经国府常委批准,定 30 日枪决示众。旋因有人代陈申明冤屈,未即定谳。

△ 汉口交涉署布告,饬居留武汉苏侨,自明年 1 月 3 日起至 10 日止,亲去该署注册,领取外侨执照,违则处刑。

△ 广州苏联领事波吉伐林斯基夫妇及随员等七人为第四军退走时释放,经香港回国。

△ 北京军政府外交部复照英、日、法三国驻华公使,通知鲁省截留盐款事决停止进行。

12 月 30 日 国民政府第二十八次会议,对外交部长伍朝枢、财政部长孙科、财政次长郑洪年呈辞,议决慰留,并特派谭延闿赴沪,挽伍、孙回京。

　　△　国民政府常务委员会议决,陈海澄通敌案,为慎重起见,移送法院审讯,严密搜查党羽。

　　△　黄绍竑令西路军出发东江,与陈铭枢之东路军夹击在惠州、河源之第四军。

　　△　张难先电南京,辞鄂省政务委员兼财政厅长职。

　　△　涿州围城事件和平解决,傅作义、万福麟各发通电停止军事行动。傅电略称:守涿两月余,因慈善团体等之请,于本日停止军事行动,所部改为国防军,不再参加内乱,惟遇国际战争、地方剿匪,当听中央命令竭力应付。

　　12 月 31 日　伍朝枢在沪发表谈话,对“在沪中央执监委多人”对彼谈话之纠正有所辩护,称:“如果根据党章及正义来评论党务,即谓之亡党,那么如有重要党员提倡一说,大家随风而靡,作应声虫,方算作兴党吗?”并称:“我讲的话,可以当作代被屈的特委会作辩护词,亦可以当作代垂死的特委会作墓志铭。”

　　△　邓泽如、古应芬向国民政府呈复查办汪精卫等九人之结果,称汪及其党徒对于 11 月 17 日之乱,不独参预逆谋,实为发纵指示;对于 12 月 11 日广州事件,则为“养奸成祸,害国殃民”,彼等身为中委,竟敢肆意作乱,危害民国,破坏革命,罪证确凿,请明令通缉归案,依律严办。

　　△　上海公共租界纳税华人会发表宣言,宣布调停纳税华人拒付工部局增捐事,已与工部局协商顾全之办法:一、秋季巡捕捐,为顾全工部局预算案起见,除原数一成四应照付外,其所加二厘在抗议之下交付之;二、华董席数,应照工部局备忘录所述捐税比例分配,其权限须中外一律;三、市政捐所举办之公共场所等,应中外一律享受。

　　△　驻华日使芳泽照会北京军政府外交部,谓朝鲜各地排华风潮已平静,仁川等处华侨均回原处继续营业,仍请中国政府停止取缔鲜农,敦睦邻谊。

是月　湖南唐生智旧部仍用第四集团军名义从事扩充,经过整顿,决自十七年(1928)1月起实行新编制,下分第一、三、四方面军。第一方面军:总指挥李品仙,第八军军长及第一师师长由李兼,第二师师长吴尚,第三师师长李云杰,教导团团长王戈,独立第一师师长熊震。第三方面军:总指挥何键,第三十五军军长由何兼,第一师师长周磐,第二师师长刘建绪,第三师师长陶广,教导团团长王东原;第十八军军长叶琪,第一师师长门炳岳,第二师师长何宣,第三师师长危宿钟,独立第十师师长戴斗垣,独立团团长唐生明。第四方面军:总指挥刘兴,第三十六军军长由刘兼,第一师师长廖磊,第二师师长唐明哲,第三师师长周维寅;第十七军军长周斓,第一师师长王锡焘,独立第五师师长陈汉章,步一旅旅长周荣光,步二旅旅长罗霖,警卫第一团团长周宗濂。

△　苏联外交人民委员会就广州事变发表对外宣言,略称此次广州事变,华南国民党将领以苏联为其敌人,苏联副领事惨遭屠戮,苏联人民伤亡枕藉,不仅张发奎、李福林等为此案之罪魁,即李济深、蒋介石、白崇禧等亦与有过焉。教唆之者,实尚有人,即欲施行在华殖民政策之英伦,立于背后而指之导之。特郑重声明,于必要时,苏联得采取任何步骤,以报此次华南排苏之仇,此等野蛮举动决不能无以惩之。

△　中共中央派贺龙、周逸群等到湘鄂西组织湘鄂边前敌委员会,发动监利、华容、石首、南县等地的年关斗争,农民革命武装扩大至1000余人。

△　南昌起义军余部为暂时隐蔽目标,由朱德利用驻汝城第十六军范石生的过去同学关系,到韶关西北之犁步头休整,改番号为第十六军第四十七师第一四〇团,朱化名王楷担任团长,由范石生补充装备和供给军饷。

△　据国际联盟卫生监督罗琪门医生之在华调查报告,称中国染疫死亡率,岁约530余万人。

是年 我国对外贸易总额 30.09357 亿元,其中进口 15.78148 亿元,出口 14.31209 亿元,入超 1.46939 亿元。

△ 我国本年关税收入共关平银 6868.7 万两,较上年减少 943.5 万两。增收之主要口岸有:天津 92 万两,大连 43.1 万两,哈尔滨 28.8 万两,汕头 25.5 万两,安东 10.5 万两。减收之主要口岸有:上海 702.5 万两,汉口 226.3 万两,广州 153.8 万两。

△ 全国共有铁路总长 1.304048 万公里,其中自主铁路 1043.94 公里,占 8%;帝国主义控制下的铁路为 1.199654 万公里,占 92%,内由帝国主义直接经营者为 4330.25 公里,控制经营者为 7666.29 公里。

△ 我国石油年产量共 1.3401 万桶(每桶 24 加伦);铁矿矿石产量 171.0135 万吨;生铁产量 25.7945 万吨;钢产量三万吨。

△ 我国民营工业,共纱厂 73 家,纱锭 209.9058 万枚;丝厂 93 家,丝车 2.2168 万部;卷烟厂 182 家。外厂纱锭 149.7294 万枚,布机 1.1973 万部,占全国布机总数的 49.7%。

△ 据国民党中央农民部估计:一、全国农户总数共 5600 万户(地主包括在内),平均每户以六人计算,共 3.36 亿人,其中:有土地的(一亩起至大地主)1.2 亿至 1.5 亿人;无地雇农 3000 万人;游民、土匪、兵士、无固定职业之乡村小商人共约 2000 万人;佃农 1.36 亿人。二、无地农民占 55%,土地极少的贫农(一亩至十亩的)占 20%,两者共占 75%,均是要求土地的;有地 10 亩至 30 亩的中农占 11%,他们不须为土地而斗争,亦不反对贫农取得土地,反倒帮助贫农;有地 30 亩以上的富农、中小地主及大地主占 14%。

△ 日本在我国东北的企业投资迅速增加,从 1917 年到本年十年间,纯日资企业的资本增加 214%;而在中日合资的企业中,日资则增加 655%。

△ 在日人盛倡"韩民移满、日民移韩"之口号下,至是年朝鲜人移殖我国东北各省累计达 9.7594 万户,54.2869 万人,种植水田面积 4.3263 万町步,收获量达 70.5893 万日石。

　　△　据内政部统计,全国出版报纸总计有 628 家。

　　△　春,暨南学校设商科大学部,定名为国立暨南商科大学。

　　△　夏,国民政府教育行政委员会议决,江苏省国立各大学及各专门学校(计河海工程大学、东南大学、上海商业专门学校、南京工业专门学校、江苏法政大学、上海商科大学、江苏医科大学、南京农业学校、苏州工业专门学校等九校)合并改设国立第四中山大学。